JÜRGEN H. WOLFF

## Bürokratische Politik: Der Fall Kolumbien

# Ordo Politicus

Veröffentlichungen des Arnold-Bergstraesser-Instituts, Freiburg i. Br.
## Herausgegeben von Prof. Dr. Dieter Oberndörfer

**Band 23**

# Bürokratische Politik:
# Der Fall Kolumbien

Von

Prof. Dr. Jürgen H. Wolff

DUNCKER & HUMBLOT / BERLIN

Als Habilitationsschrift auf Empfehlung des
Gemeinsamen Ausschusses der Philosophischen Fakultäten
der Universität Freiburg i. Br.
gedruckt mit Unterstützung der Deutschen Forschungsgemeinschaft

CIP-Kurztitelaufnahme der Deutschen Bibliothek

**Wolff, Jürgen H.:**
Bürokratische Politik: Der Fall Kolumbien / von
Jürgen H. Wolff. — Berlin: Duncker und Humblot,
1984.
　(Ordo politicus; Bd. 23)
　ISBN 3-428-05579-9

NE: GT

Alle Rechte vorbehalten
© 1984 Duncker & Humblot, Berlin 41
Gedruckt 1984 bei Werner Hildebrand, Berlin 65
Printed in Germany
ISBN 3-428-05579-9

# Vorwort:
## Quellen und Danksagung

Material für dieses Buch wurde in Kolumbien zwischen Oktober 1976 und November 1977 und bei den Internationalen Organisationen in Santiago de Chile, Washington und New York im Dezember 1977 und Januar 1978 gesammelt. Die Studie wurde durch ein Habilitationsstipendium der Deutschen Forschungsgemeinschaft finanziert.

Drei Arten von Quellen liegen der Forschung zugrunde: erstens Interviews, zweitens unpublizierte interne Arbeitspapiere von Verwaltungsbehörden, Gesetze, Dekrete usw.; drittens wurde die verfügbare Literatur über Kolumbien insoweit herangezogen, als hier interessierende Themen behandelt wurden. Zusätzlich wurde versucht, die zeitliche Lücke zwischen dem Ende der Feldforschung in Bogotá und der Fertigstellung des Textes zu füllen. Hierzu wurden insbesondere Zeitungsausschnitte herangezogen.

Die etwa 200 Interviews, welche die Hauptquelle für die Fallstudien darstellen, wurden alle als offene Experten-Interviews geführt. Gesprächspartner waren hohe Mitarbeiter der Verwaltung, Mitglieder von Universitäten und Forschungsinstituten sowie Freiberufler. Zusätzlich wurden Berufspolitiker und Vertreter verschiedener Interessengruppen interviewt. Bereits hier kann angemerkt werden, daß der schnelle Wechsel im Amt diese Unterscheidung teilweise vordergründig macht: Ein Gesprächspartner, der zum Zeitpunkt des Interviews ein hoher Beamter war, war gleichzeitig ehemaliges Mitglied eines Forschungsinstitutes oder Universitätsprofessor, und umgekehrt.

Ein Versuch zur Verwendung eines standardisierten Fragebogens ist nicht unternommen worden. Zum einen war die Gruppe der Interviewten nicht hinreichend homogen zusammengesetzt. Zweitens hätte ihre hohe Position dazu geführt, daß die Verwendung eines Fragebogens in nicht wenigen Fällen abgelehnt worden wäre. Drittens, zum Unterschied etwa von einer soziologischen Forschung, war es nicht das Ziel, Informationen über die interviewte Gruppe zu erhalten, sondern Daten über Tatsachen wie etwa die Chronologie einer wichtigen politisch-administrativen Entscheidung oder die Zusammenarbeit zwischen einer Behörde und einer anderen. Folglich wurden keine Daten gesammelt, die ihren Wert nur durch Auswertung einer hohen Zahl von Antworten erhalten. Es ist offensichtlich nicht sinnvoll, eine Frage so oft zu wiederholen, bis statistisch aufbereitbare Zahlen zusammenkommen, wenn man eine Information bereits erhalten und mehrfach kontrolliert hat.

Die zweite und dritte Gruppe von Quellen verdient offensichtlich keine weitere Erläuterung.

Mein Dank gilt zunächst den Professoren Dieter Oberndörfer und Theodor Hanf, Freiburg und Frankfurt, welche die Finanzierung durch die DFG befürwortet und damit zur unerläßlichen materiellen Voraussetzung beigetragen haben. Prof. Oberndörfer danke ich darüber hinaus herzlich für vielfältige Hilfe in wissenschaftlicher und menschlicher Hinsicht, nicht zuletzt für die Möglichkeit, die Infrastruktur des Arnold-Bergstraesser-Instituts und seiner Abteilung Vergleichende Regierungs- und Verwaltungslehre bei der Niederschrift dieser Arbeit nutzen zu können.

Sodann ist die große Zahl kolumbianischer Persönlichkeiten zu erwähnen, die Zeit und Mühe dafür opferten, einen überseeischen Forscher über ihre Arbeit zu informieren. Gestohlene Armbanduhren, ein beliebtes Thema bei Reportern, die über Bogotá berichten, stellen nur einen sehr kleinen Ausschnitt der kolumbianischen Wirklichkeit dar: Die Freundlichkeit, Klugheit und Offenheit der vielen Gesprächspartner ist ein anderer und sehr viel wichtigerer Teil davon. Der vertraulichen Natur der Gespräche entsprechend können Namen nicht genannt werden. Alle Interviewten mögen indessen meiner dauernden Dankbarkeit versichert sein.

Hans Rother, Professor für Städtebau an der Nationalen Universität in Bogotá, hat sorgfältig den Entwurf des Kapitels über Stadtplanung gelesen und meine Aufmerksamkeit auf eine Anzahl von Irrtümern gelenkt. Der mögliche Rest verbleibt natürlich in der Verantwortlichkeit des Autors.

Schließlich haben einige Grundlinien des Kapitels über Haushaltspolitik dazu gedient, den Entwurf eines Artikels zu diesem Thema zusammenzustellen. Dieser wurde in der erwähnten Abteilung des Arnold-Bergstraesser-Instituts vorgetragen und diskutiert. Bei dieser Gelegenheit gemachte Bemerkungen waren nützlich, um meine Gedanken zu klären und mich auf mögliche Mißverständnisse aufmerksam zu machen.

Kapitel I und IV greifen mit freundlicher Erlaubnis des Verlags Duncker und Humblot, Berlin, teilweise auf drei Aufsätze zurück, die ich 1976, 1978 und 1979 in der Zeitschrift „Die Verwaltung" veröffentlicht habe.

J. H. W.

# Inhaltsverzeichnis

Vorwort: Quellen und Danksagung .................... 5

*Kapitel I:*

**Theoretische Grundlegung**

A. Zu Konzeption und Praxis der deutschen Verwaltungshilfe ....... 13
B. Zum konzeptionellen Ansatz des vorliegenden Buches .......... 25
C. Untersuchungsmethode ............................ 38
D. Die ausgewählten Fallstudien ....................... 41
E. Zur kolumbianischen Verwaltungsforschung ................ 46

*Kapitel II:*

**Das politische System Kolumbiens: Eine Einführung**

A. Die politischen Institutionen ....................... 48
   1. Grundzüge ................................. 48
   2. Die politischen Institutionen im einzelnen ............... 50
B. Die Verwaltung ................................. 55
   1. Die Organisation der Zentralverwaltung ................. 55
   2. Die Territorialverwaltung ........................ 58
   3. Der öffentliche Dienst ......................... 60
C. Die politische Entwicklung der letzten Jahrzehnte ........... 61
D. Zur Gesamtinterpretation des politischen Systems ............ 69

*Kapitel III:*

**Regional- und Stadtplanung: Der Fall Bogotá**

A. Das Problem ................................... 72
B. Kann man die Riesenstadt zähmen?
   Organisationen der Stadt- und Regionalplanung und ihre Zuständigkeiten ................................. 81
   1. Die Verwaltung der Stadt Bogotá: Eine allgemeine Einführung .. 81
   2. Die Planungsstrukturen in Stadt und Raum Bogotá .......... 87

    a) Die zentralistaatliche Ebene ........................ 87
    b) Die regionale Ebene ............................. 89
    c) Die lokale Ebene ............................... 90
C. Juristische und administrative Instrumente der Stadt- und Regionalplanung ............................................. 92
D. Gesamtentwicklungspläne der Stadt Bogotá und ihre Behandlung im politisch-administrativen Bereich .......................... 97
E. Ein Beispiel: Das Projekt El Salitre ........................ 115
    1. Chronologie der Ereignisse ........................... 115
        a) Projektstudien bis 1977 .......................... 115
        b) Politische und administrative Geschichte des Projektes ...... 121
    2. El Salitre – ein Beispiel kolumbianischer Stadtplanungsprobleme 130
F. Bogotá – Politik der Nicht-Planung ........................ 135
    1. Der Befund ..................................... 135
    2. Administrativ-technische Probleme .................... 138
    3. Nichtplanung als Ergebnis bürokratischer und allgemeiner Politik 142

*Kapitel IV:*

**Die Steuerreform des Jahres 1974**

A. Chronologie der Ereignisse ............................. 155
    1. Die Vorgeschichte ................................ 155
    2. Die Reform 1974 ................................ 166
        a) Die Ereignisse bis zum Ende der ökonomischen Notstandsperiode ......................................... 166
            Exkurs: Die Hauptzüge der Steuerreform .............. 177
        b) Ereignisse nach der Notstandsperiode ................. 180
B. Faktoren des ursprünglichen Erfolges ...................... 185
C. Abbau und Kontinuität: Die Reform unter dem Ansturm von Gegenkräften ............................................ 189
    1. Irrtümer der Reformdekrete ......................... 190
    2. Schwächen der Verwaltung.......................... 194
    3. Die Interessengruppen:
       Gegendruck und Akzeptierung der Reform ............... 201
    4. Folgerung: Erfolg und Mißerfolg der Steuerreform von 1974 ... 210
D. Die Steuerreform und das politische und administrative System Kolumbiens ........................................... 213
    Appendix: Artikel 122 der kolumbianischen Verfassung ........ 218

## Kapitel V:
### Die Haushaltspolitik

A. Theoretische Annahmen .............................. 221

B. Die Akteure und ihre Interessen:
   Die Infrastruktur zu Planung und Haushaltspolitik ............ 223
   1. Das Interesse an Erhöhung der Ausgaben: Ministerien, Departamentos Administrativos, dezentralisierte Einheiten, der Kongreß und ausländische Entwicklungshilfeorganisationen .......... 223
   2. Das Interesse an Ausgabeneinschränkung: Das Finanzministerium und der Präsident ................................. 226
   3. Das Interesse an finanzieller Unabhängigkeit: Die dezentralisierten Einheiten und der Verband der Kaffeebauern .............. 228
   4. Das Interesse an Gestaltung der Ausgaben: Das Nationale Planungsamt ........................................... 231
   5. Das Interesse an Flexibilität: Das Finanzministerium und die mittelverbrauchenden Behörden ........................... 232
   6. Das Interesse am Austausch gegen Wählerstimmen: Die Mitglieder der Wahlkörperschaften ............................... 233
   7. Das Interesse an Ausgabenkontrolle: Der Kongreß, das Finanzministerium und der Rechnungshof ...................... 234
      a) Politische Kontrolle: Der Kongreß ................... 234
      b) Administrative Kontrolle: Das Finanzministerium ......... 235
      c) Numerisch-legale Kontrolle: Der Rechnungshof .......... 236

C. Der Haushaltszyklus ................................ 239
   1. Das Budgetsystem ............................... 239
      a) Typen von Budgetsystemen ...................... 239
      b) Einordnung des kolumbianischen Systems .............. 240
      c) Budgetmäßige und tatsächliche Geldbewegungen ......... 242
      d) Diskussion der technischen und politischen Aspekte des „Reconocimiento"-Systems ........................... 246
   2. Erarbeitung und Annahme des Haushalts ................ 250
   3. Die Haushaltsdurchführung ......................... 257
   4. Veränderungen des Haushaltes während der Vollzugsphase ..... 260
   5. Rechnungskontrolle: Normen und Verwaltungsverfahren ...... 263
      a) Organisationen, die der Kontrolle des Rechnungshofes unterliegen ........................................ 263
      b) Die Kontrollverfahren ........................... 264
   6. Besonderheiten des Haushaltsrechtes ................... 265
      a) Uneinheitlichkeit des Haushalts ..................... 265
      b) Möglichkeiten der Änderung des Haushaltsgesetzes ........ 266

c) Bedeutungslosigkeit der „Regierung" als Organ .......... 268
d) Große Zahl von Vorschriften zur Erzwingung haushaltsmäßiger Stabilität ................................. 269
e) Normen zur Stärkung der Stellung des Finanzministeriums ... 272
f) Mißtrauen gegenüber dem Kongreß ................. 272

D. Praktische Haushaltspolitik ........................... 275

1. Budgetieren von unten: Die Ministerien und dezentralisierten Einheiten ........................................ 276
   a) Nichtbeachtung von Spätfolgen ..................... 276
   b) Herstellung eines Fait accompli .................... 277
   c) Ausübung von Druck ............................. 278
   d) Unabhängigkeit vom Zentralbudget ................. 280
   e) Vernachlässigung notwendiger Ausgaben ............. 283
   f) Bescheidene Anfangsausgaben für bedeutende Investitionen .. 284
   g) Ausländische Finanzierung ........................ 284
   h) Benutzung regionaler Elemente .................... 290
   i) Täuschung der Überwachungsbehörden .............. 297
   j) Bildung von Koalitionen ........................... 297
   k) Einsatz von Plänen .............................. 298
   l) Intervention beim Präsidenten ..................... 298

2. Budgetieren von oben: Präsident, Finanzministerium und Nationales Planungsamt .................................. 299
   a) Bildung von Reserven ............................ 299
   b) Festlegung von Obergrenzen ....................... 300
   c) Delegation von Entscheidungen .................... 301
   d) Konfliktvermeidung: ............................. 302
      – Zusage mindestens des Vorjahresbudgets ............ 303
      – Zustimmung zu einem Zuwachs ................... 303
         – Fortsetzung des Trends ...................... 303
         – Finanzierung der Investitionen des Entwicklungsplanes . 303
         – Beachtung der politischen Grundentscheidungen ...... 304
      – Vermeidung von Einmischung in den Geschäftsbereich fremder Behörden ................................. 305
   e) Umgehen eigener Verantwortlichkeit ................ 307
   f) Unterstützung des Finanzministers .................. 307
   g) Verwendung eines Puffers ......................... 308
   h) Auxilios Parlamentarios als unantastbare Größe ........ 309
   i) Zustimmung zu einem Kompromiß .................. 309

E. Budgetieren als politischer Prozeß ...................... 310

1. Die Akteure und ihre Stellung im politischen System ......... 310

2. Die Aufgabe der Rechnungskontrolle .................. 328
3. Budgetieren, Verwaltung und Politik ................. 336
   a) Haushaltspolitik als intrabürokratischer Prozeß ........... 336
   b) Unsicherheit als Schlüsselvariable für Verwaltungseinheiten ... 336
   c) Die Fragmentierung der öffentlichen Gewalt ............ 337
   d) Planung, Haushaltspolitik und die Entlastung von ideologischen Grundsatzdebatten ............................ 340

*Kapitel VI:*

**Zusammenfassung: Bürokratische Politik in Kolumbien – nebst einigen Überlegungen zu Verwaltungsreform und Verwaltungshilfe**

A. Die Verwaltung im politischen System Kolumbiens ............ 343
   1. Technische Leistungsfähigkeit ........................ 343
   2. Leistungen der Verwaltung zur Stabilisierung des politischen Systems ................................................ 351
   3. Verwaltung und innenpolitischer Friede ................. 358
   4. Rangfolge ......................................... 361
B. Folgerungen für das politische System Kolumbiens ........... 362
C. Zu den Möglichkeiten politisch-administrativer Reformen und technischer Zusammenarbeit im Verwaltungsbereich .............. 364
   1. Prinzipien ......................................... 364
   2. Überlegungen zu konkreten Vorschlägen ................ 366
      a) Zur Stadtplanung von Bogotá ...................... 366
      b) Zu Steuerreform und Steuerverwaltung ............... 368
      c) Zur Haushaltspolitik ............................. 369
D. Zu einer Konzeption der deutschen Verwaltungshilfe .......... 370
   1. Zielvorstellungen ................................... 370
   2. Leitende Prinzipien ................................. 372
   3. Konkrete Vorschläge ................................ 376

Anhang I:
Die Planungsstrukturen in Stadt und Raum Bogotá ............. 381

Anhang II:
Aufbau und Funktionen des Finanzministeriums im Haushaltsbereich 405

Anhang III:
Zu Aufbau und Funktionen der Planungsbürokratie Kolumbiens ... 412

Anhang IV:
Zum Aufbau des Zentralen Rechnungshofes ................. 414

Bibliographie .......................................... 416
Literaturverzeichnis .................................. 417
Zitierte Rechtsquellen ................................ 447

*Erstes Kapitel:*
# Theoretische Grundlegung

Dieses Buch über bürokratische Politik in Kolumbien möchte einen *Beitrag zu zwei Problemgebieten* leisten:
1. Zur Diskussion um deutsche Verwaltungshilfe;
2. zur Forschung über kolumbianische Verwaltung und Politik und zur Diskussion um deren Reform.

## A. Zur Konzeption und Praxis der deutschen Verwaltungshilfe

Unsere zentrale These zur deutschen Verwaltungshilfe — sei sie fort- bzw. ausbildender, sei sie beratender Art[1] — lautet:
Trotz gewisser konzeptioneller Neuüberlegungen in den letzten Jahren ist die deutsche Verwaltungshilfe in Theorie und Praxis im wesentlichen auf den unreflektierten Export westlich-technokratischer Managementmodelle im allgemeinen, deutscher Vorbilder im besonderen ausgerichtet.

Um diese Behauptung zu belegen, muß etwas ausführlicher auf Konzeption wie Praxis der Verwaltungshilfe eingegangen werden.[2]

Sie spielt bis heute in der deutschen entwicklungspolitischen Diskussion nur eine untergeordnete Rolle. Dies steht in einem auffallenden Gegensatz zu der — positiven wie negativen — Bedeutung, die der öffentlichen Verwaltung der Entwicklungsländer zukommt: Ihre Mängel vermögen die positivsten Ergebnisse von praktischen Projekten auf nahezu allen anderen Gebieten in ihrer Wirkung zu neutralisieren; der öffentliche Dienst mag zum Entwicklungshemmnis Nummer eins werden — er kann aber auch eine mächtige Waffe beim Kampf gegen die Unterentwicklung sein. Etwas überspitzt läßt sich formulieren, daß entwicklungspolitische Hilfsmaßnahmen zwar gelegentlich, wenn auch nicht häufig, ohne die Administration des Empfängerlandes gelingen mögen — *gegen* aktive Opposition der Verwaltung kann jedoch kein Projekt Erfolg haben. Um so

---

[1] Beide werden zur Technischen Zusammenarbeit gerechnet. Eine ausführliche Klassifikation verschiedener Typen von Verwaltungshilfe mit nicht weniger als 49 Arten bietet Kosow 1981:I.

[2] Wir greifen dabei zurück auf Wolff 1976 und Wolff 1978 d. Verschiedene (teilweise vertrauliche) jüngere Gutachten bestätigen ausdrücklich oder implizit Zentralpunkte der dort vorgetragenen Kritik.

erstaunlicher die geringe öffentliche Diskussion dieser Fragenbereiche. Diese Tatsache steht übrigens in ausgeprägtem Gegensatz zu den USA, wo seit Jahrzehnten in Wissenschaft und Praxis um die Verwaltungshilfe gerungen wird.[3]

Wenden wir uns im folgenden zunächst der *Diskussion* um eine tragfähige Konzeption der deutschen Verwaltungshilfe zu!

Zunächst zu ihren *Trägern*!

Die Verwaltungshilfe ist in der Frühzeit der deutschen Entwicklungshilfe zu Recht als ein politisch einigermaßen heikles Gebiet perzipiert worden.[4] Anders als bei verschiedenen anderen Nationen wurde daraus aber nicht der Schluß gezogen, die Verwaltungshilfe als ein Instrument etwa zur Erhöhung des deutschen Einflusses einzusetzen. Die betont unpolitische Orientierung der deutschen Entwicklungshilfe fand ihren Niederschlag darin, daß Verwaltungshilfe — sieht man von isolierten Einzelprojekten ab — praktisch nur einen untergeordneten Stellenwert einnahm. Fehlschläge bei der Kapital- und technischen Hilfe, die auf Probleme mit der Verwaltung der Empfängerländer zurückzuführen waren, haben dann aber zu einem langsamen Prozeß des Umdenkens geführt.

Im Jahre 1962 wird die Zentralstelle für öffentliche Verwaltung (ZÖV) der damaligen Deutschen Stiftung für Entwicklungsländer eingerichtet, und man kann sagen, daß von dieser Zeit an diese Institution Zentrum der Diskussionen um Verwaltungshilfe geblieben ist. Das Bundesministerium für wirtschaftliche Zusammenarbeit (BMZ) jedenfalls hat vor allem in seiner Frühzeit dem Anliegen von Verwaltungshilfe nur eine ganz untergeordnete Bedeutung beigemessen; nicht einmal die von ausländischer Seite an deutsche Stellen herangetragenen Bitten um Entsendung von Experten wurden mit der gebührenden Aufmerksamkeit behandelt.[5] Noch die „25 Thesen der Bundesregierung zur Zusammenarbeit" des Jahres 1975 erwähnten die Verwaltungshilfe mit keinem Wort. Soweit in diesen Thesen überhaupt auf Inhalte eingegangen wird, sind es Fragen der Technologie, der Bevölkerungszunahme, der Privatwirtschaft und der Sicherung der deutschen Rohstoffversorgung.

Die einzige regierungsoffizielle Verlautbarung zur Theorie der Verwaltungshilfe der Bundesrepublik ist in der Entwicklungspolitischen Konzeption (Fassung 1975) enthalten, die wegen ihrer lapidaren Kürze im Wortlaut[6] zitiert werden kann: „Die Bundesregierung wird entsprechend den Gegebenheiten des Entwicklungslandes den Ausbau der Verwaltungsstrukturen auf verschiedenen Ebenen fördern. Dabei steht die Ausbildung von Verwaltungspersonal für die

---

[3] Dazu Siffin 1974.
[4] Adlerstein 1975:26.
[5] Schnur 1969:446.
[6] Entwicklungspolitische Konzeption der Bundesrepublik Deutschland, Fassung 1975, Ziff. 41 (im Abschnitt „Infrastruktur"), Bundestagsdrucksache 7/4293.

Entsendung von Beratern im Vordergrund." Man kann also sicherlich sagen, daß eine regierungsoffizielle und publizierte verwaltungshilfemäßige Doktrin nicht existiert. Dies gilt um so mehr, als die entwicklungspolitischen Grundlinien der Bundesregierung vom Juli 1980 die Verwaltungshilfe mit Schweigen übergehen.[7]

Um so wichtiger ist es, sich die verschiedenen Äußerungen von Mitarbeitern der ZÖV, insbesondere ihres Fachbeirats, genauer anzusehen. Erste Expertengespräche bei der DSE fanden im Winter 1968/69 statt. Ein Bericht darüber ist der Öffentlichkeit vorgelegt worden.[8] Eine zweite Tagung des Fachbeirats der ZÖV fand im Winter 1970 statt. Er traf sich erneut im November 1974 in Berlin; im Zusammenhang damit wurde das bisher umfangreichste Dokument, „Neuformulierung der Grundsätze der deutschen Verwaltungshilfe", der interessierten Öffentlichkeit vorgelegt.[9]

Bereits dieser kurze Überblick über die bisherigen offiziellen und offiziösen Träger der Diskussion um die deutsche Verwaltungshilfe läßt einige bedenkliche Schwachstellen erkennen:

a) Das Bundesministerium für wirtschaftliche Zusammenarbeit fehlt in der Diskussion nahezu völlig. Offensichtlich legt es auf die Verwaltungshilfe keinen Wert, jedenfalls nicht den Wert, der der Bedeutung der öffentlichen Verwaltung in Ländern der Dritten Welt nicht anders – und eher noch mehr – als bei uns zukommt. Das BMZ hat vielmehr den bequemen, aber sogar verfassungsrechtlich diskutablen Weg der Überlassung dieser Aufgabe an die Deutsche Stiftung für Internationale Entwicklung und an die Gesellschaft für Technische Zusammenarbeit, Eschborn bei Frankfurt, beschritten. Wenn schon das nach Art. 86 GG bestehende Verbot der Einrichtung von Behörden durch den Bund[10] durch die Konstruktion einer Stiftung des öffentlichen Rechts bzw. einer GmbH in der Praxis unterlaufen wird – freilich ist dieses Vorgehen eine inzwischen verbreitete Übung geworden –, dann wäre es zum mindesten notwendig gewesen,

---

[7] Es ist lediglich von „entwicklungshemmenden Strukturen", darunter der öffentlichen Verwaltung, die Rede.
Im gleichen Sinne die Thesen für die Politik der Zusammenarbeit mit den Entwicklungsländern der Bundesregierung vom 30.5.1979. – 1983 ist, nach jahrelangen Vorarbeiten, ein Konzeptionspapier zur deutschen Verwaltungshilfe verabschiedet worden. Dieses war dem Verfasser bei Drucklegung dieses Werkes jedoch nicht zugänglich.
[8] Deutsche Stiftung für Internationale Entwicklung/Zentralstelle für öffentliche Verwaltung, Bericht: Deutsche Tagung/Expertengespräch „Verwaltungshilfe" (DOK 475/DT 58–E95/69), Berlin 1969.
[9] Deutsche Stiftung für Internationale Entwicklung/Zentralstelle für öffentliche Verwaltung, Grundsätze der Verwaltungshilfe, Bericht der erweiterten Fachbeiratssitzung der Zentralstelle für öffentliche Verwaltung am 28. und 29.11.74 in Berlin-Tiergarten (DOK 786 A V-DT 20/74), Berlin 1974.
[10] Böckenförde 1964:218 f.

klare und kontrollierte Richtlinien für deren Arbeit (wir beziehen uns auf die Verwaltungshilfe!) zu geben. Das grundgesetzliche Ideal, der Bund solle Gesetze erlassen und regieren, wäre nur durch eine entsprechend ausgebaute Abteilung im Rahmen des BMZ auszufüllen gewesen. Diese Abteilung ist jedoch von einem derartigen Ausbauzustand weit entfernt. Mit anderen Worten: das BMZ glaubt die Verwaltungshilfe in Berlin und Frankfurt in besten Händen; es erfüllt aber damit eine wichtige ihm ohne Frage zukommende Aufgabe nicht.

b) Die Mitglieder des Fachbeirates der ZÖV sind — folgt man der Teilnehmerliste der „erweiterten Fachbeiratssitzung" (gemeint ist vermutlich: der Sitzung des erweiterten Fachbeirats) vom November 1974 — mit einer oder zwei Ausnahmen von elf Mitgliedern noch nicht publizistisch zum Themenbereich der „Verwaltung in Entwicklungsländern" hervorgetreten; auch die praktische berufliche Erfahrung hiermit dürfte nur gering sein. Es handelt sich vielmehr um Praktiker aus der deutschen Verwaltung und um Wissenschaftler mit Forschungsschwerpunkt der Verwaltung in Industrieländern. Schon diese Beobachtung untermauert unsere zentrale These: Verwaltung hat universell gültigen Gesetzen zu folgen; wer — durch praktische oder theoretische Vertrautheit mit diesen (offenbar wird angenommen, sie seien in der deutschen Verwaltung gegeben) — deren Kenntnis nachgewiesen hat, ist damit auch kompetent, Konzeptionen der Einwirkung auf bürokratische Systeme in anderen Kulturen zu entwerfen.

Das wichtigste konzeptionelle Dokument der deutschen Verwaltungshilfe ist bis heute die *„Grundsatzerklärung zur deutschen Verwaltungshilfe"* von 1974[11] geblieben.

Einführenden Bemerkungen über die Bedeutung der Verwaltung für Entwicklungsländer und die Verwaltungshilfe als Teil der Entwicklungshilfe, die den technokratischen Publikationen verschiedener Sonderorganisationen der

---

[11] Der rechtliche Charakter dieses Schriftstücks bleibt im Unklaren. In dem Vorwort des Bandes heißt es: „Seit der letzten Zusammenkunft des Fachbeirats im Jahre 1970 haben sich ... Veränderungen ergeben, welche die Fortschreibung der Grundsätze der deutschen Verwaltungshilfe nahelegen. Dieser schwierigen Aufgabe haben sich die Mitglieder des Fachbeirats ... in einer Zusammenkunft ... 1974 ... gestellt." Damit wird — ebenso wie durch die Art der Präsentation (mit dem Tagungsbericht zusammen in einem Band) — suggeriert, die Grundsatzerklärung sei vom Fachbeirat verfaßt oder doch gebilligt und verabschiedet worden. Dies trifft jedoch nicht zu. Der philologisch akribische Leser kann das denn auch dem Vorwort entnehmen, das fortfährt: „... Mit diesem Bericht legt *die Zentralstelle* eine Neuformulierung ... vor." (Hervorhebung von mir.) Materiell ist indes der beabsichtigte Eindruck mindestens teilweise zutreffend: Die Grundsatzerklärung ist eine Kurzfassung und leichte Adaptation eines von *Werner Schmidt* auf der Sitzung vorgetragenen Referates. – Überlegungen zur konzeptionellen Weiterentwicklung sind in den letzten Jahren innerhalb der Fachgruppe 54 (Grundsatzfragen der Verwaltungshilfe) der DSE angestellt worden. Soweit bekannt wurde, kam es aber nicht zu einer offiziellen Übernahme als handlungsleitende Konzeption.

UN folgt, fügt sich ein Abschnitt über den Bedarf an Verwaltungshilfe an. Hierbei werden als Grundprobleme hervorgehoben: die Schaffung einer Verwaltungsstruktur, die „zentrale Planung mit der Entwicklung lokaler Initiativen" verbindet, die Verbesserung der funktionalen Abläufe (O + M-Arbeit), die Personalverwaltung, die Finanz- und Steuerverwaltung und die Überwindung der Diskrepanzen zwischen Agglomerationen und Umland. Der mögliche deutsche Beitrag zur Entwicklungshilfe wird darin gesehen, daß die deutsche Verwaltung stark Züge einer Entwicklungsverwaltung trage und in der klassischen Verwaltung Formen und Methoden entwickelt habe, die „als stabilisierende Faktoren in Entwicklungsländern wünschenswert" seien (S. 5).[12] Die deutsche Verwaltungshilfe sei auf „einen Beitrag zum Aufbau administrativer Kapazitäten zu (richten), die Entwicklung ermöglichen". Verwaltungshilfe sei nicht gegen den Wunsch der Betroffenen, nicht auf deutsche Muster[13] und nicht auf Veränderungen um ihrer selbst willen gerichtet. Schwierigkeiten deutscher Verwaltungshilfe werden in bestimmten Zügen der deutschen Verwaltung (Sprache, juristische Ausbildung der höheren Beamtenschaft usw.) gesehen. Vorteile seien auf der anderen Seite die große personelle Stärke, die gute Infrastruktur, die Qualität der deutschen Verwaltung, die Stärke der deutschen wissenschaftlichen Infrastruktur und schließlich die Tatsache, daß Deutschland als eines der großen Geberländer auf Verwaltungshilfe zum Gelingen anderer Projekte angewiesen sei. Eine ausführliche Liste nennt deutsche Angebotsmöglichkeiten in den Bereichen Allgemeine Verwaltung, Lokale und Regionale Verwaltung, Besondere Verwaltungszweige und Projektorientierte Planung und Verwaltung.

Im Grunde geht es nur um zwei Bereiche: Zum einen seien Deutsche, besonders deutsche *Praktiker*, in Entwicklungsländer zu entsenden, wobei verschiedene Vorschläge für ihre bessere Vorbereitung gemacht werden, im übrigen aber eine gewisse Skepsis gegenüber solchen Beratern geäußert wird. Zum anderen sei die Ausbildungshilfe in Berlin und Übersee zu verbessern. Erstaunlich ist die Persistenz, mit der deutsches Anschauungsmaterial (deutsche Verwaltung im Sachgebiet X) als lehrreich für Beamte aus Übersee angesehen wird.

Bevor wir zu einer Kritik dieses Ansatzes (der uns symptomatisch für die Mehrzahl konzeptioneller Überlegungen im Verwaltungshilfebereich zu sein scheint) übergehen, erscheint es angebracht, einen Blick auf die *Praxis* zu werfen. Grundsätzlich wäre es ja denkbar — wenn auch wenig wahrscheinlich —, daß einer ungenügenden geistigen Durchdringung eines Politikbereiches eine befriedigendere Praxis gegenüberstünde.

---

[12] Der hierdurch suggerierte Gedanke ist neu: Bisher nahm der naive Beobachter an, die Instabilität vieler Entwicklungsländer sei ein Problem der politischen Spitze, allenfalls der Militärs, demgegenüber die Verwaltung geradezu als ein Rocher de bronze erschien. Aber vielleicht wird eine weitere Verfestigung der Verwaltung in Zukunft die Militärs vom Putschen abhalten?!
[13] Das bleibt ein Lippenbekenntnis, s.u.

Eine Darlegung, Analyse und Bewertung der Aktivitäten deutscher staatlicher und halbstaatlicher Stellen auf dem Verwaltungshilfegebiet sieht sich dem Problem gegenüber, daß es eine umfassende, wissenschaftlich abgesicherte, auf empirischem Fundament beruhende und die notwendigen Einbindungen der Verwaltung in das politische System berücksichtigende *Wirkungsbeobachtung* bis heute nicht gibt.[14] Es liegt auf der Hand, daß der Wert einer zielgerichteten Aktivität wie der Verwaltungshilfe am fundiertesten durch den Grad der Annäherung an die deklarierten oder an die objektiv erreichbaren Ziele beurteilt werden kann. Dies setzte ein großes empirisches Projekt (ausführliche Erhebungen in mehreren Empfängerländern deutscher Hilfe) voraus; ein solches ist bisher nicht bekannt geworden.[15]

Es ist also die Einschränkung zu machen und bei den folgenden Ausführungen im Auge zu behalten, daß von dem Ursache-(Verwaltungshilfe-)Wirkungs-(Effekte der Hilfe)-Verhältnis im wesentlichen der erste Teil diskutiert werden kann. Freilich wird sich zeigen, daß auch mit dieser Einschränkung wichtige Erkenntnisse über den Wert der deutschen Verwaltungshilfe zu gewinnen sind.

Es erweist sich als schwierig, Verwaltungshilfe von anderen Aktivitäten im Entwicklungshilfe-Bereich abzugrenzen. Gerade wegen der alle Sachbereiche berührenden Tätigkeit moderner Verwaltungen oder ihres doch so weit reichenden Anspruchs kann es im Einzelfalle schwierig sein, etwa ein die Forstverwaltung beratendes Projekt der Landwirtschaftshilfe oder der Verwaltungshilfe zuzuordnen. Unzählige Beispiele ließen sich anfügen. Ein mögliches Kriterium könnte es sein, inwieweit das Fachwissen des deutschen Beraters zur reinen Beratung einerseits, zur direkten Übermittlung an Beamte mit dem Ziel einer Erhöhung ihrer Qualifikation, einer administrativen Reorganisation usw. andererseits eingesetzt wird. Den nur beratenden Forstwirt würden wir nicht der Verwaltungshilfe zurechnen; arbeitet der gleiche Experte hingegen etwa in einer Schule zur Ausbildung künftiger Forstbeamter, wäre sein Projekt als eines der Verwaltungshilfe anzusehen.

*Träger* der deutschen Verwaltungshilfe sind neben den bereits genannten Institutionen (Bundesministerium für wirtschaftliche Zusammenarbeit, Deutsche Stiftung für Internationale Entwicklung, Gesellschaft für Technische Zusam-

---

[14] Es gibt allerdings Projektgutachten und -vorstudien (etwa Lerche 1974; Oberndörfer/Avenarius/Lerche 1976; Avenarius 1980) und auch übergreifende Evaluierungen etwa der Tätigkeit der ZÖV. Diese werden vertraulich behandelt; was über den Inhalt durchgesickert ist, läßt den Satz im Haupttext keinesfalls als kühn erscheinen.

[15] Es existieren allerdings Evaluierungen von Einzelprojekten, etwa eines Zollprojektes in Peru. Deren Ergebnisse widersprechen der im Haupttext geäußerten Kritik nicht. Zu positiveren Ergebnissen kommen die Gutachter (König/Bolay 1980 und König/Schleicher/Bolay 1981) im Falle eines Beamtenausbildungsprojektes im Nordjemen und einer Zusammenarbeit mit lateinamerikanischen Steuerverwaltungen. Unser zentraler Kritikpunkt bleibt davon unberührt.

menarbeit) auch Parteistiftungen, etwa die Friedrich-Naumann-Stiftung, die u.a. in Indonesien und Kenia aktiv ist. Vom Umfang der Aktivitäten her liegen jedoch DSE (ZÖV) und GTZ weit an der Spitze; auf sie wird sich die folgende Darstellung zu konzentrieren haben.

Zunächst zur *ZÖV!*

Man kann verschiedene Tätigkeitsgruppen unterscheiden[16]:

a) *Seminare und Fortbildungsveranstaltungen:* Im Mittelpunkt der Arbeit der ZÖV stehen die in Berlin und anderen Orten der Bundesrepublik abgehaltenen Seminare und Fortbildungsveranstaltungen für Angehörige von Verwaltungen der Entwicklungsländer. Thematische Schwerpunkte seit Beginn der siebziger Jahre sind die folgenden: Kommunalverwaltung, Finanzverwaltung und Finanzwesen einschließlich Zollverwaltung, Rechnungskontrolle, Arbeitsverwaltung (seit 1974); hinzu kommen Themen, die nur in einem oder wenigen Seminaren behandelt und nicht kontinuierlich fortgeführt worden sind, etwa Verwaltungsreform, Sparkassenwesen, Auswärtiger Dienst, Verwaltungstechnologie, Kartographie, öffentliche Unternehmen und Umweltschutz. Bei einigen der zuletzt genannten Themen ist natürlich eine spätere Schwerpunktbildung durchaus denkbar und nach der gegenwärtigen Arbeitsplanung zu erwarten.

Die Zahl der Teilnehmer liegt generell zwischen 10 und 50 mit Schwerpunkt im Bereich 20 bis 30, nicht gerechnet die statistischen Ausrutscher mit Teilnehmerzahlen von 6 (1974) und insbesondere 1082 (1973, eine Mammuttagung in Brasilien), und 1006 (1970, ebenso). Gemessen an den Erfahrungen im Hochschulbereich erscheint diese Frequenz als recht günstig, um einerseits die Teilnehmer genügend zu fordern, andererseits ein ausreichend großes Forum für Diskussionen und Anregungen abgeben zu können.

Regionaler Schwerpunkt der Arbeit der ZÖV ist auf den ersten Blick Lateinamerika. Streicht man allerdings die erste der erwähnten Großveranstaltungen[17] in Nordost-Brasilien, dann mindert sich der Vorrang Lateinamerikas so weit, daß insgesamt von einer annähernden Ausgewogenheit bezüglich der geographischen Herkunft der Teilnehmer gesprochen werden kann. (Unterrepräsentiert ist nur der arabische Raum.) Allerdings wäre diese etwas schematische Betrachtungsweise durch Faktoren wie Zahl der Staaten und Bevölkerungszahl der einzelnen Räume genauer zu qualifizieren.

---

[16] Quelle: Die jährlichen Tätigkeitsberichte der DSE. Im Rahmen der sehr regen Öffentlichkeitsarbeit der Stiftung wird ein gesonderter (oft sogar zweifacher – Kurz- und Haupt-)Bericht über die wichtigeren Aktivitäten der ZÖV publiziert. Diese Berichte werden einzeln zitiert.

[17] Die zweite wird auch in den Statistiken der ZÖV nicht berücksichtigt; siehe die Statistik im Jahre 1972 (1904 lateinamerikanische Teilnehmer von 1962–1972) einerseits, zum Jahre 1974 (2243 Teilnehmer von 1962-1974) andererseits. Warum freilich mit dem ersten Großkongreß nicht ebenso verfahren wurde, bleibt unerklärlich.

Die Seminare werden sowohl in der Bundesrepublik, hier naturgemäß vorwiegend am Sitz der ZÖV in Berlin, als auch in überseeischen Ländern durchgeführt. Das deutliche Übergewicht der Veranstaltungen in Berlin in der Mitte der siebziger Jahre, das unter anderem wegen der hohen Kosten kritisiert werden konnte[18], ist in den letzten Jahren durch eine stärkere Berücksichtigung von Kursen in Empfängerländern abgelöst worden.

Der Anteil der Seminare, an denen Teilnehmer aus mehreren oder vielen Ländern teilnehmen, ist wesentlich größer als die der sog. „uninationalen" Veranstaltungen. Hier spielen Gründe der Projektökonomie eine Rolle, jedoch auch der Glaube an den „internationalen Erfahrungsaustausch".

Die Seminare dauern in der Regel zwischen einer Woche und einem Monat mit Schwerpunkt bei etwa zwei Wochen. Seminarsprachen sind, neben Deutsch, die großen Welt- und Verwaltungssprachen; eine Unterrepräsentation des Französischen ist deutlich, eine Folge des Rückgangs der Kenntnis dieser Sprache bei den potentiellen Referenten in der Bundesrepublik.

Die Referenten (soweit nicht bei internationalen Begegnungen aus dem Kreis der Teilnehmer selbst stammend) sind neben den Mitarbeitern der ZÖV selbst (allerdings in recht geringem Umfang) hohe und höchste Politiker und Beamte der deutschen Verwaltungen. Die deutsche Wissenschaft ist relativ wenig vertreten, was bei der Praxisbezogenheit der Programme nicht verwunderlich sein kann.

b) Die ZÖV führt, praktisch immer in Zusammenarbeit mit ausländischen und internationalen Organisationen, *internationale Konferenzen* durch, gelegentlich als reiner Financier. Dies erscheint als bewußt angestrebte Politik, übrigens auch für die anderen besprochenen und zu besprechenden Aktivitäten. Heißt es doch in einem Tätigkeitsbericht[19], „daß die ZÖV kaum mehr von sich aus Vorschläge für Veranstaltungen im Verwaltungsbereich in Staaten Asiens, Afrikas und Lateinamerikas unterbreitet. Die Vorschläge werden aus den Regionen an die ZÖV herangetragen". Deutlicher kann der Verzicht auf eine eigene, auf bewußter Reflexion beruhende und mit den Partnern im Einzelfalle kritisch diskutierte Politik der Verwaltungshilfe gar nicht ausgedrückt werden!

Häufige Partner sind verschiedene Abteilungen der Vereinten Nationen (besonders die Public Administration Branch und die Division of Public Finance); der Internationale Gemeindeverband im Haag; das ebendort ansässige niederländische Institute of Social Studies; die Internationale Organisation der obersten

---

[18] Ein Ausbildungstag in Berlin kostet etwa achtmal so viel wie ein solcher im Empfängerland. Diese Zahl ergibt sich aus den Informationen der Stiftung, die diese zur Widerlegung meiner Kritik an ihrer Finanzgebarung (Wolff 1978 d) in hektographierter Form in Umlauf gebracht hat.
[19] DSE-Jahresbericht 1974:21.

Rechnungskontrollbehörden (INTOSAI), Wien; das Interamerikanische Zentrum für Steuerverwalter (CIAT), Panama; die ILO, Genf, sowie die verschiedenen regionalen Wirtschaftskommissionen der UN.

Die Anlehnung an diese Weltorganisationen wird in den Tätigkeitsberichten in einer manchmal übertrieben erscheinenden Weise betont. Die thematischen Schwerpunkte entsprechen denen der Ausbildungsseminare.

c) *Mittel- bis langfristige Fortbildungsprogramme:* Sieht man von der Vergabe von Sur-place-Stipendien zum Besuch nationaler oder regionaler Ausbildungseinrichtungen im Verwaltungsbereich[19a] sowie vereinzelten in Entwicklungsländern durchgeführten Kursen ab, handelt es sich bei dieser Art von Aktivitäten um die Einladung mehr oder weniger großer Gruppen (manchmal sogar einzelner Teilnehmer) von Beamten aus Entwicklungsländern in die Bundesrepublik zur theoretischen und insbesondere praktischen Fortbildung innerhalb deutscher Behörden. Dabei erscheint die sprachliche Vorbereitung oft als Problemfeld.[20]

Zur *GTZ*:

Eine ähnlich detaillierte Übersicht über die Aktivitäten der Gesellschaft für Technische Zusammenarbeit kann ein Außenstehender wegen ihrer zurückhaltenderen Öffentlichkeitsarbeit und des verfolgten Projekttyps nicht leicht zusammenstellen. Ein weiteres Problem kommt hinzu: Die Entsendung von Experten als Verwaltungsberater ist bisher, soweit bekannt wurde, viel weniger standardisiert und damit genereller Analyse und Kritik zugänglich gemacht worden. Besondere Umstände von Einzelprojekten (von politischen Umschwüngen — etwa dem Zusammenbruch der Ostafrikanischen Gemeinschaft — bis zu höchstpersönlichen Stärken und Schwächen von Projektmitarbeitern) müssen hier also viel stärker durchschlagen. Mit aller Vorsicht können die folgenden generalisierenden Aussagen gewagt werden:

a) Wie bei der DSE dürfte die *systematische Bedarfsermittlung* und die Untersuchung der Einbindung des Projektes und der aufnehmenden Behörde in das politische und soziale Kräftefeld einen bedeutenden Schwachpunkt darstellen. Die in vielen Fällen unbestreitbaren Verwaltungsmängel, die auch ein flüchtiger Beobachter feststellen kann, bedeuten für sich genommen noch keine Rechtfertigung für ein deutsches Engagement.

---

[19a] Diese sind kürzlich, einer Mitteilung eines Mitarbeiters der ZÖV zufolge, als erfolglos eingestellt worden.

[20] Nach Mitteilung eines Mitarbeiters der ZOV 1982 anläßlich einer Tagung über deutsche Verwaltungshilfe sind die 9–12monatigen Langzeitprogramme kürzlich eingestellt worden. Dem steht freilich die Neueinrichtung eines Postgraduierten-Studiengangs (in Zusammenarbeit mit der Verwaltungshochschule Speyer) gegenüber.

b) Zahlreiche Projekte sind der *Ausbildung* an nationalen (allgemeinen oder spezialisierten) Aus- und Fortbildungsschulen für Verwaltungsbeamte gewidmet. (Schwerpunkt scheint die Finanz- und Zollverwaltung zu sein.) Dies ist sinnvoll, wenn sich nachweisen läßt, daß ungenügende Verwaltungsleistungen auf mangelnde Fachkenntnisse von Beamten (und nur auf diese) zurückgehen. Gerade im Bereich Finanzen, Steuern, Zölle und Rechnungskontrolle gibt es inzwischen mehrere Studien, die das für den Regelfall bezweifeln; unsere in diesem Buch vorgelegte Untersuchung über die Steuerreform Kolumbiens von 1974 und die Haushaltspolitik dieses Landes (insbesondere die Haushaltskontrolle) stehen mit den Ergebnissen dieser Publikationen in Übereinstimmung.

c) In einigen Ländern kann vom Versuch eines *Exports deutscher Modelle* in Länder der Dritten Welt gesprochen werden.

Eine Besprechung von Verwaltungshilfekonzeptionen wie -praxis dürfte trotz hoffnungsvoller Ansätze in den letzten Jahren unsere These vom technokratischen Charakter der diesbezüglichen Bemühungen stützen.

Im einzelnen können wir festhalten:

a) Die Notwendigkeit der Verwaltungshilfe wird undifferenziert aus der Rolle des Staates als Entwicklungsdemiurg abgeleitet. Hinter dem gesamten Konzept steht die liberalem europäischem Denken widersprechende Annahme, daß eine irgendwie zu definierende Entwicklung nicht ohne die mehr als aktive Beteiligung des Staates in Gang zu bringen bzw. am Leben zu halten ist.

Diese Auffassung beherrschte die internationale Diskussion bis zum Beginn der siebziger Jahre, sieht man von vereinzelten warnenden Stimmen (etwa *Richard F. Behrendt*) ab. In einem Augenblick, in dem zahlreiche Mißerfolge etwa des Planungskonzeptes an dieser Auffassung schwere Zweifel aufkommen lassen, schickt man sich in Deutschland an, sie nachdrücklich zu kräftigen und eventuell durch eigene Maßnahmen zu unterstützen.

Hier wird natürlich auf die Bedeutung des Staates im Hinblick auf die Voraussetzungen einer wirtschaftlichen und gesellschaftlichen Entwicklung nicht geleugnet. Es wird auch nicht — im Widerspruch zur europäischen Entwicklung — die These vertreten, die Industrieländer hätten ohne massive Eingriffe des Staates ihren heutigen Wohlstand erreicht. Was vermißt wird, ist vielmehr die gebotene Skepsis gegenüber einer Argumentationsweise, die das (unbestreitbare) mangelhafte Funktionieren von Märkten als ausreichend ansieht, um vorwiegend auf staatliche Aktivitäten zu setzen, aber die ebenfalls mangelhaften Ergebnisse dieser Politik nicht zur Kenntnis nimmt. Planung für Entwicklungsländer steckt in einer tiefen Krise, die viele Ursachen hat, aber auch auf die Ideologie des allmächtigen Staates und die zugehörige Vernachlässigung der Privatinitiative zurückzuführen ist. Sätze wie: es sei angestrebt, „zentrale Planung mit der Entwicklung lokaler Initiativen" zu verbinden, zeugen jedenfalls von erstaunlicher Unkenntnis des Ergebnisses weltweiter Versuche der planerischen Dezentralisierung und der Berücksichtigung von Initiativen der Basis: sie sind schlicht gescheitert, auch und gerade in politischen Systemen, die eine dezidiert partizipative Entwicklungsideologie verkünden (etwa Tansania)[21]. Planung kann aber als der am stärksten auf den Staat abhebende Entwicklungsweg angesehen werden. Was hier beispielhaft als unreflektiert aufgezeigt wurde, durchdringt wie ein roter Faden die „Grundsätze" auch bei den weniger eingreifenden Maßnahmen.

b) Es fällt weiter auf, daß die „Grundsätze" die Notwendigkeit der Verwaltungshilfe ganz undifferenziert mit Schwächen der Verwaltung im europäischen Sinne begründen. Die Verwaltung hat instrumentale Funktionen: sie führt politisch gefaßte Beschlüsse durch, ist Erfüllungsgehilfe der Regierung. Defizienzen sind somit notwendig technischer Art: es mangelt an ausreichend ausgebildeten und motivierten Beamten, die Organisationsstruktur ist unlogisch, die verwendeten Managementtechniken nicht auf dem neuesten Stand usw.

Hinter dem gesamten Konzept steht die Auffassung, eine Verwaltung sei defizient, wenn und soweit sie dem Weberschen Idealtypus rationaler Bürokratie nicht entspreche.[22] Eine solch verkürzte Sichtweise erklärt sich nur dann, wenn im Gegensatz zu der inzwischen umfänglichen Forschung die Rolle der Verwaltung ganz eindimensional auf die eines Erfüllungsgehilfen der Regierung reduziert wird. Nimmt man einmal eine weitgehend parasitäre Haltung des Verwaltungsapparates an — und viele Indizien sprechen dafür —, dann wird sofort klar, wie unzulänglich jeder Ansatz bleiben muß, der derartige Haltungen nicht zur Kenntnis nimmt und die hieraus folgenden Eigenarten als Strukturdefizienzen deutet. Verwaltungshilfe technokratischer Art kann aber allenfalls an Strukturmängeln etwas ändern, wenn die Defizienzen von der betroffenen Verwaltung auch als solche perzipiert werden. Dies ist aber in vielen Ländern nicht der Fall, da die Bürokratie neben den einzig beachteten Durchführungsaufgaben vorrangig andere Funktionen wahrnimmt (dazu gleich).

c) Eine rationale Politik, also auch eine rationale Entwicklungspolitik, hat von einer Analyse des Ist-Zustandes auszugehen, vergleicht diesen mit einem angestrebten Soll-Zustand und entwickelt dann Aktionsprogramme, um den

---

[21] Belege dazu in Wolff 1977 a:151 ff.

[22] Symptomatisch die Einleitung des Jahresberichtes 1974 der DSE, die „administrative Unterentwicklung mit von Land zu Land unterschiedlich(er) Schärfe" diagnostiziert und als Einzelfaktoren Dinge wie Inkohärenz, schlechte Kompetenzverteilung, mißbräuchliche (sic) Zentralisierung, Korruption, fehlende Delegation usw. nennt. Kein Wort über die Ursachen, die doch zuerst anzugehen wären; kein Wort über die Funktion oder zumindest über das Fehlen einer Dysfunktion vieler dieser Züge im sozialen und politischen System, die bei Hilfsmaßnahmen besonders im Auge zu behalten wären! Entsprechend die Ausführungen in anderen Berichten, z.B. demjenigen für 1976, S. 68.

Ist-Zustand in den Soll-Zustand zu überführen. Hierbei können unter Umständen auch Unterziele gebildet werden, um damit Maßnahmen mittlerer Reichweite zu rechtfertigen, die langfristig eine Annäherung an das Hauptziel ermöglichen. Bei der Betrachtung der Aktivitäten im Verwaltungshilfebereich fällt hingegen auf, daß in den meisten Fällen überhaupt keine Evaluierung des Ist-Zustandes der Verwaltung, auf die man einwirken will, vorgenommen wird. Die scheinbar selbstverständliche Forderung eines vertieften Studiums des Sozialbereiches, den man reformieren will, ist in keiner Weise erfüllt.

Man muß insgesamt feststellen, daß die speziellen technischen Mängel der Verwaltung in einem Empfängerland ebenso wie ihre politischen Funktionen nur höchst ungenau bekannt sind. Allgemeine Sentenzen, wie diejenige von der Notwendigkeit der Stärkung der gemeindlichen Selbstverwaltung — so wichtig diese für sich genommen sein mag —, reichen natürlich nicht aus, um Bürgermeister aus Bangladesch zu einem kostspieligen Kurs nach Berlin zu holen.

d) Es bedarf keiner weiteren Begründung, wie unterschiedlich die Verwaltungsbedingungen und die damit verflochtenen politischen Bedingungen auch in geographisch benachbarten Ländern sind oder mindestens sein können. Was der einen Verwaltung oder einem Verwaltungszweig aufgrund seiner technischen Kapazität und seiner politischen Stellung möglich ist, erscheint dem gleichen Verwaltungszweig in einem Nachbarland als kaum durchführbar. Von diesem nicht zu leugnenden Faktum her verbieten sich Mehr-Länder-Veranstaltungen im allgemeinen von selbst: Ein erheblicher Teil des Kursprogrammes muß bei einer heterogenen Teilnehmergruppe ins Leere gehen. Gleiche Maßnahmen rechtfertigen sich eben nur bei gleichen Bedingungen. Wie oben dargelegt wurde, sind jedoch unglücklicherweise die Mehrländer-Programme die Regel.

e) Bei der Erarbeitung der Konzeption deutscher Verwaltungshilfe sind ausdrückliche gesellschaftspolitische Überlegungen nicht angestellt oder mindestens nicht publiziert worden. Hier waltet offenbar eine Tradition ängstlicher politischer Zurückhaltung: Vermeidung auch des Anscheins der „Einmischung in die inneren Angelegenheiten" (so schwach auch in nicht wenigen Fällen die Legitimation derjenigen erscheinen muß, welche jene „inneren Angelegenheiten" bestimmen); der Glaube, Entwicklungspolitik könne, ihrem Namen zuwider, weitgehend unpolitisch betrieben werden; kurz, die offensichtliche Scheu, eigene Zielvorstellungen zu diskutieren, sich innen- wie außenpolitisch zu ihnen zu bekennen und die eigenen Maßnahmen an ihnen auszurichten. Übersehen wird dabei, daß *jede* Maßnahme im sozialen Bereich soziale und politische Wirkungen hat und daß der Verzicht auf eine Diskussion der eigenen Zielvorstellungen an dieser Tatsache nichts ändert, sondern lediglich die Konsequenzen unkalkulierbar und, bei mehreren Einzelmaßnahmen, einander widersprechend macht oder doch machen kann.

Wir können zusammenfassen: Konzeption wie Praxis der offiziellen und offiziösen deutschen Verwaltungshilfe sind auf den Export von Kenntnissen und Fertigkeiten aus den Verwaltungen der Industrieländer durch Fortbildungskurse und Entsendung von Experten gerichtet. Die Verwaltungshilfe gibt sich keine Rechenschaft über die Voraussetzungen einerseits, über die Folgen bei einem Gelingen dieser Politik auf der anderen Seite. Sie fragt nicht nach dem Stellenwert der Verwaltung im politischen und sozialen System der bedachten Länder. Noch immer leben wir in der Phase einer undifferenzierten Vermischung von präskriptiven, Weberschen Idealmodellen nachempfundenen Elementen mit deskriptiven, empirischen Beobachtungen; der ethnozentrischen und unbefragten Übertragung von Managementprinzipien in eine vom kulturell-normativen Hintergrund her ganz verschiedene Umwelt, kurz der Hoffnung, die europäische Schulung lasse in einer verschiedenen Umgebung ein Resultat wie in Europa entstehen.

## B. Zum konzeptionellen Ansatz des vorliegenden Buches

1. Dieser technokratischen Sicht von Bürokratien, der Mängel als rein technische Probleme erscheinen, zu deren Abhilfe universell gültige Managementprinzipien einzuführen sind, stellen wir folgende *These* entgegen:

Eigenschaften und Verhalten einer bestimmten Verwaltung (auch ihre technischen Leistungen und Mängel) und einer Behörde (im engeren Sinne) können nicht ohne Analyse der weiteren Bezüge begriffen werden, innerhalb derer sie angesiedelt ist. Wie alle sozialen Systeme erfüllen Bürokratien mehrere Aufgaben in verschiedenen Sozialbereichen. Diese sind nicht aus Rechtsvorschriften oder Managementprinzipien ableitbar, sondern können nur durch empirische Forschung ermittelt werden.

Diese These ist im folgenden genauer zu begründen.

Die Verwaltung in einem Entwicklungsland stellt ein soziales Subsystem neben anderen dar. Ihr zur Seite stehen Systeme wie diejenigen der Wirtschaft, der Politik, funktionaler Interessengruppen, Ethnien und anderer. Die Verwaltung teilt unentrinnbar Züge der sozialen Umwelt, wie sie auch ihrerseits die soziale Umwelt beeinflußt. Es ist ein Irrglaube, von vornherein eine moderne Verwaltung anzunehmen oder undifferenziert die Möglichkeit zu ihrer Einrichtung unabhängig vom sozialen Umfeld zu postulieren, an deren Schopf dann die übrigen Sozialbereiche, insbesondere die Wirtschaft, aus dem Sumpf der Unterentwicklung zu ziehen wären. Viele Züge der Verwaltung sind also nicht eigentlich typisch für die Verwaltung, sondern typisch für das soziale Gesamtsystem.

Uneinigkeit (mit den bedeutendsten Folgen für hieraus abzuleitende Aktionen) herrscht hingegen über den Grad der Autonomie der Verwaltung gegenüber anderen Bereichen. Holistische Ansätze, wie sie insbesondere in den sechziger Jahren beliebt waren[23], betonten die enge Verbundenheit des sozialen Ganzen und die damit zusammenhängende Unmöglichkeit, einen Teilbereich (wie etwa eben die Verwaltung) isoliert reformieren, modernisieren oder allgemein verändern zu können. Entwicklung wurde hier als ein Gesamtprozeß verstanden, bei dem die verschiedenen Schritte in allen Bereichen in einer mindestens annähernden Gleichzeitigkeit vonstatten gehen. Bereits in den sechziger Jahren tritt jedoch eine weitere Schule auf, welche eine relative Autonomie der Verwaltung annimmt und ihr damit gegebenenfalls Vorreiter-Funktionen zuweisen kann.

Der *relative Gleichgewichtszustand zwischen den Sozialbereichen*, wie er moderne Industriegesellschaften mit ihren vielfältigen ausdrücklichen und tatsächlichen Systemen von „checks and balances" auszeichnet, ist *in einem Entwicklungsland nicht häufig zu finden*. Für die Verwaltung heißt das konkret, daß sie den anderen Bereichen gegenüber entweder erdrückend-dominant oder aber ungleichgewichtig-schwach erscheint.

Der erste Fall dürfte insbesondere in vielen schwarzafrikanischen Ländern vorherrschend sein: Private Regungen werden von einer allmächtigen Bürokratie behindert und nicht selten erdrückt. Der zweite Fall kann beispielsweise in einer Reihe von asiatischen und lateinamerikanischen Ländern beobachtet werden.[24]

Verwaltungen führen, das wurde eben gesagt, keineswegs nur Beschlüsse politischer Institutionen durch; dies dürfte in allen Ländern der Fall sein (man bedenke etwa den politischen Einfluß der Ministerialbürokratie in der Bundesrepublik). Was Verwaltungen von Entwicklungsländern von denjenigen der Industrieländer in dieser Hinsicht unterscheidet, ist hingegen das *Ausmaß* der nicht der Implementierung gewidmeten Aktionen der Verwaltung. Darauf ist gleich noch genauer einzugehen; unsere Fallstudien enthalten im übrigen zahlreiche Beispiele hierzu.

Erfüllt die Bürokratie eines Landes neben der Implementierungsfunktion noch andere wichtige Aufgaben, von denen wir beispielsweise einige angeführt haben, dann ergibt sich klar, daß *viele der im technischen Verständnis so zu be-*

---

[23] Eine vollständige Bibliographie ist hier weder möglich noch von Interesse; wir verweisen stattdessen auf Steiffert 1972 für eine bis zum damaligen Zeitpunkt ziemlich vollständige Literaturübersicht mit Diskussion. Zu Verwaltung und Planung siehe Wolff 1977 a, insbesondere die Bibliographie. Neuere Studien umfassen Illy 1977, Hoetjes 1978, Pongratz 1977, Dresang 1973 und Siffin 1974.

[24] Die klassische Formulierung hierfür ist der „soft state" Myrdals in dessen „Asian Drama".

*nennenden Mängel durchaus keine Mängel sind.* Sie dienen vielmehr direkt der Erfüllung dieser anderen Aufgaben. Ist etwa ein außerordentlich rascher Stellenwechsel zwischen Beamten und freien Berufen oder Angestellten der Wirtschaft zu verzeichnen (eine Erscheinung, die negative Folgen für die Leistungsfähigkeit der Verwaltung haben muß), dann ist damit die Möglichkeit der Benutzung der Laufbahnen in der Verwaltung als Mobilitätskanal vervielfacht. Ist die Beamtenzahl über die sachlich notwendigen Erfordernisse hinaus aufgebläht und verwendet die Bürokratie besonders komplizierte Verwaltungsverfahren, dann mag damit die eminent wichtige Funktion der Arbeitsbeschaffung für politische Gefolgsleute, die man mit anderen Mitteln nicht bei der Stange halten kann, erfüllt werden; das gleiche ist dann für das in vielen Ländern zu beobachtende Fehlen eines Berufsbeamtentums mit garantierter Laufbahn zu vermerken. Umgekehrt kann argumentiert werden, daß rationale Budget-Politik, echte Planung, Verfahren, die Leistungsgesichtspunkte betonen, diesen anderen Zielen zutiefst widersprechen, daß infolgedessen häufig nicht ernsthaft versucht wird, sie einzuführen.

Mit diesen Problemen hängt die zentral wichtige Frage zusammen, ob die Verwaltung in Entwicklungsländern als *Entwicklungsagentur* anzusehen ist oder nicht.[25]

Entsprechend der Definition der Aufgabe der Verwaltung, die sich zumindest verbal zum Grundsatz der Entwicklung bekannte, ist nach der Welle der Unabhängigkeit für die asiatischen und afrikanischen Länder in den 50er und 60er Jahren diese Frage unzweifelhaft bejaht worden. Eine wichtige neue Funktion, die neben die herkömmliche der Bewahrung von Recht und Ordnung im Sinne der Interessen der Kolonialmacht trat, sollte nun die Induzierung und Steuerung von Wandel oder Entwicklung sein. Dies stellte zweifellos eine verbale Antwort auf die Herausforderung der verschiedenen Phänomene persistierender Unterentwicklung dar.

Inzwischen nimmt jedoch die Zahl der Publikationen zu, welche den Aspekt der Beharrung und Stabilisierung als Ergebnis empirischer Studien betonen. Systembewahrung statt Wandel, der potentiell die etablierten Herrschaftsgefüge in Frage stellt, ist in nicht wenigen Ländern zur dominierenden Funktion der Verwaltung geworden.[26] Der Optimismus, eine Verwaltung als Modernisierungsinstrument einsetzen zu können, ist weitreichender Ernüchterung gewichen.

---

[25] Der Ausdruck „development administration" ist von Mitgliedern der Comparative Administration Group der American Society for Public Administration popularisiert worden. Siehe z.B. den Sammelband Weidner 1970, insb. Riggs 1970. Zu Einzelheiten s. Ziffer 4.

[26] Eine grundlegende Kritik in Illy 1976:passim. – Das Problem ist allerdings komplizierter als im Haupttext skizziert. Zum einen kann in der Mehrzahl der Entwicklungsländer ein schneller Wandel (wenn nicht notwendig eine schnelle „Entwicklung") beobachtet werden. Man bedenke etwa ein Phänomen wie die überschnelle Verstädte-

Die Tatsache, daß über den Grad der Autonomie der Verwaltung gegenüber anderen Sozialbereichen und über den möglichen Unterschied wichtiger Züge der Verwaltung und der allgemeinen politischen Kultur wissenschaftlich keine Einigkeit erzielt werden konnte, führt mit einiger Notwendigkeit zu divergierenden Antworten hinsichtlich einer Strategie der Verwaltungsreform und der damit verbundenen Entwicklungspolitik.[27]

a) Fördert man die Verwaltung unter anderem mit Hilfe ausländischer technischer Zusammenarbeit, dann wird das bei einer starken Betonung der intersystemischen Zusammenhänge ein erfolgloses Vorgehen bleiben müssen (dies dürfte etwa die Position von *Riggs* sein). Im besten Falle wäre also die gesamte (nur) auf Verwaltungshilfe verwendete Mühe erfolglos, da eben Wirtschaft, Gesellschaft, Verwaltung, Politik ein Ganzes bilden, das es nicht erlaubt, Teile davon isoliert zu modernisieren. Eine weitreichende Veränderung wäre hiernach erst im Gleichschritt mit den übrigen Gebieten zu erreichen – und daß hierbei mit langen Fristen zu rechnen wäre, leuchtet ein. Beurteilt man (etwa mit *Braibanti* und *LaPalombara*) die relative Autonomie der Verwaltung als größer, dann bleibt dennoch die Frage, ob diese Autonomie dazu genutzt werden soll, die in vielen Fällen ohnehin gegebene Präponderanz der Verwaltung durch Verwaltungshilfe noch zu verstärken. Damit geht man – so die eine Position – das Risiko ein, die Erstickung autonomer gesellschaftlicher Regungen durch die Verwaltung noch zu fördern. Die etwas optimistischere Variante hält Asymmetrien im Lauf der gesellschaftlichen Entwicklung generell für unvermeidbar, glaubt indes, daß auf die Dauer eine Diffusion von dem weiterentwickelten Sozialbereich in die anderen erfolgt. Eben dies ist aber mit Verwaltungshilfe beabsichtigt, so daß hiernach ein ausdrückliches Plädoyer für ungleichgewichtige technologische Verwaltungshilfe gegeben wäre.

b) Auf einer zweiten Ebene wiederholt sich diese noch nicht ausdiskutierte Kontroverse. Es besteht keine Einigkeit darüber, ob die „ganze Verwaltung" oder nur Teile von ihr zu fördern und zu reformieren wären. Im einen Falle

---

rung in vielen Ländern, die notwendig einen tiefen Einfluß auf Wirtschaft und Gesellschaft hat. Auf solche Phänomene müssen die Verwaltungen auf die eine oder andere Weise reagieren. Zweitens, der Gegensatz von Beharrung und Wandel mag ein Pseudo-Widerspruch sein: Um wichtige Züge des Systems langfristig zu bewahren, mögen kurzfristige Opfer oder kurzfristiger Wandel nötig sein, um ein Anwachsen der Spannungen bis zu einer Explosion zu vermeiden (dies dürfte der kolumbianische Fall sein). – Und drittens müssen Entwicklung und Unbeweglichkeit als idealtypische Extreme eines Kontinuums angesehen werden, zwischen denen alle empirisch beobachteten Länder anzuordnen sind.

[27] Riggs auf der einen Seite betont die intersystemischen Effekte (siehe besonders die Sammlung Riggs 1971), folglich die Dysfunktionalität isolierter Reformmaßnahmen. LaPalombara und Braibanti (in derselben Sammlung, siehe auch Braibanti 1966) und Esman (1972) hingegen verweisen auf die Notwendigkeit – und Möglichkeit – weniger weitreichender Bemühungen.

wird man wiederum die Interdependenzen betonen, im anderen Falle an einen Ausstrahlungseffekt glauben. In der Praxis ist die in Rede stehende Diskussion natürlich längst entschieden: Es ist nicht möglich, alle Bereiche gleichmäßig zu fördern, und selbst wenn das denkbar wäre, wäre damit noch keine Entwicklung im Gleichschritt garantiert, da Entwicklungshilfe nur einen – und unserer Auffassung nach sehr kleinen – Faktor der Entwicklung darstellt. Auch ganze Verwaltungen können nicht reformiert werden. Eine Konzentration ist notwendig.

Neuerdings gibt es auch Ansätze, welche auf eine Überwindung der angedeuteten wissenschaftlichen Kontroverse bzw. auf ihre Entscheidung zugunsten der Ungleichgewichtsansätze hinauslaufen:

Holistische Theorien werden mehr und mehr aufgegeben. Zunehmend werden europäisch-amerikanische Konzepte der Verwaltungsforschung auf Entwicklungsländer-Verwaltungen angewendet – und zur allgemeinen Überraschung stellt sich heraus, daß viele scheinbar „typische" Eigenschaften von Entwicklungsländerbehörden aus ihrer Umwelt und den verfügbaren Ressourcen erklärt werden können.[28] Ein Planungsamt hat z.B. nicht deshalb in der Regel so wenig Erfolg, weil Entwicklungsländerverwaltungen besonders neuerungsfeindlich oder besonders arational wären. Vielmehr will eine Planungsverwaltung den übrigen Verwaltungszweigen Aktionen vorschreiben, und die vorgeblich oder tatsächlich höhere Rationalität der Planer wird von diesen Konkurrenten als Eigeninteresse des Planungsamtes perzipiert und bekämpft. Damit soll freilich nicht geleugnet werden, daß es im Einzelfalle soziale Normen geben kann, welche rationaler Verwaltung widersprechen. Ein Beispiel wäre die Praxis der Steuereintreibung in Indonesien: Wird derjenige sozial bestraft, der die Norm der Konfliktvermeidung übertritt, dann ist ein hartes Durchgreifen des Staates zur Sicherung seines Steueranspruchs nicht zu erwarten; man arrangiert sich mit dem Steuerpflichtigen.[29] Der ausgeprägte kolumbianische Personalismus, der uns noch ausführlich zu beschäftigen hat, wäre ein anderes Beispiel. Zur Erklärung solcher Phänomene sind dann aber nicht Ansätze heranzuziehen, welche Entwicklungsländerverwaltungen insgesamt beschreiben wollen.

Wir können zusammenfassen: Trotz einer weitreichenden Uneinheitlichkeit der wissenschaftlichen Literatur zu Fragen der Verwaltung in Entwicklungsländern zeichnen sich neuerdings Entwicklungen ab, welche die negativen Auswirkungen dieser Tatsache für die praktische Politik überwinden können: Verwaltung ist nicht nur Durchführungsinstrument. Sie dient vielfältigen anderen Zwecken, darunter auch ihren eigenen.

---

[28] Dazu Cleaves 1974; s.a. Caiden/Wildavsky 1974. Genauer s. unten.
[29] Oberndörfer/Avcenarius/Lerche 1976:98.

*Welche* Ziele das im einzelnen sind, ist durch Generaltheorien nicht zu beantworten. Hierzu bedarf es vielmehr detaillierter Einzelstudien. Die Dynamik der Verwaltungen läßt sich, wenigstens teilweise, mit Konzepten der europäisch-amerikanischen Organisationssoziologie und Organisationstheorie fassen; freilich sind die einzugebenden Variablen (etwa kulturelle Normen) u. U. von den gewohnten europäischen sehr verschieden. Die Verwaltung genießt einen gewissen Grad an Autonomie, welche es rechtfertigt, Verwaltungshilfe einzusetzen. Dabei ist jedoch im Auge zu behalten, daß ein wesentlicher Teil der Verwaltung keineswegs Entwicklungszwecken dient, sondern der Beharrung und Stabilisierung bestehender Regime.

2. Als unsere zentrale analytische Kategorie erweist sich mithin die *Multifunktionalität*: Die Funktionen von Verwaltungssystemen erschöpfen sich nicht in der Optimierung von Verfahren und Prozessen auf der Grundlage politischer Entscheidungen und zuvor hergestellten Konsens'. Sie gehen weit darüber hinaus.

Damit ist zugleich angedeutet, daß unser Hauptinteresse den Funktionen der Verwaltung innerhalb des *politischen* Systems gilt. Die den Fallstudien zugrunde liegende zentrale Frage ist also diejenige nach den Aufgaben der kolumbianischen Verwaltung innerhalb des politischen Systems dieses Landes. Dabei wird davon ausgegangen, daß es typisch für eine wichtige Gruppe von Entwicklungsländern mit ausdifferenzierten politischen Institutionen und politischem Wettbewerb ist. Mindestens kann die genauere Analyse dieses Falles Hypothesen und Fragestellungen auch für Studien anderer Entwicklungsländerverwaltungen abgeben.

Die Behauptung der Multifunktionalität muß jedoch ohne nähere Spezifizierung blutleer bleiben. Im folgenden versuchen wir, jene Hauptfunktionen anzugeben, die bei der Analyse Kolumbiens im Mittelpunkt des Interesses standen.[30]

a) Grundlegend – und auch am leichtesten beobachtbar – ist die Frage technischer Leistungsfähigkeit zur *Zielerreichung für das politische System*. Für Entwicklungsgesellschaften, die – nahezu definitorisch – dem Druck der Modernisierungskrise ausgesetzt sind, steht dabei das Problem der Entwicklungsleistung voran. So ist eine der wichtigen Fragestellungen unserer Studie die nach der Planungs- und Reformfähigkeit des politischen Systems Kolumbiens.[31]

Die Frage ist komplex; von ihren zahlreichen Aspekten standen bei unserer Analyse im Vordergrund:
– Die Fähigkeit ressortübergreifender Stabsstellen wie insbesondere der Pla-

---

[30] Im Schlußkapitel werden unsere Ergebnisse zusammenfassend im Lichte der jetzt aufzuführenden Gesichtspunkte diskutiert.

[31] Die Planung impliziert selbstverständlich die Durchführung, nicht nur die Aufstellung mehr oder weniger eleganter Plandokumente!

nungsämter verschiedener Ebenen, entweder selbst Staatsziele zu definieren und deren politische Sanktionierung zu erreichen oder derartige Ziele „von oben" zu übernehmen;
— ihre Fähigkeit, Aktionspläne als konkrete Handlungsanweisungen für die Verwaltung zu entwickeln;
— die Möglichkeit zentraler Instanzen, die Staatsapparatur auf solche Anweisungen festzulegen (Kontrolle der Verwaltung); und schließlich
— die Fähigkeit des politischen Systems, Ziele gegen Widerstreben aus der gesellschaftlichen Umwelt (sei es in handfesten ökonomischen Interessen, sei es in Positionsinteressen, sei es in simpler Lethargie und Trägheit begründet) durchzusetzen; hier wäre ein Unterfall die Mobilisierung von ökonomischen Gütern (etwa Steuern).

Es versteht sich von selbst, daß auch technisch-fachlich bestimmte Probleme der Verwaltung hier ihren Platz haben (also die einer kritisierten Denkrichtung nach zentralen Verwaltungsproblemen von Entwicklungsländern). Diese haben indes bei unserer Untersuchung eine Randrolle gespielt.[32]

Material zur Planungs- und Entwicklungsleistung von Regierung und Verwaltung finden sich in allen drei Fallstudien. Schwerpunkte sind die Untersuchungen der Stadt- und Regionalplanung des Raumes Bogotá und der Steuerreform des Jahres 1974.

b) Eine zweite wichtige Aufgabe, der die Verwaltung dienen mag, ist die Stabilisierung *des politischen Systems* und die Gewährleistung der notwendigen, es tragenden Unterstützung der Öffentlichkeit. Diese erfolgt einmal selbstverständlich durch die Aufrechterhaltung eines allgemeinen Niveaus von Zufriedenheit (etwa durch die Erbringung eines im Bewußtsein der Betroffenen akzeptablen Niveaus von öffentlichen Dienstleistungen[33]); bei unserer Systemstabilisierung ist jedoch insbesondere an Leistungen zu denken, die sich an spezielle Klientelgruppen richten. Diese nehmen entweder wichtige Positionen innerhalb des politischen Systems ein oder sind als Außenstehende für dessen Bewahrung besonders wichtig.

Im einzelnen interessieren uns folgende Problemkreise:
— Welche Rolle spielt die Verwaltung bei der Rekrutierung von politischem Führungspersonal?
— Dient die Verwaltung (und wenn ja, auf welche Weise) als Gratifikationsinstrument gegenüber zentral wichtigen Einflußgruppen oder einzelnen Meinungsführern?

---

[32] Bei der Untersuchung der Steuerreform von 1974 und der Stadtplanung von Bogotá wird indes auf sie eingegangen.
[33] S. hierzu das Kapitel über Haushaltspolitik.

Material hierzu findet sich insbesondere in dem Kapitel über Haushaltspolitik; besonders verwiesen sei auf die Analyse der Arbeit und des Aufbaues des kolumbianischen zentralen Rechnungshofes.

c) Mit der vorherigen Funktion eng zusammen hängt die *Wahrung* des innenpolitischen Friedens. Wegen ihrer zentralen Bedeutung gerade für Kolumbien[34] soll diese Aufgabe indessen besonders hervorgehoben werden.

Wir unterscheiden zwei Aspekte: Einmal die Wahrung des *sozialen* Friedens im engeren Sinne. Die selbst für lateinamerikanische Verhältnisse äußerst ungleiche Verteilung von Einkommen und Vermögen und die Existenz erheblicher Teile des Volkes am (oder gar unter) dem statistischen Existenzminimum haben ein Potential sozialer Unrast aufgehäuft, dessen Kontrolle zu den wichtigsten Aufgaben kolumbianischer Präsidenten gehört.[35] Zum anderen geht es um jenes latente Gewaltpotential zwischen Anhängern verschiedener politischer Richtungen (vor allem der Liberalen und Konservativen), das entgegen manchen Deutungen mit sozialer Unrast praktisch nichts zu tun hat.[36]

Material zur Aufgabe der Bewältigung von Spannungen durch die Verwaltung findet sich im gesamten Buch; vor allem die Kapitel über Haushaltspolitik und Planung von Bogotá bringen hierzu Einzelheiten.

Damit sind die wichtigsten Aufgaben der Verwaltung für das politische System Kolumbiens aufgeführt. Drei wichtige Bemerkungen sind jedoch noch hinzuzufügen:

a) *Kollisionen zwischen verschiedenen Aufgaben sind* im konkreten Falle *möglich*, sogar wahrscheinlich; besonders typisch dürften Widersprüche zwischen Entwicklungsleistungen und den im engeren Sinne politischen Funktionen sein. (Hierbei kommt es selbstverständlich nicht darauf an, ob ein solcher Konflikt „objektiv" besteht oder „nur" im Bewußtsein von Akteuren.) Eine klare Aufgabenhierarchie ist zu vermuten und im Falle Kolumbiens zu beobachten; Einzelheiten sind dem Schlußkapitel zu entnehmen.

b) Eine Erscheinung mag noch auf andere Ursachen als die Erfüllung einer bestimmten Funktion für das politische System zurückzuführen sein; der Anspruch von *Totalerklärungen* von Phänomenen wird hier *nicht* erhoben.

---

[34] Zu den Gründen s. das folgende Kapitel.

[35] Wir lassen an dieser Stelle die Frage offen, ob nicht eine Beseitigung der Ursachen eine klügere Politik darstellte – wenn sie als möglich angesehen wird, was bei der dünnen Oberschicht und der damit für eine mögliche Umverteilung zur Verfügung stehenden volkswirtschaftlich gesehen geringen Vermögensmasse kurzfristig bezweifelt werden kann. – Das bedeutet aber auch, daß wir kein Urteil darüber abgeben, ob die im Haupttext genannten Funktionen „angemessen" erfüllt werden oder nicht.

[36] Die „violencia" nahm nur lokal einen solchen Charakter an. Für das Gesamtphänomen ist er zu vernachlässigen.

c) Eine beobachtete und beschriebene Erscheinung mag *mehreren politischen Funktionen zugleich* dienen.

Wir fassen zusammen: Verwaltungssysteme sind multifunktionale Gebilde. Neben der Aufgabe der Zielerreichung (Entwicklungs- und Planungsleistung) interessieren wir uns bei der Untersuchung Kolumbiens insbesondere für ihre Aufgaben bei der Aufrechterhaltung und Stabilisierung des politischen Systems (insbesondere durch Rekrutierung oder Gratifikation) und die Wahrung des innenpolitischen Friedens.

3. Unsere letzten beiden Punkte machen auf eine weitere wichtige Überlegung aufmerksam: Die Funktionen für das politische System, die eine Verwaltung über die Zielerreichung hinaus erbringt, sind als *analytische Kategorie* zu begreifen. Sie sind *Folgerungen* aus empirischen Beobachtungen, können aber selbst nicht direkt beobachtet werden. Sie stellen also Interpretationen dar. Kein kolumbianischer Behördenchef, nach den Zielen seines Amtes befragt, wird die Wahrung des sozialen Friedens, sondern den Bau von Kraftwerken, die Erstellung eines Entwicklungsplanes oder die effiziente Steuererhebung nennen.

Damit erhebt sich die doppelte Frage, einerseits *wie* die aufgeführten Systemleistungen *einzuordnen sind*, zum anderen, wie sie *ermittelt werden* können. Diesen Problemen wenden wir uns jetzt zu.

a) Das Beispiel des interviewten Behördenleiters zeichnet sich durch große Einfachheit aus: die von ihm geleitete Behörde verfolgt bestimmte operationale Ziele, und dem Interviewpartner sind diese bewußt.[37] Die Aufgabe der Behörde (etwa Straßen zu bauen und durch die Erleichterung des Verkehrs das Wirtschaftswachstum zu fördern) wird von den Beteiligten erkannt und bejaht. Im Sinne der klassischen Unterscheidung von Robert Merton[38] haben wir mithin eine manifeste Funktion vor uns: Motive der Beteiligten und soziale Funktion fallen zusammen.

Das ist nicht der Fall bei den sog. latenten Funktionen: Sie werden von den Akteuren weder erstrebt noch erkannt; objektive Konsequenzen und Motivationen der Handelnden fallen auseinander.[39] Die Unterscheidung bezieht sich selbstverständlich ausschließlich auf die Teilnehmer im untersuchten Handlungssystem. Politische Institutionen und Behörden sind ja, als menschliche Schöp-

---

[37] Dabei lassen wir mögliche Verfälschungen durch mangelnde Informiertheit, bewußt unwahre Antworten und andere aus der Lehre vom Interview bekannte Schwierigkeiten außer acht.

[38] 1965:51 ff.

[39] Marion Levy Jr. (1968:25 f.) hat zu Recht darauf hingewiesen, daß die beiden Variablen (Intention und Erkenntnis) unabhängig voneinander variieren können; sie kommt daher zu einem Vierfelderraster. Diese Verfeinerung lassen wir beiseite.

fungen, im Hinblick auf bestimmte Zwecke eingerichtet, ihre Ausstattung mit Ressourcen, ihr wechselseitiges Verhältnis, ihre Rechte und Pflichten im Hinblick auf diese festgelegt worden — und dabei mögen durchaus (spätere) *latente* Funktionen eine Rolle gespielt haben.[40] Wir heben also auf die Akteure in den von uns untersuchten Organisationseinheiten ab. Daher können wir auch die weitere Frage ganz offen lassen, ob sich politisch wichtige Funktionen eingestellt haben, ohne daß sie jemals von irgendjemandem bewußt erstrebt — oder auch nur erkannt worden sind.[41]

Wir halten fest: Manifeste Funktionen sind die von den untersuchten Verwaltungseinheiten bzw. den in ihnen tätigen Menschen bewußt angestrebten Aufgaben (Organisationsziele). Dienen die Behörden darüber hinaus anderen wichtigen Aufgaben für das politische System, die den Akteuren nicht bewußt sind, liegen latente Funktionen vor. Diese können in einem konkreten Falle wichtiger sein als die manifesten Funktionen.

b) Latente Funktionen können, wie sich aus dem Gesagten ergibt, weder direkt beobachtet noch durch Befragungen ermittelt werden. Sie sind *Erklärungen*[42], die Regeln wissenschaftlicher Hypothesenbildung unterliegen. Eine Erscheinung wird beobachtet. Sie widerspricht offensichtlich der manifesten Funktion der untersuchten Einheit (oder trägt mindestens nichts zu ihr bei); darüber wird allgemein Klage geführt. Energische Maßnahmen, sie abzustellen, gibt es aber nicht. Der Verdacht taucht auf, daß das in Rede stehende Phänomen einer anderen (und zwar höherrangigen) Funktion oder anderen Funktionen dient; Überlegungen werden angestellt, welche das sein könnten und wie der Zusammenhang zwischen beiden beschaffen sein könnte. Hypothesen werden gebildet, diskutiert, Gegenargumenten ausgesetzt, schließlich zu theoretischen Erklärungen verdichtet, publiziert und damit wissenschaftlicher Kritik zugänglich gemacht.

4. Das Buch behandelt *„bürokratische Politik"*[43] in Kolumbien. Erforscht und erklärt werden soll das Verhalten eines Netzwerkes von Organisationen

---

[40] Wird etwa bestimmt, der Rechnungshofpräsident der Stadt Bogotá dürfe seine zahlreichen Mitarbeiter frei ernennen und entlassen, dann steht dahinter offensichtlich eine bestimmte Auffassung der latenten Funktionen dieser Behörde — ob diese ihren Mitarbeitern bewußt sind oder nicht.

[41] Dies etwa auch als Ergebnis wechselseitiger Beeinflussung (Hemmung und Verstärkung) von Aktionen verschiedener Behörden.

[42] Nagel 1961:23 ff., 250 ff.

[43] Dem Ausdruck ist zu Recht philologische Unschärfe vorgeworfen worden; „bürokratische Politik" meine, dem Wortsinne nach, das Handeln von Angehörigen politischer Institutionen nach den Regeln der Bürokratie (aktenmäßig, weisungsgebunden usw.). Doch ist der Ausdruck inzwischen längst eingebürgert; s. etwa Cleaves 1974 und Uthoff/Deetz 1980. Dort heißt es z.B.: „Der bürokratische Politik-Ansatz (BPA) will beschreiben, erklären und voraussagen, wie politische Entscheidungen aus dem Zu-

(den einzelnen Behörden der öffentlichen Verwaltung) eines wichtigen Entwicklungslandes[44], besonders ihre wechselseitigen Beziehungen und ihre Beziehungen zu politischen Institutionen.

Wenn von bürokratischer „Politik" die Rede ist, soll damit folgendes ausgedrückt werden:

a) Politische Entscheidungen (etwa die Aufstellung und Durchführung des staatlichen Haushalts) werden in *Interaktion von politischen und administrativen Funktionsträgern* gefällt. Öffentliche Bürokratien nehmen am politischen Prozeß teil. Die übliche Gegenüberstellung von Regierung und Verwaltung muß durch eine einheitliche Regierungslehre überwunden werden.[45]

b) Das Verhalten von Organisationen zueinander ist als politisch, als *„intrabürokratische Politik"*, anzusehen. „Die" Bürokratie oder Exekutive eines Landes stellt eine Einheit nur in der juristischen, insbesondere verfassungsrechtlichen Theorie dar.[46] Die hierarchische Struktur von Organisationen läßt leicht die Tatsache vergessen, daß eine Staatsverwaltung auf zentraler Ebene aus einer Anzahl einzelner Behörden besteht, im kolumbianischen Falle Ministerien, Departamentos Administrativos[47] und dezentralisierten Einheiten. Sie haben verschiedene Organisationsinteressen; diese mögen sogar antagonistisch sein (ein Beispiel wäre das klassische Problem der Entgegensetzung einer Planungseinheit, die Umfang und Struktur öffentlicher Investitionen bestimmen möchte, und von Einzelbehörden, welche ihre Autonomie gegen das, was sie als Einmischung in ihre eigenen Angelegenheiten betrachten, verteidigen). In diesem Sinne ist die Beziehung der Teile einer großen Verwaltung zueinander durch ein weites Spektrum zwischen offenem Konflikt und vertrauensvoller Zusammenarbeit gekennzeichnet, die beiden Extreme eingeschlossen. Diese Beziehungen werden als politisch verstanden, denn die Streitfragen und Sachgebiete sowie die angewendeten Methoden sind politischer Natur: Welches Ministerium

---

sammenwirken von Bürokraten und Politikern entstehen" (S. 22). „Der BPA untersucht die makropolitischen Wirkungen mikropolitischer Strukturen, Prozesse und Entscheidungen in staatlichen Bürokratien..." (S. 27). Aus diesem Grunde sehen wir davon ab, ihn durch einen Ausdruck wie „politische Bürokratie" oder „Politik der Bürokratie" – der übrigens das Zusammenwirken mit Angehörigen politischer Institutionen außer acht ließe – zu ersetzen.

[44] Nach einer Information des kolumbianischen Statistischen Amtes aus dem Jahre 1977 hatte das Land in diesem Jahr Argentinien der Bevölkerungszahl nach überholt. Damit wäre es das größte spanischsprechende südamerikanische Land und das zweite in Lateinamerika nach Mexiko.

[45] So etwa Fritz Scharpf (1973: insbesondere 31 f.).

[46] Wir beziehen uns auf Einheits-, nicht auf Bundesstaaten. In diesem Falle können jedoch die gleichen Überlegungen im Hinblick auf die Verwaltungen der Mitgliedsstaaten und des Bundes angestellt werden.

[47] Eine Definition findet sich im nächsten Kapitel.

soll einen größeren Haushaltsanteil für welche Investitionen erhalten? Welche regionale Entwicklungsgesellschaft ist einer anderen vorzuziehen? Welches physische Planungsmodell, das welche Organisation oder welche Interessengruppen bevorzugt, soll im Falle der Stadt Bogotá angewendet werden? Welche Gegenleistung ist Behörde X bereit, für Leistung der Behörde Y zu erbringen?

c) Weiter ist den Beziehungen zwischen Behörden und zwischen diesen und den politischen Institutionen das *Verhältnis zu Klientel- und privaten Interessengruppen* hinzuzufügen. Wieder einmal sind alle Formen von offenem Konflikt bis zur Zusammenarbeit möglich. Interessengruppen können deshalb von der Verwaltung mißhandelt oder aber ihr politisches Gewicht mag ausgenutzt werden, um die eigenen bürokratischen Ziele zu fördern. Ihre Interessen können von der fraglichen Behörde so übernommen werden, daß sie selbst weitgehend untätig bleiben können, ohne daß dies schwerwiegende Folgen für sie hätte.[48] Ein Mittel, um dieses Ziel zu erreichen, stellt das Eindringen von Mitgliedern der Interessengruppe in die Verwaltung selbst dar.[49]

5. Die Verwendung der Multifunktionalität als zentraler analytischer Kategorie bedeutet eine Ablehnung ethnozentrischer Konzepte, wie sie in vielen „development administration"-Ansätzen zu finden sind.[50] Zum einen ist „Entwicklung" entweder ein ziemlich nichtssagender Begriff, der die Selbstverständlichkeit ausdrückt, daß „alles fließt" (der Begriff wäre dann identisch mit „Wandel"), oder er wird verstanden als zielgerichteter Prozeß, der von einer nicht sehr genau definierten Vergangenheit zu den Vereinigten Staaten der 1980er Jahre als Krönung des Universums hinführt.[51] Im besten Falle kann von völliger Verwirrung über die Bedeutung dieses vagen Ausdrucks gesprochen werden. Wir betrachten ihn daher nicht als ein nützliches analytisches Konzept.

Der gleiche Schluß ergibt sich aus einer anderen Überlegung: Bürokratische Einheiten wollen gewöhnlich nicht „entwickeln", mit der möglichen Ausnahme von Planungsämtern.[52] Bürokratische Organisationen handeln vielmehr zur Erreichung ihrer Organisationsziele. Diese können, müssen aber nicht mit dem

---

[48] Beispiele im Kapitel über die Haushaltspolitik.

[49] Beispiele für den kolumbianischen Agrarsektor in Finck 1981: 172 ff. – Zu Interessengruppen in Interaktion mit politisch-bürokratischen Institutionen s. besonders das Steuerreformkapitel.

[50] Eine scharfe Kritik solcher Ansätze stellt der Forschungsüberblick Baaklini 1973 dar. Die wichtigsten besprochenen Bücher sind Braibanti 1969; Waldo 1970 und Heaphy 1971; der Aufsatz richtet sich jedoch gegen einen großen Teil der Forschungen der Comparative Administration Group; bezeichnend in diesem Zusammenhang der Band Marini 1971. – Unsere Stellungnahme zu Entwicklungsverwaltung stimmt mit derjenigen von Cleaves 1974: 9 f. überein.

[51] Eine gründliche Diskussion des Begriffs gibt Heimer 1971.

[52] Der Unterschied darf nicht überbetont werden: Für Planungsbehörden wird der

übereinstimmen, was „Entwicklung" genannt wird. Für die täglichen Geschäfte macht es wenig oder gar keinen Unterschied aus, ob eine Behörde „Entwicklung" zu einem ihrer Organisationsziele erklärt oder nicht.

Auch wenn Entwicklung als Organisationsziel angesehen wird, muß dieser Ausdruck in der Praxis in Meßeinheiten transformiert werden: gebaute Wohnungen, geteerte Straßen, auf dem Weltmarkt verkaufte Güter usw. Hinzu kommen Ziele, die schwer zu quantifizieren sind, etwa geordnete Stadtverwaltung, Verringerung sozialer Ungleichheit, gerechtes Steuersystem, technisch geordnete Verwaltung usw. Viele dieser Ziele erweisen sich als einander entgegengesetzt oder gar ausschließend. Wie könnte man, um ein Beispiel zu nennen, den Bau von Straßen als der Entwicklung förderlich bezeichnen, trotz der damit einhergehenden Zerstörung des Amazonas-Urwaldes mit allen direkten und indirekten Folgen für die Ökologie eines ganzen Kontinentes? Dieses Dilemma läßt es folglich besser erscheinen, das Konzept des organisatorischen Zieles in dem angedeuteten eingeschränkten Sinne zu verwenden.

Ein letzter Gedanke zur Begründung der Ablehnung des Konzeptes „Entwicklung" als analytischer Variable sei hinzugefügt: Wie auch immer definiert, ist Entwicklung ein umfassendes Konzept, das Endresultat aller Einflußfaktoren in einem Gemeinwesen – und sogar darüber hinaus. Offensichtlich machen die Aktionen des Staates und der Staatsbürokratie im besonderen nur einen Teil dieser Einflußvariablen aus: „Entwicklung" kann es mit oder ohne Aktionen der Regierung geben, manchmal (wenn auch nicht häufig) sogar gegen den Willen des Staates. Der Ausdruck „Entwicklungsverwaltung" stellt eine Überschätzung der Möglichkeiten des Staatsapparates in einem Entwicklungsland dar.[53] „Wandel" findet stets statt (eine Selbstverständlichkeit); ob er „Entwicklung" genannt werden kann, ist in letzter Konsequenz ein Werturteil, da der Ausdruck mit positiven Wertungen geladen ist. Die Rolle einzelner Behörden bei diesem Prozeß ist eine offene Frage, die nicht durch das ideologische Vorurteil der Annahme einer „Entwicklungsverwaltung" vorentschieden werden sollte: Diese Rolle kann in jedem Falle nur aus bestimmten beobachtbaren Organisationszielen und -handlungen abgeleitet werden.

---

Begriff „Entwicklung" eines Landes in Organisationsziele transformiert. Solche können sein: Datenbeschaffung bei anderen Behörden, Sanktionierung eines Entwicklungsplanes durch die politische Führung, Koordination der Investitionen anderer Behörden im Sinne der Absichten des Planes usw. Diese Transformierung des, logisch gesehen, „höheren" Zieles der „Entwicklung" in Organisationsziele der nationalen Planungsämter stellt einen der Hauptgründe für ihren häufigen Mißerfolg dar: Die übrigen Behörden verstehen das Ziel der „nationalen Entwicklung" als Organisationsinteresse des Planungsamtes – und bekämpfen es. Einzelheiten in Wolff 1977 a: 137 ff.

[53] Man bedenke Phänomene wie die schnelle Urbanisierung in praktisch allen Entwicklungsländern, eine Entwicklung, die durch eine nichttotalitäre Regierung nicht gestoppt werden kann.

Der Ausdruck „Entwicklungsverwaltung" führt zu der Tendenz, Aufgaben der Verwaltung im politischen System zu übersehen, die wichtiger sein können als „reine" Organisationsziele und die mit „Entwicklung" vereinbar oder unvereinbar sein können.[54]

## C. Untersuchungsmethode

1. Wenn Funktionen der Verwaltung für das politische System mit bestimmten Ausnahmen als analytische Kategorien nicht direkt beobachtet werden können, muß offensichtlich die *Analyseebene* gewechselt werden[55]: Folgerungen aus konkretem Verwaltungshandeln, intendierten und bewußten wie unintendierten und unbewußten Systemleistungen unter dem Einfluß von Rahmenbedingungen setzen offensichtlich zunächst einmal Kenntnis eben jenes konkreten Verwaltungshandelns voraus. Um eine Antwort auf die hausbackene Frage, was denn die untersuchten bürokratischen Gebilde in der Praxis trieben, führt kein Weg herum. (Freilich dürften wir deutlich genug gemacht haben, daß die Untersuchung hierbei nicht stehen bleiben darf.) Von der Makroebene der Beziehung von Funktionen auf das politische Gesamtsystem[56] haben wir uns damit auf die intermediäre Ebene der Analyse von Organisationen zu begeben. Auf die wichtigsten Kategorien, die bei unserer Analyse verwendet werden, müssen wir im folgenden eingehen.

2. Die wichtigsten konkreten *Analyseinstrumente* unserer Untersuchung kolumbianischer öffentlicher Bürokratien sind folgende:

a) Wir fragen nach den *Organisationszielen*. Die öffentliche Verwaltung ist

---

[54] Ein Beispiel stellt Parteipatronage dar: Kurzfristig dient sie der Aufrechterhaltung des politischen Systems. Man kann argumentieren, daß dieses statische Konzept der dynamischen „Entwicklungs"-Orientierung entgegengesetzt ist; ebenso wäre jedoch das Argument denkbar, daß politische Stabilität eine der Voraussetzungen dieser Entwicklung ist.

[55] Der Begriff „Mehrebenenanalyse" hat sich eingebürgert. S. etwa Erwin K. Scheuch, Mehrebenen-Analyse, in: René König, Hrsg., Handbuch der empirischen Sozialforschung, Taschenbuchausgabe, München 1973, S. 209-227.

[56] Levy 1968: 26 weist auf den Unterschied von konkreten und analytischen Strukturen hin: Bürokratien wären hiernach konkrete Strukturen, da sie definierte Grenzen (z.B. Mitglieder und Nichtmitglieder) kennen; „das politische System" wäre eine analytische Struktur, da es schlechterdings keine sozialen Systeme gibt, denen politische Aspekte fehlten. In diesem Sinne nehmen wir beim Übergang zur Untersuchung konkreter Bürokratien nicht nur einen Wechsel der Ebenen im Sinne von „größer" und „kleiner" bzw. „umfassender" vs. „weniger umfassend" vor. Die im folgenden zugrunde gelegte Konzeption folgt wesentlich Cleaves 1974: Kap. 1.

auf die Gestaltung der arbeitsteiligen sozialen Umwelt bezogen; sie reproduziert also im Prinzip die Sachbereiche des sozialen Systems. Dessen Spezialisierung spiegelt sich daher notwendig im Verwaltungsbereich wider; die verschiedenen Behörden haben verschiedene Aufgaben und sind an deren Erfüllung interessiert. Gegensätze und Widersprüche zwischen Zielen und Interessen im sozialen Raum finden ihre Entsprechung in konfligierenden Organisationszielen — und daß sich hier ein weites Betätigungsfeld für politisches Manövrieren auftut, wurde bereits angedeutet.

Organisationsziele sind (oder können doch sein) komplex, nicht selten sogar in sich widersprüchlich. Ein Finanzministerium mag an Ausgabeneinschränkung interessiert sein (um die Inflationsrate niedrig zu halten), zugleich aber an Flexibilität (um gegen unerwartete Mittelanforderungen gewappnet zu sein); eine dezentralisierte Einheit zugleich finanzielle Unabhängigkeit und hohe Überweisungen aus dem zentralen Haushalt erstreben usw. Der Vorrang des einen oder anderen Organisationszieles ist, einmal mehr, eine empirische Frage, die nicht durch Setzung entschieden werden kann.

Von der Vielzahl möglicher Zielkategorien[57] sind wir vornehmlich an Leistungszielen interessiert. Die aus der organisationstheoretischen Literatur[58] bekannten Bestrebungen von Bürokratien zur Vergrößerung, Bildung von Tochterorganisationen, Kompetenzerweiterung usw. interessieren uns nur insofern, als sie mit entgegengerichteten Bestrebungen anderer Behörden zusammenstoßen und damit Feld interbürokratischer Machtkämpfe werden.

b) Zur Erfüllung ihrer Aufgaben benötigen Bürokratien *Ressourcen*, „Machtmittel, die wegen ihrer Austauschbarkeit bei der Befriedigung erkannter Bedürfnisse geschätzt werden".[59] Ökonomische Güter und Dienste wären ein Beispiel; Budgetieren der mehr oder weniger formalisierte Prozeß um deren Verteilung. Legitimität ein anderes: einem Planungsamt, dem systematisch und über Jahre

---

[57] Wie Perrow (1970:33) mit Recht bemerkt, ist das Konzept der Ziele einer Organisation wie andere grundlegende Begriffe der Organisationstheorie nur schwierig zu definieren. Er unterscheidet fünf Gruppen von Zielen: Gesellschaftsziele (diese sind auf die Gesellschaft als Ganzes gerichtet, z.B. die Aufrechterhaltung der öffentlichen Ordnung); Leistungs-(„output"-)Ziele (sie kommen der Klientele der Organisation zugute, z.B. Gesundheitsvorsorge, Erziehung, physische Planung); Systemziele (sie dienen dem Funktionieren der Organisation, unabhängig von den Gütern und Dienstleistungen, die sie produziert, z.B. Budgetmittel zu ihrer Verfügung); Produktziele (die speziellen Charakteristika der „Output"-Ziele) und abgeleitete Ziele (eine Residualkategorie; Diskussion der Ziele bei Perrow 1970:135 f.). S. a. Perrow 1961 und Simon 1964. Eine Definition von Organisationszielen findet sich in Thompson 1967:127 als „intended future domains for the organization" oder auch „future domains intended by those in the dominant coalition" (idem: 128).

[58] Sowie satirischen Werken etwa eines Parkinson!

[59] Cleaves 1974:2.

hinweg die Sanktionierung eines Plandokumentes durch die zuständige politische Institution verweigert wird[60], fehlt eine wichtige (wenn auch nicht zureichende) Voraussetzung für erfolgreiche Arbeit. Information ein drittes: eine Investitionen vornehmende Behörde, die über deren Fortgang Stillschweigen bewahrt, entzieht sich damit weitgehend übergeordneter Planung und Kontrolle. Im weiteren Sinne können effiziente Organisation, qualifizierte Mitarbeiter, reichliche sächliche Verwaltungsmittel zu den Ressourcen gezählt werden: zwar können sie nicht (gegen eine Gegenleistung) mit anderen Behörden ausgetauscht werden, dienen aber dazu, solche austauschbaren Ressourcen zu produzieren. Nennen wir schließlich noch Autorität als Variable, die den Inhabern höchster politischer Ämter zukommt oder doch zukommen kann[61], dann sind damit die wichtigsten Ressourcen in unserer Untersuchung bezeichnet.[62]

c) Organisationen operieren innerhalb einer *Umwelt*, die ihre Möglichkeiten mitbestimmen. Zu denken ist einmal an andere Organisationen, die allgemein oder in einem konkreten Falle in einem Konkurrenzverhältnis stehen oder gleichgerichtete Interessen wahrnehmen und daher zu Verbündeten werden können. Die Beziehungen zu Klientelgruppen sind eine weitere Form von Umweltbeziehungen, und der allgemeine politische Kontext eine dritte.[63]

d) Wegen ihrer besonderen Bedeutung für den Fall Kolumbien soll schließlich auf eine Verhaltensvariable besonders hingewiesen werden: die Rolle *personalistischer Faktoren.*[64] Kolumbianische Spitzenbeamte pflegen häufig enge persönliche und nicht nur berufliche Kontakte. Wechselseitige persönliche Loyalitäten, die sich auf gemeinsame Herkunftsschicht, regionale Herkunft, Erziehung[65] oder einfach auf persönliche Bekanntschaften gründen, sind nicht selten. Solche Beziehungen können in einigen Fällen wichtiger sein als „reine" Kontakte zwischen Behörden: Beziehungen zwischen Behörden sind dann Kontakte zwischen Personen. „Natürliche" Gegensätze zwischen Verwaltungs-

---

[60] S. dazu die Fallstudie Stadtplanung von Bogotá.

[61] In unserem Falle dem Präsidenten und den Ministern.

[62] Ilchman/Uphoff 1969:70 ff., 81 ff. nennen als weitere austauschbare Ressourcen Zwang bzw. Gewalt und Status. Dieser spielt bei unserer Untersuchung keine Rolle; jene erscheinen nur bei der Besprechung des „paro cívico" als Gewalt der Bevölkerung und Gegengewalt von Polizei und Militär. Die von uns untersuchten Bürokratien setzen sie nicht systematisch zur Erzielung der beobachteten Prozesse ein.

[63] Etwa der später zu erörternde charakteristische Zyklus der Autorität eines kolumbianischen Präsidenten, der die Möglichkeiten von Behörden mitbestimmt, innovativ tätig zu werden.

[64] Schmidt 1974 a beschreibt einen Sonderaspekt: Klientelismus zwischen öffentlichen Bediensteten und Interessengruppen. Zu Parteien und Patronage s. ebenfalls Schmidt 1974 a.

[65] Ein bezeichnendes Beispiel stellt das „Gruppengefühl" der oft ausgezeichneten jungen Akademiker im öffentlichen Dienst dar. Sie werden in der kolumbianischen

einheiten mögen durch ein freundschaftliches Verhältnis zwischen ihren Leitern überlagert werden.[66]

## D. Die ausgewählten Fallstudien

1. Es erscheint an der Zeit, die *Auswahl der drei Fallstudien*, der Haushaltspolitik, der physischen Planung der Stadt Bogotá und der Steuerreform des Jahres 1974, zu begründen.

Planen und Budgetieren sind zwei der wichtigsten Tätigkeiten bürokratischer und politischer Systeme. *Budgetieren*, die Verwendung knapper Mittel für miteinander konkurrierende Zwecke, ist eine politische Aktivität im strengen Sinne. Eine Konkurrenz besteht nicht nur zwischen verschiedenen Zwecken, sondern auch zwischen bürokratischen Einheiten. Die Zwecke werden nämlich in Organisationsziele transformiert. Damit wird dieser Wettbewerb ein klassisches Feld der intrabürokratischen Politik. Die politische Aktivität „Budgetieren" erlaubt mithin Schlüsse über das Funktionieren des politischen Systems als Ganzes. Ein solches charakterisiert sich nicht nur durch Institutionen (einige von ihnen werden zu beschreiben sein), sondern auch durch Prozesse, von denen Budgetieren ein zentral wichtiger ist. Es erscheint daher möglich, Folgerungen etwa über die Machtverhältnisse verschiedener Teile des Staatsapparates oder über das Verhältnis von Exekutive und Legislative zu ziehen. Dieses „Machtargument" ist auch deshalb hervorragend wichtig, weil die Ziele der staatlichen Politik mit wenigen Ausnahmen nur durch die Investition von Haushaltsmitteln erreicht werden können. Die Personen, Organisationen und Prozesse, die bestimmen, welche Beträge für welche Zwecke ausgegeben werden, bestimmen daher letztlich die Ziele des Staatsapparates insgesamt. Ein weiteres Argument, das auch für die Studie der Planung von Bogotá anwendbar ist, zielt auf die Verwendung der Haushaltspolitik als Ausdruck der „politischen Kultur". Der etwas unpräzise und kontroverse Terminus[67] wird hier in der sehr reduzierten Bedeutung einer „Stil"-Variable verwendet. Ein Beispiel stellt die Wichtigkeit personalistischer Faktoren in der kolumbianischen Poli-

---

Diskussion als „técnicos", Techniker, im Gegensatz zu den „políticos", Politikern, bezeichnet. In der Mehrzahl handelt es sich um Absolventen nordamerikanischer Universitäten, die bis zu einem recht hohen Grade westliche Normen internalisiert haben. Ein Beispiel der potentiellen Bedeutung solcher Gruppen im Steuerreformkapitel.

[66] Ein Beispiel wäre das Verhältnis des nationalen Planungsamtes und des Finanzministeriums in der ersten Hälfte der Präsidentschaft von López Michelsen, das wegen der guten Beziehungen ihrer Leiter spannungsarm war. Beziehungen zwischen diesen beiden Behörden werden als normalerweise schwierig bezeichnet (Caiden/Wildavsky 1974: Kap. 8, 239 ff.).

[67] Eine ausführliche Diskussion des Begriffs ist Dias 1971.

tik dar, die bereits erwähnt wurde. Ein anderes ist die im Lande der Violencia überraschende soziale Norm, welche offene persönliche Konflikte zwischen Beamten mehr oder weniger gleichen Ranges verbietet. Ein drittes wäre der Druck auf Beamte, ihre Positionen ständig zu wechseln und folglich nicht allzu lange innezuhaben.

Kann Budgetieren als ein, wenn auch etwas verzerrtes[68], Nullsummenspiel mit bürokratischen Einheiten als Spielern angesehen werden, dann stellen *Planungsprozesse*, die mehr als eine Behörde betreffen[69], den Prototyp bürokratischer und politischer Steuerungsprozesse dar. Die Definition der Planung, die dieser Aussage zugrunde liegt, übersteigt natürlich bei weitem die Erarbeitung und Sanktionierung von Plandokumenten durch die entsprechenden administrativen und politischen Einheiten. (Im Falle Kolumbien wird allerdings klar werden, daß selbst diese scheinbar einfachen und grundlegenden Etappen des Planungsprozesses keineswegs leicht erreicht werden können.) Steuerungsprozesse liegen vielmehr im Verhalten von Planungseinheiten, welche das Handeln von Individuen und staatlicher und privater[70] bürokratischer Einheiten zu beeinflussen suchen.

Einmal mehr kommen intrabürokratische Beziehungen ins Spiel, Hilfsquellen, Autorität usw. haben ihre Bedeutung ebenso wie die mehr oder weniger klare Aufgabenverteilung. Zusätzlich können Aussagen über kolumbianische Politik getroffen werden, insbesondere über die schwierigen Beziehungen verschiedener Ebenen des Verwaltungsapparates, die zu einem der wichtigen Themen der politischen Diskussionen in den letzten Jahren geworden sind.

Die Planungsbemühungen der Riesenstadt Bogotá geben auch eine ausgezeichnete Möglichkeit zum Studium der Stärke der Staatsmaschinerie gegenüber einem besonders wichtigen sozialen Entwicklungsprozeß. Die überschnelle Urbanisierung, die sehr viel wissenschaftliche Aufmerksamkeit gefunden hat, ist sicherlich eines der Hauptprobleme der Entwicklungsländer in den kommenden Jahrzehnten, damit auch eines der grundlegenden Weltprobleme. Es dürfte daher besonders interessant sein, zu beobachten, wie in einer wichtigen Stadt der Dritten Welt dieses Problem angegangen wird.

Die Konzentrierung auf physische Planung von Bogotá statt auf ein anderes Gebiet der Planung ist aus folgendem Grunde vorgenommen worden: Physische Planung stellt die grundlegende und klassische Form von Planung überhaupt dar; auf ihr bauen andere Planungsformen auf. Bogotá ist die kolumbianische

---

[68] Es ist insofern verzerrt, als die Möglichkeit der Staatsverschuldung Gewinne eines Spielers nicht in jedem Falle zu Verlusten eines anderen Spielers macht.

[69] Auch auf der Ebene einer einzelnen Behörde kann das Argument angewendet werden; die Akteure wären dann Teile der Behörde (die Planungsabteilung und die operativen Abteilungen).

[70] Zum Beispiel Bauunternehmen.

D. Die ausgewählten Fallstudien 43

Stadt, welche die stärksten Probleme in diesem Bereich aufweist. Drittens erschien es aus praktischen Gründen wichtig, eine Fallstudien zu wählen, deren Materialbeschaffung leicht mit den Fallstudien auf nationaler Ebene verbunden werden konnte. Schließlich ist die allgemeine Wirtschafts- und Sozialplanung in den letzten Jahren gründlich erforscht worden.[71]

Unsere dritte Fallstudie, die *Steuerreform des Jahres 1974*, erscheint auf den ersten Blick als die „politischste" in der üblichen Bedeutung des Wortes: Ein außerordentlich politisches Gebiet (Steuern), Beteiligung der höchsten Beamten und Politiker (Präsident und Finanzminister), hitzige öffentliche Diskussionen. Dennoch kommen Verwaltungsprobleme ebenso ins Spiel wie in den anderen Fallstudien:

Zum einen hat der Ausschluß des Kongresses von den Entscheidungen[72] in den ersten Monaten der Reform dazu geführt, daß sich die Steuerbürokratie und die Interessengruppen direkt gegenüber standen. Der Grad kurzfristiger bürokratischer Unabhängigkeit kann ebenso beobachtet werden wie die langfristige Abhängigkeit des politischen Systems von privaten Interessengruppen; dies gilt zumindest bei derartigen hochpolitischen Themen.

Zweitens ist die Geschichte der Steuerreform ein Lehrbeispiel für mögliche Ereignisse nach dem Fällen einer politischen „Entscheidung" (wir beziehen uns auf die entscheidenden ersten Monate der Reform, während derer sie intakt blieb). Die meisten politischen Analysen kreisen um die Auseinandersetzungen um eine „Entscheidung" und interessieren sich nicht für die weitere Entwicklung (ein Gegenstück zu der Dichotomie von „Politik" und „Verwaltung"[73]). In vielen Entwicklungsländern beginnen die eigentlichen Fragen aber erst hier: Was ist als „Entscheidung" zu bezeichnen, wenn die praktizierte Politik hiervon abweicht? Welches sind die Gründe für eine derartige Differenz? Handelt es sich nur um technische Mängel der Verwaltung oder um einen Einfluß gesellschaftlicher Kräfte, Eigeninteressen der Behörde als Organisation oder der öffentlichen Bediensteten als Interessengruppe? Mit einem Wort: Welche zusätzlichen

---

[71] Rivera-Ortiz 1976.

[72] Wie bei der Darlegung des Materials klar werden wird, war die Zustimmung des Kongresses *nach* der Verkündung der Steuerreformverordnung durch den Präsidenten eine reine Formalität.

[73] Ein nahezu klassisches Beispiel ist Bagley 1974: Mehr als 150 Seiten sind einer ausführlichen Diskussion der verschiedenen Initiativen zur Vorlage eines Gesetzes über „Stadtreform" (reforma urbana) gewidmet, aber kein Wort wird darüber verloren, daß ein erheblicher Teil dieser rhetorischen Schlachten eine Art Schattenboxen war; die Annahme eines Gesetzes bedeutet angesichts der politisch-administrativen Bedingungen eines Landes wie Kolumbien für sich genommen nicht viel. Dies wird u.a. durch die lange Liste von Rechtsnormen bewiesen, die nicht befolgt werden. – Ein Gesetz zur Stadtreform wurde übrigens im Dezember 1978 verabschiedet.

"input-"Variablen müssen zusätzlich zu der sogenannten „Entscheidung" berücksichtigt werden, um das tatsächliche Resultat zu bestimmen?[74]

2. Unserer Untersuchung der Planungs- und Steuerungsleistung öffentlicher Bürokratien in Kolumbien könnte ein *überzogenes Rationalitätsideal* zum Vorwurf gemacht werden: Implizit liege ein Ideal „rationaler" Entscheidung zugrunde, das — wie vielfache Untersuchungen in Industrie- wie Entwicklungsländern bewiesen[75] — weit von der Realität abweiche. Demgegenüber ist indes zu bemerken: Weite Bereiche der Entwicklungshilfepolitik von Industrieländern und internationalen Organisationen und — davon nicht unbeeinflußt — der praktischen Entwicklungspolitik zahlreicher Entwicklungsländer erstreben eben jenes hohe, ja überzogene Rationalitätsmodell. Kolumbianische Planer suchen umfassende rationale Wirtschafts- oder Stadtentwicklungspolitik; Steuerreformer versuchen ohne Beachtung von Steuerwiderständen oder politisch-ökonomischen Interessen die Einführung eines in vieler Hinsicht geradewegs dem Lehrbuch entnommenen „rationalen" Steuersystems; Budgetbeamte liebäugeln mit dem technisch perfekten, aber alle politischen Notwendigkeiten außer Acht lassenden „Zero Base Budgeting", der Neudiskussion des Wertes staatlicher Ausgabenprogramme Jahr um Jahr. Weit entfernt davon, derartige Illusionen zu teilen, versteht sich die vorliegende Studie im Gegenteil als Appell an den Realismus, als Untersuchung der Widerständlichkeiten, die jenes Rationalitätsideal bei dem Versuch der Anwendung in der Praxis scheitern lassen müssen.

3. Es dürfte keiner weiteren Begründung bedürfen, daß die Planungs- wie die Steuerstudie geeignet sind, die Wandlungs-, Leistungs- und Durchsetzungsfähigkeit des kolumbianischen Staatsapparates zu untersuchen. Etwas ausführlicher ist indes auf das Problem der *Kontrolle* der Verwaltung einzugehen.[76]

Etzioni[77] nennt drei Quellen von Kontrolle: Zwang, wirtschaftliche Güter und Werte („normative values"). Differenzierte Organisationen wie diejenigen,

---

[74] Dies ist ein Grundproblem für praktisch jeden Politikbereich. Man denke etwa an die Verkündung eines Entwicklungsplanes und seine tatsächliche Durchführung (ein Beispiel die Studie über die Stadtplanung von Bogotá).

[75] Zu Planen und Budgetieren etwa Caiden/Wildavsky 1974, Wildavsky 1974 oder Wolff 1977 a; zu Steuern und Steuererhebung Avenarius u.a. 1973. Zu Planung in Industrieländern s. etwa Fritz W. Scharpf, Planung als politischer Prozeß, Frankfurt 1973. Demgegenüber fehlt es vielen Untersuchungen über Steuersysteme in Entwicklungsländern an der im Haupttext angesprochenen realistischen Dimension; mindestens nehmen Durchführungsprobleme nur einen ganz untergeordneten Rang ein. S. etwa Kurze 1977.

[76] Eine allgemeine Diskussion der Kontrolle von Organisationen findet sich in Etzioni 1971: Kapitel 6 (dort auch weitere bibliographische Hinweise). Siehe auch Etzioni 1975: passim („compliance" als zentrale analytische Variable) und XVI. Besonders eindringend zum Thema „Kontrolle komplexer Organisationen" Thompson 1967: Kapitel 10 (Seite 132 ff.). Vgl. auch Downs 1967: insbesondere 262.

die die kolumbianische Staatsverwaltung ausmachen, unterliegen in der Regel einer dreifachen Kontrolle: Werte, wie sie im Verhalten von Beamten internalisiert[78] und in Rechtsnormen festgelegt worden sind, sind zur Bestimmung des Tätigkeitsbereiches bürokratischer Einheiten und der Rechte und Pflichten der Beamten gedacht. Ein weiteres Kontrollinstrument stellt die Zuordnung wirtschaftlicher Werte, z.B. von Haushaltsmitteln, dar. Ein offener Verstoß gegen Normen kann die Entlassung eines Beamten (also den Entzug wirtschaftlicher Werte) oder sogar ein Strafverfahren gegen ihn zur Folge haben; führt dieses zu einer Gefängnisstrafe, dann kann von Zwang in reiner Form gesprochen werden.

Offensichtlich kann ein weiterer Kontrolltyp aufgezeigt werden: die Personalpolitik, die den höheren Mitgliedern der Hierarchie zur Verfügung steht, im kolumbianischen Fall besonders dem Staatspräsidenten, der weitreichende Befugnisse zur Ernennung und Entlassung von Beamten besitzt. Natürlich kann argumentiert werden, daß Zahl und Qualität der öffentlichen Bediensteten als Hilfsquellen einer Organisation im weiteren Sinne anzusehen sind. Ein solcher Standpunkt erscheint uns jedoch zu materialistisch.[79]

Das Problem der Kontrolle der Staatsverwaltung in Kolumbien kann zunächst verstanden werden als politische Kontrolle durch den Kongreß. Dabei ist jedoch im Auge zu behalten, daß Kolumbien eine präsidentielle Verfassung hat und daß daher eine *direkte* Einwirkung der Legislative auf die Exekutive nicht vorgesehen ist.[80] Kontrolle bedeutet zweitens die Überwachung der zahlreichen Einzelbehörden durch ein Zentrum, das normalerweise der Staatspräsident sein sollte. Folgt man Downs[81] (diese Behauptungen dienen als Ausgangshypothesen der Fallstudien) „no one can fully control the behaviour of a large organization ... The larger any organization becomes, the weaker is the control over its actions by these at the top ..., the poorer is the coordination between its actions ... Any attempt to control one large organization tends to create another ... unrestrained conflict shifts power upwards".[82] Auf diese allgemeinen „Gesetze" (wie sie Downs nennt) werden wir im Schlußkapitel dieses Buches zurückkommen und sie genauer im Lichte unserer Ergebnisse diskutieren.

---

[77] 1975: XVI. Diese Kategorien entsprechen offensichtlich Max Webers Unterscheidung physischer, materieller und symbolischer Kontrolle.

[78] Zu Rollen und ihrer Beeinflussung innerhalb von Organisationen siehe Edelman 1967: Kapitel 3 (besonders S. 48 ff.).

[79] Über Rekrutierung und den Zusammenhang mit der Variablen „compliance" siehe Etzioni 1975: Kapitel X (S. 255 ff.) und Thompson 1967: Kapitel 9 (S. 117 ff.).

[80] Einzelheiten zum kolumbianischen politischen System im nächsten Kapitel.

[81] Downs 1967: 262 und Kapitel XI (S. 132 ff.).

[82] ibidem und Kapitel XII (S. 144 ff.).

## E. Zur kolumbianischen Verwaltungsforschung

Zu Beginn dieser Einleitung wurde darauf hingewiesen, daß die vorliegende Studie auch einen Beitrag zur Forschung über kolumbianische Verwaltung und Politik leisten wolle. Während von dem letzteren Gebiet im nächsten Kapitel die Rede sein soll, ist hier einiges zur *Verwaltungsforschung* zu vermerken.

Eine von Kolumbianern betriebene Verwaltungsforschung existiert so gut wie nicht. Die dem Literaturverzeichnis zu entnehmenden einschlägigen Werke sind fast ausschließlich juristischer Art[83], im Sinne des lateinischen Legalismus, zu dem noch manche Worte nachzutragen sein werden. Des langen und des breiten werden Organisationsregeln dargelegt, Rechte und Pflichten von Behörden beschrieben, Handlungsabläufe diskutiert — immer nach dem Buchstaben des Gesetzes, ohne daß die Mühe empirischen Erforschens der wirklichen Verhältnisse für nötig gehalten würde. Für unsere Zwecke ist diese Literatur bestenfalls als Ausgangspunkt geeignet.

Aus Projekten der technischen Zusammenarbeit geht eine zweite Gruppe von Untersuchungen hervor.[84] Unter technischen Aspekten werden Spezialfragen behandelt und Lösungen von Problemen vorgeschlagen. Auch wenn in der Regel ein theoretischer Bezugsrahmen fehlt, ist diese Literatur nützlich, nimmt sie doch die widrigen Realitäten der Verwaltung immerhin zur Kenntnis. Die behandelten Themen umfassen das Management öffentlicher Betriebe, die Territorialverwaltung sowie die Datenverarbeitung in der Verwaltung.

Damit bleibt eine dritte kleine Gruppe von Arbeiten, Untersuchungen ausländischer (meist US-amerikanischer) Forscher, überwiegend als Dissertationen vorgelegt.[85] Diese Arbeiten behandeln Planung, Regionalentwicklung und -verwaltung sowie Wohnungsbaupolitik. Die Einbettung in politische Bezüge gelingt ihnen ungleich besser als den Arbeiten, die den beiden ersten Gruppen zuzurechnen sind.

Zusammenfassend kann festgestellt werden, daß die sozialwissenschaftliche Forschung über kolumbianische Verwaltungsfragen bis heute kaum in Gang gekommen ist. Der vorliegende Band versucht, einen Beitrag zur Füllung dieser Lücke zu leisten. —

---

[83] Ausnahmen: Escuela Superior 1973, Losada Lora 1973 a, Cardona/Fox et alii 1976, Reveiz et alii 1977.

[84] Hierzu AID 1974, Fisher 1974, Kalnins 1974, Maraviglia 1974, Ruiz-Cubiles 1974.

[85] Pollock 1973 und Rezazadeh 1970 gehen auf solche zurück, Rothenberg 1973, Rivera-Ortiz 1976 sind selbst Dissertationen. Zwei Titel (G. W. Jackson, Making Policy in a Latin American Bureaucracy: the Cauca Valley Corporation, Ph. D. Diss., Univ. of Washington, St. Louis 1972, und Mary Milton Shirley, Organizational Behavior and Political Development: An Examination of Economic Planning in the Context of Colombian Political Development, Ph. D.-Dissertation, Tufts University 1975) lagen

In unserem Abschlußkapitel soll der Versuch gemacht werden, unser empirisches Material im Hinblick auf die aufgeführten Systemfunktionen auszuwerten. Überlegungen zu den Möglichkeiten von Reform und ausländischer Verwaltungshilfe für Kolumbien sollen zu einigen grundsätzlichen Bemerkungen über eine wissenschaftlich wie politisch tragfähige Konzeption der deutschen Verwaltungshilfe als Abschluß des Buches überleiten.

---

dem Verfasser leider nicht vor. An deutschen Arbeiten sind zu nennen Nitsch 1968, Pätz 1970 und Finck 1981.

*Zweites Kapitel*

# Das politische System Kolumbiens: Eine Einführung

Die Staatsbürokratie eines Landes operiert in einem weiteren Rahmen, von dem sie beeinflußt wird und den sie ihrerseits beeinflußt. Die folgenden Seiten sollen nicht zu einer originellen Beschreibung oder neuen Interpretation des politischen Systems Kolumbiens beitragen; ihre Absicht ist lediglich, wichtige Informationen über den Rahmen, in dem sich die Staatsverwaltung bewegt, zu liefern und eine erste Einführung in die Verwaltung selbst zu geben. Einige Worte über die Regelungen des öffentlichen Dienstes erscheinen ebenfalls angezeigt.

## A. Die politischen Institutionen

### 1. Grundzüge[1]

Kolumbien stellt eines der wenigen Länder des lateinamerikanischen Kontinentes dar, die zum Untersuchungszeitraum nicht von militärischen oder autokratischen Regimen regiert wurden.[2] In Übereinstimmung mit der mit allerdings zahlreichen Änderungen[3] gültigen Verfassung von 1886 ist das Land ein präsidentieller Einheitsstaat mit einem Zweikammerparlament (Kongreß) und wichtigen Elementen regionaler politischer und kultureller Traditionen. Der Präsident, Chef der Exekutive und Staatsoberhaupt, wird für vier Jahre durch direkte, gleiche, geheime und allgemeine Wahlen bestimmt. Er kann für die unmittelbar

---

[1] Wichtige Veröffentlichungen über das politische System Kolumbiens und seine Entwicklung: Fluharty 1957; Holt 1964; Restrepo Piedrahita 1976; Ucrós 1970; Payne 1968; Dix 1967; Galbraith 1966; Corr 1972; Weinert 1967. Sie sind außerordentlich verschieden hinsichtlich verwendeter Methode, wissenschaftlichem Ansatz der Autoren und Deutungen der kolumbianischen Politik. Eine Diskussion findet sich in Peeler 1976 und Bagley 1974. – Bibliographische Quellen umfassen Caldas 1974, Instituto Ser de Investigaciones 1975; Watson 1971; Ziervogel 1969 und insbesondere (mit mehr als 4.000 Hinweisen) Bagley, im Druck.

[2] Die anderen waren Venezuela, das nordöstliche Nachbarland, und Costa Rica, „die" lateinamerikanische Ausnahme auf sehr vielen Gebieten; neuerdings – wenn auch gefährdet – Ekuador und Peru sowie Bolivien und Argentinien.

[3] Zur Verfassungsgeschichte siehe Fernández Botero 1964.

anschließende Wahlperiode nicht wiedergewählt werden.[4] Der Kongreß besteht aus Repräsentantenhaus und Senat. Die Mitglieder beider Kammern werden jedoch nach einem nahezu identischen Verfahren gewählt; der ursprüngliche Gedanke einer Kammer, die den Gesamtstaat repräsentiert, und einer anderen zur Repräsentation der verschiedenen Regionen, aus denen er besteht, ist daher kaum gegeben. Wie im englischen System gibt es Parlamentssessionen, normalerweise vom 20. Juli bis zum Ende eines jeden Jahres.

Dem präsidentiellen System entsprechend sind weder der Präsident noch die Minister dem Kongreß verantwortlich oder vom Vertrauen des Parlamentes abhängig. Die Rechtsprechung wird als unabhängige öffentliche Gewalt betrachtet. Eine Verfassungsgerichtsbarkeit wie in der Bundesrepublik Deutschland gibt es nicht; ein eigener Senat des Obersten Gerichtshofes ist jedoch mit Verfassungsangelegenheiten betraut. Jeder Bürger kann dieses Gericht direkt anrufen mit der Behauptung, ein bestimmtes Gesetz verletze die Verfassung.[5] Zusätzlich hat der Oberste Gerichtshof in einigen Fällen[6] ex officio die Übereinstimmung einer Rechtsquelle mit der Verfassung zu prüfen. Demgegenüber gibt es eine eigene Verwaltungsgerichtsbarkeit, die im Staatsrat gipfelt, einem Organ, das zusätzlich die Regierung in Verwaltungsangelegenheiten und der juristischen Vorbereitung von Gesetzen zu beraten hat.[7]

Die Territorialverwaltung beruht mit einigen Ausnahmen im dünnbesiedelten Osten (den sog. nationalen Territorien) und der Hauptstadt Bogotá auf dem System von Departamentos, die von vom Präsidenten frei ernannten und entlassenen Gouverneuren verwaltet werden. Dem Gouverneur steht ein gewähltes Regionalparlament (Asamblea, Versammlung) gegenüber. Dieser Verwaltungsaufbau wiederholt sich auf der lokalen Ebene: Der Bürgermeister als Chef der Ortsverwaltung wird vom Gouverneur ernannt und entlassen; er steht dem Stadtrat gegenüber, der wie sein Gegenstück auf der Ebene des Departamento durch allgemeine Wahl bestimmt wird.

---

[4] Eine spätere Wiederwahl ist zulässig, eine Möglichkeit, die in diesem Jahrhundert mehrfach eintrat. Der letzte, allerdings erfolglose, Versuch in diesem Sinne wurde durch den ehemaligen Präsidenten Carlos Lleras Restrepo (1966–1970) im Jahre 1978 unternommen.

[5] Es besteht folglich keine Sperre gegen eine Arbeitsüberlastung des Obersten Gerichtshofes durch die Vorschrift, daß zunächst der ordentliche Rechtsweg zu erschöpfen sei. Auch ein Filter in Gestalt einer kleinen Gruppe von Richtern, die eine Klage wegen mangelnder Erfolgsaussichten zurückweisen können, gibt es nicht. Die Arbeitsüberlastung der Gerichte allgemein führte 1978 zu einer von Präsident Turbay amtlich festgestellten Krise der Justiz; er schlug vor, zeitweilig Laien zu Richtern zu ernennen, um die Rückstände aufzuarbeiten.

[6] Zum Beispiel während des wirtschaftlichen Notstandes oder des Belagerungszustandes; ein Beispiel in Kapitel IV. Siehe auch Hernandez Vasquez 1975.

[7] Art. 141 der Verfassung.

Kolumbien stellt wahrscheinlich eines der wenigen Länder der Welt dar, wo nicht nur Parteien als solche, sondern bestimmte Parteinamen in der Verfassung genannt werden.[8] Schon diese Tatsache ist ein Anzeichen der außerordentlichen Stabilität des Parteiensystems[9], das seit dem 19. Jahrhundert durch Wettbewerb und Zusammenarbeit der Konservativen und der Liberalen Partei gekennzeichnet ist. Diese Stabilität ist einmal mehr durch die Wahlen von Präsident und Kongreß im Jahre 1978 und im Jahre 1982 bestätigt worden, also in einer Zeit, in der die Feldforschungsphase bereits abgeschlossen war.

Gewerkschaften[10], mit gewissen Ausnahmen politisch wenig einflußreich, sind in vier Verbänden verschiedener ideologischer Ausrichtungen organisiert.

Das erwähnte System der Zusammenarbeit der beiden großen Parteien, eine Art „kontrollierte Demokratie", hat seinen auffälligsten Ausdruck in der sog. „Nationalen Front" gefunden, die von 1958 bis 1974 in Kraft war; gewisse Elemente sind indessen zum Range einer andauernden Verfassungsvorschrift erhoben worden. Auf die Nationale Front wird ausführlich zurückzukommen sein.

## 2. Die politischen Institutionen im einzelnen

Im folgenden sollen die politischen Institutionen etwas ausführlicher beschrieben werden.

Zuerst zum *Kongreß*[11]:

Nach der Verfassung[12] ist der Kongreß die höchste gesetzgebende Körperschaft des Landes. Er ist zur Festlegung des Aufbaus der Exekutive und zur Regelung des öffentlichen Dienstes berechtigt. Zusätzlich wählt das Repräsentan-

---

[8] z.B. in Art. 120.

[9] Das Wort „Partei" wird hier mit Bedenken gebraucht; „Parteiengruppierung" käme dem gemeinten Sachverhalt wahrscheinlich näher.

[10] Zu Gewerkschaften siehe Landaburu/Perdomo 1974, Finck 1976 und Urrutia 1969. Wenn dieser von einer „strong, nonrevolutionary labor movement" spricht (V), mag dies im Vergleich zu anderen Entwicklungsländern zutreffen, aber nicht im Hinblick auf die politische und wirtschaftliche Macht in Kolumbien oder auf Industrieländer.

[11] Arbeitsweise, Zusammensetzung und Attitüden des kolumbianischen Kongresses sind von Autoren ausführlich studiert worden, die der Abteilung für politische Wissenschaften der privaten Los Andes-Universität von Bogotá nahestehen. Siehe Kline 1970, 1974 und 1975; Losada Lora 1972 a, b und 1973 b; Hoskin/Leal/Kline/Rothlisberger/Borrero 1975. Literatur zu Wahlen wird unten angeführt. Angaben zu Bedeutung und Aufgaben des Parlamentes finden sich auch in den politischen Gesamtübersichten, die oben angeführt wurden.

[12] Titel VI und Art. 56.

tenhaus für eine Amtsdauer von vier Jahren den Leiter der obersten Rechnungskontrollbehörde, genannt Contralor General de la República[13]. Beide Häuser verfügen über acht Ausschüsse (aber nicht über Unterausschüsse), von denen einige als permanent in dem Sinne betrachtet werden, daß sie auch während der Parlamentsferien zusammentreten können. Dies verfolgt u. a. die Absicht, die Rechte des Parlamentes der Exekutive gegenüber zu wahren. Ausschußsitzungen sind normalerweise öffentlich.[14]

Trotz dieser wichtigen Rechte hat das kolumbianische Parlament in den letzten Jahrzehnten einen großen Teil seiner politischen Bedeutung und öffentlichen Achtung verloren. Diese beklagenswerte Entwicklung kann auf eine Anzahl von Gründen zurückgeführt werden: Einer wäre der allgemeine internationale Trend, der die Exekutive der Legislative gegenüber begünstigt. Die zu behandelnden Themen und zu lösenden Probleme werden immer komplizierter, und dem Sachverstand der Exekutive kann durch den Kongreß nichts entgegengesetzt werden. Diese Entwicklung ist in Kolumbien in extremer Form zu beobachten: Das Parlament verfügt nicht über einen wissenschaftlichen Hilfsdienst oder auch nur eine gute Bibliothek oder Dokumentation. Der skizzierte Trend hat nicht einmal organisierten Widerstand gefunden: „Politik" wird als Gegensatz zu stumpfsinnigem Technizismus betrachtet, und in diesem Sinne ist die Unterlegenheit gegenüber der Exekutive nicht allzu erstaunlich. Es kann daher nicht überraschen, daß die Abdankung des Kongresses auch auf seinem ureigensten Gebiet, der Gesetzgebung, in den letzten Jahrzehnten offensichtlich geworden ist: In mehreren außerordentlich wichtigen Fällen ist der Präsident bevollmächtigt worden, bestimmte Materien durch Verordnungen zu regeln.[15]

Ein zweiter Grund für die abnehmende Bedeutung des Parlamentes hat mit der Verringerung politischen Wettbewerbes durch das System der Nationalen Front zu tun. Daraus kann indes nicht geschlossen werden, daß ihr Auslaufen zu einer schnellen Zunahme der Bedeutung des Kongresses führen wird.

Ein dritter Grund, der in der Öffentlichkeit am meisten kritisiert wurde, hat mit den Haltungen der Abgeordneten ihrer Aufgabe gegenüber zu tun. Um nur einige Beispiele zu nennen: Der Präsident des Repräsentantenhauses wurde 1978 unter der Beschuldigung des Mißbrauchs öffentlicher Gelder und der Urkundenfälschung festgenommen[16]; Mitte 1977 traten die beiden Häuser monatelang trotz einer wichtigen Traktandenliste nicht mit dem notwendigen Quo-

---

[13] Siehe unten das fünfte Kapitel, Wolff 1977 b und 1978 c.

[14] Vorschriften über den Erlaß von Gesetzen finden sich in Titel VII, Sonderregeln über den Senat in Titel VIII, über das Repräsentantenhaus in Titel IX und solche, die beiden Häusern gemeinsam sind, in Titel X der Verfassung.

[15] Ein Beispiel wäre der Erlaß der Haushaltsordnung, beschrieben unten im Kapitel V.

[16] Selbst wenn die Beschuldigung sich als falsch herausstellen sollte, vermindert ein solches Ereignis natürlich das Ansehen des Kongresses sehr stark. Einige Einzelheiten

rum zusammen[17]; schließlich hatte der Präsident des Senats Ende 1976 die Mitglieder dieser Kammer dringend durch Zeitungsanzeigen in das Kongreßgebäude einberufen, damit der gesetzlich letzte Termin zur Verabschiedung des Budgets eingehalten werden konnte[18]!

Zum *Präsidenten*[19]:

In Übereinstimmung mit seiner direkten Volkswahl[20] hängt der Präsident nicht vom politischen Vertrauen des Kongresses ab. Das gleiche gilt für die Minister. Als Chef der Exekutive ist der Präsident auch oberster Befehlshaber der Streitkräfte. Seine Zuständigkeit in Personalangelegenheiten ist besonders bemerkenswert: Eine große Zahl von öffentlichen Bediensteten werden von ihm ernannt, was ihm ein Instrument der Leitung und Kontrolle der Verwaltung in die Hand gibt. Zwei wichtige Artikel der Verfassung[21] verstärken seine starke Stellung noch: die Ausrufung des Belagerungszustandes und des ökonomischen Notstandes gibt ihm erweiterte legislative Rechte im Bereich der öffentlichen Ordnung und der Wirtschaft im weitesten Sinne. Der Belagerungszustand hat sich in den letzten Jahrzehnten mehr und mehr zum „normalen" Zustand entwickelt[22], wobei er trotz der verfassungsmäßigen Kontrolle durch den Obersten Gerichtshof allmählich die Verbindung zu Problemen der öffentlichen Ordnung verloren hat. So wurde der Belagerungszustand zum letzten Mal im Oktober 1976 verkündet und bis zum Augenblick der Niederschrift dieses Kapitels nicht wieder aufgehoben. Neben anderen Auswirkungen wurden Radio und Fernsehen (aber nicht die geschriebene Presse) im Hinblick auf Nachrichten, die die öffentliche Ordnung betrafen, kontrolliert.[22a]

---

bei Wolff 1978 c: 303. (Nach El Tiempo vom 15.2.79 wurde der Beschuldigte wegen erwiesener Unschuld – plena inocencia – freigesprochen.)

[17] Das gleiche war während der außerordentlichen Sitzungsperiode im Frühjahr dieses Jahres geschehen. Namen von Parlamentsmitgliedern, die den Sitzungen unentschuldigt fernblieben, wurden in der Presse veröffentlicht. Es wurde ihnen sogar mit einer Verminderung ihrer Diäten oder dem Aufruf ihrer Vertreter im Parlament (suplentes) gedroht (William Jaramillo Gómez, Präsident des Ausschusses III des Repräsentantenhauses; Bericht in El Tiempo vom 25. März 1977).

[18] Ein weitverbreiteter Zynismus der Bevölkerung in vier wichtigen städtischen Zentren hinsichtlich der politischen Institutionen des Landes wurde durch eine Befragung des Verbandes der Finanzinstitutionen 1978 offenbar (Bericht von El Tiempo, 19. Juni 1978). Leider war kein Vergleich zu früheren Befragungen möglich, und es war auch nicht möglich, die Methode der Untersuchung zu beurteilen.

[19] Titel XI der Verfassung.

[20] 1978 wurden die Wahlen zum Präsidenten und zum Kongreß an verschiedenen Terminen abgehalten, ein Unterschied zu langjähriger Übung.

[21] Art. 121 und 122.

[22] Siehe auch Zelinsky 1978 b.

[22a] Dies wurde lt. El Tiempo (v. 10.2.79) am 9.2.79 aufgehoben.

Kolumbianische Präsidenten stammen häufig aus einer relativ kleinen Zahl politisch aktiver Familien.[23] Es sei indessen davor gewarnt, diese unleugbare Tatsache in Kategorien zu interpretieren, die für Nikaragua angemessen sein mochten; die kolumbianische Wirklichkeit ist viel komplizierter.

Der Präsident ist als Leiter der Exekutive politisch mächtiger als der Kongreß[24]. Diese wichtige Beobachtung erlaubt indessen noch keinen Schluß über die Durchsetzungsfähigkeit des Präsidenten innerhalb der Exekutive.

Die letzten Präsidenten waren Carlos Lleras Restrepo (1966–70), Liberale Partei; Misael Pastrana Borrero (1970–74), Konservative Partei; Alfonso López Michelsen (1974–78, also in der Zeit, in der das Material für dieses Buch gesammelt wurde), Liberale Partei; Julio César Turbay Ayala (1978-1982), ebenfalls Liberaler; seit 1982 Belisario Betancur, Konservativer.

Die *Minister* und die *Regierung*[25]:

Trotz der freien Ernennung und Entlassung der Minister durch den Präsidenten ist ihre Zahl und Stellung durch das Gesetz bestimmt. Dies stellt eine wirksame Sperre gegen eine Inflation der Zahl der Minister dar, wie sie in anderen Ländern beobachtet werden kann. Im Gegensatz dazu ist die Verteilung der Aufgaben auf die verschiedenen Ministerien eines der Vorrechte des Präsidenten. In diesem Sinne sind die Minister Hilfskräfte des Präsidenten; dennoch ist ihre Stellung etwas stärker als diejenige der Minster (Secretaries) in den Vereinigten Staaten: Mit wenigen Ausnahmen bedürfen offizielle Akte des Präsidenten der Gegenzeichnung des oder der für die Materie zuständigen Minister.[26]

Das Kabinett als Körperschaft (Consejo de Ministros) existiert praktisch nur für Haushaltsausweitungen.[27] „Die Regierung" besteht im Hinblick auf eine bestimmte Angelegenheit aus Präsident und zuständigem Minister. Die Geschäftsordnung des Ministerrates steht mit diesen beschränkten Rechten in Überein-

---

[23] Eine der Ausnahmen stellt Präsident Turbay Ayala (1978-1982) dar, der sogar mit dem zusätzlichen Handikap behaftet war, Sohn eines libanesischen Einwanderers zu sein. Er gehört also zu der sozial nicht sonderlich geachteten Gruppe, die allgemein „los turcos" genannt wird („die Türken" – eine Erinnerung an das alte ottomanische Reich). Auf der anderen Seite ist mit Muttername Ayala ein erzspanischer Name. Turbays Abstammung spielte im Wahlkampf eine gewisse Rolle.
Eine eindrucksvolle Übersicht über Verwandtschaftsbeziehungen zwischen den Familien Santodomingo, López und Michelsen (mit dem Präsidenten López Michelsen, 1974–78, als Mittelpunkt) findet sich in Alternativa (Bogotá), Nr. 16 (16. Sept. 1974), S. 16 f. („Pulpo familiar en el poder").

[24] Details in den Fallstudien, insbesondere in den Kapiteln vier und fünf.

[25] Art. 57 und Titel XII (Art. 132-135) der Verfassung.

[26] Art. 57 der Verfassung.

[27] Art. 212 der Verfassung; siehe auch das fünfte Kapitel.

stimmung: Er ist zum einen berechtigt, bestimmte Arten internationaler Verträge zu billigen, zum anderen als Beratungsorgan für den Präsidenten oder jeden Minister zu wirken, wobei den entsprechenden Beschlüssen jedoch keine bindende Wirkung zukommt.[28]

Seit Jahrzehnten gibt es nur 13 Ministerien.[29]

Auf der Ebene der zentralen Staatsverwaltung gibt es einen zweiten Typ von bürokratischen Einheiten, die wegen der vorausgesetzten technischen (d.h. unpolitischen[30]) Art ihrer Aufgaben als *„Verwaltungsabteilungen" („Departamentos Administrativos")* organisiert sind. Der juristischen Theorie nach werden sie von Fachleuten unter der direkten Überwachung des Präsidenten geleitet. Sie befassen sich mit Planung[31], Statistik[32], dem öffentlichen Dienst[33], dem Präsidialamt[34], innerer Sicherheit[35], Zivilluftfahrt[36] und schließlich „Intendencias y Comisarías". Diese letzte Verwaltungseinheit ist für die dünnbesiedelten östlichen Teile des Landes zuständig, die noch kein Departamento (die nächste Verwaltungsebene unter der Zentralverwaltung) bilden.

In der Praxis ist die Regierung als Körperschaft etwas wichtiger als der Verfassungstheorie nach. Das ist angesichts der wöchentlichen Sitzungen und der Politik des Präsidenten López gegenüber seinen Ministern nicht verwunderlich. Vor allem im Kapitel über Haushaltspolitik werden weitere Einzelheiten hierzu mitgeteilt.

Der *Staatsrat* und die *Justiz*[37]:

Es gibt verschiedene Zweige der Gerichtsbarkeit; zu nennen sind die ordentliche Gerichtsbarkeit, die Zollgerichtsbarkeit und die Verwaltungsgerichtsbarkeit. Sie alle genießen die rechtliche Unabhängigkeit, die in Demokratien üblich ist. Es kann hinzugefügt werden, daß es sich hierbei nicht nur um eine Verfassungsvorschrift handelt, sondern um eine Wirklichkeit, die für eine Regierung

---

[28] Reglamento del Consejo de Ministros.

[29] Inneres; auswärtige Beziehungen; Justiz; Finanzen; Verteidigung; Landwirtschaft; Arbeit und soziale Sicherheit; Gesundheit; wirtschaftliche Entwicklung; Bergbau und Energie; Erziehung; Kommunikation; öffentliche Arbeiten.

[30] Das stellt natürlich die Untertreibung des Jahrhunderts dar; in Kolumbien ist *alles* politisch.

[31] Departamenta Nacional de Planeación, DNP.

[32] Departamento Administrativo Nacional de Estadística, DANE.

[33] Departamento Administrativo del Servicio Civil.

[34] Departamento Administrativo de la Presidencia.

[35] Departamento Administrativo de Seguridad, DAS.

[36] Departamento Administrativo de Aeronáutica Civil.

[37] Titel XIII–XI und XX der Verfassung.

und ein Parlament oft genug bitter ist, die gelegentlich ohne Rücksicht auf die Vereinbarkeit mit der Verfassung Gesetze entwerfen und verabschieden. Ein wichtiges Beispiel war die Erklärung der Verfassungswidrigkeit des Gesetzes zur Wahl einer verfassungsändernden Versammlung zur Reform der Territorialverwaltung im Jahre 1978. Hierbei handelte es sich um eines der Hauptziele der ausgehenden Präsidentschaft von López Michelsen.[38]

Wie bereits vermerkt, gipfelt der Aufbau der Justiz im Staatsrat für Verwaltungsangelegenheiten und im Obersten Gerichtshof für alle anderen Angelegenheiten unter Einschluß der Verfassungsgerichtsbarkeit. Der Staatsrat kooptiert interessanterweise seine Mitglieder; dabei ist er an die Paritätsregel der beiden großen Parteien gebunden. Es besteht eine eigene Staatsanwaltschaft (Ministerio Público) zur Verteidigung der Interessen der Gemeinschaft. Der oberste Ankläger (Procurador General de la Nación) hat eines der wichtigsten öffentlichen Ämter inne; er ist besonders wichtig zur Überwachung der Integrität des öffentlichen Dienstes — unglücklicherweise eine äußerst notwendige Aufgabe. Er wird durch das Repräsentantenhaus aus einer Dreierliste des Staatspräsidenten für die Dauer von vier Jahren gewählt.

Schließlich sei die Verfassungsvorschrift zur „Rationalisierung und Planung der Wirtschaft zur Erreichung einer harmonischen Entwicklung" (desarrollo integral)[39] erwähnt. Die Rechnungskontrolle soll vom Contralor General de la República und dem riesigen Apparat der Contraloría General wahrgenommen werden.

## B. Die Verwaltung[40]

### 1. Die Organisation der Zentralverwaltung

Die Verfassungsreform des Jahres 1968[41], welche die eben erwähnte Verpflichtung des Staates zur Gesamtplanung konkretisiert hat, war mit einer Verwaltungsreform verknüpft, die zum mindesten eine gewisse Ordnung in die bestehende chaotische Situation brachte. Seit diesem Jahr ist die zentrale Staatsverwaltung in folgender Weise gegliedert:

---

[38] Andere Beispiele finden sich im vierten Kapitel.

[39] Art. 32 der Verfassung. Einige Details der wirklichen Vorgänge in diesem Gebiet finden sich im Kapitel über Haushaltspolitik, in Wolff 1978 b, Rivera-Ortiz 1976, Catanese 1973 a und b sowie Parra-Peña 1975.

[40] Wenn nichts anderes vermerkt ist, folgt der Abschnitt Interview-Material. – Wichtige Werke über die kolumbianische Verwaltung umfassen: Ardila Duarte 1975 (Geschichte); Berry/Urrutia 1970 (historische statistische Daten über die Löhne im staatlichen Bereich); Betancur Cuartas 1976 (Regelungen über Verträge mit dem Staat);

## 2. Kap.: Das politische System Kolumbiens: Eine Einführung

Die 13 Ministerien und 7 Departamentos Administrativos sind bereits genannt worden. Einen dritten Typus zentraler Behörden stellen Überwachungseinheiten (Superintendencias) dar, die zum Geschäftsbereich eines Ministeriums gehören, ihre Aufgaben aber normalerweise sehr unabhängig wahrnehmen. Diese sind[42] die Überwachungsbehörden für Notare; für Banken; für Devisen; für Genossenschaften; für Krankenversicherungen; für Industrie und Handel; und schließlich für Unternehmen.

Ministerien, Departamentos Administrativos und Überwachungsbehörden können als Zentralverwaltung im engeren Sinne angesprochen werden. Hinzuzurechnen sind die sog. dezentralisierten Einheiten (entidades descentralizados), eigene öffentliche oder halböffentliche Einrichtungen, die der Aufsicht und Überwachung einer der zentralen Behörden unterliegen. Seit der Reform des Jahres 1968[43] sind sie in folgender Weise gegliedert:

— Die establecimientos públicos sind öffentlich-rechtliche Körperschaften; sie werden als Teil der Zentralverwaltung angesehen. Mitte 1978 belief sich ihre Zahl auf 91[44]. Sie verfügen über eigenes Vermögen und einen eigenen Haus-

---

Castro Castro 1976 c (Verwaltungsreform); Departamento Administrativo del Servicio Civil 1975 (Regelungen über den öffentlichen Dienst); DNP 1970 (über den Wirtschafts- und Sozialplanungsrat CONPES); Escobar Zapata 1968 (Verwaltungsreform); Groves 1974 (ebenso); Kaiser 1977; Morcillo 1971; Pinzon 1976 (über die gemischtwirtschaftlichen Unternehmen); Ramirez Cardona 1967 (allgemeiner Überblick); Rezazadeh 1970 (Lokalverwaltung); Campos Rivera 1975 (Regelungen über den öffentlichen Dienst); Santiago/García 1975 (Regionalverwaltung); Betancur 1974 (Schwachstellen der Verwaltung); Ruiz Cubiles 1974; Escobar Sierra 1973 (über die Parität in der Verwaltung, s.u.); Camargo Lozano 1968 (Regelungen über den öffentlichen Dienst); Martínez Muñoz 1972 (ebenda); Tafur Galvis 1974 und 1977 (über die dezentralisierten Einheiten, s.u.); Cañon Salinas 1965; Nannetti 1963 (ein früher Bericht über die höhere Schule für öffentliche Verwaltung, ESAP); Sociedad Colombiana 1975; über kolumbianisches Verwaltungsrecht siehe Sarria/Sarria 1974 und Vidal Perdomo 1975. Der umfassendste Überblick über die formale Organisation, Aufgabenverteilung und Rechtsquellen ist Presidencia 1978, eine aktualisierte Fassung von Presidencia 1970 a. Die umfassendste Sammlung von Rechtsquellen ist Ortega Torres 1976.

[41] Vidal Perdomo 1970 liefert den besten Überblick; siehe auch Uprimny 1971 und Restrepo Piedrahita 1976: 77–132; Maraviglia 1974; Melo Guevara 1968. Rechtsquellen finden sich in Castro 1971 und Presidencia 1970 b.

[42] Die Liste folgt Presidencia 1978: Organogramm vor Seite 3.

[43] Die grundlegenden Normen sind Dekrete 1050 und 3130/1968. Wichtige Quellen für die dezentralisierten Einheiten umfassen Losada Lora 1973 a; Tafur Galvis 1977; Maraviglia 1974 und Congreso 1974. Eine Reihe von „descentralizados" sind unter der Einwirkung internationaler Organisationen wie der Interamerikanischen Entwicklungsbank gegründet worden.

[44] Presidencia 1978: idem; ihre schnelle Zunahme wird deutlich durch einen Vergleich mit dem Haushaltsgesetz 1977 (das also etwa zwei Jahre vorher vorbereitet wurde), in dem noch eine Gesamtzahl von 79 genannt wird (Ley de Presupuesto 1977 Establecimientos: V–VII)!

halt. Ihr Budget wird jedoch als Teil des Staatshaushaltes betrachtet; es ist daher vom Kongreß zu verabschieden.[45]

— Die staatlichen Handels- und Industrieunternehmen (empresas comerciales y industriales del Estado) sind privatrechtlich organisiert. Ihre Kontrolle folgt den gleichen Kriterien. Es gibt insgesamt 19 dieser Unternehmen.

— Die gemischtwirtschaftlichen Unternehmen (sociedades de economía mixta)[46] haben sowohl staatliches wie privates Grundkapital. Der Staat ist also nur ein Kapitaleigner unter anderen. Sofern er Mehrheitseigentümer ist, kommen etwas abweichende Regeln, zum Beispiel hinsichtlich der Rechnungskontrolle, zur Anwendung. Die Zahl solcher Unternehmen belief sich Mitte 1978 auf elf.

Die scheinbar klaren Unterscheidungsmerkmale der verschiedenen Klassen von dezentralisierten Einheiten werden nicht immer beachtet. So wird etwa die Fernmeldegesellschaft Telecom als Establecimiento Público betrachtet, während die Eisenbahnen einen staatlichen Industriebetrieb bilden.[47] Es wäre leicht, weitere Beispiele anzuführen.

Jede dezentralisierte Einheit wird durch ein oberstes Gremium kontrolliert, das Consejo Directivo oder Junta Directiva genannt wird; sein Vorsitzender ist stets der zuständige Minister oder sein Vertreter.[48] Die dezentralisierten Einheiten werden im Verhältnis zu den zuständigen Ministerien als „adscritos" (so für die establecimientos) oder „vinculados" (so für die Unternehmen) bezeichnet[49]; diese Ausdrücke sollen die Kontrolle durch die Zentralverwaltung betonen. Trotzdem werden die Direktoren („gerentes") oder Präsidenten als Vertreter des Staatspräsidenten angesehen[50]; dieser ist folgerichtig jährlich über die Tätigkeit jeder Einheit zu informieren.[51]

---

[45] Zur Wirksamkeit der Überwachung und der haushaltsmäßigen Unabhängigkeit siehe das fünfte Kapitel.
[46] Zur Qualität des Managements siehe AID 1974.
[47] Telecom 1977: 1; Interview-Material. – Es sei darauf verwiesen, daß im strengen Sinne noch eine Zwischengruppe zwischen den Wirtschafts- und Handelsunternehmen des Staates und den gemischtwirtschaftlichen Unternehmen existiert: Diese Gruppe gehört offiziell der letzteren Klasse an; wenn aber der Anteil des Staates am Grundkapital 90 % oder mehr beträgt, unterliegen sie den Regeln für Staatsunternehmen (Art. 3, Dekret 3130/1968).
[48] Art. 25 ff. Dekret 1050/1968. Zur wirklichen Kontrolle vgl. insbesondere das fünfte Kapitel.
[49] Art. 8 Dekret 3130/1968.
[50] Art. 28 Dekret 1050/1968.
[51] Art. 28 Dekret 1050/1968. Juristische Einzelheiten über die Entidades finden sich in Tafur Galvis 1974 und Tafur Galvis 1977. Siehe auch Maraviglia 1974.

## 2. Die Territorialverwaltung[52]

Die politischen und gelegentlich gewaltsamen Auseinandersetzungen zwischen den Anhängern eines Einheits- und denjenigen eines Bundesstaates im 19. Jahrhundert mündeten schließlich in einen Sieg der ersteren — aber es war nur ein Teilsieg: Formal ist Kolumbien als Einheitsstaat in dem Sinne organisiert, daß es nicht aus Bundesstaaten mit eigener Exekutive besteht. Vielmehr gibt es eine direkte Hierarchie vom Staatspräsidenten zu den Gouverneuren als Leitern der Verwaltung ihres jeweiligen departamentos mit einem politischen „Kabinett" (gabinete) im strengen Sinne des Wortes: hierbei handelt es sich um Politiker, die zu Leitern eines bestimmten Zweiges der Verwaltung ernannt worden sind und die völlig vom Vertrauen des Gouverneurs abhängen.[53] Dieser wiederum wird vom Präsidenten ernannt und entlassen; er hängt mithin nicht vom Vertrauen irgendeiner Wahlkörperschaft ab. — Die Hierarchie setzt sich nach unten zur Ebene der Gemeinden (municipios) fort, bei denen der Bürgermeister („alcalde") vom Gouverneur ebenso ernannt wird wie der Gouverneur selbst vom Präsidenten.[54] Er ernennt seinerseits Politiker zu Leitern der Gemeindeverwaltung.[55] Auch die Bürgermeister sind nicht vom Vertrauen einer Wahlkörperschaft abhängig.

Das föderale oder dezentralisierte Element, das Kolumbien nicht als einen *reinen* Einheitsstaat erscheinen läßt, liegt in der Wahl von Parlamenten (oder Versammlungen) auf der Ebene von departamento und municipio. Das entsprechende Gremium heißt Asamblea Departamental[56] (Versammlung des departamento) oder Stadtrat (concejo).

Obwohl es keine direkte (juristische) Abhängigkeit des Gouverneurs und des Bürgermeisters von den entsprechenden Wahlkörperschaften gibt, besteht dennoch eine enge Verbindung angesichts des Rechtes der Asamblea und des Stadt-

---

[52] Einen guten Überblick bietet Kalnins 1974. Zur Verwaltung eines der wichtigsten Departamentos siehe Cundinamarca 1973: Band I.

[53] Da das Vertrauen des Gouverneurs nicht gleichmäßig zu sein pflegt, sind „Kabinettskrisen" auf der Ebene des Departamento häufig; sie werden feierlich in der Presse berichtet. Siehe z.B. El Tiempo vom 28. Januar, 3. März, 11. März und 3. April 1977.

[54] Die allgemeinen Regeln sind Art. 181–201 der Verfassung. Bogotá stellt eine Ausnahme dar, siehe das dritte Kapitel.

[55] Sogar auf dieser Ebene werden „politische Krisen" berichtet. Für Barrancabermeja siehe El Tiempo vom 21. Sept. 1977. Ein gleiches ist für Bogotá zu vermerken. – Informationen über die Gemeinden finden sich in Ruiz 1974; Larrainzar Yoldi 1970, Kalnins 1974, Lordello de Mello 1973.

[56] Grundlegend für die Organisation von Departamento und Municipio ist heute noch der Código de Régimen Político y Municipal, Gesetz 4/1913. Allerdings ist dieses Gesetz durch eine endlose Zahl späterer Gesetze und Dekrete verändert worden. Die Asambleas und ihre Aufgaben finden sich in Titel IV; die Municipios in Titel VI dieses Gesetzes.

rates, die rechtlichen Normen, die die Verwaltung entwirft, zu diskutieren, verändern und verabschieden (dies bezieht sich natürlich nur auf die Gegenstände in der Kompetenz des Departamento und der Gemeinde). Das Verhältnis von Chef der Exekutive und Wahlkörperschaft ist von starken Spannungen oft nicht frei.

Die Territorialverwaltung kann folglich mit einem in Kolumbien oft gebrauchten Schlagwort als „verwaltungsmäßige Dezentralisierung, politische Zentralisierung" charakterisiert werden.

Die Rechte der Departamentos und der Gemeinden sind als ziemlich bescheiden zu kennzeichnen; indessen ist darauf zu verweisen, daß sie über eigenes Einkommen und Vermögen (folglich einen eigenen Haushalt) ebenso verfügen wie über gesetzlich festgelegte Transferzahlungen aus dem Staatshaushalt, den sog. „situado fiscal". Auch auf der Ebene des departamento und des municipio ist die sog. Zentralverwaltung von den dezentralisierten Einheiten zu unterscheiden. Die verschiedenen Zweige der Zentralverwaltung werden von „Sekretären" geleitet; die dezentralisierten Einheiten (auch als „indirekte" dezentralisierte Einheiten bezeichnet[57]) sind nach dem gleichen Kriterium wie auf der gesamtstaatlichen Ebene eingeteilt. So gibt es establecimientos públicos, gemischtwirtschaftliche Unternehmen und industrielle und Handelsunternehmen der Departamentos und der Gemeinden; unter letzteren spielen die Likörfabriken eine bedeutende Rolle.

Die Territorialverwaltung befindet sich ausgangs der siebziger Jahre in einer schweren Krise. Ihre Aufgabenverteilung, die finanzielle Ausstattung wie auch die juristischen Normen, die auf das Jahr 1913 zurückgehen, weisen auffallende Mängel und Ungleichgewichte auf.[58] Das gesamte System genügt nicht mehr den vielfältigen Anforderungen und kann die Probleme nicht mehr bewältigen, für deren Lösung es geschaffen wurde.

Die erwähnten Probleme und der ständige Druck bestimmter Behörden wie etwa des Nationalen Planungsamtes hat zur letzten wichtigen politischen Initiative des Präsidenten López Michelsen geführt: Er erreichte vom Kongreß den Erlaß eines (einfachen) Gesetzes, das die Wahl einer verfassunggebenden Ver-

---

[57] Art. 4 Dekret 3130/1968.

[58] Die Hauptprobleme sind die folgenden (Kalnins 1974: 446–448): die räumlichen Grenzen der Verwaltungseinheiten; der Verwaltungsaufbau; Inexistenz eines öffentlichen Dienstes auf der Ebene der Gemeinden; Aufgabenverteilung auf die drei Ebenen der Territorialverwaltung; Organisation der öffentlichen Unternehmen; Verteilung und Struktur des Steuersystems; Fehlen einer Haushaltsplanung und einer klaren Haushaltsordnung; Fehlen einer Planung, die ihren Namen verdiente; schlechte Organisation der Entwicklungsinstitute (Institutos de Desarrollo); Fehlen eines Dokumentationszentrums für gemeindliche Angelegenheiten; überholte Rechtsvorschriften, die entsprechenden Teile der Verfassung eingeschlossen.

sammlung zur Reform der Territorialverwaltung vorschrieb; dabei ist zu bedenken, daß ein Teil der entsprechenden Normen Verfassungsrang hat. López sah sich offensichtlich außerstande, die notwendige verfassungsändernde Mehrheit im Kongreß zu erreichen. Der Oberste Gerichtshof erklärte diesen Versuch der Umgehung der Verfassung hingegen für verfassungswidrig. Im Augenblick der Niederschrift ist die Situation völlig unklar.[59]

### 3. Der öffentliche Dienst[60]

Unter Einschluß von 120 000 Lehrern umfaßt der öffentliche Dienst der kolumbianischen Zentralverwaltung 560 000 Personen[61], im Verhältnis zu einer Gesamtbevölkerung von etwa 25 Millionen eine beachtliche Zahl. Im wesentlichen können zwei Gruppen öffentlich Bediensteter unterschieden werden[62] (der zusammenfassende Ausdruck lautet „empleados oficiales"): zum einen der öffentliche Angestellte („empleado público"), dessen Verhältnis zum staatlichen Arbeitgeber sich durch einseitige Festsetzung des Staates, nicht durch Arbeitsvertrag bestimmt. Daneben gibt es den „trabajador oficial", der auf der Grundlage eines kollektiven oder individuellen Vertrages mit dem Staat oder einer öffentlichen Gesellschaft angestellt wird. Diese Unterscheidung entspricht in wesentlichen Punkten der deutschen Unterscheidung von Beamten und Angestellten. Nur die „trabajadores oficiales" sind zum Streik und zu Tarifverhandlungen mit dem öffentlichen Arbeitgeber berechtigt. In der Praxis ist diese Unterscheidung hingegen theoretischer Natur: Öffentliche Bedienstete haben in den vergangenen Jahren wiederholt gestreikt, und die politische Führerschaft konnte es nicht wagen, diese klare Normverletzung zu ahnden.[63]

Seit Jahrzehnten, zuerst 1938[64], ist versucht worden, ein System eines Berufsbeamtentums mit einer entsprechenden Karriere einzuführen. Die letzte Anstrengung in diesem Sinne ist aus dem Jahr der Verfassungs- und Verwal-

---

[59] Ein wichtiges Projekt des Entwicklungsprogramms der Vereinten Nationen (UNDP) hatte u.a. zum Ziel, Reformvorschläge für die Territorialverwaltung zu entwickeln. Dieses Projekt war im Jahre 1977 noch nicht abgeschlossen. Kalnins 1974 ist eine der Empfehlungen eines Mitarbeiters des Projektes.

[60] Wichtige Informationen finden sich in DNP 1971; Departamento Administrativo del Servicio Civil 1975; Correa Restrepo 1974; Araoz 1974; Rechtsquellen in Ortega 1976. Die Darstellungen gehen meistens nur auf die Rechtsvorschriften, aber selten auf die Wirklichkeit ein. Es dürfte kaum ein anderes Gebiet mit einer derartigen Differenz zwischen beiden geben.

[61] Interview-Material; Stichtag ist der 11. Oktober 1977.

[62] Art. 1 Dekret 1848/1976.

[63] Siehe insbesondere das fünfte Kapitel.

[64] Gesetz 165/1938.

tungsreform, 1968[65], zu vermelden. Wie frühere Versuche mißlang auch dieser: verschiedene Verordnungen des Jahres 1973[66] nahmen sogar im juristischen Bereich Teile der Reform zurück, und Präsident López, der an der Angelegenheit äußerst desinteressiert war[67], benutzte seine Sondervollmachten unter dem Belagerungszustand, um den Karrieredienst zweimal aufzuheben.[68] Die gegenwärtige Lage ist durch den zahlenmäßigen Vorrang von Bediensteten gekennzeichnet (mehr als 95%), die frei ernannt, befördert und entlassen werden können. Die Gründe dafür sind auf das engste mit der politischen Kultur verbunden: Das Patronage-System stellt eine Voraussetzung für die Aufrechterhaltung des gegenwärtigen politischen Gleichgewichtes dar (dazu siehe genauer unten), und ein Berufsbeamtentum liefe dieser Notwendigkeit offensichtlich zuwider. – Ein eigenes Departamento Administrativo del Servicio Civil[69] bemüht sich darum, wenigstens Rudimente einer geordneten Personalverwaltung zu verteidigen. – Darüber hinaus existiert eine höhere Schule für öffentliche Verwaltung (Escuela Superior de Administración Pública).[70]

## C. Die politische Entwicklung der letzten Jahrzehnte[71]

Die gegenwärtige politische Situation Kolumbiens kann ohne Rückgriff auf die Nachkriegsereignisse und die ihnen folgende „Große Koalition" der Frente Nacional nicht verstanden werden.

---

[65] Titel IV Dekret 2400/1968.

[66] Dekrete 1912, 1950, 2233, 2554, 2658/1973.

[67] Diese Haltung geht bis auf das Jahr 1968 zurück, als López Parteiführer war.

[68] Die ständige bis ins Juristische reichende Bedrohung für die Rudimente eines Berufsbeamtentums kann durch den Gesetzentwurf 48/1977 demonstriert werden: Hiernach sollte der Präsident mit Sondervollmachten ausgestattet werden, um, u.a., „die Regeln über den öffentlichen Dienst und die Karriere in der Verwaltung zu verändern"!

[69] Die Bedeutung dieser Behörde kann am besten durch die Tatsache aufgezeigt werden, daß 1977 eine 22jährige Dame zu ihrem Leiter ernannt wurde!

[70] Eine frühe Beschreibung ist Nannetti 1963; sie ist typisch für die ursprünglichen Hoffnungen.

[71] Eine beträchtliche Literatur über dieses Thema existiert. Genannt seien: Anderson / v. d. Mehden / Young 1967 (über die „violencia"); Araoz 1970; Bagley 1974; Ungar Bleier / Gómez de Martínez 1977; Cardenas / García 1958/9; Camacho 1970; Castillo Cardona 1970; Cepeda / Gonzales de Lecaros 1976; Child 1974 (Quellen, keine Darstellung); CIAS 1969; DANE 1970 und 1972; DANE 1976 b; Dent 1974 und 1976; Dix 1975; Finck 1976; Flinn / Camacho 1969; Galeano 1971; Garcés 1970 und 1972; Hoskin / Swanson 1973 und 1974; Kline 1970; Krumwiede 1974; Latorre 1974; Leal Buitrago 1970; Losada / Williams 1970; Losada / Murillo 1973; Losada 1976 a, 1977 und 1978;

Zum *Parteiensystem*:

Seit dem 19. Jahrhundert hat Kolumbien nur zwei Parteien, die Konservative und Liberale Partei, gekannt.[72] Jeder Versuch, eine dritte Partei zu begründen, ist bis heute trotz mancher Anfangserfolge mißlungen[73], und es gibt nicht das kleinste Anzeichen, daß die Situation sich in der nächsten Zukunft verändern wird. Trotz der Parteinamen, die auf europäische ideologische Traditionen des 19. Jahrhunderts zurückgehen, unterscheiden sich die beiden Parteien in ihrem Programm praktisch nicht. Dies muß gegen die Versuche der Parteiführer festgehalten werden, die Wählerschaft vom Gegenteil zu überzeugen.[74] Jede der beiden Parteien umfaßt vielmehr ein weites Spektrum verschiedener ideologischer Ausrichtung. Wichtiger hingegen erscheint der personalistische Faktor: Parteiströmungen oder Faktionen um im nationalen Rahmen wichtige Führer entstehen dauernd neu und verschwinden wieder aus einer Reihe von Gründen. Die Konservative Partei teilt sich z.B. gegenwärtig in eine Faktion, die von Ex-Präsident Pastrana geleitet wird und die durchwegs in Opposition zu Präsident López gestanden hat. Diese Strömung heißt nach dem ehemaligen Präsidenten Ospina und ihrem gegenwärtigen Leiter die „Ospina-Pastranistas". Eine zweite Strömung wird von Alvaro Gómez Hurtado, dem konservativen Präsidentschaftskandidaten im Jahre 1974, geleitet und wird nach seinem Vornamen als „Alvarismo" bezeichnet. Die Liberalen teilten sich im Jahre 1977 in die vier Flügel der „Democratización Liberal" (oder Lleristas) unter der Führung von Ex-Präsident Carlos Lleras Restrepo), die „Grupo de los noventa" („Gruppe

---

Maingot 1967; Miranda / Gonzales 1976; Muñoz-Serrano 1972; Murillo / Rivera Ortiz 1973; Oquist 1973; Palacios 1971; Pécaut 1973 und 1974; Peeler 1976; Costa Pinto 1971 a und b; Puentes 1967; Rizo Otero 1970; Rojas Ruiz 1970; Rojas / Camacho 1973; Rothlisberger / Oquist 1973; Sandoval Peralta 1975; Santa 1964; Schmidt 1974 a; Sepúlveda Niño 1970; Smith 1967; Talbot / McCamant 1972; Torres 1970; Urrutia 1969; Wessel-Schulze 1974; Williams 1972; Zelinsky 1978 a; Zenk 1974 a und b. Vgl. auch die zu Beginn des Abschnittes A genannten Werke. Über die frühe Parteientwicklung im 19. Jahrhundert siehe Bushnell 1971, über die jüngste Entwicklung Zelinsky 1978 c. – Studien über regionale Eliten umfassen Dávila Ladron de Guevara 1976; Liévano 1974 und Davila / Ogliastri 1974.

[72] Mit dieser Aussage wird nicht geleugnet, daß es auf dem Papier eine große Zahl von „Parteien" gibt. Wir beziehen uns auf diejenigen Parteien, die mit Recht als politische Kraft angesehen werden können. Insbesondere auf der politischen Linken gibt es eine große Zahl von Splitterbewegungen verschiedener ideologischer Ausrichtung. Die extreme Stabilität des Parteiensystems ist teilweise durch repressive Maßnahmen erreicht worden; in diesem Sinne argumentiert zum mindesten Zelinsky 1978 b.

[73] Die wichtigste davon war in den späten 60er und frühen 70er Jahren die Alianza Nacional Popular (ANAPO), „a loose alliance between followers of Pinilla (sic, es sollte Rojas heißen), small personalistic factions of the Liberals and Conservatives, as well as some leftist groups". (Schmidt 1974 b: 107).

[74] Payne 1968: Teil 1 ist wichtig für eine gründliche Analyse dieses Problems. Bagley 1974: 155 argumentiert gegen Payne.

der neunzig"), geleitet von Julio César Turbay, dem Staatspräsidenten 1978—1982, die „Primera Fuerza" („Erste Kraft") und die unabhängigen Liberalen. Zwischen diesen Flügeln gibt es normalerweise einen heftigen politischen Wettbewerb; nicht selten verbindet sich bei Abstimmungen einer dieser Flügel mit einem solchen der gegnerischen Partei. Jeder Flügel versucht normalerweise, seinen eigenen Leiter als Präsidentschaftskandidaten der Gesamtpartei durchzusetzen. Kommt eine Einigung nicht zustande, kann das zum Gewinn der Präsidentschaft durch die gegnerische Partei führen.[75] Die bitterlich verfeindeten Flügel der Lleristas und Turbayistas hatten sich aus diesem Grunde im Consenso de San Carlos verpflichtet, die Kongreß- und Präsidentschaftswahlen des Jahres 1978 nacheinander abzuhalten und die Parlamentswahlen als Vortest der Popularität der vier Parteiführer zu benutzen. Turbay schlug Lleras etwa im Verhältnis 2:1, und letzterer zog sich absprachegemäß von der Kandidatur für die Präsidentschaft zurück. Die Konservativen waren auf der anderen Seite fähig, sich auf Belisario Betancur Cuartas als gemeinsamen Kandidaten zu einigen.

Die gegenwärtigen Beziehungen zwischen Konservativen und Liberalen sind nicht nur durch einen gelegentlich bitteren Konflikt, sondern auch durch ein erhebliches Maß an Zusammenarbeit gekennzeichnet. Diese Zusammenarbeit geht auf die Nachkriegsereignisse zurück.

*Violencia* und *Frente Nacional*:

Seit 1946[76] und insbesondere nach der Ermordung des links stehenden liberalen Führers Jorge Eliécer Gaitán litt Kolumbien unter einem der blutigsten Bürgerkriege der modernen Geschichte. Die Ermordung Gaitáns durch einen Geisteskranken mitten in Bogotá am 19. April 1948 war das Signal für einen regelrechten Volksaufstand (dieser Mord war natürlich ein auslösendes Moment, aber nicht die Ursache: die Gründe für den Bürgerkrieg sind ein außerordentlich kompliziertes Geflecht von Faktoren, das bis heute noch nicht völlig erklärt worden ist). Wichtige Teile der Stadt Bogotá wurden niedergebrannt (der Palacio de San Carlos, der Sitz des Staatspräsidenten, eingeschlossen); die Polizei verlor völlig die Kontrolle, machte zum Teil gemeinsame Sache mit den Auf-

---

[75] Dies widerfuhr den Liberalen im Jahre 1946, als sie zwei Kandidaten präsentierten, so daß der konservative Kandidat trotz der Mehrheitsposition der vereinigten Liberalen gewählt wurde. Dies stellte eine traumatische Erfahrung für die Liberalen dar! – Eine ähnliche Erfahrung hatten die Konservativen im Jahre 1930 gemacht (Schmidt 1974 b: 101).

[76] Die Festlegung genauer Daten für Beginn und Ende der „Violencia" ist offensichtlich eine Definitionsfrage (wann wandelt sich „normale" politische Gewalt in die „Violencia" kolumbianischer Art?). Schmidt 1974 b: 101 gibt die Daten 1930–1964 als Beginn und Ende der Violencia.

ständischen und löste sich zum größten Teil einfach auf.[77] Zum Glück für die Regierung blieben die Streitkräfte loyal, hatten jedoch die Stadt regelrecht unter Einsatz schwerer Artillerie zurückzuerobern. Dies führte natürlich zu einer erheblichen Erhöhung der Verluste an Menschenleben und materiellen Werten. Die Auseinandersetzungen dehnten sich rasch über das Land aus; in den folgenden Jahren verloren Hunderttausende auf häufig grausame Weise ihr Leben. Die Hauptkonfliktpartner waren die „Konservativen" und „Liberalen", und die Zugehörigkeit zu einem dieser Lager (das traf praktisch auf das ganze Volk zu) war bereits ein ausreichender Grund, von Mitgliedern der gegnerischen Partei ermordet zu werden. Trotz verschiedener Versuche der Parteiführer, ein Abkommen zur Beendigung des Blutvergießens abzuschließen, hat erst der überraschend spät eingetretene Militärputsch des Generalleutnants Gustavo Rojas Pinilla (1953) den Circulus vitiosus von Gewalt und Gegengewalt durchbrochen.[78]

Mitte der fünfziger Jahre fanden sich die traditionellen Parteien also in der Lage, daß zwar die Violencia durch drastische militärische Maßnahmen beendet worden war, sie selbst aber von der politischen Macht ausgeschlossen waren. Das führte zu dem Abkommen von Sitges zwischen dem liberalen Führer Alberto Lleras Camargo und dem konservativen Führer Laureano Gómez im Jahre 1957, das schließlich die Diktatur des Generals Rojas beendete. Seine Grundlage war die Nationale Front, „Colombia's experiment in controlled democracy"[79], eine Vereinbarung, die von 1958 bis 1974 in allen ihren Teilen in Kraft war, die aber noch die heutige politische Situation tief beeinflußt. Sie muß daher im folgenden beschrieben werden.

Grundregel der Nationalen Front war diejenige einer gleichen Machtteilung zwischen den beiden traditionellen Parteien trotz eines Übergewichtes der Liberalen seit den dreißiger Jahren.[80] Diese grundlegende Norm wurde im Anschluß

---

[77] Der spätere kubanische Diktator Castro war übrigens als junger Student in der Stadt anwesend. Er hat einen interessanten, wenn auch etwas wirren Bericht über die Ereignisse geliefert.

[78] Vielfältige Theorien bezüglich der Ursachen der Schlächterei sind vorgetragen worden, siehe z.B. Payne 1968: 161–182 und Schmidt 1974 b. Wenn etwas klar erscheint, dann in jedem Falle, daß ein ganzes Bündel von Faktoren verantwortlich war. Einige besondere Ausprägungen der Violencia wären sicherlich vom Sozialpsychologen zu erklären, z.B. die besondere Grausamkeit. Quellen liefert Guzman Campos 1962; eine umfassende Bibliographie ist Ramsey 1973.

[79] So lautet der Titel von Williams 1972.

[80] Dieser Vorrang wurde durch die ersten Wahlen seit dem Ende der Nationalen Front erneut bestätigt. 1978 jedoch wurde die Mehrheit der Liberalen erheblich reduziert (Losada Lora 1978: 189), wenn notwendige Korrekturen zur Herstellung der Vergleichbarkeit mit früheren Wahlen vorgenommen werden; 1982 wurden die Liberalen in die Oppositionsrolle verwiesen.

an ein Plebiszit[81] des Jahres 1957 (95% Ja-Stimmen) in die Verfassung aufgenommen. Um gleichen Machtanteil der beiden Parteien zu gewährleisten, wurden eine Reihe von Sonderregeln angewendet: Liberale wie Konservative stellten je sechs Minister; die bewaffnete Macht unter Einschluß der Polizei wurde von einem apolitischen Berufsmilitär geleitet, zweifellos einer der Ecksteine der gesamten Übereinkunft. Payne bemerkt[82], daß der Innenminister aus der Partei zu ernennen war, der der Staatspräsident nicht angehörte; dies findet jedoch in der Verfassung keine Stütze.[83]

Zweitens war der Präsident im Wechsel von den beiden Parteien vorzuschlagen und als gemeinsamer Kandidat zu wählen. Die Präsidentschaftswahlen des Jahres 1974 stellten mithin die ersten seit 1958 dar, bei denen sich ein konservativer und ein liberaler Kandidat gegenüberstanden[84] und die Wahl eines jeden von ihnen verfassungskonform gewesen wäre.

Zum dritten waren die Mitglieder des öffentlichen Dienstes auf jeder Ebene (mit Ausnahme der wenigen Karriereposten[85]) in gleicher Zahl aus Mitgliedern der beiden Parteien zu ernennen.[86]

Die Paritätsregel war viertens auch für alle durch Wahlen besetzten öffentlichen Körperschaften anzuwenden.[87] Diese Bestimmung sollte ursprünglich nur bis zum Jahre 1968 angewendet werden; sie wurde aber bereits im Jahre 1959 bis 1974 verlängert. Selbst Geschäftsordnungsregeln sollten gewährleisten, daß Minderheitsrechte nicht verletzt werden konnten.[88]

Fünftens hätte eine Veränderung der Paritätsregeln eine Zweidrittelmehrheit beider Häuser des Kongresses erfordert: Dies stellte in der Tat ein wichtiges Hindernis dar, da sich zweifellos eine Partei als Minoritätspartei angesehen hätte und damit Wahlen mit unbeschränktem Wettbewerb bekämpft hätte. Tatsächlich kam es nicht zu einem Versuch, diese grundlegende Regel zu verändern.

---

[81] Hernandez Mora 1957 war einer der ersten (vielleicht *der* erste), der dieses Plebiszit vorgeschlagen hat.

[82] Payne 1968: 177.

[83] Siehe Art. 120 Nr. 1 der Verfassung und Art. 4 des zugrundeliegenden Plebiszits vom 1. Dezember 1957.

[84] Eine ausführliche Beschreibung des Wahlkampfes ist Ungar Bleier / Gómez de Martínez 1977. Weitere Kandidaten waren politisch unbedeutend.

[85] Diese umfassen im Jahre 1975 nur 3,8 % aller Bediensteten der Zentralverwaltung (Salazar / Mendoza 1975: 72–73).

[86] Wie Salazar / Mendoza 1975: passim zeigen, wurde diese Regel nicht ganz eingehalten.

[87] Art. 172 der Verfassung, die sich auf Art. 2 des erwähnten Plebiszits stützt.

[88] Nach Art. 83 der Verfassung war zur Wahl von Beamten durch parlamentarische Gremien eine Zweidrittelmehrheit notwendig.

Die letzte wichtige Paritätsregel betraf die Vertretung beider traditioneller Parteien im Obersten Gerichtshof, der u.a. über behauptete Verletzungen der Verfassung (also auch der Paritätsregeln) zu entscheiden hat. Auch der Staatsrat als oberstes Verwaltungsgericht war paritätisch zu besetzen.

Die wichtigen Regeln der Nationalen Front wurden eingehalten und erreichten ihr Hauptziel, eine neue Welle politischer Gewalttätigkeit nach dem Rückzug der Militärs aus der Politik zu verhindern.[89] Pessimistische Stimmen, die ein Wiederaufleben der Violencia nach dem Ende der Nationalen Front[90] voraussagten, erwiesen sich als falsch.[91]

Ein anderes Ziel der Bestimmungen der Nationalen Front[92], nämlich einen Übergang zu offenem gewaltlosem politischem Wettbewerb zu ermöglichen, ist nur teilweise erreicht worden; dies wird durch die andauernden Elemente einer Großen Koalition nach 1974 und sogar nach 1978 bewiesen (dazu siehe gleich).

Interessanterweise war die Zeit der Nationalen Front *nicht* eine Periode, während derer es *keinen politischen Wettbewerb* und keine politischen Auseinandersetzungen gegeben hätte. Zum einen dauerte die Konkurrenz der verschiedenen Flügel der traditionellen Parteien an. Ein solcher Wettbewerb war nicht nur erlaubt, sondern sogar durch einige Sonderbestimmungen geregelt.[93] Zweitens gab es verschiedene politische Bewegungen – die als solche nicht verboten waren –, welche die Übereinkunft der Nationalen Front von außen her bekämpften. Eine von diesen war die linksgerichtete Movimiento Revolucionario Liberal, MRL, die in den sechziger Jahren von Alfonso López Michelsen geführt wurde. Die Integrationskraft der Bestimmungen der Nationalen Front und Wahlverluste zwangen López zum Rückzug. Ursprünglich radikal, wurde er offizieller Präsidentschaftskandidat der Liberalen im Jahre 1974 und wich als Präsident nicht wesentlich von der politischen Linie der Front ab.

Wichtiger war die ANAPO, die bei den Präsidentschafts- und Kongreßwahlen des Jahres 1970 einen bemerkenswerten Erfolg errang[94]: Rojas wurde als Präsi-

---

[89] Der Immobilismus der Frente Nacional ist viel kritisiert worden; er stellt ein notwendiges Pendant zu Vorschriften wie derjenigen der Parität in allen wichtigen Ämtern dar. Der Vorwurf mag zutreffen, übersieht aber das wichtigere Ziel, ein Wiederaufflackern der Gewalt zu verhindern.

[90] Einen Überblick liefert Peeler 1976: passim.

[91] Damit soll die Existenz einer gewissen politischen Gewaltsamkeit auch heute nicht geleugnet werden; dabei beziehen wir uns auf verschiedene linke Guerilla-Bewegungen. Hierbei handelt es sich aber um ein „normales" Phänomen in einer Reihe von lateinamerikanischen Ländern, nicht um eine kolumbianische Besonderheit wie „La Violencia". Vor allem hat die derzeit existierende politische Gewalt mit dem Auslaufen der Frente Nacional nichts zu tun.

[92] Williams 1972: 4.

[93] Vgl. etwa Art. 172 der Verfassung.

## C. Die politische Entwicklung der letzten Jahrzehnte

dentschaftskandidat nur äußerst knapp von dem Kandidaten der Nationalen Front, Pastrana, geschlagen. Er verließ nach den Wahlen das Land.[95] Dieser unerwartete „rise of populism"[96] führte zu vorschnellen politologischen Voraussagen eines bevorstehenden Zusammenbruchs des klassischen Parteiensystems und der Vereinbarungen der Frente Nacional unter dem Ansturm einer Woge allgemeiner Unzufriedenheit.[97] Diese Voraussagen erwiesen sich jedoch als falsch, wie es bereits durch die Zwischenwahlen 1972 und die Kongreßwahlen 1974[98] und 1978 bewiesen wurde; bei diesen Wahlen zählten nur die traditionellen Parteien.

Hinzuzufügen ist, daß die *Wahlbeteiligung* traditionell[99] gering gewesen ist. Es kann also nicht auf eine besonders niedrige Wahlbeteiligung im Jahre 1978 geschlossen werden (sie wurde als Krisensymptom gedeutet), wenn diejenigen Faktoren berücksichtigt werden, die diese Wahl von früheren unterscheiden.[100]

In der Zeit, in der Material für dieses Buch gesammelt wurde, hatte der langsame Abbau der Nationalen Front bereits begonnen. Seit 1974 wurde der Wettbewerb um die Präsidentschaft und um Sitze in den Parlamenten aller Ebenen nicht mehr beschränkt. Hingegen waren Regierung und öffentlicher Dienst

---

[94] Um den Vorschriften der Frente Nacional zu genügen, hat die Partei offiziell „Konservative" und „Liberale" Listen vorgelegt.

[95] Es wurde häufig – und nicht nur von den geschlagenen Anapistas – behauptet, die Wahlen seien gefälscht worden. Dies erscheint jedoch aus einer Reihe von Gründen unwahrscheinlich: Niemand in den traditionellen Parteien hat ernsthaft mit einem derart knappen Wahlausgang gerechnet, so daß die Vorbereitung einer Fälschung nicht möglich war. Zweitens verfügt der kolumbianische Staat einfach nicht über einen effizienten und diskreten Verwaltungsapparat, um eine solch große Fälschung vornehmen zu können. Das bedeutet natürlich nicht den Ausschluß von Unregelmäßigkeiten, die bei kolumbianischen Wahlen immer bis zu einem gewissen Grade vorkommen. Insbesondere der Stimmenkauf (compra de votos) ist traditionellerweise häufig; er hängt mit klientelistischen Verhältnissen der Parteienstruktur zusammen. Selbst heute kommt Stimmenkauf noch vor; so wurde im Jahre 1978 der konservative Gouverneur des Departamento Cauca deswegen bestraft, weil er mit öffentlichen Geldern Stimmen gekauft hatte (El Tiempo vom 23. Aug. 1978).

[96] Hierbei handelt es sich zum mindesten um die in der Literatur vorherrschende Interpretation. Siehe Wessel-Schulze 1974: passim; Schmidt 1974 b: 107; Dix 1975 und 1978.

[97] Dix 1975.

[98] Ein wichtiger Grund hierfür ist sicherlich der Tod des Generals; seine Tochter, Maria Eugenia Rojas de Moreno, versuchte vergeblich, die charismatischen Züge der Bewegung zu retten. Bei den Präsidentschaftswahlen 1974 erzielte sie nur 492.166 von 5.122.133 Stimmen (Ungar Bleier / Gómez de Martínez 1977: 259).

[99] Das heißt, seit Jahrzehnten; das Phänomen ist also nicht notwendig Ausdruck der oft behaupteten „Krise des politischen Systems".

[100] Losada Lora 1978: passim. Eine Ausnahme stellen die Kongreßwahlen vom 26. Febr. 1978 dar (idem 189).

noch paritätisch besetzt. Auch nach den Wahlen 1978 sind wesentliche Elemente dieser Großen Koalition beibehalten worden: Die Konservativen sind — freilich in der Minderheit — im Kabinett und unter den Gouverneuren vertreten. Dies war angesichts des knappen Wahlsieges von Turbay gegen Betancur eine politische Notwendigkeit. Weiter sind die Konservativen, einer unbegrenzt gültigen Verfassungsvorschrift entsprechend, im öffentlichen Dienst „angemessen und fair" („adecuada y equitativa")[101] vertreten.

Zur Interpretation der Frente Nacional:

Die Bestimmungen der Frente Nacional können entweder als „kontrollierte Demokratie" oder als ein Beispiel der „Konsoziativen Demokratie"[102] angesehen werden; dieser Unterschied ist möglicherweise mehr eine verschiedene Ausdrucksweise als ein wirklicher analytischer Unterschied. Insoweit Teile der Frente fortgeführt werden, sind zumindestens auch heute noch Teile einer kontrollierten oder konsoziativen Demokratie festzustellen.

Die „kontrollierte Demokratie" ist durch die folgenden Elemente gekennzeichnet[103]: erstens eine grundlegende Bindung an die Demokratie, verstanden als Möglichkeit der Auswahl bei der Bestimmung politischer Führer und als Recht, um politische Ämter zu konkurrieren. Zweitens existieren institutionelle Begrenzungen der Zahl und/oder Art der politischen Konkurrenten; drittens schließlich gründen sich diese Begrenzungen auf eine große Koalition von Gruppen und Parteien, obgleich politischer Wettbewerb als solcher nicht ausgeschlossen wird. — Legt man diese Elemente zugrunde, dann stellt sich die Frente Nacional in der Tat als eine kontrollierte Demokratie dar.

Eine andere Interpretationsmöglichkeit wäre die Konsoziative Demokratie, wie sie u. a. von Lijphart und Lehmbruch beschrieben wird.[104]

Das Grundproblem stellt das Bestehen einer Zahl von Segmenten der Gesellschaft dar, die durch ethnische, rassische, sprachliche oder religiöse Unterschiede definiert sind. Die Regel des „one man — one vote" führte notwendig zu einer hoffnungslosen Minderheitenposition für eines oder mehrere dieser Segmente. Hier wird das Modell der konsoziativen Demokratie empfohlen: Eine große Koalition mit Veto-Recht der einzelnen Gruppen schafft eine Teilhabe jeder Gruppe nach irgendeiner Anteilsregel, eine Teilhabe, die sich auf legislative Körperschaften, die Exekutive einschließlich des öffentlichen Dienstes und die Verteilung von Haushaltsmitteln bezieht. Andererseits ist jedes

---

[101] Art. 12 der Verfassung.
[102] Ähnlich argumentiert Zelinsky 1978 a: Kapitel 1.
[103] Williams 1972: 18—25 sowie Kapitel VII (178—187); er bezieht sich auf Autoren wie Martz 1962, Riker 1962, Bachrach / Baratz 1963 und Kenworthy 1970.
[104] Lijphart 1969 und 1977, Lehmbruch 1968.

Segment bei der Verwaltung seiner eigenen Angelegenheiten weitgehend autonom.

Die Anwendung dieses Modells auf die Frente Nacional Kolumbiens begegnet offensichtlich einigen Schwierigkeiten. Zum einen sind die verschiedenen Gruppen nicht nach ethnischen, sprachlichen oder religiösen Kriterien definiert (also askriptiven Elementen), sondern nach Wahlverhalten, einem Kriterium, das gewöhnlich als nicht-askriptiv verstanden wird. Auf der anderen Seite ist festzuhalten, daß im kolumbianischen Fall die Parteizugehörigkeit zum mindesten wichtige askriptive Elemente aufweist: Ganze Familien und sogar Gemeinden sind traditionell „konservativ" oder „liberal", was diese Ausdrücke für die Praxis auch immer bedeuten mögen.[105] Das zweite Problem liegt darin, daß es eine Selbstverwaltung der großen politischen Lager nicht gibt. Drittens schließlich sind nicht alle tatsächlichen oder möglichen Konkurrenten um politische Ämter in dem Abkommen eingeschlossen gewesen (man denke etwa an den Ausschluß der, allerdings sehr schwachen, linken Gruppen). Viertens hat es innerhalb der „liberalen" wie der „konservativen" Seite einen heftigen politischen Wettbewerb gegeben, da die beiden Etiketten nicht „geschützt" waren, sondern jedermann „liberale" bzw. „konservative" Listen und Kandidaten für Wahlämter aufstellen konnte. Die Elitenkooperation bezog sich also weder auf die Vermeidung einer „eingebauten" Minoritätenposition einer Seite (sondern auf die Beendigung der blutigen Auseinandersetzungen) noch ist durch die Kolumbien eigentümliche unscharfe Abgrenzung des Begriffs „liberale" bzw. „konservative politische Partei" der Wettbewerb mit jenen Kräften ausgeschlossen worden, die dem Elitenkartell nicht angehörten (zu verweisen ist auf die ANAPO oder den MRL). In diesem Sinne können die Nationale Front und ihre überlebenden Elemente zweifellos nicht als reiner Fall der konsoziativen Demokratie betrachtet werden. Es kann jedoch nicht geleugnet werden, daß der kolumbianische Fall wichtige Elemente dieses Demokratietypus aufweist.

## D. Zur Gesamtinterpretation des politischen Systems

Drei verschiedene Deutungen von Macht- und Entscheidungsprozessen in Kolumbien[106] können der wissenschaftlichen Literatur entnommen werden: die pluralistische Interpretation; die Machtelitendeutung; und die marxistische Klasseninterpretation.

---

[105] Fraglos wird dieses „traditionelle" Element immer schwächer, wie es z.B. durch Losada Lora 1978 aufgezeigt wurde.
[106] Unsere Einteilung folgt Bagley 1974: 1-5. Die Literaturangaben sind jedoch auf den neuesten Stand gebracht worden.

Die erste ist am reinsten durch Payne vertreten[107]: Entscheidungen in Kolumbien werden nicht von einer kleinen Elite getroffen, die Oligarchie genannt werden könnte, weil sie geschlossen ist, sondern sie werden beeinflußt von einer großen Zahl verschiedener Gruppen und Akteure, unter ihnen Mitglieder der Unterklassen. Reformprogramme sind oft gescheitert, nicht, weil eine Machtelite ihre Verwirklichung verhindert hätte, sondern weil kolumbianischen Politikern eine ideologische statt Statusorientierung abgeht.

Die Machteliteninterpretation kolumbianischer Politik[108] behauptet die fortgesetzte Existenz einer geschlossenen (oligarchischen) Elite, einer Minderheit, welche die Macht-Schlüsselpositionen der Gesellschaft kontrolliert, ohne irgendeine Rechenschaft gegenüber dieser abgeben zu müssen.[109] Reformmaßnahmen sind Ausfluß einer paternalistischen Haltung und, in einigen Fällen, der Notwendigkeit, Spannungen abzubauen und auf gewisse Ansprüche der Gegen-Elitegruppen einzugehen, denen indessen kein echter Anteil an der Macht zugestanden wird.[110]

Die dritte Gruppe von Interpretationen[111], die marxistische oder diejenige der herrschenden Klasse, nimmt ebenfalls eine enge Gruppe privilegierter Individuen als Machtinhaber an. Die herrschende Klasse jedoch wird gebildet durch die Eigentümer der Produktionsmittel. Variable wie politische Elite, politische Parteien, Staatsverwaltung (die für Dix wichtig sind) werden deshalb zur Erklärung nicht herangezogen: Sie sind definiert und strukturiert durch die Produktionsweise der Gesellschaft, innerhalb derer sie beobachtet werden.

Wir scheuen uns in Übereinstimmung mit unseren Fallstudien, das komplizierte kolumbianische politische System auf einfache Schlagworte zu reduzieren. Klassenaspekte sind zweifellos wichtig, aber eine Reihe anderer Elemente kann nicht vernachlässigt werden. Zu nennen wäre etwa die erwähnte quasi

---

[107] Payne 1968. Andere Autoren, die dieser Schule (manchmal implizit) angehören, umfassen Latorre 1974; Kline 1970; Reveiz et alii 1977 (hier sind allerdings auch Elemente der zweiten Gruppe zu finden); Hoskin / Leal / Kline / Rothlisberger / Borrero 1975, zumindest hinsichtlich der unausgesprochenen zugrundeliegenden Annahmen; Losada 1977 und 1978; Rivera-Ortiz 1976; Ungar Bleier / Gómez de Martínez 1977.

[108] Diese Gruppe wird vertreten durch Autoren wie Dix 1977; Williams 1972; Schmidt 1974 a; Peeler 1976; Bagley / Kramer / Lann 1975; Guillén Martínez 1973 (dieser betont vor allem die Klientelbeziehungen in den sechziger Jahren); Martz 1962.

[109] Dix 1967: 43.

[110] Dix 1967: 389.

[111] Wir folgen Bagley 1974: 3–5. Charakteristischerweise wird diese Schule nahezu ausschließlich durch kolumbianische oder mindestens lateinamerikanische Autoren vertreten: García 1974; Fals Borda 1967; Leal Buitrago 1973; Rojas Camacho 1973. – Mit Bagley 1974: 4 können wir festhalten, daß die zweite und dritte Gruppe von Deutungen des politischen Systems sich nicht notwendig widersprechen.

-große Koalition, die unter anderem ein Wiederaufflackern der politischen Gewalt verhindern sollte, dabei aber politischen Wettbewerb keineswegs unterdrückte, sondern nur etwas einschränkte. Fragen nach der Offenheit der politischen Eliten für Rekrutierungen aus Mittel- und Unterschichten, die Durchsetzungsfähigkeit des politischen Willens, die Kontrolle der Staatsbürokratie, die Wandlungs- und Modernisierungsfähigkeit des administrativen Apparates sind weitere Aspekte, deren Untersuchung durch Reduktion schwieriger Sachverhalte auf eingängige Schlagworte nicht einfach ausgewichen werden kann.

*Drittes Kapitel:*
# Regional- und Stadtplanung: Der Fall Bogotá

## A. Das Problem

Bogotá[1], Hauptstadt der Republik Kolumbien und des Departamento Cundinamarca (ohne selbst administrativ zu ihm zu gehören), bildet heute eine der großen Metropolen der Dritten Welt im allgemeinen und Lateinamerikas im besonderen.[2] Da eine gesetzliche Meldepflicht in Bogotá nicht existiert (diese bedeutete für sich genommen wenig), bestehen nur ungenaue und widersprüchliche Schätzungen der Gesamtzahl der Einwohner der Stadt. Die verläßlichsten Daten stellen wahrscheinlich die Werte dar, die sich unmittelbar auf Volkszählungen zurückführen lassen.[3] Hiernach[4] hatte Bogotá im Jahre 1918 188 000 Einwohner.[5] Die dazwischenliegenden 60 Jahre sind nur eine kurze Zeit verglichen mit der Geschichte einer im Jahre 1538 von Don Jimenez de Quesada gegründeten Stadt. Bald jedoch begann der Bevölkerungsboom: Die Stadt hatte 1938 330.000, 1951 648.000[6] und 1964 1,697 Mio. Einwohner.[7] Neue Anga-

---

[1] Eine jüngere Zusammenstellung und Diskussion der verfügbaren Daten ist Valverde 1978. – Allgemeine Studien über Verstädterung in Kolumbien umfassen Arenas Bonilla 1977; Carstensen 1973; Cardona Gutierrez 1970 und 1976 b; Vernez 1971. Für Bogotá vgl. jüngst Gilbert 1978.

[2] Trotz dieser Tatsache ist Bogotá nicht eine „primate city", die das gesamte wirtschaftliche und politische Leben auf sich konzentrierte und den Rest des Landes zum Ausbluten brächte. Zwar nicht an Größe, aber doch an wirtschaftlicher Bedeutung stehen ihm Cali und Medellín zur Seite. Zur Geschichte dieser kolumbianischen Städte-Trias siehe Gonzalez Gonzalez 1972.

[3] Die letzte Gesamtbevölkerungszählung des Departamento Administrativo Nacional de Estadística 1973 wurde in professionellen Kreisen häufig kritisiert; der Verfasser verfügt jedoch nicht über Informationen darüber, wieweit diese Kritik berechtigt ist.

[4] Abgedruckt in McGreevy 1976:88; selbst in diesem Artikel finden sich z.B. auf S. 102 abweichende Zahlen.

[5] 1910 100.000 (Avila Bernal 1975, ohne Quellenangabe) oder 110.000 (Phase II: Band II: 9).

[6] Nach McGreevy 1976: 88. Avila Bernal 1973: 21 nennt für das Jahr 1951 724.000 Einwohner, also fast 12% mehr.

[7] Eine etwas abweichende Zahl wäre 1,66 Mio, nach Perez Upegui 1972: 147, der sich auf das Instituto de Crédito Territorial bezieht.

A. Das Problem                                    73

ben umfassen 2,56 Mio. im Jahre 1970[8], 3,1 Mio. 1972[9] und 3,455 Mio. 1975[10]. Zahlen, die auf statistische Übersichten zurückgehen, wären 2,89 Mio. für 1973[11] wie für 1975[12]. Für 1977 wurden dem Autor abweichende Schätzungen verschiedener öffentlicher und privater Einrichtungen mitgeteilt. Die höchste genannte Zahl belief sich auf 5,5 Mio. Einwohner, eine Zahl, die mit großer Überzeugung von Mitgliedern jener Institution vorgetragen wurde, die für die UN-Konferenz „Habitat" in Vancouver einen technischen Bericht unter Verwendung moderner Forschungsmethoden wie Luftfotografie, Multiplikation mit Dichte-Ziffern usw. erarbeitet hatte.[13] Diese Zahl stimmt offensichtlich nicht mit der Volkszählung von 1973 überein; sie muß als übertrieben bezeichnet werden, wenn die statistische Erhebung als verläßlich angesehen wird.

Zusammenfassend kann festgehalten werden, daß Bogotá zum Untersuchungszeitraum eine Bevölkerung zwischen 3,5 und 5,5 Mio. Einwohnern zählte. Wichtiger erscheint hingegen das außerordentliche Wachstum der Stadt in unserem Jahrhundert, ein Wachstum, das zur Zeit noch anhält.[14]

Wie üblich stammt dieser Bevölkerungszuwachs aus zwei Quellen: Zum einen ist das natürliche Wachstum der kolumbianischen Bevölkerung zu vermerken, das bis vor kurzem eines der höchsten in Lateinamerika und der Welt insgesamt gewesen ist. Obwohl es in den letzten Jahren zurückgegangen ist[15], stellt die größere Basis (Gesamtzahl der Einwohner von Bogotá) einen entgegengerichteten Einfluß dar, so daß die absolute Zahl zusätzlicher Einwohner auf der Grundlage des natürlichen Bevölkerungswachstums kaum zurückgegangen ist.

Zu dieser beträchtlichen natürlichen Bevölkerungszunahme ist die Landflucht zu rechnen, die in Kolumbien wie in der überwältigenden Mehrzahl der Länder der Dritten Welt zu beobachten ist. Obwohl Kolumbien im Verhältnis zu anderen Ländern in der glücklichen Lage ist, über mehrere Migrationspole zu verfügen, muß ein erheblicher Teil der Wanderungsbewegungen durch die Hauptstadt Bogotá aufgefangen werden.

---

[8] Quelle: ibidem.
[9] Phase II: Band I: 7.
[10] Avila Bernal 1975: 12, ohne Quellenangabe.
[11] Yepes / Arias 1976: 163, nach der Volkszählung 1973. Die Zahl umfaßt den gesamten Großraum Bogotá einschließlich der kleinen Stadt Soacha.
[12] Dane 1976 a: 9; Grundlage ist eine Haushaltsstichprobe.
[13] ICT, s. unten.
[14] Literatur über Wanderungsbewegungen umfaßt Cardona Gutierrez, Cardona / Simmons 1976; DANE 1977; DNP 1976a; Flinn 1968; Nelson 1971 (insbes. Kapitel III); Simmons 1975 (soziale Mobilität in Bogotá); Udall 1973 (innerstädtische Mobilität und Beschäftigung) und 1976; Williams / Griffin 1978 (das Gegenstück: die Entvölkerung des Landes).
[15] Interessanterweise ist der Rückgang der Fertilität dem Urbanisierungsgrad direkt

Obwohl sich eine große Zahl von privaten und öffentlichen Einrichtungen wissenschaftlich und praktisch mit der schnellen Urbanisierung befaßt und obwohl folglich eine erhebliche Zahl von Publikationen zu diesem Thema existiert, gibt es keine genauen Daten über den gegenwärtigen *Anstieg der Bevölkerung von Bogotá*[16]. Man ist deshalb auf erheblich voneinander abweichende Schätzungen angewiesen. Die Studie Phase II[17] nennt einen jährlichen Zuwachs (seit 1972) von 250.000 Personen; das Instituto de Desarrollo Urbano[18] nennt 227.500[19], ohne Quellenangabe. In einer Studie, die komplizierte mathematische Analysen der Vergangenheit und ihrer Trends verwendet, schätzen Yepes und Arias[20] die Zuwanderung nach Bogotá in dem gegenwärtigen Jahrfünft auf etwa 77.000 Personen pro Jahr; dies entspräche einer Zunahme um 2,2%, wenn man von einer Bevölkerungszahl von nur 3,5 Mio. ausgeht. Demgegenüber nennt der Verband der nationalen Bauindustrie Camacol[21] einen Wanderungsgewinn von 4%. Diese Zahl wiederum ist unvereinbar mit dem gesamten Bevölkerungsanstieg zwischen 1951 und 1964, folgt man den Bevölkerungszählungen.[22]

Dennoch kann zusammenfassend festgestellt werden: Die Mehrzahl der Quellen gibt einen jährlichen Anstieg der Bevölkerung von Bogotá von 6–7%[23], was in absoluten Zahlen 250.000[24] bis 300.000 Personen pro Jahr ausmacht. Ein derartiger Anstieg hat notwendigerweise einen tiefen Einfluß auf praktisch alle Aspekte des sozialen, wirtschaftlichen, administrativen und politischen Lebens. In Kürze seien einige davon angeführt.[24a]

---

proportional; damit wiederholt sich ein von der europäischen Bevölkerungsbewegung vertrauter Zusammenhang.

[16] Dies ist natürlich teilweise eine Folge der ungenauen Kenntnis der Gesamtbevölkerung: Der natürliche Bevölkerungszuwachs wird aus der Basiszahl und ihrer Zusammensetzung hinsichtlich Geschlecht und Alter sowie den geschätzten Fertilitäts- und Mortalitätsraten abgeleitet. Wenn die Basiszahl nur ungenau bekannt ist, ist Ungenauigkeit hinsichtlich des Zuwachses die notwendige Konsequenz.

[17] Zur Beschreibung der Stadtplanungsstudie Phase II siehe unten. Die zitierte Quelle: Phase II: Band 1: 7.

[18] Eine dezentralisierte Einrichtung der Stadt Bogotá, siehe unten.

[19] IDU 1976: Berechnung nach den auf S. VI gegebenen Zahlen.

[20] Yepes / Arias 1976: 213.

[21] Interview-Material.

[22] Wie von Gilbert 1976: 113 zitiert.

[23] Neueste Informationen des Nationalen Planungsamtes nennen 5,8% (berichtet von El Tiempo vom 12. Dez. 1978).

[24] Diese Zahl wird etwa von DNP 1976 e: 3 genannt.

[24a] Es existiert eine große Zahl soziologischer und statistischer Untersuchungen über die Zuwanderung in kolumbianische Städte im allgemeinen und nach Bogotá im besonderen. Genannt seien Brücher / Mertins 1978, García 1970, Cardona / Simmons / Ro-

## A. Das Problem

Die bestehende Infrastruktur ist ungenügend – und verschiedene Anstrengungen zur Verbesserung der Lage können nur einen begrenzten Einfluß haben.[25] Einige wichtige Gebiete seien genannt:

Erstens besteht eine hohe, offene oder versteckte, *Arbeitslosigkeit*.[26] Da die Stadt im landwirtschaftlichen Bereich praktisch keine Arbeitsplätze anbieten kann, müssen die zusätzlichen Arbeitskräfte von der Industrie oder dem Tertiärsektor absorbiert werden, also potentiell modernen Wirtschaftszweigen. Obgleich das Wirtschaftswachstum nach europäischen Maßstäben eindrucksvoll ist[27] (allerdings bezieht sich der Zuwachs auf weit niedrigere Ausgangszahlen), ist es nicht ausreichend, um genügend Arbeitsplätze zu schaffen: So gibt es eine offene Arbeitslosigkeit von etwa 12%[28], eine beträchtliche Unterbeschäftigung[29],

---

driguez, Simmons / Cardona, Rodriguez-Espada, McGreevy 1976, Vernez 1976, Yepes / Arias 1976 und Fierro 1973. Einige der Hauptergebnisse sind die folgenden:
1. Die Zusammensetzung der Zuwanderer nach Alter und Geschlecht hat sich in den letzten Jahrzehnten mehrfach verschoben. Bis zur Fünf-Jahres-Periode 1955–1960 wurden die Zuwanderer immer jünger; seither ist dieser Trend zu einem Stillstand gekommen, und zwischen 1972 und 1977 kann das mittlere Alter auf 21,5 Jahre geschätzt werden (Yepes / Arias 1976: 212). Bis 1950 war die Zahl der weiblichen Zuwanderer nach Bogotá stets geringer als die der männlichen, seither hat sich das Verhältnis umgekehrt (Yepes / Arias 1976: 212 f.).
2. Der Anteil der Zuwanderer an der Gesamtbevölkerung von Bogotá ist bis 1950 gestiegen und dann zurückgegangen, dies offensichtlich als Folge einer stets größeren Basiszahl (der Gesamtbevölkerung der Stadt); Yepes / Arias 1976: 210 ff.
3. Das jugendliche Alter der Zuwanderer bedeutet, daß diese einen enormen Druck auf den Arbeitsmarkt ausüben (Fierro 1973: 125).
4. Andere Untersuchungen konzentrieren sich auf die intraurbane Mobilität der Zuwanderer. Sie kommen zu dem Ergebnis, daß das für das Lateinamerika der letzten Jahrzehnte klassische Muster für Bogotá nicht mehr gültig ist (Vernez 1976: 167; Brücher / Mertins 1978: passim). Traditionellerweise war der erste Wohnort das übervölkerte historische Stadtzentrum, bevor – möglicherweise mit mehreren Zwischenstufen – eine endgültige Wohnung gefunden wurde. In Bogotá hingegen verteilen sich die Zuwanderer bereits im Augenblick ihrer Ankunft auf das gesamte Stadtgebiet.
5. Je nach der regionalen Herkunft ist ein verschiedener sozialer Status der Zuwanderer festzustellen: Zuwanderer aus der Bergregion um Bogotá gehören den Unterschichten an, während diejenigen aus entfernteren departamentos höheren sozialen Schichten zuzurechnen sind (Simmons / Cardona: 166). Allgemein stellen die Zuwanderer geographisch und sozial eine sehr heterogene Gruppe dar (ibidem: 170).

[25] Eine zusätzliche Bevölkerung von möglicherweise mehr als 300.000 Personen pro Jahr, d.h. die Hälfte der Einwohnerzahl Frankfurts oder die doppelte Einwohnerzahl Freiburgs, übersteigt alle wirtschaftlichen, organisatorischen und planerischen Möglichkeiten eines Landes wie Kolumbien! – ANIF 1974: 14 ff. liefert ältere Angaben zum Fehlen öffentlicher Dienste in den wichtigsten kolumbianischen Städten.

[26] Eine neuere Studie über die Arbeiterschaft in Bogotá ist Mohan 1978. Unterbeschäftigung, Arbeitslosigkeit und Industrialisierung wird in den folgenden Werken diskutiert: Berry 1977 und 1978; Brücher 1975; González Flórez 1976; Slighton 1974.

[27] Das Bruttosozialprodukt stieg preisbereinigt um 5,5% 1976 und um 7% 1977.

[28] Diese Zahl wird als Mittelwert für die wichtigsten Städte in El Tiempo vom 28. Dezember 1976 genannt. Der Verband der Finanzinstitutionen (Asociación Nacional de Instituciones Financieras, ANIF) nennt für die letzten Monate des Jahres 1976

die normalerweise statistisch nicht erfaßt wird, und eine versteckte Arbeitslosigkeit, die selbst ein flüchtiger Beobachter feststellen kann: Straßen voller Schuhputzer, voller Leute, die Flaschen sammeln, voller Kinder, die Kaugummi verkaufen, voller Kleinstläden, bei denen es rätselhaft ist, wie sie eine Familie ernähren können; antiquierte Methoden der Müllabfuhr, um möglichst viele Arbeiter anstellen zu können usw.

Zweitens leidet Bogotá, wie das ganze Land, an einem *akuten Wohnungsmangel*, vor allem für die Unter- und die untere Mittelschicht.[30] Die Hauptursache dafür stellt offensichtlich das Bevölkerungswachstum dar: Nimmt man bei einem jährlichen Zuwachs von 300.000 Einwohnern eine durchschnittliche Familiengröße von fünf Personen an, dann beläuft sich der zusätzliche Wohnungsbedarf auf 60.000 Einheiten pro Jahr — und das ist weit mehr als die Bauindustrie zu leisten vermag. Die Hauptschwierigkeit liegt in der geringen Kaufkraft der Mehrheit gerade jener Einwohner, die eine Wohnung suchen. Die Unterschichten wachsen nämlich schneller als die kaufkräftige Mittel- und Oberschicht; in jedem Falle stellt ihr Zuwachs eine wesentlich größere absolute Zahl dar. — Ein anderer Grund für den Wohnungsmangel liegt in der Tatsache, daß die im Sinne der Oberschichten „guten" Wohnviertel sich permanent verlagern (im wesentlichen von Süden nach Norden). Ein hoher Teil der Kapazität der Bauindustrie wird daher durch luxuriöse Häuser gebunden, die offensichtlich für die Bauindustrie wirtschaftlich interessanter sind.

Eines der auffälligsten Merkmale der Wohnungsknappheit und der geringen Kaufkraft der Massen der Bevölkerung stellen die riesigen von Europäern meist so genannten Elendsviertel dar. In Bogotá werden sie einfach „*barrios*" (Stadtviertel) oder genauer „barrios subnormales" (unternormale Viertel) oder, selten, „tugurios" oder „asentamientos subnormales"[31] genannt. Sie liegen herkömmlicherweise und auch heute noch in der Mehrzahl im Süden der Stadt. In den letzten Jahren jedoch sind einige dieser Viertel kreisförmig um die besseren oder sogar guten Wohnviertel im Norden vorgedrungen. Daten über die Ausdehnung der barrios zeigen, daß etwa die Hälfte der Stadt aus solch subnormalen Wohnvierteln besteht.[32]

---

10,95 % (El Tiempo vom 22. Januar 1977). Das statistische Amt DANE veröffentlichte für die Zeit von November bis Dezember 1976 eine Arbeitslosigkeit von 8,1 % und eine Unterbeschäftigung von 14,2 % für die Stadt Bogotá (El Tiempo, 26. Januar 1977). Für die letzten vier Monate des Jahres 1977 hat das ANIF für Bogotá eine offene Arbeitslosigkeit von 11,55 % ermittelt (El Tiempo, 16. Okt. 1977). Zahlreiche andere Quellen können angefügt werden, die alle um den im Haupttext angegebenen Wert schwanken.

[29] Vgl. die voraufgehende Fußnote.

[30] Diese Knappheit besteht trotz einer starken Konzentration der Bauindustrie auf Bogotá (etwa 42 %, nach Angaben des statistischen Amtes des Verbandes der Bauindustrie, CENAC; Bericht in El Tiempo vom 29. Mai 1975).

## A. Das Problem

Zum Unterschied von vielen anderen Städten der Dritten Welt und auch Kolumbiens stellen die barrios in Bogotá nicht illegale Landbesetzungen durch Siedler gegen die Interessen und den Willen der Landeigentümer dar.[33] Die typische Form der Landentwicklung und des Landbesitzes stellt vielmehr die „heimliche Urbanisierung" (urbanización clandestina, auch urbanización pirata genannt) dar: Ein Landeigentümer teilt seinen Besitz, oft Teil einer „finca" (eines größeren landwirtschaftlichen Betriebes) an der Peripherie von Bogotá in Grundstücke gleicher oder verschiedener Größen auf. Üblicherweise folgt er dem traditionellen Schachbrettmuster, das aus der spanischen Kolonialzeit stammt und heute noch von der Mehrzahl der lateinamerikanischen Städte beachtet wird. Der Landeigentümer bestimmt also gleichzeitig den Raum für die Verbindungsstraßen und läßt nicht selten sogar eine „cuadra" (den Raum zwischen vier Straßen) für die traditionelle „plaza" frei. Diese plaza ist anfangs natürlich nicht mehr als ein leeres Stück Land, das nicht bebaut ist. Im Anschluß an diese Landaufteilung verkauft der Eigentümer die Grundstücke, typischerweise nicht an die Neuankömmlinge in Bogotá, sondern an solche Personen, die bereits einige Zeit bei Freunden und Verwandten, möglicherweise auch in gemieteten Räumen, gelebt haben.[34] Der Kaufvertrag wird oft in sehr formeller Weise abgeschlossen, obwohl er im staatlichen juristischen System nicht bindend ist, da ein Grundbucheintrag fehlt.[35] Preis und Zinsen werden derart kalkuliert, daß selbst Familien mit niedrigem Einkommen die monatlichen Zahlungen aufbringen können. Die Käufer erhalten ihr Grundstück zur Eigenentwicklung. Diese führt normalerweise zu einem erstaunlichen „upgrading" der barrios, die sich häufig nach 10–20 Jahren in ihrem Äußeren nicht sehr stark von langbestehenden Vierteln unterscheiden.[36] Die Vorteile der Eigenentwicklung für eine Familie mit geringem und vor allem mit stark schwankendem Geldeinkommen sind oft beschrieben worden.

---

[31] In jedem lateinamerikanischen Land ist eine eigene Terminologie zur Bezeichnung dieses Phänomens entwickelt worden.

[32] Selbstverständlich bedeutet der Ausdruck „subnormale Viertel" eine Vereinfachung. Sie reichen von neugebauten Hütten ohne jede Infrastruktur an gefährlichen Berghängen bis zu Stadtvierteln, die sich von „normalen" Vierteln mit Ausnahme der juristischen Situation nicht unterscheiden. Weitere Details können wegen unseres vorrangigen Interesses an Planungsprozessen nicht dargestellt werden. Nach Angaben des Stadtplanungsamtes (zit. bei Losada / Gomez 1976: 12) sind 38,4 % der Fläche mit 59 % der Bevölkerung barrios piratas. Eine andere Zahl derselben Quelle (Bogotá Evalucaión 1975: 10) wäre 46,4 %.

[33] Zur chilenischen Situation unter Eduardo Frei vgl. Cleaves 1974 Kapitel 8. Städtische Landbesetzungen stellen in diesem Land offensichtlich die Hauptform illegalen Landbesitzes in den großen Zentren dar. Das gleiche kann u.a. für Mexiko gesagt werden.

[34] Hierbei handelt es sich um das berühmte inquilinato, das in früheren Jahrzehnten sogar noch wichtiger war als heute.

[35] Vgl. die folgende Fußnote.

## 3. Kap.: Regional- und Stadtplanung: Der Fall Bogotá

In unserem Zusammenhang ist das wesentliche Charakteristikum der barrios piratas und ihrer Entwicklung das völlige Fehlen jeder Planung oberhalb der Ebene des einzelnen barrio. Flächennutzungspläne existieren, aber sie werden einfach nicht beachtet, und die Verwaltung der Stadt hat nicht die notwendigen Mittel, ihre Einhaltung zu erzwingen. Auf diesen Punkt werden wir ausführlich zurückzukommen haben.[37]

„Barrios" und „ungeplante Teile der Stadt" stimmen nicht notwendig völlig überein, da einige barrios nach einiger Zeit geordnet werden und andererseits einige große Urbanisierungen ohne Erlaubnis errichtet werden. Die verschiedenen oben angeführten Zahlen weichen nicht nur aus Gründen der Schwierigkeit statistischer Messung voneinander ab; z.B. ist es eine Ermessensfrage, was als „ungeplante Entwicklung" anzusehen ist (wird die Definition sehr weit gewählt,

---

[36] Eine ausführliche soziologische Fallstudie der „heimlichen Urbanisierung" stellt Losada / Gómez 1976 dar; wichtig auch die ausführliche Bibliographie. Die Autoren berichten von der Existenz eines regelrechten juristischen Parallelsystems, das sich von der offiziellen Rechtsordnung abhebt.

[37] Über die Wohnungsnot und die barrios piratas ist in den letzten Jahren eine umfassende Literatur entstanden. U.a. können die folgenden Titel genannt werden: Avila Bernal 1973 (über die Größe des Wohnungsproblems angesichts des schnellen Bevölkerungswachstums); Avila Bernal 1972 (Wohnungsnot und Vergleich von Bogotá und Paris); Bender 1975 (die Eigenentwicklung der barrios und das daraus folgende „upgrading"); Brücher / Mertins 1978 (soziale und regionale Mobilität und barrios piratas); Gómez Cano 1972 (die Stadtentwicklungspolitik nach dem damaligen Entwicklungsplan); Cardona Gutierrez 1976 a (Drehbuch des Nicht-Regierungsfilms, den Kolumbien bei der UN-Konferenz Habitat in Vancouver 1976 vorführte) und b; Cardona Gutierrez 1972 (Beitrag zu einer UN-Konferenz über subnormale Wohnquartiere in Medellín mit Beschreibung der kolumbianischen Situation und theoretischen Überlegungen zur Lösung des Problems); DANE 1976 c (erste Ergebnisse der Bevölkerungs- und Haushaltszählung 1973); DANE 1976 a (Zählung von Bevölkerung und Arbeitskräften 1975 in Bogotá); Gauhan 1975 (wirtschaftswissenschaftliche Studie des Wohnungsmarktes für untere Einkommensschichten) und 1977; Gilbert 1976 (bereits genannt); Gonzalez / Florez 1976 (bereits genannt); Gonzalez Gonzalez 1972 (bereits genannt); Losada / Gómez 1976; Losada Lora 1976 b (Entwicklungsplan und Wohnungsproblem); McGreevy 1976 (bereits genannt); Pradilla Cobos 1976 (Interpretation des Wohnungsmarktes in Lateinamerika von einem linken Standpunkt aus); Solaún / Vélez 1976 (soziologische Studie der großen Urbanisierung Ciudad Kennedy in Bogotá); Simmons 1975 (Nachweis einer erstaunlich großen sozialen Mobilität in Bogotá); Pérez Upegui 1972 (bereits genannt); Vernez / Valenzuela 1972 (Vergleich der vier Wohnungs-Teilmärkte, nämlich des Marktes der Landbesetzungen, der heimlichen Eigenentwicklung, des Staates und des Immobilienhandels); Villegas 1971 (sozio-ökonomische Daten zum Wohnungsproblem). Neuere Titel umfassen DANE 1977 und Doebele 1977. Landbesetzungen (atypisch für Bogotá) werden in Cardona Gutierrez 1969 beschrieben. ICT 1975 ist die vollständigste Aufstellung und Beschreibung subnormaler Wohnviertel in ganz Kolumbien. Über Wohnungsfragen im Entwicklungsplan „Para cerrar" vgl. Fedesarrollo 1976. Der Wohnungsbau wird in Stevenson 1978 (historische Darlegung) und Carroll 1979 (private Landaufteilungen) beschrieben.

dann ist praktisch ganz Bogotá einzubeziehen). So verwenden die verschiedenen Forscher verschiedene Kriterien zur Bestimmung dessen, was als geplant angesehen wird und was als ungeplant.

Wie bereits vermerkt, haben sich seit mehreren Jahrzehnten die guten Wohnviertel kontinuierlich nach Norden verschoben.[38] Gründe dafür liegen in den besseren klimatischen Bedingungen und in dem ständigen Einströmen von Zuwanderern in den Süden. Diese Verlagerung bedeutet eine schwere Belastung für die öffentliche Infrastruktur, die ständig in bisher nicht bebautes Gebiet erweitert werden muß. Zum anderen geht wertvolle Bausubstanz verloren, die nach Größe, Ausstattung (allerdings nicht nach Lage) für Mittel- und Oberschichtenbedürfnisse ausreichte, stattdessen aber als überbelegter Wohnraum für Familien aus den Unterschichten mit anderen Bedürfnissen[39] oder auch für Büros herhalten muß.

Viertens ist die *öffentliche Infrastruktur* der Stadt trotz beträchtlicher Hilfsleistungen der nationalen Regierung oder ausländischer und internationaler Hilfsorganisationen hinsichtlich Größe und Qualität unzureichend. Zunächst sei auf das chronische Problem des öffentlichen Verkehrs in der Stadt verwiesen.[40]

Mit nur einer kleineren Ausnahme verwendet der *öffentliche Nahverkehr* das gleiche Straßennetz wie der Individualverkehr. Schienengebundener Verkehr, insbesondere U-Bahnen, sind nicht verfügbar. Daher unterliegt der öffentliche Verkehr den gleichen Problemen hinsichtlich Verkehrsstauungen wie der private Verkehr.

Eine große Zahl privater Busgesellschaften konkurriert untereinander und mit einer kleinen städtischen Busgesellschaft (Empresa Distrital de Buses). Diese stellt eine der größten Verlustquellen für die städtischen Finanzen dar. Das ist zurückzuführen auf die Haltung der Gewerkschaften, eine schlechte Führung des Unternehmens und unsachlich-politische Beeinflussung der Geschäftspolitik durch die Stadträte.[41]

---

[38] Diese Verlagerung der Wohnviertel wird in verschiedenen Publikationen von Peter Walter Amato beschrieben. S. z.B. Amato 1968 und 1969 a, b und c.

[39] In Bogotá ist diese Vernachlässigung von Wohnraum nicht so extrem wie in anderen lateinamerikanischen Städten. Beispiele stellen insbesondere die alten Viertel um die Kathedrale dar, also das historische Stadtzentrum.

[40] Die jüngste Studie ist Cifuentes 1978.

[41] El Tiempo hat am 3. Dezember 1978 eine Reportage veröffentlicht, die u.a. nachwies, daß buchstäblich Hunderte importierter Busse im Hafen von Buenaventura und in den Zollagern von Bogotá verrotten! Die Busgesellschaft ist Prototyp einer „bürokratischen Beute". Verschiedene Versuche zu ihrer Auflösung sind in den letzten Jahren mißlungen. Der letzte Vorschlag in diesem Sinne wurde von einem Team von Experten der OAS gemacht (El Tiempo vom 1. April 1978).

## 3. Kap.: Regional- und Stadtplanung: Der Fall Bogotá

Eine Reihe von Faktoren hat zu einer enormen täglichen Bewegung riesiger Menschenmassen von ihrem Wohnort zu ihrem Arbeitsplatz geführt. Zu nennen ist die soziale Trennung der Wohnviertel, die Entwicklung einer Büro-, Geschäfts- und Hotelzone um Calles 25–28 und Carrera 7–14[42], die Industriekonzentration um Calle 13 (in der östlichen Verlängerung Avenida Jimenez de Quesada genannt), die bereits auf die 40er Jahre zurückgeht und im Stadtentwicklungsplan von Le Corbusier 1951 bestätigt und erweitert wurde. Schließlich ist der geringe Preis für Transportleistungen zu nennen, die von der Staatsregierung stark subventioniert werden.

Der öffentliche Verkehr teilt sich in die folgenden Arten, die jeweils ihre besonderen Vorzüge und Schächen aufweisen[43]:
1. Einzeltaxis, teuer für kolumbianische Verhältnisse;
2. Linientaxis[44] (colectivos), immer noch ziemlich teuer, aber weniger bequem;
3. Kleinbusse (busetas), die wohl den besten Kompromiß darstellen: Zwar sind sie mehr als zweimal so teuer wie Busse, aber sie haben normalerweise für jeden Fahrgast einen Sitzplatz;
4. Busse, meist mit amerikanischem Fahrgestell und Motor und kolumbianischem Aufbau, sind billig, aber überfüllt und unbequem.

Die Busfahrer sind dem sog. „guerra al centavo" (dem Krieg um den Centavo) unterworfen: Ihre Bezahlung hängt von der Zahl der Passagiere ab, was sie dazu bringt, überall da anzuhalten, wo ein möglicher Passagier ein Handzeichen gibt. Das trägt natürlich nicht unerheblich zur Langsamkeit des Verkehrs insgesamt und des öffentlichen Verkehrs im besonderen bei.

So kann zusammenfassend festgestellt werden, daß der öffentliche Nahverkehr seinen Aufgaben nicht voll gewachsen ist.

Das gleiche kann für die Versorgung mit *elektrischer Energie* und *Wasser* gesagt werden.[45] Eine große Zahl von Häusern in den barrios ist offiziell an die

---

[42] Das System der Straßennamen in Bogotá ist im Prinzip zwar einfach, aber im Einzelfalle kompliziert, da es Ausnahmen von den Grundregeln gibt und da zusätzliche Bezeichnungen geographische Besonderheiten widerspiegeln: „Carrera" wird eine nordsüdlich verlaufende Straße genannt (sie läuft also parallel der östlichen Andenkette), „Calles" schneiden Carreras in rechtem Winkel, folglich verlaufen sie in ost-westlicher Richtung. Die erste Calle im Süden war Calle 1, und die Ziffern stiegen an, je weiter man nach Norden kam. (Die Stadt reicht heute viel weiter nach Süden als Calle 1; folglich ist eine Numerierung Richtung Süden eingeführt worden, z.B. „Calle 5 Sur".) Ein Häuserblock in Bogotá zwischen zwei Carreras oder zwei Calles mißt etwa 100 m. Innerstädtische Entfernungen können daher leicht geschätzt werden: Von Calle 50 nach Calle 70 sind es auf der Höhe der gleichen Carrera etwa 2 km!

[43] Zum öffentlichen Nahverkehr in Bogotá s. Avila Bernal 1975 und Linn 1976 a.

[44] Diese fahren bestimmte Routen ab und nehmen so viele Fahrgäste auf, wie sie Sitzplätze haben, gelegentlich sogar mehr.

[45] Zur öffentlichen Infrastruktur s. Linn 1976 b.

beiden Netze nicht angeschlossen.[46] Öffentliche Wasserzapfstellen sind jedoch in den nicht allzu jungen barrios häufig. Wasser- wie Elektrizitätsleitungen reichen für die hohe Nachfrage kaum aus.[47] So wurde etwa zu Beginn des Jahres 1977 die Elektrizität in Bogotá für längere Zeit rationiert, da geringer Regenfall zu ungenügender Füllung der Talsperren geführt hatte. Zusätzlich brachen zwei Kraftwerke in Bogotá und Medellín zusammen.[48]

Schließlich sei noch darauf hingewiesen, daß das *Budget* der Stadt ungenügend ist, selbst wenn man bedenkt, daß viele lebenswichtige Dienstleistungen von der Zentralregierung bereitgestellt oder doch mindestens mitfinanziert werden. Dies hängt mit einer Reihe von Gründen zusammen; einer davon ist die Tatsache, daß die Transferzahlungen aus dem zentralen Staatshaushalt (der sog. situado fiscal) noch immer auf der Basis einer Bevölkerung von 1,6 Mio. berechnet werden, was beträchtlich unter der wirklichen Bevölkerungszahl liegt.

## B. Kann man die Riesenstadt zähmen?
## Organisationen der Stadt- und Regionalplanung und ihre Zuständigkeiten

### 1. Die Verwaltung der Stadt Bogotá: Eine allgemeine Einführung

Bogotá, die bei weitem größte Stadt des Landes, weicht zu einem gewissen Grad von der üblichen Gemeindeorganisation ab: Sie gilt als *Sonderdistrikt*

---

[46] Sehr häufig existieren jedoch „schwarze" Anschlüsse: Vor allem die elektrischen Freileitungen werden angezapft; der entsprechende Energieverbrauch wird natürlich nicht bezahlt. Ein solches Phänomen kann sogar in der Innenstadt beobachtet werden: Die Leitung zu Straßenlaternen wird abends von ambulanten Straßenhändlern angezapft. Die uniformierte Polizei beobachtet den Vorgang, greift aber nicht ein!

[47] Die Nachfrage wird durch die Niedrigpreispolitik der Regierung im Energiebereich ebenso erhöht wie die Nachfrage nach öffentlichen Transportleistungen durch die Subventionen für städtische Verkehrsmittel. – Die ungenügende Elektrizitätserzeugung hängt teilweise auch mit der hohen Korrosion der Turbinen zusammen, die übrigens von Trinkwasser angetrieben werden.

[48] Ein klassisches Beispiel für das Fehlen von Redundanz: Ein Defekt oder eine Schwierigkeit tritt auf (in diesem Falle ungünstige Witterung), und es besteht keine Reserve zum Ausgleich der Panne. – Zum Begriff der Redundanz vgl. Landau 1969.

*(Distrito Especial*, stets als D.E. abgekürzt), was insbesondere bedeutet, daß sie nicht Teil eines departamento ist. Der Bürgermeister (alcalde mayor) wird vielmehr direkt vom Präsidenten ohne Einschaltung eines Gouverneurs ernannt.[49] Bereits im Jahre 1913, dem Jahr des Erlasses des gegenwärtigen allgemeinen Verwaltungsgesetzbuches, wurden Bogotá durch ein Sondergesetz[50] besondere Rechte vor allem im Bereich der Besteuerung zugestanden. Mit dem Wachstum der Stadt und der zunehmenden Bedeutung der in Bogotá ansässigen Staatsverwaltung erschien ein Sonderstatus für sie unvermeidlich. Die Verfassungsreform des Jahres 1945 führte Artikel 199 ein, welcher die Organisation der Hauptstadt als Sonderdistrikt und ihre Befreiung von den üblichen Regeln der Gemeindeverwaltung vorschrieb. Angrenzende Gemeinden konnten sich mit Bogotá auf freiwilliger Basis zusammenschließen. Diese Verfassungsvorschrift wurde im Jahre 1954[51] durch die Militärregierung von Rojas Pinilla verwirklicht[52]; eine größere Zahl angrenzender Gemeinden wurde in den Sonderdistrikt einbezogen, der dadurch eine sehr große Nord-Süd-Erstreckung erhielt.[53] Bereits hier kann darauf verwiesen werden, daß die derzeitige Bebauung bereits wieder die Distriktsgrenzen erreicht. – Eine andere Verfassungsvorschrift, die im Jahre 1968 eingeführt wurde und die Gründung von „areas metropolitanas" aus verschiedenen Gemeinden vorsah[54], wurde bis heute nicht angewendet.

Mit Ausnahme der Herauslösung der Stadt aus dem Departamento Cundinamarca und der Ernennung des Oberbürgermeisters durch den Präsidenten hat

---

[49] Eine kurze Zusammenstellung der Geschichte des Distrito Especial und der wichtigsten Rechtsquellen findet sich in Alcaldía Mayor 1972: 29 ff.

[50] Gesetz 97/1913. Die Mehrzahl der Rechtsquellen findet sich in Ortega Torres 1976. Ein anderes Gesetz, das sich auf Bogotá bezog, ohne den juristischen Status der Stadt zu ändern, war Nr. 72/1926.

[51] Decreto Legislativo 3640/1954.

[52] In diesem Zusammenhang wurde dem Autor eine kleine Anekdote erzählt, die sich auf eine städtebauliche Situation bezog, die sich in größerem Maße in wenigen Jahren wiederholen dürfte: Da außerhalb des „perímetro urbano y sanitario" (dazu s. unten) nicht gebaut werden durfte, verzeichneten die an Bogotá angrenzenden Gemeinden einen Bauboom auf ihrer Seite der gemeinsamen Grenze. Damit ergab sich eine Art bebauter Kreis oder mindestens Halbkreis (wegen der Bergkette im Osten) um die Stadt, der von ihr durch unbebautes Land getrennt war. Der Militärbürgermeister von Bogotá, Oberst Cervantes, beobachtete diese merkwürdige Situation im Jahre 1954 von einem Hubschrauber aus; und er machte sich dann für das im Haupttext erwähnte Dekret stark. Die Militärs verletzten übrigens die normalen juristischen Verfahren.

[53] Eine Karte findet sich in Alcaldía Mayor 1972: 23. Die Ausdehnung Nord-Süd im Verhältnis zur Ausdehnung Ost-West ist etwa wie 5:1. Dies ist eine Folge der Einbeziehung der Gemeinde Usme; es muß jedoch hinzugefügt werden, daß etwa 60% der südlichen Ausdehnung der Stadt nicht bebaubare steile Berghänge sind.

[54] Absätze 2 und 3 Artikel 194 der Verfassung.

die Organisation als Sonderdistrikt für Bogotá zu keinen Auswirkungen für den internen Verwaltungsaufbau geführt.[55] Erst im Jahre 1972 unternahm die Stadtverwaltung einen Versuch zur Dezentralisierung durch die Einrichtung von „Alcaldías Menores"[56] („kleinen Rathäusern"), eine Art von Stadtviertel-Verwaltungen, die direkt dem Oberbürgermeister unterstehen. Insgesamt wurden 16 dieser Stellen gegründet; sie werden von „Alcaldes Menores" geleitet, die noch häufiger wechseln als der Oberbürgermeister selbst. Von Anfang an wurden diese Positionen politisiert; den Alcaldías Menores fehlt es auch an klaren Aufgaben und Rechten einerseits, genügend Personal und Finanzmitteln auf der anderen Seite. Dieses Experiment als Teilerfolg zu bezeichnen, erscheint bereits optimistisch.

Die Verwaltung von Bogotá kann folgendermaßen beschrieben werden[57]: Der *Stadtrat (concejo)* stellt die oberste rechtsetzende Körperschaft auf der Ebene des Distriktes dar; er wird im Monat April jedes zweiten Jahres gewählt. Er ist berechtigt, die „acuerdos" zu beschließen; einen der wichtigsten stellt das Budget dar. Die saubere Scheidung zwischen Legislative und Exekutive ist durch die Tatsache beeinträchtigt, daß der Stadtrat als Mit-Verwalter neben dem Bürgermeister betrachtet wird. Das drückt sich u.a. in folgenden Tatsachen aus:

Der Stadtrat wählt den *Personero*, den gerichtlichen Vertreter der Stadt[57a]; seine Behörde, genannt Personería, hängt also direkt vom Stadtrat ab — eine Quelle ständiger Reibereien zwischen ihr und dem Bürgermeister. Das gleiche gilt für Person und Behörde des Tesorero (Schatzmeister), dessen Aufgaben in etwa denen des Tesorero de la Nación entsprechen.[58] Sie sind also technischer und nicht politischer Art; um so mehr muß die Abhängigkeit dieser Behörde vom politisch bestimmten Stadtrat erstaunen.

Wie auf der Ebene der staatlichen Zentralverwaltung[59] wird der Präsident des städtischen *Rechnungshofes* (Contraloría Municipal) vom Stadtrat gewählt; er ist mithin diesem verpflichtet.

---

[55] Die grundlegende Rechtsquelle für Organisation und Aufgaben der Stadt bildet noch heute Dekret 3133 des Jahres 1968, eines der Ergebnisse der Verfassungs- und Verwaltungsreform dieses Jahres. – Gelegentlich werden Vorhaben diskutiert oder an die Öffentlichkeit gebracht, den rechtlichen Status der Stadt Bogotá zu verändern. Im September 1978 z.B. präsentierte der Senator Jaime Posada einen Gesetzentwurf zur Errichtung eines „hauptstädtischen Distriktes" (El Tiempo, 22. September 1978).
[56] Die vorbereitende Studie ist Alcaldía Mayor 1972.
[57] Alcaldía Mayor 1972: 40 ff.; Kalnins 1974: 63 ff.
[57a] Er ist also nicht „representante legal" im umfassenden Sinne (So ein Urteil des Staatsrates, zit. nach El Tiempo vom 23.2.79).
[58] S. Kapitel V B.
[59] S. Kapitel V B.

Schließlich konnte in den letzten Jahren eine ausgeprägte Tendenz des Stadtrates beobachtet werden, mehr und mehr in das im engeren Sinne administrative Gebiet einzudringen: Seine Mitglieder (wie ihre Vertreter, die sog. suplentes) wurden Mitglieder der Aufsichtsräte (juntas directivas) der verschiedenen gleich zu diskutierenden dezentralisierten Organisationen der Stadt.[60]

Der *Oberbürgermeister*, vom Staatspräsidenten frei ernannt und entlassen, ist der Chef der Verwaltung der Stadt, verwirklicht die vom Stadtrat angenommenen Rechtsnormen, handelt als Vertreter des Präsidenten und leitet die Polizei auf seinem Territorium.[61]

Der Zentralverwaltung des Distriktes sind mehrere *Räte (juntas)* beigeordnet, von denen einige mit Entscheidungsbefugnis ausgestattet sind[62], andere

---

[60] Einen ersten Schritt auf diesem Wege stellte die Tatsache dar, daß die Stadträte und ihre Vertreter (suplentes) gleichzeitig an den Sitzungen der verschiedenen Verwaltungsräte teilnahmen (Interviewmaterial). – Die Stadträte machten im Jahre 1977 eine ganze Ideologie aus diesem Vorgehen: „Der Stadtrat als Mit-Verwalter" oder als Kontrollorgan bildete die Rechtfertigung für jede Einmischung in die täglichen Geschäfte der Verwaltung. Schließlich wendete sich der Alcalde Mayor, Bernardo Gaitán Mahecha, gegen dieses Verfahren und erklärte es für ungesetzlich und verfassungswidrig. Am 8. September 1977 hatte nämlich der Stadtrat einen „acuerdo" angenommen, der die Zusammensetzung des Aufsichtsrates zweier der wichtigsten städtischen Unternehmen, der Wasserwerke und des Elektrizitätswerkes, veränderte: Die Mitgliedschaft der halbprivaten Wirtschaftsverbände wurde beendet und die Zahl der Stadträte wurde so stark erhöht, daß die zahlenmäßige Gleichheit mit den Vertretern der Verwaltung erreicht wurde (In Einzelfällen war sogar eine zahlenmäßige Überlegenheit beabsichtigt, da der Bürgermeister im Falle seiner Verhinderung durch den personero vertreten werden sollte, folglich von einem vom Stadtrat gewählten und von diesem abhängigen Beamten! Bericht in El Tiempo vom 9. September 1977). Gaitán Mahecha widersprach dieser Entscheidung als einer Verletzung des Artikels 197 der Verfassung, der die Rechte der Stadträte festlegt, und als sachlich unangebracht (El Tiempo vom 27. September 1977). Schließlich erklärte der Staatsrat die Mitgliedschaft der Stadträte in den Verwaltungsräten der öffentlichen Unternehmungen für verfassungswidrig (El Tiempo, 11. März 1978). Die neueste Information zu diesem Sachbereich ist es hingegen, daß der neue Bürgermeister (seit Mitte 1978), Durán Dussán, die Teilnahme der Stadtratsvertreter (suplentes) an den Sitzungen der verschiedenen Juntas hinnimmt (El Tiempo, 26. Oktober 1978).
Eine Auseinandersetzung zur gleichen Zeit, möglicherweise ein Gegenangriff der Stadträte, drehte sich um die Person von Vertretern des Bürgermeisters in den verschiedenen Verwaltungsräten. Der Stadtrat erklärte das übliche Verfahren für ungesetzlich, weil diese Vertreter nicht alle der öffentlichen Verwaltung angehörten. – Derartige Auseinandersetzungen sind natürlich auch ein Ausdruck der politischen Gegensätze zwischen den durch Volkswahl bestimmten Stadträten und dem vom Staatspräsidenten ernannten Bürgermeister.

[61] Alcaldía Mayor 1972: 40. Das Wort „Polizei" wird hier in der alten Bedeutung der um öffentliche Sicherheit und Ordnung bemühten Verwaltung verwendet (z.B. Baupolizei), nicht notwendig zur Bezeichnung der uniformierten oder Kriminalpolizei. Bogotá verfügt übrigens über eine eigene Verkehrspolizei.

nur zur Beratung schwieriger Angelegenheiten dienen. Es handelt sich um die Junta de Planificación Distrital (Stadtplanung), de Hacienda (für den Haushalt der Stadt), de Zonificación (zur Flächennutzung), de Contratos (für Verträge der Stadt) und schließlich die Junta Asesora (ein Organ zur Beratung des Bürgermeisters).

Die Verwaltung im engeren Sinne dupliziert bis zu einem gewissen Grade die Staatsverwaltung. Den Minsterien entsprechen auf der Ebene der Zentralverwaltung der Stadt[63] fünf *Sekretariate* (für die Innenverwaltung, de Gobierno; Finanzen; Erziehung; Gesundheitswesen; und öffentliche Arbeiten). Sie werden geleitet von Sekretären, Politikern, die zusammen mit dem Bürgermeister jene Art „Kabinett" bilden, die oben beschrieben wurde.

Zum zweiten entsprechen den staatlichen *Departamentos Administrativos* vier gleich benannte Behörden, die sich vorgeblich auf rein technische Arbeit zu konzentrieren haben (Departamentos Administrativos für Planung; Verkehr und Transport; Gemeinwesen- Entwicklung – Acción Comunal; und Wohlfahrt). Diese Unterscheidung von Behörden, die von Politikern, und von solchen, die von apolitischen Fachleuten geleitet werden, erscheint überaus künstlich, insbesondere im hoch politisierten kolumbianischen Zusammenhang.

Eine dritte Parallele zur zentralen Staatsverwaltung stellt die Existenz einer Anzahl *dezentralisierter Einheiten* auf der städtischen Ebene dar; wiederum handelt es sich um Verwaltungen mit eigener Rechtspersönlichkeit, eigenem Vermögen und Haushalt und administrativer Unabhängigkeit.[64] Sie sind wichtiger als die Zentralverwaltung der Stadt insofern, als sie den größeren Teil der Investitionsmittel verwalten und die Mehrzahl der typischen Dienstleistungen einer Lokalverwaltung erbringen. Im einzelnen handelt es sich um folgende Einrichtungen:
— die Gesellschaften für Wasser und Abwasser[65]; Elektrizität[66]; Fernmeldeeinrichtungen[67]; städtischen Transport[68]; „öffentliche Dienste"[69] und Versor-

---

[62] Vgl. unten die Beschreibung des Planungsprozesses.

[63] Von der Secretaría General, dem Büro des Bürgermeisters, wird hier abgesehen.

[64] Das ist zumindest die juristische Regelung. Da die Leiter der dezentralisierten Körperschaften vom Bürgermeister frei ernannt und entlassen werden können, scheint das Prinzip der verwaltungsmäßigen Unabhängigkeit in der Praxis abgeschwächt. In einigen Fällen werden die Direktoren für eine beschränkte Zeit ernannt; dann ist eine vorzeitige Entlassung nicht möglich.

[65] Empresa de Acueducto y Alcantarillado de Bogotá.

[66] Empresa de Energía Eléctrica de Bogotá.

[67] Empresa de Teléfonos de Bogotá.

[68] Empresa Distrital de Transportes Urbanos.

[69] Empresa Distrital de Servicios Públicos, EDIS; Hauptaufgabe ist die Stadtreinigung.

gung.[70] Andere Einheiten befassen sich mit Stadtentwicklung, nämlich die Bank für Wohnbaufinanzierung[71] und das Stadtentwicklungsinstitut[72], das vor 1972 „Departamento de Valorización" (etwa Abteilung zur Einziehung der Anliegerbeiträge) genannt und in diesem Jahre vollständig reorganisiert wurde; auf diesen Punkt wird zurückzukommen sein. Schließlich seien die Tourismus-Gesellschaft[73], die Universität des Distriktes[74] und das Datenverarbeitungszentrum[75] erwähnt.

Viertens genießt eine Gruppe von „Sonderorganisationen" einen gewissen Grad an administrativer und finanzieller Unabhängigkeit, ohne indessen mit eigener Rechtspersönlichkeit ausgestattet zu sein. Sie reicht vom Philharmonischen Orchester Bogotá und der Lotterie des Distriktes[76] zu einer großen Zahl von teilweise revolvierenden Fonds. Eine genauere Beschreibung sprengte den Rahmen dieses Buches.[77]

---

[70] Corporación de Abastos de Bogotá S.A.
[71] Caja de Vivienda Popular.
[72] Instituto de Desarrollo Urbano (IDU).
[73] Instituto Distrital de Turismo de Bogotá.
[74] Universidad Distrital Francisco José de Caldas.
[75] Centro Distrital de Sistematización y Servicios Técnicos.
[76] Der Kauf von Losen für die große Zahl von häufig privaten Lotterien kann als eine Art nationalen Sports angesehen werden. In Bogotá wird man auf Schritt und Tritt von Losverkäufern angesprochen. Vor allem mittlere und untere Einkommensschichten scheinen sich an diesem Spiel zu beteiligen. Für einen Ethno-Psychologen wäre es ein faszinierendes Studienfeld, Folgerungen aus diesem Traum von plötzlichem Reichtum für die Mentalität der Kolumbianer zu ziehen!
[77] Mindestens eine Liste dieser Sonderorgane soll im folgenden aufgeführt werden, um einen Begriff von der relativen Komplexität der Distriktverwaltung zu vermitteln:
Lotterie des Distriktes
Philharmonisches Orchester
*Sonderfonds für* Anliegerbeiträge (Valorización)
　　　　　　　　Wiederentwicklung (Redesarrollo)
　　　　　　　　Teerung von Lokalstraßen (Pavimentaciones Locales)
　　　　　　　　Parks (Zonas Verdes y Comunales)
　　　　　　　　Parkplätze (Estacionamientos)
　　　　　　　　Viertel historischer Bedeutung (Zonas de Interés Historico)
　　　　　　　　Katastrophen (Especial de Emergencias del Distrito)
　　　　　　　　öffentliche Schauspiele (Espectáculos Públicos)
　　　　　　　　sächliche Verwaltungsmittel (Rotatorio de Suministros)
　　　　　　　　örtliche Infrastrukturnetze (Rotatorio de Redes Locales de Servicios)
　　　　　　　　Sport- und Kulturentwicklung bei Mittel- und Unterschichten (Desarrollo Deportivo y Cultural)
　　　　　　　　Ankauf von Fahrzeugen (Adquisición de Vehículos)
　　　　　　　　das Männergefängnis des Distriktes (Rotatorio de la Carcel Distrital de Varones)
　　　　　　　　Planung (Rotatorio de Planificación)
　　　　　　　　Fürsorge und Sozialarbeit (Rotatorio de Protección y Asistencia Social)
　　　　　　　　volkstümliche Restaurants (Rotatorio de Restaurantes Populares)

## 2. Die Planungsstrukturen in Stadt und Raum Bogotá

Dem Überblick über die Verwaltung des Distriktes muß logischerweise ein solcher über die Planungs-Infrastruktur folgen. Diese erscheint wegen der notwendigen Einbeziehung der Ebenen des Gesamtstaates und der Region außerordentlich kompliziert. Um den Leser nicht durch eine endlose Beschreibung zu ermüden, wird eine knappe Übersicht in Tabellenform gewählt. Dabei beschränken wir uns auf die wichtigsten Einrichtungen.

*a) Die zentralstaatliche Ebene*

| Name | Unterstellung/ Organisationstyp | Aufgaben im planerischen Bereich | Praktische Aktivitäten im planerischen Bereich (Bogotá) |
|---|---|---|---|
| Ministerium für Wirtschaftsentwicklung | Ministerium | Wohnungs- und Städtebaupolitik | kaum vorhanden |
| Nationales Planungsamt, „Einheit" für Regional- und Stadtentwicklung (UDRU) | Departamento Administrativo | Regionalforsch., Tourismusförderung; Förderung d. Grenzregionen; Beratung von Gemeindeverwaltungen | im wesentlichen praxisorientierte wissenschaftliche Untersuchungen |
| Corporación Autónoma Regional de la Sabana de Bogotá y de los Valles de Ubaté y Chiquinquirá (CAR) | Dezentrale Behörde unter Aufsicht des DNP, in der Praxis des UDRU | Festlegung der Flächennutzung im Raum Bogotá; Infrastrukturvorhaben | Infrastrukturvorhaben im Bereich Wasserwirtschaft; Verkehr; ländl. Elektrifizierung; seit 1976 Erarbeitung eines Flächennutzungsplanes. Beachte konkurrierendes Recht des Stadtrates von Bogotá! |

---

Werkstätten (Rotatorio de Talleres)
Lotterie von Bogotá (de la Lotería de Bogotá).
Die sechs zuerst genannten Fonds werden vom IDU verwaltet, die anderen von den verschiedenen Sekretariaten und Departamentos, die für den entsprechenden Verwaltungszweig zuständig sind.

| Name | Unterstellung/ Organisationstyp | Aufgaben im planerischen Bereich | Praktische Aktivitäten im planerischen Bereich (Bogotá) |
|---|---|---|---|
| Consejo Regional de Planeación | Koordinationsgremium öffentl. u. halböffentl. Planungsgremien | Koordination; Beratung des Aufsichtsrates der CAR | Für die Mitgliedsorganisationen unverbindliches Diskussionsgremium |
| Instituto Nacional de Desarrollo de los Recursos Naturales Renovables (INDERENA) | Dezentralisierte Behörde unter Aufsicht des Landwirtschaftsministeriums | Schutz der Natur; Entwicklung der Naturschätze. Rechte im Raum Bogotá weitgehend an CAR delegiert | Wiederaufforstung; Genehmigung von Steinbrüchen. Bisher nicht virulente Konkurrenz zur CAR |
| Instituto de Crédito Territorial (ICT) | Dezentralisierte Einheit unter Aufsicht des Ministeriums für Wirtschaftsentwicklung | Bau billiger Wohnungen | Bau ganzer Stadtviertel in Bogotá, z. B. Ciudad Kennedy |
| Banco Central Hipotecario (BCH) | Staatliches Wirtschaftsunternehmen | Einzelfinanzierung gehobener Wohnungen; Stadtviertelentwicklung | weitgehend Baufinanzierung, wenig urbanistische Vorhaben. Gewisse Rivalität zu ICT |
| Superintendencia Bancaria, División de Vivienda (Wohnungsabt.) der Bankenaufsichtsbehörde | Dem Finanzministerium zugeordnete („adscrito") Behörde | Kontrolle von Urbanisierungs- u. Bauplänen; Überwachung der Kreditpolitik im Immobilienbereich | „Intervention" (= Sequesterverwaltung) von Baufirmen, die die von ihnen zu erstellende Infrastruktur nicht bauen oder die Rechte der Käufer nachhaltig verletzen. 1975 und 1976 76 Fälle |

| Name | Unterstellung/ Organisationstyp | Aufgaben im planerischen Bereich | Praktische Aktivitäten im planerischen Bereich |
|---|---|---|---|
| Comité de colaboración y coordinación de la administración del Distrito, de la Superintendencia Bancaria y del ICT | Koordinationsausschuß unter Leitung des städtischen Planungschefs | Abstimmung der Politik von ICT, Bankenaufsicht, Stadtplanungsamt, städtischen Versorgungsunternehmen, Instituto del Desarrollo Urbano | unbedeutend; effektive Koordination kommt nicht zustande |

Quellen und Einzelheiten: siehe Anhang I.

*b) Die regionale Ebene*

| Name | Unterstellung/ Organisationstyp | Aufgaben im planerischen Bereich | Praktische Aktivitäten im planerischen Bereich |
|---|---|---|---|
| Planungsamt des Departamento de Cundinamarca | Teil des Büros des Gouverneurs | Beratung des Gouverneurs bei der Gesamtentwicklung des Departamento; Erarbeitung von Entwicklungsplänen u. -programmen | Dreijahresplan 1975; Fünfjahresplan 1977; Mitarbeit am Budget, insbes. den Investitionsausgaben; Vorschläge zur Verwaltungsreform; Mitarbeit am Programm DRI; Grundsätze für einen Flächennutzungsplan 1974; Gemeindeberatung |
| Planungskommission der Asamblea | parlamentarisches Gremium | Diskussion von Gesamtentwicklungsplänen | Diskussion der oben erwähnten Vorhaben |

Quellen und Einzelheiten: siehe Anhang I.

## c) Die lokale Ebene

| Name | Unterstellung/ Organisationstyp | Aufgaben im planerischen Bereich | Praktische Aktivitäten im planerischen Bereich |
|---|---|---|---|
| Departamento Administrativo de Planeación Distrital (DAPD, Stadtplanungsamt) | Departamento Administrativo der Stadt | Beratung von Bürgermeister u. Stadtrat, insbes. techn. Studien u. Entwicklungspläne; Überwachung der Gesamtentwicklung des Distrikts; Koordination der öffent. Investitionspläne; Koordination aller Planungsaktivitäten aller Ebenen der Verwaltung für Bogotá | Aufstellung von Flächennutzungs- und Straßenbauplänen (s. u.); Aufstellung d. Investitionsbudgets der Zentralverwaltung des Distrikts; Erteilung von Baugenehmigungen (s. u.) |
| Comité Técnico Coordinador de Servicios Públicos | Koordinationskomitee für öffentliche Versorgungsleistungen | Abstimmung der Investitionen der Versorgungsbetriebe | unbedeutend; effektive Koordination kommt nicht zustande |
| Comisión de Mejoramiento Urbano | Koordinationskomitee für das „upgrading" der barrios | Abstimmung entsprechender Vorhaben | unbedeutend; Sanierungspläne öffentlicher Stellen gibt es nur vereinzelt |
| Junta de Protección del Patrimonio Histórico y Cultural | Gemischtes Organ zum Schutz historischer Bauten | Beschluß von Schutzbestimmungen | Schutzbestimmungen oft nicht beachtet; Fehlen von Durchführungskontrollen |
| Junta de Planeación Distrital | Gemischtes Organ Exekutive/Stadtrat/Private | Vorläufige Baugenehmigungen; Zustimmung zu Abweichungen von den Flächennutzungsplänen | entspricht den Aufgaben |

B. Kann man die Riesenstadt zähmen?

| Name | Unterstellung/ Organisationstyp | Aufgaben im planerischen Bereich | Praktische Aktivitäten im planerischen Bereich |
|---|---|---|---|
| Secretaría de Obras, División de Control | Teil der Zentralwaltung des Distrikts | Überwachung der Bauten auf Übereinstimmung mit Baugenehmigungen | Kontrollorgane personell und sächlich unzureichend ausgestattet; verbreitete Korruption; unzureichende Sanktionsmittel |
| Caja de Vivienda Popular (C.V.P.) | Dezentralisierte Einrichtung der Stadt | Wohnungsbau, teilweise mit reduzierten Baunormen (normas mínimas) und mit überwachtem Eigenbau | 1971–1974 wurden 2496 Wohnungen gebaut |
| Instituto de Desarrollo Urbano (I.D.U.) | Dezentralisierte Einrichtung der Stadt | Bau von Infrastrukturvorhaben unter Finanzierung durch Anliegerbeiträge; Koordination des Entwicklungsprogramms für Ostbogotá (PIDUZOB); planerische Aufgaben | Entspricht den Aufgaben; Planungsaktivitäten kollidieren mit denen des Stadtplanungsamtes und führen zu zeitweise erheblichen Spannungen (zu El Salitre s. u.) |
| Empresa de Desarrollo Urbano El Salitre | | Hierzu siehe die Fallstudie, Teil E dieses Kapitels. | |

Quellen und Einzelheiten: siehe Anhang I.

## C. Juristische und administrative Instrumente der Stadt- und Regionalplanung[78]

Die kolumbianischen Gemeinden sowie die Verwaltung des Staates und der Departamentos verfügen auf dem Papier über die notwendigen Mittel zur Ausrichtung und Kontrolle der Stadtentwicklung:[79]

Einmal sind die Städte durch eine Vorschrift der Verfassung[80] gehalten, wirtschaftliche und Sozialentwicklungspläne ebenso zu erarbeiten und zu verkünden wie Entwicklungsprogramme für Infrastrukturarbeiten. Das entsprechende Durchführungsgesetz ist jedoch bis 1978 nicht erlassen worden, so daß diese Verfassungsvorschrift für die weit überwiegende Zahl aller Gemeinden ein toter Buchstabe geblieben ist.[81] Dies trifft jedoch im Falle Bogotás nicht zu.[82]

Zweitens setzen die Gemeinden durch Beschluß des Stadtrates die Grenzen des zu bebauenden Gebietes fest; dies ist notwendig zugleich die Grenze für die Ausdehnung des städtischen Infrastrukturnetzes, insbesondere die Belieferung mit Wasser und Elektrizität und die Abwasser- und Müllbeseitigung (perímetro urbano y sanitario). Selbstverständlich darf für ein außerhalb des perímetro liegendes Grundstück keine Baugenehmigung erteilt werden.

Bogotá hat kürzlich diese Grenze durch acuerdo des Stadtrates bestimmt.[83] Das Dokument stellt, wie zu erwarten, eine trockene geographische Beschreibung dar; es weist jedoch zwei bemerkenswerte Vorschriften auf: Die im Augenblick des Erlasses des acuerdo bestehenden bebauten Gebiete („desarollos urbanos") außerhalb des perímetro gelten juristisch als innerhalb gelegen; sie können also systematisch entwickelt werden („mejoramiento progresivo").[84]

---

[78] Wenn nicht anders vermerkt, folgt der Text Interviewmaterial.

[79] Eine ältere Sammlung von Rechtsquellen ist Bogotá 1970.

[80] Artikel 187 Nr. 2 und Artikel 189.

[81] Im Dezember 1978 wurde ein neues Gesetz zur Stadtentwicklung vom Kongreß verabschiedet, das früheren Projekten von Ospina H. und Perico C. folgte. Die Regierung wurde aufgefordert, die notwendigen Vorschriften zur Einleitung eines Planungsprozesses in Städten über 20.000 Einwohner zu erlassen. – „Reforma urbana" war ein beliebtes Thema der Kongreßabgeordneten, die Eigenwerbung betreiben wollten. Genauere Studien umfassen Bagley 1974 und Solaún / Cepeda / Bagley 1973. Vgl. auch Castro Castro 1974: 50 f.

[82] Entwicklungspläne der Stadt Bogotá werden in Teil D dieses Kapitels beschrieben.

[83] Acuerdo 25 vom 17. Dezember 1975.

[84] Zusätzlich werden Ausnahmen am Rande des Gesetzes geschaffen: 1978 durften mehrere Fabriken außerhalb des perímetro am nördlichen Stadtrand gebaut werden. Die Erlaubnis wurde von der Junta de Planificación ausgesprochen. Damit wurde eben jene lineare Entwicklung der Stadt fortgesetzt, die durch die gründlichsten Stadtentwicklungsstudien abgelehnt worden war (s. unten; Mitteilung von Hans Rother).

Weiter sind die städtischen Versorgungsgesellschaften berechtigt, Versorgungsverträge mit anderen Gemeinden des Hochlandes von Bogotá abzuschließen. Die Stadt nutzt jedoch ihre Lage und ihre Finanzkraft, um diese Gemeinden zu einer geordneten Entwicklung zu veranlassen: Ein derartiger Vertrag darf nur dann abgeschlossen werden, wenn der Vertragspartner über einen physischen Entwicklungsplan verfügt.[85] Bisher wurde ein solches Abkommen zur Lieferung von Trinkwasser mit der Gemeinde Soacha abgeschlossen, die an Bogotá im Süd-Südwesten in Richtung einer neuen Industrieachse anschließt.[86]

Die Festlegung des perímetro stellt im wesentlichen ein äußerst statisches Konzept dar, nicht eine mittel- oder langfristige Vorausschau auf die künftige Entwicklung der Stadt (hierbei setzen wir für den Augenblick voraus, daß eine derartige Projektion auch tatsächlich zur Steuerung der Stadtentwicklung verwendet werden könnte). Und das soll der perímetro auch sein: ein Damm gegen ein überschäumendes Wachstum, die Weigerung, dieses als unvermeidlich anzusehen und eine zusammenhängende Politik zu seiner Beeinflussung und Steuerung und zum Umweltschutz[87] zu entwickeln.

Drittens: Für den Raum innerhalb des perímetro beschließt der Stadtrat die sog. *zonificación (Flächennutzung)*, also die genauen Vorschriften über die Nutzung der einzelnen Grundstücke. Es wird also festgelegt, welche Art von Nutzung (für die Landwirtschaft, für Wohnungen, für Industrie, für Handel, für künftige Entwicklung) in einer bestimmten Zone erlaubt und welche folglich verboten ist; welche Baudichte zulässig ist[88] usw. Die Flächennutzung für Bogotá ist durch Dekrete 1119/1968 und 159/1974 bestimmt worden, wobei diese zweite Verordnung im Jahre 1978 durch den Verwaltungsgerichtshof von Cundinamarca aufgehoben wurde.[89]

Ein viertes Instrument der Stadtplanung, das voll in der Hand der Stadtverwaltung selbst ist, stellt der *Straßenentwicklungsplan („Plan Vial")* dar. Entsprechend den kolumbianischen technischen Normen handelt es sich um ein äußerst kompliziertes Dokument, das verschiedene Klassen und Unterklassen

---

[85] Artikel 3 und 4 Acuerdo 25/1975. Eine ähnliche Politik wurde durch die CAR verfolgt: Sie liefert Wasser an die Gemeinden unter der Bedingung, daß diese Entwicklungspläne entsprechend den technischen Vorschriften und den politischen Optionen der CAR erarbeiten. Bis jetzt ist derartiges von drei kleinen Städten zu berichten.

[86] Ästhetisch geradezu fürchterlich, wie am Rande vermerkt werden kann.

[87] Wie z.B. die Reservierung der fruchtbarsten Böden des Hochlandes für die Landwirtschaft. – Eine genauere Besprechung dieses Themas findet sich weiter unten.

[88] Zwei Indexziffern werden für diesen Zweck verwendet: Die „Indices de construcción" legen das Verhältnis zwischen der Wohnfläche und der Grundstücksfläche fest; die „Indices de ocupación" geben das Verhältnis zwischen der bebauten Fläche und der Gesamtgröße des Grundstücks an (normalerweise werden 50–60 % erlaubt).

[89] Einzelheiten finden sich in Teil D dieses Kapitels.

innerstädtischer Straßen, Nachbarschaftswege usw. festlegt. Diese Klassifizierung dient dann als Grundlage für den künftigen Straßenbau; jede der vom Sekretariat für öffentliche Arbeiten neu zu bauenden oder zu verbessernden Straßen muß einer dieser Kategorien angehören.

Ein wichtiges Instrument für die Kontrolle der Stadtentwicklung stellt fünftens die „Kontrolle der Urbanisierungen" (control de urbanizaciones)[90] dar, das zuerst in Puerto Rico unter dem Namen „lotificación" entwickelt wurde. Hierbei handelt es sich um die verwaltungsmäßige Überwachung der verschiedenen Schritte der Entwicklung eines großen Grundstückes von der landwirtschaftlichen Ausbeutung bis zum fertigen Stadtviertel. Gleichzeitig werden die späteren Privathäuser und Wohnblocks und die öffentlichen Infrastrukturmaßnahmen einschließlich Straßen, Parks, freien Flächen für Gemeinschaftszentren usw. geplant und entwickelt, wobei die Stadtverwaltung, geht alles gut, nicht nur die verschiedenen Schritte erlaubt oder verweigert, sondern einen weitreichenden technischen und architektonischen Einfluß auf das gesamte Projekt ausübt. Ein ziemlich großer Teil der Grundstücksfläche muß der Stadt kostenfrei für öffentliche Nutzung übereignet werden; dabei kann es sich um ein Drittel der Fläche, in Extremfällen sogar um die Hälfte handeln.

Eine zweite Eigenart des Verfahrens: Beginnend mit einer Voranfrage hinsichtlich der Möglichkeit der Urbanisierung einer bestimmten Gegend („Solicitud de Consulta Previa", Art. 1, Acuerdo 22/1972) bis zu den immer genaueren Einzelheiten der Pläne hat die Stadtverwaltung, insbesondere das Distriktsplanungsamt und das Sekretariat für öffentliche Arbeiten, jedem wichtigen Schritt zuzustimmen. Weiter erlaubt das Planungsamt in der Form eines Beschlusses, der ein Rechtsinstrument darstellt[91], die Urbanisierung unter genauer Festlegung der verschiedenen Vorschriften, z.B. einer Beschreibung der verschiedenen vorgesehenen Arbeiten, technischer Details des städtischen Versorgungsnetzes, das von der Baufirma zu errichten ist, die fünfjährige Garantie für diese usw.[92] Zur Erzwingung der Einhaltung dieser Bestimmungen muß übrigens eine Sicherheit von 30% des Wertes der Infrastrukturbauten bei der Stadt hinterlegt werden, die zur Reparatur von Mängeln verwendet werden darf, wenn die Baufirma ihren entsprechenden Verpflichtungen nicht nachkommt. Der nächste

---

[90] Das allgemeine Verwaltungsverfahren für die Kontrolle von Urbanisationen wird in Acuerdo 22/1972 festgelegt; die Regeln werden im allgemeinen, wenn auch nicht in jedem Detail, beobachtet. Insbesondere jene Paragraphen, die für die Verwaltung oder Private Fristen setzen, werden mißachtet. (Die Übergabe von Grundstücken für öffentliche Nutzung: Artikel 2 und 3 ibidem.)

[91] Artikel 2 Acuerdo 22/1972.

[92] Diese interne Regelung ist später Teil des Kaufvertrages, so daß sie durch Privatvertrag auch für künftige Eigentümer der Häuser und Wohnungen verpflichtend wird (Artikel 9 Acuerdo 22/1972).

bemerkenswerte Punkt liegt in der Vorschrift, daß der Bau von Einzelhäusern oder Wohnblocks, also der für die Baufirma ökonomisch interessante Teil des Vorhabens, erst dann begonnen werden darf, wenn die öffentlichen Arbeiten abgeschlossen worden sind[93] — vorher werden nicht einmal die endgültigen Baupläne gebilligt. Schließlich gibt es ein technisches Komitee (Comité Técnico Coordinador de Servicios Públicos) zur Koordinierung der verschiedenen Versorgungsleitungen, wie sie von den Baufirmen vorgelegt werden.[94] Es besteht aus den höchsten Beamten der Distriktsverwaltung auf der zentralen und dezentralen Ebene (unter Ausschluß des Bürgermeisters) und zwei Stadträten[95]: Einmal mehr beobachten wir die auffällige Mischung legislativer und exekutiver Aufgaben beim Stadtrat, auf die wir schon verschiedentlich hingewiesen haben.

Es sei daran erinnert, daß einzelne Bauvorhaben nur auf der Grundlage einer *Baugenehmigung* errichtet werden dürfen; diese Vorschrift soll die Einhaltung technischer Bauvorschriften und der Stadtplanungsleitlinien sicherstellen. Zu nennen sind weiter das „patente de industria y comercio", d.h. die Erlaubnis zur Einrichtung einer Industrie- oder Handelsfirma in einer bestimmten Gegend sowie die „licencia de conexión de servicios públicos", das Recht zum Anschluß an das öffentliche Versorgungsnetz, das von der Stadt zur Erzwingung der verschiedenen technischen Standards und zur Einhaltung der verschiedenen Rechtsvorschriften benutzt werden kann.[96] Schließlich sei das neue Konzept der „normas mínimas" zur Vereinfachung der Vielzahl der notwendigen Verwaltungsschritte und zur technischen Vereinfachung der Bauvorschriften erwähnt.

Wir können zusammenfassend feststellen, daß Bogotá hinsichtlich der Rechtsvorschriften über *sehr detaillierte Instrumente* zur Leitung seines physischen Wachstums, der Bodennutzung usw. verfügt. Auf der anderen Seite ist es offensichtlich, daß der Stadtverwaltung wichtige *Zuständigkeiten* auf Gebieten, die einen tiefen Einfluß auf die Stadtentwicklung haben, *fehlen*, schlimmer noch: die staatliche Verwaltung erarbeitet Pläne und erläßt Verordnungen über die Stadtentwicklung auf Gebieten, die die Stadt genauer kennt, ohne diese auch nur zu konsultieren. Beispiele wären die staatliche Verkehrspolitik, vor allem das Verhältnis von Individual- oder öffentlichen Verkehrsmitteln (Sub-

---

[93] Artikel 6 ibidem.

[94] Artikel 14 ibidem.

[95] Artikel 13 ibidem.

[96] Hierbei handelt es sich in der Tat um eine der wichtigsten Waffen der Verwaltung. Wie später zu diskutieren sein wird, haben selbst große parastaatliche Organisationen wie das ICT nicht durchwegs die Baunormen beachtet. Gelegentlich hat die Stadt Bogotá dann für längere Zeit den Anschluß an das öffentliche Versorgungsnetz verweigert, was die Wohnungen natürlich unbewohnbar machte.

ventionen für Busse[97], Preise und Steuern der Privatwagen, Treibstoffpreise). Bogotá hat hierauf praktisch keinen Einfluß. Das gleiche kann von einer Einrichtung wie der Nationaluniversität gesagt werden, deren größter Campus in Bogotá angesiedelt ist. Wegen der politischen Unruhe der Studentenschaft stellt die Universität gelegentlich eine Belastung für die Stadt dar. Das größte Krankenhaus des Landes, San Juan de Dios, wird in einer schlechterdings beklagenswerten Weise von der staatlichen Bürokratie „verwaltet": Bogotá hat auf deren Entscheidungen keinen Einfluß. IDEMA und Corabastos sind zwei staatliche Vermarktungsorganisationen, die für die Massen der ärmeren städtischen Bevölkerungsschichten große Bedeutung haben; Bogotá wird hinsichtlich der Geschäftspolitik nicht einmal konsultiert. Das gleiche gilt für das Familienwohlfahrtsinstitut (Instituto Colombiano de Bienestar Familiar, ICBF). Die Industriepolitik des Landes, die staatlichen industriellen Investitionen eingeschlossen, kann von der Stadtverwaltung praktisch nicht beeinflußt werden. Kurz: Bogotá hat nur einen Teil der politischen Entscheidungen, die seine eigene Entwicklung mitbestimmen in der Hand; eine Koordinierung mit der nationalen Politik, soweit sie Bogotá betrifft, findet nicht statt.

Was die *Verwaltungsmittel* angeht, ist auf erhebliche Mängel hinsichtlich Zahl der Bediensteten wie Organisation und Methoden und materieller Ausstattung zu verweisen. Hinzugefügt werden muß, daß insbesondere die mittleren und unteren Rängen der städtischen Angestellten nicht die beste Motivation und Ausbildung aufweisen. Die Spitzenbeamten haben normalerweise eine gute oder sogar sehr gute Ausbildung. Hier wirkt sich jedoch die Tatsache der völligen Politisierung und der damit zusammenhängenden kurzen Amtsperiode aus. Zwischen 1891 und 1977, also in 85 Jahren, hatte Bogotá nicht weniger als 83 Bürgermeister, also praktisch Jahr um Jahr einen neuen Chef der Verwaltung und mit ihm der wichtigen Untereinheiten. Diese ständige „révolution des cadres" hat notwendigerweise einen negativen Einfluß auf die Effizienz der Verwaltung – dies ist einer von mehreren Gründen für das schlechte Management der Stadt.

Bei der Darlegung der rechtlichen Instrumente haben wir bisher bewußt die mittel- und langfristigen Entwicklungspläne übergangen, welche als Orientierungslinien für die Flächennutzungspläne, Baunormen usw. des Distriktes dienen sollten.[98] Auf diese müssen wir jetzt eingehen.

---

[97] Sie werden gezahlt durch die Corporación Financiera del Transporte.
[98] Die jüngere Geschichte der Versuche zum Erlaß eines Flächennutzungsplanes, die fast idealtypisch die politischen Hindernisse wirksamer Planung aufzeigen, wird ebenfalls in diesem Teil zu beschreiben sein.

## D. Gesamtentwicklungspläne der Stadt Bogotá und ihre Behandlung im politisch-administrativen Bereich

*Physische Stadtplanung* in Bogotá hat wie im übrigen Kolumbien und Lateinamerika eine *jahrhundertealte Tradition.* Die regelmäßigen Pläne der alten Kolonialstädte — Bogotá, daran sollte vielleicht erinnert werden, wurde 1538 durch den spanischen Conquistador Don Jimenez de Quesada gegründet —, die rechtwinkligen Kreuzungen der Straßen, die Größe der Straßenblöcke („cuadras"), der offene Platz im Herzen der Stadt, an dem die Hauptkirche und die Paläste der höchsten zivilen, militärischen und kirchlichen Autoritäten liegen: all dies wird durch genaue Verordnungen der spanischen Kolonialverwaltung vorgeschrieben, die damit zu einer auffälligen Ähnlichkeit im Aussehen der Städte eines riesigen Kontinentes führen.[99] Gegen Ende der Kolonialzeit, im Jahre 1791, zeichnete der spanische Ingenieur Domingo Exquiaqui[100] den *ersten* vom Verfasser ermittelten *Stadtentwicklungsplan*. Wegen des Zusammenbruchs der spanischen Herrschaft wenige Jahre später und wegen der politischen Probleme der jungen unabhängigen Staaten, die in den ersten Jahren nicht einmal anerkannte Grenzen besaßen, hatte dieser Plan keine praktischen Auswirkungen. Auch die bitteren inneren Kämpfe um die Verfassung der Republik hatten ihre Folgen.[101]

Im Jahre 1920 nahm der Stadtrat von Bogotá, das damals noch ein einfaches municipio des Departamento Cundinamarca war, die Grundlinien eines Planes zur künftigen Stadtentwicklung an.[102] 1930 veröffentlichte die Abteilung für öffentliche Arbeiten[103] der Stadt und des Departamento das Werk *„Bogotá Futuro";* der gleiche Name wurde im Jahre 1934 einer privaten Initiative vor-

---

[99] Sogar noch darüber hinaus, z.B. in den Philippinen. Die erste Regelung findet sich in der königlichen Generalinstruktion des Jahres 1521; sie wurde zwei Jahre später in den Leyes de Indias wiederholt. Interessanterweise wurden diese städtebaulichen Vorschriften durch den altrömischen Architekten Vitruv entscheidend beeinflußt (Wilhelmy 1952: 74 ff.).

[100] Robin / Terzo 1973: 55.

[101] Zur langsamen Stadtentwicklung in der Kolonialzeit vgl. die verschiedenen Karten in IDU 1976: 15. Einige der im folgenden vorgetragenen Informationen stammen aus Besuchen im „Museo de Desarrollo Urbano de Bogotá" (Museum der Stadtentwicklung Bogotás), einem kleinen Museum im Eigentum des Distriktes, das in einem reizenden und gut restaurierten alten Kolonialhaus im Barrio La Candelaria untergebracht ist, dem historischen Zentrum der Stadt.

[102] „Bogotá futuro adoptado definitivamente por el Concejo de 1925" lautete die Schlagzeile einer Zeitung.

[103] „Departamento Municipal y Departamental de Obras Públicas"; dieser merkwürdige Name zeigt die engen Beziehungen zwischen der Verwaltung der Stadt und des Departamento Cundinamarca.

angestellt, einem Buch von Enrique Uribe Ramirez. Zwei Jahre später entwickelte der österreichische Architekt Karl Brunner[104] einen „Plan Vial y de Desarrollo"; 1940 veröffentlichte der gleiche Autor ein Handbuch für Städtebau („Manual de Urbanismo").

1945 studierte der Stadtrat erneut Entwicklungsprojekte. Im gleichen Jahr machte der kolumbianische Architektenverband einige Vorschläge auf diesem Gebiet. Alle diese Anstrengungen waren jedoch nach dem „Bogotazo", dem schwarzen Tag der Entwicklung der Stadt, überholt; die weitreichende Zerstörung der Stadt gab jedoch den Anlaß zu einer Serie von Wiederaufbau- und langfristigen Entwicklungsplänen.

Die entsprechenden Bemühungen fanden ihren Ausdruck insbesondere in dem Vertrag der Stadt mit dem berühmten Schweizer Architekten *Le Corbusier*, der 1951 einen *„plan piloto"* vorlegte. Auf dieser Basis stellten Paul Lester Wiener und José Luis Sert[105] im Jahre 1953 einen ausführlicheren „plan regulador" zusammen. Sie begannen mit dem bestehenden Zentrum und legten das Konzept großer Verbindungsstraßen für den motorisierten Verkehr und kleiner Nachbarschaftsstraßen für Fußgänger zugrunde. Wohnviertel für die oberen Einkommensschichten sollten dann im Norden, solche für untere Einkommensschichten im Südosten gebaut werden; sie waren von einer ost-westlich verlaufenden Industrieachse beiderseits der Calle 13 getrennt. Auf diese Weise sollte die räumliche Nähe der gleichwohl unterschiedenen Wohn- und Arbeitsviertel gesichert werden.

Eine ausführliche Beschreibung der Vorzüge und Nachteile der Vorschläge von Le Corbusier/Wiener/Sert erübrigt sich. Der Plan war nach kurzer Zeit nutzlos[106], da sich seine Projektion der Bevölkerungsentwicklung als völlig falsch erwies. Le Corbusier und die späteren Stadtplaner schätzten die Bevölkerung Bogotás am Ende dieses Jahrhunderts auf 1,5 Millionen! Die Entwicklung überholte den Plan[107]!

Daher kann es nicht überraschen, daß das Stadtplanungsamt nach der Reorganisation der Stadt als Sonderdistrikt einen *neuen Plan* erarbeitete, den der Stadtrat diskutierte und schließlich im Jahre 1957 annahm.[108] Obwohl dieser

---

[104] Vor und nach seiner Arbeit in Kolumbien und übrigens auch Chile war er Planungsdirektor der Stadt Wien.

[105] Le Corbusier, Wiener und Sert waren Mitglieder der Schule der Congrès Internationaux d'Architecture Moderne, C.I.A.M.

[106] Einer der wenigen tatsächlich durchgeführten Vorschläge war die Verstärkung der Industrieachse, und diese liegt heute mehr oder weniger im Herzen der Stadt, was nicht unbedingt vorteilhaft ist.

[107] Eine Diskussion der Stadtentwicklungspläne seit 1951 liefert Gilbert 1975.

[108] IDU 1976: 19; Museo de Desarrollo Urbano de Bogotá.

Plan die Grundlinien der Vorschläge von Le Corbusier beibehielt, war eine Ausdehnung der Stadt nach außen, also in Gebiete mit einer relativ geringen Dichte der Bevölkerung, vorgesehen. Das führte notwendig zu erhöhten Infrastrukturkosten, zu einer Verringerung der bebaubaren Fläche des Hochlandes und zu dem beklagenswerten Umstand, daß die Bevölkerungsdichte der Stadt eine der niedrigsten in Lateinamerika ist.[109] Dabei liegt Bogotá zum Unterschied etwa von Lima in einer der fruchtbarsten landwirtschaftlichen Gegenden des Landes.

Das Jahr 1965 kennzeichnet zwei wichtige Ereignisse der Entwicklung der Planungsbemühungen: das Stadtplanungsamt erarbeitet ein weiteres Plandokument und Lauchlin Currie, ein in Kanada geborener und in Kolumbien nationalisierter Wirtschaftswissenschaftler, veröffentlicht die *erste Gesamtanalyse der Probleme der Entwicklung von Bogotá*.[110] Sie unterscheidet sich von reinen Flächennutzungsvorhaben, die mit einer großen Dosis altmodischer laissez-faire-„Politik" verbunden waren. Der Erarbeitung der Studie lag ein Vertrag zwischen einer privaten Stiftung (Fundación para el Progreso de Colombia), dem Distrikt, den Versorgungsbetrieben und der CAR[111] zugrunde. Diese Arbeit stellt die erste einer Reihe von Publikationen des gleichen Autors dar, die schließlich in Ideen wie der „Stadt innerhalb der Stadt"[112] münden, die einen tiefen Einfluß auf die kolumbianische und teilweise internationale Diskussion von Stadtentwicklungsproblemen hatten. Currie analysiert für die verschiedenen Sektoren die wichtigsten Probleme, schlägt Lösungen vor und studiert die Möglichkeiten zu ihrer Finanzierung, die Kreditpolitik eingeschlossen. Der wichtigste Vorschlag ist ein Einfrieren der Bevölkerungszahl — die damals auf 1,7 Mio. geschätzt wurde[113] — bei 2,5 Mio. Einwohnern im Jahre 1985[114]; dies sollte durch eine Verteilung aller neuen industriellen Aktivitäten auf die übrigen städtischen Zentren des Landes erreicht werden. Zur physischen Gestalt der Stadt ist der Hauptvorschlag derjenige einer Konzentration: Das nordamerikanische Schema endloser Vorstädte, die nur mit Hilfe eines oder mehrerer privater Wagen pro Familie bewohnt werden können, bringt die bekannten finanziellen und ökologischen Belastungen mit sich. Demgegenüber wird das Prinzip der Konzentration im Sinne der räumlichen Nähe von Arbeits- und Wohnstätten empfohlen; auch soll statt des Individualverkehrs der öffentliche Verkehr

---

[109] Ein guter Überblick über die Stadtentwicklung der frühen sechziger Jahre ist Bogotá 1964.
[110] Currie 1965 b.
[111] Currie 1965 b: 9.
[112] S. Teil E dieses Kapitels.
[113] Currie 1965 b: 42.
[114] Currie 1965 b: 37 f.

ausgebaut werden, zweifellos eine Lösung, die mit den Möglichkeiten eines Entwicklungslandes besser vereinbar ist als das kapitalintensive Beispiel der Vereinigten Staaten.

Auch wenn man die technischen Vorschläge für ausgezeichnet hält, muß sich selbst ein oberflächlicher Beobachter der kolumbianischen Verwaltung und ihrer engen Verbindung mit dem politischen System fragen, wie eine solche Politik zu verwirklichen gewesen wäre. Interessanterweise wird im Rahmen des besprochenen Werkes eine den Namen verdienende Analyse der bestehenden verwaltungsmäßigen Infrastruktur nicht vorgenommen.[115]

Ein weiterer Schritt[116], diesmal wieder in der traditionellen Art der Stadtplanung, der Festlegung eines *Flächennutzungsplanes* und eines *perímetro* in Verbindung mit Vorschriften über Dichte der Bebauung usw., stellt die Verabschiedung des acuerdo Nr. 65 des Jahres 1967 dar, welcher durch das Dekret 1119/1968 des Bürgermeisters über die Flächennutzung der Stadt bekräftigt wurde.[117]

Die klassische Art der Festlegung der Flächennutzung stellt einen „Schnellschuß" dar. Logischerweise müßte der Diskussion von Möglichkeiten für die Politik eine Serie detaillierter Studien der bestehenden Wirklichkeit vorausgehen. Im anderen Falle stellen Pläne Wunschträume dar, mehr Reaktion als Aktion, mehr Feststellung bereits eingetretener Zustände als wirkliche Planung in dem Sinne einer Lenkung der Entwicklung in einer als wünschenswert angesehenen Richtung.

Derartige Überlegungen, einige für die Stadtentwicklung wichtige Ereignisse wie etwa der Eucharistische Kongreß des Jahres 1968 (der Papst selbst war anwesend) und die zunehmend dringenderen Probleme führten zu einer ganzen Reihe von *Stadtentwicklungsstudien und -vorschlägen*, die im folgenden zu besprechen sind.

Die *erste* grundlegende Arbeit ging auf einen Vertrag zwischen dem dynamischen Bürgermeister Virgilio Barco und dem Entwicklungsforschungszentrum (Centro de Investigaciones para el Desarrollo) der wirtschaftswissenschaftlichen

---

[115] Ein kleiner Abschnitt über „Probleme der Verwaltung" (Currie 1965 b: 45 f.) beschränkt sich auf den Vorschlag, drei Beratungskommissionen auf staatlicher und Distriktebene zu gründen, um genügend technisches Wissen zur Erarbeitung von ad hoc-Plänen und zur Durchführung der allgemeinen Entwicklungspolitik der Studie zur Verfügung zu haben. Demgegenüber sei nur eine Frage erlaubt: Wie könnte die Staatsregierung, auch wenn sie das wollte, eine zusätzliche Industrieansiedlung in Bogotá verhindern? Rechtsinstrumente gibt es natürlich (Egner 1967: 59–65), aber diese sind das geringste Problem!

[116] Text nach IDU 1976: 19 ff.

[117] IDU 1976: 22 nennt als Nummer der Verordnung 16 – offensichtlich ein Irrtum!

D. Gesamtentwicklungspläne der Stadt Bogotá                              101

Fakultät der National-Universität zurück.[118] Ihr Resultat entsprach den Erwartungen: mehr und mehr Finanzmittel seien nötig, nur um das niedrige Niveau öffentlicher Dienstleistungen für eine rasch wachsende Bevölkerung aufrechtzuerhalten. Dabei war von einer Verbesserung dessen, was später als „Lebensqualität" bekannt wurde, noch keine Rede. Die Studie analysierte dann die Vorteile einer bewußten Umkehr der bestehenden Entwicklungstendenzen, nämlich einer spontanen Ausdehnung der Stadt in alle Richtungen, die östliche Andenkette ausgenommen. Die vorgeschlagene Lösung entsprach weitgehend dem späteren Konzept der „Stadt in der Stadt" („ciudad dentro de la ciudad"): Unter Beibehaltung der bestehenden großen Zentren mit ihren Vorteilen bezüglich Marktgröße, „economies of scale" und der Zurverfügungstellung öffentlicher Dienstleistungen für eine hohe Einwohnerzahl sollte der Versuch unternommen werden, eine Anzahl weitgehend selbstgenügsamer Zentren zu schaffen, die mit der alten Millionenstadt direkt und indirekt zu verbinden waren.[119]

Die *nächste* Phase von Studien zur Stadtplanung ist durch die Teilnahme ausländischer Kreditinstitutionen, Experten und, seit der Präsidentschaft von Pastrana (1970), auch durch ein zunehmendes Interesse der Staatsregierung an diesen Fragen gekennzeichnet. Wiederum auf Anregung von Virgilio Barco (er war an einer Untergrundbahn für Bogotá interessiert) konnte die kolumbianische Regierung eine Finanzierung des United Nations Special Funds für eine Reihe von Studien zur physischen Entwicklung der Stadt erreichen.[120]

Der erste davon wurde als *„Phase I"* (Fase I) bekannt; sie wurde von der britisch-amerikanischen Stadtentwicklungs-Beratungsfirma Freeman, Fox, Wilbur Smith and Associates in Zusammenarbeit mit der kolumbianischen Consulting-Firma Restrepo y Uribe erarbeitet und im Jahre 1970 vorgelegt. Verschiedene Entwicklungsalternativen für Bogotá werden analysiert, die Vorschläge konzentrieren sich aber hauptsächlich auf den innerstädtischen Verkehr.[121]

In Kreisen von Fachleuten wurde diese Studie als unzureichend kritisiert: sie könne nicht als eine ernst zu nehmende Grundlage für die Diskussion politischer Alternativen hinsichtlich der Entwicklung von Bogotá dienen. Eine zwei-

---

[118] IDU 1976: 22 f. – Direktor des Instituts und der Studie (C.I.D. 1969) war wiederum Currie.

[119] IDU 1976: 23.

[120] Die verschiedenen Studien im Zusammenhang mit dem erwähnten Programm PIDUZOB, das unter dem Bürgermeister Fernandez de Soto begonnen wurde, können hier nicht beschrieben werden. Es reicht völlig aus, die wichtigsten Pläne zu erörtern – aus Gründen, die deutlich werden dürfen. Eine umfassende Aufstellung aller Stadtentwicklungsstudien von 1967–1975 ist zu finden in Reveiz et alii 1977: Faltblatt zwischen S. 302 und 303, ebenso in Gilbert 1978: 112. – Zum PIDUZOB s. neuerdings Grupo de Investigación 1976.

[121] IDU 1976: 23.

te grundlegendere Studie, die später als „*Phase II*"[122] bekannt wurde, wurde daher zur Erarbeitung der dem politischen Entscheidungsträger offenstehenden Optionen hinsichtlich der Entwicklung von Bogotá in Auftrag gegeben. Selbstverständlich sollten auch die bestehenden Entwicklungstrends sorgfältig analysiert werden. Die Finanzierung kam aus der gleichen Quelle; diesmal war Auftragnehmer hingegen eine englische Consulting-Firma, Llewelyn-Davis Weeks Forestier-Walker and Bor, in Verbindung mit vier anderen gleichartigen Gesellschaften, darunter einer kolumbianischen.

Zur Steuerung der technischen Arbeit wurde ein Komitee aus wichtigen kolumbianischen Persönlichkeiten (unter ihnen L. Currie) gegründet, das sich einmal pro Woche traf; die Zusammensetzung dieses Komitees wechselte allerdings allmählich. Die Mitglieder des Ausschusses hatten ein besonderes Interesse an der technischen Arbeit: Jahrelang hatten sie sich um die Verwirklichung der Untersuchungen bemüht.[123]

Der Vertrag über Phase II wurde 1972 abgeschlossen, die Empfehlungen 1973 und, nach völliger Überarbeitung, im März 1974 vorgelegt.[124]

Die Hauptergebnisse (sie sind bis heute die gründlichste Studie über Bogotá und seine Entwicklungstrends) sind die folgenden[125]:

1. Wenn sich die gegenwärtigen Entwicklungstendenzen in den nächsten Jahren ungehindert fortsetzen, kommt es um das Jahr 1980 und noch verschärft im Jahre 1990 zu einer schweren Krise: Die allgemeine Lebensqualität wird stark – und vielleicht unerträglich stark – zurückgegangen sein; die subnormalen Wohnviertel werden sich noch weiter ausgedehnt haben[126]; bei höheren Aufwendungen wird sich die Qualität der öffentlichen Dienstleistungen stark vermindern; die zentralen Stadtviertel werden unter Verkehrsstauungen, Luftverschmutzung und dergl. leiden. Damit verbunden ist ein Anstieg der sozialen

---

[122] Phase II: Band I und Band II.

[123] Die Ereignisse nach der Beendigung der Studie erscheinen uns sehr bezeichnend: Die Mitglieder des Komitees weigerten sich, den Schritt von der fachlich faszinierenden Forschung zu der mühsamen Arbeit der Verwirklichung der Empfehlungen zu tun: Der Ausschuß löste sich auf, und praktisch niemand war mehr an den Folgen des Projektes interessiert (Interviewmaterial)! Eine Ausnahme stellte Currie in seiner Eigenschaft als Berater des nationalen Planungsamtes dar.

[124] Das erste und offizielle Dokument war in englischer Sprache abgefaßt, und das Stadtplanungsamt hatte es ins Spanische zu übersetzen und zu publizieren. Dies ist die von uns zitierte Fassung.

[125] Phase II Bd. I: 13–48; 51–69; Phase II Bd. II: Kapitel 3–4.

[126] Diese Behauptung ist der Kritik ausgesetzt; der Bericht offensichtlich durch Stadtplaner ohne entscheidende Mitarbeit von Sozialwissenschaftlern erarbeitet worden. Wie Günter Mertins in einem Vortrag im Jahre 1978 in Freiburg gezeigt hat, kann das häufige Phänomen eines allmählichen und spontanen „upgrading" der barrios auch in

Unruhe und der dem Bericht zufolge durch extreme Einkommensunterschiede erklärbaren Kriminalität.

2. Diese „spontane" Entwicklung kann durch folgende Züge erfaßt werden:

a) Die künftige Ausdehnung der Stadt folgt dem gegenwärtigen Trend. Einmal wird sich eine lange Bebauungsachse nach Norden zur bestehenden Gemeinde Zipaquira erstrecken, mithin mehr oder weniger über eine Länge von 45 km vom Stadtzentrum. Eine zweite Achse wird der Hauptverbindungsstraße nach Medellín nach Westen etwa 30 km weit folgen. Eine dritte Achse folgt der Straße nach Madrid-Facatativa ebenfalls nach Westen für etwa 40 km. Schließlich wird eine weitere Bebauung sich nach Südwesten ausdehnen und die bereits erwähnte Stadt Soacha (etwa 8 km vom Stadtzentrum) umfassen. Zwischen diesen fingerartigen Entwicklungslinien bleiben große Landstriche, die also folglich näher zum Stadtzentrum hin liegen, unbebaut; unglücklicherweise stimmen sie jedoch nicht mit den besten landwirtschaftlichen Böden überein.

b) Diese spontane Entwicklung ist in jeder Weise unökonomisch: Die gegenwärtigen Transportprobleme werden sich wegen der längeren Wege und der größeren Zahl von Personen, privaten Pkw und Bussen vervielfältigen. Zweitens wird die Dichte vor allem in den nördlichen Wohnvierteln für hohe Einkommensschichten so niedrig wie gegenwärtig bleiben, eventuell sogar zurückgehen. Drittens werden selbst in den „Bebauungsfingern" große Flächen unbebauten Landes zwischen den urbanisierten Teilen liegen und damit das öffentliche Versorgungsnetz zur Überwindung großer Entfernungen zwingen.

c) Die soziale Scheidung „reicher" und „armer" Wohnviertel wird beibehalten werden oder sogar zunehmen. Für die Bewohner des Südens, die im Bereich Dienstleistungen tätig sind, bedeutet das noch längere Transportwege mit den entsprechenden untragbaren Belastungen ökonomischer und psychischer Art.

d) Die ökologischen Probleme werden stark zunehmen.

e) Die besten landwirtschaftlichen Böden werden der Urbanisierung zum Opfer gefallen sein, was nicht nur Bogotá, sondern die ganze Nation belastet, da das Hochland von Bogotá bei der Nahrungsmittelerzeugung eine wichtige Rolle spielt.

3. Um diese bedrückende Entwicklung[127] zu vermeiden, untersuchte die

---

Bogotá beobachtet werden. Eine systematische Übersicht über ganz Bogotá scheint jedoch nicht zu existieren; daher kann nicht entschieden werden, ob dieser Trend sich mehr oder weniger auf alle barrios erstreckt. Eine weitere Ausdehnung subnormaler Wohnviertel wäre offenbar nur dann gegeben, wenn ihr Neubau die Schnelligkeit des upgrading überstiege. Im Zusammenhang mit der Studie Phase II ist offensichtlich kein Material hierzu gesammelt worden.

[127] Unglücklicherweise handelt es sich sogar um eine wahrscheinliche Entwicklung angesichts der gegenwärtigen politischen und verwaltungsmäßigen Zustände im Lande; dazu s. unten.

Stadtentwicklungsstudie die verschiedenen Möglichkeiten bewußter Planung und ihre respektiven Vorzüge und Nachteile. Alle Alternativen gehen von der Prämisse aus, daß die enorme Vergrößerung von Bogotá in den nächsten Jahrzehnten unvermeidlich ist, gleichgültig welche Politik die verschiedenen Ebenen der Verwaltung verfolgen werden. (Wie bei der CID-Studie von 1968 wurde eine globale staatliche Bevölkerungspolitik nicht ins Auge gefaßt.[128]) Hier machen sich also die Stadtplaner keinerlei Illusionen.[129]

Drei Alternativen wurden erwogen:

— Die erste hätte die Entwicklung von Satelliten-Städten im Hochland bedeutet, die weitgehend selbstgenügsam sein, aber doch mit Bogotá durch ein System von Schnellbahnen verbunden sein sollten. Diese Alternative wurde „multiple" Entwicklung genannt.[130]

— Die zweite Planungsmöglichkeit wäre die „lineare" Entwicklung, die sich den spontanen Tendenzen am meisten angenähert hätte: der Bau einer großen Achse Richtung Norden bis einschließlich Zipaquira, eine zweite Richtung Westen (unter Einschluß von Madrid, Mosquera u.a.) und eine dritte nach Süden bis einschließlich Soacha.

— Drittens wurde die „Kreis"-Alternative geprüft: Eine relativ geringfügige Ausdehnung der Stadt nach Norden und Süden wäre hierbei mit dem Schwerpunkt der Ausdehnung nach Westen verbunden worden, dies jedoch in den an die gegenwärtige Bebauung anschließenden Zonen. Die gegenwärtige Grenze des Sonderdistriktes[131], der Bogotá-Fluß, wurde dabei nicht als Hindernis für die Ausdehnung der Stadt angesehen. Die neuen Zonen sollten sehr dicht bebaut werden.

Detaillierte technische Überlegungen[132] veranlaßten die Expertengruppe zu einer nachdrücklichen Empfehlung dieser dritten Option, welche die Nachteile des enormen Zuwachses der Metropole in Grenzen hielte.

Diese Empfehlung der zirkularen Alternative ist nur eines der Hauptergebnisse von Phase II. Ein *zweiter Vorschlag* besteht in der Verdichtung der bestehenden bebauten Fläche und der Entwicklung von „Städten innerhalb der

---

[128] Die Rate des Bevölkerungswachstums ist tatsächlich erheblich zurückgegangen, wie bereits angeführt. Der Einfluß auf die großen städtischen Ballungsräume ist bis heute jedoch bescheiden.

[129] Dies kann nicht immer für die Planer in Organisationen wie CAR oder INDERENA gesagt werden; s. Teil F dieses Kapitels.

[130] Der gegenwärtige Stadtkern würde sich gleichzeitig nach Norden und Süden ausdehnen, allerdings nicht so weit, wie es bei der „spontanen" Entwicklung der Fall wäre.

[131] Diese wurde als solche bei allen drei Optionen nicht beachtet.

[132] Diese können hier nicht zusammenfassend dargestellt werden; sie sind übrigens in dem Schlußbericht nicht einmal alle aufgeführt.

D. Gesamtentwicklungsplne der Stadt Bogotá    105

Stadt".[133] Hierbei handelt es sich um einen der Lieblingsgedanken von L. Currie, der die technische Diskussion, wenn auch nicht die tatsächliche Entwicklung dieser Jahre stark beeinflußt hat. Am nachdrücklichsten ist er vorgetragen worden in Pastranas Entwicklungsplan[134], der 1971 und 1972 vorgelegt wurde.

Dieser Plan mit dem Titel „*Las cuatro estrategias*" (Die vier Strategien) ist gedacht „as a long-run plan for the attainment of development and the establishment of a ‚Welfare State' in Colombia".[135] Er geht von drei Annahmen aus: Erstens, daß wirtschaftliche Entwicklung durch massive Investitionen in Schlüsselsektoren („leading sectors") induziert und beschleunigt werden kann.[136] Zweitens, daß qualitative Elemente (die Lebensqualität) und soziale Überlegungen (z.B. die Verminderung der extremen Einkommens- und Vermögensunterschiede) ebenso wichtig oder wichtiger sind als reine Wachstumsziele. Drittens: eine Bestimmung der in Rede stehenden Sektoren muß auf eine gründliche Studie der Wirtschaft und ihrer hauptsächlichen Schwachstellen und Vorzüge gestützt werden. In diesem Sinne stellt der Plan die bis zum Augenblick seiner Vorlage umfassendste Untersuchung der kolumbianischen Wirtschaft dar.[137]

---

[133] Phase II: Bd. I: 26 ff.

[134] Jeder kolumbianische Präsident verfügt normalerweise über „seinen" Entwicklungsplan. Die Präsidenten werden als Mitglieder der großen Parteien gewählt. Ohne die „liberale" oder „konservative" Alternative darzustellen, kann kein Politiker ernsthaft auf die Präsidentschaft hoffen – es sei denn, sehr besondere Umstände überspielten das traditionelle Wählerverhalten. (Man erinnere sich an die Präsidentschaftswahlen des Jahres 1970, als der frühere Militärdiktator Rojas Pinilla um ein Haar Präsident geworden wäre. Bei dieser Gelegenheit herrschten die „sehr besonderen Umstände": Das populistische Auftreten des Generals führte zur Mobilisierung eines Teiles der Nichtwähler, die ihre Unzufriedenheit mit den Strukturen der nationalen Front ausdrückten.) Trotz dieser Tatsache repräsentiert der Präsident keineswegs ein wohldefiniertes Parteiprogramm, da die ideologische Ausrichtung der traditionellen politischen Lager nur schwach ist. Vielmehr hat er seine Führerschaft durch einige eigene Ideen zu beweisen oder mindestens durch Ideen, die als originell angesehen werden. Ein erstrangiges Instrument zum Erreichen dieses Zieles stellt die Verkündung eines Entwicklungsplanes dar. Es ist fast überflüssig, darauf hinzuweisen, daß diese Tatsache eines der Haupthindernisse für eine ernsthafte Planung in Kolumbien darstellt: Zur Ausarbeitung eines Planes benötigt man viel Zeit, und nicht weniger dazu, die Verwirklichung ernsthaft in Angriff zu nehmen. Aber die Amtszeit des Präsidenten beträgt nur vier Jahre! Es kann daher nicht verwundern, daß Kolumbien in den 26 Jahren vor 1978 nicht weniger als 12 Entwicklungspläne hatte (Rede des Präsidenten Turbay anläßlich seiner Amtsübernahme am 7. August 1978). – Der folgende Text in Übereinstimmung mit Interviewmaterial und Rivera-Ortiz 1976: 94 ff.

[135] Rivera-Ortiz 1976: 94. Vgl. auch Mendoza Durán 1976 und insbesondere Sloan 1973.

[136] Zahlreiche Werke könnten in diesem Zusammenhang genannt werden. Wir beschränken uns auf diejenigen, die einen Einfluß auf die kolumbianische Entwicklung ausgeübt haben: Currie 1975, Hanson 1976 und Currie 1976.

## 3. Kap.: Regional- und Stadtplanung: Der Fall Bogotá

Die *ausgewählten Strategien* waren die folgenden: a) Stadtentwicklung durch stärkere Investitionen in die Bauwirtschaft (also das hier interessierende Thema); b) Exportförderung; c) Förderung der landwirtschaftlichen Produktivität und d) Umverteilung durch eine progressive Besteuerung.

Die *Förderung der Bauwirtschaft* in den Städten wurde also als Initialzündung für wirtschaftliche Entwicklung verstanden, gleichzeitig jedoch auch als Werkzeug zur Verbesserung der Lebensqualität. Zur Erreichung des ersten Zieles war lediglich der Gesamtumfang der Bautätigkeit entscheidend[137]; das zweite Ziel konnte indes nur auf der Basis inhaltlich differenzierter Überlegungen erreicht werden. Diese wurde in verschiedenen Publikationen des Nationalen Planungsamtes[139] vorgelegt und stellten ein geschlossenes theoretisches Ganzes dar, eben die Vorstellung der *Städte innerhalb der Städte*.[140]

---

[137] Rivera-Ortiz 1976: 94. – Die Festlegung der Grundlinien dieses Planes hing eng mit der Legitimitätskrise nach den Präsidentschaftswahlen 1970 zusammen. Pastrana hatte das vorrangige Ziel der Verminderung der Zahl der Arbeitslosen (der durch die ANAPO mobilisierten Massen). Currie konnte mit dem Ausbau der Bauindustrie, die viele ungelernte Arbeiter einstellte, eine Lösung anbieten (Interviewmaterial mit Informationen, die auf private Mitteilungen des Präsidenten Pastrana im August 1970 zurückgehen). – Einige Informationen über die Stadtenwicklungspolitik vor 1975 gibt Bonilla Sandoval 1975.

[138] Der Wohnungsbau wurde tatsächlich erheblich ausgeweitet, was als ein Haupterfolg dieses Planes anzusehen ist (Interviewmaterial). Der Regierung gelang es, erhebliche Ersparnisse in den privaten Bausektor aus vorher nicht ausgenutzten Quellen umzuleiten. Hierzu wurde im Herbst 1972 ein neues Sparsystem eingeführt, das sich auf die Idee gründete, daß die Zinssätze in jedem Falle über der Inflation liegen müssen, wenn die Ersparnisbildung angeregt werden soll (frühere Beispiele umfassen Brasilien und Chile; in Kolumbien hatten US-amerikanische Berater eine Übernahme dieses Vorbildes seit langem empfohlen). Das Verfahren bestand in der Ausgabe einer Reihe von Wertpapieren namens „Einheiten gleicher Kaufkraft" (Unidades de Poder Adquisitivo Constante oder UPAC) durch die neu gegründeten Spar- und Kreditvereinigungen (Bagley 1974: 87 f.; OEA 1975). Der Wert dieser Papiere wurde periodisch erhöht, um die Inflation auszugleichen; hinzu kam ein normaler Zinssatz. Der erste Finanzminister des Präsidenten López, Rodrigo Botero, hat diese Einrichtung teilweise aufgegeben (s. Kapitel IV). Der Inflationsausgleich wurde 1978 weiter reduziert (Bericht in El Tiempo vom 30. Mai 1978).

[139] S. die Sondernummer der vom Planungsamt herausgegebenen Revista de Planeación y Desarrollo, Bd. 5 Nr. 3 (Juli-Dezember 1973) mit dem Titel La política urbana y el plan de desarrollo; DNP 1974; und das für die Mitglieder des wirtschafts- und sozialpolitischen Rates CONPES bestimmte Dokument DNP 1975 a. Die Beschreibung des Konzeptes folgt DNP 1975 a: 18 ff. – Vgl. Gómez Cano 1972 und, gegen Currie, García 1973.

[140] Den entschiedensten Versuch, diese Idee in Bogotá zu verwirklichen, stellt das Projekt El Salitre dar; vgl. hierzu Punkt E dieses Kapitels.

## D. Gesamtentwicklungspläne der Stadt Bogotá

Die Grundidee besteht darin, die Vorteile mittelgroßer Städte mit denjenigen der Millionenstädte zu verbinden und gleichzeitig deren Nachteile auszuschalten. Zu diesem Zweck sollten selbstgenügsame Untergemeinschaften von etwa 400.000 Einwohnern innerhalb der großen Zentren entwickelt werden. Normalerweise, aber nicht immer, wären sie auf bisher unentwickeltem Land zu planen und zu bauen. Ihre Einwohner finden alle notwendigen Dienste in kurzer Entfernung, so daß sie häufig zu Fuß oder mit dem Fahrrad erreicht werden können: Arbeitsplätze[141], Schulen, Einkaufsmöglichkeiten jeder Art, Krankenhäuser, Theater, Dienststellen der Gemeindeverwaltung usw. Die Option spricht sich also eindeutig gegen die weitere Verbreitung des privaten Kraftfahrzeugs und für eine Verminderung des öffentlichen Verkehrs aus: Wenn die Bewohner der verschiedenen Unterstädte alle notwendigen Bedürfnisse in der Nähe decken können, haben sie offensichtlich keinen Grund, in andere Stadtviertel zu fahren. Das Resultat wäre ein drastischer Rückgang der Umweltverschmutzung und des Lärms. Die Größe der Millionenstadt, die selbstverständlich weiterexistiert, bedeutet für die Bewohner dieser Untereinheiten jene kulturellen Vorteile, welche eine moderne Stadt, auch wenn sie so schlecht wie Bogotá funktioniert, selbst für die Bewohner der Elendsviertel so anziehend machen.

Die Fachleute des Planungsamtes sahen die Durchführungsschwierigkeiten dieses neuen Konzeptes als geringer an als die Probleme, zu denen eine Fortsetzung der gegenwärtigen Entwicklungstendenzen führen würde.[142] Auch wenn dies bei einem Vergleich von Kosten und Erträgen beider Entwicklungswege richtig sein sollte, sind damit die Kosten des Überganges vom traditionellen Entwicklungsschema zu dem neuen weit unterschätzt worden. Der kolumbianische Staatsapparat ist schlicht nicht in der Lage, seinen Willen gegen massiven Widerstand aus dem sozialen Umfeld durchzusetzen oder auch nur einen einheitlichen Willen zu entwickeln. Dies wird aus den verschiedenen Fallstudien noch deutlich werden. –

Die Empfehlung des Konzeptes der „Stadt innerhalb der Stadt" in der Studie Phase II wurde durch den Vorschlag *dreier konkreter Flächen für ihren Aufbau* ergänzt: Die erste befindet sich trotz der bandartigen Entwicklung nahe beim Zentrum in westlicher Richtung unweit der Straße zum Flughafen, in

---

[141] Da die Mobilität der Wohnung größer ist als die Mobilität der Arbeitsplätze, führen die Planer an, daß die räumliche Nähe von beiden auch in der vollkommen geplanten „Stadt innerhalb der Stadt" nur allmählich erreicht werden kann. S. dazu DNP 1975 a: 19. – Dennoch bleiben Zweifel, ob dieser spezielle Aspekt sich durchsetzen wird: Solange die Arbeitskräfte der gesamten Stadt miteinander in Konkurrenz liegen, gibt es keinerlei Gewähr dafür, daß sich diejenigen durchsetzen werden, die in der Nähe der Arbeitsstätten wohnen.

[142] DNP 1975 a: 20 f.

einer Gegend, die CAN[143]-Modelia[144]-Fontibón[145] genannt wird. Ein zweites Zentrum war nach den Vorschlägen im Nordwesten nahe der Straße nach Medellín, südwestlich der Berge von Suba zu bauen. Ein dritter Vorschlag richtete sich auf den Südwesten, auf ein Gebiet zwischen Bosa und Soacha.[146] Alle drei Zentren sollten durch Schnellverbindungen untereinander und mit dem Stadtzentrum verbunden werden.[147]

Zur technisch-administrativen Verwirklichung der Vorschläge wurde die Errichtung von Stadtentwicklungsgesellschaften geplant. Diese sollten mit großen Vollmachten ausgestattet sein, z.B. dem Recht, für eine bestimmte Gegend bis zur Erarbeitung eines Entwicklungsplanes ein Veränderungsverbot zu verfügen, oder demjenigen, Grundstücke zur öffentlichen Nutzung oder zur Entwicklung im Sinne der Gesellschaft gegen Entschädigung zu enteignen.[148]

Für den Augenblick sei die Darlegung der Ereignisse, die aus der Idee der „Stadt innerhalb der Stadt" folgten, zurückgestellt; auf sie wird noch ausführlicher zurückzukommen sein. Hier soll zunächst Aufnahme und Auswirkung des anderen wichtigen Entwicklungsvorschlages, des kreisförmigen Ausbaues von Bogotá, beschrieben werden.

Zur Verwirklichung dieses Planes wäre eine *koordinierte Aktivität* einer großen Zahl von Behörden und Unternehmen auf nationaler Ebene sowie auf denjenigen des departamento und des Distriktes notwendig gewesen. Dies ist *jedoch nicht eingetreten*. Beispielsweise seien einige Punkte genannt:

1. Wie dargelegt, empfahl Phase II (wie Phase I) die weitere Ausdehnung der Stadt nach Westen, was in Kürze die Überschreitung der Distriktsgrenze, des Río Bogotá, bedeutet hätte. Die gegenwärtige spontane Entwicklung verläuft

---

[143] Dies ist eine oft gebrauchte Abkürzung für Centro Administrativo Nacional (staatliches Verwaltungszentrum), wo eine Anzahl von Ministerien und auch die Escuela Superior de Administración Pública (ESAP, die höhere Verwaltungsschule) residieren. – Zur Verwirklichung dieses Vorschlages s. Teil E dieses Kapitels.

[144] Ein neues einheitlich gebautes Stadtviertel unweit der Straße zum Flughafen.

[145] Eine alte Gemeinde in der Nähe des Flughafens, die heute einen Teil des Distriktes bildet.

[146] Phase II Bd. I: 35.

[147] Schon 1978 wurde zunehmend klar, daß mindestens dieser letzte Vorschlag rasch unmöglich werden wird: Die vorgeschlagenen Verbindungsachsen werden mehr und mehr zugebaut (Interviewmaterial)! Dies ist eine der traurigen Konsequenzen der Mängel durch politisch-administrative Restriktionen der Planung, die noch ausführlich darzulegen sein werden.

[148] Zweifellos einer der typischen Vorschläge eines ausländischen Experten ohne tiefere Einsicht in die wirtschaftliche und politische Wirklichkeit des Landes. Völlig übersehen wird die Macht solcher Einrichtungen wie des Stadtrates, der Distriktsverwaltung, der privaten Baugesellschaften usw. Sollte eine derartige Gesellschaft effektiv arbeiten, dann wären die politischen Kosten derartig hoch, daß vermutlich kein Präsident sie auf sich nehmen könnte.

D. Gesamtentwicklungspläne der Stadt Bogotá

ebenso: Seit etwa 1980 ist der Bogotá-Fluß von Bebauungen erreicht worden; die Distriktsgrenze bildet lediglich eine Linie auf den Karten, aber nicht eine tatsächliche Begrenzung des bebauten Landes. (1977 hatte die Stadt innerhalb ihrer Grenzen nur noch etwa 5.000 ha bebaures Land[149]!) Selbst wenn einige Folgerungen der in Rede stehenden Studie von einigen Behörden als im Widerspruch zu ihren Planungsvorstellungen stehend betrachtet wurden[150], wäre in jedem Falle eine weitreichende Reorganisierung der Planungsstruktur angezeigt gewesen. Die Distriktsgrenzen hätten hinausgeschoben werden müssen, unter Umständen wäre auch die Einrichtung einer mächtigen Regionalplanungsbehörde notwendig gewesen. Seit der Vorlage der Studie Phase II ist jedoch nichts geschehen. Schlimmer noch: nicht einmal eine öffentliche Diskussion über die Notwendigkeit einer Reorganisation der Planungsbehörden fand statt. Es steht daher zu erwarten, daß sich die Geschichte der Gründung des Sonderdistriktes wiederholen wird: Wenn einmal Hunderttausende von Bogotanern jenseits seiner Grenzen wohnen werden, wird es zu einer improvisierten Reorganisation (Veränderung der Distriktsgrenzen) kommen.

2. Ähnliche Beobachtungen können für die Einschränkung weiterer Ausdehnung der Stadt nach dem Norden oder gar ihr völliges Einfrieren gemacht werden. Wie berichtet, handelt es sich hierbei um eine der grundlegenden Empfehlungen der Stadtentwicklungsstudie Phase II, das technisch notwendige Gegenstück zum Vorschlag der Erweiterung der Stadt nach Westen.

Auch hier könnte die Verwaltung von Bogotá Erfolg nur bei einer *Zusammenarbeit mit den Gemeinden im Norden* haben. Eine entschiedene Politik des Distriktes — auch sie fehlt bis heute — hätte nur *einen* notwendigen Schritt bedeutet; hinzu hätte die Integration der nördlich an Bogotá angrenzenden Gemeinden in eine größere Planungsregion kommen müssen. Insbesondere Chía und Zipaquirá sind dabei interessant.[151]

Die gegenwärtige Entwicklung in diesen Gemeinden, ausgeprägter in Chía als in Zipaquirá, *weicht grundlegend von den Linien von Phase II ab*: In beiden Städten werden Häuser für Pendler aus Bogotá gebaut[152]; beide Ortschaften folgen ausschließlich ihren eigenen lokalen Interessen, ohne Rücksicht auf irgendwelche Planungsvorschläge in irgendwelchen Dokumenten der Stadt Bogotá.

---

[149] Ein Interviewpartner sprach sogar von nur 3.000 ha! – Eine schnelle Ausdehnung der Stadt bedroht die fruchtbaren Böden des Hochlandes: Wenn sie ungebremst weitergeht (dies ist praktisch zu erwarten), wird die gesamte „Sabana de Bogotá" im Jahre 2000 zugebaut sein!

[150] S. Teil F dieses Kapitels.

[151] Eine Studie des Einflusses des Wachstums der Stadt Bogotá auf ihr Hinterland ist Bogotá 1972. Praktische Auswirkungen hatte dieses Werk jedoch nicht.

[152] Interviewmaterial; persönliche Beobachtung.

3. Kap.: Regional- und Stadtplanung: Der Fall Bogotá

Einer der schwersten Rückschläge für die Begrenzung des Wachstums von Bogotá nach Norden war der *Bau einer riesigen Pferderennbahn*, die im Januar 1978 eingeweiht wurde.[153] Sie liegt bei Kilometer 20 (vom Stadtzentrum aus gerechnet) der sog. Autopista del Norte, der Hauptverbindungsstraße von Bogotá nach dem Norden, auf der Gemarkung der Gemeinde Chía, also außerhalb des Sonderdistriktes. Dieses Projekt, das von mächtigen Wirtschaftsinteressen verwirklicht wurde, fand den Widerstand praktisch aller im Planungsbereich tätigen Experten und Behörden. Zu nennen sind das private „Komitee zur Verteidigung des Hochlandes von Bogotá"[154], das Büro für soziale Integration von Bogotá[155], das Nationale Planungsamt, die Corporación Autónoma de la Sabana de Bogotá (CAR), das Planungsamt des Departamento Cundinamarca, unter anderen.[156] Aber der Bürgermeister von Chía überschritt seine Kompetenzen und erlaubte mit Rückendeckung des Stadtrates den Bau des riesigen Projektes. Es wird selbstverständlich als Anziehungspol für eine Menge erlaubter und unerlaubter Bauten wirken und so einen zusätzlichen Anreiz für die Ausdehnung der Stadt nach Norden bilden. Damit wird jene Band-Stadt verwirklicht, welche Phase II als schlechteste aller möglichen Alternativen verworfen hat.

Zum zweiten ist zu berichten, daß die *Grundlinien der kreisförmigen Entwicklung von keiner Behörde offiziell angenommen worden sind*. Sie wurden folglich auch nicht in einen Gesamtentwicklungsplan integriert, der die verschiedenen Politikfelder (Transport, Gesundheitsfürsorge, Infrastruktur, Flächennutzung, Straßenbau usw.) verbunden und die verschiedenen verwaltungsmäßigen und politischen Instrumente zu ihrer Verwirklichung bereitgestellt hätte.

Damit kehren wir zur *Geschichte der Entwicklungsplanung* des Sonderdistriktes Bogotá zurück.

Bis heute ist lediglich ein allererster Schritt zur Erarbeitung eines allgemeinen Entwicklungsplanes vorgenommen worden: 1975 erließ der Stadtrat den acuerdo 14/1975, der *Grundlinien für die Erarbeitung eines Planes* vorschrieb.[157] Indessen ist ein solcher Plan bis 1978 nicht erarbeitet, geschweige denn offiziell in Kraft gesetzt worden.

---

[153] El Tiempo vom 22. Januar 1978. Das Vorhaben kostete etwa 7 Millionen US-Dollar!

[154] Comité Pro defensa de la Sabana de Bogotá.

[155] Oficina de Integración Popular de Bogotá.

[156] Interviewmaterial.

[157] Dieser Acuerdo stellt einen Triumph bürokratischer Perfektion dar. Der erste Entwurf, der offensichtlich den Straßenentwicklungsplan und den Perímetro Urbano y Sanitario einschloß, wurde von den drei Planungsverbänden von einem fachlichen Standpunkt aus kritisiert. S. dazu den unpublizierten gemeinsamen Brief mit Beilagen der Verbände der Planer, Ingenieure und Architekten vom 5. Mai 1975 (Sociedad

D. Gesamtentwicklungspläne der Stadt Bogotá

Stattdessen wurde der Erlaß von *Flächennutzungsplänen* traditioneller Art fortgesetzt: Die letzte Quelle hierzu ist Dekret 159/1974, das eine merkwürdige Geschichte hat. Der Stadtrat weigerte sich 1974 (wie auch später, s. unten), einen vom damaligen Bürgermeister, Aníbal Fernandez de Soto, vorgelegten Entwurf zu diskutieren und zu verabschieden. Der Bürgermeister überlistete dann das Stadtparlament: Er brachte den Entwurf erneut einen Tag vor Beendigung der ordentlichen Sitzungen ein. Das hatte zur Folge, daß der Stadtrat ihn nicht mehr verabschieden konnte. Der Bürgermeister verkündete die Flächennutzung dann als Verordnung — wozu er bei enger Auslegung des Gesetzes berechtigt war. Ein Sturm politischer Entrüstung war die Folge; dieser wurde noch dadurch verstärkt, daß der Bürgermeister sich selbst das Recht gegeben hatte, das Steuerrecht des Distriktes und die Verwaltungsstruktur zu ändern. Der auf Fernandez de Soto folgende Bürgermeister erreichte einen Waffenstillstand: Er sagte zu, die Verordnung nicht anzuwenden. Das galt nicht für die eigentliche Flächennutzung, da die Verwaltung sich sonst in einem juristischen Vakuum befunden hätte. Schließlich erklärte der Verwaltungsgerichtshof von Cundinamarca am 9. Mai 1978 das gesamte Dekret für nichtig, da bei seinem Zustandekommen Verfahrensmängel vorgelegen hätten.[158] Dies war ein schwerer Rückschlag für die Bemühungen um eine effiziente Stadtplanung. Obwohl das Dekret keinen Entwicklungsplan im eigentlichen Sinne darstellte, wurde doch versucht, die Möglichkeit einer kreisförmigen Entwicklung der Stadt offen zu halten[159]; dies versuchte übrigens auch der Straßenausbauplan von 1975.[160]

Die unklare juristische und politische Situation des Dekrets 159/1974 brachte die Stadtverwaltung dazu, einen neuen Beschluß des Stadtrates über Flächennutzung und Straßenbau anzustreben. Dies war insbesondere deshalb wichtig, um die für die Entwicklung der Multizentren (Städte innerhalb der Stadt) vorgesehenen Flächen durch ein Veränderungsverbot freihalten zu können.[161]

Bereits im März und Dezember 1976 legte die Stadtverwaltung (Planungschef war Sergio Arboleda) dem Stadtrat zwei *Entwürfe zu Flächennutzung*

---

Colombiano de Ingenieros 1975). Diese Kritik ist sehr scharf: eine weitere Verringerung der Dichte der Bebauung durch die Anlage großer Verkehrsachsen; keine Lösung für das historische Zentrum; Zusammenstellung bereits bestehender Rechtsvorschriften statt neuer Ideen; keine Flexibilität durch zu viele Einzelheiten; keine Vorschläge für den öffentlichen Massentransport usw.

[158] El Tiempo vom 10. Mai 1978.

[159] Allerdings gibt es einige Unterschiede. U.a. reservierte das Dekret verschiedene Flächen für die Entwicklung von Städten innerhalb der Stadt.

[160] U.a. bestand eine nördliche Grenze zur Ausweitung des Straßennetzes, die mit Phase II vereinbar war.

[161] Ein Veränderungsverbot war bereits in Dekret 159/1974 enthalten, wie bereits beschrieben wurde. Die juristisch unklare Situation machte es für das Planungsamt jedoch äußerst schwierig, diese Vorschrift anzuwenden.

*und Straßenbau* vor.[162] Das erste Hindernis ergab sich aus der fehlenden Bereitschaft der Stadträte, diese Entwürfe zu studieren: Die angeblich permanente Planungskommission trat während der Ferienzeit des Plenums nicht zusammen, und dieses fand daher bei Beginn der ordentlichen Sitzungen im Dezember keinerlei Vorschlag zu einer Annahme oder Ablehnung des Entwurfes vor. (Die Situation wurde noch schwieriger, weil der Stadtrat die Debatte über die Flächennutzung zugleich als eine über den Bau der ersten „Stadt innerhalb der Stadt" in Bogotá verstand.[163]) Im Januar 1977 wurde der Bürgermeister Luis Prieto Ocampo durch Bernardo Gaítan Mahecha ersetzt[164], und mit dem alten Bürgermeister schieden die Spitzen der Verwaltung, unter ihnen auch der Planungschef, aus dem Amt.[165] Wie üblich stimmten der neue Bürgermeister und der neue Planungschef mit der technischen Arbeit ihrer Vorgänger nicht überein; im Januar 1977 wurden die beiden Entwürfe zurückgezogen und im August durch neue ersetzt[166], welche die künftige Entwicklung der Stadt genauer festlegen und die neuen Unterstädte klarer herausarbeiten sollten.[167] Nach dem Entwurf des Straßenbauplanes wäre die Entwicklung entsprechend Phase II mindestens nicht behindert worden: Die letzte Straße („Calle") im Norden wäre Calle 193, etwa 19 km vom Zentrum, aber noch eine gewisse Entfernung von der nördlichen Distriktsgrenze, gewesen. Westlich sollte das Straßennetz bis zum Rio Bogotá ausgeweitet werden. Darüber hinausgehende Vorschläge zur Ausdehnung der Stadt fanden sich im Entwurf jedoch nicht.

Was die Idee der „Stadt innerhalb der Stadt" angeht, war der vorgeschlagene Flächennutzungsplan technisch viel geringer ausgearbeitet. Die „ciudades dentro de la ciudad" waren zu „Gebieten vielfacher Nutzung" geworden und von bereits bebautem Land umgeben, was die Möglichkeiten weiterer Ausdehnung beschränkte. Ein wichtiger Aspekt der Studie Phase II, die Verdichtung der bereits bebauten Fläche, wurde völlig vernachlässigt.

---

[162] Text nach Interviewmaterial und den folgenden Ausgaben von El Tiempo: 11. November 1976, 24. Januar 1977, 23. August 1977, 30. November 1977 und 2. Februar 1978.

[163] S. Teil E dieses Kapitels.

[164] Seine Amtszeit endete mit derjenigen des Präsidenten López im August 1978. Zu seinem Nachfolger wurde der frühere Erziehungsminister Hernando Durán Dussán, ein großer Landbesitzer aus den östlichen Llanos und turbayistischer Parteiführer, ernannt. Als Senator spielte er noch im Jahre 1968 eine etwas zwielichtige Rolle als Schirmherr eines der Guerrilla-Führer im östlichen Departamento Meta (Richard Maullin, zitiert bei Schmidt 1974 a: 432 f.).

[165] Arboleda wurde durch Francisco Perez Silva ersetzt.

[166] Ein Leitartikel von El Tiempo (25. Januar 1977) kritisierte dieses Vorgehen, ging aber am Kern des Problems vorbei: Eine Kontinuität politischer und technischer Ideen hat eine Kontinuität von Politikern und Experten zur Voraussetzung ...!

[167] Die Texte sind Bogotá, Proyecto Zonificación 1977 und Bogotá, Proyecto Plan Vial 1977.

## D. Gesamtentwicklungspläne der Stadt Bogotá

Der Straßenentwicklungsplan enthielt keine zusammenhängende Verkehrspolitik; insbesondere war der notwendige Schnellverkehr zwischen den einzelnen neuen semi-autonomen Stadtvierteln vernachlässigt worden.

Trotz verbaler Zustimmung zu der Idee sogar einer umfassenden Planung[168], *weigerte sich der Stadtrat* die von der Verwaltung vorgelegten Entwürfe *ernsthaft zu diskutieren*. (Allerdings gab es drei diesem Thema gewidmete Sitzungen, an denen sogar der Ex-Präsident Carlos Lleras Restrepo teilnahm.) Verschiedene *Gründe* hierfür können angeführt werden: *Einerseits* führten zunehmende politische Spannungen zwischen dem Bürgermeister und dem Stadtrat zu immer geringerer Neigung dieses Gremiums, die verschiedenen Initiativen „der Verwaltung", wie sie meist pejorativ genannt wurde, zu debattieren. Die Spannungen lagen teilweise in der Tatsache begründet, daß der Stadtrat sich, teilweise zu Recht, als „Mitverwalter" der Stadt betrachtete. Eine gewisse Konkurrenz ist folglich der normale oder mindestens übliche Zustand. Ein weiterer Grund liegt darin, daß der Bürgermeister sich gegen das Eindringen der Stadträte in die Aufsichtsräte der dezentralisierten Einheiten wendet. Er griff auch die Teilnahme der „suplentes" an den Sitzungen verschiedener Komitees an, deren Mitglieder nur Stadträte selbst waren.[169]

*Zum anderen* hatte das Planungsamt den Fehler begangen, den Flächennutzungsplan mit einer Diskussion des kontroversen Projektes der „ciudad verde" (El Salitre) zu kombinieren: Der Stadtrat, der sich normalerweise lediglich zur Landnutzung in bestimmten Zonen äußern soll, begann daher lange Diskussionen über Vorzüge und Nachteile des Projektes der „Stadt innerhalb der Stadt". Ihm fehlten jedoch die notwendigen technischen Kenntnisse, um das Projekt beurteilen zu können.

*Drittens* stellen sowohl Straßenentwicklungs- wie Flächennutzungsplan komplizierte technische Dokumente dar. Dem Stadtrat fehlt jedoch ein wissenschaftlicher Apparat, so daß sich eine angemessene Prüfung der Projekte als schwierig erwies.[170]

---

[168] S. die Rede des Stadtratspräsidenten Ernesto Lucena Quevedo zur Eröffnung der Sitzungsperiode im August 1977 (Lucena Quevedo 1977 a). Im Februar 1978 wurde er auf der liberalen Llerista-Liste zum Mitglied des Repräsentantenhauses gewählt. – Allgemeine Vorschriften über einen Stadtentwicklungsplan wurden als Entwurf eines Acuerdo von dem Stadtrat Luis Raúl Rodriguez vorgelegt; er folgte dabei den Leitlinien von Phase II (El Tiempo vom 29. November 1978). Bis zur Niederschrift dieses Kapitels wurde das Schicksal dieses Vorschlages jedoch noch nicht bekannt.

[169] Details finden sich in Teil B 1 dieses Kapitels.

[170] Die Verbände kolumbianischer Architekten und Ingenieure legten im September 1977 ein Memorandum vor. Ein Teil der oben gegebenen technischen Information stammt aus dieser Quelle.

*Viertens*, ein Grund, der sicherlich noch wichtiger ist als die anderen angeführten Ursachen: Der Zeitpunkt der nächsten Wahlen zu Kongreß, Präsidentschaft und Stadträten näherte sich rasch. Es ist nahezu unmöglich, einen Eindruck davon wiederzugeben, wie diese Tatsache die Aktivitäten des Stadtrates paralysierte und die Aufmerksamkeit seiner Mitglieder mit Beschlag belegte. Dabei muß betont werden, daß der Stadtrat von Bogotá nicht aus unwichtigen Provinzpolitikern besteht, sondern aus wichtigen Mitgliedern aller politischen Lager, die zwischen der Präsidentschaft (z. B. Carlos Lleras), Ministerien, beiden Häusern des Parlamentes, wichtigen Stellen als Botschafter, Gouverneur, Direktor in der Privatindustrie und eben dem Stadtrat wechseln. Für solche Persönlichkeiten hat eine allgemeine Wahl einfach mehr Gewicht als die Diskussion eines trockenen Dokumentes „über die Flächennutzung der Stadt Bogotá"!

Es kann daher nicht verwundern, daß der Stadtrat zur Verzweiflung der Beamten im Planungsamt, die mit dem rechtlich zweifelhaften Dekret 159/1974 zu arbeiten hatten, das *Dokument nicht verabschiedete*. Selbst im November 1977, als die Annahme des acuerdo unvermeidlich erschien, wurde keine Entscheidung getroffen. Der Bürgermeister, der unter diesen Umständen die rechtliche Möglichkeit zur Verkündung der Flächennutzung als Verordnung gehabt hätte, scheute hiervor zurück. Er wollte die Spannungen mit dem Stadtrat nicht noch steigen lassen.

Bis zum Ende der Amtszeit des Bürgermeisters Gaitán Mahecha war also die neue Flächennutzung nicht verabschiedet worden. Die Situation wurde nach der Nichtigerklärung der Verordnung 159/1974 noch verworrener. Juristisch gesehen mußte die Stadtentwicklung erneut den Linien der Verordnung 1119/1968 folgen, was eine absolut untragbare Situation darstellte. —

In den letzten Monaten der Präsidentschaft von López berief Gaitán den Stadtrat zu außerordentlichen Sitzungen, insbesondere zur Verabschiedung der Grundlinien der künftigen Entwicklung der Stadt ein.[171] Er gab den Plan jedoch bald wieder auf: Verständliche Resignation eines Politikers, der stark an fachlichen Kriterien orientiert war[172] und der trotz aller guten Absichten nicht zu einer fruchtbaren Zusammenarbeit mit den Politikern im Stadtrat gelangte.[173]

Wir können also folgendermaßen zusammenfassen:

Seit vielen Jahren stellt Bogotá eine der lateinamerikanischen Städte dar, in denen Fragen der Stadtentwicklung und -planung viel Aufmerksamkeit gewid-

---

[171] El Tiempo vom 8. Juni 1978.

[172] Gaitán Mahecha ist Direktor der Abteilung für Strafrecht der Fakultät für Recht und sozio-ökonomische Wissenschaften der Jesuiten-Universität Javeriana.

[173] Erst im März 1980 wurde der Plan Vial als Acuerdo 2/1980 vom Stadtrat beschlossen (El Tiempo, 22. März 1980).

met worden ist. Auch wenn die Versuche des 18. Jahrhunderts aus dem Spiel gelassen werden, beginnt die „moderne" Stadtplanung in den zwanziger Jahren unseres Jahrhunderts. Eine Anzahl von Entwicklungsplänen ist erarbeitet; grundlegende Studien über Bevölkerungsfragen sind von amtlichen und privaten Stellen veröffentlicht; Forschungen zu den „barrios piratas" sind unternommen worden, wenn auch die Konjunktur solcher Untersuchungen mit Wahldaten korrelierte; viele hochkomplizierte, wenn auch nicht fehlerfreie, Rechtsnormen sind in Kraft. Sicherlich sind sie nicht ohne Schlupflöcher, die wichtigen wirtschaftlichen Interessen offenstehen.[174] Betrachtet man jedoch nur Rechtsvorschriften und Pläne, dann erscheint die ungeplante Entwicklung der Stadt Bogotá unverständlich. Um eine tiefere Einsicht in die Zusammenhänge zu gewinnen, müssen verwaltungsmäßige, soziale und politische Faktoren berücksichtigt werden. Dies soll weiter unten in systematischer Weise geschehen[175]; um auf weiteres Material zurückgreifen zu können, sei zunächst die Geschichte eines wichtigen Wohnungsbauprojekts, El Salitre, vorgetragen.

## E. Ein Beispiel: Das Projekt El Salitre[176]

### 1. Chronologie der Ereignisse

#### a) Projektstudien bis 1977

Wie deutlich geworden sein dürfte, stellt der Gedanke der „Städte innerhalb der Stadt" eine Antwort auf die zu erwartenden Probleme der Stadt Bogotá in den folgenden Jahrzehnten dar[177]; er kann diese Probleme mildern, wenn nicht lösen helfen. Die unvermeidliche Tatsache eines andauernden Wachstums der Millionenstadt und die Notwendigkeit, die fruchtbaren Böden soweit wie möglich von der Bebauung auszunehmen, führt zu der Forderung der Verdichtung

---

[174] Ein Beispiel stellt der Entwurf des Flächennutzungsplanes dar, der dem Stadtrat zugeleitet wurde, ohne dort ernsthaft diskutiert zu werden. Er enthält eine Generalklausel (Bogotá Proyecto Zonificación 1977: Artikel 126, S. 74), welche Ausnahmen dann erlaubt, wenn wichtige wirtschaftliche Interessen dadurch geschädigt werden, daß ein Grundstück nicht genutzt werden darf. Dies ist aber dann der Fall, wenn auf einem Grundstück innerhalb eines Wohnviertels ein Wirtschaftsunternehmen nur ein niedriges Gebäude errichten darf. Die zitierte Vorschrift würde damit Wolkenkratzer im gesamten Stadtgebiet erlauben (Interviewmaterial)!
[175] Teil F dieses Kapitels.
[176] Dem Projekt wurden verschiedene Namen gegeben. Die häufigsten sind El Salitre (der Name des Grundstücks, wo es errichtet werden soll) oder Ciudad Verde (die grüne Stadt). Der gesamte Abschnitt E folgt Interviewmaterial, wenn nicht anders vermerkt.
[177] Der Gedanke ist nicht in Kolumbien entstanden. Ein früheres Projekt namens Jurong Town ist in Singapur verwirklicht worden.

der bereits urbanisierten Fläche; das gleiche Prinzip der Verdichtung wäre neuen Bauentwicklungen zugrunde zu legen. In einer derartig „verdichteten" Stadt, die per definitionem weniger Raum für Verkehrsflächen hat, ist es besonders wichtig, die Ansprüche an das Verkehrssystem zu vermindern. Die Idee der Stadt für die Stadt findet sich aus solch einleuchtenden Gründen in der Studie Phase II[178]; sogar drei mögliche Vorschläge für eine Lokalisierung von Projekten werden gemacht. Der nächste planerische Schritt bedeutete die Auswahl einer dieser Flächen, die Gegend von CAN-Modelia-Fontibón.[179]

Die frühe Konzentration auf diese Gegend erklärt sich durch die einfache Tatsache, daß ein sehr großes zusammenhängendes Stück Land von etwa 406 ha einer einzigen Behörde, dem Wohlfahrtsamt von Cundinamarca (Beneficencia de Cundinamarca), gehörte.[180] Man nahm daher, allerdings irrtümlicherweise, an, daß die Verhandlungen mit einem öffentlichen Eigentümer einfacher seien als solche mit vielen privaten Landbesitzern. Die nächsten Projektstudien erstreckten sich jedoch auf einen viel größeren Raum, der, von der westlichen Grenze des Distriktes ausgehend, die drei Pole CAN (hier liegt das Beneficencia-Land), Modelia und Fontibón umfaßte. Dieser Bereich mißt etwa 10 mal 9 km.

Die interessierten Fachleute betrachteten (zu Recht) die für Stadtplanungsfragen günstige politische Situation als rasch vorübergehend. Es erschien daher wichtig, nicht viel Zeit mit Studien und Bemühungen zur Koordination der vielen Stellen zu verlieren, welche Einfluß auf das Projekt nehmen konnten. So entschloß sich das Nationale Planungsamt auf Betreiben von Currie im Mai 1973 (also unmittelbar nach der Forschung zu Phase II), eine Feasability-Stu-

---

[178] Es sei auch an die persönliche Kontinuität erinnert: Currie, der ähnliche Ideen seit dem Ende der sechziger Jahre vorgeschlagen hatte, war ein herausragendes Mitglied der Überwachungskommission der Studie.
Am Rande sei vermerkt, daß das Konzept auch in anderen kolumbianischen Städten verwirklicht werden sollte. Auf Empfehlung des nationalen Planungsamtes wurden Studien zur Lokalisierung neuer Städte auch in Medellın, Barranquilla, Bucamaranga und Cali angefertigt (IDU 1976: 25). Von diesen war im Jahre 1977 Ciudadela Real de Minas in Bucamaranga im Bau. Dieses Projekt war wesentlich kleiner als dasjenige, das in Bogotá vorgesehen war, und daher politisch nicht so heikel wie El Salitre. Der Autor verfügt jedoch nicht über Informationen über die technische Gestaltung dieses Bauvorhabens, insbesondere nicht darüber, ob das Konzept der „Stadt innerhalb der Stadt" voll angewendet wurde. Eine eigene Entwicklungsgesellschaft bestand, doch hatte diese die bauliche Ausführung an das ICT übertragen.

[179] Die Auswahl dieser Zone war eine politische Entscheidung des DNP. Sie führte zu erheblichen Spannungen mit den Experten, welche gleichzeitig mit der II-B-Studie befaßt waren: Diese betrachteten die Lokalisierung als dem alten Zentrum zu nah (Information von H. Rother).

[180] El Salitre ist eine alte „finca" am westlichen Stadtrand von Bogotá; sie wurde der Beneficencia als philanthropische Schenkung übereignet.

die bei der *American City Corporation*[181] in Auftrag zu geben. Der Bericht wurde 1974 vorgelegt[182], also in der Übergangszeit von Präsident Pastrana B. zu Präsident López M. – Dieser Versuch, die verschiedenen organisatorischen Schwierigkeiten durch Erstellung einer hastig angefertigten Studie zu den Möglichkeiten des Projektes ohne Koordination insbesondere mit der Stadt Bogotá zu umgehen, mißlang völlig. Zurückzuführen ist das u. a. auf die Tatsache, daß der Bericht der American City Corporation in jeder Weise kritikwürdig war und schon aus diesem Grunde in Fachkreisen nicht akzeptiert wurde.[183]

Der Arbeit der American City Corporation ging eine Studie jener Firma parallel, welche die Hauptarbeit von Phase II geleistet hatte. Eine Koordination zwischen beiden gab es nicht. Sie umfaßte drei Stufen und mündete in einen im Juli 1975 als Veröffentlichung des Distriktsplanungsamtes vorgelegten Projektbericht, der allgemein Phase II B genannt wurde.[184] Die Finanzierung wurde von der Weltbank übernommen. Zwei Tatsachen wirkten sich negativ aus: In den Vertragsbestimmungen war die Gründung einer Entwicklungsgesellschaft während des Untersuchungszeitraumes vorgesehen, die aber nicht zustande kam; zweitens war wegen des Überganges von einem Präsidenten zum nächsten und damit auch eines Bürgermeisters zum nächsten keine Information darüber erhältlich, wieweit sich die öffentliche Hand an der Entwicklung zu beteiligen gedachte.[185] Die Hauptergebnisse und Vorschläge von Phase II B (sie wiederholen teilweise Ergebnisse von Phase II) sind die folgenden[186]:

---

[181] Columbia, Maryland; das Unternehmen ist eine Tochtergesellschaft der Rough Company.

[182] DNP/American City Corporation 1974; die Finanzierung der Studie wurde durch FONADE vorgenommen, eine dezentralisierte Einheit im Geschäftsbereich des Planungsamtes.

[183] Einige Informationen über diesen Punkt finden sich in IDU 1976: 25 f. Schon die äußere Gestalt der Studie ruft Zweifel wach: Sie umfaßt nicht mehr als 79 englische und spanische Seiten, d.h. nicht einmal 40 Seiten für den Text in einer Sprache! Dies ist sicherlich eine sehr schwache pre-feasibility-Grundlage für ein Bauvorhaben, das 250.000 bis 300.000 Menschen beherbergen soll; dies war die Grundannahme für die Untersuchung. Nach Aussagen der Fachleute des Instituto de Desarrollo Urbano waren die wichtigsten fachlichen Mängel: keine wirkliche Untersuchung des vorgeschlagenen Grundstücks und seiner Beziehungen zu den anderen Stadtvierteln; folglich ein mechanistischer Ansatz bezüglich Dichteziffern, unbebauten Flächen, Zahl der Wohnungen usw.; daraus folgt, daß die Finanzanalyse, welche die wirtschaftliche Realisierbarkeit des Projektes „nachwies", auf eine Reihe von willkürlichen Annahmen gegründet ist. Sie kann daher nicht als Grundlage für eine ernsthafte Diskussion des Projektes verwendet werden.

[184] Die Gesamtstudie umfaßt in einem Band die Hauptergebnisse sowie Spezialuntersuchungen zu physischer Planung, Transport, Finanzen, Wirtschaft und Durchführungsmethoden. Zitiert wird Bd. I.

[185] Phase II B: 11.

[186] Die Beschreibung folgt Phase II B: 1-31 und IDU 1976: 25.

Das untersuchte Gebiet stellt in der Tat einen der Hauptanziehungspole für neue Industrie- und Handelsunternehmen in Bogotá dar. Zwischen 1965 und 1970 wurde mehr als die Hälfte neuer Arbeitsplätze neugegründeter Firmen in der Stadt hier geschaffen. Ein Anhalten dieser Entwicklung in der Zukunft ist zu erwarten. Damit bedeutete die Einrichtung eines Multizentrums nicht die künstliche Neuschaffung eines Anziehungspunktes, sondern lediglich die Kanalisation bestehender Tendenzen. Von der gesamten Fläche sind bereits 4000 ha mit Industriebetrieben, Handelsunternehmen und Wohnungen bebaut, aber etwa 3500 ha zusammenhängenden Landes noch von wichtigen Gebäuden frei. Diese können als Potential für künftige systematische Entwicklung angesehen werden.

Nach ausführlichen physischen, technischen, wirtschaftlichen und finanziellen Untersuchungen empfahl die Studie die Entwicklung von *drei Multizentren*, also Verbindungen von Wohnung und Beschäftigung in den Flächen neben CAN; südlich von Modelia; und westlich von Corabastos in Techo (also südlich von Fontibón) unter besonderer Betonung des Hausbaues in CAN, von Arbeitsplätzen in Modelia und unter ausschließlichem Bau von Arbeitsstätten in Techo. Aus diesem Grunde wurde eine parallele Entwicklung aller drei Gebiete empfohlen. Da jedoch (irrtümlich) von der unmittelbaren Verfügbarkeit des Landes der Beneficencia ausgegangen wurde und längere Verhandlungen für den Rest des Gebietes angenommen wurden, sollte mit der Bebauung im Bereich CAN begonnen werden. Jedoch, ,,should Government decide to concentrate their (sic) efforts in any one location or type of development, such decisions should be carefully considered in relation to the development potential of the area as a whole. This is recommended because if partial development according to the goals of this Study were carried out and the rest of the Study Area were allowed to follow present trends, the potential of the whole Area and the future development of Bogotá could be prejudiced".[187] – Zum zweiten sollte die Regierung ihre Mittel einsetzen, um die Zunahme von Arbeitsplätzen im Zentrum von Bogotá zu kontrollieren, um damit Anreize für eine Dezentralisierung zu schaffen. Drittens wurde ein massives Engagement der Regierung an dem geplanten Projekt angesichts seiner Größe als Grundvoraussetzung für einen Erfolg angesehen. Hierzu wäre die Gründung einer mächtigen Entwicklungsgesellschaft ein Hauptinstrument gewesen. – (Es wird darzulegen sein, daß bis heute nicht eine dieser Bedingungen gegeben ist.) – Der verbleibende Teil der Studie ist detaillierten technischen (städtebaulichen, finanziellen) Überlegungen und Plänen gewidmet. Dabei werden bereits Flächengrößen der zu errichtenden Bauten vorgeschlagen, was prompt zur Kritik solcher Ideen durch Architekten führte, die voraufgehende architektonische und technische Studien vermißten.[188]

---

[187] Phase II B: 17 f.
[188] IDU 1976: 25.

E. Ein Beispiel: Das Projekt El Salitre 119

Gleichzeitig mit dieser Studie und derjenigen der American City Corporation wurde ein Jurist, Carlos Holguin Holguin, durch das Nationale Planungsamt mit der Untersuchung der Möglichkeiten der Gründung einer „indirekten" dezentralisierten Einheit beauftragt.[189]

1975 wurde der *Entwicklungsplan* „um die Lücke zu schließen" (para cerrar la brecha) des Präsidenten López veröffentlicht. Hinsichtlich der städtebaulichen Politik sind die Aussagen nicht allzu deutlich: Auf der einen Seite wird das Konzept der „Stadt innerhalb der Stadt" bestätigt[190], auf der anderen Seite soll das Wachstum der großen Städte reduziert werden[191], ein Wachstum, das das Konzept der „ciudad dentro de la ciudad" als unvermeidlich ansah. Ein Werkzeug zur Beschneidung des Zuwachses sollte das Verbot für ausländische Unternehmen sein, sich in Bogotá, Medellín und Cali niederzulassen.

Die *letzte* in unserem Zusammenhang zu erwähnende *Studie* ist der „Plan de Integración Urbana El Salitre", der vom Instituto de Desarrollo Urbano des Sonderdistriktes Bogotá erarbeitet wurde.[192] In seinen Empfehlungen beschränkte er sich auf den engen Raum El Salitre. Er ging auf einen Vorschlag des Chefs des Nationalen Planungsamtes Ende 1974 zurück. Im Januar 1975 trafen sich dieser Beamte, der Gouverneur von Cundinamarca, der Bürgermeister der Stadt und der Direktor des IDU[193] im Büro des Ministers für wirtschaftliche Entwicklung, der selbst offensichtlich nicht an dem Gespräch teilnahm. Die Runde kam zu dem Schluß, daß die weiteren technischen Studien für das Projekt El Salitre der Distriktsverwaltung anzuvertrauen seien, was einige Wochen später vom Minister für wirtschaftliche Entwicklung bestätigt wurde.[194] IDU gründete dann die Unterdirektion für Planung und die Abteilung (división) für Gesamtprogramme, welche die Studie erarbeiteten.

---

[189] Eine indirekte dezentralisierte Einheit ist eine dezentralisierte Einheit, welche nicht von einer „zentralen" Behörde abhängt, sei es von einer solchen auf der Ebene der Nation, des Departamento oder einer Gemeinde. Sie unterliegt also der Überwachung einer oder mehrerer dezentralisierter Einrichtungen, ist also, wenn man so will, eine Art Tochtergesellschaft. Information über Holguin findet sich in IDU 1976: 25.

[190] Para cerrar 1975: 97. Über Wohnungsbau und Stadtentwicklung in diesem Plan vgl. Losada Lora 1976 b und DNP 1975 a.

[191] ibidem: 93; Linn 1978: 59.

[192] IDU 1976. – Es wurde behauptet, diesem Plan fehlten die typischen Merkmale eines Multizentrums, wie sie in den voraufgehenden Studien enthalten waren (Interviewmaterial). – Der damalige Direktor der Empresa El Salitre, Caballero, lehnte die Studie des IDU ab – eine Haltung, welche die Angelegenheit nicht vereinfachte.

[193] Auffallend ist das Fehlen eines Vertreters des städtischen Planungsamtes, wahrscheinlich bereits ein Ergebnis der institutionellen Reibereien zwischen dieser Behörde und dem IDU. – Ramírez Ocampo, der Minister für wirtschaftliche Entwicklung, war ein heimlicher Gegner des Projektes.

[194] Es sei daran erinnert, daß er für Wohnungsbau und städtebauliche Fragen zuständig ist.

## 3. Kap.: Regional- und Stadtplanung: Der Fall Bogotá

Diese Entwicklung implizierte zwei wichtige Tatsachen: Einerseits bedeutete die weitere Einschränkung des zu untersuchenden Gebietes praktisch eine Entscheidung, die vorgeschlagene Entwicklung des riesigen Gebietes CAN-Modelia-Fontibón auf dem Grundstück der Benificencia de Cundinamarca zu beginnen.[195] Zum anderen bedeutete die Beauftragung von IDU mit detaillierten technischen Studien praktisch bereits eine Entscheidung gegen eine unabhängige mächtige Entwicklungsgesellschaft wie sie von Phase II und Phase II B ins Auge gefaßt worden war. (Es sei daran erinnert, daß die Gründung einer derartigen Gesellschaft als Vorbedingung für einen Erfolg des Programms bezeichnet worden war!) Drittens wurde der Rest des Gesamtgebietes vernachlässigt und lediglich mit einem Veränderungsverbot belegt, was aber aus politischen Gründen nur für wenige Jahre möglich ist.[196] Folgt man den Ausführungen von Phase II B, hätte selbst ein Erfolg des Unterprogrammes El Salitre nicht die höchstmöglichen Vorteile des Gesamtprojektes bedeutet.

Die Studie des IDU erklärt zunächst die Grundlinien der vorgesehenen Stadtentwicklung und liefert dann eine genaue Beschreibung des untersuchten Gebietes hinsichtlich Beschäftigung, Wohnungsbau, Bevölkerung, sozialen Diensten, physischer Infrastruktur, Topographie, Eigentumsverhältnissen, räumlicher Verteilung und juristischen Aspekten. Sie geht dann[197] zu einem Vorschlag der räumlichen Verteilung, also den Grundlinien der städtebaulichen Entwicklung im Sinne einer allgemeinen Planung über: Das zu entwickelnde Land wird festgelegt, die Verteilung von Funktionen auf die verschiedenen Flächen wird ebenso bestimmt wie grundlegende architektonische Leitlinien. Schließlich geht die Studie auf wirtschaftliche und finanzielle Aspekte ein; hierbei handelt es sich um den meist kritisierten Punkt.[198]

---

[195] Die Studie ging jedoch auch auf den „Einflußbereich" des Grundstücks ein.

[196] Die Erfahrungen mit diesem Ansatz waren in Bogotá gewöhnlich negativ, da ein Veränderungsverbot („congelación") die Behörden vom Entscheidungsdruck befreite und damit oft dazu führte, daß überhaupt keine Aktivität entfaltet wurde. Ein klassisches Beispiel ist das Stadtviertel „Sans Façon", ein Gebiet im Zentrum, das von Grund auf renoviert werden sollte. Ein Veränderungsverbot wurde 1967 mit der Absicht der Gründung einer eigenen Renovierungsgesellschaft erlassen, aber nichts geschah – und der alte Rechtszustand mußte zehn Jahre später wiederhergestellt werden.

[197] Nur für das der Beneficencia gehörende Land.

[198] Die verschiedenen Entwicklungsschritte und die einzelnen Unter-Projekte zeigten jeweils einen finanziellen Überschuß (IDU 1976: 227 und 233) von 3,3 – 12,2 %, vernachlässigten dabei aber die Finanzierungskosten, d.h. die für Kredite zu zahlenden Zinsen. Das stellt in einem Land, welches im Augenblick der Erstellung der Studie einen Zinssatz von 20 – 30 % kannte, sicherlich mehr als ein kleines Versehen dar! Solch eine heroische Annahme wurde zweifellos deshalb gemacht, um die wirtschaftliche Rentabilität des Riesen-Projektes nachzuweisen. Das Resultat war jedoch genau umgekehrt: Die Skepsis bei den Fachleuten stieg erheblich an.

E. Ein Beispiel: Das Projekt El Salitre 121

Genug der verschiedenen Pläne! Im folgenden sei auf die politisch-administrative Entwicklung des Projektes bis Ende 1977 eingegangen.

*b) Politische und administrative Geschichte des Projektes*

Als eine von mehreren Stadtentwicklungsgesellschaften in verschiedenen kolumbianischen Städten wurde *die Empresa de Desarrollo Urbano El Salitre* erst im Frühjahr 1976 gegründet; der erste Direktor, René Caballero Madrid[199], wurde im Februar dieses Jahres ernannt. Wie in der Holguin-Studie vorgeschlagen worden war, wurde die Empresa als indirekte dezentralisierte Einheit gegründet und der Gruppe der öffentlichen Wirtschaftsunternehmen zugerechnet. Anteilseigner waren auf der nationalen Ebene das Instituto de Crédito Territorial, ICT; auf der regionalen die Corporación Autónoma de la Sabana de Bogotá, CAR, und auf der Ebene des Distriktes das Instituto de Desarrollo Urbano, IDU, und die Caja de Vivienda Popular, CVP. Damit waren praktisch folgende Entscheidungen gefallen:

Die Zuordnung des Unternehmens zu der Gruppe der „Industrie- und Handelsunternehmen" bedeutete, daß es *ausschließlich auf der Basis des Privatrechtes* zu arbeiten hatte.[200] Es stellte also nicht jene mächtige Behörde dar, welche Phase II und Phase II B als Voraussetzung für die Verwirklichung des El Salitre-Projektes bezeichnet hatten. Die Empresa hatte nicht die Möglichkeit, etwa Zwang gegen private Landbesitzer anzuwenden, die ihr Eigentum nicht verkaufen wollten oder die gar mit dem Land spekulierten; auch die Flächennutzung nach öffentlichem oder privatem Gebrauch, nach Industrie- und Erholungszonen usw. konnte sie nicht festlegen. Die Vorrechte des Stadtrates von Bogotá und der anderen erwähnten Behörden und Einrichtungen in diesem Bereich wurden nicht angetastet. Der *Präsident* hatte sein Prestige im Sinne der Steuerreform des Jahres 1974 eingesetzt und geriet deswegen unter Druck[201] und allmählich insgesamt in die *politische Defensive*. Verständlicherweise wünschte er nicht, seine wankende Autorität für eine Angelegenheit aufs Spiel zu setzen, die er als zweitrangig ansah (erinnert sei an das vorsichtige Taktieren seines Ministers für wirtschaftliche Entwicklung). Er wäre wohl auch kaum dazu imstande gewesen. Hinzugefügt werden muß, daß die nationale Koalition der „Lópistas" und „Turbayistas" der Mehrheit der „Lleristas" im Stadtrat von Bogotá gegen-

---

[199] Caballero ist Architekt, politisch ein führender „Turbayist" – eine nicht unwichtige Tatsache, wie deutlich werden wird.
[200] Mit einigen kleineren Ausnahmen: Die Gesellschaft ist der Rechnungskontrolle des staatlichen Rechnungshofes (Contraloría General de la República) unterworfen; dieser beschränkt sich auf die nachherige Kontrolle (control posterior; s. Teil V C 5).
[201] S. Kapitel IV.

überstand.[202] — Die Haltung des Präsidenten lief praktisch darauf hinaus, daß die privatrechtlich organisierte Empresa wie jedes Privatunternehmen den Planungsbehörden gegenüberstand; die Tatsache, daß sie sich in öffentlichem Eigentum befand, änderte nichts daran. Diese Konstellation ist insbesondere für das Verhältnis zum *Stadtrat* wichtig: Der übliche Gegensatz dieser Körperschaft zu „der Verwaltung" betraf auch die Entwicklung von El Salitre, die schließlich eine Initiative „der Verwaltung" darstellte.[203] Ein gleiches gilt für die Beziehungen zur Beneficencia de Cundinamarca.

Weiter wurde statt einer entschiedenen und klaren politischen Entscheidung eine Art von *compositio amicabilis* versucht: Man bringe alle für Regionalplanung wichtigen öffentlichen Stellen zusammen und die verschiedenen und teilweise gegensätzlichen Interessen[204] werden sich zum Besten des Projektes verbünden. Hierbei handelte es sich um eine klare Fehlkalkulation. Keiner der Partner der Gesellschaft war willens, sich vorrangig für das Projekt zu engagieren. ICT, eine riesige Organisation, begann gerade den Bau des großen Stadtviertels Ciudad Bachué. Es bezeichnete dieses als die erste „Stadt innerhalb der Stadt", wenn auch grundlos, und es war daher an einer direkten Konkurrenz nicht interessiert. CAR und CVP waren politisch wie wirtschaftlich zu schwach, um genügend Druck zur Verwirklichung des Projektes ausüben zu können.[205] Das IDU schließlich war zwar in der Planungsphase an dem Vorhaben beteiligt, aber noch mit dem Abschluß der Projekte des PIDUZOB beschäftigt.

Drittens bedeutete die Konzentration der Bemühungen auf El Salitre nicht nur die *Vernachlässigung der anderen beschriebenen Flächen* in diesem zentralen Raum, sondern auch der anderen beiden Zonen für eine gleichartige Ent-

---

[202] Alle drei waren Fraktionen der Liberalen. Zu den Richtungen der Parteien s. Kapitel II C. – Die liberale Mehrheit entspricht dem traditionellen Wählerverhalten: Je größer eine Stadt ist, umso ausgeprägter ist die Mehrheit der Liberalen gegenüber den Konservativen. Obendrein stellte Bogotá eine Llerista-Bastion dar, wie es erneut durch die Kongreßwahlen im Februar 1978 bestätigt wurde. Die Lópistas stellten eine ziemlich lose Vereinigung dar, die nicht scharf von der Gruppe um den Politiker Turbay abzugrenzen war: Ein Parteiführer darf laut Verfassung als Präsident nicht mehr parteipolitisch aktiv sein; in dieser Hinsicht unterliegt er der Kontrolle durch den Procurador General.

[203] Vgl. die Eröffnungsrede des Präsidenten des Stadtrates zu Beginn der Sitzungsperiode im August 1977 (Lucena 1977 a), in der trotz positiver Gesamtbilanz Aspekte des Vorhabens kritisiert werden.

[204] S. Teil F dieses Kapitels.

[205] Während der Interviews zeigte sich bei hohen Beamten der CVP eine ausgeprägte Skepsis über die Realisierungsmöglichkeit des Projektes. Hierbei handelt es sich jedoch um Projekte des Jahres 1977, folglich zu einem Zeitpunkt, zu dem ein Mißerfolg des Vorhabens wahrscheinlich geworden war.

E. Ein Beispiel: Das Projekt El Salitre 123

wicklung im Norden und Süden von Bogotá.[206] Auch wenn es richtig sein mag, daß eine parallele Entwicklung aus ökonomischen Gründen für ein armes Land nicht möglich war, wären dennoch Maßnahmen zur Sicherung der Möglichkeit einer späteren Entwicklung von erstrangiger Bedeutung gewesen.

Viertens ergab sich das *mäßige Interesse der Anteilseigner* der Gesellschaft und der hohen Politiker eindeutig aus dem geringen Grundkapital von nur 9 Mio. Pesos, etwa 250.000 US-$.[207] Obwohl niemals in verbindlicher Weise ein Wert festgesetzt wurde, wäre der Ankaufspreis für das Land der Beneficencia mindestens 700 Mio. Pesos wert gewesen, also etwa 80-mal soviel wie das Grundkapital. Es versteht sich, daß ein solches Verhältnis – selbst wenn das Problem mit Hilfe finanzieller Tricks überwunden werden kann – keine solide Basis für ein ernsthaftes Projekt darstellt. Die Verschuldungsgrenze eines Unternehmens hängt eng mit seinem Grundkapital zusammen; dies ist auch dann der Fall, wenn seine Eigentümer wirtschaftlich solvent sein sollten.

Im folgenden wenden wir uns dem *Verhalten und den Einstellungen des Stadtrats* zu:

Zuerst ist die nicht allzu wichtige Tatsache des Bestehens einer grundsätzlichen, von einer linken Ideologie getragenen Opposition gegen jede Aktivität „des Systems" zu erwähnen. Eine ging von Carlos Bula, einem Kommunisten Pekinger Orientierung (MOIR), aus, der sich auf Propaganda gegen El Salitre konzentrierte und das Projekt als ein Mittel zur Bereicherung der ohnehin schon Reichen bezeichnete. – Wichtiger war die Reaktion von Joaquín Mejía Figueredo, Mitglied der an Einfluß verlierenden ANAPO. Ende 1976 brachte er den Entwurf eines acuerdo im Stadtrat ein, welcher die gesamte zu entwickelnde Zone für einen öffentlichen Park vorsah und die notwendigen Arbeiten anordnete.[208] Auf Vorschlag („ponencia") Ernesto Lucenas wies der Stadtrat diesen Gedanken 1977 ab.[209]

---

[206] Eine private Bauunternehmung, Luis Carlos Sarmiento A., errichtet gegenwärtig ein „südliches Multizentrum". Wohn- und Arbeitsstätten sollen verbunden werden. Die Entwicklung des Vorhabens hat jedoch die Schwierigkeit einer Verbindung dieser beiden Elemente deutlich werden lassen: Wie können private Investitionen in ein bestimmtes Gebiet gebracht werden, wenn es auf der anderen Seite erhebliche negative Anreize dafür gibt?

[207] ICT und CAR bezahlten jeweils 3 Millionen Pesos, die anderen beiden Partner den Rest.

[208] Nach dem mindestens vorläufigen Scheitern des Projektes El Salitre wurde diese Idee erneut vorgebracht: Ein Entwurf zu einer Flächennutzung, der Ende 1978 vorgelegt wurde, enthielt einen gleichartigen Vorschlag (El Tiempo, 23. November 1978). – Ein Park dieser Ausdehnung wäre jedoch für kolumbianische Verhältnisse äußerst teuer.

[209] Lucena nutzte die Gelegenheit zur Beschreibung und Diskussion des Projektes El Salitre; er vernachlässigte die Idee eines öffentlichen Parks als einer ernsthaften Dis-

Was die übrigen Stadträte anging, so kann ihre Stellung als *unklar und wechselnd* bezeichnet werden. Es sei daran erinnert, daß die Entscheidung über El Salitre mit derjenigen über eine Flächennutzung des gesamten Stadtgebietes verbunden wurde. Dies war mindestens unnötig, da der Stadtrat nicht berechtigt war, seine Zustimmung zu einem einzelnen, wenn auch sehr großen, Projekt zu geben oder zu verweigern; seine Kompetenz erstreckte sich nur auf allgemeine Richtlinien der städtischen Entwicklung. Der Erfolg des Projektes hing daher vom Ergebnis der Beratungen über den Flächennutzungsplan ab, welche, wie beschrieben, nicht zu einem positiven Ende kamen. Es sei nochmals daran erinnert, daß die Bürgermeister (weder Prieto Ocampo noch Gaitán Mahecha) die neue Flächennutzung nicht als Dekret verabschieden wollten, wozu sie juristisch, wenn auch nicht unbedingt politisch, in der Lage gewesen wären, da der Stadtrat die von ihnen vorgelegten Entwürfe nicht verabschiedete.

Das Jahr 1976 war im Stadtrat vom *Konflikt der Lleristas und der Turbayistas* gekennzeichnet. Carlos Lleras Restrepo und Julio César Turbay Ayala bemühten sich um eine Nominierung als Kandidaten der Liberalen Partei für die Präsidentschaft. René Caballero Madrid, der erste Direktor der Gesellschaft El Salitre, war ein prominenter Turbayist; er leitete später sogar eine Wählerinitiative. Es ist daher nicht verwunderlich, daß seine ausgeprägten Initiativen und insbesondere seine umfangreiche Öffentlichkeitsarbeit nahezu automatisch Mißtrauen und sogar Widerstand der Lleristas weckte: Ein Erfolg des Projektes El Salitre hätte den Turbayistas viel Prestige eingetragen. Diese ihrerseits unterstützten das Vorhaben nicht nur aus diesem Grunde, sondern weil es letztlich ein Plan war, der der Verwaltung des Präsidenten López zugeordnet werden konnte.[210] Die Turbayistas unterstützten, woran erinnert sei, durchwegs den Präsidenten López und bereiteten damit taktisch die nächsten Präsidentschaftswahlen vor. — Die Zurückhaltung der Lleristas beruhte noch auf einem anderen Grund: Sie traten für zusätzliche massive Aktivitäten im Baubereich ein, und eines der Argumente, welche die Möglichkeit des Riesenprojektes beweisen sollten, war der Hinweis, daß es *keine* zusätzliche Belastung für die Bauindustrie mit den daraus folgenden höheren Preisen bedeutet hätte. — Politische Opposition gegen eine von Präsident López unterstützte Initiative stammte auch aus der Überzeugung des linken Flügels der Liberalen, bei der Regierungsumbildung im November und Dezember 1976 nicht genügend berücksichtigt worden zu sein: Ihrer Meinung nach war die berühmte „milimetría" verletzt worden. Einer der Hauptopponenten war der lleristische Stadtrat Ernesto Rojas

---

kussion nicht wert. Darüber hinaus sei sie insofern illegal, als der Vorschlag nicht von der Verwaltung, sondern aus der Mitte des Stadtrats gekommen sei. Die Ponencia ist Lucena Quevedo 1977 b.

[210] Wichtige Erfolge der Exekutive werden als solche des Präsidenten angesehen.

## E. Ein Beispiel: Das Projekt El Salitre 125

Morales. — Die Meinungen bei den Konservativen waren geteilt, folgten aber nicht der üblichen Scheidung zwischen den Alvaristas und den Pastranistas.

Das Zögern des Stadtrates im Jahre 1976 hing auch mit der *technischen Ausgestaltung des Projektes* zusammen. Der Direktor der El Salitre-Gesellschaft (Caballero) und der Leiter des Nationalen Planungsamtes Miguel Urrutia Montoya[211] wurden vorgeladen, um das Projekt zu erklären und zu rechtfertigen. Ihre Darlegungen hatten jedoch den gegenteiligen Effekt. Dies hing genau mit jenen Punkten zusammen, welche das Vorhaben für die Fachleute anziehend machten: Einerseits sollte, soweit als möglich, die Verwendung privater Kraftwagen vermieden werden, sicherlich in einer Gesellschaft, in der das Auto vor der Haustür äußeres Zeichen beruflichen Erfolges darstellt, keine sonderlich brillante Idee. Zum andern war ein Nebeneinander von Wohnungen für verschiedene Einkommensklassen vorgesehen. Dieser Gedanke muß in einem Land, wo das Wohnviertel das erste und auffallendste Anzeichen der sozialen Schicht darstellt, enorme Widersprüche wecken. Die Opponenten übertrieben ihn bis zur Karikatur: Reich und Arm in einem Haus, die ersten im Penthouse, die anderen in den unteren Stockwerken! Solche Ideen haben bei der gegenwärtigen Sozialstruktur Kolumbiens praktisch keine Chancen der Verwirklichung! Ähnliche Skepsis rief der Plan hervor, das neue Stadtviertel hinsichtlich der Arbeitsplätze selbstgenügsam zu machen[212]; auch die Größe des Projektes (ursprünglich 12—14 Mrd. Pesos, mehr oder weniger 400 Mio. US-$) rief Mißtrauen hervor: Ein derartiges Vorhaben war noch niemals in Kolumbien verwirklicht worden, und die Stadträte zweifelten an der Existenz der notwendigen Organisationskraft, Finanzmittel und Baukapazität.

Schließlich sei noch angeführt, daß Prieto Ocampo, der Bürgermeister des Jahres 1976, sich als prominenter Llerista für ein Projekt nicht sonderlich einsetzte, das zu Recht oder Unrecht als den politischen Interessen der Turbayistas förderlich angesehen wurde.

1977 ging die Opposition des Stadtrates, der durch rasch wechselnde politische Konstellationen bedingt war, zurück. Dennoch wurde der Flächennutzungsplan nicht verabschiedet. Im November 1976 war Caballero mit seinen engsten Mitarbeitern[213] zurückgetreten; der stärker fachlich bestimmten Ein-

---

[211] Ein in Amerika ausgebildeter Wirtschaftler mit einem Ph. D. von Berkeley, Spezialist für kolumbianische Gewerkschaften und Einkommensverteilung, eines der Mitglieder der Gruppe von Fachleuten, welche die Steuerreform 1974 vorbereitet haben; 1977 Minister für Bergbau und Energie; Mitglied von Fedesarrollo ab Oktober 1977 und Verwaltungsdirektor dieses Instituts 1978 (er war vor Jahren einer der Gründer gewesen).

[212] Wie kurz diskutiert, scheint dieser Vorwurf berechtigt zu sein.

[213] Dem stellvertretenden Direktor sowie den Leitern der Abteilungen für Programmierung und physische Planung.

stellung seiner Nachfolger (zeitweilig Machado, dann Parra) gelang es, das Projekt aus dem täglichen politischen Kampf herauszuführen und für die Lleristas akzeptabel zu machen. Eine ernsthafte Debatte der Vorzüge und Nachteile des Vorschlages hätte beginnen können. Stattdessen kam es zu einer langatmigen Diskussion technischer Details (von denen einige beschrieben wurden).[214] Ganz neue Ideen wurden ventiliert, z.B. die Organisation des Gesamtprojektes als Genossenschaft oder die Schaffung eines völlig neuen Sparsystems zu seiner Verwirklichung. Das Ergebnis war jedenfalls, daß es bis zu den Präsidentschaftswahlen des Jahres 1978 nicht zu einer Verabschiedung des Flächennutzungsplanes kam und daß damit eine der ersten Voraussetzungen für einen Beginn des Projektes bis zum Ende der Präsidentschaft von López nicht gegeben war.[215]

Im folgenden sei die *Haltung des Departamento Cundinamarca*, insbesondere seiner Wohlfahrtseinrichtung Beneficencia de Cundinamarca, beschrieben.

Das Grundproblem kann in wenigen Worten skizziert werden: Wie erinnerlich, ging man allgemein von der Auffassung aus, daß ein großes Wohnbauvorhaben am leichtesten auf einem zusammenhängenden, in öffentlichem Besitz befindlichen Grundstück verwirklicht werden konnte. Aus diesem Grunde war ja El Salitre ausgewählt worden. Diese Voraussetzung erwies sich jedoch als völlig falsch. Die Beneficencia war zwar zum Verkauf entschlossen, konnte sich aber mit dem potentiellen Käufer nicht über den *Preis* einigen. Der Widerstand der Beneficencia wurde dabei im Laufe der Verhandlungen immer härter.

Die Diskussionen kreisten zunächst um die Frage, wer die den Verhandlungen zugrundezulegende Wertschätzung des Grundstücks vornehmen sollte. Im Oktober 1975 hatte die Beneficencia selbst den Wert von 393 (von 407) ha auf 1,24 Mrd. Pesos geschätzt. Dies stellte offensichtlich das Interesse des Verkäufers dar; daher mußte eine andere öffentliche Stelle, das Nationale Geographische Institut „Agustín Codazzi", eingeschaltet werden. Es ist unter anderem für die Schätzung des Wertes von Grundstücken zuständig, welche eine staatliche Behörde ankaufen möchte.[216] Indessen ist es für die systematische Unterbewertung von Grundstücken bekannt.[217] Es kam demzufolge zu einem Preis von

---

[214] Ein Ausfluß dieser Diskussion ist Lucena 1977 b.

[215] Turbay nahm die Projektidee nicht wieder auf.

[216] Artikel 120 Dekret 150/1976. Diese Verordnung bestimmt die allgemeinen Rechtsvorschriften für Verträge mit öffentlichen Körperschaften der Zentralverwaltung. Als die Diskussionen um den zu zahlenden Preis in ein akutes Stadium traten, gab die Asamblea von Cundinamarca ein juristisches Gutachten in Auftrag, das zu dem Schluß kam, daß Dekret 150/1976 für Verträge des Departamento nicht gültig sei. Folgt man Artikel 1, dann ist diese Interpretation zutreffend.

[217] Zweifellos einer der Gründe für die Bestimmung, daß die Nation nicht mehr als den vom Geographischen Institut festgelegten Schätzwert bezahlen darf. – Eine „systematische" Niedrigschätzung ergibt sich dann, wenn bestimmte Schätzprinzipien

686 Mio. Pesos. Nach einigen Verhandlungen und einigem Zögern unterschrieben das Departamento Cundinamarca und die Gesellschaft El Salitre eine Absichtserklärung, das Land für 793 Mio. Pesos zu verkaufen bzw. zu kaufen.

Dies rief sofort lebhafte Opposition hervor. Einmal wechselte der Gouverneur, und sein Nachfolger, Gabriel Melo Guevara, weigerte sich, die Absichtserklärung zu bestätigen. Zweitens widersetzte sich die Asamblea des Departamento einem Verkauf zu einem weit unter dem Marktwert liegenden Preis. Das gleiche traf auf den Rechnungshof des Departamento zu[218]; er veranschlagte den Wert auf 1,39 Mrd. Pesos, also sogar mehr, als die frühere Schätzung der Beneficencia selbst erbracht hatte.[219] Ein derartiger Preis konnte von der El Salitre-Gesellschaft und ihren Teilhabern nicht akzeptiert werden. Die Vorstellungen des Departamento von einem angemessenen Preis stiegen übrigens dauernd an: Die Beneficencia schätzte den Wert im September 1977 auf 1,78 Mrd. Pesos, und der Gouverneur sprach öffentlich von 1,5 Milliarden. Die Stellung des Departamento und der Beneficencia war einfach: Da der Landwert dauernd stieg, konnten sie in Ruhe auf ernst gemeinte Angebote warten. Da das Land auf der anderen Seite als „Reserve für die Stadtentwicklung" mit einem Veränderungsverbot belegt war, konnte das Departamento es — etwa durch Verkauf an private Firmen — nicht wirtschaftlich nutzen.

Der letzte Versuch einer Einigung bestand darin, daß man im Jahre 1977 übereinkam, den kolumbianischen Verband der Immobilienmakler (Lonja de Propiedad Raiz) mit einer für beide Teile verbindlichen Schätzung zu beauftragen. Soweit ermittelt werden konnte, kam es jedoch nicht dazu.

Ende 1977 war also die Lage noch unklarer als zwei Jahre zuvor: Eine Einigung über den Kaufpreis des Grundstückes war nicht erzielt worden; stattdessen gab es Unterschiede zwischen den Preisvorstellungen von Käufer und Verkäufer wie 1:2 oder mehr. Zusätzlich waren auf der Verkäuferseite die verschiedenen Körperschaften, Amtsträger und Politiker auf die Gefahr eines Verkaufes unter Marktwert aufmerksam geworden.

Wenden wir unsere Aufmerksamkeit der *Stellung der privaten Bauindustrie* zu!

Sie kann als uneinheitlich beschrieben werden; eine gewisse, wenn auch nicht allzu starke Opposition, herrschte allerdings vor. Sie stammte aus verschiedenen Quellen.

---

zugrunde gelegt werden. Für El Salitre wäre es z.B. möglich, das Land als landwirtschaftlichen Betrieb geringer Rentabilität statt als Bauerwartungsland nahe dem Zentrum einer Fünfmillionenstadt anzusehen.

[218] Diese Behörde hat laut Gesetz die wirtschaftlichen Interessen des Departamento zu wahren.

[219] Dies erklärt sich teilweise durch die Zunahme der Grundstückspreise durch das schnelle Wachstum von Bogotá.

Zum einen wurde befürchtet, daß ein erheblicher Teil der Ersparnisbildung des UPAC-Systems für El Salitre verbraucht werden würde, für ein Projekt also, das von der Bauindustrie als wenig lukrativ angesehen wurde. Die *private* Bautätigkeit wäre also erheblich zurückgegangen und hätte damit die Gewinne der Bauwirtschaft geschmälert.[220] Weiter hätte eine Verwirklichung von El Salitre für eine Reihe von Jahren eine Konzentration der Stadtentwicklung im Westen bedeutet, folglich eine Verlangsamung der Bebauung im Norden. Eine Opposition spekulativer Landeigentümer im Norden war daher nur zu verständlich. Sie konnten stets dem einfachen Grundsatz folgen, an einer beliebigen Stelle im Norden Land aufzukaufen und es nach einigen Jahren mit einem realen Gewinn zu verkaufen. Wäre die bauliche Aktivität auf den Westen der Stadt konzentriert worden, dann wäre eine Verlangsamung des Anstiegs der Grundstückspreise im Norden die notwendige Folge gewesen.

Dennoch war die Stellung der Landeigentümer, einmal mehr, nicht einheitlich. Einige der wichtigsten Baufirmen besaßen gerade um die vorgeschlagene Fläche des Projektes herum Grundstücke.[221]

Opposition wurde drittens durch Caballeros öffentliche und private Erklärungen hervorgerufen, Finanzmakler soweit als möglich auszuschalten. In diesem Zusammenhang verwendete er den Ausdruck „Staatssozialismus" (socialismo de estado), was für die kolumbianische Privatwirtschaft naturgemäß eine Art rotes Tuch darstellt. Seine Absicht war ausdrücklich, private Gewinne soweit als möglich zu verringern oder sie mindestens zu sozialisieren. Eine Ausnahme hätte teilweise das Engagement der privaten Bauindustrie bedeutet.

Der *Privatsektor* ist im *Aufsichtsrat* (junta directiva) der El Salitre-Gesellschaft vertreten. Vier Mitglieder vertreten die Anteilseigner, vier sind Vertreter des Staatspräsidenten: 1977 handelte es sich um den stellvertretenden Minister für wirtschaftliche Entwicklung als Vorsitzenden, den Direktor einer wichtigen Handelsfirma mit Verbindungen zur Gruppe Grancolombia (eines der größ-

---

[220] In einer Hinsicht hatten die Baufirmen zweifellos Recht: Die „windfall"-Gewinne durch Zuwachs der Grundstückspreise und Knappheit an Wohnraum hätten sich dann nicht ergeben, wenn der Staat oder eine Staatsgesellschaft El Salitre gebaut hätte, auch wenn ein solches Vorhaben nur mit Beteiligung der privaten Bauindustrie möglich gewesen wäre. – Eine Kritik der Bauindustrie (Camacol) wurde am 23. Oktober 1976 in El Tiempo veröffentlicht. Diejenige der Immobilienmakler (International Federation of Real Estate Professions, Section Colombia), eng mit der Baufirma Hernando Luque Ospina verbunden, findet sich in La República vom 26. Oktober 1976.

[221] Es gibt gute Gründe, hier das Unternehmen Ospinas y Cia. des Ex-Präsidenten Mariano Ospina Perez zu nennen, dem große inzwischen bebaute Grundstücke im Norden der Stadt gehörten. Die auffallende Tatsache, daß das nahe dem Zentrum von Bogotá gelegene Land der Beneficencia bis dahin im wesentlichen von Bebauung frei geblieben war, hat offenbar mit dem Einfluß von Ospina auf den Aufsichtsrat dieser Körperschaft zu tun.

ten Finanzimperien des Landes), einen Universitätsrektor und einen der wichtigsten Bauunternehmer des Landes. Offensichtlich spiegelt die Zusammensetzung des Aufsichtsrates einmal mehr das Prinzip der amicabilis compositio wider: Die verschiedenen, teilweise sogar antagonistischen Interessen werden in einem Gremium vereinigt, um ihre Differenzen vor Projektbeginn beilegen zu können. Obwohl die Sitzungen des Aufsichtsrates als vertraulich betrachtet wurden, wurde bekannt, daß die Haltung des Bauunternehmers im großen und ganzen konstruktiv war, daß es aber zwischen René Caballero und den mit finanziellen Interessen verbundenen Mitgliedern zu offenen Konflikten kam.[222] Je mehr Zeit jedoch ohne einen ernsthaften Beginn des Projektes verfloß, um so geringer wurde die Opposition. Jedenfalls kann nicht gesagt werden, daß der Aufsichtsrat oder die in ihm vertretenen privaten Interessen das Projekt blockiert hätten.

Die unklare und schwankende Politik der El Salitre-Gesellschaft dem Privatsektor gegenüber — mindestens kann von sehr schlechten Public Relations gesprochen werden — führte auch zu dem Widerstand der kolumbianischen Bau-Kammer (Cámara Colombiana de la Construcción, Camacol) während ihrer 19. Jahresversammlung 1976 in Manizales. Der Bereich Cundinamarca des Verbandes (zu welchem die in Bogotá ansässigen Firmen gehören) legte eine Ausarbeitung über das Konzept der „Städte innerhalb der Städte" vor.[223]

Die vorgetragenen Argumente waren typisch kolumbianisch: Keine offene Kritik und insbesondere keine offenen Argumente im Sinne der Interessen der Bauindustrie, die natürlich hinter dem gesamten Papier standen. Statt dessen wurde eine große Zahl politischer, ökonomischer und administrativer Faktoren als Voraussetzung für einen Erfolg des geplanten Projektes genannt (nach der Erfahrung bis zum gegenwärtigen Zeitpunkt können diese Argumente nicht einmal als falsch bezeichnet werden!). Die Folgerung ist so offensichtlich, daß sie nicht einmal formuliert wird: Da eine derartig sorgfältige Vorbereitung des Riesenprojektes nicht stattgefunden hat, wird die Idee der „Stadt innerhalb der Stadt" erfolglos bleiben und ist daher abzulehnen.

Andere Einwendungen gegen El Salitre umfaßten das Argument des Industrieverbandes ANDI, daß eine Investition in den „barrios" einem riesigen Neubauprojekt vorzuziehen sei.[224]

---

[222] Diese aus einer erstrangigen Quelle stammende Information wird durch eine persönliche Beobachtung noch wahrscheinlicher gemacht: Insgesamt verweigerten nicht mehr als etwa zehn darum angegangene Persönlichkeiten dem Verfasser ein Interview (bei einer Gesamtzahl von etwa 200). Zwei von ihnen waren eben jene Mitglieder des Aufsichtsrates von El Salitre, die enge Beziehungen zum Finanzsektor hatten.

[223] Camacol 1976.

[224] El Tiempo, 18. Juli 1976.

Mit Ausnahme der wenigen erwähnten Fälle wurde eine aktive Politik gegen El Salitre nicht betrieben. Der Bauindustrie wurden die außerordentlichen Möglichkeiten einer Verwirklichung des Projektes langsam bewußt. (Eine gewisse Ausnahme stellen jene Firmen dar, die von der Landspekulation im Norden der Stadt profitieren.) — Dies ergibt sich auch aus der Haltung eines Mitgliedes und Mitinhabers einer der wichtigsten Bauunternehmen, der nach dem Studium im Ausland in das Nationale Planungsamt als Leiter der Einheit für Regional- und Stadtplanung eintrat. Er agierte so nachdrücklich für eine Verwirklichung von El Salitre, daß schließlich der Minister für wirtschaftliche Entwicklung (ein heimlicher Gegner des Projektes, wie nach einer Sitzung des Ministerrates durchsickerte[225]) mit ihm zusammenstieß und beim Direktor des Planungsamtes seine Ablösung erreichte!

Ein letzter Punkt sei angeführt: Im Jahre 1976 war im Ausschuß III des Repräsentantenhauses eine Diskussion über El Salitre vorgesehen. Der Direktor der Gesellschaft, Caballero, wurde vorgeladen, hatte sich aber gleichzeitig dem Stadtrat von Bogotá zu stellen. Bezeichnend die weitere Entwicklung: Die Debatte wurde verschoben und der Ausschuß trat niemals mehr zu einer Diskussion über diesen Punkt zusammen![226]

## 2. El Salitre — ein Beispiel kolumbianischer Stadtplanungsprobleme

Der letzte Teil dieses Kapitels sei einer zusammenfassenden Würdigung der Probleme gewidmet, welche zu dem mindestens vorläufigen Zusammenbruch des Projektes El Salitre führten. Es wird zu zeigen sein, daß das Vorhaben einen geradezu klassischen Fall für die Schwierigkeiten darstellt, welche Anstrengungen zu einer wirksamen Stadtplanung im politisch-administrativen System Kolumbiens zu erwarten haben. Es kann hinzugefügt werden, daß ähnliche

---

[225] Er betrachtete das gesamte Projekt als ein Angebot des Staates an die großen Städte, welche es annehmen oder ablehnen konnten. (Interviewmaterial!)

[226] Zwei weitere Informationen können nachgetragen werden: Zum einen erwartete Caballero, einer der wenigen „técnicos" des turbayistischen Flügels der Liberalen Partei, ein Comeback nach den Präsidentschaftswahlen 1978. Sein Einsatz für Turbay Ayala, wenn vielleicht auch nicht hierdurch motiviert, sollte zu einer Wiederaufnahme des Projektes mit Unterstützung des Präsidenten führen. Diese Entwicklung liegt jedoch jenseits der von diesem Buch abgedeckten Periode. Zweitens fand sich die Gesellschaft El Salitre vor der Übergabe der alten Finca ohne Tätigkeitsgebiet. Das Instituto de Crédito Territorial, einer ihrer Anteilseigner, hatte ihr darum ein Grundstück zur traditionellen Bebauung übereignet: Ein schönes Beispiel für die Schwierigkeit, einen Fehlschlag einzugestehen und eine Institution wieder aufzulösen!

Schwierigkeiten in jedem einigermaßen pluralistischen System auftreten werden.

Erste Beobachtung: *Wichtige technische und politische Ideen haben offensichtlich Konjunkturen wie die Wirtschaft.* Wenn ein Projekt wegen der Komplexität der politisch-administrativen Infrastruktur oder einfach wegen seiner Größe nicht in der Zeit des „Booms" begonnen werden kann, kann es leicht insgesamt mißlingen. Wie gezeigt wurde, waren Fragen der Stadtentwicklung, des Hausbaus und der Regionalplanung in der Zeit des Präsidenten Pastrana Borrero (1970–1974) ein wichtiger Diskussionsgegenstand. Dies hing unter anderem mit dem Einfluß eines hervorragenden Wirtschaftswissenschaftlers (Currie) zusammen. Das Interesse an diesen Fragen kann aufgezeigt werden etwa an dem Entwicklungsplan „Las cuatro estrategias"[227] und an den wichtigen Studien zur künftigen Entwicklung der Stadt Bogotá, die durch Organisationen der UN-Familie finanziert wurden und in dieser Zeit erarbeitet oder zum mindesten vereinbart worden waren. (Eine Ausnahme stellt nur die Studie zu El Salitre dar, welche vom IDU erarbeitet wurde.) Zu erwähnen ist ferner das Entwicklungsprogramm für Ost-Bogotá (PIDUZOB) und die entsprechende Verwaltungsreorganisation durch die Gründung des IDU. Der Höhepunkt der Beschäftigung mit urbanistischen Fragen war mit dem Amtsantritt von Präsident López Michelsen, Mitte 1974, überschritten: Als Führer des Movimiento Revolucionario Liberal, MRL, hatte er den Plan Cuatro Estrategias bekämpft, und von ihm große Aktivität zur Verwirklichung einer der Grundlinien dieses Planes zu erwarten, hätte einen Wunschtraum der an der Angelegenheit interessierten Fachleute bedeutet. Andererseits gab es wenigstens zwei Faktoren, die gegen eine einfache Aufgabe des Programms sprachen: Einmal war López durch Versprechungen während des Wahlkampfes darauf verpflichtet, „die Lücke zu schließen" (cerrar la brecha), also die Lücke zwischen Reich und Arm, Stadt und Land usw. Ein Wohnungsbauprogramm und Vorhaben zur Verbesserung der Versorgung in den barrios standen einem derartigen Programm mindestens nicht im Wege. Zweitens entwickelt ein mit propagandistischen Fanfaren angekündigtes Projekt, das vom vorangegangenen Präsidenten getragen wird und an dem eine Reihe von Fachleuten interessiert sind, ein gewisses Eigengewicht, das eine einfache Einstellung verbietet. Der neue Präsident übernahm folgerichtig das Programm in seinen eigenen Entwicklungsplan, wie es beschrieben wurde.

Andererseits wurde es bald deutlich, daß er nicht willens und in der Lage war, seine rasch abnehmende Autorität im Sinne des Projektes einzusetzen. Es konnte auch mit Fug bezweifelt werden, ob El Salitre tatsächlich ein Wohnviertel für untere Einkommensschichten geworden wäre. Ein Präsident, der einer Politik zugunsten der ärmeren Hälfte der Bevölkerung verpflichtet war, hätte

---

[227] S. Teil D dieses Kapitels.

möglicherweise mit diesem Projekt vor ideologischen Schwierigkeiten gestanden. In diesem Sinne ging die politische Konjunktur zurück; der Projektbeginn wäre aber gerade in diese Zeit gefallen. Dies war der Grund für den Einsatz Curries für einen schnellen und, technisch gesprochen, verfrühten Start des Vorhabens. Ein solch riesiges Unternehmen kann jedoch nicht so schnell begonnen werden wie eine kleine lokale Verbindungsstraße, und es war einfach unmöglich, ein fait accompli für den künftigen Präsidenten zu schaffen (die höchste genannte Investitionssumme belief sich auf 40 Mrd. Pesos, d.h. etwa 1,14 Mrd. US-$!). — Ein weiterer Punkt: Das kolumbianische politische System kann offensichtlich nur eine beschränkte Zahl wichtiger Themen zur gleichen Zeit behandeln. Die überwiegende Aufmerksamkeit der Entscheidungsträger wird normalerweise durch wenige, gelegentlich nur ein bedeutendes Thema in Anspruch genommen. Zweifellos stellte *das* politische Problem des Jahres 1974 die Steuerreform dar; 1977 und 1978 war von den Versuchen zur Reform der Territorialverwaltung geprägt[228], zu schweigen von den Wahlen. Die allgemeine Aufmerksamkeit hatte sich also nach der Welle von Entwicklungsplänen für Bogotá anderen Themen zugewendet, und die „politische Konjunktur" war vorübergegangen. Die Inflationsbekämpfung, um ein weiteres Gebiet zu nennen, erschien wichtiger. Mit anderen Worten: Angesichts der kolumbianischen politischen und administrativen Verhältnisse erscheint es schwierig, ein derart riesiges Vorhaben zu beginnen.[229]

Eine zweite Beobachtung: Die Geschichte des Projektes El Salitre bis Ende 1977 offenbart die weitreichende *Fragmentierung politischer Macht im Lande*. Die Zahl von politischen und Verwaltungseinheiten, die an einer derart großen Investition beteiligt sind, ist erstaunlich groß. Auf der internationalen Ebene ist die Weltbank und das United Nations Development Programm, UNDP, zu nennen; es ist daran zu erinnern, daß sie die Stadtentwicklungsstudien Phase I, II und II B finanziert haben. Präsident und Minister für wirtschaftliche Entwicklung sind verantwortlich für politische Leitlinien und für Wohnungsbau; der Finanzminister hat — eventuell indirekt — das Grundkapital der Gesellschaft bereitzustellen; das Parlament sich zu politischen und finanziellen Fragen zu äußern[230]; die Banco Central Hipotecario, BCH, ist für den Wohnungsbau für mittlere und höhere Einkommensschichten wichtig; das Instituto de Crédito Territorial ist am Bau möglichst vieler billiger Wohnungen interessiert; die CAR als Behörde im Geschäftsbereich des Nationalen Planungsamtes dient diesem dazu, auf den Fortgang solcher Projekte Einfluß zu nehmen und ist daher eben-

---

[228] S. Kapitel II B.

[229] Eine der wenigen Möglichkeiten wäre ein starkes Engagement einer internationalen Organisation. S. Teil V D 1 g.

[230] Weder der Finanzminister noch der Kongreß waren im hier vorgetragenen Fall sonderlich wichtig, da eine Verwirklichung des Projektes noch in zu weiter Ferne lag.

falls zu nennen. Auf der Ebene des Departamento Cundinamarca war in diesem besonderen Falle keine Behörde in hoheitlicher Eigenschaft tätig, da das Projekt außerhalb des Departamento auf dem Boden des Sonderdistriktes Bogotá errichtet werden sollte. Da der Beneficencia aber das Grundstück gehörte, kam der verwaltungsmäßige und politische Apparat der Region ins Spiel: Gouverneur wie Asamblea weigerten sich, das Land unter Marktwert zu verkaufen; sie gaben zunächst dem Druck nach, widerriefen aber bald die Einverständniserklärung im Vorvertrag. Der Rechnungshof des Departamento hatte dessen wirtschaftliche Interessen zu wahren. — Schließlich sind die Einrichtungen des Sonderdistriktes Bogotá zu erwähnen: Der Bürgermeister stimmte dem Projekt prinzipiell zu, hatte aber keine Budgetmittel zu seiner Verwirklichung zur Verfügung. Der Stadtrat mußte der Verwendung des Stadtviertels als „Multizentrum" zustimmen und benutzte dieses Vorrecht zu einer allgemeinen Diskussion der Vorzüge des Projektes, einer Diskussion, die in einer Körperschaft mit derart prominenten Politikern nicht ohne Beachtung politischer Kriterien möglich war. Das städtische Planungsamt war in Konkurrenz zum Instituto de Desarrollo Urbano aus dem Entscheidungsprozeß praktisch ausgeschlossen[231]; es wäre jedoch wichtig geworden, wäre das Projekt so weit vorangeschritten, daß es zur Beantragung von Baugenehmigungen gekommen wäre. Dem IDU gelang es, die letzte und ausführlichste Planungsstudie zu El Salitre zu erarbeiten. Da das Entwicklungsprogramm für Ost-Bogotá langsam seinem Ende zustrebte, erschien der Behörde eine solche neue Aktivität besonders interessant. Die Corporación de Vivienda Popular (CVP) war ihrer Aufgabenstellung wegen an der Gründung der Gesellschaft El Salitre beteiligt, wenn sie auch politisch und wirtschaftlich nicht allzu bedeutend ist.

Der entscheidende Punkt ist folgender: Keine Zentralgewalt (weder der Präsident noch der Bürgermeister der Stadt) hat genügend Macht, um ein derart großes Projekt ohne aktive Teilnahme einer nicht zu kleinen Zahl öffentlicher oder halböffentlicher Stellen zu verwirklichen. Mit anderen Worten: Mehrere Organisationen oder sogar Teile von solchen[232] haben in der Praxis die *Möglichkeit*, ein unerwünschtes Projekt *zu blockieren*. In unserer Fallstudie konnten mindestens drei solcher „*Veto-Zentren*" ausgemacht werden: Erstens der Präsident des Landes, der ein Projekt verhindern kann, wenn es nicht gerade mit größtem Einsatz von einer oder mehreren besonders mächtigen Behörden angestrebt wird[233]; zweitens das Departamento Cundinamarca, eine auf den ersten

---

[231] Selbst bei den verschiedenen von Weltbank und U.N.D.P. finanzierten Studien, in denen das Planungsamt als Verfasser oder Herausgeber genannt ist, kann von einem wesentlichen Einfluß nicht gesprochen werden.

[232] Zum Beispiel Fraktionen oder Parteiflügel in den gewählten Körperschaften.

[233] Vgl. Kapitel V E 1, wo die Untersuchung der Budgetpolitik zu einem ähnlichen Schluß führt.

Blick erstaunliche Tatsache, da der Gouverneur von einem Präsidenten abhängt, der ihn jederzeit — juristisch gesprochen — entlassen kann. Der Gouverneur jedoch findet sich in einem Netz sich wechselseitig ausschließender Verpflichtungen: Seine Loyalität zum Präsidenten kann mit seiner Verpflichtung zur Wahrung der wirtschaftlichen Interessen des departamento kollidieren; darüber hinaus hat er auf gute Beziehungen zur asamblea zu achten. — Ein drittes potentielles Zentrum der Blockade stellt natürlich die Stadt Bogotá selbst dar. In gewisser Weise wiederholt sich hier die Situation des departamento: Der Bürgermeister wird vom Präsidenten ernannt und entlassen, findet sich aber einem aus allgemeiner Wahl hervorgegangenen Stadtrat gegenüber, der das Recht der Festsetzung der Flächennutzung hat. Diese Institution besteht aus hohen Politikern, die ihre Originalität durch eigene Ideen beweisen wollten (es sei an die Vorschläge von Rojas Morales zu Finanzierung und Organisation des Projektes erinnert).

Eine Blockade des Projektes hätte besonders bei einer geplanten Finanzierung mit Hilfe größerer ausländischer Kredite vom Nationalen Planungsamt vorgenommen werden können. Es fehlt in unserer Liste, weil es in diesem besonderen Falle einer der Hauptpromotoren gewesen ist.

Unsere diesen Abschnitt einleitende Behauptung wird damit verständlich: Das Projekt El Salitre scheiterte (mindestens vorläufig) an der Fragmentierung öffentlicher Macht in Kolumbien. Die verschiedenen Behörden und öffentlichen Einrichtungen blockierten einander wechselseitig.

Diese Schlußfolgerung kann etwas verschieden ausgedrückt werden: Angesichts der Fragmentierung der Macht und von antagonistischen Interessen wäre zusätzlich zu einer politischen Grundsatzentscheidung ein aktives Engagement mindestens einer mächtigen Organisation für einen Projekterfolg notwendig gewesen. Eine solche Organisation hätte das ICT sein können. Hier stieß El Salitre aber auf die Konkurrenz von Ciudad Bachué, und ICT zog letzteres als weniger kontrovers, schneller zu verwirklichen und im Erfolgsfalle besseres Propagandainstrument ausschließlich für das Instituto vor.[234] So lag das organisatorische Interesse des ICT eindeutig bei Ciudad Bachué.

Auf das Nationale Planungsamt ist nochmals zurückzukommen: Es stellte den Hauptprotagonisten des Projektes dar, das dennoch mißlang. Daraus ist zu schließen, daß die Fähigkeit des DNP zur Verwirklichung wichtiger Vorhaben beschränkt ist; in jedem Falle ist sie wesentlich geringer als seine Möglichkeit, von anderen Institutionen vorgeschlagene Projekte zu verhindern. Das folgt notwendig aus der Tatsache, daß das Planungsamt eine Stabseinheit ist, welche keine unmittelbaren Verwaltungsaufgaben hat.[235]

---

[234] Anläßlich seines Rücktritts behauptete Caballero, Pedro Javier Soto Sierra, Direktor des ICT, und Emilio Saravia Bravo, Direktor des IDU, seien Gegner des Projektes El Salitre gewesen; El Tiempo vom 11. November 1976.

Ein letzter Punkt ist der Erwähnung wert: *Private Interessen hatten allgemein nur einen geringen Einfluß* auf die Projektentscheidungen. Dies kann jedoch nicht verallgemeinert werden: Die wechselseitige Blockade administrativer und politischer Körperschaften ließ das Projekt niemals in ein Stadium eintreten, in dem es Interessen der Privatindustrie hätte bedrohen können. Die Frage bleibt daher offen, ob private Interessen ein mit großem Einsatz von öffentlichen Stellen angestrebtes Projekt hätten blockieren können.

El Salitre stellt so nicht einfach eine Fallstudie versäumter Gelegenheiten dar — es ist ein Beispiel für Stadtplanungsprobleme in einer hochdifferenzierten Gesellschaft mit zahlreichen pluralistischen Elementen, einer Gesellschaft, die längst den einheitlichen Wertekanon des Modells der „fused" Gesellschaft eines Riggs hinter sich gelassen hat und die auch darauf verzichtet, Konformität mit staatlich verordneten Werten und Ideologien mit totalitären Mitteln zu erzwingen.

## F. Bogotá — Die Politik der Nicht-Planung

Der letzte Abschnitt dieses Kapitels sei einer zusammenfassenden Diskussion unseres Materials zur Regional- und Stadtplanung gewidmet. Die Stadt Bogotá als solche steht nicht im Vordergrund des Interesses. Sie ist vielmehr typisch für Kolumbien und darüber hinaus für nicht wenige andere Entwicklungsländer.[236]

### 1. Der Befund

Die Grundbeobachtung ist, daß eine den Namen verdienende *Stadtplanung in Bogotá nicht besteht*. Dabei bildet weder Bogotá innerhalb Kolumbiens[237] noch dieses innerhalb Lateinamerikas[238] eine Ausnahme. Ein hoher Prozentsatz der Stadt, mehr oder weniger die Hälfte, entwickelt sich spontan und ohne jede

---

[235] Einzelheiten in Kapitel V E 1.

[236] Dies ergibt zumindest eine Analyse der Literatur zur Regionalplanung in den Ländern der Dritten Welt. Vgl. Wolff 1977 a: 107–113.

[237] S. etwa zu Cali Healy 1974: 166 ff.

[238] Ternent 1976: passim; ILPES 1976; Negrón 1976.

Regelung durch Planbehörden. Der Anteil solcher Zonen wäre dann noch größer, wenn später „legalisierte" Viertel eingeschlossen würden. Zweitens, auch da, wo die Stadtentwicklung scheinbar den in „Entwicklungsplänen" vorgeschriebenen Grundlinien folgte, stellte diese „Planung" im wesentlichen eine Widerspiegelung und einfache Fortschreibung der existierenden Situation dar[239], folglich eine Beschreibung und Extrapolation der bestehenden Wirklichkeit in juristischen Begriffen.[240] Dabei stellten die sog. Pläne hauptsächlich Vorschriften über Flächennutzung und über Investitionen in das Straßennetz dar.

Die *„spontane Entwicklung"* betrifft zunächst die horizontale Ausdehnung der Stadt, etwa die Wanderung der guten Wohnviertel vom Süden nach dem Norden. Zunehmend ist auch die vertikale Ausdehnung zu nennen: Vielstöckige Wolkenkratzer werden mit und ohne Erlaubnis neben längst existierenden kleinen Wohnhäusern gebaut; eine klare Politik in dieser Hinsicht scheint nicht zu existieren. Geschäftsviertel entwickeln sich ohne jede Koordination und Kontrolle[241] — und andere für das äußere Erscheinungsbild der Stadt wichtige Einrichtungen werden ohne Berücksichtigung ästhetischer Kategorien errichtet.[242] Die öffentlichen Versorgungseinrichtungen und Dienstleistungen sind notorisch schlecht oder weitgehend inexistent, wie etwa im Jahre 1978 die von der EDIS zu gewährleistende Müllabfuhr.[243] Trotz dieser Erscheinungen werden erhebliche Finanzmittel für die öffentlichen Dienstleistungen aufgewendet und es existiert darüber hinaus eine umfangreiche private Bautätigkeit.

Den Stadtentwicklungsplänen hat es allzuoft an Vorausschau gefehlt, an einem visionären und dabei realistischen Bild dessen, was Bogotá in der ferneren Zukunft darstellen sollte, einem Bild, das notwendigerweise die gleichzeitigen Handlungen der Planungsbehörden hätte bestimmen müssen. Sicherlich haben ausländische Berater (Le Corbusier, Llewelyn Davies) von Zeit zu Zeit derartige

---

[239] Bogotá, Evaluación 1975: 10; Interviewmaterial.

[240] Dies trifft auch für Dekret 1119/1968 des Sonderdistriktes und für den entsprechenden Straßenentwicklungsplan zu (Bogotá, Evaluación 1975: 10; Interviewmaterial) Dekret 159/1974 war nur eine kleinere Ausnahme.

[241] Chapinero, eine gehobene Einkaufsgegend um Carrera 15, ist eine ungeplante Entwicklung gewesen, ein Ergebnis der im Norden gebauten Wohnviertel für hohe Einkommensschichten. Neue Industrieunternehmen in der Richtung von Madrid verletzten in extremer Weise technische Entwicklungsnormen und begegnen daher einem erbitterten Widerstand mehrerer „técnicos" in verschiedenen Behörden, die sogar ein Bündnis mit dem Ziel einer Verlagerung dieser Unternehmen in die Gegend von Soacha eingegangen sind (Interviewmaterial) — ihr Erfolg erscheint jedoch fraglich.

[242] Es sei an die riesigen „vallas" (Reklametafeln) erinnert, die oft ganze Hauswände bedecken. Unglücklicherweise stellt Bogotá in dieser Hinsicht keinen Sonderfall dar.

[243] Eine Ausnahme bildet die Telefongesellschaft, die mit schwedischem und deutschem Material ausgerüstet ist und sogar Ferngespräche einwandfrei vermittelt: Für eine Stadt der Dritten Welt ist diese Tatsache bemerkenswert!

Visionen vermittelt; sie blieben indes fast ohne Einfluß auf die wirklichen Entwicklungen. So ist Bogotá in eine Krise geraten, die bei der gegenwärtigen verwaltungsmäßigen und politischen Organisation kaum gelöst werden kann.

Um die folgende Beschreibung des angesprochenen Phänomens zu ordnen, sei zunächst die spontane „Entwicklung" der *barrios piratas* von der Entwicklung der „*modernen*" Stadt unterschieden.

Beim *ersten* Phänomen befinden wir uns bekanntlich vor einem äußerst komplizierten Geflecht von Ursachen: Das rasche Wachstum einer Stadt wie Bogotá kann nicht aufgehalten werden; selbst drakonische Maßnahmen, wie sie in Kolumbien undenkbar wären, sind in einer Reihe von Ländern mißlungen. Die Ursachen können von einer einzelnen, auch besonders großen Stadt oder selbst Nation nicht beeinflußt werden. Es kann jedoch gefragt werden, ob nicht eine gewisse Kanalisierung möglich erscheint.

Einmal mehr muß darauf verwiesen werden, daß es der Stadtverwaltung an Vorstellungsvermögen und Phantasie für neue Wege fehlte (mit einer zu beschreibenden Ausnahme). Die Verkündung und der erfolglose Versuch der Erzwingung „moderner" urbanistischer Vorschriften hatte die notwendige Folge, die Mehrheit der Siedler hinsichtlich ihrer Wohnstätten in die Illegalität zu treiben. Aber die Entwicklung der „urbanizaciones piratas", um das wichtigste Beispiel illegaler Bebauung zu nennen, ist per se nicht chaotisch, wie beschrieben wurde. Sie findet lediglich da statt, wo sie urbanistischen Maßstäben zufolge nichts zu suchen hat. Die Stadtverwaltung hat aus Trägheit und Anhänglichkeit an hohe professionelle Standards für viele Jahre die Gelegenheit versäumt[244], das zu tun, was der „heimliche Urbanisierer" tatsächlich tut: Land für eine Eigenentwicklung in Parzellen aufzuteilen und ein Minimum öffentlicher Versorgungseinrichtungen für die künftigen Bewohner bereitzustellen. Dies wäre ein notwendiges Gegenstück zum einfachen Erlaß von Entwicklungsnormen gewesen, deren Einhaltung im Falle der „heimlichen Urbanisierung" einfach nicht erzwungen werden kann. Nach unserer Auffassung wäre ein solches Vorgehen eine der wenigen Möglichkeiten zur Kanalisierung der Landflucht und des natürlichen Anwachsens der Bevölkerung der Stadt Bogotá.

Eine gewisse Einschränkung ist jedoch notwendig. Die Einführung der „normas mínimas", die beschrieben wurde, stellt einen ersten Schritt in der vorgeschlagenen Richtung dar. Eine zunehmende Verwendung dieses Konzeptes erscheint angezeigt. Eine Verwirklichung der „Kreis-Alternative", wie sie von

---

[244] Ihre Absicht wird dabei vorausgesetzt. Zur Zeit besteht ein Widerstand gegen „sites and services"-Projekte, wie sie in Chile während der Präsidentschaft von Frei häufig waren. In offiziellen Kreisen werden endlose Folgekosten befürchtet. Darüber hinaus will die Regierung dem Vorwurf des Baus von „shanty towns" entgehen. – Stattdessen wird z.Zt. das Konzept der „normas mínimas", das bekanntlich eine viel stärkere Überwachung durch eine öffentliche oder halböffentliche Stelle bedeutet, favorisiert.

Phase II empfohlen wurde, erscheint nur dann möglich, wenn im Westen der Stadt bis jenseits der gegenwärtigen Stadtgrenze unter anderem Land zur Eigenentwicklung in großem Umfange zur Verfügung gestellt wird. Demgegenüber erscheint der Erlaß von Rechtsvorschriften, welche die Neuzuwanderer nicht einmal kennen, geschweige denn beachten, als vollkommen nutzlos.

Auch in der *modernen Stadt* folgt ein erheblicher Teil der baulichen Entwicklungen nicht den allgemeinen oder besonderen Vorschriften. Eine Verletzung von Normen im formalen und im materiellen Sinne kann unterschieden werden. Die erste wäre dann gegeben, wenn zwar die verschiedenen Baunormen beachtet werden, eine Baugenehmigung aber noch nicht erteilt wurde. (Eine spätere Bewilligung solcher Bauten legalisierte dann ein fait accompli.) Der zweite Fall wäre bei einer Verletzung der Normen selbst gegeben, so daß eine spätere Legalisierung dann nicht möglich ist, wenn die Verwaltung ihre eigenen Regeln beachtet.

Beide Typen von Verletzung der Vorschriften sind in Bogotá sehr häufig. Eine dritte Regelverletzung ist hinzuzufügen: Das administrativ-politische System erlaubt Abweichungen („Ausnahmen") von seinen eigenen allgemeinen Grundsätzen.

Zur Ordnung der verschiedenen Gründe für Nicht-Planung seien technische Mängel und politische Ursachen unterschieden. Begonnen sei mit den einfachsten Problemen, um dann auf höhere Analyse-Ebenen überzugehen.[245]

## 2. Administrativ-technische Probleme[246]

Verwaltungsstruktur und -mittel sind unzureichend, um das Ziel einer wirksamen Gesamtplanung zu erreichen:

Zunächst stellt das Distriktsplanungsamt nur eine ziemlich kleine Verwaltungseinheit dar, die alle jene *Fehler und Mängel* aufweist, die *der kolumbianischen Verwaltung insgesamt* zuzuschreiben sind. Einige wenige Punkte seien erwähnt: Das Personal wechselt dauernd. Die Aktivitäten des Planungsamtes widersprechen großenteils der ursprünglichen Idee einer fachlich bestimmten Planungseinheit, die konsequenterweise von einem apolitischen Fachmann zu leiten wäre.[247] Demgegenüber kann beobachtet werden, daß das Planungsamt

---

[245] In Wolff 1977 b ist eine ähnliche Klassifikation verwendet worden.
[246] Das vorgelegte Tatsachenmaterial stammt aus Interviews, falls nicht anders vermerkt. Interpretationen und Kommentare sind selbstverständlich solche des Autors.
[247] Zum Wert dieses Konzeptes vgl. das Ende dieses Kapitels.

in der Praxis als ein zusätzliches Sekretariat der Stadt betrachtet wird. Sein Leiter wird folglich so häufig ernannt und abgelöst wie der Bürgermeister; bei politischen oder persönlichen Konflikten ist dies nicht selten sogar noch häufiger der Fall.[248] Mit dem Leiter einer Verwaltungsbehörde wechselt in der Regel mindestens das Personal der nächsten, häufig sogar dasjenige noch niedrigerer hierarchischer Ebenen: eine solche Rotation ist mindestens möglich. Im Falle des Planungsamtes trifft dies in Permanenz zu. Wie angeführt wurde, ist sein Direktor in den letzten Jahren dauernd ausgetauscht worden, und es muß hinzugefügt werden, daß auch die Leiter der verschiedenen unidades mit dem jeweiligen Chef gekommen und gegangen sind.[249] Der schnelle Wechsel der leitenden Beamten bedeutet nicht nur häufig ein Fehlen der notwendigen Erfahrung; noch wichtiger erscheint die Tatsache, daß sich die Vorstellungen vom Ideal einer Stadtplanung (die Grundidee einer „Idealstadt", auf welche die Planungsarbeit sich gründen muß) dauernd wandeln.

Wie in der gesamten Verwaltung sind die *Verfahrensvorschriften*, also die Regeln über Baugenehmigungen, Bewilligungen aller Art oder Anschluß an die öffentlichen Versorgungseinrichtungen *kompliziert*; die Zahl der in die Verfahren eingeschalteten Institutionen ist hoch, was zu der Notwendigkeit der Einrichtung einer hohen Zahl von Koordinierungsgremien und Komitees führt. Schon dies führt zu beträchtlichen Verzögerungen und einem erheblichen internen Papierkrieg, auch wenn die verschiedenen Interessen der einzelnen Behörden nicht berücksichtigt werden.

Verwaltungsprobleme ergeben sich auch aus der *Zusammenfassung von Planungs- und Durchführungsaufgaben* in ein und derselben Verwaltungseinheit. Planung wird in Kolumbien als Tätigkeit von Stabseinheiten angesehen: Die técnicos beraten die Politiker, denen sie zugeordnet sind, über technische Möglichkeiten und Grenzen (im Falle des Stadtplanungsamtes bezieht sich das also auf den Bürgermeister als Verwaltungschef und den Stadtrat als Quelle der entsprechenden Rechtsnormen). Die Politiker entscheiden sich dann für eine Alternative, die mit Hilfe des Verwaltungsapparates, den sie leiten, verwirklicht wird. Die tatsächliche Lage hat mit diesem Idealbild wenig gemein: Die gleiche Verwaltungseinheit, welche für die Erarbeitung der Entwicklungspläne zuständig ist, die anschließend vom Stadtrat zu beschließen sind, ist auch für die Plandurchführung verantwortlich, unter anderem durch Überwachung anderer Behörden hinsichtlich der Übereinstimmung ihrer Tätigkeiten mit dem verabschie-

---

[248] Am Rande sei vermerkt, daß auch die Direktoren-Posten der öffentlichen Versorgungsgesellschaften längst zu politischen Stellen geworden sind.
[249] Selbstverständlich wurde nach dem Amtsantritt des Präsidenten Turbay und der damit einhergehenden Ernennung des neuen Bürgermeisters Durán Dussán, also nach dem Ende der Feldforschungsphase für das vorliegende Buch, auch ein neuer Planungsdirektor, Fabio Rodríguez Cedeño, ernannt (El Tiempo vom 23. August 1978).

deten Plan (es sei an die Baugenehmigungen erinnert). Eine Exekutivbehörde im Baubereich gerät wegen der hier auf dem Spiel stehenden wirtschaftlichen Interessen häufig unter Druck. Damit ergibt sich auch eine negative Wirkung für die reine Planungsarbeit[250]. Ein anderes Problem liegt darin, daß den Planern normalerweise die notwendige Erfahrung in der Verwaltung fehlt — Ausnahmen immer zugestanden.[251]

Die *internen Verwaltungsprobleme* des Planungsamtes sind beträchtlich. Wie in anderen Behörden ist der Entscheidungsprozeß hochzentralisiert, selbst für Routineangelegenheiten. So klagt etwa der Leiter der Unidad de Desarrollo Urbanístico (der Einheit für Stadtentwicklung) darüber, daß er als Kommunikationskanal zwischen den verschiedenen Abteilungen seiner Einheit dienen muß. Eine wirkliche Delegation von Routineangelegenheiten an untere hierarchische Ebenen gibt es nicht. Dies hängt natürlich auch mit der mangelnden Bereitschaft der Bediensteten dieses Niveaus zusammen, selbst Entscheidungen zu treffen und für diese gerade zu stehen. Wenn die Rechtsvorschriften wie im Jahre 1977 unklar oder juristisch zweifelhaft sind, ist eine solche Haltung nur zu verständlich: Eine falsche oder politisch angreifbare Entscheidung mag für den betroffenen Beamten zu unerfreulichen persönlichen Folgen führen. Die beschriebene Erscheinung führt notwendigerweise zu einer Überlastung der Führungskräfte mit Routine-Angelegenheiten, die ihnen die Erfüllung ihrer eigentlichen Aufgaben erschwert.

Wie beschrieben wurde, ist der gesamte *Kontrollapparat* des Planungsamtes auf der untersten Ebene *unzureichend*. Die Zahl der Inspektoren und der überwachenden Architekten ist für eine solch große Stadt zu klein.[252] Verglichen mit der Privatindustrie sind sie unterbezahlt und daher ständigen Versuchungen ihrer Ehrenhaftigkeit ausgesetzt[253], insbesondere wenn man den großen wirt-

---

[250] Ein Beispiel wurde oben angeführt: Die Generalklausel, die nach dem Entwurf eines Flächennutzungsplanes von 1977 vielstöckige Gebäude im gesamten Stadtbereich erlaubt.

[251] Ein akademischer Mitarbeiter des Planungsamtes unterhalb der Ebene der Abteilungs("Unidad")-Leiter arbeitete seit etwa zehn Jahren auf diesem Posten; dies stellt eine sehr seltene Ausnahme dar. – Neue Mitarbeiter des Planungsamtes brauchen etwa sechs Monate, um ihre Aufgaben zu beherrschen. Nicht selten verlassen sie anläßlich der Ernennung eines neuen Bürgermeisters ihre Dienststelle einige Monate später. Zur Personalrotation vgl. Kapitel VI.

[252] Es kann hinzugefügt werden, daß einfache Systeme der Kontrolle des Bestehens von Baugenehmigungen, wie etwa in der Bundesrepublik, nicht existieren. Ein Beispiel wäre das Aushängen der Baugenehmigung an der Baustelle selbst (der berühmte „rote Punkt"). Dies erlaubte eine Kontrolle nicht nur durch die damit betrauten Inspektoren, sondern durch jeden Beamten und sogar durch jeden Bürger.

[253] Eine weitere Konsequenz der schlechten Bezahlung ist die abschreckende Wirkung auf mögliche Bewerber. Dies behaupteten wenigstens einige Interviewte, und ein

schaftlichen Wert zusätzlicher Stockwerke, die sie „übersehen" könnten, bedenkt. Schließlich reichen die sächlichen Verwaltungsmittel nicht aus; hinzuweisen ist insbesondere auf unzureichende Transportmittel. Allerdings ist die Kontrolle großer neuer Stadtviertel (Urbanisierungen) wirksamer als die einzelner, wenn auch sehr großer Gebäude. — Auch in der Zentrale des Planungsamtes sind Mängel festzustellen: So reicht etwa die Zahl der Sekretärinnen für den großen Anfall an Schreibarbeiten nicht aus; monatelange Verzögerungen bei der Mitteilung längst entschiedener Angelegenheiten an die Betroffenen sind nicht selten.

Schließlich sei vermerkt, daß eine Verletzung von Bauvorschriften nur mit *geringen Sanktionen* geahndet werden kann.[254] Es gibt zwar die rechtliche Möglichkeit eines Zwangsabrisses eines illegal errichteten Gebäudes, wenn bewußter Vorsatz (mala fé) des Bauherrn nachgewiesen werden kann. Hiervon wird jedoch niemals Gebrauch gemacht, u.a. deshalb, weil die verschiedenen Verwaltungs- und juristischen Schritte viel zu kompliziert sind und weil im Falle eines größeren Gebäudes aus politischen Gründen ein Abriß nicht möglich ist. Wer Baunormen übertritt, zahlt normalerweise eine lächerlich geringe Buße von 2000 Pesos (etwas mehr als 50 Dollar) und legalisiert damit den fait accompli.[255]

Die komplizierten Verwaltungsverfahren führen, so haben wir bemerkt, zu vielfältigen Versuchen einer Koordination der verschiedenen beteiligten Verwaltungseinheiten. Das bedeutet keineswegs, daß eine solche Abstimmung in wirksamer Weise zustandekommt, ganz im Gegenteil:

Das Interviewmaterial wimmelt von Klagen von Mitgliedern der verschiedenen Behörden über das *unkoordinierte Vorgehen* meistens der anderen Stellen, welche die Bemühungen der Interview-Partner oder ihrer Verwaltungseinheiten nicht berücksichtigten.[256]

---

solcher Schluß erscheint logisch. Zur Abschätzung der Größenordnung der Einkommensunterschiede seien die folgenden Zahlen für 1977 mitgeteilt: Ein Architekt kann in der Privatindustrie ohne weiteres 15.000 pesos, etwa 400 US-Dollar, verdienen. Sein Gehalt bei der Stadt beträgt jedoch nur 6.000 pesos, etwa 160 US-Dollar. Auch dies trägt zu dem schnellen Ausscheiden von Beamten bei.

[254] Die „intervención" ist eine der unter sehr besonderen Umständen möglichen Ausnahmen; s. dazu Anhang I.

[255] Die Machtlosigkeit der Bauüberwachung ist nicht auf Bogotá beschränkt: Ein riesiger Anbau an ein Hotel in Barranquilla war ohne Genehmigung begonnen worden, und die spätere Bewilligung wurde zurückdatiert! Zusätzlich wurden mehr Stockwerke errichtet, als den statischen Berechnungen zugrunde gelegt worden waren. Der Rohbau brach schließlich zusammen und verursachte den Tod von Dutzenden von Menschen (El Tiempo vom 16. November 1978).

[256] Ein lehrreiches Beispiel stellen die verschiedenen Planungsstudien der American City Corporation einerseits, von Phase II und II B auf der anderen Seite dar.

Der Mangel an Koordination ist allerdings nicht als ein technisch-administratives Problem allein zu verstehen. Vielmehr sind abweichende Interessen im Spiel. Vor deren Darlegung sei noch in Kürze auf die Konsequenzen der verwaltungsmäßigen Defekte für das davon betroffene Publikum eingegangen.

Die Privatindustrie klagt allgemein (und für Einzelpersonen dürfte die Situation nicht verschieden sein) über die große *Langsamkeit des Verfahrens der Erteilung einer Baugenehmigung* (für Einzelbauten) oder sog. „licencia de urbanización" (für die Genehmigung des Baues ganzer Stadtviertel). Um das erste Dokument zu erhalten, braucht auch eine einflußreiche private oder öffentliche Gesellschaft etwa acht Monate, bei bedeutenden Bauten oder ganzen Stadtvierteln etwa anderthalb Jahre. Das zweite Papier benötigt normalerweise drei Jahre. Auch wenn um die Ausstellung beider Dokumente zur gleichen Zeit nachgesucht wird („proyecto de conjunto"), verstreichen dreieinhalb Jahre, bevor die notwendigen Genehmigungen vorliegen und die Firma den Bau beginnen darf. Es versteht sich, daß ein privatwirtschaftlich kalkulierendes Unternehmen durch derartige Verzögerungen in wirtschaftliche Schwierigkeiten geraten kann.[257] Eine öffentliche Gesellschaft, die mit der Aufgabe des Baues möglichst vieler billiger Wohnungen betraut ist (insbesondere das Instituto de Crédito Territorial), kann ihrer gesetzlich festgelegten Verpflichtung nicht in genügendem Maße nachkommen, was die Leistungsbilanz der Regierung berührt.[258]

Eine nahezu notwendige Folge der Langsamkeit der Verwaltung stellt die Tatsache dar, daß etwa 50% aller Bauten, die barrios marginales selbstverständlich ausgeschlossen, ohne Baugenehmigung begonnen wird. Hierbei handelt es sich oft nur um die Verletzung formaler Regeln, da der Bauplan mündlich gebilligt wurde, aber gelegentlich kommt es zu weitreichenden Verletzungen der Bauvorschriften, ohne daß dies große Folgen für die Betroffenen hätte.

### 3. Nichtplanung als Ergebnis bürokratischer und allgemeiner Politik

Folgende grundlegende Beobachtungen können an den Anfang dieses Abschnitts gestellt werden: Die verschiedenen, an Stadtentwicklung und Stadtplanung interessierten Behörden und Einrichtungen haben verschiedene und gelegentlich einander widersprechende organisatorische Ziele. Zweitens gibt es keine überwältigend starke Zentralmacht, welche Koordination und einheitliches

---

[257] Dies ist jedoch nicht notwendig der Fall. Die stets steigenden Baukosten und Grundstückspreise mögen den ökonomischen Verlust ausgleichen.
[258] Details finden sich unten, Punkt 3.

Vorgehen erzwingen könnte. Drittens hat der Apparat des Staates nur einen begrenzten Einfluß auf die Privatwirtschaft und auf die Entwicklung insgesamt.

Beginnen wir also mit den *verschiedenen Interessen* oder, wie sie auch bezeichnet werden könnten, mit den verschiedenen Planungsansätzen.

Das Nationale Planungsamt stellt die einzige Behörde dar, die an der Gesamtplanung von Bogotá mit allen ihren verschiedenen Facetten interessiert ist. Dies schließt Gebiete wie Landwirtschaft, Transport, räumliche Verteilung von Investitionen, Hausbau u. a. ein.

Unglücklicherweise kann das Planungsamt in unserem Zusammenhang praktisch vernachlässigt werden. Ihm fehlen exekutive Aufgaben, welche einen direkten Einfluß auf die Entwicklung der Stadt Bogotá erlaubten (eine kleine Ausnahme stellt die Aufsicht über die CAR dar). Zwar schwankt seine politische und administrative Bedeutung, aber es kann nicht bezweifelt werden, daß das DNP *nicht* das wichtige Planungszentrum für den Raum Bogotá darstellt, das die Qualifikation seiner Mitarbeiter wünschenswert machte.

Eine gewisse Ausnahme stellt der geistige und teilweise politische Anstoß dar, den das Nationale Planungsamt während der Präsidentschaft Pastranas geben konnte. Dieser fand seinen wichtigsten Ausdruck in den verschiedenen Studien zur Entwicklung von Bogotá und in der Gründung der El Salitre-Gesellschaft. –

Den übrigen Behörden und Parlamenten jeder Ebene ist eines gemeinsam: Ihnen fehlt eine Vorstellung der wünschenswerten Entwicklung von Bogotá in den nächsten Jahrzehnten. Stattdessen folgen sie einer Politik des Durchwurstelns. Vergleichbar einem Leuchtturm konzentrieren sie ihre Aufmerksamkeit in einem bestimmten Zeitpunkt auf nur ein wichtiges Gebiet. Das Problem, das als vordringlich empfunden wird, wird angegangen – aber diesem Vorgehen fehlt jene Leitlinie, welche langfristige Planung voraussetzt. Schlimmer noch: Das Prinzip des Versuchs einer Lösung des jeweils wichtigsten Problems führt notwendig nur zu Teillösungen: Künftig entstehende Probleme werden nicht vorausgesehen, können daher auch nicht vermieden oder wenigstens abgemildert werden. Ein Element großer Subjektivität beeinflußt mithin die Lösungsversuche dessen, was als „objektive Probleme" bezeichnet werden könnte.[259]

Die Interessen der verschiedenen Behörden können folgendermaßen beschrieben werden:

---

[259] Natürlich kann argumentiert werden, daß ein Problem immer nur subjektiv ist: Wenn niemand eine bestimmte Situation als Problem versteht, *ist* es kein solches. Bei Nichtbefriedigung der Grundbedürfnisse wie in Bogotá kann jedoch von einer Art objektiven Problems gesprochen werden. – Zu den Vorteilen des „muddling through" s. insbesondere Kapitel V.

– *Das Interesse an der Zurückdämmung des Wachstums von Bogotá:*

Drei Institutionen sind aufzuführen: CAR, INDERENA und das Planungsamt des Departamento.

Die Corporación Autónoma de la Sabana ist immer noch hauptsächlich an Infrastrukturarbeiten, Landkonservierung und Wiederaufforstung interessiert. Ihre Aktivitäten haben also einen wichtigen Einfluß auf die räumliche Verteilung menschlicher Aktivitäten. Ein wirkliches Interesse an einer systematischen Ordnung ihrer Aktivitäten hat aber die CAR erst in den letzten Jahren entwickelt. Erste zögernde Versuche zur Entwicklung eines Gesamtplanes für das Hochland wurden unternommen, die unter anderem durch den häufigen Wechsel des Planungschefs zurückgeworfen wurden. Gegenüber Bogotá ist die CAR darauf aus, ein weiteres Wachstum zu verhindern und insbesondere die fruchtbaren Böden gegen weitere Bebauung zu verteidigen. Mit einem Wort, die Stellung der CAR ist mehr als abwehrend-zurückdämmend denn als positiv-gestaltend zu bezeichnen: Eine überwältigend starke Entwicklung (das Wachstum von Bogotá) wird als negativ für die eigenen Ziele verstanden und für Planungszwecke kaum berücksichtigt. Dabei fehlen der CAR völlig die Verwaltungsinstrumente und die politische Stärke, gegen dieses Phänomen etwas Ernsthaftes zu unternehmen.[260] Dabei wird von ihrem Recht zum Erlaß eines Flächennutzungsplanes abgesehen, weil dieser für den Raum Bogotá wegen der politischen Stärke insbesondere des Stadtrates niemals durchgesetzt werden könnte. Die Stadt nähert sich übrigens rasch ihren politischen Grenzen und wird sich folglich bald in das Herzland der CAR ausdehnen. Schon aus diesem Grund ist die gegenwärtige Haltung der Corporación kurzsichtig.

Dem Institut für Erneuerbare Naturschätze, Inderena, kann ein ähnlicher Vorwurf gemacht werden: Die Ausdehnung der Stadt wird als negativ angesehen; vor allem die Erosion der Bogotá im Osten begrenzenden Berge stellt eine ökologische Katastrophe dar. Entschiedene Gegenmaßnahmen erscheinen angezeigt. Das Institut zieht sich jedoch in die Traumwelt des kolumbianischen Legalismus zurück (der mit Riggs „Formalismus" genannt werden könnte[261]): Eindrucksvolle Gesetzeswerke, etwa das Gesetzbuch über Naturschätze, werden erlassen, die nur den kleinen Fehler haben, praktisch keine Berührung mit der kolumbianischen Realität aufzuweisen. Es fehlt an Entschlossenheit zur Verwirklichung der schönen Vorschriften: Sogar in der Stadt Bogotá, dem verwaltungsmäßigen und politischen Zentrum des Landes und Sitz der Inderena, enthüllen sich bereits dem oberflächlichen Beobachter Dutzende von Verstößen gegen die Vorschriften zum Schutze der Natur, Verstöße, die ohne Folgen blei-

---

[260] Die Rede ist von wirksamen Handlungsmöglichkeiten, nicht von juristischen Zuständigkeiten!
[261] Riggs 1964: 182-184.

ben.²⁶² — Einmal mehr kann also gesagt werden, daß die Haltung von Inderena gegenüber dem Wachstum von Bogotá hautpsächlich negativ ist; es gibt keinerlei praktische Überlegungen, wie eine Bewahrung der Natur im Becken von Bogotá angesichts der raschen Vergrößerung der bebauten Fläche möglich wäre.

Die gleiche Beobachtung trifft auf das Planungsamt des Departamento zu: Ihm fehlt jede klare Politik gegenüber dem Wachstum der Stadt. Auch den mit der Erarbeitung der verschiedenen Entwicklungspläne betrauten „técnicos" fehlt eine Konzeption der wünschenswerten Entwicklung von Bogotá. Ihre gegenwärtige Größe und ihr Einfluß auf das Gebiet des Departamento werden als externe Variable angesehen, welche durch die eigenen Maßnahmen nicht beeinflußt werden können. Das Element der Vorausschau und Extrapolation eines wichtigen Phänomens, das die eigenen Handlungsalternativen mehr und mehr beeinflußt, fehlt völlig.²⁶³

— *Das Interesse an öffentlichen Bauten*²⁶⁴:

Wie eine private Firma sind die Stellen, welche öffentliche Bauten zu errichten haben, an einem möglichst großen Geschäftsumfang interessiert, gleichgültig, ob ihre Maßnahmen mit den Planungsgesichtspunkten oder einer überwachenden oder koordinierenden Stelle übereinstimmen oder nicht.²⁶⁵ Der Fall kann besonders am Instituto de Crédito Territorial, dem Hauptinstrument des Staates zum Bau billiger Wohnungen, verdeutlicht werden. Trotz des großen und ständig steigenden Umfanges der Aktivitäten der ICT sind alle Anstrengun-

---

[262] Ein Einschreiten des Staates kann nur mit politischen Mitteln erreicht werden: Eine Einzelperson oder eine durch eine Verletzung des Gesetzbuches geschädigte Gemeinschaft werden öffentlich Klage führen, und wenn die betroffenen Persönlichkeiten wichtig genug sind, kann es zu einem Tätigwerden der Behörden kommen. Ein Beispiel stellte im Januar 1978 die Tatsache dar, daß der Bogotá-Fluß zum Schaden der Nachbarn von Privatleuten ohne Genehmigung aufgestaut worden war (El Tiempo vom 2. September 1978).

[263] Amtliche Verlautbarungen über die „Planungsphilosophie" des Planungsamtes des Departamento existieren offenbar nicht. Die Beschreibung im Haupttext folgt aus Gesprächen des Verfassers mit Mitgliedern dieser Behörde. Der rasche Personalwechsel gibt zu dem Hinweis Anlaß, daß der beschriebene Standpunkt 1977 zutraf, aber nicht notwendig für spätere Jahre. Andererseits ist ein Anzeichen eines radikalen Wandels der Situation nicht zu erkennen.

[264] Der Ausdruck „Öffentliche Bauten" wird hier für jede öffentliche Bautätigkeit verwendet, auch wenn die Gebäude mit der Absicht der Veräußerung an Private errichtet werden.

[265] Ein solcher Gegensatz kann auch innerhalb ein und dergleichen Behörde beobachtet werden, die gleichzeitig Ingenieurbauten errichtet und Entwicklungspläne erarbeitet und verkündet. Dies trifft besonders für die Gesellschaft CAR zu, bei der das traditionelle Interesse an öffentlichen Bauten bei weitem den Vorrang vor Planungsaktivitäten hat. Die CAR könnte daher ebenso gut unter der Überschrift des „Interesses an öffentlichen Arbeiten" angeführt werden.

gen angesichts der Größe des Wohnraumdefizits hoffnungslos unzureichend. Die Wichtigkeit der Beschaffung von Wohnraum, ihr propagandistischer Wert für die kolumbianische Regierung und die Möglichkeiten, mit Hilfe dieser Politik politische Unterstützung zu erzielen, liegen damit auf der Hand. Die Verminderung der Baukosten oder, alternativ ausgedrückt, das Ziel, mit den vorhandenen Mitteln möglichst viele Wohnungen zu bauen, erweist sich daher als zwingende Maxime für das ICT.

In Bogotá (und sicherlich auch in anderen Städten) hat dies die folgende Auswirkung: Das billigste Land findet sich verständlicherweise weit außerhalb des Stadtzentrums (ceteris paribus kann man von einer direkten negativen Korrelation zwischen dem Landpreis und der Entfernung der Innenstadt sprechen[266]). So kauft das ICT seit Jahren große Ländereien im Umkreis der Stadt als Reserve für eine künftige Entwicklung auf. Eine derartige Politik erscheint vom Standpunkt der Interessen des Unternehmens her völlig vernünftig, widerspricht aber offensichtlich dem planerischen Ziel der Verdichtung der bebauten Flächen: Neue Aktivitäten des ICT sind oft von der geschlossenen Bebauung durch ziemlich große freie Ländereien getrennt, was zu einer erheblichen Erhöhung der Preise für Einrichtung und Unterhalt der Infrastruktur führt. Darüber hinaus mögen die Entwicklungsprioritäten den vorrangigen Ausbau in ganz anderer Richtung fordern.

Wir haben es hier mit einem interorganisatorischen Problem zu tun: Eine Planungseinheit ist mit der Überwachung der Aktivitäten einer Durchführungseinheit betraut, deren organisatorische Interessen mindestens teilweise den technischen Standards der ersten Behörde widersprechen. Es handelt sich also nicht um ein oft euphemistisch so genanntes „Koordinationsproblem", sondern um ein solches der relativen Macht der beteiligten Organisationen, ihrer Möglichkeit, Verbündete zu gewinnen, mit einem Wort, um interorganisatorische oder intrabürokratische Politik.[267] Normalerweise ist das ICT stärker als das Distriktsplanungsamt. Die Vorteile seiner Leistungen zur Schaffung politischer Unterstützung für die Regierung und insbesondere den Präsidenten überwiegen die Vorteile einer strikten Befolgung urbanistischer Regeln, deren sich die Architekten und Stadtplaner nicht einmal völlig gewiß sind.

Wenn das ICT um eine Baugenehmigung einkommt (es ist dazu wie jede Privatfirma verpflichtet), stößt es auf die gleichen verwaltungsmäßigen Probleme wie private Baufirmen. Monate verstreichen, bevor eine Entscheidung mitge-

---

[266] Andere Faktoren mögen das Bild verfälschen. Die Süd-Nord-Wanderung der besten Wohngebiete bedeutet für Bogotá weit höhere Grundstückspreise im Norden als im Süden der Stadt.

[267] Eine ähnliche Überlegung gilt etwa für das Verhältnis des Distrikts-Planungsamtes und des Sekretariats für öffentliche Arbeiten.

teilt wird. Als öffentliche Körperschaft findet sich das Instituto dann in einer schlechteren Lage als eine Privatfirma: Ein Teil seines Budgets stammt aus Überweisungen aus dem zentralen Staatshaushalt[268], und wenn während eines Haushaltsjahres eine Zahlungsverpflichtung nicht entsteht, gehen die entsprechenden Budgetmittel prinzipiell verloren.[269]

Angesichts des Wohnraumdefizites geraten andererseits ICT und Regierung leicht unter Druck, wenn das Budget nicht ausgegeben wird. Auch die stets steigenden Baukosten lassen einen möglichst frühen Baubeginn angezeigt erscheinen. Daher hat das ICT sehr häufig Bauten ohne die notwendige Genehmigung begonnen und sogar zu Ende gebracht. Jahrelang wurde es zu Recht als „der größte heimliche Urbanisierer" („urbanizador pirata") betrachtet, was sich auf seine Verletzung von Bauvorschriften im formalen und materiellen Sinne bezog. Es kam zu hitzigen öffentlichen Auseinandersetzungen mit Beamten und Politikern der Stadt Bogotá[270]; diese Diskussionen sind teilweise Ausfluß eines organisatorischen Gegensatzes.

Spannungen zwischen dem ICT und dem Distrikt entstanden auch durch die Mißachtung von Bauvorschriften, ohne daß ein Grund erkennbar gewesen wäre. Eine Genehmigung für die großen Stadtviertel Ciudad Kennedy und Pablo VI ist niemals beantragt worden[271]; die der Stadt kostenlos zu übereignenden unbebauten Flächen gehörten in diesen Fällen meistens Dritten, waren bebaut und konnten daher für Gemeinschaftseinrichtungen nicht verwendet werden. In einigen Fällen wurden sogar die ursprünglichen Pläne hinsichtlich der Aufteilung der Grundstücke auf privates und öffentliches Eigentum nach der Übergabe der Viertel heimlich verändert.[272]

Die Spannungen zwischen der Verwaltung der Stadt und dem ICT drückten sich gelegentlich nicht nur in Diskussionen in der Öffentlichkeit aus. So waren Ende 1976 etwa 3000 Wohnungen fertiggestellt worden. Sie konnten jedoch

---

[268] Nach dem Budget 1977 (also nicht nach den tatsächlichen Ausgaben) etwa 15%; Ley de Presupuesto 1977 Establecimientos: 143.

[269] S. Kapitel V C 1.Rechtsquelle: Artikel 76 Dekret 294/1973 und Artikel 4 Dekret 1770/1975.

[270] Ein Beispiel stellt der Vorwurf des liberalen Stadtrates Humberto Valencia García im September 1975 dar: Alle Bauten des ICT im Distrikt seien ohne Berücksichtigung urbanistischer Kriterien und der zu beachtenden Rechtsvorschriften errichtet worden (zitiert in El Espectador vom 26. September 1975). Valencia wiederholte diese Kritik ein Jahr später (El Espectador vom 31. August 1976). In die gleiche Richtung zielte ein Vorwurf des Bürgermeisters Luis Prieto Ocampo im Oktober des gleichen Jahres (El Tiempo vom 28. Oktober 1976). Wie zu erwarten war, wies das Instituto die Kritik zurück (El Espectador vom 26. Oktober 1976).

[271] Dies berichtet Prieto Ocampo lt. El Tiempo vom 28. Oktober 1976: andere Beispiele wären Casablanca und Banderas (Interviewmaterial).

[272] ibidem.

nicht bezogen werden, da der Bürgermeister Prieto Ocampo den Anschluß an das öffentliche Versorgungsnetz mit der Begründung verweigerte, die Bauten seien ohne Beachtung der Bauvorschriften errichtet worden.[273] Die Nicht-Lieferung von Wasser und Strom stellt eine der wenigen wirksamen Gegenmaßnahmen der Stadt dar. Dieses Mittel kann jedoch nur für eine gewisse Zeit angewendet werden, da die Knappheit an Wohnungen die Stadt normalerweise zum Nachgeben zwingt.

In den letzten anderthalb Jahren der Präsidentschaft von López Michelsen bemühte sich das Instituto um eine Beachtung der Rechtsvorschriften des Distriktes. Das wichtigste Beispiel war das bedeutende Vorhaben Ciudad Bachué, wo jeder Schritt mit der Stadtverwaltung abgestimmt wurde. Freilich kann aus dieser Tatsache nicht unbedingt auf einen grundsätzlichen Wandel der Politik des ICT geschlossen werden, da die beteiligten Personen zu rasch wechseln. Für Ciudad Bachué war nämlich die Tatsache entscheidend, daß der leitende Architekt, Patricio Samper Gnecco, drei Jahre lang Direktor des Stadtplanungsamtes und mehr als ein Jahr Direktor des IDU gewesen war. So kannte er die Probleme des Planungsamtes aus eigener Anschauung und entschloß sich, sie nicht zu vermehren.[274]

— *Das Interesse an Erlaß und Durchsetzung von Stadtplanungsvorschriften:*

Hier ist in erster Linie das Stadtplanungsamt zu nennen.

Zum Unterschied von anderen mit der Entwicklung des Raumes Bogotá befaßten Behörden kann sich das Planungsamt gewöhnlich nicht auf die Verkündung der grundlegenden Instrumente (Flächennutzungsvorschriften, Straßenentwicklungsplan, Festlegung des perímetro urbano y sanitario) durch Verordnung des Verwaltungschefs der Stadt verlassen.[275] Es hängt vielmehr von der Bereitschaft des Stadtrates zur Verabschiedung eines acuerdo und von der entsprechenden politischen Konstellation im Stadtparlament ab.

Die Haltung dieses Gremiums ist durch eine Anzahl von Faktoren gekennzeichnet, welche den Anliegen der Stadtplanung nicht sonderlich förderlich sind. Aus der Beschreibung der Geschichte der Pläne und Flächennutzungsvorschriften und des El Salitre-Projektes ergibt sich:

---

[273] Quelle: ibidem. Diese Situation sei nicht selten (Interviewmaterial).

[274] Interviewmaterial.

[275] Das Gesetzbuch zum Schutze der Natur, vorbereitet von INDERENA, wurde als Verordnung des Präsidenten verkündet; die entsprechenden Vorschriften für das Departamento Cundinamarca sind eine Verordnung des Gouverneurs; auch die Normen für die Erarbeitung des Entwicklungsplanes durch die CAR sind ein präsidentielles Dekret. Eine Ausnahme von der im Haupttext angeführten Regel, die zugleich die politischen und juristischen Schwierigkeiten einer direkten Aktion durch die Exekutive illustriert, stellt Dekret 159/1974 des Bürgermeisters von Bogotá dar.

1. Normalerweise besteht ein mehr oder weniger ausgeprägter Gegensatz von Stadtrat und Stadtverwaltung. Eine Versammlung, welche sich als Ausdruck des politischen Willens der Bevölkerung von Bogotá ansieht, welche mit ihrem engen Kontakt mit dem Staatsbürger kokettiert[276], ein Gremium, das zweifellos eine direkte demokratische Legitimation besitzt, findet sich leicht in einem gewissen Gegensatz zum Bürgermeister. Dieser Beamte wird „von oben" ernannt und ist dem Stadtrat nicht verantwortlich. Dieser kann ihm jedoch mannigfaltige Schwierigkeiten bereiten. Schlimmer noch: die Tatsache, daß der Bürgermeister nicht vom politischen Vertrauen des Rates abhängt, vermindert notwendigerweise dessen politische Verantwortlichkeit. Der Bürgermeister kann politisch bekämpft werden, ohne daß die Stadträte für die Folgen aufzukommen hätten, ohne daß sie eine Mehrheit zur Wahl und politischen Unterstützung des Stadtoberhauptes zu bilden hätten.

2. Die wichtigen aktuellen politischen und insbesondere parteipolitischen Konstellationen wirken sich auch auf den Stadtrat aus. Der Gegensatz der beiden wichtigen Flügel der Konservativen Partei wäre ein Beispiel, die Feindschaft der beiden liberalen Flügel, welche Carlos Lleras und Julio C. Turbay bei ihrem Wettbewerb um die Nominierung als Präsidentschaftskandidaten der Gesamtpartei 1978 unterstützten, ein anderes. Obwohl es sich hierbei um nationale politische Fragen handelt, üben sie doch einen tiefen Einfluß auf die Haltungen und Handlungen der Stadträte aus.[277]

3. Politik ist in Kolumbien mehr als alles andere auch auf der Ebene der Gemeinden die Kunst des Durchwurstelns (muddling through). Es sind fast ausschließlich aktuelle politische Fragen, welche die Aufmerksamkeit der politischen Entscheidungsträger in Anspruch nehmen. Eine klare ideologische Orientierung fehlt. Die Aktivitäten konzentrieren sich auf aktuelle Probleme[278] – die Zukunft bleibt normalerweise außerhalb der Überlegungen.[279] Schon das Konzept der Flächennutzung und der Ausdehnung des Straßennetzes bezieht sich aber auf künftige Entwicklungen. Es kann daher nicht überraschen, daß sie als unwichtiges Thema abgetan werden.

---

[276] Angesichts der hohen Wahlenthaltung und der generellen Kritik an den politischen Einrichtungen gegen Ende der Präsidentschaft von López erscheint diese Auffassung etwas optimistisch. Andererseits wirken die Stadträte tatsächlich häufig als Mittelsmänner zwischen der Bevölkerung und der Verwaltung.

[277] Dies ist nicht so überraschend, wie es auf den ersten Blick erscheinen mag. Auch im nationalen Rahmen wichtige politische Führer verschmähen es nicht, Stadträte von Bogotá zu werden.

[278] Dies steht in auffallendem Gegensatz zu einer Anzahl technisch orientierter Behörden auch des Distriktes, welche durch technische Zusammenhänge dazu gezwungen werden, mit mittel- und gelegentlich auch langfristigen Investitionsplänen zu arbeiten. Ein Beispiel wäre die Wasser- und Abwassergesellschaft der Stadt.

[279] Das erklärt vermutlich, warum der „Perímetro Urbano y Sanitario" im Stadtrat

4. Die gegenwärtige Organisation und der Sitzungszeitplan des Stadtrates sind überholt. Es gibt lediglich vier ordentliche Sitzungsperioden von jeweils 30 Tagen pro Jahr, wobei allerdings die Möglichkeit einer Verlängerung auf 160 Tage besteht — sicherlich eine zu kurze Zeit für eine gründliche Diskussion und Entscheidung schwieriger Sachverhalte. Dies trifft um so mehr zu, wenn ein Sachverhalt eine politische Koordinierung erfordert, wie das nicht selten der Fall ist. Schon aus Zeitgründen werden daher wichtige Vorhaben oft nicht diskutiert — und das Gesetz schreibt einen völligen Neubeginn der Verhandlungen in der nächsten Sitzungsperiode vor.

Die Kürze der Sitzungsperioden und ihre zeitliche Trennung durch sitzungsfreie Monate führt zu einer Beschäftigung der Stadträte mit ihrer „normalen" Arbeit im bürgerlichen Hauptberuf. Dies erklärt sicherlich zum Teil, warum das notwendige Quorum für die Abstimmungen oft nicht erreicht wird und warum einige wichtige Themen nicht diskutiert werden. Eine ganztägige Sitzung ist so bemerkenswert, daß sie als solche in den Zeitungen besonders hervorgehoben wird.

5. Schließlich macht es den Stadträten ihr hohes Selbstwertgefühl unmöglich, einen Entwurf unverändert in der Form zu verabschieden, wie er vom Bürgermeister eingebracht wurde: „Die Verwaltung" ist nach ihrer Auffassung voll von Fachidioten, die kein Organ für politische Notwendigkeiten haben. Ein sorgfältiges Studium der Texte erscheint daher wesentlich.[280] Dies erfordert aber oft mehr Zeit als der Stadtrat zur Verfügung hat. Hinzu kommt, daß den Stadträten trotz einiger technischer Beratung (erinnert sei an die amtliche Stellung der Verbände der Ingenieure, Architekten und Planer als Berater) oft die notwendige fachliche Kompetenz zur Entscheidung über schwierige Themen abgeht.

Wenn die Vorschriften über Flächennutzung schließlich verabschiedet worden sind, findet sich das Planungsamt vor der schwierigen Aufgabe, sie anzuwenden und ihre Respektierung zu erzwingen.

Die vorangegangenen Ausführungen mögen zum Nachweis unserer ersten wichtigen Schlußfolgerung ausreichen: Bürokratische und politische Akteure folgen verschiedenen und nicht selten gegensätzlichen Interessen.[281] Auch Ma-

---

nicht auf größere Probleme stieß: Es handelt sich um ein statisches Konzept, das die Illusion vermittelt, über viel Zeit für künftige Debatten über die Zukunft von Bogotá zu verfügen. Da die Stadtgrenze festgelegt wurde, kann eine weitere Ausdehnung der bebauten Fläche für den Augenblick ja nicht eintreten – theoretisch.

[280] Ein Beispiel stellt der Entwurf eines neuen Flächennutzungsplanes dar, wie er in verschiedenen Fassungen 1976 und 1977 im Stadtrat eingebracht wurde: Statt ein „Multizentrum" im Raum El Salitre zu gestatten oder zu untersagen, begannen die Stadträte eine langatmige Diskussion über den Wert des Konzeptes selbst!

[281] Hinzugefügt werden kann, daß nicht einmal auf der rein fachlichen Ebene

terial für unsere zweite Folgerung ist bereits vorgetragen worden: *Eine einheitliche Politik und eine einheitliche Handlungsweise können nicht durch eine starke Zentralmacht erzwungen werden.*[282] Dies ist im folgenden genauer auszuführen.

Trotz aller Koordinations-Komitees arbeiten die verschiedenen Stellen wie das städtische Planungsamt, das Institut für Stadtentwicklung, IDU, das Sekretariat für öffentliche Arbeiten und die Alcaldías Menores, ohne die Aktivitäten der anderen Einrichtungen zu berücksichtigen.[283] Eine diese Tendenz überspielende *koordinierende mächtige Stelle* könnte entweder auf der Ebene des Sonderdistriktes oder, besser, auf derjenigen der staatlichen Zentralverwaltung angesiedelt sein.

Auf der städtischen Ebene verfügen *weder der Bürgermeister noch das Planungsamt über die notwendige Autorität, um die verschiedenen Körperschaften und Einrichtungen zu lenken*, die zu einer geordneten Stadtentwicklung zusammenwirken müßten. Insbesondere der Bürgermeister findet sich in einem derart komplizierten Netz verschiedener Verpflichtungen, daß er seine Autorität nicht durch Konzentration auf ein einziges, wenn auch wichtiges Gebiet aufs Spiel setzen kann. Die erste Schwierigkeit ergibt sich bereits mit der Bürokratie des Distriktes, wie die folgenden Tatsachen deutlich machen:

1. Die alcaldías menores, welche für die Erneuerung der Genehmigungen zum Betrieb eines Industrie- oder Handelsunternehmens zuständig sind[284], beachten die grundlegenden Flächennutzungsverordnungen nicht.[285] Ruhige Wohnviertel werden folglich durch den Lärm und die Abgase von Handwerkern, Fabriken oder Läden gestört. Eine nicht selten chaotische Situation und öffentliche Beschwerden sind die Folge.

2. Auch auf der zentralen Ebene werden die technischen Vorschriften des Planungsamtes gelegentlich mißachtet, obwohl es ohne Spezialuntersuchungen unmöglich erscheint, die Zahl solcher Übertretungen zu quantifizieren. Wie

---

Einigkeit über einen idealen Wachstumsweg für sehr große Städte besteht. In Kolumbien dauert die Diskussion zwischen zwei Schulen ohne Entscheidung der Behörden an: Die erste kämpft für eine größere Verdichtung der Stadt, die andere für eine ausgedehnte Siedlungsweise mit viel Grünflächen zwischen den bebauten Grundstücken.

[282] Die rein logische Möglichkeit einer Art Selbstkoordinierung der verschiedenen Einheiten kann aufgrund des vorgelegten Materials von vornherein ausgeschlossen werden.

[283] Bogotá Evaluación 1975: 11.

[284] Der Antrag auf erstmalige Genehmigung wird in einem Komitee aus Vertretern verschiedener Behörden, darunter des Planungsamtes, diskutiert.

[285] Problemfälle stellen jene Firmen dar, welche ihre Aktivitäten und damit die Emissionen auf ihre Umwelt unter Beibehaltung des alten Namens ausweiten.

erinnerlich, legt nach dem Bau einer großen Urbanisierung ein eigenes Dekret des Bürgermeisters technische Charakteristika fest (decreto reglamentario de urbanización). Ohne Rücksprache mit dem Planungsamt kommt es zu Veränderungen der Vorschriften aufgrund von politischen Pressionen und Verpflichtungen des Bürgermeisters oder einflußreicher Mitglieder des Stadtrates.

Wie deutlich geworden sein dürfte, wird das Koordinations- und Steuerungsproblem im Planungsbereich für die Behörden der Stadt durch die Existenz staatlicher Stellen, die ebenfalls für den Sonderdistrikt zuständig sind, nicht unbeträchtlich verschärft. Weder der Bürgermeister noch das städtische Planungsamt verfügen hier über direkte Weisungsbefugnis. Das Problem reduziert sich also auf eine Machtfrage — und Organisationen wie das ICT, die für die Politik der Regierung wichtig sind, haben normalerweise in diesem Spiel einen deutlichen Vorteil.

Schließlich sei betont, daß es auch *keine Institution auf gesamtstaatlicher Ebene gibt, die eine kohärente Entwicklungspolitik für Bogotá erzwingen könnte*. Bereits die erste Bedingung hierfür, die Existenz einer bürokratischen Infrastruktur, fehlt (es gibt kein Ministerium für Wohnungs- und Städtebau, das die verschiedenen Kriterien und Interessen zu einer einheitlichen Politik bündelte). Auch seine Existenz garantierte übrigens keineswegs ein solches Ergebnis. Damit kommen wir zu der letzten wichtigen Beobachtung, der Schwäche des staatlichen und allgemein öffentlichen Apparates gegenüber wichtigen ökonomischen Interessen.

Das Planungsamt selbst und noch mehr die Räte für Planung und Flächennutzung gewähren Ausnahmen von den bestehenden Normen. Sie erlauben z.B. eine größere Geschoßzahl, als es dem Stadtviertel entspricht, oder sie gestatten eine Bebauung, wo eine Grünfläche vorgesehen ist. Damit werden Präzedenzfälle geschaffen, die bei späteren Anträgen auf Ausnahmebewilligungen beachtet werden müssen. Letzten Endes ist dieser Vorgang durch die Macht privater Interessen zu erklären und gleichzeitig durch die Tatsache, daß sich die Inhaber politischer Ämter durch Wahlen legitimieren müssen. Der häßliche Ausdruck „politische Korruption"[286], kann hier kaum vermieden werden. Diese stellt nichts anderes dar als ein Ergebnis der *Abhängigkeit des öffentlichen Apparates von privaten Interessen.*[287]

---

[286] Ein Beispiel stellt die Finanzierung des Wahlkampfes verschiedener Politiker durch einen wichtigen Bauunternehmer dar, dem dafür Baugenehmigungen unter Verletzung allgemeiner Vorschriften gewährt wurden. — Ein weiteres Beispiel ist die „Legalisierung" von barrios nach der Wahl von Stadträten mit der Stimme der Siedler.

[287] Eine genaue Studie dieses Fragenbereiches findet sich im nächsten Kapitel über die Steuerreform 1974.

Wir können zusammenfassen: Die zentralen Probleme städtischer und regionaler Planung in Kolumbien sind *nicht* auf technisch-administrative Mängel im engeren Sinne zurückzuführen. Vielmehr folgen sie aus der engen Verbindung politischer Kräfte, administrativer Probleme, mächtiger Interessengruppen, mit einem Wort aus der Schwäche des öffentlichen Apparates auch auf der lokalen Ebene. – Stadtplanung in Bogotá erweist sich so als ein äußerst komplizierter Prozeß. Die Zahl der Akteure ist erstaunlich hoch. Ihre Interessen differieren, und häufig sind sie einander entgegengesetzt. Politische Situationen und Interessen, die oft nichts mit der lokalen Politik im engeren Sinne zu tun haben, üben einen entscheidenden Einfluß auf die Ereignisse aus; diese Situationen ändern sich rasch[288] und schaffen damit eine Lage, welche eine Entwicklung abbrechen läßt und andererseits den Weg für eine andere freimacht. Die Akteure wechseln dauernd zwischen Stellen im privaten und im öffentlichen Bereich und innerhalb verschiedener Behörden; bei der personalisierten Natur des kolumbianischen politischen und administrativen Systems führt auch diese Tatsache zu einer großen Instabilität von Prozessen und Situationen. Wie auf der nationalen Ebene – und noch ausgeprägter als dort – erweisen sich die Kontroll- und Befehlslinien zwischen dem Chef der Exekutive und der Verwaltung als ziemlich schwach. Dies ist um so wichtiger, als eine Anzahl von Institutionen, welche für Stadtplanung und -entwicklung wichtig sind, zum Apparat des Gesamtstaates gehören.

Diese Überlegungen führen zu einer wichtigen Folgerung für beratende Tätigkeiten, sei es auf der nationalen Ebene, sei es auf der Ebene technischer Zusammenarbeit zwischen Kolumbien und einem fremden Staat oder einer internationalen Organisation:

Experten verstehen sich nach der *klassischen Interpretation* ihrer Aufgabe[289] als *Fachleute zur Beratung politischer Entscheidungsträger*. Ihr Berufsbild gründet sich auf strikte politische Neutralität, insbesondere dann, wenn sie Ausländer sind. Sie entwickeln technische Lösungen[290] und tragen sie den Politikern vor, die sie annehmen oder verwerfen können.

Es ist längst überzeugend nachgewiesen worden[291], daß eine derartige Auffassung angesichts der für eine Planung widrigen politischen Wirklichkeiten in einem Entwicklungsland *scheitern muß*. Um Erfolg zu haben, *muß* der Planer für seine technischen Ideen eintreten und kämpfen; er kann sich nicht auf zen-

---

[288] Ein solcher Wandel tritt auch als Folge der zweijährigen Regional- und Lokalwahlen ein.
[289] Wolff 1977 a: Teil 5.5.
[290] Beispiele bilden die Studien Phase II und Phase II B.
[291] Benveniste 1970: Kapitel 1; Benveniste 1972: passim.

trale politische Macht für ihre Verwirklichung verlassen, so vollkommen seine Vorschläge vom Standpunkt des Fachmannes aus gesehen auch sein mögen. Die vorliegende Untersuchung über die sogenannte „Stadtplanung von Bogotá" stimmt mit dieser Folgerung völlig überein. Einer der Hauptgründe für die Weigerung politischer Entscheidungsträger, die durchdachten Schlußfolgerungen der Phase II- und Phase II B-Studien zu übernehmen, lag darin, daß sie von ausländischen Experten erarbeitet worden waren, die das Land nach der Überreichung ihrer Schlußberichte verließen, statt für ihre Ideen zu kämpfen und zu werben.

Noch eine weitergehende Schlußfolgerung kann gezogen werden: Auch wenn eine „ideale" technische Lösung von den Entscheidungsträgern akzeptiert worden ist, bleibt das endgültige Resultat angesichts der großen Zahl intervenierender Variabler eine offene Frage. Ein Beispiel wäre die Existenz von drei Modellen A, B, C, von denen A durch die zuständigen Entscheidungsträger angenommen worden ist. Dem Modell nach bedeutete das die Verwirklichung des Schrittes a, um den Endzustand A' zu erreichen. Auch in dieser Situation bleibt es ungewiß, ob a verwirklicht wird. Das seiner Logik nach so einfache Planungsmodell wird damit verzerrt: Die Eingangsvariable a (die modellmäßig zu Endzustand A' führt) kann auch dann nicht als gegeben angenommen werden, wenn Modell A angenommen worden ist. Vielmehr sind sehr schwierige Überlegungen notwendig — falls dies überhaupt möglich erscheint —, um die wirkliche Eingangsvariable a' zu bestimmen. Das ganze Kapitel über Stadtplanung hat Argumente zugunsten dieser Überlegung vorgetragen: gleichzeitig wurde dargelegt, wie schwierig eine solche Voraussage in einem System mit hochgradig fragmentierter politischer und verwaltungsmäßiger Macht ist, welche das Kolumbien der siebziger Jahre darstellt.

*Viertes Kapitel*
# Die Steuerreform des Jahres 1974

Die nächste Fallstudie behandelt die kolumbianische Steuerreform des Jahres 1974, eine radikale Veränderung der bestehenden Steuerstruktur des Landes, mindestens insoweit als sie in Steuergesetzen niedergelegt war. Wie die Untersuchungen über die Stadtplanung von Bogotá einerseits und über die Haushaltspolitik andererseits kreist sie um folgende grundlegende Probleme: Bis zu welchem Grad kann von Autonomie und Unabhängigkeit des Staatsapparates gegenüber den Kräften des sozialen Umfeldes gesprochen werden? Zweitens, welches sind die Interaktionen zwischen den verschiedenen Teilen der Bürokratie und der politischen Führerschaft, insbesondere welche Kontrollmöglichkeiten hat diese zur Verfügung? Die Steuerreform stellt einen besonders ergiebigen Fall zur Untersuchung dieser Fragen dar: Die politische Situation war äußerst günstig für die Reform, hochqualifizierte technische Beratung war verfügbar. Das zentrale Thema ist folglich der langsame Abbau eines fait accompli unter dem Einfluß von Gegenkräften.

## A. Chronologie der Ereignisse

### 1. Die Vorgeschichte

Eine durchgreifende Steuerreform kann nicht ohne eine langandauernde fachliche Vorbereitung verwirklicht werden. Dies ist auch der Fall für Kolumbien.

Die sechziger Jahre haben eine *Welle von Gutachten* zu Steuerfragen gebracht. „No country, developing or developed, has had its tax system described, analyzed, and potentially improved by so many ... studies in so short a period of time as has Colombia."[1] Die Reihe beginnt 1960 mit einem unpublizierten Bericht der Organisation Amerikanischer Staaten[2]; wenige Jahre später wird der Bericht einer Steuerreformkommission, die aus Experten der Harvard Law School zusammengesetzt war, in hektographierter Form vorgelegt.[3] 1964 folgt

---
[1] Shoup 1973: 59.
[2] Shere 1960.
[3] Der Bericht wird, leider ohne genaue bibliographische Angaben, in Shoup 1973: 59 erwähnt.

ein Band in der Reihe „World Tax Series" der Harvard Law School.[4] Für das Jahr 1965 kann eine an praktischen Steuerfragen orientierte Studie[5] erwähnt werden. Schließlich wurden die wichtigsten und politisch einflußreichsten Bücher über die Besteuerung des Landes innerhalb kurzer Zeit, der zweiten Hälfte der sechziger Jahre, erarbeitet: Bericht einer Mission der OAS und der Interamerican Development Bank unter Leitung von Milton C. Taylor[6]; ein Buch von Richard M. Bird[7], der ebenfalls eng mit der Harvard University zusammenarbeitete. Die letzte und politisch wichtigste Kommission wurde von Richard A. Musgrave, Universitätsprofessor in Harvard, geleitet.[8] Man kann also schließen, daß das Harvard Tax Program und das gemeinsame Steuerprogramm (Joint Tax Program) der Organisation Amerikanischer Staaten und der Interamerikanischen Entwicklungsbank die beiden Pfeiler darstellen, auf denen die spätere Steuerreform in ihren fachlichen Aspekten aufgebaut wurde. Praktisch alle wichtigen später verwirklichten Empfehlungen finden sich bereits in dem Bericht der Taylor-Mission[9]; sie werden vom Musgrave-Bericht lediglich wieder aufgegriffen und genauer durchdacht. Es wäre jedoch falsch, hieraus auf einen größeren Einfluß des Taylor-Berichtes gegenüber dem Musgrave-Bericht zu schließen.[10] Der letzte Bericht hatte in Wahrheit die größte Bedeutung für die Gestaltung der Steuerreform.

*Drei grundlegende wirtschaftliche Probleme*, die mit der Steuerstruktur zusammenhängen, lagen dem lebhaften Interesse an diesen Fragen in der erwähnten Periode zugrunde[11]: zunächst relativ hohe *Inflationsraten* in einem Land, in

---

[4] Eder / Chommie 1964.
[5] Andersen 1965.
[6] Taylor 1965; s. auch Taylor 1967.
[7] Bird 1970.
[8] Musgrave / Gillis 1971. Der Schlußbericht der Mission wurde jedoch Präsident Lleras Restrepo bereits am 26. Februar 1969 überreicht und im gleichen Jahr von der Banco Popular auf Spanisch veröffentlicht.
[9] Rodriguez 1977: 188. Eine Ausnahme bildet die sogenannte Renta Presuntiva für natürliche Personen, die gleich erklärt werden soll.
[10] Interviewmaterial. Diese Folgerung ergibt sich auch aus den persönlichen Bindungen und Übereinstimmungen zwischen den kolumbianischen Mitgliedern der Musgrave-Mission und den Fachleuten, welche die Steuerreform vorbereiteten. Stärker noch als frühere Kommissionen konnte Musgrave mit der Mitarbeit junger, meist in Amerika ausgebildeter, Akademiker rechnen (auf diesen Punkt werden wir noch zurückzukommen haben). Soweit bekannt wurde, spielten die kolumbianischen Mitglieder der OAS/Weltbank-Mission (Taylor 1965: Titelblatt) bei den späteren Ereignissen keine bedeutende Rolle. – Andererseits ist darauf zu verweisen, daß einige im Taylor-Bericht diskutierte Fragen bei Musgrave nicht behandelt werden.
[11] Tanzi 1972: 71 f. – Gleichzeitig gab es auch bei kolumbianischen Wissenschaftlern ein gesteigertes Interesse an Besteuerungsfragen. Ein publiziertes Ergebnis ist CIAS 1968.

dem eine Anpassung der Institutionen an dieses Phänomen nicht so gegeben war wie in anderen lateinamerikanischen Ländern.[12] Zum zweiten waren die *Wachstumsraten jahrelang niedrig* gewesen, so daß sich das Pro-Kopf-Einkommen wenig verändert hatte und die schnell wachsende Zahl von Arbeitskräften nicht absorbiert werden konnte. Die Arbeitslosigkeit blieb folglich hoch und stieg sogar an. Drittens existierten *Zahlungsbilanzprobleme*, welche die verantwortlichen Politiker zu rasch wechselnden kurzfristigen Maßnahmen zwangen, die sich für langfristige Entwicklung und Planung als schädlich erwiesen. Häufige Importrestriktionen beeinträchtigten das Wirtschaftswachstum.

Der Musgrave-Bericht (er wurde übrigens von der kolumbianischen Regierung auf Anregung des Präsidenten Lleras selbst in Auftrag gegeben) geht darüber hinaus noch auf ein anderes Grundproblem ein, nämlich die Beziehungen der einzelnen Teile der Verwaltung in finanzieller Hinsicht.[13] Dies bezieht sich auf die Verteilung von Einnahmen und Ausgaben auf die verschiedenen Ebenen der Verwaltung und, davon nicht zu trennen, die Verteilung der Aufgaben auf Staat, Departamentos und Gemeinden.[14] Es kann bereits vermerkt werden, daß dieses Problem bei der Reform selbst keine größere Rolle spielte.[15]

Die drei zuletzt erwähnten Berichte, die insgesamt am einflußreichsten waren, können folgendermaßen charakterisiert werden[16]: Taylor und Mitarbeiter behandeln gründlich eine besonders hohe Zahl von Steuern und konzentrierten sich auf Reformvorschläge für jede der größeren Steuergruppen (Einkommens- und verwandte Steuern[17], Erbschafts- und Schenkungssteuern[18], Besteuerung der Landwirtschaft[19], Besteuerung städtischer Grundstücke[20], Zölle[21], binnen-

---

[12] Vgl. solche Phänomene wie die in absoluten Pesos ausgedrückten kleinen Geldbußen im Falle einer Verletzung von Bauvorschriften (Kapitel III) oder die Tatsache, daß ein langatmiges Verwaltungsverfahren zur Zwangsbeitreibung von Abgaben sich mit der Inflation zu einer Verminderung der tatsächlichen Belastung des Steuerzahlers verbindet, der alle möglichen Tricks anwendet.

[13] Shoup 1973: 60.

[14] Das Kapitel über „Intergovernmental Fiscal Relations" (Musgrave / Gillis 1971: Kapitel 10, S. 143-167) ist das längste des ganzen Berichtes.

[15] Es sei daran erinnert, daß dieses Problem bis zum Ende der Präsidentschaft von López noch nicht gelöst war. Details in Kapitel II B 2.

[16] Shoup 1973: passim.

[17] Taylor 1965: 78 ff.; Zusammenfassung der Empfehlungen: 98 ff.

[18] ibidem: 100 ff.

[19] ibidem: 107 ff. Zusammenfassung der Empfehlungen: 133. Hier wird die „Renta Presuntiva" für landwirtschaftliche Aktivitäten zum ersten Mal empfohlen.

[20] ibidem: 134 ff. Zusammenfassung der Empfehlungen: 147. Noch 1977 befaßte sich ein Spezialist der Weltbank mit diesem Thema, da die Steuerreform keine Änderung mit sich gebracht hat; s. Linn 1977 a und b.

[21] ibidem: 148 ff.

wirtschaftliche indirekte Besteuerung²²). Schließlich wird die Besteuerung von Unternehmen und von Gesellschaften mit beschränkter Haftung diskutiert.²³ Politisch äußerst wichtige Kapitel betreffen die Inzidenz des Steuersystems (die interpersonale Verteilung der Besteuerung²⁴), die dezentralisierten Einrichtungen²⁵ und das schwierige Problem von Zollschutz und Entwicklung.²⁶

Entsprechend seinem Titel „Taxation and Development. Lessons from Colombian Experience" konzentriert sich *Bird* „on a few of the more important issues and relates them to the general development problem and to each other".²⁷ (Eine Gesamtstudie des Steuersystems wird als überflüssig erachtet, da inzwischen bereits die spanische Fassung des Musgrave-Berichtes publiziert worden war.²⁸) Der Hauptvorschlag zielt auf eine höhere Besteuerung, da der Staat eine höhere Grenzspareignung besitze als die private Industrie²⁹, wenn er auch im Investitionsbereich nicht als effizienter angesehen werden könne. Es ergibt sich, daß Förderung wirtschaftlichen Wachstums und höhere Progression des Steuersystems einander nicht im Wege stehen, im Gegenteil. Da der von den höheren Einkommensschichten für ausländische Güter und Dienstleistungen verwendete Einkommensanteil höher ist als derjenige der niedrigeren Einkommensschichten, werden durch eine solche Politik auch die Zahlungsbilanzprobleme gemildert. — Im Unterschied zu den anderen wichtigen Studien zögert Bird nicht, frühere Versuche einer Steuerreform zu kritisieren und Gefahren der gegenwärtigen Regierungspolitik aufzuweisen. Er schreibt: „Many efforts at tax reform in Colombia in the past have amounted to little or nothing — whether or not they resulted in a new law, appearing on the books — simply because the reforms were not the real policy of those in power but a game performed for the international lending agencies or other interested spectators."³⁰ Er wagt sogar eine pessimistische Prognose hinsichtlich der Verwirklichung seines eigenen Hauptvorschlages (stärkerer Progression): „. . . the pre-

---

²² ibidem: 200 ff. Zusammenfassung der Empfehlungen: 220 ff.

²³ ibidem: 244 ff.

²⁴ ibidem: 221 ff.

²⁵ ibidem: 229 ff. Empfehlungen: 243 ff. Zu diesen dezentralisierten Einheiten s. insbesondere unten Kapitel V. Einige unserer Schlußfolgerungen (Fehlen einer wirklichen Kontrolle) finden sich bei Taylor als Gefahren!

²⁶ ibidem: 174 ff.

²⁷ Bird 1970: XIV.

²⁸ Eine Zusammenfassung der Ergebnisse des Musgrave-Berichtes findet sich als Appendix C, S. 219 ff.

²⁹ Bird 1970: Kapitel 1 und 2.

³⁰ ibidem 192; die vorliegende Fallstudie ist deshalb so interessant, weil diese Art von Schattenboxen von den politischen und administrativen Entscheidungsträgern diesmal nicht beabsichtigt war. Bis zu einem gewissen Grade war das Endergebnis jedoch identisch.

sent form of Government was primarily set up not to bring about change but to maintain political stability and the traditional elite."[31] — Auch Bird legt ein wichtiges Kapitel über Gemeindefinanzen vor.

Da der *Musgrave-Bericht* die bedeutendsten politischen Auswirkungen hatte, muß er etwas genauer dargestellt werden.

Die englische Fassung des Berichtes[32] besteht aus dem Schlußbericht der Steuerreformkommission (insbes. den Empfehlungen) und, um diese zu begründen aus neunzehn Einzeluntersuchungen über die verschiedensten Aspekte der Besteuerung in Kolumbien, die in fünf große Gruppen zusammengefaßt werden.[33] Diese Papiere sind von verschiedenen Autoren geschrieben worden, unter ihnen Kolumbianer, die bei der späteren Reform eine wichtige Rolle spielten[34]; allerdings stammt die Mehrzahl der Autoren aus Nordamerika.

Zum Abschluß schlägt die Kommission den Text eines neuen Gesetzes zur Besteuerung von Einkommen und Vermögen vor.

Die Hauptprobleme, die Anlaß zu den Vorschlägen von Musgrave/Gillis gaben, sind bereits dargelegt worden. Im folgenden sei deren Zusammenhang mit der damals bestehenden Steuerstruktur beschrieben.[35]

Zuerst ist die Inelastizität des Steuersystems insgesamt zu nennen, die ohne dauernde Änderungen der Steuersätze zu einem langsameren Wachstum des Steueraufkommens als des Sozialproduktes führt. Zweitens war die gesamtwirtschaftliche Investitionsrate niedrig; ein Anstieg des für Investitionen bestimmten Steueraufkommens stellte daher eine Voraussetzung für ein höheres Wirtschaftswachstum dar (das Argument stimmt mit der Grundlinie von Bird überein). Drittens ist die persönliche Einkommensverteilung außerordentlich ungleich und wird nur ganz wenig durch das Steuersystem korrigiert.[36] Diese ungleiche Verteilung von Einkommen und Vermögen bedeutet gleichzeitig Zahlungsbilanzprobleme (erneut stimmt das Argument mit Bird überein) und führt auch nicht zu einer höheren gesamtwirtschaftlichen Sparquote, da die oberen 25 Prozent der Einkommensbezieher 75 Prozent des Konsums in Anspruch nehmen. Eine Umverteilung mit fiskalischen Mitteln bedeutete daher ceteris paribus nicht eine Verminderung produktiver Investitionen — im Gegenteil!

---

[31] Bird 1970: 198.
[32] Musgrave / Gillis 1971.
[33] Steuerbelastung; Steuern auf Einkommen und Vermögen; Steuern auf Unternehmensgewinne und Steueranreize; indirekte Steuern; finanzielle Beziehungen zwischen verschiedenen öffentlichen Händen.
[34] Z.B. Miguel Urrutia Montoya und Aníbal Gómez Restrepo.
[35] Tanzi 1972: 72 ff.
[36] So wie es tatsächlich angewendet wurde, nicht nach den Buchstaben des Gesetzes.

Höchstwahrscheinlich führte sie darüber hinaus zu einer Verbesserung der Beschäftigungslage, da auf der einen Seite die hohe Grenzimportneigung verringert würde und auf der anderen Seite der Konsum der für die höheren Einkommensschichten typischen kapitalintensiven Güter zurückginge.

Die *Hauptvorschläge* des Musgrave-Berichtes sind die folgenden[37]:

1. Die Verbrauchssteuern[38] sollen in dem Sinne neu geordnet werden, daß Massengüter weniger, Luxusgüter hingegen höher belastet werden. Eine neue Klassifikation der Güter wurde vorgeschlagen; darüber hinaus wurde eine Erhöhung der Umsatzsteuer von 3 auf 5–7% empfohlen.

2. Die Vermögenssteuern sollten ebenfalls erhöht werden, insbesondere zur Finanzierung des Primarschulwesens. Auch dieser Vorschlag dürfte mindestens langfristig eine Umverteilung der Einkommen mit sich bringen. Steuerausnahmen sind zu vermindern, und die Besteuerungsgrundlage ist periodisch an die Inflation anzupassen, um so ihrem schleichenden Rückgang in realen Werten vorzubeugen.

3. Die persönliche Einkommenssteuer soll auf eine Reihe von bisher steuerfreien Einkommensarten ausgeweitet werden. Auch dies erhöhte die Progression des Systems, wenn angenommen wird, daß eine Reihe dieser Einkommensarten Angehörigen der höheren Einkommensschichten zufließen. Auch ohne eine solche (plausible) Annahme verlangen Gründe steuerlicher Gerechtigkeit gebieterisch einen Abbau dieser Steuerprivilegien. Insbesondere sollten alle Kapitalgewinne dem Begriff „steuerpflichtiges Einkommen" zugerechnet werden. Die Steuer auf Unternehmenserträge sollte derart umgebaut werden, daß Anreize zur Verteilung der Gewinne vermindert würden, um damit eine höhere Reinvestition zu erzielen. Angesichts des sehr beschränkten inländischen Kapitalmarktes wurde eine solche Maßnahme als notwendig angesehen.

Eine Erweiterung der Grundlage der Besteuerung auf Vermögen wurde unter anderem vorgeschlagen, um auch unproduktives Vermögen einschließen zu können; dies war offensichtlich als Anreiz zu produktiver Investition gedacht. Viele Vermögen wurden nämlich in der Hoffnung auf spekulative Gewinne angelegt, z.B. durch den Ankauf von landwirtschaftlichen Betrieben und ihren Verkauf nach Jahren mangelhafter Bewirtschaftung. Die allgemeine Unterver-

---

[37] Tanzi 1972: 75 ff. Aus Raumgründen ist hier eine genauere Diskussion der Vorschläge und ihrer Begründung nicht möglich. – Es sei noch hinzugefügt, daß auch eine Delegation des Internationalen Arbeitsamtes, Genf, welche Empfehlungen zu einer Vollbeschäftigungspolitik für Kolumbien gegeben hat, den Einsatz des Steuersystems zur Erhöhung der Beschäftigung vorschlug. Der Bericht: OIT 1970; eine offizielle kolumbianische Stellungnahme ist Evalución 1970 (sie stimmt den Steuervorschlägen zu); s. auch Radke 1970.

[38] Diese waren bereits vorher progressiv; Galán O. 1973: 94.

sorgung mit Lebensmitteln ließ ein solches durch das Steuersystem begünstigtes Vorgehen als gesamtwirtschaftlich untragbar erscheinen.

Einige der wichtigsten im Musgrave-Bericht *nicht behandelten Gebiete* sind kurz zu erwähnen.[39] Erbschaftssteuern werden nicht untersucht, obwohl sie beim Abbau der Konzentration von Einkommen und Vermögen eine wichtige Rolle spielen können. Internationale Aspekte der Einkommensbesteuerung werden ebenfalls nicht analysiert. Obwohl Zölle eine der Haupteinnahmequellen des Staates darstellen[40], werden sie nur am Rande erwähnt.

Viertens werden die autonomen (dezentralen) Körperschaften und die Staatsmonopole nicht diskutiert, obwohl bereits ein flüchtiger Blick auf die Einkommens- und Ausgabenseite des Haushaltes Aufschluß über deren Bedeutung gegeben hätte.[41] Ein weiterer Kritikpunkt[42] liegt in praktischen Überlegungen begründet: Der Gleichheitsaspekt ist im Musgrave-Bericht im Verhältnis zu anderen steuerlichen Gesichtspunkten besonders hervorgehoben. Bereits vor der Reform von 1974 war jedoch die Einkommenssteuer, verglichen mit anderen lateinamerikanischen Ländern, ziemlich progressiv. Der daraus resultierende Steuerwiderstand dürfte die Erklärung für die geringe gesamtwirtschaftliche Steuerquote abgeben. Eine Politik entsprechend den Empfehlungen der Musgrave-Kommission hätte diesen Widerstand erheblich erhöht: 57 Prozent

---

[39] Shoup 1973: 60 f.

[40] Nach dem Haushalt 1977 mehr als ein Viertel (Ley de Presupuesto 1977 Sector Central: IX f.). Der Anteil wäre noch höher, bezöge man den Ertrag nur auf die laufenden Einnahmen, und würden öffentliche Abgaben, die wegen ihrer Verwaltung durch den Verband der Kaffeebauern nicht in das zentrale Budget eingeschlossen werden, berücksichtigt (s. Kapitel V B 3). Auf der Ausgabenseite müssen Subventionen für die sogenannten nicht-traditionellen Exporte (alle Exporte, die weder Kaffee noch Öl noch Felle darstellen, insgesamt etwa ein Drittel aller Ausfuhren) erwähnt werden, der sogenannte Certificado de Abono Tributario (CAT). CAT stellt einen Gutschein dar, der zu einem von einem Erzeugnis zum nächsten wechselnden Prozentsatz zur Bezahlung von Steuern verwendet werden kann. Von Zeit zu Zeit führt dieses Verfahren zu Problemen mit der Anti-Dumping-Gesetzgebung der Vereinigten Staaten. (Eine theoretische Diskussion des CAT ist Berry 1972: Das Papier gleicht die Überbewertung des Peso aus.) Zölle werden im Musgrave-Bericht nur auf den Seiten 112-114 behandelt, jedoch befaßt sich eine der Einzelabhandlungen von Malcolm / Gillis und Charles McLure Jr. mit der Koordination von Zöllen und innerstaatlicher indirekter Besteuerung (S. 573-592). CAT wird in einer Untersuchung von McLure als Steueranreiz behandelt, S. 545-556.

[41] Details in Kapitel V. Es sei daran erinnert, daß ihre Überwachung z.Zt. der Musgrave-Mission noch weniger wirksam war als heute: Erst die 1973 erlassene Haushaltsordnung (Decreto-Ley 294/1973) führte die Notwendigkeit wenigstens der formalen Zustimmung des Kongresses zum konsolidierten Budget der entidades descentralizadas ein – auch wenn das so festgelegte Budget oft nicht durchgeführt wird.

[42] So formuliert von Tanzi 1972: 80.

11 Wolff

des Zuwachses des Steueraufkommens hätte hiernach aus einem Mehraufkommen der persönlichen Einkommensteuer stammen müssen, die vom durchschnittlichen Steuerzahler bereits als extrem hoch angesehen wurde (dabei wird eine Erreichung des Zieles einer gesamtwirtschaftlichen Steuerquote von 14 Prozent vorausgesetzt). Eine pragmatischere Strategie hätte statt dessen jene Steuern erhöht, die der Steuerzahler nicht so stark spürt und der er deswegen nicht einen derart großen Widerstand entgegengesetzt hätte. Zum sozialen Ausgleich hätte die Ausgabenseite des Budgets eingesetzt werden können: Die unteren Einkommensschichten hätten hier besonders bedacht werden sollen. Diese praktische Überlegung wurde vollständig vernachlässigt − und es wird zu zeigen sein, daß die allgemeine Überzeugung von einer überhöhten Besteuerung einer der Hauptgründe für die langsame Erosion der Steuerreform gewesen ist.

In ähnliche Richtung zielt ein anderer wichtiger Kritikpunkt: Der Schlußbericht oder die Fachpapiere verlieren kein Wort über die *praktischen (Verwaltungs-)Aspekte der Steuererhebung*. Auch flüchtigen Beobachtern kolumbianischer Politik und Verwaltung kann es nicht entgehen, daß eine Vielzahl mehr oder weniger guter Gesetze nicht beachtet wird, unter anderem deshalb, weil der Verwaltung die nötige Effektivität fehlt.[43] Das Programm einer weitreichenden Reform − und Musgrave schlug eine solche vor −, das nicht auf Verwaltungsprobleme eingeht, ist deshalb als ganz unvollständig zu betrachten.[44] Die besten technischen Vorschläge können an administrativen Problemen scheitern.

Man könnte darüber hinaus das vollständige *Fehlen jeder politischen Überlegung* zu den Möglichkeiten des kolumbianischen Staates zur Verwirklichung einer derart weitreichenden Reform kritisieren (es sei an Birds pessimistische Bemerkung hierzu erinnert). Die Aufgabe der Gutachtermission wurde offensichtlich im klassischen Sinne der Beratung politischer Entscheidungsträger aufgefaßt, denen es überlassen bleiben sollte, aus den Vorschlägen das politisch Machbare und Wünschbare zu übernehmen.

Allerdings ist eine wichtige Einschränkung zu bedenken: Überlegungen zur politischen Durchsetzbarkeit der Mehrzahl der (fachlich ausgezeichneten) Empfehlungen hätten wahrscheinlich zu dem Schluß geführt, daß sie nicht reali-

---

[43] Hierbei handelt es sich natürlich nicht nur um ein praktisches Problem. Politische Widerstände, die allgemeine legalistische Kultur und die Verwendung der staatlichen Bürokratie für Zwecke, die mit dem „Verwalten" als Funktion nichts zu tun haben (s. Kapitel I und VI), spielen eine Rolle. − Einzelheiten der Probleme der Steuerverwaltung werden später behandelt.

[44] Ein abweichendes Beispiel stellt dar Avenarius / Fanger / Oberndörfer / Wolff 1973: Verwaltungsaspekte spielen hier eine ebenso wichtige Rolle wie eine Darlegung des Steuersystems. Die Empfehlungen beziehen auch politische Überlegungen ein − ebenfalls einer der bei Musgrave fehlenden Punkte. Vgl. den Haupttext.

stisch seien (tatsächlich geschah nahezu fünf Jahre nach der Vorlage des Berichtes nichts). Nach dem vollständigen — wenn auch nur kurze Zeit andauernden — Wechsel der politischen Situation Mitte 1974 hätten die die Reform vorbereitenden Fachleute nicht auf jenen Überlegungen aufbauen können, die Musgrave angestellt hatte und die ihnen erlaubten, innerhalb von wenigen Wochen verkündungsreife Verordnungsentwürfe zu erarbeiten. Vielleicht stellt in diesem Sinne der Verzicht der Musgrave-Kommission auf politische Überlegungen doch das klügere Vorgehen dar.[45]

Im folgenden sei auf den *Ablauf der Musgrave-Mission und auf die Reaktionen der Öffentlichkeit* auf ihre Empfehlungen eingegangen.[46]

Wie vermerkt, lag der Beratung durch Musgrave und seine Gruppe eine Einladung des Präsidenten Carlos Lleras Restrepo zugrunde. Diesem waren vom Kongreß Sondervollmachten zugebilligt worden, die ihm diese Einladung erlaubten. Hierbei handelte es sich keineswegs nur um eine protokollarische Frage: Der Präsident nahm persönlich lebhaftes Interesse an der technischen Arbeit der Kommission.[47] Dies erklärt sich aus folgenden Tatsachen:

Carlos Lleras hatte das Interesse an gesamtwirtschaftlicher Planung im Lande erneuert.[48] Er brauchte finanzielle Mittel zur Verwirklichung seines 1969 veröffentlichten Entwicklungsprogrammes. Zweitens erstrebte er nicht nur eine

---

[45] Musgrave bemerkte hierzu in einem Rückblick auf die Reform (Musgrave 1978: 10): „... I still believe that the subject of tax reform ... has to be based on some notion of what the good tax structure should be like. I still believe this to be the case, even though it has been persuavely argued ... 'that such exercises are likely to be neither accepted nor, should they be accepted, successfully implemented'."

[46] Wenn nichts anderes vermerkt ist, folgt der Text Interviewmaterial.

[47] Wenige Tage nach dem Beginn der Arbeiten stattete der Präsident der Gruppe einen überraschenden Besuch ab und hielt bei dieser Gelegenheit eine etwa achtzigminütige Rede (Interview mit Rodrigo Botero Montoya, dem ersten Finanzminister unter López Michelsen; El Espectador vom 6. Oktober 1974). – Der damalige Finanzminister Abdón Espinosa Valderrama (später erneut Finanzminister als Nachfolger Boteros) betonte ebenfalls die Wichtigkeit der Arbeiten der Kommission, obwohl aus dieser Stellungnahme nicht unbedingt auf ein echtes Interesse an der Angelegenheit geschlossen werden kann. (Wichtige Ergebnisse der Arbeit der Kommission kamen durch eine Indiskretion an die Öffentlichkeit, die davon also ohne jede politische Vorbereitung überrascht wurde. Angeblich war der Minister selbst hierfür verantwortlich. Dies ist jedoch nicht sicher.) – Vgl. den Abbau von Teilen der Steuerreform während seiner zweiten Amtsperiode als Minister.

[48] Die Verfassungsreform 1968 hatte die Verpflichtung des Staates zur Planung der Wirtschaft konkretisiert und die rechtliche Grundlage für die dazu notwendige verwaltungsmäßige Infrastruktur geschaffen. – Der Präsident hatte sich auch an einen ersten Schritt dazu beteiligt: Er überprüfte, teilweise persönlich, die große Zahl von Investitionsprojekten, die von öffentlichen Einrichtungen vorbereitet oder durchgeführt wurden. Das Ergebnis war schließlich der Entwicklungsplan „Planes y Programas" des Jahres 1969.

stärkere Beteiligung des Staates an der Wirtschaft, sondern auch eine Umverteilung mit fiskalischen Mitteln; diesem Programm war er politisch verpflichtet. Drittens wurde ein strukturelles Haushaltsdefizit angenommen, was eine strukturelle Reform notwendig erscheinen ließ. Schließlich, wie bereits bemerkt, erschien eine gründliche Reform der Verteilung der Einnahmen auf die verschiedenen Ebenen der Verwaltung dringlich.

Als die ersten Resultate der Empfehlungen der Musgrave-Kommission durchsickerten – und erst recht nach der offiziellen Übergabe des Berichtes im Februar 1969 – brach ein *Sturm des Unwillens und der Opposition* auf seiten der Presse und der Interessenverbände („gremios") los.[49] Hauptgründe hierfür lagen in der vorgeschlagenen Erhöhung der Steuersätze und in den Versuchen, die traditionellerweise sehr hohe Steuervermeidung und Steuerhinterziehung durch mächtige Wirtschaftszweige wie die Landwirtschaft zu vermindern. Für diese wurde nämlich eine Besteuerung aufgrund des amtlich vermuteten Einkommens vorgeschlagen (renta presuntiva, presumptive taxation). Da mehr Steuergerechtigkeit, Umverteilung, Verminderung der Steuerhinterziehung usw. schlecht in der Öffentlichkeit angegriffen werden konnten, waren die Hauptargumente, die höhere Besteuerung werde produktive Investitionen abschrecken und damit zu einer Verringerung des Wirtschaftswachstums führen. Dieses Argument wurde auch während der Reform von 1974 gebraucht. Zum zweiten wurde die nationalistische Karte ausgespielt: Ausländische Experten haben notwendigerweise eine nur unvollständige Kenntnis des Landes; ihre Empfehlungen sind daher im besten Falle nicht an die kolumbianische Wirklichkeit angepaßt[50] oder, schlimmer noch, ihre Verwirklichung widerspräche ihren eigenen Zielen.[51] – Ablehnend war auch die Reaktion des Generaldirektors für Steuern, Liborio Cuellas, der eine Zusammenarbeit mit der Musgrave-Direktion ablehnte und nach der Vorlage ihrer Empfehlungen zurücktrat.

---

[49] Ein Beispiel ist eine Rede von José Raimundo Sojo im Medellín-Klub, die vom Nationalverband der Händler (Federación Nacional de Comerciantes; Fenalco) gedruckt und vertrieben wurde; s. Sojo Zambrano 1969.

[50] Sojo Zambrano 1969 trägt den Titel: „Der Musgrave-Bericht oder die mangelnde Anpassung an die kolumbianische Wirklichkeit"!

[51] Dieses Argument erscheint zwar primitiv, verdient jedoch eine sorgfältige Überlegung durch Mitglieder solcher Experten-Missionen oder auch ausländische Wissenschaftler, die im Lande forschen. Zunächst ist für Kolumbien festzuhalten, daß in den Sozialwissenschaften das ausländische Element mindestens so wichtig ist wie das inländische. Viele der besten Studien über Politik und Gesellschaft Kolumbiens sind von Ausländern geschrieben worden. Zweitens, traurig genug, sind viele von ihnen in Kolumbien unbekannt oder nur wenigen Spezialisten bekannt; darüber hinaus finden sie sich in keiner öffentlichen Bibliothek (1977 waren Beispiele Rivera-Ortiz 1976; Williams 1972; Kline 1970). Das Interesse an einer besseren Kenntnis des eigenen Landes ist offenbar relativ gering. Anderseits muß vor der häufigen „Schnellschuß-

Lleras mußte vor dem enormen öffentlichen Widerstand *zurückweichen* und die Kommission dadurch desavouieren, daß er ihre Empfehlungen nicht als Gesetzentwurf im Kongreß einbrachte. Er schlug lediglich die Einführung des Quellenabzugsverfahrens und der Steuervorauszahlung vor, aber der Kongreß verweigerte bereits im Stadium der Ausschußberatungen seine Zustimmung.

Wie beschrieben, wurde 1970 der konservative Präsident *Pastrana Borrero* mit äußerst knapper Mehrheit durch Wahlen bestimmt, die von vielen für gefälscht gehalten wurden. Seine politische Stellung war infolgedessen zu schwach, um eine mehr oder weniger radikale Steuerreform zu versuchen. Drei kleinere Initiativen müssen dennoch erwähnt werden: Einmal beabsichtigte er die Finanzierung der Grundschulen durch eine Grundsteuer. Die Verhandlungen im Kongreß, wo diese Initiative auf Widerstand stieß[52], dauerten so lange, daß die Regierung beim Näherrücken der nächsten Präsidentschaftswahlen das Interesse an der Angelegenheit verlor. Zweitens gab es einen ebenfalls erfolglosen Versuch zur Verabschiedung eines allgemeinen Steuer-Gesetzbuches (Código tributario). Drittens führte Gesetz 4/1973 die renta presuntiva für die Landwirtschaft mit Sätzen von 10% für die Landwirtschaft im engeren Sinne und 4% für Viehzucht ein.[53] Diese Entwicklung ist angesichts der oben skizzierten Widerstände zunächst erstaunlich, hat aber einen einfachen politischen Hintergrund: Die Landreform hatte sich zu einer ernsthaften Bedrohung für die Landeigentümer entwickelt, nachdem das Landreform-Institut (Instituto Colombiano para la Reforma Agraria, Incora) einige spektakuläre Enteignungen im Caucatal vorgenommen hatte. So wurde eine Übereinkunft erzielt: Einführung der renta presuntiva für die Landwirtschaft (und damit des Prinzips, daß die lang anhaltende Unterbesteuerung dieses Wirtschaftszweiges beendet werden sollte) gegen ein Abbremsen oder mindestens eine Milderung der Landreform.[54]

---

methode" der Sozialwissenschaftler gewarnt werden: Man braucht eine nicht zu geringe Zeit zum Erwerb der Hintergrundinformationen über das Land, welche die Grundlage für Urteile, Quellenkritik usw. darstellen. Ein wichtiges Beispiel bilden die familiären und persönlichen Bande der Entscheidungsträger, die angesichts des hochpersonalisierten Charakters kolumbianischer Politik für jede seriöse Untersuchung wesentlich sind. Man benötigt Monate, um wenigstens einen Teil von ihnen zu erfassen; ganz wird das niemals gelingen.

[52] Der vorgeschlagene Steuersatz von 8 $^{0}/_{00}$ wurde im Ausschuß III des Senats auf die Hälfte gekürzt, was wiederum dem Repräsentantenhaus ungenügend erschien. Die Lleristas waren gegen den Entwurf, da sie fürchteten, die Konservativen könnten das Steueraufkommen für ihre Wahlkampagne verwenden. Auch eine persönliche Intervention des neuen Generaldirektors für Steuern, Enrique Low Murtra, konnte diesen Widerstand nicht überwinden.

[53] Das bedeutet, daß 10% und 4% des Schätzwertes der landwirtschaftlichen Betriebe einschließlich der Maschinen als jährlicher zu besteuernder Ertrag angesehen wurde. – Einige kleinere Initiativen Pastranas auf dem Steuergebiet sind übergangen worden.

Es kann ohne Übertreibung vermerkt werden, daß die Vorschläge der Musgrave-Kommission angesichts des allgemeinen heftigen Widerstandes gegen Ende der Amtszeit des Präsidenten Pastrana politisch tot waren. Lediglich kleinere Anpassungen des bestehenden Systems erschienen möglich — es sei denn, ganz außergewöhnliche, unvorhersehbare Entwicklungen wären eingetreten. Daß dies in der Tat geschah, wird jetzt zu beschreiben sein.

## 2. Die Reform 1974

*a) Die Ereignisse bis zum Ende der ökonomischen Notstandsperiode*

Der liberale Parteiführer *Alfonso López Michelsen* wurde am 21. April 1974 zum Präsidenten Kolumbiens gewählt. Hierbei handelte es sich, wie erinnerlich, um die erste Wahl mit unbeschränktem Wettbewerb zwischen den verschiedenen Parteien und ihren Kandidaten nach sechzehn Jahren „kontrollierter Demokratie" der nationalen Front, also um den ersten Schritt ihrer Beendigung. López schlug seinen konservativen Gegner Alvaro Gómez Hurtado mit 2.929.719 gegen 1.634.879 Stimmen.[55] Dieses Ergebnis verlieh ihm zu Beginn seiner Amtsperiode ein enormes Prestige: Einmal war der Unterschied zum traditionellen politischen Gegner sehr groß, zum anderen zählte die absolute Zahl der für ihn abgegebenen Stimmen: Nahezu drei Millionen Stimmen war ein bis dahin von keinem kolumbianischen Präsidenten erzieltes Ergebnis. Dieses bestätigte außerdem den traditionellen numerischen Vorrang der Liberalen Partei seit den dreißiger Jahren.

Während des *Wahlkampfes* hatte López insbesondere die folgenden Probleme aufgezeigt und ihre Beseitigung zu seinem Programm erklärt[56]: erstens die Inflation, deren Bedeutung den Wählermassen nur zu bewußt war. López erklärte dieses Thema als äußerst wichtig für die künftige Entwicklung des Lan-

---

[54] Es gelang den Interessengruppen jedoch, Ausnahmen für das Jahr 1973 zu erhalten, so daß die Steuer in diesem Jahr nicht erhoben wurde. — Eines der Dokumente zur technischen Vorbereitung dieser Steuer war Junguito Bonnet 1971.

[55] Ungar Bleier / Gómez de Martínez 1977: 259. Das Buch stellt die bis heute beste Beschreibung und Analyse der Wahlen von 1974 und des ihnen voraufgehenden Wahlkampfes dar; dritter Kandidat war Maria E. Rojas de Moreno, die Tochter des früheren Militärdiktators Rojas Pinilla, die unter einer halben Million Stimmen blieb (Details in Kapitel II C). Alle anderen Kandidaten erhielten weniger als 150.000 Stimmen, einer von ihnen sogar nur sechs!

[56] Hiermit wird natürlich nicht gesagt, daß die Argumente im Wahlkampf einen entscheidenden Einfluß auf das Wahlergebnis hatten (so auch Ungar Bleier / Gómez de Martínez 1977: 297). Quelle für die Wahlkampfthemen: ibidem und Interviewmaterial.

des, und er nahm für die Liberale Partei die gegenüber den Konservativen höhere Kompetenz bei der Lösung des Problems in Anspruch. Die soziale und wirtschaftliche Stellung der kolumbianischen Frau wurde nur kurz erwähnt; dagegen ging López häufig und ausführlich auf die extrem ungleiche Verteilung von Einkommen und Vermögen ein.[57] Hinzu kommen die Verschiedenheiten zwischen Stadt und Land. „Die Lücke zu schließen", der Titel des späteren Entwicklungsplanes, könnte auch als Motto über den Reden während des Wahlkampfes stehen: Die „ungleiche Entwicklung" (desarrollo desigual) sollte durch „Entwicklung mit sozialem Inhalt" überwunden werden. Hierdurch unterschied sich López von dem von ihm so genannten „desarrollismo" (etwa mit „Entwicklung ohne Berücksichtigung sozialer Folgen" zu übersetzen) der Konservativen auf der einen Seite und dem seiner Behauptung nach lediglich auf Umverteilung zielenden Ansatz der Linksparteien auf der anderen. Seine Politik faßt er in dem Ausdruck „Einkommens- und Lohnpolitik" (política de ingresos y salarios)[58] zusammen. Die Interessen der Arbeiter und der lohnabhängigen Bevölkerung insgesamt sollten gegen „das Kapital" und „die Kapitalisten" verteidigt werden. Der hohe Wahlsieg und dieses Programm führten zu hohen Erwartungen der Wählerschaft, die der Präsident nun erfüllen sollte.

Nach Auffassung eines der wichtigsten Akteure der Steuerreform[59] — die von anderen Interviewpartnern bestritten wurde und daher noch genauer zu überprüfen ist — entschied sich López zunächst zur Bekämpfung der Inflation. Umverteilung und eine Politik zugunsten der Armen erschienen ihm nur nach Stabilisierung des Geldwertes möglich. Der nächste logische Schritt bestand dann darin, die nahezu dauernden Haushaltsdefizite als eine Hauptquelle der Inflation zu beenden. Fiskalische Gründe hatten also für den gewählten Präsidenten den Vorrang vor Fragen steuerlicher Gerechtigkeit. Selbstverständlich kann mit guten Gründen die Auffassung vertreten werden, daß beide Ziele bei der tatsächlichen Gestaltung der Steuerreform zusammenfielen.

Bevor er das Land bis zum Beginn seiner Amtszeit verließ, ernannte López im Mai 1974 eine *Fachkommission* zur Vorbereitung der Steuerreform und anderer wichtiger Entscheidungen der Haushalts-, Geld- und Wirtschaftspolitik.[60]

---

[57] Eine wissenschaftliche Diskussion der Verteilungsunterschiede findet sich u.a. in Berry / Urrutia 1976; Urrutia 1976 und Zschock 1977. Berry / Urrutia (1976: 39 f.) weisen nach, daß die Ungleichheit auch für ein Entwicklungsland (in einem solchen sind die Unterschiede in der Regel ausgeprägter als in einem Industrieland) extrem groß ist.

[58] Vgl. Parra Escobar 1974: 4 f. — Es gab jedoch keine direkte Anspielung auf eine weitreichende Steuerreform (Quellen für die Kandidatenreden finden sich in López / Gómez / Rojas / Echeverry 1973 und in Velásquez 1974, besonders S. 27–36).

[59] Interviewmaterial.

[60] Die Ernennung einer technischen Kommission zur Vorbereitung wichtiger Entscheidungen eines neugewählten Präsidenten findet sich auch in anderen Fällen, z.B. bei Turbay Ayala 1978.

Sie bestand überwiegend aus jungen Akademikern, die keine Verbindung mit der Verwaltung des Präsidenten Pastrana hatten. Viele von ihnen waren kolumbianische Mitglieder der Musgrave-Kommission gewesen. Die Kommission wurde geleitet von Rodrigo Botero Montoya, der mit dem Amtsantritt des Präsidenten Finanzminister werden sollte.[61] Die Gruppe teilte sich in zwei Untergruppen, die von Guillermo Perry und Joaquín Bohorquez unter Mitarbeit von Urrutia geleitet wurden. Die erste Gruppe bearbeitete Erbschafts-, Einkommens- und Vermögenssteuer, die zweite Umsatz- und Verbrauchssteuern. Von Zeit zu Zeit wurden Fachleute als Berater der Kommissionen hinzugezogen.[62]

Nach dem Amtsantritt des Präsidenten im August wurden ihm drei Memoranden überreicht, die die Steuerreform und Aspekte der Finanz-, Wirtschafts- und Geldpolitik betrafen. Nach seiner grundsätzlichen Zustimmung wurde die Arbeit in einer um Mitglieder der jetzt von López geleiteten Verwaltung vergrößerten Gruppe fortgesetzt, insbesondere, um den Reformvorhaben eine juristische Gestalt zu geben.

Die Gruppe war nicht nur aus Steuerfachleuten zusammengesetzt, wie es auf den ersten Blick erscheinen mag. Beträchtliche Erfahrung in der Forschung und — wenn auch vielleicht nicht genug — in der öffentlichen Verwaltung kam hinzu. Nahezu alle Mitglieder der Kommission waren darüber hinaus zu Postgraduierten-Stipendien in den USA oder England gewesen. Da die Gruppe bis August 1974 keinerlei öffentliches Amt innehatte und deswegen im Schatten der

---

[61] Einige Mitglieder der Kommission waren:
Rodrigo Botero M., Finanzminister bis 1976, Direktor der Zeitschrift „Estrategia", Mitglied der von Willy Brandt geleiteten Nord-Süd-Kommission, 1978 Syndikus der Ford-Stiftung;
Joaquín Bohorquez Barona, stellvertretender Finanzminister unter Botero;
Jorge Ramírez Ocampo, Minister für wirtschaftliche Entwicklung unter López;
Antonio Barrera Carrasquilla, Generaldirektor für den Haushalt bis 1977, dann Mitglied des Forschungsinstituts Fedesarrollo, starb Ende dieses Jahres;
Jaime Vasquez Caro, Untergeneraldirektor für Steuern, später Mitglied eines privaten Marktforschungsinstitutes;
Clara Eugenia López, wirtschaftliche Beraterin des Präsidenten;
Guillermo Perry Rubio, bis 1976 Generaldirektor für Steuern, dann ebenfalls Mitglied von Fedesarrollo;
Miguel Urrutia Holguin (nähere Angaben in Kapitel III E 1 b);
Ivan Obregón, Nachfolger Perrys als Generaldirektor für Steuern, trat im Januar 1977 zurück;
Francisco Ortega, technischer Direktor der Notenbank;
Maria Mercedes Martinez und Gladys King, Berater des Finanzministers;
Hernan Botero Rodriguez.
[62] Einige von diesen waren Rafael Saza (ehemaliger Direktor für Steuern) und Juan Alfonso, ein auf Steuerfragen spezialisierter Anwalt.

öffentlichen Aufmerksamkeit verblieb, konnte sie ihre Ideen unbeeinflußt von politischen Debatten entwickeln.[63] Ihre Mitglieder waren über den weiteren Fortgang ihrer Bemühungen im unklaren: Sollten Gesetzentwürfe im Kongreß eingebracht werden, oder sollten Verordnungen auf der Grundlage von Sondervollmachten des Präsidenten erlassen werden, was die übliche Art war, komplizierte Materien zu regeln? Der Präsident jedoch wählte eine dritte Methode, welche die politischen Beobachter, die Parteien und die Abgeordneten überraschte. Diese ist nun zu beschreiben.

Zum ersten Mal seit der Einführung dieses Instituts durch die Verfassungsreform des Jahres 1968 wurde der *„wirtschaftliche Notstand"* (emergencia económica) nach Artikel 122 der Verfassung ausgerufen.[64] Trotz der Überraschung der politischen Öffentlichkeit hatte López diesen Schritt bis zu einem gewissen Grade vorbereitet.

Einmal hatte der Präsident in seiner *Antrittsrede* am 7. August ein vielleicht etwas überzeichnetes Bild der ernsten finanziellen Situation des Staates gezeichnet. Reformen wurden angedeutet, selbst der wirtschaftliche Notstand wurde — wenn auch sehr versteckt — erwähnt.[65] Aber die Öffentlichkeit und die Politiker selbst litten an akuter „Lopitis".[66] Opposition gegen den Präsidenten (ausgenommen die linke Splitterpartei UNO) existierte auch bei den Konservativen so gut wie nicht, und alle Signale, die sich auf den wirtschaftlichen Notstand bezogen, wurden einfach übersehen. Dies bezog sich natürlich auf die vom Präsidenten anzuwendende Taktik, nicht auf die Notwendigkeit einer Reform selbst.

*Andere Signale* in diesem Sinne wurden durch den neu ernannten Finanzminister Botero gegeben, der ein äußerst pessimistisches Bild der wirtschaftlichen und fiskalischen Situation zeichnete.[67]

---

[63] Das Zeitungsausschnittarchiv des CINEP (Centro para la Investigación y la Educación Popular) enthält für das erste Halbjahr 1974 keinerlei Artikel, der die in der Stille arbeitende Gruppe erwähnt. Selbstverständlich wäre es kühn, hieraus zu schließen, daß absolut nichts in der Presse erschien, aber es kann sicherlich gefolgert werden, daß die Kommission keine große Aufmerksamkeit fand!

[64] Der Text findet sich in dem diesem Kapitel folgenden Exkurs. Eine juristische Diskussion ist Restrepo Piedrahita 1973.

[65] „... procuraría apelar al articulo 122 y atacar la raíz del mal con la aplicación de medidas económicas de emergencia antes que recurrir al articulo 121 para sofocar la protesta": „... vor Benutzung des Art. 121 (über den Belagerungszustand), um den Protest zu ersticken, zöge ich die Benutzung des Art. 122 vor und attackierte die Wurzel des Übels durch die Anwendung von Maßnahmen des wirtschaftlichen Notstandes." (zit. in López Michelsen 1974: 1547).

[66] Dieser Ausdruck wurde vom Leitartikler des El Tiempo, Santos Calderón, verwendet, zitiert bei Gonzalez G. 1974: 46.

[67] Vgl. Berichte in den Zeitungen El Siglo vom 14. Aug.; El Colombiano vom 21. Aug. und El Tiempo vom gleichen Tage.

Zur Verwirklichung der „Politik der Einkommen und Löhne" wurde eine *trilaterale Kommission* aus Vertretern der Regierung, der Gewerkschaften und der Wirtschaftsverbände geschaffen[68], also eine Art konzertierte Aktion im deutschen Sinne. Dieses kurzlebige Komitee wurde offiziell am Freitag, 14. September 1974, gegründet und hatte seine erste und einzige Arbeitssitzung am Montag, den 17. September[69], dem gleichen Tag, an dem der wirtschaftliche Notstand offiziell verkündet wurde. Es trat u. a. deshalb niemals mehr zusammen, weil es in direkter Konkurrenz zum nationalen Lohnrat stand, der die gleichen Aufgaben wahrnehmen sollte.

Die trilaterale Kommission wird trotz ihres schnellen Endes deshalb hier angeführt, weil López sie als Forum zur Darlegung seiner Deutung des Zustandes der öffentlichen Finanzen und der wirtschaftlichen Lage des Landes benutzte. Diese Interpretation diente unmittelbar zur Rechtfertigung[70] der Erklärung des wirtschaftlichen Notstandes. Nach dem Text von López' Rede[71] (bei der Gründungssitzung der Kommission) wurde auch deutlich, daß die Absicht der Preisstabilisierung den Vorrang vor den anderen Zielen der Steuerreform hatte. Der Präsident kündigte die Erklärung des Notstandes offen an, aber nur drei Wochenendtage vor der Maßnahme selbst. Größere Opposition gab es während der Sitzung nicht, was einen späteren Widerstand der Interessengruppen, von denen die wichtigsten in der Kommission vertreten waren, schwieriger machte.

Die erste amtliche Ankündigung der geplanten Reform erschien in der Presse am 9. September[72], also eine Woche vor der Erklärung des Notstandes. Selbst zu diesem späten Zeitpunkt wurde aber ausdrücklich der Eindruck vermittelt, daß der Kongreß die Reform diskutieren und verabschieden sollte.[73] Man kann daraus schließen, wie sehr der Präsident und die Regierung darauf achteten, Überraschung als politische Waffe einzusetzen und vom Beginn der Reformperiode an die Initiative in der Hand zu behalten.

Wie erwähnt, erklärte Präsident López am 17. September 1974 (durch Verordnung 1970/1974[74]) den *Zustand des wirtschaftlichen Notstandes* gemäß Artikel 122 der Verfassung für eine Dauer von 45 Tagen. Eine Maximaldauer von 90 Tagen wäre möglich gewesen. Dieser relativ kurze Zeitraum ist leicht durch die Tatsache zu erklären, daß die Vorbereitung der beabsichtigten Re-

---

[68] Gonzalez G. 1974: 51; Interview-Material. Der Moskau-orientierten Central Sindical de Trabajadores Colombianos (C.S.T.C.) wurde sogar die Rechtspersönlichkeit verliehen, um ihre Teilnahme zu ermöglichen (idem).

[69] Idem: 52.

[70] Eine Begründung war aus rechtlichen Gründen notwendig. S. unten.

[71] Zit. in Gonzalez G. 1974: 52.

[72] El Tiempo von diesem Tage.

[73] Idem.

[74] Text: Derecho Fianciero 1975: 273 f.

form weit fortgeschritten war. Der Präsident führte die folgenden *Gründe* für die Erklärung des Notstandes an[75]:

Die Abschaffung der staatlichen Subventionen für importierten nordamerikanischen Weizen (ein Regierungsbeschluß vom 15. September 1974) werde notwendigerweise zu einer Erhöhung des Brotpreises führen, also zu einer insbesondere für die unteren Einkommensschichten ungünstigen Situation. Maßnahmen zur Inflationsbekämpfung erschienen daher angezeigt.

Das kolumbianische Budget litt unter einem beträchtlichen Defizit, u. a. deshalb, weil die Exportsubventionen (die schon erwähnten CATs) in den letzten Jahren erheblich gestiegen waren. Ihre Verminderung war zwingend, um andere Maßnahmen der Exportförderung vornehmen zu können. Allgemein führten das Haushaltsdefizit und die daraus folgenden schlechten öffentlichen Dienste, niedrigen staatlichen Investitionen, verspäteten Gehaltszahlungen etwa für die Lehrer, zu sozialer Unruhe.

Das System des Sparens mit gleicher Kaufkraft (UPAC)[75a], das der Einkommensbesteuerung nicht unterlag, sei durch Prozesse vor dem Staatsrat bedroht, was zu großer Panik unter den Sparern führe.

Auch die stark gestiegene Arbeitslosigkeit bedrohe die öffentliche Ordnung.

Hinzugefügt wurde ein lokales Problem, das durch die Propaganda der Regierung zu einer nationalen Katastrophe hinaufgesteigert wurde: Ein riesiger Erdrutsch blockierte die einzige Straße zu den östlichen Llanos und schnitt damit diese vom Rest des Landes und umgekehrt Bogotá von seinem östlichen Hinterland ab, das einen erheblichen Teil der Lebensmittel für die Millionenstadt lieferte.

Schließlich hätten Außenhandelsprobleme und die Depression der Weltwirtschaft ihren negativen Einfluß auf das Land. Im einzelnen wurde der hohe Zinssatz für die Auslandsschulden und der Preisrückgang für Kolumbiens Hauptexportprodukt, Kaffee, genannt.

Mit einem Wort: *Die Inflation*, die zu einem beträchtlichen Rückgang der Reallöhne führte, *sollte durch eine grundlegende Steuerreform bekämpft werden*, welche das Haushaltsdefizit beenden sollte. Die amtlichen Erklärungen des Präsidenten verbinden dieses Ziel nur von ferne mit einer Einkommensumverteilung, die nach den verschiedenen Gutachten der sechziger Jahre ein Hauptziel einer solchen Reform hätte sein sollen.

---

[75] López Michelsen 1974 (der Abschlußbericht an den Kongreß, wie er in Art. 122 der Verfassung vorgeschrieben ist); López Michelsen 1975 a (ein Artikel des Präsidenten in der ersten (0-)Nummer der neuen Zeitschrift des Verbandes der Finanzeinrichtungen ANIF, Derecho Financiero.

[75a] Siehe Kapitel III D.

Gemäß einer Verfassungsnorm[76] bat die Regierung[77] vor der Erklärung des Notstandes den *Staatsrat* um sein Votum über die Verfassungsmäßigkeit des beabsichtigten Schrittes.[78] Kolumbianische Verfassungsrechtler[79] bezeichnen dies als eine Formalität, da die Regierung den Notstand in eigener Verantwortung erklären dürfe. Andererseits übersähe eine solche rein juristische Interpretation die Tatsache, daß ein negatives Ergebnis der Prüfung des Staatsrates es der Regierung politisch schwierig oder gar unmöglich machte, ihre Absicht zu verwirklichen. In unserem Falle trat dies jedoch nicht ein; nach einer langen außerordentlichen Sitzung mit teilweise kontroversen Ansichten[80] billigte der Staatsrat mit erheblicher Mehrheit (13:3 Stimmen) die Verfassungsmäßigkeit der geplanten Ausrufung des wirtschaftlichen Notstandes. Dabei wurden allerdings keine Untersuchungen über die Richtigkeit der von verschiedenen Ministern (Inneres, Verteidigung, Finanzen, Wirtschaftsentwicklung, Erziehung und Justiz) vorgetragenen Tatsachenbehauptungen vorgenommen. Die Kabinettsmitglieder argumentierten alle, daß die normalen Tätigkeiten der Verwaltung und wesentliche Funktionen des Staates ohne drastische Maßnahmen bedroht seien. Die Resolution des Staatsrates wies darauf hin, daß die Regierung mit den Notstandsdekreten nur *die* Übel bekämpfen dürfe, die die Erklärung des Notstandes begründeten.[81]

Die Regierung verkündete dann in rascher Folge die verschiedenen *Reformverordnungen*.[82] Diese rasche Folge war durch die gründliche Vorbereitung der Texte möglich geworden. Der Notstand endete, entsprechend dem ersten Dekret, am 31. Oktober 1974.

Wenden wir unsere Aufmerksamkeit der *öffentlichen Diskussion* zu!

---

[76] Art. 141 Nr. 1.

[77] Vertreter der Regierung war der Innenminister (Ministro de Gobierno), Cornelio Reyes.

[78] Text des Briefes: Navas / Tovar 1975: 11 f.

[79] Z.B. Pérez Escobar 1974: 471. Der Autor führt (idem) aus, daß eine einfache Wirtschaftskrise als Rechtfertigung für die Erklärung des wirtschaftlichen Notstandes nicht ausreiche. Vielmehr bedürfe es dazu einer Krise von solchem Umfang, daß die Existenz des Staates bedroht ist.

[80] Das Sitzungsprotokoll findet sich in Navas / Tovar 1975: 13-57.

[81] Text des Beschlusses: Navas / Tovar 1975: 59 f., auch in Ministerio de Justicia 1974: 59 f. und in Castro Castro 1976 a: Bd. I: 290. Ein abweichendes Minderheitenvotum stammte übrigens von Carlos Restrepo Piedrahita, der einmal kolumbianischer Botschafter in Bonn war.

[82] Diese sind mit Gesetzeskraft ausgestattet. Nach Castro Castro 1976 a, Bd. II: 445-500, umfaßt die Liste, die Verordnungen Nr. 1970 (wie angeführt die Erklärung des Notstandes selbst), 1978, 1979, 1982, 1988, 1999, 2053, 2143, 2247, 2272, 2310, 2338, 2348, 2364, 2365, 2366, 2367 und 2368. Das Oberste Gericht erklärte die Dekrete 1988, 2053, 2247 und 2348 teilweise, 2365 vollständig für verfassungswidrig, s. unten. – Eine Liste findet sich auch in DANE 1975 und in Derecho Financiero 1975.

## A. Chronologie der Ereignisse

Die führenden *Zeitungen* des Landes begrüßten im allgemeinen die Ausrufung des Notstandes[83]; El Tiempo hatte sogar einen Tag zuvor in einem Leitartikel eine solche Maßnahme verlangt.[84] Diese Linie grundsätzlicher Unterstützung wurde generell von den wichtigen Zeitungen durchgehalten: El Tiempo, El Espectador (ebenfalls eine liberale Zeitung), El Siglo (konservativ), La República (ebenfalls). Eine gewisse Ablehnung fanden Details der Reform in den beiden konservativen Zeitungen; so wurde die Verfassungsmäßigkeit einiger Vorschriften der Dekrete bezweifelt.[85] Insbesondere die „renta presuntiva" wurde abgelehnt; auch der Mangel von Produktionsanreizen wurde bemängelt.

Artikel in den Zeitungen, welche von deren ständigen Mitarbeitern verfaßt und mit Namen gekennzeichnet wurden, also nicht unbedingt die Redaktionslinie wiedergaben, erwiesen sich als differenzierter. Ein unter dem Pseudonym Papiniano[86] erschienener langer Artikel stellte zum ersten Mal die Frage nach der Verfassungsmäßigkeit einer Steuerreform durch Notstandsdekrete in Verbindung mit Artikel 43 der Verfassung, welcher das Vorrecht der verschiedenen Parlamente zur Festsetzung von Abgaben bestimmt.[87] Die Antwort war jedoch positiv. Zu gegenteiligem Schluß kam Hernán Toro Agudelo in der in Medellín erscheinenden Zeitung „El Colombiano".[88] In El Espectador[89] diskutierte Jaime Angulo Bossa die Aufgaben und Rechte von Kongreß und Regierung während der Notstandsperiode. Paradoxerweise vermerkt er eine größere Bedeutung des Parlamentes während dieser Zeit.

Wie in der Presse begannen die Reaktionen der *politischen und wirtschaftlichen Öffentlichkeit* mit fast undifferenzierter und bedingungsloser Zustimmung.[90] Die Privatindustrie, u.a. der einflußreiche Industriellenverband ANDI[91] unter Leitung eines persönlichen Freundes des Präsidenten, Fabio Echeverri

---

[83] Eine ziemlich vollständige Auswahl der Texte der verschiedenen Artikel in den Zeitungen findet sich in Castro Castro 1976 a, Bd. I, Kap. III (S. 295-341); Informationen hierzu auch in Gonzalez G. 1974: 56 ff.

[84] El Tiempo, 16. Sept. 1974. Bei den engen persönlichen Bindungen zwischen der Liberalen Partei und dieser Zeitung kann es nicht ausgeschlossen werden, daß einflußreiche Mitglieder der Regierung oder der Verwaltung einen solchen Artikel angeregt hatten.

[85] El Siglo vom 4. Okt.; El Espectador vom 14. Okt.; La República vom 23. Okt.

[86] In El Espectador vom 29. September.

[87] „En tiempo de paz solamente el Congreso, las Asambleas Departamentales y los Concejos Municipales podrán imponer contribuciones". („In Friedenszeiten sind nur der Kongreß, die Versammlungen der Departamentos und die Stadträte zum Auferlegen von Abgaben berechtigt".)

[88] 2. und 3. Oktober.

[89] 3. Oktober.

[90] Gonzalez G. 1974: 54 ff.

[91] Asociación Nacional de Industriales de Colombia.

Correra, brachte ihr Vertrauen in die Wirtschaftsberater des Präsidenten zum Ausdruck und erkannte die Notwendigkeit der Reform an.[92] Der ebenfalls wichtige Landwirte-Verband SAC[93] griff mit der Stimme seines Generalsekretärs[94], Carlos José Gonzalez, die Gefräßigkeit der Bürokratie an und hoffte auf einen Wandel durch die Reform.[95]

Die *Liberale Partei* unterstützte die Ausrufung des Notstandes und die Einzelmaßnahmen nahezu bedingungslos[96], was bei dem Prestige des neu gewählten liberalen Präsidenten unvermeidlich war. Am 18. September veröffentlichte die Parteileitung eine Erklärung, die dem Notstand uneingeschränkt zustimmte.[97] Allerdings gab es einige wenige Dissidenten vom lleristischen Flügel der Partei. Sie vertraten die Auffassung, daß das Institut der „emergencia económica" rechtlich nicht zur Verwirklichung einer Steuerreform benutzt werden dürfe. Dies stimmt mit einer weit verbreiteten Interpretation des Artikels 122 zur Zeit seiner Einführung 1968[98] überein. Damals hatte Präsident Lleras auf dem temporären Charakter der Notstandsdekrete bestanden.[99] Das Institut der Ausrufung des wirtschaftlichen Notstandes konnte daher seiner Interpretation zufolge nicht dazu verwendet werden, eine Reform, die auf Dauer angelegt war, zu verwirklichen.

---

[92] El Colombiano vom 18. Sept. 1974.
[93] Sociedad de Agricultores de Colombia.
[94] „gerente".
[95] El Tiempo vom 18. September.
[96] Gonzalez G. 1974: 54 ff.
[97] Text: Castro Castro 1976 a: Bd. I: 347.
[98] Ein Gesetzentwurf zur Einführung dieses Artikels war 1966 vom damaligen Leiter des Movimiento Revolucionario Liberal, Alfonso López Michelsen (dem späteren Präsidenten), vorgeschlagen worden. (Text dieses Entwurfs und seiner Begründung in Castro Castro 1976a, Bd. I: 201-203.) Hier wird der kurzfristige (vorübergehende) Charakter der Verordnungen unter der „emergencia" festgehalten. Auf der anderen Seite lehnte der Erste Ausschuß des Senates am 27. Nov. 1968 einen Zusatz zu dem inzwischen beträchtlich veränderten Entwurf ab, welcher ausdrücklich die Einführung von Steuern durch Notstandsdekrete verbot (Anales del Congreso Nr. 42 vom 10. Sept. 1971: 716 f., abgedruckt in Castro Castro 1976a: Bd. I: 222 ff.). Präsident Lleras jedoch hatte sich gegen das Instiut des „wirtschaftlichen Notstandes" ausgesprochen (Brief an den Senat vom 23. Aug. 1966, abgedruckt in Castro Castro 1976 a: Bd. I: 231 f.). Später änderte er allerdings seine Meinung (Botschaft an den Kongreß vom 20. Juli 1967, abgedruckt in Castro Castro 1976 a: Bd. I: 232 f.). Hier führte er aus, daß lediglich plötzliche, unvorhergesehene Ereignisse dem Präsidenten ein Recht auf die Erklärung des Notstandes gäben, nicht jedoch seit langem bestehende Probleme wie die ländliche Unterbeschäftigung oder die rasche Urbanisierung. Seine im Haupttext angeführte Überzeugung erscheint daher logisch.
[99] Brief des Ex-Präsidenten Carlos Lleras Restrepo an den Direktor von El Tiempo in der Zeitung am 10. Okt. 1974 abgedruckt.

Am 25. September drückte auch die *Konservative Parteileitung* ihre Zustimmung zur Erklärung des Notstandes aus.[100]

Allerdings gab es unter den prominenten konservativen Parteiführern eine Ausnahme[101]: *Misael Pastrana Borrero*, Vorgänger des Präsidenten López und Innenminister zur Zeit des Präsidenten Lleras Restrepo. Sein Widerstand erklärt sich teilweise durch seine Ablehnung der Schwarzmalerei, die der neue Präsident zur politischen Vorbereitung seiner Maßnahme nötig zu haben glaubte. Die wirtschaftliche und finanzielle Situation des Landes einige Tage nach der Übernahme des Präsidentenamtes für katastrophal zu erklären, konnte mit Recht als schwere Kritik an der Amtsführung des Vorgängers verstanden werden. Pastrana bot sogar eine abweichende Interpretation der Tatsachen an, die López der Comisión Tripartita dargelegt hatte. Nach der Ausrufung des Notstandes bezeichnete er ihn öffentlich als ungerechtfertigt und griff die Liberalen an, welche ihn unterstützten. Seiner Auffassung nach hatten diese gleichen Politiker vor der Verfassungswidrigkeit einer solchen Maßnahme gewarnt, als ein ähnlicher Gedanke während seiner Amtszeit auftauchte.[102] Diese politische Linie behielt Pastrana bei[103] und verstärkte damit die Trennung des alvaristischen und des pastranistischen Flügels der Konservativen Partei, welche ein Hauptkennzeichen des kolumbianischen Parteiensystems während der gesamten Amszeit von López und darüber hinaus werden sollte.

Pastranas Behauptung, die Erklärung des Notstandes gründe sich auf falsche Zahlen zur Täuschung des Landes[104], fand jedoch nur wenig politische Zustimmung.

Die *Gewerkschaften* vertraten keine einheitliche Haltung[105]; mindestens die Unión de Trabajadores de Colombia (UTC) grenzte sich von der ursprünglichen

---

[100] Text: Castro Castro 1976 a: Bd. I: 347.

[101] Gonzalez G. 1974: 55 f. – Es sei daran erinnert, daß der ospino-pastranistische Flügel der Konservativen ständig in Opposition zu Präsident López stand.

[102] El Espectador vom 22. Sept., zit. in Gonzalez G. 1974: 56.

[103] Brief vom Dezember 1974 an seine früheren konservativen Minister aus Florenz, Italien, abgedruckt in Castro Castro 1976 a: Bd. I: 366-368.

[104] Obwohl eine genaue Untersuchung der kontroversen Zahlen hier nicht möglich ist, macht die gesamte politische und fachliche Vorbereitung der Reform diese Behauptung höchst wahrscheinlich: Die bekämpften Übel bestanden seit vielen Jahren, stellten also entweder einen dauerden oder überhaupt keinen Notstand dar. Die Lösungen waren sechs Jahre zuvor erarbeitet worden und konnten schon deshalb nicht gut eine schnelle Antwort auf einen akuten Notstand bedeuten. – Ein Nachweis der kritischen wirtschaftlichen Situation wurde auch vom statistischen Amt unternommen. S. DANE 1975.

[105] Gonzalez 1974: 59.

Haltung undifferenzierter Zustimmung der Wirtschaftsverbände ab und kündigte eine sorgfältige Kritik der Einzelmaßnahmen an.[106]

Der *Kongreß* war vor dem Ende der Notstandsperiode nicht offiziell mit den Maßnahmen befaßt. Dennoch wurde das Thema bei verschiedenen Sitzungen behandelt. So informierte am 18. September der Abgeordnete Héctor Charry Samper das Repräsentantenhaus von der Entscheidung der liberalen Mehrheit vom Vortage, den Präsidenten in dieser Hinsicht zu unterstützen.[107] Eine kurze Aussprache war die Folge. Am 24. September brachte der lleristische Abgeordnete Augusto Espinosa Valderrama[108] im Repräsentantenhaus zwei Erklärungen ein. Die eine griff die Verkündung des Notstandes deswegen an, weil sie den Einfluß eines Parlamentes verringerte, dem nicht einmal eine Möglichkeit zur Behebung der Schwierigkeiten in der Form der Annahme ordentlicher Gesetze gegeben worden sei. Die andere stellte die Verfassungswidrigkeit der Reform fest, da die Exekutive seiner Auffassung nach zu strukturellen Veränderungen oder einer Steuerreform durch einfache Notstandsverordnungen nicht berechtigt war. Um dies nachzuweisen, rief Espinosa einige der Einzelheiten der Verfassungsreform des Jahres 1968 in Erinnerung, die oben erwähnt wurden.

In der gleichen Sitzung erklärte José Fernando Botero im Namen einer Gruppe von Kollegen seine Überzeugung von der Verfassungsmäßigkeit der Aktionen der Regierung. Das gleiche geschah in der Sitzung des Senats am 8. Oktober durch eine Gruppe von Abgeordneten unter Führung von Julio César Turbay Ayala. Sie bezogen sich auf frühere Verordnungen des Jahres 1966, um ihre Behauptung zu beweisen.[109] Schließlich drückte Espinosa Valderrama, der später den Wahlkampf von Lleras 1977/78 leiten sollte, am 15. Oktober seine Nichtübereinstimmung mit der eben erwähnten Interpretation aus.

Vor der Fortführung der Chronologie der Ereignisse nach dem Ende der Notstandsperiode am 31. Oktober 1974 sollen zunächst einige technische Einzelheiten der Steuerreform erläutert werden.

---

[106] Statt hier mit einer Beschreibung der Haltung der Interessengruppen fortzufahren, ziehen wir eine zusammenfassende Darlegung in einem späteren Abschnitt vor: Ihr Einfluß stellte einen der Hauptgründe für den langsamen Abbau der Reform dar.

[107] Ein wörtliches Protokoll findet sich in Castro Castro 1976 a: Bd. I: 373-376.

[108] Bruder des späteren Finanzministers Abdón Espinosa Valderrama.

[109] Die oben zitierte Erklärung des Altpräsidenten Lleras wurde teilweise durch dieses Ereignis veranlaßt. Nach seiner Meinung war nämlich die Auffassung der Senatoren irrig.

## A. Chronologie der Ereignisse

*Exkurs: Die Hauptzüge der Steuerreform*[110]

1. Einkommenssteuer und verwandte Steuerarten:

— Die Steuersätze für niedrige und mittlere Einkommen und Vermögen wurden vermindert, diejenigen für höhere Einkommen und Vermögen erhöht (höhere Progression).

— Verminderungen der Besteuerungsgrundlage (des zu versteuernden Einkommens) wurden durch Abzüge von der Steuerschuld selbst ersetzt.

— Steueranreize wurden zum größten Teil abgeschafft, da diese „Anreize" einen der Hauptgründe für die ex post-Inelastizität der direkten Steuern darstellten. Dies betraf insbesondere die Ausnahmen für Einkommen aus Kapital und Vermögen, welche jede Rechtfertigung als Steueranreize verloren hatten und eine schwere Ungerechtigkeit im Verhältnis zu den Arbeitseinkommen darstellten.

— Die Bevorzugung des Kapital-Wertzuwachses wurde abgeschafft. Vor der Reform war dieser entweder völlig steuerfrei (bewegliche Güter) oder er wurde mit einem Jahr für Jahr verminderten Steuersatz belegt (Grundstücke). Statt dessen wurde eine Steuer auf unregelmäßige Einkommen (ganancias ocasionales) eingeführt. Eine Steueramnestie erlaubte eine Neubewertung des Vermögens für das Jahr 1974, wenn dieses mit einem zu niedrigen Wert in den Steuererklärungen erschienen war. Damit sollten in den folgenden Jahren übergroße Steuerzahlungen vermieden werden. Die technische Form der Steuer auf die „ganancias ocasionales" erlaubte einerseits die Beibehaltung der Progression der Einkommenssteuer, vermied auf der anderen Seite jedoch einen zu hohen Steuersatz, falls unregelmäßiges Einkommen mehrerer Jahre in einem einzigen Jahr zu versteuern sein sollte.

— Ein Einkommen von 8% des Vermögens wurde von Amts wegen vermutet und versteuert. Daher war keine Einkommenssteuererklärung zulässig, die einen Ertrag von weniger als 8% angab. Ausnahmen gab es nur bei höherer Gewalt oder bei nur langfristig rentierlichen Investitionen.

— Alle Rentenpapiere sollten mehr oder weniger den gleichen Zinssatz erbrin-

---

[110] Spezialwerke über das kolumbianische Steuersystem zum Gebrauch durch Steueranwälte und Consulting-Firmen ausgenommen (solche sind Parra Escobar 1977 und Pelaes Vargas 1976) stellt die beste, wenn auch etwas euphorische Beschreibung der Reform das Werk IBRD/IDA 1975 dar. Es beruht auf einem Bericht von Malcolm Gillis und Charles E. McLure, Jr., früheren Mitgliedern der Musgrave-Mission. Die Übereinstimmung vieler Empfehlungen im Musgrave-Bericht mit der wirklich durchgeführten Reform dürfte den Enthusiasmus der Autoren erklären. – Unsere Beschreibung folgt Perry 1975 b, wenn nichts anderes vermerkt ist. Dieser Text ist die Rede des Generaldirektors für Steuern anläßlich der Sitzung des Kolumbien-Konsortiums der Weltbank (World Bank Consultative Group on Colombia) im Juni 1975 in Paris.

gen. Daher wurde eine Obergrenze für die Inflations-Neubewertung für die UPACs[111] von etwa 18—19% pro Jahr eingeführt. Gleichzeitig wurde der Realzinssatz von 5 auf 4% vermindert.[112] Der Zinssatz und zwei Drittel der Korrektur waren als Einkommen zu versteuern. Gleichzeitig stieg der „normale" Zinssatz von etwa 4 auf etwa 18%.

— Schließlich gab es einige Sonderbestimmungen zur Bekämpfung der Steuerhinterziehung.

2. Steuern auf Unternehmenserträge:

— Die bisher vier verschiedenen Steuern wurden zu einer einzigen Ertragssteuer für Wirtschaftsunternehmen zusammengefaßt. Die vier verschiedenen Unternehmensformen wurden durch zwei Gruppen ersetzt, Aktiengesellschaften und Gesellschaften mit beschränkter Haftung.

— Ein einheitlicher Steuertarif wurde für jede der beiden Gruppen eingeführt. Bei Gesellschaften mit beschränkter Haftung wurde ein geringerer Steuersatz, jedoch auf der Basis einer höheren Besteuerungsgrundlage angelegt. (Alle Gewinne, ob ausgeschüttet oder nicht, waren zu versteuern.) Die frühere Benachteiligung der Aktiengesellschaften war damit nach der Auffassung der Fachleute abgeschafft.

— Die dem Staat gehörenden Wirtschaftsunternehmen sollten in Zukunft wie die privaten besteuert werden. Moderne Buchhaltungsmethoden wurden gefördert. Abschreibungen wurden erleichtert. Ausländische Investitionen werden steuerrechtlich wie kolumbianische behandelt.

3. Erbschafts- und Schenkungssteuern:

— Die komplizierten früheren Systeme wurden vereinfacht: Indirekte Vermögensnachfolger hatten 20% an den Staat abzuführen. 80% der Erbschaft waren in allen Fällen als unregelmäßiges Einkommen zu versteuern.

— Eine Verminderung der Steuersätze bedeutete, daß eine Familie mit mittlerem Einkommen, die eine mittelgroße Erbschaft machte, praktisch steuerfrei blieb. Auf der anderen Seite bedeutete die Behandlung einer Erbschaft als unregelmäßiges Einkommen eine Progression der Besteuerung einer Erbschaft je nach Größe.

— Die Steuerverwaltung wurde durch eine Reihe von Maßnahmen vereinfacht,

---

[111] Einheiten konstanter Kaufkraft; siehe Kapitel III D. — Dieser Abschnitt folgt Interview-Material.

[112] Einer der Gründe war ein sozialer: Die UPACs wurden oft für Geldanlagen der hohen Einkommensschichten verwendet und dienten mit ihren hohen Kosten zur Finanzierung luxuriöser Häuser und Wohnungen, die gelegentlich die Nachfrage überstiegen.

u. a. durch die Einbeziehung der Erbschaftsbesteuerung in die Einkommenssteuer und durch eine Vereinfachung der Schätzung des Wertes der Erbschaft.

4. Umsatz- und Verbrauchssteuern:

— Die bisher fünf Steuergruppen wurden durch vier mit einem allgemein höheren Steuersatz ersetzt. Jedoch wurde gleichzeitig eine Neuklassifizierung der Güter vorgenommen, um die Progression der Besteuerung zu erhöhen (höhere Besteuerung von Luxusgütern). Dabei wurde die jüngste erhältliche Information über das Konsumverhalten in Abhängigkeit vom Familieneinkommen zugrunde gelegt.

— Einige normalerweise von Familien mittlerer und höherer Einkommen in Anspruch genommene Dienstleistungen waren jetzt zu versteuern.

— Die Steuer wurde als Mehrwertsteuer erhoben, erlaubte also einen Vorsteuerabzug.

— Die Einteilung der Güter folgte der Importzoll-Liste. Allgemein wurden die Verwaltungsverfahren vereinfacht.

5. Zölle und Subventionen:

— Die Sonderexportsteuer, die von der Regierung zur Finanzierung kolumbianischer Exporte verwendet wurde, erhöhte sich von 1,5 auf 5%. Wie oben bereits berichtet wurde, fielen die hohen Subventionen für Weizenimporte fort. Die mehrfach angesprochenen Exportsubventionen (CAT) wurden von 15 auf 5% des Wertes der nichttraditionellen Exporte vermindert.

Man kann zusammenfassend feststellen, daß die Steuerreform die Progression des Gesamtsystems erhöhte.[113]

Obwohl die Grundlinien der Reform international akzeptierten Regeln folgten, kann eine Anzahl unsystematischer Ausnahmen entweder in den ursprünglichen Verordnungen oder in Veränderungen noch während der Notstandsperiode beobachtet werden[114]:

Der gesamte Ertrag der UPAC-Papiere für das Jahr 1974 blieb unbesteuert. Entschädigungen aus Lebensversicherungen wurden ebenfalls nicht besteuert; sie erhielten sogar für das Jahr 1974 zusätzliche Vorteile. Das Exportförderungspapier CAT wurde nicht als Unternehmensertrag behandelt. Ein Verlustvortrag bis zu fünf Jahren ist möglich; eine aufstrebende Firma kann daher Firmen mit einem negativen Kapitalkonto aufkaufen und so ohne Bezahlung von Steuern immer größer werden.

---

[113] Obregón/Perry 1975: 29 f.; Urrutia 1975.
[114] Der Text folgt Vasquez/Palomeque 1976: 11 f.

Das Bruttoeinkommen für Familiengesellschaften wurde durch eine Veränderung des ursprünglichen Dekretes 2053 willkürlich neu definiert, was Möglichkeiten der Steuerhinterziehung eröffnete.

Die berühmte Steuer auf unregelmäßige Einkommen war ebenfalls betroffen: Nur 80% von Schenkungen und Erbschaften werden als solche behandelt — in der Tat eine unsystematische Ausnahme. Gewisse zusätzliche Ausnahmen sollten als Anreize für die unterentwickelten Gegenden des Landes wirken; hier wurde im Gegensatz zu der sonstigen Praxis auf direkte Subventionen verzichtet.

Die renta presuntiva in der Landwirtschaft wurde in mehrfacher Hinsicht abgemildert: Nicht alle Aktiva wurden zur Berechnung der Steuergrundlage mit ihrem wirklichen Wert eingesetzt. Es wurde fingiert, die Wiederaufforstung sei überaus teuer, um damit einen vielleicht bitter notwendigen Steueranreiz zu geben; damit wurde aber die Steuergrundlage erheblich vermindert.

Auch die Aktiengesellschaften wurden durch eine Reihe von steuersystematisch nicht zu rechtfertigenden Ausnahmen bevorzugt: Der steuerfreie Ertrag wurde um ein Drittel erhöht, und Schenkungen an die Gesellschaften blieben überhaupt steuerfrei.

Schließlich wurde die Abschaffung der Bevorzugung ausländischer Ölinteressen in der Steuerreform selbst durch eine Gegenreform rückgängig gemacht.[115]

### b) Ereignisse nach der Notstandsperiode

Nach der Verfassung gibt es *zwei Kontrollarten*, um jeden Mißbrauch des gefährlichen Instrumentes der Erklärung des ökonomischen Notstandes zur Herbeiführung eines Staatsstreiches durch eine bedenkenlose Regierung zu verhindern: einmal eine juristische Kontrolle durch den Obersten Gerichtshof, dann eine politische durch den Kongreß. Beide seien nacheinander beschrieben.

Die *juristische Kontrolle* durch den Obersten Gerichtshof wird automatisch, ex officio, vorgenommen.[116] Der Gerichtshof hat also die Erklärung des Notstandes und die unter den Sondervollmachten erlassenen Verordnungen auf ihre Verfassungsmäßigkeit zu überprüfen, ohne daß ein Kläger die Verfassungs-

---

[115] Sicherlich gibt es Argumente für diesen Schritt: Die steigende inländische Nachfrage nach Energie, die allerdings auch durch weit unter dem Weltniveau liegende Preise angereizt wurde, zwang mehr und mehr zu Erdölimporten. Das ist aber nicht unser Argument: Die Steuerreform wollte offene oder versteckte Steueranreize durch offen ausgewiesene Subventionen ersetzen, und gegen diesen Grundsatz wurde hier verstoßen.

[116] Pérez Escobar 1974: 474. S. auch Hernandez Vásquez 1975.

widrigkeit zu behaupten hätte.[117] Der Regierung obliegt es, die Verordnungen zum Zwecke dieser Überprüfung unverzüglich dem Obersten Gerichtshof zuzuleiten. Bereits am 15. Oktober, also noch während der Notstandsperiode, erklärte der Gerichtshof die ersten Dekrete für verfassungsgemäß, darunter besonders die Erklärung des Notstandes selbst.[118] Diesem Urteilsspruch war eine lebhafte öffentliche Debatte voraufgegangen.[119] In Fachkreisen wurde er nicht unkritisch aufgenommen (noch 1976 und 1977 erklärten einige Interviewpartner ihre Nichtübereinstimmung mit der Meinung des Gerichtshofes). Das Urteil stellte aber das letzte Wort dar, und daher hätte eine Fortsetzung der Debatte in der Öffentlichkeit eine fruchtlose Mühe bedeutet. Die Diskussion kam daher zu einem schnellen Ende.

Eines um das andere der Steuerreformdekrete wurde vom Obersten Gerichtshof für verfassungsgemäß erklärt. Es gab jedoch Ausnahmen.[120] Diese betrafen Einzelheiten der Umsatzsteuer[121], Einkommenssteuer[122], wichtige Teile des neuen Verfahrensrechtes[123], die gesamte Verordnung zur Regelung von Familienzulagen an öffentliche Bedienstete[124], Einzelheiten eines entsprechenden Dekretes für Landarbeiter[125] und schließlich Einzelheiten einer Verordnung zur Bekämpfung der Inflation.[126]

Von diesen ist Dekret 2247[127] offensichtlich am wichtigsten; es hätte die Stellung der Steuerverwaltung gegenüber dem Steuerzahler gestärkt, insbesondere im Hinblick auf ungerechtfertigte Einsprüche.[128]

---

[117] Dies wäre allerdings rechtlich möglich. So wird in dem Urteil des Gerichtshofes vermerkt, daß das den Notstand verkündende Dekret in der Tat als verfassungswidrig angegriffen worden war.

[118] El Tiempo vom 16. Okt. 1974. Text des Urteils: Derecho Financiero 1975: 115 ff., auch in Navas/Tovar 1975: Teil II.

[119] Gonzalez 1974: 60 ff.

[120] Text der Urteile in Derecho Financiero 1975: 115-207 und Navas/Tovar 1975: Teil II.

[121] Decreto Legislativo 1988/1974; Navas/Tovar 1975: 207-216.

[122] Decreto Legislativo 2053/1974; Navas/Tovar 1975: 216-235.

[123] Decreto Legislativo 2247; Navas/Tovar 1975: 262-267.

[124] Decreto Legislativo 2365/1974; Navas/Tovar 1975: 291 f. Begründung für die Verfassungswidrigkeit: Nach Art. 122 darf die Regierung lediglich mit dem wirtschaftlichen Notstand zusammenhängende Materien regeln, was für das erwähnte Dekret nicht zutrifft.

[125] Decreto Legislativo 2373/1974; Navas/Tovar 1975: 302-305.

[126] Decreto Legislativo 2375/1974; Navas/Tovar 1975: 310-312.

[127] Text: Derecho Financiero 1975: 315-327.

[128] Kapitel III Dekret 2247/1974; IBRD/IDA 1975: I-9. Zu diesem Urteil kam es in einem bemerkenswerten Verfahren: Die Sala Constitucional des Obersten Gerichtshofes, also der mit Verfassungsangelegenheiten befaßte Senat, erreichte mit 12:12 Stim-

Im allgemeinen hat also der Oberste Gerichtshof mit nur einer wichtigen Ausnahme, deren Konsequenzen zu diskutieren sein werden, die Verfassungsmäßigkeit der Steuerreform bestätigt.

Im folgenden sei die politische Kontrolle der unter dem Notstand erlassenen Verordnungen beschrieben:

Wie angeführt, legte die Regierung gemäß Artikel 122 der Verfassung dem *Kongreß* einen Bericht vor[129], der die Gründe für die Ausrufung des wirtschaftlichen Notstandes und die zu seiner Überwindung ergriffenen Maßnahmen beschrieb; dabei bleibt es natürlich eine offene Frage, ob die von der Regierung angeführten und den Notstand politisch und juristisch stützenden Gründe die wahren Motive gewesen sind. Beide Häuser des Parlamentes sind berechtigt, den Regierungsbericht zu diskutieren und jedes Dekret zu ergänzen, zu ändern oder aufzuheben. Die gesamte Serie von Rechtstexten wurde dem Kongreß am 27. November 1974 vorgelegt.[130] Am gleichen Tage erklärte der Oberste Gerichtshof die wichtigsten Artikel des Dekretes 2247 über die Verfahren der Steuererhebung für verfassungswidrig. Zwei Diskussionslinien fielen folglich zusammen: die politische Kontrolle des Notstandes und der Wunsch der Regierung, ein Instrument zur Anwendung der Reform auf dem Wege der ordentlichen Gesetzgebung in die Hand zu bekommen. Ein dritter Diskussionspunkt betraf eine Steueramnestie für die Einkommenssteuer. Hier war ursprünglich nach Artikel 141 des Notstandsdekretes 2053 (über die Einkommenssteuer) eine Verringerung der Säumniszuschläge vorgesehen, sofern der Steuerzahler seine Erklärungen vor einem bestimmten Termin vorlegte und die entsprechenden Zahlungen vornahm. Auf Initiative eines seiner Mitglieder ging der Senat noch weiter und stimmte für ein völliges Niederschlagen der Steuerschuld bis zu 120.000 Pesos, mehr oder weniger 3.500 US-Dollar, was einen Vorteil insbesondere für den kleinen und mittleren Steuerzahler dargestellt hätte.[131] Die Regierung war an den langfristigen Aspekten der Reform interessiert und nicht an möglichen kurzfristigen Gewinnen. Daher war sie wendig genug, an den technischen Aspekten dieser Veränderung mitzuarbeiten[132] und damit ein gutes Kli-

---

men eine Patt-Situation. In diesem Falle wird ein weiterer Richter hinzugezogen. Die Reihe war an Carlos Peláez Trujillo, der gegen die Verfassungsmäßigkeit stimmte. Ironischerweise war Peláez gegen die Ausrufung des Notstandes als solche, die bereits vom Gerichtshof für verfassungsmäßig erklärt worden war, und betrachtete die materiellen und die Verfahrensdekrete als Einheit. Er gab also sein negatives Votum in dem Augenblick ab, als er es tun konnte – obwohl er das zur Diskussion anstehende Dekret als solches nicht ablehnte (El Tiempo vom 27. Nov. 1974)!

[129] Text: López Michelsen 1974.
[130] El Tiempo, 28. Nov. 1974.
[131] El Tiempo, 20. Nov. 1974. Der Vorschlag stammte von dem liberalen Senator Alfonso Angarita Baracaldo.
[132] El Espectador vom 4. Dez. 1974.

## A. Chronologie der Ereignisse

ma für eine grundsätzliche Billigung der Reform und für die Annahme neuer Erhebungsverfahren zu schaffen. Die Initiative wurde am 4. Dezember Gesetz.[133]

Gegen die Steuerreform selbst gab es einige Opposition in der Form von Initiativen zu Veränderungen oder zu völlig neuen Gesetzen.[134] Sie blieben jedoch ohne Mehrheit: Ein Sonderausschuß des Senates billigte mit überwältigender Mehrheit die Erklärung des wirtschaftlichen Notstandes und die daraus folgende Reform[135]; das Plenum folgte ihm am 6. Dezember 1974.[136] Zusätzlich wurde durch eine große Zahl von Senatoren eine Erklärung ihrer politischen Unterstützung der Regierung beschlossen und in der gleichen Sitzung feierlich verlesen.[137] Ein gleiches geschah im Repräsentantenhaus: Ein Mehrheitsbericht eines Sonderausschusses[138] (begleitet von Minderheitsberichten der UNO und der Kommunistischen Partei[139] und der ANAPO[140]) wurde am 11. Dezember mit 79 gegen 22 Stimmen[141] angenommen. So wurde dem Präsidenten die Zustimmung des Parlamentes ohne Studium der Details ausgesprochen; die gesamte Abstimmung reduzierte sich auf ein Vertrauensvotum für die allerdings davon nicht abhängige Regierung.[142]

Die Bereitschaft des Kongresses zur Annahme der Steuerreform wurde sicherlich dadurch erhöht, daß die Regierung ihre Zustimmung zur Erhöhung der Diäten erteilt hatte.[143]

---

[133] El Tiempo vom 5. Dez. 1974.

[134] So brachte der liberale Senator Enrique Pardo Parra einen Gesetzentwurf über eine „Reform" der Einkommenssteuer ein, der voller Ausnahmen, Erleichterungen usw. war (El Tiempo, 28. Nov. 1974; El Espectador, 29. Nov.; s. auch das in La República vom 4. Dez. 1974 abgedruckte Interview). Merkwürdigerweise hatte sich Pardo Parra in einer Abstimmung für den Bericht des Senatsausschusses ausgesprochen, der der Regierung die Zustimmung des Senates ausdrückte (Castro Castro 1976 a: Bd. I: 417).

[135] Allerdings wurden zwei Minderheitsvoten abgegeben. Eines stammte von dem einzigen Ausschußmitglied der ANAPO, das andere von dem einzigen Ausschußmitglied der UNO. Text der Voten: Castro Castro 1976 a: Bd. I: 417-421 und 433-439. – Text der Mehrheitsentschließung, also des Ausschusses als solchem: idem: 413-417.

[136] Der Beschluß stimmte wörtlich mit dem Bericht des Ausschusses überein; Castro Castro 1976 a: Bd. I: 421. Das Abstimmungsergebnis war 60:5; Navas/Tovar 1975: 345.

[137] Text und Namen der Senatoren: Navas/Tovar 1975: 345 f.

[138] Text: Castro Castro 1976 a: Bd. I: 421-429.

[139] Text: Castro Castro 1976 a: Bd. I: 429-432.

[140] Text: Castro Castro 1976 a: Bd. I: 433-439. Der Text stimmte mit dem Minderheitsvotum im Senat überein.

[141] Navas/Tovar 1975: 347; er zitiert die Anales del Congreso.

[142] Das bedeutet gleichzeitig, daß die Versuche der pressure groups zur Beeinflussung der Parlamentarier bis zu diesem Augenblick erfolglos geblieben waren. Wir werden hierauf zurückzukommen haben.

[143] Gonzalez 1975: 170 ff. Eine solche Zustimmung war rechtlich notwendig, wie in dem Kapitel über Haushaltspolitik noch genauer zu zeigen sein wird.

## 4. Kap.: Die Steuerreform des Jahres 1974

Im folgenden seien die Anstrengungen der Regierung behandelt, ein *brauchbares Verfahrensinstrument zur Durchführung der neuen Steuervorschriften* in die Hand zu bekommen.

Wie besprochen, hatte der Oberste Gerichtshof die Verfahrensvorschriften des Dekretes 2247 am 26. November 1974 für verfassungswidrig erklärt. Bereits am 28. November verlangte die Regierung vom Parlament Sondervollmachten für eine Dauer von 14 Tagen, um die betroffenen 49 Artikel erneut als Verordnung zu verkünden.[144] Die Angelegenheit wurde u.a. deshalb als dringend betrachtet, weil die Grenze der Einkommen, von der an eine Steuererklärung abzugeben war, so erhöht worden war, daß nicht weniger als 800.000 Personen betroffen worden wären. Da mit der Ungültigerklärung des neuen Dekretes das alte automatisch wieder in Kraft war, hätte dieser große Personenkreis von dieser Erleichterung keinen Vorteil mehr gehabt.[145] Die Regierung begann umgehend einen Propagandafeldzug, um die erwähnten Sondervollmachten zu erhalten.[146] Der Präsident nutzte sogar sein verfassungsmäßiges Recht, eine Angelegenheit für dringlich zu erklären[147], um eine sofortige Diskussion im Kongreß zu erzwingen. Am 6. Dezember stimmten die ersten Ausschüsse beider Häuser den Sondervollmachten zu und am 10. Dezember erreichte die Regierung ihr Ziel.[148] Sie benutzte die Vollmachten zum Erlaß eines neuen Dekretes zur Regelung des Verfahrens bei der Einkommenssteuer, das die Hand der Steuerverwaltung gegenüber der früheren Regelung stärkte, in dieser Hinsicht aber nicht soweit ging wie die für ungültig erklärte Verordnung.[149] Im Ergebnis bedeutete

---

[144] El Tiempo, 29. Nov. 1974.

[145] Die Steuersenkung stellte zu einem großen Teil lediglich eine Berücksichtigung der hohen Inflation der vorangegangenen Jahre dar!

[146] Die Drohung mit den erwähnten 800.000 Steuerzahlern, wenn auch wahrscheinlich korrekt, war nur ein Argument. Ein anderes war ein direkter Angriff auf den Obersten Gerichtshof: Die Minister für Finanzen und für Inneres benutzten den Ausdruck „coup d'Etat" im Ausschuß III des Senates, um die Initiative der Regierung zu begründen (El Espectador, 30. Nov. 1974).

[147] Gemäß Art. 91 der Verfassung; El Tiempo vom 4. Dez. 1974.

[148] El Espectador, 11. Dez. 1974.

[149] Einige der Veränderungen gegenüber Dekret 2247 waren die folgenden: Die sogenannte liquidación privada (Berechnung der geschuldeten Steuersumme durch den Steuerzahler selbst) wurde beibehalten, konnte aber innerhalb von zwei Jahren durch die Steuerverwaltung durch eine eigene Steuerfestsetzung ersetzt werden (liquidación de revisión). Der Steuerzahler kann ohne Folgen „Irrtümer" in seiner Steuererklärung innerhalb von sechs (statt drei) Monaten korrigieren. Die Steuerverwaltung muß Einsprüche gegen Steuerbescheide innerhalb von zwei Jahren bescheiden statt innerhalb von vier Jahren (dies war zum mindesten für eine größere Steuerschuld vorgesehen gewesen). Der Steuerzahler kann seine „liquidación privada" einmal innerhalb von zwei Jahren verändern, was vorher nicht möglich war. Ein mündlicher Einspruch gegen einen amtlichen Bescheid, welcher das Verfahren beschleunigt hätte, wurde vollkommen abgeschafft. Auf der anderen Seite wurde die Möglichkeit der steuerunschädlichen

der unerwartete Spruch des obersten Gerichtes eine wichtige Schwächung der Steuerverwaltung gegenüber den ursprünglichen Plänen.[150] Zum ersten Mal konnte hier eine politisch wirksame Opposition gegenüber der Steuerreform beobachtet werden: Das Parlament hatte die Sondervollmachten nur unter der Bedingung der Milderung der strengen Verfahrensvorschriften bewilligt. Modernität des inhaltlichen Steuerrechtes verband sich so mit überholten prozeduralen Vorschriften; dieser Punkt wird weiter unten noch ausführlicher behandelt werden.

Vor einer Beschreibung der weiteren Geschichte der Steuerreform sollen zunächst in systematischer Weise die Faktoren behandelt werden, welche den mindestens anfänglichen oder teilweisen Erfolg der Reform erlaubten.

## B. Faktoren des ursprünglichen Erfolges

Zunächst seien auf *jene Faktoren* eingegangen, die sich aus der *politischen Situation des Augenblicks* ergaben und aus der Art, wie der Präsident sie ausgebeutet hat.

Wie beschrieben, ging Präsident López als überwältigender Sieger aus der ersten, hinsichtlich der Kandidatenzahl unbeschränkten, Präsidentenwahl nach dem Ende der Nationalen Front hervor. Er konnte sich daher auf eine direkte demokratische Legitimation stützen, die von derjenigen des Kongresses unabhängig war.

Während ihrer Amtszeit erfahren kolumbianische Präsidenten *politische Unterstützung, die sich nach einem charakteristischen Schema* verändert: Sie ist unmittelbar nach der Wahl am größten und vermindert sich dann mehr oder weniger schnell. (Die Wiederwahl eines Präsidenten wäre in der aller Regel nicht nur juristisch, sondern auch politisch nicht möglich.) Trotz aller Enttäuschungen erwarten die Kolumbianer von einem neuen Mann im Präsidentenamt eine schnelle Verbesserung der sozialen und wirtschaftlichen Situation. Zu Beginn ihrer Amtszeit verfügen daher die meisten kolumbianischen Präsidenten[151] reich-

---

Neubewertung der Aktiva zum 31. Dezember 1974 beibehalten. (Diese Information stammt aus El Espectador vom 24. Dez. 1974.) Zusätzlich wurden zwei neue Arten des Einspruchs des Steuerzahlers gegen Entscheidungen der Verwaltung eingeführt, die oposición und apelación genannt werden. Auch die Zahlung von Zinsen sollte in unausgeglichener Weise geschehen (Vasquez/Palomeque 1976: 27).

[150] Dieses Fehlen von Zwangsmitteln führt von Zeit zu Zeit zur Empfehlung drakonischer Maßnahmen, die in Kolumbien völlig unrealistisch sind. Während des im Jahre 1978 abgehaltenen Seminars über die Ergebnisse der Steuerreform schlugen z.B. Sebastián Arango Fonnegra und Florángela Gómez de Arango Gefängnisstrafen für Steuerhinterziehung vor!

[151] Selbstverständlich gibt es Ausnahmen, z.B. Präsident Pastrana nach seinem knappen Wahlsieg 1970.

lich über persönliche Autorität als äußerst wertvolles politisches Kapital. Zu dieser allgemeinen Veranlagung der Wählerschaft kam im Falle von López ein noch nie dagewesener Wahlsieg, so daß sogar die politische Opposition zur Unterstützung des Präsidenten bereit war. Dieser war daher imstande, die politischen Kosten der weitreichenden Reform auf sich zu nehmen.

Darüber hinaus nutzte der Präsident sein Kapital durch eine *politische Vorbereitung der Reform*. Er schuf bewußt eine Art Panik über die finanzielle und wirtschaftliche Situation. Diese war sicherlich ernst genug[152], wurde aber weit übertrieben. Damit sollte die Bereitschaft der wichtigen politischen, wirtschaftlichen und finanziellen Gruppen erreicht werden, weitreichende Maßnahmen mindestens hinzunehmen. In diesem Zusammenhang erscheint es auffällig, daß das Dekret, das den Notstand verkündete, nirgendwo von einer Umverteilung von Einkommen sprach[153], was den Versprechen des Präsidenten während des Wahlkampfes entsprochen hätte. Sicherlich erklärt sich diese Tatsache auch dadurch, daß die besonders ungleiche Verteilung von Einkommen und Vermögen in Kolumbien noch weniger als das Inflationsproblem zum Symptom einer akuten Krise erklärt werden kann. Es scheint jedoch auch richtig, daß ein weitreichendes Umverteilungsprogramm beträchtliche Opposition gegen die Pläne des Präsidenten mobilisiert hätte.

Eine zweite Gruppe von Faktoren stellt die *Existenz der jungen „técnico"-Gruppe* dar. Der Erfolg der Reform wurde nicht unwesentlich dadurch bestimmt, daß der Präsident eine Gruppe brillanter junger Akademiker ernennen konnte, die mit Steuerfragen seit dem Ende der sechziger Jahre vertraut waren und die an der Musgrave-Mission teilgenommen hatten. Drei Elemente verbinden sich: Ein hoher professioneller Standard im allgemeinen[154], eine ähnliche Ausbildung (die ihnen identische Ideen und ein Gefühl der Zusammengehörigkeit vermittelt hatte) und eine vergleichbare berufliche Erfahrung, die sie mit den höchst komplizierten Steuerfragen vertraut gemacht hatte. Hinzu kommt, daß die Gruppe imstande war, sich derart zu organisieren, daß sie innerhalb we-

---

[152] Ein Beispiel bildet die Inflation: Sie wurde als ein Hauptgrund für die „emergencia" bezeichnet, aber von der Reform wenig beeinflußt – und das Land konnte mit den Preissteigerungen leben, wenn auch mit großen Schwierigkeiten.

[153] Der Präsident persönlich hatte die Verordnung redigiert (Interview-Material); ein faksimilierter Teil mit seiner Handschrift findet sich auf dem Umschlag von Castro Castro 1976 a: Bd. I.

[154] Allerdings war ihre Arbeit nicht fehlerfrei. Einer der Kritiker war Enrique Low Murtra, Mitglied der Musgrave-Kommission, Generaldirektor für Steuern unter Pastrana, später Leiter des Rechnungshofes der Stadt Bogotá; September 1978 Vizepräsident des Industriellen-Verbandes ANDI und seit 1979 Consejero de Estado. Obwohl ein ausgezeichneter Fachmann für Steuerfragen, nahm er an den Arbeiten der vorbereitenden Kommission 1974 nicht teil und konnte daher die Reform in der Öffentlichkeit kritisieren (ein Beispiel stellt sein Interview mit La República vom 25. Okt. 1976 dar). Er wiederholte seine Kritik in einem Interview mit dem Verfasser am 21. Jan. 1977.

niger Monate Entwürfe zu Verordnungen zur Reform eines ganzen Steuersystems vorlegen konnte.

Die Teilnahme der técnico-Gruppe an den Entscheidungen auf einem so wesentlichen Gebiet wie der Steuerpolitik war zweifellos nicht nur eine taktische Maßnahme. Sicherlich waren einige der wirtschaftlichen und fiskalischen Probleme, die López zur Begründung der Erklärung des wirtschaftlichen Notstandes anführte, aus taktischen Gründen übertrieben worden. Dennoch ist es richtig, daß die Probleme so angewachsen waren, daß die politischen Akteure auf die Fähigkeiten von Fachleuten zurückgreifen mußten, was gerade kolumbianische Politiker im allgemeinen vermeiden (vgl. das Kapitel über physische Planung in Bogotá!).

Bereits die Ernennung der Mitglieder der Arbeitsgruppe (also von Personen, deren „Image"[155] bekannt war) bedeutete eine Zustimmung des Präsidenten zu den Hauptvorschlägen, die aus ihrer Arbeit wahrscheinlich hervorgehen würden. Dies erklärt sich teilweise durch die Übereinstimmung dieser Ideen mit den großen Versprechungen des Präsidenten während des Wahlkampfes. Ein entsprechender Schluß ergibt sich aus der Identität der Hauptreformlinien mit wichtigen Vorhaben des späteren Planes „para cerrar la brecha".

Zusammengefaßt kann von einer *temporären Allianz von Präsident und Fachleuten* gesprochen werden, ein Bündnis, das nicht lange dauern sollte, da sich López im weiteren Verlauf seiner Präsidentschaft als ausgesprochen uninteressiert an technischen Details der Gesetzgebung und der staatlichen Investitionspolitik erwies.

Einen weiteren entscheidenden Grund des Erfolges stellt die Existenz des *Instituts des wirtschaftlichen Notstandes* in der Verfassung und seine entschlossene Nutzung durch den Präsidenten dar. Dieser konnte eine Reihe von taktischen Vorteilen ausnutzen:

Äußerst wichtig war das Element der *Überraschung*. Wichtige politische Ereignisse benötigen normalerweise viel Zeit. Sie folgen festen Regeln und Verfahren, was es den betroffenen Interessengruppen ermöglicht, zu diskutieren, intervenieren, mit einem Wort, die Ereignisse zu beeinflussen. López' Schritt machte dies unmöglich: Der Zeitraum zwischen der ersten offenen Ankündigung seiner Absicht zur Benutzung des Artikels 122 der Verfassung und der tatsächlichen Ausrufung des Notstandes war zu kurz für die Gegner einer weitreichenden Steuerreform, um sich zu sammeln und ihren Einfluß in den verschiedenen Gremien und Kreisen geltend zu machen, die normalerweise an ei-

---

[155] Einige der wichtigsten Mitglieder galten, mit oder ohne Berechtigung, als „Linke", die sich für Umverteilung, stärkeres Eingreifen des Staates in die Wirtschaft usw. aussprachen. In einem derart konservativen Land wie Kolumbien gelten allerdings selbst mäßig progressive Ideen leicht als „links" oder sogar „kommunistisch"!

ner derartigen Entscheidung beteiligt sind. Ein gleiches folgte aus der raschen Verkündung der verschiedenen Verordnungen. — Die Verkündung des wirtschaftlichen Notstandes bedeutete die *Ausschaltung des Kongresses* von den ursprünglichen Entscheidungen. Die Bedeutung dieser Tatsache kann nicht überschätzt werden, bedenkt man den Arbeitsstil dieser Körperschaft, ihre beschränkte fachliche Kompetenz, den Vorrang der in Kolumbien so genannten „politischen" Überlegungen[156] vor technischen Kriterien, den Einfluß der Interessengruppen usw.[157] Die „emergencia económica" stellt ein Ende eines Kontinuums dar, das über Sondervollmachten, die der Kongreß der Exekutive zur Regelung komplizierter Angelegenheiten erteilt, bis zur ordentlichen Gesetzgebung reicht. Die komplizierten Verfahren und politischen Gefahren dieses Normalverfahrens wurden also radikal abgeschnitten. Dies war im Sinne ungeduldiger Experten, die nicht willens und fähig waren, sich mit „politischen" Überlegungen abzugeben, und auch im Sinne des Präsidenten, der nach einem Wahlkampf voller Versprechen schnelle Resultate vorweisen mußte. Der Versuch einer Steuerreform mit Hilfe der ordentlichen Gesetzgebung wäre aller Wahrscheinlichkeit nach mißlungen, bedenkt man die negativen Beispiele der wenigen Ansätze in der Zeit zwischen der Vorlage des Musgrave-Berichtes und dem Beginn der Präsidentschaft von López.

Dem *Ausschluß* des Kongresses von der Entscheidungsbildung entspricht derjenige *der normalen Verwaltung*, hier insbesondere der *Steuerverwaltung*. Einige ihrer Hauptmängel werden zu beschreiben sein; hier mag der Hinweis genügen, daß eine Vorbereitung der Reform durch die Bürokratie zu einem ähnlichen Mißerfolg geführt hätte wie Diskussion und Abstimmung im Parlament.

Gegen diese Überlegungen kann eingewendet werden (dies führt zu einer *dritten Gruppe der Reform günstiger Faktoren*), daß der Kongreß rechtlich die Möglichkeit gehabt hätte, sie zu blockieren oder derart zu verändern, daß der Name Reform eine Übertreibung gewesen wäre. Dies wurde jedoch durch zwei Tatsachen unmöglich gemacht:

Erstens stellte die Vorlage des Berichtes des Präsidenten praktisch eine *Aufforderung* an das Parlament dar, *ihm das Vertrauen auszusprechen*, obwohl die Einrichtung als solche in einer Präsidialverfassung nicht existiert. Hinzu kommt seine außerordentliche Popularität zu Beginn der Amtszeit und die übliche geringe Neigung und Fähigkeit der Kongreß-Abgeordneten, schwierige technische Details zu behandeln. Ein positives Ergebnis war daher nahezu unvermeidlich.

---

[156] Das heißt, schnell wechselnde Bündnisse zugunsten oder gegen politische Führer, unabhängig von der konkreten politischen Frage und ohne Rücksicht auf soziale und wirtschaftliche Konsequenzen; Personalpolitik wichtiger als der Versuch der wirklichen Problemlösung, usw.!

[157] Ein Beispiel dieses Stils stellen die Versuche einer „Stadtreform" (reforma urbana) zwischen 1958 und 1978 dar; s. Kapitel III, C.

Zweitens bilden die Reform-Dekrete trotz einiger Fehler ein *kohärentes Ganzes*, waren sie aus einem einheitlichen Geist heraus abgefaßt worden. Eine komplizierte Kritik von Einzelheiten wäre daher nur auf der Grundlage eines ausgereiften Gegenkonzeptes möglich gewesen. Es hätte also einer genauen Vorstellung eines für Kolumbien geeigneten und international akzeptierten Normen entsprechenden Steuersystems bedurft. Ein solches Ideal zu entwickeln, hätte mindestens viel mehr Zeit benötigt, als der Kongreß zur Verfügung hatte.[158] Angesichts der ziemlich trockenen Materie ist die Haltung des Kongresses einer „wohlwollenden Vernachlässigung" nur zu verständlich.

Das Fehlen eines geschlossenen Gegenkonzeptes war eine der wichtigen Ursachen für die relativ *geringe Opposition der Interessengruppen* während der ersten Phase der Reform des Jahres 1974.[159] Eine Interessengruppe wird ihre Kritik häufig auf Einzelheiten richten, die den Eigeninteressen der Mitglieder widersprechen. Davon zu unterscheiden sind Vorstellungen auf der Basis eines geschlossenen Gegenkonzeptes. Anders ausgedrückt: Eine Opposition gegen Einzelheiten der Reform konnte von der Reformergruppe elastisch aufgefangen werden, was notwendig die Widerstände verminderte und dazu beitrug, die zentralen Teile der Reform während der ersten Phase zu bewahren.[160]

In einer zweiten Phase der Reform kam es zu einem erheblichen „roll-back", nachdem die Wirkung der anfänglichen Überraschung und des Ausschlusses der normalen politischen Verfahren nachgelassen hatte.

## C. Abbau und Kontinuität:
## Die Reform unter dem Ansturm von Gegenkräften[161]

Während der ersten Monate der Reform herrschte großer Optimismus in den Fachkreisen, die an ihr beteiligt waren.[162] Ein oder zwei Jahre später waren

---

[158] Nach Art. 122 der Verfassung 30 Tage, jedoch mit der Möglichkeit einer Verlängerung dieser Frist durch übereinstimmenden Beschluß beider Häuser.

[159] Dennoch gelang es den Interessengruppen, einige unsystematische Steuerbefreiungen zu erhalten, von denen die wichtigsten beschrieben worden sind. Zu ihren Methoden s. unten C. 3.

[160] Einige der wichtigsten Kritikpunkte werden unten zu diskutieren sein. Sie erlauben jedoch keine unmittelbare Anwendung und damit auch nicht die Entwicklung einer Gegenstrategie.

[161] Das folgende nach Interview-Material, wenn nicht anders vermerkt.

[162] Beispiele bilden der euphorische Weltbank-Bericht, IBRD/IDA 1975: insbesondere I-1 bis I-3; die Rede des Finanzministers Botero vor dem Kolumbien-Konsortium der Weltbank im Juni 1975 (Botero 1975); Obregón/Perry 1975, die auf der Grundlage der Steuerreform-Dekrete, die höhere Progression des Steuersytems insgesamt betonen; so auch Urrutia 1975 (es sei daran erinnert, daß der Chef des Nationalen Planungsamtes

Pessimismus[163] und Desinteresse an der Tagesordnung — wenn auch nicht ausnahmslos. Hierzu hatten mehrere Faktoren beigetragen: Fehler in der Anlage der Steuerreform selbst, die sie in Verruf brachten; Fehlen nachdrücklicher Versuche zu ihrer Anwendung; starker Gegendruck der Interessengruppen und der von der Reform besonders betroffenen großen Steuerzahler. Diese Einflußgrößen seien im folgenden untersucht.

### 1. Irrtümer der Reformdekrete

Der folgenschwerste Irrtum ging auf die Überzeugung der Reformergruppe zurück, der Preisanstieg werde sich rasch auf etwa 10% vermindern. In *Wirklichkeit nahm die Inflation noch zu*[164]: 1975 stieg das Preisniveau um 18%, 1976 um 26%, 1977 um 30% und 1978 um 19,7%; in diesem Jahr wurden von Finanzminister Espinosa, der eben deswegen ernannt worden war, entschiedene antiinflationäre Maßnahmen verwirklicht. Bei den im Verhältnis zu industrialisierten Ländern hohen Steuersätzen[165], der hohen Progression der Steuertarife und dem Fehlen eines Ausgleichs für die Inflation hätte diese innerhalb weniger Jahre zu konfiskatorischer Besteuerung geführt. Dies gilt besonders für die Einkommensteuer, die Vermögenssteuer und die Steuer auf unregelmäßige Einkommen (ganancias ocasionales), wo rein nominelle Wertsteigerungen zu hoher Besteuerung geführt hätten. Damit wurden der verbreiteten Opposition gegen die letztgenannte Steuerart zusätzliche Argumente geliefert; bereits die Besteuerung der ganancias ocasionales an sich bedeutete einen Bruch mit der Tradition, welche diese Gewinne steuerfrei gelassen hatte.

Bereits im August 1975 war die Regierung zur Ankündigung einer *Überprüfung der Steuersätze* wegen der zunehmenden Inflation gezwungen.[166] Dies

zu Recht als Experte in Fragen der Einkommensverteilung in Kolumbien galt!). Der Liste ist spät der Präsident selbst hinzuzufügen (Rede in Villavicencio, Januar 1976, s. López Michelsen 1976), er sollte jedoch – oder hatte ihn bereits – einen Ruf für unermüdliche Schönfärberei der Ergebnisse seiner Amtszeit gewinnen, auch wenn der Rest des Landes ihn von allen Seiten angriff! – Eine frühe, allerdings nicht sehr überzeugende Kritik aus fachlicher Sicht ist Gutiérrez Muñoz 1974.

[163] Einen extremen Ausdruck dieses Pessimismus stellt Vasquez/Palomeque 1976 dar. Es sei daran erinnert, daß Vasquez einer der Beteiligten an der Reform gewesen war. Während des Seminars der Universitäten Javeriana und Harvard im Jahre 1978 in Bogotá wurde ebenfalls Pessimismus über das endgültige Ergebnis der Steuerreform geäußert; s. El Tiempo vom 13., 14., 15. und 17. Juli 1978.

[164] Diese Beurteilung der Inflation wurde auch von Richard Musgrave während des erwähnten Seminars geteilt; s. El Tiempo vom 14. Juli 1978. – Guillermo Perry nahm eine Inflation von 20% im Jahre 1975, 14% 1976 und weniger als 10% 1977 und 1978 an (El Tiempo, 7. Mai 1975).

[165] Musgrave 1978: 3.

[166] El Tiempo vom 9. August 1975.

## C. Abbau und Kontinuität

stellt einen wichtigen Schritt dar: Entweder wird eine weitreichende Steuerreform gegen verbreitete Kritik (insbesondere in der ersten Hälfte des Jahres 1975) insgesamt verteidigt oder es wird sich als schwierig erweisen, die Felder abzugrenzen, auf denen Irrtümer korrigiert werden können, und den Rest der Maßnahmen unangetastet zu lassen. Das gleiche Ziel (Anpassung der Steuern an die Inflation) verfolgte die Vergrößerung des steuerfreien Teiles der UPACs, die einige Tage später angekündigt wurde.[167] Noch andere kleinere Maßnahmen zur Anpassung an die Inflation könnten angeführt werden; aus Raumgründen beschränken wir uns auf den sog. „alivio tributario" (die Steuererleichterung).

Noch im August 1975 legte die Regierung einen Gesetzentwurf vor, der eine jährliche automatische *Verringerung der Steuersätze* zur Anpassung an die Inflation vorsah.[168] Eine Obergrenze für die Anpassung sollte jedoch 8% sein, mithin beträchtlich weniger als die kolumbianische Inflation im Durchschnitt der vorangegangenen Jahre betragen hatte. Die Initiative der Regierung stieß auf gemäßigte Zustimmung der Presse und der Verbände.[169] Die Existenz eines derartigen Schrittes erlaubte dem Repräsentantenhaus (wo der Gesetzentwurf eingebracht wurde) eine grundsätzliche Diskussion zusätzlicher Aspekte der Steuerreform.[170] Schließlich mußte die Regierung ihr ganzes Prestige einsetzen, um die vielen Veränderungen und Ergänzungen des Gesetzentwurfes, wie sie im Verlaufe der Diskussion vorgeschlagen worden waren, abzuwenden.[171] Es kam zu einer regelrechten Konfrontation von Regierung (insbesondere Steuerverwaltung) und Kongreß.

Ein Text wird nach nur zwei Lesungen in jedem Haus zum Gesetz, davon eine in einem der acht in der Verfassung vorgesehenen Ausschüsse, eine im Plenum.[172] Das Schicksal eines Entwurfes hängt weitgehend von dem Mitglied des

---

[167] El Espectador, 22. August 1975. Der erwähnte Punkt wird hier besonders deutlich: Die periodische Aufwertung dieser Wertpapiere zur Anpassung an Veränderungen des Preisniveaus stellt per definitionen keinen Ertrag in Realwerten dar – nur der Zinsertrag wäre ein solcher. Die Einführung eines Plafonds für die Korrektur und die Besteuerung eines Teils dieser Korrektur ist daher aus systematischen Gründen nicht zu rechtfertigen.

[168] El Espectador und El Tiempo vom 28. August 1975. Genauer: Die Einkommen, an die ein bestimmter Steuersatz anzulegen war, sollten ex officio Jahr um Jahr erhöht werden, sollte es zu einer Inflation gekommen sein.

[169] El Espectador und El Tiempo vom 29. August 1975.

[170] El Espectador, 17. September 1975; El Tiempo, 18. September 1975; El Tiempo, 10. Oktober 1975.

[171] El Tiempo vom 11. Oktober 1975. Die Veränderungen wurden von William Jaramillo Gómez (Departamento Antióquia) und José Fernando Botero Ochoa (Departamento Valle) vorgeschlagen. Jaramillo Gómez war einer der prominenten Politiker des Repräsentantenhauses. Eine der wichtigen vorgeschlagenen Veränderungen war eine Erhöhung der Steuererleichterung auf 10% pro Jahr.

[172] Sonderregeln werden angewendet, wenn beide Häuser verschiedener Meinung sind.

Ausschusses und des Plenums (für die erste und zweite Lesung) ab, das über die Initiative zu berichten und einen Vorschlag zu seiner Annahme oder Ablehnung zu machen hat. Er heißt „ponente" — und die Bedeutung seiner Aufgabe führt gelegentlich zu Diskussionen innerhalb der Ausschüsse, wer als solcher zu wählen ist. Das Ergebnis einer solchen Auseinandersetzung bestimmt in der Praxis dann häufig schon das Schicksal des Entwurfes.

Im hier behandelten Falle hatten die „ponentes" eine Anzahl von wesentlichen *Veränderungen des Entwurfes* eingeführt. Der Finanzminister und sein Generaldirektor für Steuern (Botero und Perry) hatten daher persönlich im Ausschuß III des Repräsentantenhauses zu erscheinen, um den ursprünglichen Text zu verteidigen[173]; eine hitzige öffentliche Debatte folgte.[174] Die Verbände, insbesondere im landwirtschaftlichen Bereich (Viehzüchter und Milcherzeuger), beteiligten sich lebhaft an den Auseinandersetzungen; sie traten offen für unsystematische Ausnahmen von verschiedenen Steuern zu ihren Gunsten ein.[175] Auch die ANDI, der mächtige Industriellenverband, argumentierte im Sinne der Veränderungen der ponentes.[176] Sein Präsident, Fabio Echeverri Correa, wurde sogar zur Teilnahme an der Sitzung des Ausschusses des Repräsentantenhauses eingeladen. Er trat für eine jährliche Steuersenkung entsprechend der tatsächlichen Inflationsrate ein — zweifellos ein bemerkenswerter Vorschlag, dessen Verwirklichung zu einer erheblichen Verringerung der Schwierigkeiten bei der Durchsetzung der Reform geführt hätte. — Der Verband der Finanzinstitutionen, ANIF, trat andererseits offen für die Regierungsvorschläge ein.[177]

---

[173] El Tiempo, 13. Oktober 1975, 22. Oktober 1975; El Espectador, 30. Oktober 1975.

[174] El Espectador vom 14. und 15. Oktober 1975; El Tiempo vom 15. Oktober 1975. Leitartikel, welche die Veränderungen begrüßen, finden sich in der konservativen Zeitung „La República" vom 15. Oktober und in der von Lleras Restrepo herausgegebenen Zeitschrift Nueva Frontera, wiederabgedruckt in El Espectador vom 17. Oktober. Vgl. auch El Tiempo vom gleichen Tage.

[175] Z.B. El Tiempo vom 18. Oktober 1975.

[176] El Tiempo vom 25. Oktober 1975; El Siglo, 1. November 1975; El Tiempo, 3. November 1975; El Siglo, 6. November 1975.

[177] El Siglo, 11. November 1975. Vgl. auch den Brief des Präsidenten der ANIF, Ernesto Samper Pizano, an den Vorsitzenden des Ausschusses III des Repräsentantenhauses vom 6. November 1975. — Eine Unterstützung der Regierung war übrigens eine durchgehende Politik dieser Körperschaft, nachdem Belisario Betancur (1978 konservativer Präsidentschaftskandidat) die Präsidentschaft an Samper abgegeben hatte. Über die Gründe kann nur spekuliert werden. Bemerkenswert erscheinen jedoch die folgenden Tatsachen: ANIF wird wesentlich von der Banco de Colombia beeinflußt, dem Herzstück der wichtigsten Finanzgruppe des Landes. Sie wird von Jaime Michelsen Uribe geleistet, einem Verwandten des Präsidenten López Michelsen.

Einer der meist *bedrohten Teile der Reform* war die *Steuer auf unregelmäßige Einkommen* (ganancias ocasionales).[178] Aber die Berichterstatter (ponentes) waren selbst im Ausschuß III des Repräsentantenhauses in der Minderheit[179], so daß die Regierung sich durchsetzte. Allerdings hatte sie in anderen Punkten nachzugeben, nämlich einer *Steuerverminderung für Kapitalgesellschaften* und in einer *erleichterten Zahlungsweise* der Steuer auf unregelmäßige Einkommen. Dies dürfte erklären, warum die Konservativen in der Schlußabstimmung durchgängig für die Regierungsvorschläge stimmten[180], während die Meinung der Liberalen uneinheitlich war. — Auch das Plenum stimmte der Regierungsvorlage zu[181], und der Senat nahm keine Veränderungen vor.[182] Der Entwurf wurde somit Gesetz 49/1975[183]; es wurde später durch Verordnung 2799/1975 in Einzelheiten geregelt. Der ursprüngliche Entwurf der Regierung, die Steuern jährlich um bis zu 8% entsprechend der Inflationsrate zu verringern, wurde angenommen; hieraus folgt auch gegebenenfalls eine Verminderung des Steuersatzes für geschlossene Kapitalgesellschaften von 40,0 auf 36,8%, für offene auf 35,2%. Eine Anpassung an die tatsächliche Inflationsrate wurde also nicht vorgenommen.

Nur ein Teil der politischen Diskussionen um die scheinbar einfache Teilanpassung des Steuersystems an die Inflation konnte hier berichtet werden; die Zahl von Erklärungen, Gegenerklärungen, Maßnahmen offenen und versteckten Druckes usw. war noch erheblich größer. Es bedarf keiner ausgeprägten Phantasie, diese Situation auf die Reform ein Jahr zuvor selbst zu übertragen — zweifellos wäre diese auf dem Wege der ordentlichen Gesetzgebung nicht zu verwirklichen gewesen.

Aus Furcht vor einer zu starken Erosion der Besteuerungsgrundlage und möglicherweise noch befangen im irrigen Glauben an einen Rückgang der Inflationsrate *widersetzte sich die Regierung* einer Anpassung der Steuersätze von mehr als 8% pro Jahr, insbesondere *einer Anpassung entsprechend der Inflationsrate*[184], wie sie Echeverri vorgeschlagen hatte. Da die Inflation tatsächlich

---

[178] Insbesondere die Konservativen griffen diese Steuer an; s. El Tiempo vom 15. und 19. Oktober 1975 und El Espectador vom 20. Oktober 1975.
[179] El Colombiano, 11. November 1975.
[180] Dies wich von der Haltung der eigenen Presse ab; s. El Colombiano vom 22. November 1975.
[181] El Tiempo vom 27. November 1975. Das Abstimmungsergebnis war 97:7 Stimmen.
[182] El Tiempo, 11. Dezember 1975.
[183] El Siglo, 19. Dezember 1975.
[184] Unsere Auffassung weicht hier wesentlich von Vasquez/Palomeque 1976: 11 ff. ab, welche den „alivio tributario" angreifen. Nur reales, nicht nominelles Einkommen sollte besteuert werden, auch wenn große Steuerzahler oder der Finanzsektor von dieser Regel begünstigt werden (Vasquez und Palomeque sprechen insbesondere von der

wesentlich höher blieb, mußte die Kombination beider Faktoren in Kürze zu weit überhöhten Steuern, einer höheren Steuerhinterziehung oder zu ständigen ad hoc-Veränderungen des Steuersystems führen. In gewisser Weise traten alle drei Konsequenzen ein — das Thema der Anpassung der Steuersätze an die Inflationsrate war mit diesem ersten „alivio" nicht erledigt. Die Diskussionen setzten sich in den folgenden Jahren fort. 1977 nahm der Kongreß einen zweiten „alivio" an: Die Entwicklung des Preisindex sollte als Maßstab für eine jährliche Verringerung der Steuersätze dienen. Diese Anpassung war aber auf 60% des Preisanstieges begrenzt[185], was notwendig innerhalb weniger Jahre zu neuen Problemen führen mußte. Diese wurden übrigens während des Universitätsseminars über Folgen und Probleme der Steuerreform 1978 bestätigt. — Auch eine steuerunschädliche Neubewertung für Grundbesitz zum Ende des Jahres 1977 wurde beschlossen.

## 2. Schwächen der Verwaltung

Zwei wichtige Aufgaben einer Steuerverwaltung können unterschieden werden[186]: Einerseits den zu zahlenden Steuerbetrag festzusetzen, andererseits ihn einzutreiben. Eine dritte Aufgabe, die in unserem Zusammenhang weniger interessant ist, bestünde darin, die wirtschaftlichen Interessen des Fiskus bei Prozessen zu wahren.

Im Augenblick der Steuerreform waren die *Hauptprobleme der kolumbianischen Steuerverwaltung* die folgenden:

*Überlastung:* Nach einem alten, 1974 noch gültigen Dekret[187] galt ein Widerspruch gegen einen Steuerbescheid als angenommen, wenn die Finanzbehörde ihn nicht innerhalb von zwei Jahren bearbeitete.[188] Ein derartiger Einspruch, mag er auch gänzlich unberechtigt sein, ist eine Art Lotteriespiel, wenn die Verwaltung nicht über genügend Mittel verfügt, ihn in angemessener Zeit zu bescheiden. Genau dies war der Fall: Die Sección de Recursos Tributarios, eine Einheit der Generaldirektion für Steuern des Finanzministeriums, die sich mit diesen Problemen zu befassen hat, mußte mit etwa 1000 „reclamaciones" pro Monat rechnen. Hiervon konnten nur etwa 450 bearbeitet werden; die übrigen

---

Erosion der Besteuerungsgrundlage, den Vorteilen für bestimmte ökonomische Sektoren usw.). Auf der anderen Seite muß gewährleistet sein, daß die Abschirmung gegenüber Preissteigerungen allen Steuerzahlern zugute kommen kann.

[185] Text des Gesetzes (54/1977): El Tiempo, 8. Dezember 1977.
[186] Die folgende Beschreibung nach Ramirez Cardona 1974: passim.
[187] Dekret 2733/1959.
[188] Es sei daran erinnert, daß die Regierung in dem für verfassungswidrig erklärten Dekret 2247/1974 vergeblich versucht hatte, diese Periode auf vier Jahre auszudehnen.

vermehrten die Zahl von inzwischen 61.000 unbearbeiteten Fällen. Es leuchtet ein, daß die Mehrheit von diesen durch Zeitablauf überholt war.

Ein zweiter Mangel der Steuerverwaltung lag in dem *Ungleichgewicht von interner und externer Steuerprüfung.* Die interne, also in den Räumen der Verwaltung vorgenommene Prüfung wurde durch einen umfangreichen Apparat[189] von 115 bis 120 Beamten vorgenommen, die etwa 8 Mio. Pesos pro Jahr gekostet haben. Die Kontrolle beim Steuerzahler selbst (z.B. die Prüfung von Betrieben), die im Grunde einzig den Namen „Kontrolle" verdient, verfügte nur über 22 Beamte und ein Budget von 2,5 Mio.[190] Das Ungleichgewicht beider Kontrollarten muß notwendig die Effektivität der Verwaltung beeinträchtigen.

Seit der Steuerreform hat sich die Lage auch auf dem Gebiet der inneren Kontrolle nicht verbessert: 1975 konnten noch 46,8% aller Steuererklärungen überprüft werden; der Prozentsatz ging 1977 auf nur 23,9% zurück.[191]

Andere Mängel der Verwaltung können hinzugefügt werden:

Die *Verwaltungsverfahren zur Zwangsbeitreibung* sind kompliziert und unausgewogen. Nicht weniger als dreißig[192] einzelne Schritte sind erforderlich, bevor eine Zahlung erzwungen werden kann; dabei ist zu beachten, daß diese Zahl nur jene Verwaltungsschritte umfaßt, die *nach* der Rechtskraft eines Steuerbescheides notwendig sind! Dieses Verfahren dauert etwa drei Monate. Das bedeutet, daß ein einzelner Beamter nur etwa 120 Fälle pro Jahr bearbeiten kann. Bei 22 Beamten in der entsprechenden Abteilung („cobranzas y ejecuciones") können etwa 2640 Fälle pro Jahr erledigt werden. Vergleicht man diese Zahl mit den etwa 15.000 rückständigen Fällen, dann ergibt sich, daß die Steuerverwaltung mehr als fünfeinhalb Jahre brauchte, nur um diese Rückstände aufzuarbeiten. Die ständig neu entstehenden Vorgänge sind dabei noch gar nicht berücksichtigt. Auch wenn alle Rückstände schließlich beigetrieben werden könnten (höchst unwahrscheinlich angesichts der stets neuen Erlasse von Steueramnestien) liegt der Vorteil für den säumigen Steuerzahler auf der Hand: Bei 25% Inflation und einer dreijährigen Zahlungsverzögerung ist der Steuerbetrag,

---

[189] Ramirez Cardona nennt diesen Apparat „tren burocrático interno".

[190] Die Bezahlung ist übrigens schlecht. Der Beamte findet sich daher in einem gewissen Zwang, gegen den Steuerzahler zu entscheiden, will er nicht für korrupt gehalten werden.

[191] Interviewmaterial; Schlußfolgerung des Seminars über die Ergebnisse der Steuerreform im Juli 1978 in Bogotá; Bericht in El Tiempo vom 14. Juli 1978. – Gegen Ende des Jahres 1978 ging die Regierung sogar noch weiter: Eine Kontrolle aller jener bis Dezember 1977 vorgelegten Steuererklärungen sollte unterbleiben, wenn der Steuerzahler in der in der Gültigkeit des Gesetzes folgenden zwei Monaten die von ihm selbst berechnete Steuerschuld beglichen haben würde! (El Tiempo, 26. Oktober 1978).

[192] Ein Gesprächspartner nannte sogar die Zahl 52.

in realen Werten gerechnet, auf weit weniger als die Hälfte abgesunken![193] Dieser enorme Anreiz verbindet sich mit der langsamen und ineffektiven Verwaltung zur Erzeugung der üblichen fiktiven Budgetüberschüsse.[194] Der vom Steuerzahler berechnete oder von der Steuerverwaltung festgesetzte Steuerbetrag wird als Einkommen des Staates verbucht, doch kann die tatsächliche Zahlung dieser Festsetzung mehrere Jahre hinterherhinken oder auch niemals ausgeführt werden. Dies ist ein weiterer Grund für die Empfehlung der Experten des internationalen Währungsfonds, das kolumbianische Budgetsystem von Grund auf zu reformieren.

Der Schwäche der Zwangsbeitreibung entspricht die *Aufblähung der freiwilligen oder halb freiwilligen Steuerzahlung*. Von einer halb freiwilligen Steuerzahlung ist dann zu sprechen, wenn eine Steuer entrichtet wird, um die „paz y salvo" genannte Bescheinigung des Staates zu erhalten, daß alle Verpflichtungen gegenüber dem Fiskus beglichen worden sind. Diese Bescheinigung ist u.a. dem Antrag auf Ausstellung eines Passes[195] oder auf Beschäftigung durch einen öffentlichen Arbeitgeber beizufügen. Diese „indirekte"[196] Zahlung ist u.a. deshalb kompliziert, weil die Steuerverwaltung nicht über eine gute interne Dokumentation verfügt und weil es Kommunikationsprobleme zwischen den verschiedenen Erhebungsfinanzämtern des Landes und der Zentrale in Bogotá gibt. Die Ausstellung der entsprechenden Bescheinigungen bindet die Arbeitskraft einer erheblichen Zahl von Beamten, die damit im engeren Sinne steuerliche Angelegenheiten nicht bearbeiten können.

Eine gute Steuerverwaltung dient der Kontrolle der Steuerhinterziehung und der Erzwingung von Steuerzahlungen; wie die vorangegangenen Ausführungen wohl deutlich gemacht haben, war beides 1974 in Kolumbien nicht der Fall.

---

[193] Dabei wird von Steuerstrafen abgesehen, deren Festsetzung und Beitreibung im Einzelfalle fast eine Sache des Zufalls ist. Der Säumniszuschlag für verspätet entrichtete Steuern beträgt nur 3 % pro Jahr.

[194] S. Kapitel V, C, 1, b. – Diese Tatsachen sind kein Geheimnis, sondern den auf Steuerfragen spezialisierten Anwälten wohlbekannt. Unsere Quelle wurde in der Zeitschrift des Kolumbianischen Instituts für Steuerrecht gedruckt, einer Art Informationszentrum für Mitglieder des Berufes. Diese Informationen werden zwar Mitgliedern des Instituts übermittelt, außenstehenden Personen aber nach Möglichkeit vorenthalten. – Bereits im Dezember 1974 hatte das Institut versucht, das Steuererhebungsverfahren zu beeinflussen: Ein an die Kommission I des Senats übersandtes Memorandum sprach sich für eine Abmilderung der Möglichkeiten der staatlichen Zwangsbeitreibung aus (El Espectador, 6. Dezember; El Periódico, 10. Dezember 1974).

[195] Das Verfahren weicht von der liberalen Praxis in anderen Ländern, z.B. der Bundesrepublik Deutschland, deutlich ab: Pässe, die ein freies Reisen im Ausland erlauben, werden nur für eine relativ kurze Frist ausgegeben, wenn eine solche Reise unmittelbar bevorsteht. Dieses Dokument zu erhalten ist relativ schwierig, u.a. wegen der Notwendigkeit der Vorlage des „paz y salvo".

[196] Dieser Ausdsruck wird von Ramirez Cardona 1974 verwendet.

Auch heute ist die Situation nicht wesentlich anders.[197] Die Reform des materiellen Steuerrechtes, die hohen professionellen Standards folgte, wurde nicht begleitet von einer entsprechenden radikalen Reform der Steuerverwaltung, die ebenso notwendig gewesen wäre. Schlimmer noch: die höhere Progression des Steuersystems hat die Anreize zur Steuerhinterziehung erheblich vergrößert. Folglich wäre eine wesentlich bessere Verwaltung notwendig gewesen, um diese Hinterziehung einzudämmen.

Zwei *Reformansätze* erschienen notwendig: zum einen eine Stärkung der Stellung der Steuerverwaltung gegenüber dem Steuerzahler; zum anderen eine Modernisierung der internen Verwaltungsverfahren.

Bei der Beschreibung der Ereignisse während der Notstandsperiode selbst wurde der weitgehend *erfolglose Versuch* der Reformer angeführt, *die Stellung der Generaldirektion für Steuern* gegenüber dem Steuerzahler unter Beibehaltung der rechtlichen Garantien für diesen *zu stärken*. Die Reihe der Mißerfolge in dieser Hinsicht endet jedoch nicht mit dem Jahre 1974. 1976 und 1977 geriet die Regierung in die politische Defensive. Im letztgenannten Jahr nahm der Kongreß ein „Statut des Steuerzahlers" (Estatuto del Contribuyente) als Gesetz an.

Die Initiative wurde Ende 1976 von dem liberalen Senator Carlos Martín Leyes eingebracht.[198] Ein Teil der mündlichen Begründung des Initiators ist so charakteristisch, daß sie hier angeführt werden soll: „... die Entscheidungen der Steuerverwaltung folgen mehr den rechtlichen Formalien als der wirklichen Steuerkraft des Bürgers"! Die Regierung (Finanzminister Botero und sein Nachfolger Espinosa) begrüßten die Initiative und erlaubten Sondersitzungen des zuständigen dritten Ausschusses des Senates während der Parlamentsferien in der ersten Hälfte des Jahres 1977.[199] Berichterstatter („ponente") war Rodrigo Martín Bernal.[200] Die Reaktion der Presse war günstig[201], und der Senat nahm den Entwurf am 20. April 1977 an.[202] Nach einer langen Pause befaßte sich das Repräsentantenhaus (Ausschuß III, Berichterstatter Ex-Minister Cornelio Reyes) im September 1977[203] und den folgenden Monaten mit der Angelegenheit, und der Entwurf wurde im Dezember Gesetz.[204] Es bedeutet eine erhebli-

---

[197] Das Folgende nach Interviewmaterial, falls nicht anders vermerkt.
[198] El Tiempo vom 12. Dezember 1976. Leyes war im Jahre 1978 Gouverneur des Departamento Atlantico.
[199] El Tiempo vom 12. Dezember 1976. S. auch El Tiempo, 9. März 1977.
[200] El Tiempo, 28. Februar 1977.
[201] Z.B. El Tiempo, 10. März 1977.
[202] El Tiempo, 21. April 1977.
[203] El Tiempo, 14. September 1977.
[204] El Tiempo, 28. und 29. Dezember 1977.

che *Stärkung der Stellung des Steuerzahlers* gegenüber der Steuerverwaltung und eine erhebliche Vermehrung der rechtlichen Voraussetzungen für eine Zwangsbeitreibung.[205] Eine im kolumbianischen Zusammenhang bemerkenswerte Vorschrift eröffnet die Möglichkeit von Verhandlungen mit dem Generaldirektor für Steuern über eine Stundung der fälligen Steuern bis zu fünf Jahren! Wird eine solche gewährt, dann sind nicht einmal Verzugszinsen zu zahlen, und der berühmte „paz y salvo" ist auf Verlangen auszustellen.

Das zweite wichtige Reformgebiet betraf die *internen Verwaltungsverfahren.*

Im Augenblick des Erlasses der sofort in Kraft tretenden Verordnungen[206] war die *Steuerverwaltung in keiner Weise* auf eine derartig drastische Veränderung der von ihr anzuwendenden Rechtsquellen *vorbereitet*. Dies war natürlich das Gegenstück der Tatsache, daß nur ihr Ausschluß von der Entscheidungsfindung einen Erfolg der Reform mindestens im formalen Sinne ermöglicht hatte. Aber die nur langsame Vorbereitung der Beamten durch besondere Ausbildungskurse[207], interne Verwaltungsanweisungen usw. verminderten entscheidend die Effizienz und Effektivität der Verwaltung in den entscheidenden ersten Monaten der Reform, in denen das Element der Überraschung in Verbindung mit einer rigorosen Anwendung der neuen Vorschriften viel zu einem endgültigen Erfolg hätte beitragen können. Eine grundlegende Reform der Erhebungs- und Kontrollverfahren, die angesichts der unzählbaren Probleme der Langsamkeit und der Schwierigkeiten auch für den ehrlichen Steuerzahler dringend notwendig gewesen wäre[208], wurde nicht verwirklicht. Für diese Hemmnisse ist ein Phä-

---

[205] Einige Einzelheiten sind die folgenden: Strafen für unrichtige Steuererklärungen wurden erheblich reduziert; die „liquidación de aforo" (Steuerfestsetzung ex officio, wenn der Steuerzahler keinerlei Erklärung abgegeben hat) darf nur innerhalb von fünf (statt zehn) Jahren vorgenommen werden; will die Steuerverwaltung einen anderen Steuerbetrag festsetzen als vom Steuerzahler selbst berechnet, dann muß dieser vorher gehört werden, und die Angelegenheit wird hinterher von einem anderen, zufällig ausgewählten Beamten weiter bearbeitet; die recurso de consideración (vorher recurso de reposición) genannte Möglichkeit des Steuerzahlers, sich gegen einen Steuerbescheid zu wenden, wurde verstärkt (nach der Aufzählung des ehemaligen Steuerdirektors Jaime Bueno Miranda in El Tiempo vom 28. und 29. Dezember 1977).

[206] Die Mehrzahl von ihnen enthält die stereotype Formel: „Die vorliegende Verordnung tritt mit ihrer Verkündung in Kraft".

[207] Diese wurden ad hoc organisiert. Ein permanentes Institut für Steuerangelegenheiten (Instituto de Estudios e Investigaciones Fiscales) wurde erst 1977 auf Anregung des Generaldirektors für den Haushalt, Antonio Barrera Carrasquilla, gegründet.

[208] Die Zeitungen sind voller Beispiele dessen, was sie normalerweise als „viacrucis tributaria" bezeichnen (den „Kreuzweg des Steuerzahlers"; z.B. El Tiempo, 27. Februar 1977, 5. März 1977, 16. April 1977, 17. April 1977 usw.). Es handelt sich um eine absolut kafkaeske Situation, welche Kapitel in einem satirischen Buch über die kolumbianische Verwaltung verdiente, nicht notwendig in einer wissenschaftlichen Publikation. Eine weitreichende Kritik der Verwaltung der Reform geben Low Murtra 1976 und Rosas Vega 1976.

nomen verantwortlich, das sich auch in anderen Verwaltungen der Dritten Welt nachweisen läßt[209]: Der Mangel interner Koordination, guter Archive, von Möglichkeiten der Querkontrolle der verschiedenen Steuererklärungen bringt die Steuerverwaltung dazu, diese Unsicherheit nach außen zu projizieren, also auf die Bürger abzuwälzen. *Diese müssen jeden Nachweis mehrfach erbringen, frühere Steuerbescheide vorlegen, unzählige Papiere präsentieren, die eine gute Verwaltung bei ihren Akten hat, usw.*[210]

Überkomplizierte und ineffektive Verwaltungsverfahren verbanden sich mit *Schwäche der Verwaltung gegenüber säumigen Steuerzahlern* und beeinträchtigten erheblich das Endergebnis der Steuerreform.[211] Die Steuerhinterziehung, in Kolumbien ein traditionelles Übel, wurde durch die materiellen Rechtsverordnungen insofern erschwert, als es kaum noch steuerfreie Einkommensarten gibt. Aber die Erhebungsverfahren hielten hiermit nicht Schritt: Die Stärke der Verwaltung wurde nicht erhöht, wie dies ursprünglich beabsichtigt war. Die „reclamaciones", die einen erheblichen Teil der Arbeitskraft der Steuerverwaltung blockieren, stellen immer noch einen erfolgversprechenden Weg der Verminderung der eigenen Steuerlast dar.[212] Eine interne Querkontrolle, die moderne Mechanismen auf der Basis von Zufallsverfahren verwendet, wird zwar im Código Tributario erwähnt, existiert aber nicht in der Praxis. Steuerstrafen werden selten verhängt, nicht einmal in Fällen offensichtlicher Steuerhinterziehung.[213] In derartigen Fällen zieht es die Verwaltung vor, sich mit dem Steuerpflichtigen zu arrangieren.[214] Die ursprüngliche Furcht vieler säumiger Steuerzahler, durch moderne Methoden unter Einsatz eines Computers – ein solcher war angeschafft worden – entdeckt zu werden, ist längst geschwunden: Ein Computer kann nur günstige Ergebnisse bringen, wenn er entsprechend programmiert wird, wenn also die Eingabearbeit der Beamten fehlerfrei ist. Davon ist diese indessen noch weit entfernt.[215] –

---

[209] Avenarius / Fanger / Oberndörfer / Wolff 1973: Bd. I: 28-67 und Bd. II: 21-77; der Autor hat ähnliche Beobachtungen im gabunischen Arbeitsministerium gemacht.

[210] Einige kleinere Reformen wurden allerdings verwirklicht; das Gesamtbild hat sich jedoch nicht wesentlich verbessert.

[211] Zum Ertrag s. Teil D. Der folgende Text nach Interviewmaterial.

[212] Die Zeitungen berichteten hohe Zahlen über solche Einsprüche Jahre nach der Reform; s. z.B. El Tiempo, 14. und 18. November 1976.

[213] Ein einfacher Weg hierzu besteht darin, auch dann keine Steuererklärung vorzulegen, wenn man eines Tages die Grenze des steuerfreien Einkommens überschritten hat: Wenn die Bürokratie nicht über eine Akte verfügt, ist die Wahrscheinlichkeit von ihr erfaßt zu werden, nur gering!

[214] Ein Extrem dieses Phänomens wird für Indonesien von Oberndörfer / Avenarius / Lerche 1976: 94 ff. berichtet.

[215] Ein nicht seltener Fall in Entwicklungsländern: Die Einführung einer faszinierenden neuen Maschine läßt viele Menschen an eine Panazee glauben, aber das kompli-

Zusammenfassend kann daher gesagt werden, daß die *Steuerreform sich nahezu ausschließlich auf das materielle Steuerrecht konzentrierte*. Anfängliche Versuche zur Stärkung der Stellung der Steuerverwaltung gegenüber dem Steuerzahler wurden blockiert; es kam sogar zu einer erheblichen „Gegenreform". Es fehlte an entschlossenen Versuchen zur radikalen Verringerung der internen Verwaltungsprobleme. Im Ergebnis kam es zu einer raschen Anpassung der Steuerzahler und ihrer juristischen und steuerlichen Berater: Eine offene Steuerhinterziehung gab es nach wie vor (es kann endlos darüber diskutiert werden, ob etwas mehr oder etwas weniger als vor der Reform). Die unsystematischen Schlupflöcher in den Reformverordnungen oder in späteren Dekreten (der „Gegenreform") wurden vor allem von den großen Steuerzahlern ausgenutzt.[216]

Periodische Steuerstreichungen[217] erscheinen nicht nur wegen des enormen Steuerwiderstandes notwendig. Sie stellen zugleich das Eingeständnis der Steuerverwaltung dar, mit diesem Widerstand nicht fertig zu werden, und den Versuch, wenigstens einen Teil der dem Staat schuldigen Abgaben unter Vernachlässigung des Restes zu erhalten. —

Die technisch so perfekte kolumbianische Steuerreform des Jahres 1974 folgte so *einem in Entwicklungsländern gängigen Schema*: Statt relativ mäßige Steuersätze mit allen möglichen administrativen, strafrechtlichen und politischen Mitteln durchzusetzen, wurde die Progression des Systems erhöht und damit der Anreiz für die Steuerhinterziehung und für die politische Opposition gegen die Reform vergrößert.

Die Aufzählung administrativer Mängel bedeutet nicht, diese zur letzten Ursache der Probleme zu erklären. Eine schlechte Verwaltung existiert nicht *gegen* die sozialen Präferenzen, sondern *weil* eine Gesellschaft sie wünscht oder mindestens toleriert. Das Schlußkapitel dieses Buches wird einige Überlegungen zu den *wirklichen* Aufgaben der kolumbianischen Bürokratie innerhalb des politischen Systems vortragen. Hier kann vermerkt werden, daß die Ineffektivität der Steuerverwaltung mit diesen Aufgaben im Einklang ist, mindestens solange,

---

zierte System erfordert eine hervorragende Bedienung. Im Ergebnis werden die Probleme oft größer anstatt kleiner! Eine wichtige Rolle in diesem Zusammenhang spielten Streiks von Beamten im Finanzministerium, die u.a. zu einer fehlerhaften Programmierung des Computers führten! König / Schleicher / Bolay 1981 erwähnen ein Projekt der deutschen technischen Zusammenarbeit in diesem Bereich und berichten von gewissen Verbesserungen. Diese liegen jedoch zeitlich jenseits der von uns abgedeckten Periode.

[216] Das bedeutet nicht, daß das Steuersystem als Ganzes nicht progressiv ist, sondern daß die Progression der Steuersätze in den Rechtsquellen von der Progression ex post erheblich abweicht.

[217] Eine weitere Amnestie wurde im Dezember 1978 erlassen und betraf insbesondere die bis zum Ende dieses Jahres nicht bezahlten Vermögenssteuern; El Tiempo, 8. und 9. Dezember 1978.

als die staatlichen Einnahmen nicht soweit verringert werden, daß entscheidend wichtige staatliche Funktionen betroffen werden.

Unser nächster Abschnitt befaßt sich mit der erwähnten „Gegenreform", die insbesondere auf den Druck von Interessengruppen zurückgeht.

### 3. Die Interessengruppen: Gegendruck und Akzeptierung der Reform

Die unzutreffende Prognose über die künftige Preisentwicklung und die Mängel der Steuerverwaltung (die, technisch gesehen, letztlich hätten korrigiert werden können) haben das Herz der Reform, die materiellen Steuervorschriften, nicht berührt. Diese waren jedoch einer allmählichen *Erosion unter dem Ansturm der Interessengruppen* ausgesetzt und sind es noch. Diese Entwicklung ist noch nicht zu einem Ende gekommen und es kann vorausgesagt werden, daß hierdurch allmählich die Notwendigkeit einer neuen Reform geschaffen wird!

Das Prestige der Reformer und der Reform wurde zunächst durch das positive Echo anläßlich des Treffens des Kolumbienkonsortiums der Weltbank im Juni 1975 in Paris[218] gestärkt. Doch die Opposition nahm hiernach zu.

Im folgenden seien die meistkritisierten Teile der Reform beschrieben, die wichtigsten oppositionellen Interessengruppen, ihre Methoden und schließlich einige Beispiele der langsamen Erosion gegeben.

Zunächst also die *meistattackierten Teile der Reform*! Es handelt sich um die folgenden:

— die Verringerung und in einigen Fällen Abschaffung von Steueranreizen; in diesem Zusammenhang war die Reduktion der CATs besonders wichtig, der Exportsubsidien, die die Steuerlast um 15% des Wertes der nichttraditionellen Exporte verminderten;

— die Tatsache, daß die Steuerreform und die sie begleitenden monetären Maßnahmen allgemein als deflationär angesehen wurden, also nicht nur keinerlei Anreiz zu Produktion und Konsum boten, sondern im Gegenteil, die Wirtschaftskrise in den Jahren nach der Reform noch vergrößerten[219];

---

[218] Perry 1975 b und Botero 1975 sind die offiziellen kolumbianischen Erklärungen anläßlich dieser Sitzung.

[219] Diese Kritik, die etwa von dem Verband der Kunststoffindustrie Acoplasticos in einem Interview seines Präsidenten Suárez Fajardo vorgetragen wurde (El Tiempo, 30. Mai 1977), erscheint bis zu einem gewissen Grade berechtigt. Eine deflationäre Wirkung tritt allerdings nur im Augenblick der Einführung der Maßnahmen ein. Dennoch war die Konjunkturlage für eine derart weitreichende Steuerreform nicht die beste. Wichtiger erscheint allerdings die „politische Konjunktur" – und wie deutlich geworden sein dürfte, war der Augenblick der Verwirklichung der Steuerreform unter politischen Erwägungen der einzig mögliche.

- die Erhöhung der Umsatzsteuer, insbesondere für Luxusgüter, eine Maßnahme, die notwendig, wenn auch nur kurzfristig, das Preisniveau erhöhte;
- die negativen Produktionsanreize für die Landwirtschaft durch die renta presuntiva;
- die Steuer auf unregelmäßige Einkommen (ganancias ocasionales);
- und die Besteuerung des Staatssektors.

Die folgenden *Wirtschaftsverbände* („gremios") *taten sich bei der Opposition* gegen die Steuerreform *besonders hervor*[220]:

- die verschiedenen Verbände im Landwirtschaftsbereich, insbesondere der Verband der Landwirte (SAC — Sociedad de Agricultores de Colombia), der Verband der Milchproduzenten (ANALAC) und der Verband der Viehzüchter (FEDEGAN — Federación Nacional de Ganaderos de Colombia);
- die staatlichen Wirtschaftsunternehmen;
- der Industriellenverband ANDI (Asociación Nacional de Industriales de Colombia);
- der Verband des Handels (FENALCO — Federación Nacional de Comerciantes de Colombia); und schließlich
- die Immobilienmakler (Lonja de Propiedad Raíz).

Verständlicherweise wurden die verschiedenen Argumente von den verschiedenen Interessengruppen nicht einheitlich gebraucht; sie wechselten vielmehr mit ihrer besonderen Lage.[221] So berührte die Verringerung der Exportsubventionen insbesondere den entsprechenden Verband ANALDEX und die Industriellen; die Erhöhung der Umsatzsteuer wurde vom Handel angegriffen; und die renta presuntiva von den Industriellen[222] und den Landwirtschaftsverbänden.

Bei den verschiedenen von den Interessengruppen verwendeten Maßnahmen unterscheiden wir politische und juristische Manöver von Möglichkeiten, die aus strukturellen Gegebenheiten folgten.

Der *strukturelle Faktor*, der insbesondere den Interessen der Landwirtschaft zugute kam, stellte die massive Vertretung von Landeigentümern im Kabinett dar.[223] Mindestens drei der zwölf nichtmilitärischen Mitglieder arbeiteten eng mit Grundbesitzern zusammen oder waren selbst Großgrundbesitzer.[224] Trotz

---

[220] Das folgende nach Interviewmaterial, falls nicht anders vermerkt.
[221] Gonzalez 1974: 62 ff.
[222] Diese sprachen sich ebenfalls zugunsten der Landwirtschaft aus.
[223] Gonzalez 1974: 47 f.

der erwähnten „akuten Lopitis" wurde diese Tatsache in der Öffentlichkeit, sogar in der liberalen Presse, kritisiert. Ein Kabinett mit einer derartig starken Überrepräsentation eines einzigen Wirtschaftszweiges mußte notwendig Veränderungen des Steuerrechtes zu dessen Gunsten zugänglich sein. Zu nennen sind Ausnahmen von der renta presuntiva für die Milchproduzenten im Frühjahr 1975[225], für das östliche Tiefland sowie, eingeführt im Mai dieses Jahres, für die Viehzüchter; im letzteren Falle nutzte die Regierung eine Generalklausel, die eine Befreiung von der Steuer in besonderen Notfällen erlaubte. Beispiele 1976[226] und 1977[227] können hinzugefügt werden, die alle auf dauernde und stets zunehmende Steuererleichterungen für die Landwirtschaft hinauslaufen.

*Politischer Lobbyismus* stellte eine Methode der Verbände dar. Zu nennen ist zunächst *öffentliche Propaganda* für die eigenen Interessen. Die kolumbianische *Presse* stellt sicherlich eine der freiesten in Lateinamerika dar. Selbst die großen Zeitungen, welche einen erheblichen Einfluß auf die öffentliche Meinung ausüben, sind den traditionellen Parteien verbunden, *ohne* im klassischen Sinne eine Parteipresse darzustellen. Dies trifft um so mehr zu, weil die ideologischen Orientierungen der Parteien schwach sind, so daß sich in ihnen Politiker verschiedener Positionen auf dem üblichen Rechts-Links-Kontinuum zusammenfinden.[228] In diesem Sinne können die kolumbianischen Zeitungen leicht

---

[224] Cornelio Reyes, Innenminister; Durán Dussán, Erziehungsminister (1978 Bürgermeister von Bogotá), ein Landbesitzer aus dem östlichen Tiefland; schließlich Pardo Buelvas, der Landwirtschaftsminister. Ohne Nennung eines Namens erwähnte ein Interviewpartner einen vierten Minister.

[225] El Tiempo, 21. Februar 1975. Die offizielle Begründung war, daß die kontrollierten Milchpreise die Rentabilität der Bauernhöfe soweit reduzierten, daß ein Minimalgewinn nicht mehr amtlich vorausgesetzt werden konnte. Tatsächlich waren die Milchpreise mehrere Jahre lang nahezu stabil geblieben, was auch zum Rückgang des Angebotes geführt hatte. Auch wenn das Argument der Regierung nicht als falsch bezeichnet werden kann, stellt dieser Fall dennoch ein gutes Beispiel für die Kette von Konsequenzen dar, welche eine Intervention des Staates in der Wirtschaft gegen die Marktkräfte hervorrufen kann. Eine Freigabe des Milchpreises unter Beibehaltung einer angemessenen Besteuerung wäre eine bessere Politik gewesen.

[226] In diesem Jahr wurde von Plänen für eine Reduktion der renta presuntiva für Viehzüchter von 8 auf 2,5 % berichtet (La República, 2. November 1976).

[227] Die renta presuntiva für die Landwirtschaft wurde reduziert bzw. für mehrere Monate ganz aufgehoben; El Tiempo, 27. Januar und 23. Juni 1977.

[228] Eine merkwürdige Beobachtung kann die Meinungsvielfalt, die in einer einzelnen Zeitung toleriert wird, belegen: Daniel Samper Pizano (Bruder des Präsidenten des Verbandes der Finanzinsitutionen ANIF, Ernesto Samper), permanenter Kolumnist des El Tiempo, der gewöhnlich als „liberale" Zeitung im kolumbianischen Sinne angesehen wird, konnte in seiner Kolumne offen für einen Aufruf zur Einigung der Linksparteien auf einen gemeinsamen Präsidentschaftskandidaten für das Jahr 1978 eintreten. Dies wäre in der Tat eine Voraussetzung für die Linke gewesen, um sich als politische Kraft auf nationaler Ebene zu konstituieren.

dazu verwendet werden, jede Art von Erklärungen zu verbreiten, die politische Entscheidungen beeinflussen sollen. Sie werden hierfür von den Lobbyisten eingesetzt.

Es kann daher nicht überraschen, daß die wichtigen Zeitungen während der Notstandsperiode und den ihr folgenden Jahren voll von solchen Erklärungen waren. Es wäre zu ermüdend, auch nur Beispiele anzuführen.[229] — Auf der anderen Seite diente die Presse als Werbeinstrument auch für die Väter und Verteidiger der Steuerreform.

Die verschiedenen *nationalen und regionalen Mitgliederversammlungen der Verbände* haben ebenfalls mit der Nutzung der Presse als Propaganda-Instrument. Entsprechend der Bedeutung des einzelnen Verbandes berichten die Zeitungen über diese Sitzungen, und verständlicherweise nutzen die Verbandsvorsitzenden diese Gelegenheit, um ihre Ansichten zur Wirtschafts-, Währungs- und Steuerpolitik darzulegen. Zusätzlich werden die Jahresversammlungen einiger ausgesucht wichtiger Verbände auch von dem für den Bereich zuständigen Minister besucht: Eine weitere hervorragende Gelegenheit, die Regierung im Sinne der eigenen Interessen zu beeinflussen.

Dieser einfache Weg wurde von den „gremios" während und nach der Steuerreform häufig eingeschlagen. So benutzte der Industriellenverband ANDI seine 30. Jahresversammlung am 29. Oktober 1974 in Barranquilla zu einem Angriff auf doppelte Besteuerung, die Steuer auf unregelmäßige Einkommen und die Reduktion der Exportsubsidien.[230] Am 7. Dezember verlangten die Viehzüchter während des 14. Nationalkongresses Steuererleichterungen für die östliche Tiefebene[231] (die, wie beschrieben, einige Monate später bewilligt wurden). Ein Treffen der Landwirte im Mai 1975 griff die renta presuntiva und die Steuer auf unregelmäßige Einkommen an.[232] Die Liste könnte unschwer verlängert werden.[233] Die Position der gremios findet sich häufig im Tätigkeitsbericht ihrer Vorsitzenden, der normalerweise in gedruckter Form verteilt wird.[234]

---

[229] Auch Radioprogramme wurden, wenn auch in geringerem Umfange, genutzt. So griff der Verband des Handels, FENALCO, am 6. Oktober die Verringerung der Exportsubventionen in einem Programm der privaten Radiostation Todelar an (La República, 7. Oktober 1974).

[230] La República, 30. Oktober 1974. Neben anderen hohen Beamten nahmen der Unter-Generaldirektor für Steuern (Vasquez) und der Leiter des nationalen Planungsamtes an der Sitzung teil.

[231] El Siglo, 8. Dezember 1974.

[232] La República, 18. Mai 1975; El Tiempo, 19. Mai 1975.

[233] Die Landwirte kritisierten den Notstand während ihrer 18. Jahresversammlung (El Tiempo, 15. November 1975); die ANDI greift die Steuerverwaltung während des Jahreskongresses 1977 an (El Tiempo, 29. September 1977).

[234] Beispiele sind die Berichte des Direktors der Region Cundinamarca der FENALCO für 1975 und 1976 (Gómez Téllez 1975: insbesondere 3 ff. und Gómez Téllez 1976: insbesondere 7 ff.).

## C. Abbau und Kontinuität

Ein dritter Kanal für die Propaganda für die eigenen Interessen stellt die *eigene Presse der Verbände* einschließlich großer Nachrichtenblätter dar. Diese dienten gleichzeitig zur Abstimmung der Argumente der Mitglieder und zur Erhaltung der Loyalität gegenüber den nationalen Vorsitzenden, die sich selbst als harte Kämpfer gegen die ungünstigen Auswirkungen der Steuerreform darstellen. Um einige wenige Beispiele zu geben: Praktisch jede Ausgabe der Revista Nacional de Agricultura (Nationale Landwirtschaftszeitschrift), des offiziellen Organs der SAC, enthält Artikel und Informationen über Steuerfragen, in diesem besonderen Falle bereits vor der Periode des wirtschaftlichen Notstandes, da die renta presuntiva für diesen Sektor bereits während der Präsidentschaft von Pastrana eingeführt worden war.[235] Ähnliches kann von den verschiedenen Ausgaben des „Circular" des Verbandes der metallverarbeitenden Industrie FEDEMETAL gesagt werden[236], obwohl die Kritik sich hier sehr viel stärker auf Einzelheiten und Irrtümer der Reform richtet, nicht so sehr zentral wichtige Teile als solche angreift. Entsprechendes kann von anderen Wirtschaftsverbänden gesagt werden, z.B. dem Bankenverband.[237]

Die Wirtschaftsverbände versuchten auch, durch *direkte Kontakte mit politischen Entscheidungsträgern*, ihre Interessen zu wahren.[238]

Während der wirtschaftlichen Notstandsperiode war der Kongreß, wie wir gesehen haben, von den Entscheidungen praktisch ausgeschlossen. Das bedeutete, daß seine Mitglieder keine Partner für die Lobbyisten darstellen konnten. Kein Interviewter wies denn auch auf derartige Kontakte hin. Das Gegenteil trifft verständlicherweise für die Mitglieder der Exekutive zu, die in diesem besonderen Falle Aufgaben der Gesetzgebung wahrnahmen.

Besonders wichtig als Gesprächspartner waren der Präsident des Landes, der Finanzminister und der Direktor und stellvertretende Direktor für Steuern, López, Botero[239], Perry und Vasquez. Diese Namensliste ist durch ein Überge-

---

[235] Vgl. die folgenden Ausgaben der „Revista": Nr. 799 (15. Januar 1974): 24-25; Nr. 800 (28. Februar 1974): 1; 9-14; 20-26; 30-32; Nr. 807 (30. September 1974): 6-7; Nr. 808 (30. Oktober 1974): 8-9; 41-47; Nr. 809 (30. November 1974): 2-3; 20-23; 28-43; Nr. 811 (15. Februar 1975): 2-3; Nr. 812 (15. März 1975): 20-21; Nr. 813 (März 1975): 26; Nr. 814 (30. April 1975): 4; Nr. 815 (31. Mai 1975): 10; Nr. 821 (15. Dezember 1975): 12-17 (Bericht über die 18. Jahresversammlung); Nr. 823 (29. Februar 1976): 14, unter anderen.
[236] Vgl. die Rundschreiben des Jahres 1974 Nr. 080, 082, 088, 094, 099 und des Jahres 1975 023, 043, 055, unter anderen.
[237] Ihre „Información Financiera" hat u.a. eine frühe und ziemlich umfassende Analyse der Auswirkungen der Steuerreform für den Bankensektor veröffentlicht (Asociación Bancaria 1974). Dieser Artikel spricht sich gegen verstärkten Staatsinterventionismus aus.
[238] Das Folgende nach Interviewmaterial, falls nichts anderes vermerkt.
[239] Allerdings gelang es Botero, die Kontakte mit den Lobbyisten zu verringern.

wicht bestausgebildeter Fachleute gekennzeichnet, was bedeutet, daß in diesem Stadium nicht mit allgemeiner Propaganda[240] oder politischem Druck gearbeitet werden konnte. Die Grundlinien der Reform konnten kaum angegriffen werden, es sei denn mit dem allgemeinen Argument eines depressiven Effektes auf die Wirtschaft. Die Diskussion mußte vielmehr auf die vielen schwierigen Einzelheiten der Reformdekrete eingehen, die, wie nicht anders zu erwarten, eine Reihe von Irrtümern enthielten.[241]

Für den politischen Stil des Landes ist es bezeichnend, daß solche Kontakte nicht hinter den Kulissen stattfinden, sondern in der Öffentlichkeit berichtet werden, wobei auch die Interview-Partner und die wichtigen vorgetragenen Argumente genannt werden.[242] Um zwei Beispiele zu bringen: Emilio Urrea Delgado von der FENALCO traf sich mit Präsident López[243]; verschiedene Industrielle aus dem Departamento Antióquia[244] hatten ein Gespräch ebenfalls mit Präsident López[245] über Fragen der Steuerreform.

Nach dem Ende der Notstandsperiode, in einem Augenblick also, in dem die *Legislative* wieder ihre Rolle zurückerlangte, begannen praktisch sofort die Versuche der *Beeinflussung ihrer Mitglieder*. Eine der ersten Gruppen, die dieses Mittel nutzte, war der Verband der kleinen Industriellen ACOPI[246], unmittel-

---

[240] „Die Landwirtschaft ist dazu da, Lebensmittel zu erzeugen, und nicht dazu, Steuererträge zu erbringen!", oder ähnliche Schlagworte.

[241] Beispiele finden sich insbesondere im Umsatzsteuerrecht mit seinen unzähligen Positionen. Auf Vorstellungen der Fedemetal hin wurde die Umsatzsteuer für Schirme von 35 auf 15 % vermindert. In einigen Fällen war das Ausgangs- oder das Zwischenerzeugnis stärker belastet als das Endprodukt, was zu absurden Folgen führte. Plastiktüten sind mit 15 % belastet, das Substitutionsprodukt Papiertüten nur mit 6 %. Der Verband der Kunststoffindustrie (Acoplasticos) wurde bei Beamten in der Steuerverwaltung vorstellig, diesmal allerdings erfolglos. Auch die ANDI sandte dem Finanzminister und dem Generaldirektor für Steuern Memoranden, allerdings nicht sonderlich erfolgreich (Interviewmaterial und Presseberichte, z.B. in El Periódico vom 25. Oktober 1974). Ein gleiches gilt für den Verband der Bauern, SAC. Der Handelsverband FENALCO nutzte ebenfalls dieses Mittel (Interviewmaterial und Bericht in El Espectador vom 29. Oktober 1974).

[242] Dem entspricht die Erfahrung des Verfassers in den Sekretariaten der verschiedenen Interessenverbände: Offen wurde über die verschiedenen Schritte zur Beeinflussung der Reform zu ihren Gunsten berichtet (eine vielleicht unwillentliche Ausnahme stellt die Tatsache der Repräsentation der landwirtschaftlichen Interessen im Kabinett dar).

[243] El Periódico vom 1. Oktober 1974.

[244] Payne 1968: Kapitel 5 nennt Antioquia „The Deviant Case". Gemeint ist insbesondere eine andere Struktur von Motiven zur Teilnahme am politischen Leben als im Rest des Landes. Die Auffassung von den ganz anderen „Antioqueños" ist eine unter Kolumbianern weitverbreitete Auffassung.

[245] El Tiempo, 11. Oktober 1974.

[246] Asociación Colombiana de Pequeños Industriales; Brief an den Kongreß, Bericht in El Periódocio, 14. Dezember 1974.

## C. Abbau und Kontinuität

bar gefolgt von der mächtigen ANDI. Der ständige Druck auf die Parlamentarier nahm in den folgenden Jahren noch zu[247] und trug tatsächlich erheblich zum langsamen Abbau wichtiger Teile der Reform bei.

Die Darlegung *juristischer* Schritte zum Abbau der Reform[248] wird vielleicht am besten durch einige kurze Bemerkungen über die *Rechtskultur Kolumbiens* eingeleitet:

Wie viele Länder der römischen Rechtstradition verfügt das Land über ein sehr ausgefeiltes Rechtssystem. Fügt man die Neigung des Staates zur Intervention im wirtschaftlichen und sozialen Bereich und die Komplexität des modernen Lebens hinzu, von der Kolumbien wenigstens teilweise berührt worden ist, dann wird die große Zahl mehr oder weniger detaillierter Regelungen verständlich.

Eine große Zahl dieser *Rechtsvorschriften* wird jedoch *nicht angewendet*. Einige von ihnen werden erlassen zum Nachweis der Modernität des Landes, einige mißachten systematisch die soziale Wirklichkeit, die sie beeinflussen sollen, einige können mangels einer effektiven Verwaltung nicht durchgesetzt werden, andere sind durch Zeitablauf überflüssig geworden und werden einfach vergessen, also weder angewendet noch aufgehoben.

Das Führen eines Prozesses ist fast eine Art nationalen Sportes. Es sei daran erinnert, daß jeder Bürger den Obersten Gerichtshof in Verfassungsfragen oder die Verwaltungsgerichte anrufen darf; von dieser Möglichkeit wird reger Gebrauch gemacht.

In unserem Zusammenhang kann festgehalten werden, daß *Prozesse ein Hauptinstrument der Gegner der Steuerreform* waren, um diese zu verändern und stärker auf die eigenen Interessen auszurichten. Es muß jedoch unterschieden werden: Soweit der Oberste Gerichtshof die Verfassungsmäßigkeit der Reform-Dekrete geprüft hatte, war die Angelegenheit erledigt. Prozesse folgten daher aus späteren Verordnungen (z.B. der Verordnung über das Steuererhebungsverfahren, das auf der Grundlage der Sondervollmachten des Kongresses erlassen worden war), Veränderungen der Reform durch die ordentliche Gesetzgebung oder durch interne Rundbriefe der Steuerverwaltung, welche nach Meinung der Kläger im Widerspruch zum Gesetz standen.

Beispiele solcher Prozesse sind die folgenden: Im April 1975 wurde durch den Staatsrat ein Rundschreiben der Generaldirektion für Steuern, das das Recht auf Steueramnestie beschränkte, für nichtig erklärt.[249] Die Umsatzsteuer

---

[247] Erinnert sei an die Entwicklung während der Diskussion des „Alivio Tributario" 1975.

[248] Carreño Varelo 1975 argumentiert, die einzelnen Verordnungen der Steuerreform seien voller juristischer Irrtümer und Auslassungen gewesen.

[249] El Espectador, 6. April 1975; El Tiempo, 8. April 1975.

auf Druckerzeugnisse, Bücher eingeschlossen, wurde von diesem Gericht aufgehoben.[250] Ein gleiches Schicksal erlitten verschiedene Artikel einer Verordnung zur Regelung einzelner Aspekte der Reform.[251] Ende des Monats April wurden „Rundschreiben" und „Beschlüsse" der Steuerverwaltung, die sich mit Steuererklärungen und Steuerabzügen befaßten, aufgehoben.[252] Die Reihe setzt sich ein Jahr später fort: Andere Teile der Verordnung 187/1975 fielen im März 1976[253] und Januar 1978[254]; das gleiche geschah mit Dekreten zur Regelung des Erhebungsverfahrens für Steuern auf Erbschaften[255] und mit anderen Normen der gleichen Rechtsquelle.[256] Im April 1977 wurde eine Verordnung zur Regelung der Einkommenssteuer (486/1976) für nichtig erklärt.[257] Die Besteuerung des Wertes des Bewohnens eines eigenen Heimes (renta de goce) wurde durch ein Urteil des Staatsrates wesentlich verändert.[258]

Genug der Beispiele: Die Steuerzahler versuchten, häufig erfolgreich, die Anwendung der Steuerreform mit juristischen Mitteln zu verhindern. —

Das *Endergebnis* von Propaganda, direktem Druck, verstecktem Einfluß, strukturellen Faktoren und, wie hinzugefügt werden muß, einer schwindenden Entschlossenheit des Präsidenten und seiner Wirtschaftsberater zur Verteidigung der Reform war ein *langsamer Erosionsprozeß*. Der Präsident fand sich in einer unglücklichen Position insofern, als er die zunehmend hohen politischen Kosten der Reform trotz eines schnellen Rückganges seiner persönlichen Autorität zu zahlen hatte, obwohl das erwartete Hauptergebnis, die schnelle Reduktion der Inflationsrate, nicht eintrat. Ein *Wechsel des Personals im Finanzministerium* war ein anderer wichtiger Faktor: Insbesondere der zweite Finanzminister während der Präsidentschaft von López, Abdón Espinosa Valderrama, der an der Reform selbst nicht beteiligt gewesen war, war geneigt, dem zunehmenden Druck nachzugeben (und allerdings auch die immer gefährlicher werdende Inflation zu bekämpfen). Selbstverständlich bedeutete der Wechsel des Ministers auch einen Wechsel der führenden Beamten des Ministeriums, also insbesondere jener Fachleute, welche die Steuerreform als ihre ureigene Angelegenheit betrachten konnten.

---

[250] El Tiempo, 8. April 1975.
[251] El Espectador, 11. April 1975; El Tiempo, 12. April 1975 (Verordnung 187/1975).
[252] El Tiempo, 30. April 1975.
[253] El Colombiano, 4. März 1976.
[254] El Tiempo, 20. Januar 1978.
[255] El Tiempo, 23. September 1976.
[256] El Tiempo, 17. März 1977.
[257] El Tiempo, 12. April 1977.
[258] El Tiempo, 13. Juli 1977.

## C. Abbau und Kontinuität

Zur Illustration der langsamen Erosion der Reform seien die Entwicklungen im Gebiet der Steuer auf unregelmäßige Einkommen, der Exportsubventionen (CAT) und der Besteuerung des staatlichen Sektors beschrieben.

Wie erinnerlich, stellte die *Steuer auf unregelmäßige Einkommen* (ganancias ocasionales), eine der Errungenschaften der Steuerreform und eine Forderung der Steuergerechtigkeit, einen Bruch mit etablierten Bräuchen dar; sie wurde allgemein angegriffen. Die Steuerverwaltung fürchtete die Möglichkeiten der Steuerhinterziehung.[259] Der Finanzminister kündigte schließlich im Juni 1977 eine neue Steuerreform an[260], was allgemein begrüßt wurde, u.a. durch die Handelskammer und die Immobilienmakler.[261] In seiner Rede zur offiziellen Eröffnung des Kongresses in diesem Jahr kündigte der Präsident eine Verminderung der Steuersätze an.[262] Der im September dem Kongreß vorgelegte Gesetzentwurf begünstigte insbesondere die Aktienbesitzer durch eine jährliche Verringerung der Steuerschuld (auf das Aktivvermögen, also nicht den -ertrag), bis die Steuer nach zehn Jahren ganz wegfiel, sofern das entsprechende Wertpapier während der ganzen Zeit in der Hand eines Eigentümers gewesen war.[263] Dies stellt eine schwere Abweichung vom Ideal der Steuergerechtigkeit dar. Der endgültige Gesetzestext[264], der Ende dieses Jahres vom Kongreß verabschiedet wurde (neuer Finanzminister war Alfonso Palacio Rudas)[265], behielt diese Klausel bei. Nichtspekulative Kapitalbesitzer wurden folglich wesentlich begünstigt.[266] Die Steuer auf unregelmäßige Einkommen wurde Ende 1978 sogar noch weiter vermindert, ein umgehend vom früheren Finanzminister Botero als regressiv kritisierter Schritt.[267]

Die Steuerreform hatte, wie erinnerlich, die Exportsubventionen mit Hilfe des *CAT-Papieres* erheblich reduziert; der Verlust an staatlichem Einkommen war damit wesentlich vermindert worden.[268] Den Interessengruppen gelang es dann, 1977 eine erste Verordnung zu erreichen[269], welche die Subvention er-

---

[259] Der tatsächlich gezahlte Preis bei einem Verkauf unter Privatleuten wurde im Kaufvertrag nicht angegeben, um die Zahlung der entsprechenden Steuer zu umgehen.

[260] El Tiempo, 21. Juni 1977.

[261] El Tiempo, 22. und 25. Juni 1977.

[262] El Tiempo, 21. Juli 1977.

[263] El Tiempo, 2. und 3. September 1977.

[264] 54/1977.

[265] El Tiempo, 16. und 17. Dezember 1977.

[266] Die neue Anpassung an den Inflationsprozeß, die sich in diesem gleichen Gesetz findet, ist bereits beschrieben worden; s. oben Ziff. 1.

[267] El Tiempo, 28. November 1978; 12. und 13. Dezember 1978.

[268] Information der Staatsbank (Banco de la República) lt. Bericht in El Tiempo vom 11. November 1977. – Ein Vergleich mit der früheren Gesetzgebung findet sich in IBRD/IDA 1975: V-11 ff.

[269] Dekret 2227/1977; El Tiempo, 24. und 30. September 1977.

heblich erhöhte, wenn auch nicht bis zu dem vor der Reform üblichen Niveau. Ein Jahr später indessen kam es zu einer erneuten Erhöhung.[270]

Die *Besteuerung der öffentlichen Wirtschaftsunternehmen* stellt einen der besten Teile der Reform dar.[271] Sie stieß jedoch von Anfang an auf erheblichen Widerstand. Schon während der Notstandsperiode selbst war das Prinzip erheblich durchlöchert worden.[272] Ende 1977[273] wurden dann öffentliche Handels- und Industriefirmen erneut von Ertrags- und verwandten Steuern befreit, womit das Prinzip der Gleichheit der Chancen auf dem Markt erheblich verletzt wurde.

Zusammenfassend halten wir fest: Wichtige Teile der Steuerreform des Jahres 1974 wurden langsam erodiert durch ungünstige Umstände wie die Inflation, durch den dauernden Druck der Interessengruppen und durch die Tatsache, daß die Reformer die Regierung und Verwaltung verlassen und offensichtlich keine ebenbürtigen Nachfolger gefunden haben.

### 4. Folgerung: Erfolg und Mißerfolg der Steuerreform von 1974

Die Darlegung einer technisch bewundernswürdigen Reform des materiellen Steuerrechtes und ihrer allmählichen Zurückdrängung liefert nicht genügend Elemente für eine Gesamtbeurteilung ihres Erfolges. Sie ist in jedem Falle eine schwierige Aufgabe, die eine gründliche Detailuntersuchung notwendig machte. Dies erklärt sich durch die vielen der Reform mehr oder weniger ausdrücklich zugrunde liegenden Ziele. Z.B. erforderte eine Analyse des Erfolges des Zieles größerer Steuergerechtigkeit eine Analyse der ex post-Progression des gesamten Steuersystems, die die Unterschiede in Einkommen und Vermögen reduzierte. Eine derartige Untersuchung ist hier nicht möglich. Stattdessen konzentrieren wir uns auf einige Elemente, die als Maßstab wichtig erscheinen, weil sie Ziele der Reformer dargestellt haben. Zusätzlich soll ein in der öffentlichen Kritik wichtiges Kriterium, die Verwendung des zusätzlichen Staatseinkommens, diskutiert werden.

---

[270] El Tiempo, 24. September 1978. – Der Erlaß dieser Verordnung führte zu einem schweren Zusammenstoß zwischen dem Finanzminister und den Ministern für Wirtschaftsentwicklung und für Landwirtschaft. Espinosa trat zurück (diese Affäre bildete selbstverständlich nicht den einzigen Grund hierfür). Der frühere Vizeminister, der jetzt das Ministerium ad interim leitete, hatte die Verordnung innerhalb einer Woche zu verändern (El Tiempo, 2. Oktober 1977)!

[271] IBRD/IDA 1975: III-12 ff.

[272] Es wurde behauptet, dies sei auch auf Druck des Militärs zurückzuführen, welches wichtige Wirtschaftsunternehmen verwaltet.

[273] Durch Gesetz 54/1977; Text des Gesetzes in El Tiempo vom 8. Dezember 1977.

## C. Abbau und Kontinuität

Ein wesentliches Ziel der Reformer, den Präsidenten López eingeschlossen, war der Versuch zur *Erhöhung der staatlichen Einnahmen*, um das übliche Budgetdefizit als eine der Hauptursachen der Inflation zu beseitigen. Das Steuereinkommen stieg zwar erheblich, erbrachte aber nicht die Erträge, die die hohe ex ante-Progression des neuen Steuersystems hätte erwarten lassen. Nominell stieg der Ertrag um 30% 1974 und 48% 1975.[274] Berücksichtigt man jedoch die Inflation und vor allem auch spätere Jahre, dann wandelt sich das Bild radikal: Ein *Anstieg* des *realen* Steueraufkommens um 21,7% 1975 wandelt sich in einen fast unglaublichen *Rückgang* um 13,1% 1976 und 38,1% 1977. Die gesamtwirtschaftliche Steuerquote, die 1971 noch 12,8% betragen hatte, sank 1977 auf 7,7%.[275] Auch wenn diese Zahlen nicht in jedem Detail richtig sein mögen, erscheint es sicher, daß der anfänglich positive Einfluß der Steuerreform auf die staatlichen Einkünfte in späteren Jahren nicht aufrechterhalten werden konnte.

Es ist daher nicht allzu überraschend, daß trotz erheblicher Anstrengungen zur Reduktion der staatlichen Ausgaben[276] die *Inflation andauerte* und sogar noch anstieg. Indessen sollten eine Reihe von besonders ungünstigen Faktoren nicht übersehen werden. Zuerst ist der Anstieg der Kaffeepreise auf dem Weltmarkt zu nennen, der zu einer erheblichen Zunahme der Einkünfte des Landes an Devisen führte, die in Pesos umgetauscht wurden und so die umlaufende Geldmenge vermehrten. Zweitens ist der allerdings illegale Anstieg der Marihuana-Exporte zu nennen, der auf das gleiche Ergebnis hinauslief. (Der sogenannte „finstere Schalter", ventanilla siniestra, der Notenbank erlaubte es den „Exporteuren", die aus dem Marihuana-Verkauf erlösten Dollars in Pesos umzutauschen, ohne über die Herkunft der Devisen Auskunft zu geben.) Drittens führten schlechte Ernten 1976 und 1977 zu einem erheblichen Anstieg der Preise für Lebensmittel, die ihrerseits im Gesamtpreisindex ein wesentliches Gewicht haben. (In diesem Zusammenhang überrascht die schnelle Verände-

---

[274] Es ist jedoch sehr schwierig, diese Zahlen zu interpretieren: Da die Steuerverwaltung über zwei Jahre zur Kontrolle und Korrektur der Steuererklärungen verfügt und innerhalb dieser Zeit einen neuen Bescheid erlassen kann, werden viele Steuern mit zweijähriger Verspätung gezahlt. Ein einfacher Vergleich eines Jahres mit einem anderen ohne Berücksichtigung dieses Faktors ist daher nicht möglich. Andererseits wurde die Kontrolle für das Jahr 1974 (eine solche erbringt normalerweise 30 % mehr Erträge) praktisch nicht verwirklicht – was natürlich zur Zufriedenheit der Steuerzahler führte (für das Jahr 1974 kam es für ganz Bogotá nur zu 15 „reclamaciones", wie 1977 veröffentlicht wurde!). Hinzu kommt die Steueramnestie des Jahres 1974, die etwa 600 Millionen Pesos zusätzlichen Steuerertrages erbracht hat. Schließlich darf die Rezession des Jahres 1975 nicht übersehen werden. Berücksichtigt man alle diese Faktoren, dann scheinen die *Steuern* 1975 und 1976 um 14 und um 24 % gestiegen zu sein (so mindestens die Meinung des damaligen Generaldirektors für Steuern).

[275] Berechnungen des Industriellenverbandes ANDI.

[276] Die öffentlichen Investitionen wurden im Jahre 1976 um ein Viertel vermindert!

rung der Entwicklung des Preisniveaus nach oben oder unten, vergleicht man sie mit der Entwicklung dieses Indexes in einer industrialisierten Volkswirtschaft: Die Größe des internen Marktes ist noch so klein, daß ein einzelner Faktor, z.B. schlechte klimatische Bedingungen, das Preisniveau erheblich beeinflussen kann!) Es muß jedoch auch hinzugefügt werden, daß in einer Art zirkularer Verursachung das Budgetdefizit mit einigen Ausnahmen (z.B. 1976) andauerte und damit die Inflation anheizte, die ihrerseits wieder eine Ursache für das Defizit darstellte.

Ein drittes Gebiet, das für die Beurteilung der Ergebnisse der Steuerreform wichtig erscheint, betrifft die *Ausgabenseite des staatlichen Haushaltes.*

Hieran waren die Reformer entsprechend der Definition ihrer Aufgabe nicht interessiert: Eine Steuerreform betrifft die Einnahmen-, aber nicht die Ausgabenseite des Budgets. Die zugrunde liegende Annahme erklärt sich am besten durch die berühmte ceteris paribus-Bedingung der Wirtschaftswissenschaftler: Reformiere die Einnahmenseite und halte die Ausgabenseite analytisch konstant. Die Wirklichkeit folgte diesen Überlegungen indes nicht. Die andauernde Inflation und die schlechte Bezahlung der öffentlichen Bediensteten führte zu einer allgemein[277] kritisierten Vermehrung der laufenden statt der investiven Staatsausgaben.[278] Die überzogene öffentliche Kritik betrachtete daher die gesamte Steuerreform lediglich als ein Mittel, höhere Gehälter für die öffentlichen Bediensteten zu finanzieren.[279]

Es erscheint daher schwierig, zu einem positiven Gesamturteil über die Steuerreform des Jahres 1974 zu kommen. Besser: Eine technisch hervorragende Lösung und ein kurzfristig entschiedener politischer Wille verbinden sich mit mittel- und langfristig wirksamen Gegenkräften. Die Reform stellt so ein Beispiel für die Möglichkeiten einer entschiedenen Aktion des Staatsapparates dar, eines wachsenden Verständnisses der Notwendigkeit einer Modernisierung durch die politische Führerschaft und die zunehmende Zahl hervorragend ausgebildeter Fachleute, aber auch für deren Abhängigkeit von gesellschaftlichen Kräften, sobald der politische Wille erlahmt. Der Schlußteil dieses Kapitels wird diese Fragen etwas genauer zu untersuchen haben.

---

[277] Praktisch ein ceterum censeo in vielen Interviews, die diesem Kapitel zugrunde liegen. Eine schriftliche Quelle ist Low Murtra 1976, die den Untertitel trägt „15 Milliarden Pesos wurden zur Finanzierung der Bürokratie verpulvert"!

[278] López Michelsen 1976 stellt eine Verteidigung des Präsidenten gegen diesen Vorwurf dar.

[279] Eine der Schlußfolgerungen des Seminars 1978 über die Steuerreform der Universitäten Harvard und Javeriana betraf eben die bessere Verwendung der öffentlichen Ausgaben. Es ergibt sich daß auch die an der Reform beteiligten Fachleute, die ihr positiv gegenüberstanden, mindestens teilweise mit dem fraglichen Punkt übereinstimmten (El Tiempo, 17. Juli 1978).

## D. Die Steuerreform und das politische und administrative System Kolumbiens

Eine radikale Reform und ihr teilweiser Abbau[280] — welche Folgerungen können für das politische und verwaltungsmäßige System gezogen werden?

Es ist deutlich geworden, daß mittel- und langfristig die mit der Verwaltung der Steuergesetze befaßte Bürokratie den massiven Steuerwiderstand in Kolumbien nur teilweise überwinden kann. Ihre Ineffektivität und Ineffizienz sind nicht nur ein technisches Problem. Die Verwaltung und ihre Aktivitäten können nur zum Teil als unabhängig betrachtet werden, was simplistische Maßnahmen einer „Verwaltungsreform" als wenig sinnvoll erscheinen läßt. Die Bürokratie unterliegt vielmehr gesellschaftlichen Kräften, die sie ihrerseits beeinflussen. Der Grad dieser Abhängigkeit ist in jeder Gesellschaft verschieden.

Welches sind diese Kräfte im hier behandelten kolumbianischen Fall?

Zuerst zeigt sich ein bemerkenswerter Unterschied der Opposition gegen die Reform: Der *landwirtschaftliche Sektor bekämpfte radikal einen zentralen Teil der Reform*, die renta presuntiva, die zur Verringerung der Unterbesteuerung dieses Wirtschaftszweiges eingeführt worden war.[281] Ein zweiter zentral wichtiger Teil der Reform, die Steuer auf unregelmäßige Einkommen, die insbesondere für spekulative Immobilien und Wertpapiergewinne wichtig war, wurde weniger aus prinzipiellen Gründen angegriffen als wegen der behaupteten negativen Auswirkungen auf den Immobilien- und den Kapitalmarkt. Eine Verringerung, nicht eine Aufhebung dieser Steuer war das Ziel ihrer Gegner.

Trotz des enormen Widerstandes der Landwirte konnte die renta presuntiva eingeführt und wenigstens im Prinzip aufrechterhalten werden. Die Macht der alten landbesitzenden Elite, sollte diese je das politische System insgesamt dominiert haben, ist also stark geschwächt, wenngleich nicht völlig verschwunden. (Man bedenke die ökonomische Bedeutung höherer Besteuerung!) Die einfache Tatsache der Einführung der renta presuntiva für die Landwirtschaft, auch wenn sie zur Abwendung einer noch weitreichenderen Bedrohung für diesen Sektor diente, beweist diese Aussage zur Genüge. Die frühere Privilegierung der Landwirtschaft in Steuerfragen ist mindestens stark vermindert worden.

---

[280] Der Abbau war tatsächlich bis jetzt nur ein teilweiser: Die grundlegenden und revolutionären Linien der Reform blieben unberührt, obwohl die Zahl unsystematischer Ausnahmen schnell zunimmt. Es ist eine Frage der Zeit, bis das Kernstück der Reform selbst beeinträchtigt sein wird. — So berichtet El Tiempo (28.2.79) ohne Einzelheiten, im Kongreß sei ein neuer Alivio Tributario eingebracht worden.

[281] Man kann sicherlich die Frage diskutieren, ob die Fiktion eines Gewinnes von 8% des Kapitals für eine Wirtschaft mit einer derart hohen Inflation wie Kolumbien nicht viel zu gering ist. Der entscheidende Punkt ist jedoch, daß eine solche Fiktion vorher nicht existierte. Die gleiche Schlußfolgerung in Latorre 1974: 289.

Zweitens, die *relativ geringe Opposition der Industrie* stammt von einer gewissen Identität der modernisierenden bürokratischen Eliten — die die Steuerreform verwirklichten — und hochqualifizierter industrieller Eliten. Moderne Konzepte wie „renta presuntiva" oder Steuer auf unregelmäßige Einkommen wurden von letzteren verstanden und akzeptiert. Selbstverständlich wurde dies durch die Tatsache erleichtert, daß die Industrie bereits vor der Reform beträchtlich mit Steuern belastet war und daß spätere Ereignisse ihr das Erringen einiger Vorteile erlaubten, z.B. höhere Abschreibungen durch eine Verordnung vom Oktober 1976 oder die beschriebene Wiederanhebung der CAT-Subventionen.

Eine Deutung unseres Materials entsprechend den Gesamtinterpretationen des politischen Systems, wie sie im zweiten Kapitel dargelegt wurden, erlaubt die folgenden Schlüsse [282]:

1. Die Entscheidungsfindung wurde in der ersten Phase *nicht durch eine kleine Gruppe von Machtinhabern*, sei sie als Machtelite oder sei sie marxistisch definiert, bestimmt. Zu beobachten war vielmehr ein Ausschluß der Interessengruppen und der „politischen Gruppe", wie sie im Kongreß vertreten ist. *Der einzige „Machtinhaber", der zählte, war der Präsident*, der eine weitreichende Reform[283] gegen mächtige Interessengruppen durchführte, ohne diese auch nur anzuhören. Seine Versprechungen während des Wahlkampfes (für die ärmere Hälfte der Bevölkerung zu arbeiten), die so rhetorisch klangen, hatten in diesem Falle eine weitreichende Auswirkung. Dies erstaunt um so mehr, als die Unterschichten üblicherweise, mit gewissen Ausnahmen, am politischen Entscheidungsprozeß in Kolumbien nicht beteiligt sind. Die Frage nach der persönlichen Motivation des Präsidenten erscheint müßig: Entscheidend bleibt die Tatsache, daß wichtige Interessengruppen an den ursprünglichen Entscheidungen nicht beteiligt waren.

2. Die Steuerreform *falsifiziert* damit *die simplistische Idee, daß der kolumbianische Staat ausschließlich oder auch nur vorzugsweise als Agent ökonomischer Interessen* oder einer herrschenden Klasse — welches auch immer ihre Machtbasis sei — *handelt*. Eine beträchtliche Autonomie des Staatsapparates wurde mindestens als Möglichkeit unter außergewöhnlichen Umständen, nämlich der Ausrufung des wirtschaftlichen Notstandes, bewiesen. Dieser letztere

---

[282] Wir unterscheiden uns wesentlich von Bagley's (1974) Studie über eine Stadtreform (oder besser über die Versuche, eine solche zu verwirklichen) während der Nationalen Front. Der Hauptgrund dafür ist der Unterschied im empirischen Material. Eine Stadtreform wurde in dieser Periode nicht verwirklicht, da wichtige Wirtschaftsgruppen ein Veto geltend machten, was im vorliegenden Fall nicht zutrifft.

[283] „Should the basic features of the new measures remain intact over the coming months, the tax reform will stand as a landmark in the recent history of such undertakings, both among developing and developed nations." (IBRD/IDA 1975: I-1).

wurde allerdings ebenfalls vom politischen Entscheidungsträger herbeigeführt; dies bedeutet auch, daß der wirkliche ökonomische Notstand im Augenblick seiner offiziellen Verkündung nicht größer war als vorher!

3. *Wirtschaftsinteressen* erwiesen sich jedoch mindestens *mittel- und langfristig als wichtig.* Hierzu zwei Tatsachen:

a) Wichtige Gruppen, insbesondere der mächtige und stark konzentrierte Finanzsektor, wurden durch die Reform nicht sonderlich berührt. Höhere Besteuerung ging mit einem Anstieg der Zinssätze einher (dies war ein Teil der sog. „Finanzreform"), so daß dieser Sektor im Endergebnis nicht sonderlich geschädigt wurde.[284] Dies erklärt teilweise das Fehlen einer Opposition von dieser Seite; eine andere Erklärung liegt in den guten persönlichen Beziehungen des Präsidenten zu einflußreichen Mitgliedern dieser Gruppe: Ein anderes Beispiel für die Bedeutung personalistischer Faktoren in der kolumbianischen Politik!

b) Die allmählichen Konzessionen, die die Regierung bei wichtigen Einzelzügen der Reform zu machen hatte, wobei allerdings die Grundzüge zunächst intakt gehalten werden konnten. Langfristig erscheinen allerdings Abweichungen von der ursprünglichen Gestalt der Reform bis hin zu ihrem völligen Abbau möglich.

4. Die einfache *marxistische Interpretation*, die auch unter linken kolumbianischen Intellektuellen populär ist, *die „politische" und „ökonomische" Klasse"*[285] *seien identisch,* erweist sich somit mindestens teilweise als *falsch.* Die Steuerreform fand ihren Ausgang im politischen System, und sie verletzte wichtige Wirtschaftsinteressen. Im Augenblick, in dem die „politische Klasse", nämlich die Abgeordneten, die Reform hätten abwürgen können (nach dem Ende der Notstandsperiode), geschah dies nicht, wenn sie sich auch gegenüber späteren Pressionen als zugänglich erwies.

Zwei *Einschränkungen* müssen allerdings gemacht werden: Die statische oder mindestens kurzfristige Analyse, die von vielen kolumbianischen linken Intellektuellen geteilt wird, setzt die Existenz einer kurzsichtigen Klasse von Kapitalisten voraus, die rücksichtslos ihre Position und ihre Privilegien ausbeutet, aber eben damit zum Anstieg antagonistischer Widersprüche beiträgt, die letztlich zur Revolution führen müssen. Die Möglichkeit der Existenz einer Klasse im marxistischen Sinne wird übersehen, die kurz- und langfristige Inter-

---

[284] Andere Punkte in diesem Zusammenhang betreffen die verminderte Besteuerung von Lebensversicherungspolicen; andererseits wurden die UPAC's stärker beteuert als vorher, wie beschrieben wurde.

[285] „Clase política" (politische Klasse) ist der übliche pejorative Ausdruck für Karrierepolitiker in Kolumbien. Sie stellen selbstverständlich im marxistischen Sinne keine Klasse dar. Es wäre besser, sie „politische Gruppe" zu nennen.

essen unterscheiden kann (eine solche Analyse wäre allerdings mit einer moderneren marxistischen Interpretation vereinbar). Bei der großen sozialen Ungleichheit, der entsprechenden Frustration der Unterklassen und den daraus folgenden sozialen Spannungen sollte in Kolumbien allerdings eine weitsichtige Politik dieses explosive Potential durch die Opferung kurzfristiger Interessen vermindern und damit zur langfristigen Erhaltung der eigenen Macht beitragen.[286] Tatsächlich akzeptierten die Unterklassen offensichtlich die Reform, wie dies u.a. durch Erklärungen der Gewerkschaften gezeigt werden kann. Eine einzelne Fallstudie erlaubt es letztlich jedoch nicht, die Schlußfolgerung von der Existenz einer vorsichtig modernisierenden Elite zu ziehen, die zwar konservativ ist, jedoch intelligent genug, um eine soziale und politische Situation zu vermeiden, die sie nicht mehr beherrschen kann.

Die zweite Einschränkung betrifft die eben bereits erwähnte Tatsache, daß der mächtige Finanzsektor von der Reform nicht wesentlich berührt wurde. Es wäre äußerst interessant gewesen, deren Reaktion für den Fall zu beobachten, daß die Reformergruppe der „técnicos" auch ihr wichtige Opfer abverlangt hätte.

5. Kurzfristig hat sich das *kolumbianische politische System als bemerkenswert unabhängig* erwiesen. Die entscheidende Frage ist jedoch, *was zu Recht „Entscheidung" des politischen Systems genannt werden kann*. In vielen industrialisierten Ländern erschien herkömmlicherweise die Antwort leicht: Eine Entscheidung ist die Verkündung einer Rechtsnorm, die ex definitione bindend ist und quasi automatisch von der Verwaltung und den Gerichten durchgeführt und angewendet wird. Eine solche Entscheidung mag von weiten Teilen der Bevölkerung nicht akzeptiert und sogar bekämpft werden, aber solange sie in Kraft ist, muß sie beachtet werden. In vielen Entwicklungsländern und besonders in Kolumbien ist diese Frage wesentlich komplizierter: Die Einhaltung einer der juristischen Theorie nach bindenden „Entscheidung" hängt von einer Anzahl von Faktoren ab, wie z.B. der Effektivität der Verwaltung, andauernder Unterstützung durch die wichtigen politischen Parteien[287], Unterstützung oder Opposition der Verbände und der politischen Konjunktur des Augenblicks.[288]

Wie beschrieben, waren mehrere dieser Faktoren nur teilweise gegeben; die Steuerhinterziehung milderte die Auswirkungen der Reform, mehr und mehr

---

[286] Diese Strategie im Haupttext stimmt mit Peeler 1976: 222 überein: „Colombia represents the success of Huntington's conservative strategy to save political order."

[287] Vgl. das Schicksal des Projektes „El Salitre"!

[288] Derartige Überlegungen finden sich nicht in Bagley's Studie über die Stadtreform aus dem Jahre 1974: Die verschiedenen diskutierten und vom Kongreß niemals akzeptierten Entwürfe hätten im besten Fall zu der „Entscheidung" eines Gesetzes geführt. Wie angeführt, werden viele von ihnen aber niemals verwirklicht, so daß die homerischen Debatten im Parlament sich bis zu einem gewissen Grade in einem Vakuum abspielen.

D. Die Steuerreform und das politische und administrative System         217

Steuerausnahmen wurden eingeführt. Mit einem Wort: nur Teile der Reform wurden in der Praxis verwirklicht. Die ursprüngliche „Entscheidung" war also nur teilweise eine solche.

6. Die vorliegende Fallstudie scheint am besten zu der *pluralistischen Interpretation kolumbianischer Politik zu passen*, wie dies auch von der Stadtplanungsstudie gesagt werden konnte.[289] Es gibt zweifellos miteinander konkurrierende Machtzentren; die Machthaber unterscheiden sich hinsichtlich ideologischer Orientierung und ökonomischer Interessen.

Dies bedeutet jedoch nicht, daß das Modell der Existenz einer Machtelite nicht mindestens insoweit korrekt ist, als die *Unterschichten nicht praktisch von der Entscheidungsfindung ausgeschlossen wären*. Dies gilt auch für Entscheidungen, die sie selbst betreffen, z.B. die periodischen Anpassungen des Mindestlohnes durch die Regierung, eines Lohnes, der in der Praxis an einen sehr hohen Prozentsatz der Lohnempfänger gezahlt wird. Die entscheidende Frage jedoch ist, ob Elitegruppen eine geschlossene Oligarchie bilden, wie es die Machteliteninterpretation annimmt, oder ob neue Mitglieder aus allen Schichten in sie rekrutiert werden. Nach dem alten „Oligarchie"-Modell stellt die Elite eine geschlossene Gesellschaft dar; nach Payne (1968) ist sie dies nicht. Die Rekrutierungsmuster für politische Ämter überschritten den Rahmen einer Untersuchung über bürokratische Politik; die wenigen verfügbaren Studien[290] weisen hingegen klar auf die dauernde Aufnahme neuer Mitglieder in die Elite hin. Eigene Beobachtungen zielen in die gleiche Richtung, etwa der Aufstieg der neuen Fachelite in hohe Verwaltungs- und damit politische Ämter oder die Wahl eines Präsidenten (Turbay), der keiner der alten Familien angehört.

Pluralismus bedeutet im kolumbianischen Zusammenhang *nicht*, daß alle Machtgruppen mehr oder weniger gleich stark sind. Es erscheint leicht, einige als mächtiger als andere zu ermitteln. Entscheidend ist jedoch die Tatsache eines ausgeprägten Wettbewerbes, ja sogar ausgeprägter Gegensätze, zwischen ihnen.

*Oligarchische Elemente* finden sich im Andauern klientelistischer Elemente etwa im Parteiensystem[291] und in der Verwaltung. Aber die neue Intelligentsia nimmt an Bedeutung zu. Die Ernennung von öffentlichen Bediensteten sollte auch nicht mit ihrer späteren Betätigung im Amt im primitiven Sinne der Bewahrung des Einflusses ihrer Protektoren gleichgesetzt werden: Die Ernennung

---

[289] Dies bedeutet nicht, daß jede Einzelheit der Studie von Payne 1968 akzeptiert wird.

[290] Payne 1968; Dávila-Ladron de Guevara 1976; Liévano 1974; Dávila / Ogliastri 1974; und besonders Weinert 1967. Eine gewisse Ausnahme ist Hoskin / Swanson 1974: Parteiführer werden aus allen Klassen rekrutiert, aber ihr sozialer Status und ihre Stellung innerhalb der Partei korrelieren.

[291] Schmidt 1974 a und b; Peeler 1976: passim.

dient der Gewinnung von aktiven Gefolgsleuten der verschiedenen Parteifraktionen, nicht so sehr der Gewinnung von Einfluß innerhalb der Verwaltung selbst. Weiter kann darauf hingewiesen werden, daß die „Fragmentierung" der politischen Macht[292] sich in der Exekutive fortsetzt.

Gegen Ende der siebziger Jahre entfernt sich Kolumbien mehr und mehr von dem simplistischen Bild einer Gesellschaft, die von einer selbstsüchtigen, geschlossenen und hochkonzentrierten Machtelite beherrscht wird. Nach unserer Auffassung wird es daher weder zu einer „Revolution (noch) der Fortsetzung einer im wesentlichen tragischen Situation"[293] kommen, sondern zu einer allmählichen Entwicklung des Systems in Richtung auf eine noch offenere und noch stärker auf Wettbewerb gegründete Politik im umfassenden Sinne des Wortes.

Appendix:

Artikel 122 der kolumbianischen Verfassung:

Cuando sobrevengan hechos distintos de los previstos en el artículo 121, que perturben o amenacen en forma grave e inminente el orden económico o social del país o que constituyan también grave calamidad pública, podrá el Presidente, con la firma de todos los Ministros, declarar el estado de emergencia por períodos que sumados no podrán exceder de noventa días al año.

Mediante tal declaración, que deberá ser motivada, podrá el Presidente, con la firma de todos los Ministros, dictar decretos con fuerza de ley destinados exclusivamente a conjurar la crisis y a impedir la extensión de sus efectos. Tales decretos solamente podrán referirse a materias que tengan relación directa y específica con la situación que determine el estado de emergencia.

El Gobierno en el decreto en que declare el estado de emergencia señalará el término dentro del cual va a hacer uso de sus facultades extraordinarias a que se refiere este artículo, y convocará al Congreso, si éste no se hallare reunido, para los diez días siguientes al vencimiento de dicho término. El Congreso examinará hasta por un lapso de treinta días, prorrogables por acuerdo de las dos Cámaras, el informe motivado que le presente el Gobierno sobre las causas que determinaron el estado de emergencia y las medidas adoptadas. El Congreso podrá en todo tiempo y a iniciativa propia, derogar, modificar o adicionar las materias específicas de los decretos a que se refiere este artículo.

En las condiciones y para los efectos previstos en este artículo, el Congreso se reunirá por derecho propio, si no fuere convocado.

---

[292] Dieser Ausdruck wird von Wildavsky 1974: 98 für die Vereinigten Staaten verwendet.

[293] Peeler 1976: 222.

## D. Die Steuerreform und das politische und administrative System 219

Serán responsables el Presidente y los Ministros cuando declaren el estado de emergencia sin haber ocurrido los hechos a que se refiere el inciso 1°; lo serán también por cualquier abuso que hubieren cometido en el ejercicio de las facultades a que se refiere el presente artículo.

Durante el estado de emergencia económica el Gobierno no podrá desmejorar los derechos sociales de los trabajadores consagrados en leyes anteriores.

Parágrafo. El Gobierno enviará a la Corte Suprema de Justicia el día siguiente a su expedición, los decretos legislativos que dicte en uso de las facultades a que se refiere este artículo, para que aquélla decida definitivamente sobre su constitucionalidad. Si el Gobierno no cumpliere con el deber de enviarlos, la Corte Suprema de Justicia aprehenderá inmediatamente de oficio su conocimiento.

Los términos señalados en el artículo 214 se reducirán a una tercera parte, y su incumplimiento dará lugar a la destitución de los Magistrados responsables, la cual será decretada por el Tribunal Disciplinario.

Eine annähernde Übersetzung ist die folgende:

Treten Ereignisse ein, die sich von den im Artikel 121 genannten unterscheiden und in schwerer und unmittelbarer Weise die wirtschaftliche und soziale Ordnung des Landes bedrohen oder zu stören drohen oder die einen öffentlichen Notstand bedeuten, dann kann der Präsident mit der Unterschrift aller Minister den Zustand des wirtschaftlichen Notstandes für Zeiträume verkünden, die insgesamt 90 Tage im Kalenderjahr nicht übersteigen dürfen.

Eine solche Erklärung, die zu begründen ist, gibt dem Präsidenten das Recht, mit der Unterschrift aller Minister Verordnungen mit Gesetzeskraft zu erlassen, die ausschließlich zur Überwindung der Krise und zur Verhinderung ihrer Ausbreitung bestimmt sein dürfen. Diese Verordnungen dürfen sich lediglich auf Sachgebiete beziehen, die eine direkte und spezifische Beziehung zu der Lage haben, die den Notstand begründet.

In dem Dekret der Verkündung des Notstandes muß die Regierung den Zeitraum angeben, innerhalb dessen sie die in diesem Artikel genannten Sondervollmachten gebrauchen wird; sollte der Kongreß nicht eine Sitzungsperiode haben, dann beruft die Regierung ihn spätestens 10 Tage nach dem Ablauf der Notstandsperiode ein. Der Kongreß kann 30 Tage lang den begründeten Bericht der Regierung über die Ursachen des Notstandes und die ergriffenen Maßnahmen prüfen; dieser Zeitraum kann durch Übereinkunft beider Häuser verlängert werden. Der Kongreß kann jederzeit und auf eigene Initiative die in diesem Artikel genannten Verordnungen aufheben, verändern oder ergänzen.

Sollte der Kongreß nicht einberufen werden, dann darf er sich unter den Bedingungen und für die in diesem Artikel vorgesehenen Zwecke aus eigenem Recht versammeln.

Der Präsident und die Minister sind verantwortlich für eine Erklärung des Notstandes ohne Vorliegen der im Absatz 1 genannten Tatbestände; sie sind ebenfalls verantwortlich für jeden Mißbrauch bei der Wahrnehmung der in diesem Artikel genannten Sondervollmachten.

Während des wirtschaftlichen Notstandes darf die Regierung die in früheren Gesetzen festgelegten sozialen Rechte der Arbeiter nicht antasten.

Parágrafo (Zusatz). Am Tage nach ihrem Erlaß soll die Regierung dem Obersten Gerichtshof die aufgrund der Sondervollmachten erlassenen Verordnungen übersenden, damit dieser endgültig über ihre Verfassungsmäßigkeit entscheide. Kommt die Regierung dieser Pflicht nicht nach, dann prüft der Oberste Gerichtshof die Texte ex officio.

Die in Artikel 214 genannten Fristen verringern sich auf ein Drittel und ihre Nichtbeachtung führt zur Entlassung der verantwortlichen Richter, welche vom Disziplinargerichtshof ausgesprochen wird.

*Fünftes Kapitel:*

# Die Haushaltspolitik

Die nächste Fallstudie zur bürokratischen Politik in Kolumbien befaßt sich mit verwaltungsmäßigen und politischen Aspekten des Haushalts. Technische Einzelheiten der Haushaltsaufstellung und Durchführung werden nur insoweit berücksichtigt, als von ihnen ein Einfluß auf die Politik ausgeht oder mindestens ein Einfluß auf die Tätigkeiten von allgemein als politisch angesehenen Organisationen.[1]

## A. Theoretische Annahmen[2]

*Budgetieren* interessiert hier, dem Plan des Buches entsprechend, nicht als solches. Es wird vielmehr *als ein politischer Entscheidungsprozeß* angesehen, der auch die Beziehungen zwischen der politisch-administrativen Organisationsstruktur und ihrer Umgebung erhellen kann, von der Einflüsse auf das System ausgehen und die ihrerseits von ihm beeinflußt wird.

Wir können also unterscheiden: Erstens den *intrabürokratischen Aspekt* der Haushaltspolitik. Der Haushalt wird vorbereitet, mindestens teilweise entschieden und durchgeführt durch administrative Einheiten. Eine intensive Interaktion der verschiedenen Teile der Verwaltung findet statt, da die Finanzmittel, die jeder Verwaltungszweig dringend benötigt, mindestens teilweise in einer gemeinsamen Kasse unter der Überwachung des Finanzministeriums vereinigt sind (Budgetieren stellt ein unvollkommenes Nullsummenspiel dar). Dieser Prozeß spiegelt damit die intrabürokratischen Machtverhältnisse und die Möglichkeiten der Kontrolle durch eine Zentrale wider. Er zeigt auch die verschiedenen Manöver, die „bürokratische Politiker" verwenden.

Zweitens finden sich *Verwaltung und Regierung in Gegenüberstellung zur legislativen Körperschaft*, dem Kongreß. Der Beschluß des Haushaltes ist als Ergebnis der europäischen Verfassungsgeschichte eines der wichtigsten Rechte jedes Parlamentes. Die Diskussionen zwischen Exekutive und Legislative kön-

---

[1] Wir beschreiben daher nicht die hohe Zahl administrativer Schritte, die zu einer Zahlung des Finanzministeriums notwendig sind, obgleich die verschiedenen Quellen, wie auch unser Interviewmaterial hierzu ausführliche Informationen enthalten.
[2] S. auch Kapitel I.

nen einmal mehr als Indiz für die relative politische Stärke beider angesehen werden.

Drittens finden sich die *politischen Institutionen den Erwartungen („demands") der Öffentlichkeit gegenüber*. In Ländern wie Kolumbien bestimmen allgemeine Wahlen zumindest die Rekrutierung der *Personen*, die politische Ämter in der Exekutive einnehmen, wenn auch nicht notwendig den Inhalt der Politik. Hier kann der *Budgetprozeß auf der Ausgabenseite als Austausch von Geld gegen Stimmen angesehen werden*. Allgemeiner ausgedrückt: Das Budget spiegelt die Politik der Regierung wider[3]; die Wähler drücken dann den Grad ihrer Zustimmung aus.[4]

In Kolumbien ist die Situation allerdings komplizierter: Da der Präsident nicht für die folgende Amtszeit wiedergewählt werden kann, sind die Möglichkeiten für den Wähler, Mißbilligung zum Ausdruck zu bringen, beschränkt (es existierte jedoch die Möglichkeit der „mitaca"-Wahlen, zwei Jahre nach dem Amtsantritt des Präsidenten). Allerdings gibt es die etwas entfernte Möglichkeit, nach vier Jahren ein weiteres Mal zum Präsidenten gewählt zu werden. Dies geschah mehrfach in der kolumbianischen Geschichte. Beispiele sind die Präsidenten Alfonso López Pumarejo (1934–38 und 1942–45) und Rafael Nuñez (1880–82; 1884–86; 1886–92). Der letzte erfolglose Versuch wurde vom früheren Präsidenten Carlos Lleras Restrepo 1978 unternommen.[5]

Zweitens wird der Präsident als Mitglied eines der traditionellen Parteienblöcke, der Liberalen und der Konservativen, gewählt. Loyalitäten zu den Parteien kommen daher ins Spiel.[6] Als Mitglied eines der großen politischen Lager ist der Präsident verständlicherweise daran interessiert, es an der Macht zu halten, sei es im Kongreß, sei es in der Person seines unmittelbaren Nachfolgers.

Drittens, mit Ausnahme der linken Splitterparteien, existiert kein etablierter Kanal zum Ausdruck der Unzufriedenheit mit dem politischen System als solchem, nicht nur mit einer Partei. Zufriedenheit oder Unzufriedenheit, wie sie sich in Wahlen äußert, muß daher vorsichtig interpretiert werden.

Zusammenfassend kann gesagt werden: Die durch Verwaltungs- und politische Institutionen verfolgte *Budgetpolitik kann als erstrangiger Ausdruck der Politik verstanden werden*. Als solcher ist sie im folgenden detailliert zu beschreiben.

---

[3] Mit kleineren Ausnahmen, z.B. der Außenpolitik.
[4] Dies stellt selbstverständlich nur einen Faktor unter vielen dar.
[5] S. Kapitel II C.
[6] Der personalistische Faktor wird jedoch wichtiger: Bei den Kongreßwahlen 1978 erhielt die liberale Partei wesentlich mehr Stimmen als ihr offizieller Präsidentschaftskandidat Turbay einige Monate später. Das Umgekehrte galt für die Konservativen.

## B. Die Akteure und ihre Interessen:
## Die Infrastruktur zu Planung und Haushaltspolitik

Wie im einführenden Kapitel diskutiert wurde, setzt sich der bürokratische Apparat aus verschiedenen Einheiten zusammen, die teilweise gegensätzliche Interessen haben, teilweise kooperieren, die Allianzen bilden usw. Die Akteure wechseln verständlicherweise von einem Gebiet zum nächsten, ihre Interaktion wandelt sich mit ihnen und mit dem Zeitablauf. Bei der Budgetpolitik scheint es jedoch, als ob die Interessen der Akteure bemerkenswert stabil seien, als ob der Interaktionstypus daher standardisierter sei als in anderen wichtigen Politikfeldern.

Kolumbianische *Budgetpolitik vollzieht sich innerhalb eines großen politisch-administrativen Netzes von Organisationen*. Dafür ist die einfache Tatsache verantwortlich, daß es praktisch keine Politik gibt, die ohne Finanzmittel verwirklicht werden könnte. Die offizielle Übernahme zentraler Wirtschafts- und Sozialplanung fügt der erwähnten Interaktion ein neues Element hinzu, das Planungsamt, das mit dem Finanzministerium auf dessen ureigenstem Gebiet konkurriert.

Der erste Teil dieses Kapitels soll die Infrastruktur zu Planung und Budgetieren beschreiben. Die Organisationen werden gemäß dem verfolgten Organisationsziel geordnet.

### 1. Das Interesse an Erhöhung der Ausgaben:
### Ministerien, Departamentos Administrativos, dezentralisierte Einheiten, der Kongreß und ausländische Entwicklungshilfeorganisationen[7]

Das erste und eines der stärksten Organisationsinteressen bei der Budgetpolitik besteht im Wunsch der großen ausgabenfreudigen Organisationseinheiten, mehr Budgetmittel zu erhalten.

Zuerst die Ministerien.

Nach dem Budget für das Jahr 1977[8] sind die Ministerien, die die größten Summen ausgeben, diejenigen für Erziehung (12,369 Mrd. Pesos), Finanzen

---

[7] Grundlinien der Organisation der Zentralverwaltung sind in Kapitel II dargestellt worden.
[8] Ley de Presupuesto 1977 Sector Central: XXVI-XXVIII.

(8,07 Mrd. Pesos ohne Transferzahlungen für die Staatsschuld, die sich auf 8,991 Mrd. Pesos beliefen), Gesundheit (5,342 Mrd. Pesos), Verteidigung (5,120 Mrd. Pesos ohne die Polizei, für die 3,446 Mrd. veranschlagt waren), öffentliche Arbeiten und Transport (4,443 Mrd. Pesos), Wirtschaftsentwicklung (2,552 Mrd. Pesos), Arbeit (2,104 Mrd. Pesos), Landwirtschaft (1,752 Mrd. Pesos) und schließlich Bergbau und Energie (1,199 Mrd. Pesos).[9] Ohne auf die Einzelheiten der Ministerialorganisation einzugehen — diese weichen von einem Ministerium zum andern erheblich ab — kann festgehalten werden:

Jedes Ministerium hat eine besondere Verwaltungseinheit für Budgetvorbereitung und -planung[10], die sich sowohl mit laufenden als mit Investitionsausgaben befaßt. Es ist nicht selten, daß ein ganzes Netzwerk solcher Büros auf den verschiedenen hierarchischen Ebenen existiert. Ein Beispiel stellt das Finanzministerium dar[11]: Auf zentraler Ebene verfügt es über die Oficina de Planeación, Análisis Económicos y Fiscales, die u.a. die jährlichen Budgets der laufenden Ausgaben und der Investitionen für das Gesamtministerium vorzubereiten hat. Einige der Generaldirektionen, die hier die nächste Ebene der Hierarchie bilden und die für die Durchführung der Politik des Ministeriums verantwortlich sind, verfügen über eigene Planungs- und Budgetbüros. Die Generaldirektion für Steuern[12] hat so ihre eigene División de Servicios Administrativos unter der Überwachung des Unterdirektors. Eine ihrer Abteilungen ist die Sección Financiera, die das Budget zu erarbeiten hat.[13] Ein gleiches gilt für die Generaldirektion für Zölle[14] und die Generaldirektion für den Haushalt[15], jedoch nicht für die Generaldirektion für öffentliche Anleihen[16] und das Schatzamt (Tesorería).[17]

---

[9] Jedes der verbleibenden Ministerien gibt weniger als 1 Milliarde Pesos aus. Im Bereich des Justizministeriums wird die Verwaltung im engeren Sinne (759 Millionen) von den Kosten für die als unabhängige öffentliche Gewalt betrachteten Gerichtshöfe (1,852 Milliarden Pesos) und dem Ministerio Público (393 Millionen), der Organisation der Staatsanwaltschaft, unterschieden. – Die angeführten Zahlen umfassen Transferzahlungen an die dezentralen Behörden (establecimientos públicos), die vom entsprechenden Ministerium überwacht werden. Zu ihrem Budget s. Teil C dieses Kapitels. – Historische Haushaltsstatistiken finden sich in Villegas 1973.
[10] Gemäß Art. 18 Verordnung 1050/1968.
[11] Verordnung 080/1976, insbesondere Art. 9.
[12] Ihre Organisation ist in Dekret 074/1976 festgelegt.
[13] S. Art. 4, 61 und 62 der erwähnten Verordnung.
[14] Art. 9 Verordnung 075/1976.
[15] Art. 6 Verordnung 077/1976.
[16] S. Verordnung 076/1976.
[17] S. Verordnung 078/1976.

## B. Die Akteure und ihre Interessen

Die *departamentos administrativos* weisen hinsichtlich ihrer Planungs- und Budgetbüros eine gleichartige Organisation auf.[18] So ist beim Nationalen Planungsamt der Generalsekretär als Leiter der Innenverwaltung für die interne Budgetpolitik zuständig.[19]

Rechtlich gesehen sind die Budget- und Planungsbüros der Ministerien auch für die Planung ihres Wirtschafts- oder Sozialbereiches zuständig, wobei sie sich mit dem Nationalen Planungsamt abzustimmen haben.

Eine einheitliche oder ähnliche Organisation kann für die *dezentralisierten Einheiten* (öffentliche Körperschaften, gemischtwirtschaftliche Unternehmen und wirtschaftliche und Handelsunternehmen des Staates)[20] nicht beobachtet werden. Es sei jedoch daran erinnert, daß nur die establicimientos públicos als Teile der Verwaltung betrachtet werden; dies hat notwendig Auswirkungen auf das Budgetsystem.[21]

Das Budget wird, wie in anderen Ländern, als Gesetz angesehen. Der *Kongreß* verfügt daher über eine eigene Infrastruktur zur Behandlung dieses Sachgebietes: Jede der beiden Kammern hat eine ständige[22] Budgetkommission, die einfach Kommission IV genannt wird. Die Kommission Nr. VIII befaßt sich mit der Überwachung der dezentralisierten Teile der Verwaltung und der öffentlichen Unternehmen. Drittens ist hier verständlicherweise auch das Plenum beider Häuser zu nennen.

Beide Budgetausschüsse sind einheitliche Körperschaften; sie verfügen also nicht über Unterausschüsse, die im amerikanischen Kongreß und seinem Appropriations Committee so wichtig sind.[23] Dieser Sachverhalt läßt bereits einen ersten Schluß auf die Intensität der Diskussionen über das Budget in den Ausschüssen zu. — Daß der Kongreß unter der Überschrift eines „Interesses an höheren Ausgaben" genannt wurde, bedeutet nicht, daß dies das einzige oder auch nur das wichtigste Motiv hinter den Aktionen des Parlamentes auf diesem Sachgebiet ist. Auch wird damit nicht gesagt, daß ein derartiges Organisationsinteresse große praktische Auswirkungen hätte. Strikte Vorschriften, die noch im Detail darzulegen sein werden, hindern die Legislative an einer erheblichen Vermehrung der Ausgaben. Ihr Interesse an einer Erhöhung der Ausgaben ist auf der anderen Seite in die sog. „Regionalbeihilfen" oder „parlamentarischen Beihilfen" kanalisiert worden.[24] Die Beschreibung der Steuerreform des Jahres

---

[18] Die allgemeine Vorschrift ist Art. 23 Verordnung 1050/1968.
[19] Rivera-Ortiz 1976: 111.
[20] Einzelheiten in Kapitel II.
[21] Teil C dieses Kapitels.
[22] Sie sind „ständig" in dem Sinne, daß sie während der Parlamentsferien vom Januar bis zum 20. Juli eines jeden Jahres zusammentreffen können.
[23] Wildavsky 1974: 83.
[24] S. Ziff. 6 dieses Abschnitts.

1974 dürfte auch die ausgeprägte Sensibilität der Öffentlichkeit gegenüber hohen Staatsausgaben, die letztlich mit Steuern finanziert werden müssen, deutlich gemacht haben.

*Ausländische Entwicklungsorganisationen* wie Entwicklungsbanken oder Verwaltungen im Bereich der technischen Hilfe dem Organisationsinteresse „hohe Ausgaben" zuzurechnen, mag auf den ersten Blick erstaunen. Viele von ihnen haben jedoch in den letzten Jahren ihre Aktivitäten in Kolumbien erheblich ausgeweitet. Hierzu waren höhere Finanzmittel erforderlich. Bei der allgemein akzeptierten Regel, daß sich das Empfängerland an allen Projekten mit einem Eigenbetrag beteiligen soll, war eine Ausweitung der Aktivitäten nur mit höheren kolumbianischen Budgetausgaben zu erreichen.[25] Internationale Entwicklungshilfe-Organisationen wirken daher in die gleiche Richtung wie die Mehrzahl der nationalen Behörden.[26]

## 2. Das Interesse an Ausgabeneinschränkung: Das Finanzministerium und der Präsident

Wie in anderen Entwicklungs-[27] und Industrieländern stellt das *Finanzministerium* den klassischen Widerpart der ausgabenfreudigen Ministerien und Behörden dar, obwohl es in Kolumbien einen Teil seiner traditionellen Aufgaben mit dem Nationalen Planungsamt teilen muß.

Die letzte Verwaltungsreform des Finanzministeriums wurde Ende 1975 unternommen; die entsprechenden Rechtstexte stammen vom Januar 1976. Finanzminister war damals Rodrigo Botero, der bereits im Kapitel über die Steuerreform genannt wurde. Die Reorganisation wurde also in einem Augenblick durchgeführt, als die jungen „técnicos", welche die Steuerreform vorbereitet hatten, die wichtigsten Positionen innerhalb des Ministeriums innehatten.

Über Aufbau und Funktionen des Finanzministeriums im Haushaltsbereich unterrichtet Anhang II; hier sei nur vermerkt, daß das Ministerium über eine eigene Generaldirektion für den Haushalt verfügt und daß daneben in unserem Zusammenhang der Generaldirektion für öffentliche Anleihen bedeutende Aufgaben zukommen. Die komplexen juristischen Instrumente genügen in der Theorie den Anforderungen.

---

[25] Dies stellt sicherlich nicht ihr einziges Interesse dar, s. unten.

[26] Mindestens eine der ausländischen Organisationen beendet ihre Tätigkeit im Lande: USAID, infolge einer arroganten Washingtoner Bankettrede des Präsidenten López im Jahr 1975, in welcher er die Zusammenarbeit mit dieser Organisation aufkündigte.

[27] Caiden / Wildavsky 1974: Kapitel IV.

## B. Die Akteure und ihre Interessen 227

Dem *Präsidenten* ein Interesse an einer Reduktion der öffentlichen Ausgaben zuzuschreiben, mag erstaunen. Normalerweise sollte sein Hauptziel die Gestaltung der öffentlichen Ausgaben entsprechend seinen politischen Ideen sein. Dies ist jedoch nicht der Fall in Kolumbien — zum mindesten war das im Augenblick der Materialsammlung für dieses Buch nicht der Fall. Der Grund hierfür dürfte bereits nach der Lektüre des Kapitels über die Steuerreform deutlich geworden sein: Die Inflation war derart angestiegen, daß sie ein Problem für den sozialen Frieden und die politische Stabilität darstellte, die zu bewahren das erste Ziel eines kolumbianischen Präsidenten sein muß. Eine Hauptursache hierfür waren die nahezu dauernden Budgetdefizite. Ein Präsident, der während des Wahlkampfes[28] den „Krieg gegen die Inflation" zu einem seiner Hauptziele erklärte, mußte neben einer Erhöhung der staatlichen Einnahmequellen eine Reduktion der staatlichen Ausgaben anstreben.

Zur Erreichung dieses Zieles benötigte der Präsident einen administrativen Apparat, der ihn von der täglichen Routine-Arbeit befreite und darüber hinaus die Beachtung der von ihm gegebenen politischen Richtlinien durch die Verwaltung garantierte. Wie sein amerikanischer Kollege benötigte er dazu eine Art Bureau of the Budget oder, wie es heute genannt wird, Office of Management and Budget.[29]

Im folgenden müssen wir daher auf die *Organisation des Präsidentenamtes* („Presidencia de la República") eingehen.[30]

Das Präsidentenamt gilt als Departamento Administrativo. Es verfügt neben Hilfseinrichtungen (Büro für Fernmeldeverkehr usw.) über ein juristisches Sekretariat (Secretaría Jurídica), ein solches für Wirtschaftsangelegenheiten (Secretaría Económica), eines für Öffentliche Verwaltung (Secretaría de Administración Pública), eines für „Integración Popular"[31] und schließlich eines für den Ministerrat (Secretaría del Consejo de Ministros). Eine eigene Abteilung

---

[28] Ungar Bleier / Gómez de Martínez 1977: 236.
[29] Wildavsky 1974: 219.
[30] Rechtsquelle: Verordnung 146/1976, insbesondere Art. 2.
[31] Eine Art von Verwaltung der Gemeinwesenentwicklung (community development), die zur Unterstützung von Randgruppen in den Städten und von indianischen Stämmen bestimmt ist. Die Ansiedlung dieser Verwaltungseinheit auf dem höchsten möglichen Niveau erklärt sich durch die Möglichkeit eines oppositionellen Wählerreservoirs dieser Gruppen (erinnert sei an die 1970 um Haaresbreite von der populistischen ANAPO gewonnenen Wahlen). Eine gleiche Beobachtung kann für Bogotá gemacht werden. Die Organisation von Nachbarschaftsvereinigungen in den barrios (Juntas Cívicas), welche eine mögliche politische Kraft darstellen, war ursprünglich dem Planungsamt unterstellt, wurde aber schließlich direkt an das Büro des Bürgermeisters angebunden, was zu einem Rückgang ihrer Bedeutung führte (Interviewmaterial). Ein Forschungsprojekt 1974 in Guatemala und San Salvador (Oberndörfer 1977: 126 f.) führte für Zentralamerika zu ähnlichen Ergebnissen.

für Haushaltsangelegenheiten existiert folglich nicht. Sie werden nur bei der Beschreibung der Aufgaben des Wirtschaftssekretariates erwähnt[32], das u.a. „den Präsidenten in Wirtschafts- und Finanzangelegenheiten zu beraten hat".
So läßt sich festhalten, daß der Präsident nicht über ein adäquates administratives Instrument verfügt, das ihm erlaubt, seinen Willen in Haushaltsangelegenheiten durchzusetzen. Damit ist selbstverständlich keine Aussage darüber getroffen, ob er überhaupt eine solche Absicht bekundet und ob er bejahendenfalls auch mit der besten Organisation zu seiner Verfügung politisch genügend stark zur Verwirklichung eines solchen Planes wäre.

### 3. Das Interesse an finanzieller Unabhängigkeit: Die dezentralisierten Einheiten und der Verband der Kaffeebauern

Die politische Umgebung der Verwaltung eines Entwicklungslandes ist durch einen hohen Grad von Unsicherheit gekennzeichnet.[33] Ihre Reduktion ist ein Hauptziel der Bürokratien. Eines der wichtigen Mittel zu diesem Zweck stellt die Verringerung der Abhängigkeit einer Behörde von der jährlichen Haushaltsmittelzuweisung dar.

Dieses Interesse hat seinen auffälligsten Ausdruck in der Politik der dezentralisierten Einheiten und des Verbandes der Kaffeebauern (Federación Nacional de Cafeteros oder kurz Fedecafé) gefunden.

Dem *dezentralen Teil* der Verwaltung ist es im Laufe der letzten Jahrzehnte gelungen, sich zu einem erheblichen Anteil mit eigenem direkten Einkommen und mit zweckbestimmten Steuern zu finanzieren.[34] Überraschender dürfte die Einbeziehung des Verbandes der Kaffeebauern in eine Untersuchung über die Haushaltspolitik des kolumbianischen Staates sein. Dies muß begründet werden.

*Fedecafé* wurde im Jahre 1927[35] als Vereinigung der kolumbianischen Kaffeeproduzenten[36] gegründet und privatrechtlich organisiert.[37] Seit seiner Grün-

---

[32] Art. 16 Verordnung 146/1976.
[33] Caiden / Wildavsky 1974: Kapitel 2.
[34] Zu Einzelheiten s. Teil D, 1, d dieses Kapitels. Die Organisation der „descentralizados" wurde in Kapitel II B beschrieben.
[35] Melo / López 1976: 15. Eine frühere Spezialstudie ist Koffman 1969.
[36] Diese sind definiert in Art. 1 der Statuten vom 21. April 1971.
[37] Interviewmaterial, welches den offiziellen Standpunkt der Federación wiedergibt. Es muß jedoch hinzugefügt werden, daß es in den letzten Jahren zu einer öffentlichen Kontroverse über die Rechtsnatur von Fedecafé gekommen ist. Die Ansichten reichten von der im Text wiedergegebenen Meinung über die Konstruktion einer Einheit „sui generis" bis zur Auffassung, Fedecafé stelle eine öffentlich-rechtliche Körperschaft dar. Der Oberste Gerichtshof urteilte 1977, die Federación sei eine Organisation sui generis, welche Auffassung später auch vom Staatsrat als oberstem Verwaltungs-Gerichtshof

dung ist es dem Verband, dessen Mitglieder das bei weitem wichtigste Exportprodukt erzeugen[38], gelungen, zu einer äußerst mächtigen, wenn nicht der mächtigsten, Interessengruppe des Landes zu werden. Sie beherrscht wesentliche Teile der Landwirtschafts- und der allgemeinen Politik, treibt eine bewußte Personalpolitik, die Männer ihres Vertrauens in die für ihren Bereich wichtigen Positionen manövriert, und hat ein für kolumbianische Verhältnisse gewaltiges Wirtschaftsimperium aufgebaut.[39] Neben der in Bogotá ansässigen Zentrale verfügt Fedecafé über ein Netz von Kommissionen auf den Ebenen des departamento (Comités Departamentales de Cafeteros) und des municipio (Comités Municipales de Cafeteros).[40] Diese sind mit Bau und Unterhalt von Infrastrukturmaßnahmen (lokalen Erschließungswegen, Brücken, Wasser- und Abwasserleitungen, Schulen, Häusern, Elektrizitätsversorgung, medizinischen Versorgungszentren), der technischen Beratung der Kaffeebauern, der Diversifizierung der angebauten Produkte, der Hilfe für Genossenschaften, Investitionen in ländliche Industrien und anderen Aufgaben betraut.[41]

Die Federación Nacional de Cafeteros wird aus *vier Gründen* in unsere Untersuchung über kolumbianische Budget-Politik aufgenommen:

1. Eine Anzahl der von der Fedecafé wahrgenommenen *Aufgaben* wird üblicherweise *zum öffentlichen Bereich* gezählt. Der Bau von ländlichen Schulen ist fraglos in der Mehrzahl der Staaten eine öffentliche Aufgabe. Bald nach seiner Gründung (im Oktober 1928) schloß Fedecafé einen Vertrag[42] mit der

---

übernommen wurde. Hierbei handelte es sich aber mehr um ein Wortspiel als um eine wirkliche Entscheidung, da über die praktischen Konsequenzen dieses Urteils nichts gesagt worden war. Auf der einen Hand sollte die Rechnungskontrolle durch die Contraloría im Falle der Federación beschränkt sein, was den privatrechtlichen Charakter des Verbandes hervorhob (Urteil des Obersten Gerichtshofes, Bericht in El Tiempo vom 31. Oktober und 9. November 1977). Auf der anderen Seite mußten die öffentlichen Fonds (Kaffeesteuern, Fondo del Café) in das Staatsbudget integriert werden (Urteil des Obersten Gerichtshofes, El Tiempo, 22. November 1977). Auch wurde die Vereinigung ermächtigt, den Kaffeeschmuggel zu bekämpfen, also eine öffentliche Aufgabe wahrzunehmen (Staatsrat lt. El Tiempo vom 12. Februar 1978). – Diese öffentliche Debatte war natürlich keineswegs akademisch: Fedecafé zu einer öffentlichen Körperschaft zu erklären hätte wenigstens theoretisch eine engere Überwachung durch den Staat bedeutet, was die gegenteilige Auffassung des Verbandes verständlich macht. Sie spiegelt auf der anderen Seite das wachsende Bewußtsein der Tatsache wider, daß Fedecafé als Staat im Staate sich mit öffentlichen Angelegenheiten befaßt und damit die Souveränität des Staates beeinträchtigt.

[38] Die übrigen Exportgüter werden mit einem glücklichen Ausdruck „exportaciones menores" genannt.
[39] Details in Melo / López 1976: passim.
[40] Art. 6, 34-55 des Estatuto; Interviewmaterial.
[41] Federación de Cafeteros 1975: passim.
[42] Text: Contrato 1928.

Regierung ab, in dem es die „Verpflichtung" übernahm, die kolumbianische Politik im Kaffee-Bereich wahrzunehmen[43]; hierfür sollte es mit dem Ertrag der Kaffee-Exportsteuern entschädigt werden.[44] Zusätzlich wurde die Federación in den 30er Jahren mit der Aufgabe betraut, die kolumbianischen Verpflichtungen aus dem internationalen Kaffee-Abkommen wahrzunehmen.

2. Das höchste Organ der Federación zwischen dem alle zwei Jahre zusammentretenden Congreso Nacional de Cafeteros[45] ist das *Comité Nacional de Cafeteros*. Es setzt sich aus vier Ministern der Regierung[46], dem Direktor (gerente) der Caja Agraria und sechs vom Congreso de Cafeteros gewählten Mitgliedern zusammen.[47] Die Verbindung öffentlichen und privaten Interesses innerhalb dieses bemerkenswerten Verbandes wird einmal mehr deutlich.

3. Die Federación de Cafeteros verwaltet den sog. *Fondo Cafetero*.

Hierbei handelt es sich um einen 1940 durch Verordnung 2078[48] gegründeten Sonderfonds, der durch einige Sondersteuern[49] gespeist wird und für die folgenden Aufgaben verwendet wird: Preisgarantien für die Erzeuger, Lagerung

---

[43] Die Regierung wurde zum Abschluß dieses Vertrages durch Gesetz 76/1927 ermächtigt. – Die wichtigsten durch die Federación übernommenen Aufgaben: Werbung für kolumbianischen Kaffee; Einführung der besten Anbaumethode und Bekämpfung der Pflanzenkrankheiten; Unterhaltung von subventionierten Läden in den Kaffeeanbaugebieten; Entsendung von permanenten Experten-Missionen ins Ausland, um die dortigen Kaffeeanbaumethoden für die eigene Tätigkeit zu nutzen; Unterstützung der Einrichtung kolumbianischer Kaffeeröstereien; Veröffentlichung einer Zeitschrift; Führung der Kaffeestatistik und Förderung des Exports.

[44] Nr. 4 des erwähnten Vertrages. Die Steuer wurde durch Art. 1 Gesetz 11/1972 abgeschafft.

[45] Art. 7, 19 des Estatuto.

[46] Ex officio, nämlich den Ministern für auswärtige Angelegenheiten, Finanzen, Wirtschaftsentwicklung, Landwirtschaft.

[47] Mit 6:5 haben private Stimmen offensichtlich das Übergewicht über öffentliche. – Ende 1978, mit dem Näherrücken des Datums für eine Erneuerung der Verträge zwischen der Regierung und Fedecafé, gab es öffentliche Diskussionen um eine Veränderung dieses Verhältnisses zu 6:7 (El Tiempo, 5. Dezember 1978) oder 6:6 (idem, 7. Dezember 1978). Bei Fertigstellung dieses Buches war das Ergebnis nicht bekannt; ein pessimistischer Leitartikel von Samper Pizano (El Tiempo, 15. Dezember 1978) schien auf die Wahrscheinlichkeit einer Fortsetzung der Minderheitsposition des Staates hinzudeuten.

[48] Interviewmaterial. S. auch Melo / López 1976: 24 ff.

[49] Diese sind (Agudelo Villa 1977: 8-10): die „impuesto de pasilla y ripio" (Kaffee geringer Qualität für den internen Verbrauch); die „impuesto ad valorem" (eine Art Exportsteuer); die „retención cafetera" (ebenfalls eine mit der Situation des internationalen Kaffeemarktes wechselnde Steuer auf Exporte). Details in der angeführten Quelle und in ANIF 1975: passim. – Es kann gesagt werden, daß Fedecafé alle Steuern dieses Wirtschaftszweiges mit Ausnahme der Einkommens- und der verwandten Steuern verwaltet.

von Kaffee, Förderung des Kaffeekonsums, Zahlungen an das Sekretariat des internationalen Kaffeeabkommens in London, Forschung und Infrastrukturarbeiten in den Anbaugebieten. Der Fonds wird ausschließlich vom Comité Nacional de Cafeteros verwaltet, mithin einem Gremium mit einer privaten Mehrheit. Allerdings wird darauf hingewiesen, daß diese rein rechnerische Überlegung angesichts des Klimas wechselseitigen Verständnisses zwischen Regierung und Fedecafé von geringerer Bedeutung sei; es komme selten zu Kampfabstimmungen im Comité.[50] – 1977 wurde ein zweiter Fonds, der „Fondo Cafetero de Desarrollo" gegründet. Überschüsse des Fondo Cafetero fließen der Federación zu, Verluste sind von der Regierung zu tragen! Darüber hinaus ist es Fedecafé gelungen, das eigene Vermögen im engeren Sinne derart mit dem öffentlichen Eigentum, das der Fondo Cafetero darstellt, zu vermischen, daß es technisch nahezu unmöglich erscheint, beide auch nur analytisch zu trennen.[51] Ende 1978 wurde eine klare Trennung des Eigentums des Staates und des Verbandes angestrebt, was jedoch auf ungeheuren Widerstand stieß.[52]

4. Für die *Rechnungskontrolle des Verbandes* ist ausschließlich die *Contraloria General de la República*, also der staatliche Rechnungshof, insoweit zuständig, als die Federación öffentliche Gelder verwaltet.[53] Es sei daran erinnert, daß die Contraloría sich ausschließlich mit legal-numerischer Kontrolle befaßt. Daher findet eine inhaltliche Überprüfung der Verwendung der Gelder des Fondo Cafetero durch staatliche Stellen nur auf äußerst indirektem Wege statt. Zusätzlich ist bestimmt, daß die Kontrolle durch den Rechnungshof die verwaltungsmäßige Autonomie des Verbandes als privater Organisation nicht beeinträchtigen darf; vielmehr hat die Contraloría für diesen Fall besondere Überprüfungsverfahren zu entwickeln.[54]

Zusammenfassend kann vermerkt werden, daß es der „privaten" Organisation Fedecafé gelungen ist, für Erhebung und Verwaltung wichtiger Teile des öffentlichen Einkommens zuständig zu sein. Eine Studie der Haushaltspolitik kann daher an diesem Verband nicht vorübergehen.

### 4. Das Interesse an Gestaltung der Ausgaben: Das Nationale Planungsamt

Wie in der Mehrzahl der Entwicklungsländer, die ehrgeizige Entwicklungspläne verwirklichen wollen[55], hat sich auch in Kolumbien eine Planungsbüro-

---

[50] Interviewmaterial.
[51] Melo / López 1976: 24.
[52] El Tiempo, 7. Dezember 1978.
[53] Festgelegt in Art. 3 Gesetz 11/1972.
[54] Art. 5 des erwähnten Gesetzes.
[55] Wolff 1977 a: Kapitel 4.

kratie auf der Ebene des Gesamtstaates, des departamento und des municipio[56] entwickelt.

Über Aufbau und Funktionen der Planungsbürokratie unterrichtet Anhang III. In Kürze sei vermerkt, daß das Nationale Planungsamt im Zentrum steht und als Sekretariat des Nationalen Rates für Wirtschafts- und Sozialpolitik, eines Kabinettsausschusses, angesehen wird.

Die *internationalen Kreditinstitutionen* sind hier einmal mehr zu nennen: ihre Kredite werden normalerweise zur Verwirklichung bestimmter Projekte vergeben, die üblicherweise im entsprechenden Vertrag beschrieben werden. Wegen der Eigenleistung des Empfängerlandes üben sie damit einen Einfluß auf die Haushaltsausgaben aus.[57]

Aus systematischen Gründen muß der *Präsident* hier erneut erwähnt werden: Eine Verminderung der Ausgaben ist nicht sein einziges Interesse im Hinblick auf den Haushalt. Sicherlich wird er normalerweise die Erfüllung einiger Versprechen während des Wahlkampfes anstreben; dazu muß er notwendigerweise Haushaltsentscheidungen beeinflussen.

### 5. Das Interesse an Flexibilität: Das Finanzministerium und die mittelverbrauchenden Behörden

Nach Caiden/Wildavsky[58] zeichnen sich Entwicklungsländer nicht einfach durch ein geringes Sozialprodukt aus, obwohl dies sicher wesentlich ist. Wichtiger als die allgemeine Armut im Sinne geringer persönlicher Einkommen erscheint das Fehlen oder die große Knappheit in reichen Ländern allgemein und im Überfluß vorhandener Dinge: genaue und ausreichende Information, Versorgung mit sauberem Wasser, geteerte Straßen, gesicherte Stromversorgung usw. Landau[59] definiert *Armut* als das *Fehlen von Redundanz*, also von Reserven materieller und immaterieller Güter: Wird die Telefonleitung zwischen zwei Städten beschädigt, gibt es keine Alternative. Fällt ein Kraftwerk aus, gibt es kein zweites, das einspringen könnte. Kann eine Organisation aus dem einen oder anderen Grund nicht für einen bestimmten Zweck eingesetzt werden, gibt es keine andere, die ein ähnliches Ziel verfolgte und als zweitbeste Möglichkeit dienen könnte. Dieses generelle Phänomen in Ländern der Dritten Welt findet sich auch in Kolumbien. Es führt zu dem gesteigerten Interesse, das Finanz-

---

[56] S. auch Kapitel III.
[57] Zum Entwicklungsprogramm für Ost-Bogotá, das ein gutes Beispiel liefert, s. Reveiz et alii 1977.
[58] 1974: Kapitel 2.
[59] Landau 1969.

ministerium und mittelverbrauchende Behörden an der Flexibilität des Haushaltes haben.

Die Unsicherheit macht es dem Finanzministerium unmöglich, Entwicklungen im kommenden Haushaltsjahr vorauszusehen, die neue oder größere Ausgaben verursachen können. Selbst wenn dies möglich wäre, wäre es in einigen Fällen politisch nicht glücklich, damit zu rechnen, um nicht den Mechanismus einer Art selbsterfüllender Prophezeiung in Gang zu setzen.

Es gibt besondere Vorschriften, die es dem Finanzministerium erlauben, während der Durchführung des Haushaltes die notwendige Flexibiltät zu bewahren. (Diese werden im Abschnitt über den Haushaltszyklus beschrieben.) Ähnliches gilt für die verschiedenen Ministerien und sonstigen mittelverbrauchenden Behörden.

### 6. Das Interesse am Austausch gegen Wählerstimmen: Die Mitglieder der Wahlkörperschaften

In einem auf Wettbewerb gegründeten System, das seine politischen Amtsinhaber (und indirekt auch die Verwaltungsbeamten) durch periodische Wahlen bestimmt, kann Budgetieren als die Kunst betrachtet werden, die Stimmenzahl mit Hilfe der Staatsausgaben zu maximieren. Einige Einzelheiten dieses Gedankens sind in der Einleitung zu diesem Kapitel bereits vorgetragen worden.

*Senatoren und Repräsentanten*[60] haben ein größeres Interesse hieran als ein Präsident, der für die seiner eigenen folgenden Amtsperiode nicht wiedergewählt werden kann. 1968 etwa war nur ein Drittel der Mitglieder des Repräsentantenhauses hier zum ersten Mal vertreten, waren also zwei Drittel mindestens für eine zweite Wahlperiode gewählt worden. Im Senat war dieser Prozentsatz sogar noch höher: 84,6% seiner Mitglieder hatten eine mindestens sechsjährige parlamentarische Erfahrung, die Hälfte davon sogar zehn Jahre oder mehr.[61] Der Haushalt, genauer: der Teil des Haushaltes, der von den Parlamentariern wirklich beeinflußt wird, wird als Tauschmittel gegen Stimmen für ihre Wiederwahl eingesetzt.[62]

Diese Überlegung trifft übrigens für die *Minister* als solche nicht zu. Sie sind nicht notwendig Mitglieder des Kongresses; vielmehr hat der Präsident rechtlich die Möglichkeit, jede Person zum Minister zu ernennen, die einige wenige Minimalanforderungen erfüllt.[63] Ihr Interesse am Einsatz von Budgetmitteln zur Er-

---

[60] Zur Rekrutierung kolumbianischer Parlamentarier s. Kline 1975.
[61] Kline 1975: 201-203.
[62] Zu Einzelheiten s. Teil D 1 h.

höhung politischer Unterstützung rührt daher aus der Tatsache, daß sie normalerweise aktive Politiker sind.

## 7. Das Interesse an Ausgabenkontrolle: Der Kongreß, das Finanzministerium und der Rechnungshof

Entsprechend einer verbreiteten Einteilung können verschiedene Arten der Haushaltskontrolle unterschieden werden[64]; diesen entsprechen verschiedene Organisationen, die im folgenden zu diskutieren sind.

### a) Politische Kontrolle: Der Kongreß

Eine lange Verfassungsentwicklung, die auch Kolumbien stark beeinflußt hat, hat den Parlamenten das Recht der Entscheidung über Finanzangelegenheiten des Staates gegeben("power of the purse"): Sie haben das Recht, durch Gesetz die Steuereinnahmen des Staates festzulegen; sie entscheiden, ebenfalls durch Gesetz, über andere Einnahmearten des Staates, wobei Ausnahmen zuzugeben sind. Schließlich legen sie den Haushalt fest: Sie bestimmen den Teil des Sozialproduktes, den der Staat für seine eigenen Zwecke, Umverteilung eingeschlossen, in Anspruch nehmen darf und darüber hinaus die genaue Zusammensetzung der Ausgaben. Politische Prioritäten müssen sich notwendig in Budgetzahlen niederschlagen, sollen sie mehr sein als Rhetorik. Diese Vorrechte des Parlamentes der Entscheidung über den Haushalt sind daher eminent politisch; der entsprechende Haushaltskontrolltyp ist daher als politische Kontrolle anzusprechen.

Die Organisation des Kongresses zur Behandlung von Haushaltsangelegenheiten ist bereits beschrieben worden. Hinzugefügt werden kann, daß das Gesetz zur Reform der Contraloría aus dem Jahre 1975[65] einen zusätzlichen Parlamentsausschuß zur Überprüfung der Abschlußrechnung eines Haushaltes, die von der Contraloria vorzulegen ist, begründet hat. Dieser Ausschuß hat sich jedoch niemals konstituiert.[66]

---

[63] Diese entsprechen den Voraussetzungen zur Wahl zum Abgeordneten ins Repräsentantenhaus (Art. 133 der Verfassung): Mindestalter über 25 Jahre, im Besitz der bürgerlichen Ehrenrechte, keine vorhergehende Verurteilung zu einer Gefängnisstrafe (Art. 100 der Verfassung).
[64] Frühere Publikationen umfassen Wolff 1977 b und 1978 c.
[65] Gesetz 20/1975.
[66] S. Teil C 4 dieses Kapitels.

## b) Administrative Kontrolle: Das Finanzministerium

Ein zweiter Kontrolltyp kann administrative oder verwaltungsmäßige Kontrolle des Haushalts genannt werden.

Auch nach der Verabschiedung des heute besonders komplizierten Haushaltsgesetzes verbleibt der Verwaltung, die es durchzuführen hat, ein beträchtlicher Entscheidungsspielraum. Dieser betrifft zunächst die Frage, ob ein bestimmter Haushaltstitel überhaupt verwendet werden soll; bekanntlich bedeutet der Haushalt eine Erlaubnis, aber nicht eine Anweisung an die Regierung, gewisse Beträge für bestimmte Zwecke zu verwenden. Zweitens ist die Frage nach der Wirksamkeit und Wirtschaftlichkeit der Ausgaben zu prüfen.[67]

Die verwaltungsmäßige Kontrolle des Haushaltes ist eine der *Aufgaben der Generaldirektion für den Haushalt* des Finanzministeriums. Bemerkenswert die ziemlich unklare Abgrenzung der beiden mit dieser Aufgabe betrauten Unterdirektionen (der Subdirección de Ejecución Presupuestal und der Subdirección de Control Administrativo del Presupuesto).[68] In der Praxis sind beide Abteilungen jedoch zu einem modus vivendi gekommen.[69] Die Subdirección de Control Presupuestal konzentriert ihre Anstrengungen auf technische Aspekte der Haushaltsdurchführung: Überwachung und technische Anleitung der mittelausgebenden Behörden während der Erarbeitung der Mittelanforderungen; Sicherung der Parallelität von Mittelzu- und -abflüssen, um Liquiditätskrisen zu vermeiden; Vorbereitung der acuerdos de ordenación de gastos[70]; Überwachung der Einhaltung der die Haushaltsdurchführung und Verträge der Verwaltung mit privaten Firmen regelnden Vorschriften usw. – Die Subdirección de Control Administrativo de Presupuesto, insbesondere die Abteilung für Haushaltsinspektion, plant[71] auf der anderen Seite ein ad hoc-Vorgehen: Der Unterdirektor will seine Beamten in die verschiedenen Behörden entsenden, um dort Unregelmäßigkeiten aufzuspüren. In 90 Prozent aller Fälle will er dabei eine Einladung des Behördenchefs abwarten und nur in den verbleibenden 10 Prozent aus eigener Initiative heraus tätig werden.[72] Mögliche Unregelmäßigkeiten sol-

---

[67] In einer Reihe von Ländern, darunter der Bundesrepublik, ist die Kontrolle der Rechtmäßigkeit und der Effizienz der Haushaltsausgaben den Rechnungshöfen anvertraut. Dies läßt leicht die Tatsache übersehen, daß die formale Rechtmäßigkeit und die Wirtschaftlichkeit öffentlicher Ausgaben zwei verschiedene Dinge sind.

[68] Der ersten ist die Aufgabe anvertraut (gemäß Nr. 3 Art. 11 Verordnung 077/1976): „ejercer la vigilancia administrativa y económica de las actividades presupuestales de los organismos que integran las ramas del poder público...", die zweite hat die Aufgabe: „ejercer la vigilancia y el control del manejo presupuestal"!

[69] Dies und das folgende nach Interviewmaterial.

[70] S. unten, C 3.

[71] So im Jahre 1977.

[72] Dieses erstaunliche Verhältnis läßt bereits Vermutungen über die Wirksamkeit dieser Inspektionen zu.

len einerseits zu strafrechtlichen Konsequenzen führen und andererseits die Behörde bei der Vorbereitung des nächsten Haushaltsentwurfes treffen. Dieser letzte Vorsatz jedoch ist noch nicht verwirklicht worden, und es mag bezweifelt werden, ob er jemals verwirklicht werden kann.

Die ökonomische Effizienz von Investitionen wird selbstverständlich auch vom Nationalen Planungsamt untersucht. Es muß jedoch festgehalten werden: Die Untersuchungen beziehen sich normalerweise auf den wirtschaftlichen Ertrag *geplanter* Investitionen, nicht auf denjenigen bereits durchgeführter — und nur diese könnten Kontrolle genannt werden. Die Durchführung wird nur gelegentlich vom Planungsamt überprüft. Es verfügt in der Regel nicht über genügend Macht, sich detailliert mit der Tätigkeit der die Investitionen vornehmenden Behörden zu befassen, die ein solches Vorhaben mit oder ohne Berechtigung als Einmischung in ihre ureigensten Angelegenheiten betrachten.

### c) Numerisch-legale Kontrolle: Der Rechnungshof

Der elementarste Kontrolltyp kann als numerisch-legale Kontrolle bezeichnet werden, also die Überprüfung der einfachen Frage, ob eine Ausgabe durch einen Ausgabentitel gedeckt ist und ob die anderen Vorschriften für eine Zahlung aus dem Staatshaushalt beachtet worden sind (die wichtigsten hiervon beziehen sich auf Verträge des Staates mit privaten natürlichen oder juristischen Personen). Diese Kontrolle ist Aufgabe des Rechnungshofes.

International können *zwei grundsätzliche Organisationstypen der Rechnungskontrolle unterschieden werden*[73]: das englische (legislative) System (dem auch die US-amerikanische Rechnungskontrolle zuzurechnen ist), bei dem eine Behörde als Hilfsorgan dem Parlament zuarbeitet, und das französische (jurisdiktionelle) System (verwirklicht unter anderem in Italien, Japan, Holland und Belgien), bei dem ein unabhängiger Gerichtshof die staatliche Finanzgebarung überwacht. (Das westdeutsche System dürfte am richtigsten als Mischsystem anzusehen sein: hierarchisch-bürokratischer Aufbau des Bundesrechnungshofes, aber richterliche Unabhängigkeit seiner Mitglieder bei ihren Prüfungen.)

In Lateinamerika überwiegt der erste Organisationstypus; er findet sich etwa in Bolivien, Costa Rica, Guatemala[73a], Ecuador, Honduras, Panama, Paraguay und Venezuela. Nur wenige Länder kennen noch den einstmals überwiegenden gerichtsförmigen Typus (etwa Argentinien, El Salvador, Nicaragua und Kuba).

*Kolumbien ist* (in extremer Ausprägung) *dem englischen System zuzurechnen:* Die numerisch-legale Rechnungskontrolle des Zentralstaates ist dem riesi-

---

[73] Camargo 1969: 14 ff.
[73a] Zu diesen Oberndörfer 1975.

## B. Die Akteure und ihre Interessen

gen Apparat der *Contraloría General de la República* anvertraut[74], die mit 11.773 Stellen zweifellos einer der größten Rechnungshöfe der Welt ist (der Bundesrechnungshof etwa verfügt über weit weniger als 1000 Mitglieder).[75] Zusätzlich muß bedacht werden, daß jede Ebene der Verwaltung, also auch diejenige des departamento und des municipio, den Sonderdistrikt Bogotá einbegriffen, über einen eigenen Rechnungshof verfügt. Damit liegt die Zahl der mit Haushaltskontrollaufgaben befaßten Beamten noch wesentlich höher.

Die Größe des Apparates erklärt wahrscheinlich, warum die öffentliche Diskussion über Fragen der Kontrolle der Haushaltsdurchführung praktisch ausschließlich um diese Organisation kreist: Haushaltskontrolle sind die Aktivitä-

---

[74] Während der Amtszeit des Finanzministers Botero Montoya kam es zu einem verdeckten Kampf um Kompetenzen zwischen dem Finanzministerium und der Contraloría. Der erste Schlag wurde noch zu Zeiten des Präsidenten Pastrana vom Finanzministerium geführt; es versuchte erfolglos, die Aufgabe der Buchführung des Staates zu erhalten (s. Teil C 1; am Rande kann vermerkt werden, daß die Contraloría auch die Finanzstatistik des Staates führt). Dann versuchte die Contraloría eine Ausweitung ihrer Aufgaben: Statt einer rein legal-numerischen Kontrolle erstrebte sie zusätzlich die Aufgabe der verwaltungsmäßigen Kontrolle des Haushaltes. Dazu verwendete sie sublime juristische Mittel: Der Contralor erließ eine Resolution (im Anschluß an eine ungenaue Formulierung des Decreto-Ley 924/1976) und nahm darin die rechtliche Interpretation von Verwaltungsakten für die Contraloría in Anspruch, eine Interpretation, die obendrein für die gesamte Verwaltung bindend sein sollte (genaue technische Details in der „Radicación" des Staatsrates Nr. 1106 vom 1. Dezember 1976, unglücklicherweise nicht publiziert). Dies nahm jedoch das Finanzministerium nicht hin, das einige Monate vorher seine Unterdirektion für verwaltungsmäßige Kontrolle des Haushaltes eingerichtet hatte und nun die Gefahr sah, daß diese Struktur ohne Aufgaben blieb und darüber hinaus ein wichtiges Arbeitsgebiet an eine Organisation zu verlieren, die es als ineffizient und korrupt ansah (Interviewmaterial). Der Finanzminister beantragte daher beim Staatsrat ein Gutachten zur Unterstützung seiner eigenen Ansicht (17. November 1976). Tatsächlich setzte er sich durch: Der Staatsrat entschied in kategorischen Ausdrücken, daß die Contraloría General sich bei der Rechnungskontrolle ausschließlich auf die legal-numerische Kontrolle zu beschränken hatte („... Opinar sobre la conveniencia ... de determinado gasto o sobre su necesidad u oportunidad ... no le compite en modo alguno a ese organismo" [cf. a la Contraloría General]).

[75] Verordnung Nr. 928/1976, erlassen gemäß Vollmacht der Regierung in Gesetz 20/1975. Interessanterweise findet sich die im Text genannte Gesamtzahl nicht im Dekret, sondern stellt die Summe von Dutzenden von einzeln aufgeführten Ziffern dar. Etwa 8.000 der 11.773 Stellen waren Anfang 1977 besetzt (Interviewmaterial). Diese Zahl war etwas höher als die frühere Maximalziffer von 7.500. Die Reform erwies sich offensichtlich mindestens als so wichtig für die Erhöhung der Stellenzahl wie für die Verbesserung der Effizienz der Contraloría. Ein Anfang 1978 im Kongreß beratender Gesetzentwurf war darüber hinaus bestimmt, dem Contralor das uneingeschränkte Recht zu geben, „die Zahl der Bediensteten der Contraloría zu verändern und ihre besonderen Aufgaben ... und ihre Entlohnung zu regeln". Dieser Gesetzentwurf wurde aber von Präsident López als verfassungswidrig mit einem Veto belegt (El Tiempo, 3. Februar 1978). – Eine Beschreibung der Contraloría vor der Reform von 1975 ist Murgeito Restrepo 1963. S. auch López Michelsen 1976: 72 f.

ten der Contraloría, nicht mehr und nicht weniger. Die vorangegangene Beschreibung dürfte deutlich gemacht haben, daß eine solche Auffassung zu eng ist.

Als politisch wichtige Verwaltungseinheit verdient die Contraloría eine etwas genauere Beschreibung.

Nach Artikel 59 der Verfassung wird der *Contralor General*, also der Präsident des Rechnungshofes, für eine Zeitdauer von vier Jahren vom Repräsentantenhaus gewählt.[76] Dies war allerdings in den letzten Jahrzehnten nicht das übliche Verfahren: Der Kongreß erwies sich normalerweise als unfähig, einen Kandidaten mit der in diesem Falle erforderlichen absoluten Mehrheit zu wählen. Das erlaubte dem Präsidenten, das Vakuum auszufüllen und eine Person seines Vertrauens, wenn auch nicht ohne Einfluß des Kongresses, zu ernennen. Die Ausnahme war die Wahl des Contralors Aníbal Martínez Zuleta Ende 1975.[77]

Die Contraloría ist die einzige wichtige Behörde auf zentralstaatlicher Ebene, die nicht einmal indirekt (z.B. über die Kontrolle durch ein Kabinettsmitglied) dem Präsidenten untersteht. Ihr Platz innerhalb der Verwaltung entspricht offensichtlich dem britischen Modell: Der Kongreß als Inhaber der Budgethoheit schafft sich ein Hilfsorgan, um die von ihm an die Regierung gegebene Genehmigung zur Ausgabe von Geldmitteln für bestimmte Verwendungszwecke zu kontrollieren. Folgerichtig wird die jährliche Haushaltsrechnung der Cámara, nicht dem Präsidenten des Landes überreicht.[78] Es wird zu diskutieren sein, ob diese organisatorische Abhängigkeit des höchsten Rechnungshofes den politischen Realitäten des Landes ebenso entspricht wie der Verfassungstheorie.

Über Einzelheiten des Aufbaus der Contraloría unterrichtet Anhang IV.

---

[76] Die umfassendste Information über Organisation, Personal und Aufgaben der Contraloría findet sich in Contraloría 1976, einem Werk, das die emphatisch so genannte „Reform López Michelsen – Martínez Zuleta" vorstellt (letzterer war damals Präsident des Rechnungshofes). – Zur Geschichte der Contraloría, des ihr voraufgehenden „Corte de Cuentas" und der Kemmerer-Mission des Jahres 1923 s. Casas Galvis 1968: Kapitel II. Der Appendix enthält den Text des ersten Reformprojektes, wie ihn die Regierung 1966 im Parlament eingebracht hatte, der aber in den späteren Diskussionen, die zur Verfassungsreform 1968 führten, wesentlich verändert wurde; hierauf kann im Detail nicht eingegangen werden. – Zur Geschichte der Contraloría s. auch Franco Holguin 1975 und Palencia Córdoba 1975.

[77] Die Ernennung von Martínez Zuleta rief übrigens die Opposition der Pastranistas hervor, nach Auffassung des neuen Contralors aus Furcht vor der Entdeckung von „peculados" während der Präsidentschaft Pastranas (Apuntes Económicos, Bd. XI, Nr. 276, Dezember 1975, S. 27). Dies geschah jedoch nicht.

[78] S. z.B. Informe Financiero 1975: I-X.

## C. Der Haushaltszyklus

Im folgenden Abschnitt sind die wichtigsten Regelungen zur Haushaltsaufstellung und -durchführung zu beschreiben. Die Betonung von Rechtsnormen soll in keiner Weise bedeuten, daß sie die wichtigsten Variablen sind, die den Haushaltszyklus bestimmen; das Gegenteil ist der Fall. Aber die Beschreibung der Rechtsvorschriften erlaubt die Abschätzung des Unterschiedes zwischen Rechtsvorschriften und soziopolitischer Wirklichkeit, der in Ländern wie Kolumbien so wichtig ist.[79] Andererseits spiegeln auch die reinen Rechtsvorschriften wichtige Züge des politischen Systems wider.

### 1. Das Budget-System

Eine der auffallendsten Erscheinungen für den außenstehenden Beobachter der kolumbianischen Haushaltspolitik bildet das verwendete Budgetsystem. Es ist jedoch zu zeigen, daß es bestimmten Interessen der Regierung entspricht und daher nicht so überraschend ist, wie es zuerst erscheinen mag.

#### a) Typen von Budget-Systemen[80]

— Das Kassenbudget arbeitet auf der Grundlage von tatsächlichen monetären Bewegungen auf der Einnahmen- und Ausgabenseite. Zahlungen zu Gunsten oder zu Lasten des Haushaltes, die bis zum Ende des Haushaltsjahres nicht ausgeführt worden sind, werden daher dem nächsten Haushalt zugeschlagen, gleichgültig, welches ihre juristische Basis sein mag.

— Das „juristische" Budgetsystem (oder Kompetenzsystem) wird demgegenüber auf der Grundlage der Rechtsakte geführt, die den Anspruch des Staates auf eine Zahlung begründen oder ihn zur Begleichung einer Schuld verpflichten. Die tatsächliche monetäre Bewegung mag hinsichtlich Zeitpunkt und genauer Höhe mit diesem Rechtsakt übereinstimmen oder auch nicht. Um ein Beispiel zu geben: Auf der Basis einer Steuererklärung setzt der Staat den Steuerbetrag fest oder erkennt den vom Steuerzahler berechneten Wert an. Nach dem juristischen Budgetsystem wird dieser Betrag als Einnahme verbucht, auch wenn die wirkliche Zahlung später oder nie folgen sollte. Wenn der Staat auf der anderen Seite für Dienstleistungen zu zahlen hat,

---

[79] Der „Formalismus", wie er von Riggs 1964 hervorgehoben wurde, „löst" Probleme durch den Erlaß einer Rechtsvorschrift, die nicht beachtet wird. Er analysiert die Wirklichkeit nicht, untersucht stattdessen aber die Vielzahl rechtlicher Regelungen und hält diese für ein Abbild der Realität.

[80] Wolff 1978 a: 1 ff.; Ministerio de Hacienda 1963: 45 ff.

wird der Rechtsakt, der diese Verpflichtung begründet, bereits als Ausgabe verbucht; es bleibt dabei offen, ob die wirkliche Zahlung in diesem oder in einem der folgenden Haushaltsjahre erfolgt. Mit anderen Worten: Es kann ein ausgeprägter Unterschied zwischen dem Haushaltsgesetz und den tatsächlichen Mittelabflüssen bestehen; dies ist hier ebenso der Fall wie auf der Einnahmenseite. In jedem Augenblick führt das Schatzamt Zahlungen zu Lasten mehrerer Haushaltsjahre aus und empfängt Einnahmen zugunsten derselben. Im Extremfalle kann es viele Jahre dauern, bis die endgültige Haushaltsrechnung für ein Jahr aufgestellt werden kann.

— Um diese unglückliche Folge zu vermeiden, ist eine Veränderung des juristischen Budgetsystems entwickelt worden, die „exercise"-System genannt wird.[81] Es unterscheidet sich vom rein juristischen oder Kompetenzsystem durch die Existenz eines Schlußdatums für Zahlungen zu Gunsten oder zu Lasten eines bestimmten Haushaltsjahres. Wird dieses etwa ein Jahr nach dem Ende des Haushaltsjahres selbst festgelegt, so hat das Schatzamt in einem gegebenen Augenblick lediglich Geldbewegungen vorzunehmen, die sich auf zwei Haushalte beziehen, nicht auf derart viele, wie es das rein juristische System ermöglichte.

### b) Einordnung des kolumbianischen Systems

Im Widerspruch zu einer weitverbreiteten Auffassung[82] stellt das *kolumbianische Budgetsystem* nicht ein Beispiel für das (reine) Kompetenzsystem dar, sondern vielmehr für das *sistema de ejercicio*.[83] Es kann folgendermaßen beschrieben werden[84]:

Das Budget teilt sich in zwei große Abschnitte, nämlich das *Zentralbudget* und das *Budget der establecimientos públicos*; beide sind wegen der Transfer-

---

[81] „Sistema de ejercicio", wie es in Kolumbien genannt wird; Interviewmaterial.

[82] Diese Auffassung findet sich sogar in amtlichen und halbamtlichen Dokumenten, z.B. in Ministerio de Hacienda 1963: 46; der gleiche Irrtum in Mariño 1973: 8. – Die unglücklicherweise meistens älteren Lehrbücher umfassen Camacho Rueda 1977; Cruz Santos 1963 und 1968; und Lascarro 1965.

[83] Interviewmaterial. Rechtsquelle ist Art. 121 und 122 Decreto-Ley 294/1973 („Estatuto Orgánico del Presupuesto General de la Nación"), das etwa der Haushaltsordnung entspricht. „Decreto-Ley" ist eine Verordnung der Regierung, der Gesetzeskraft zukommt und die auf der Grundlage von Sondervollmachten des Parlamentes erlassen wurde.

[84] Porras 1971; Mariño 1973; Lewis 1972. Diese Werke wurden vor dem Erlaß der gegenwärtigen Haushaltsordnung („Estatuto Orgánico") geschrieben, die in der vorangegangenen Anmerkung genannt wurde. Das Budgetsystem ist jedoch in den Grundzügen nicht verändert worden. Vgl. auch den Haushalt selbst, z.B. denjenigen für 1977 (Ley de Presupuesto 1977 Sector Central und Ley de Presupuesto 1977 Establecimientos).

## C. Der Haushaltszyklus

zahlungen aus dem zentralen Budget an die establecimientos teilweise identisch. Beide Budgets umfassen die Einnahmenseite (presupuesto de rentas e ingresos oder rentas y recursos de capital) und das Ausgabenbudget (presupuesto de apropiaciones oder presupuesto de gastos); letztere umfassen laufende Ausgaben (gastos de funcionamiento), Investitionsausgaben (gastos de inversión) und, nur beim zentralen Budget, die Ausgaben für Regionalentwicklung (aportes para desarrollo regional). Eine weitere Unterteilung nach „partidas" (Ausgabentitel) folgt der mittelverwendenden Behörde, z.B. dem Arbeitsministerium oder der Sozialversicherung (Instituto de Seguro Social).[85]

Für das *Budget der „descentralizados"* gelten die folgenden Regeln:

Die Establecimientos Públicos gelten als Teil der Verwaltung. Ihr Budget wird daher als Teil des Gesamthaushaltes betrachtet und unterliegt ähnlichen Regeln wie der zentrale Haushalt. Das könnte das Bruttoprinzip genannt werden: Sämtliche Einnahmen und Ausgaben finden sich im Haushaltsgesetz.

Dies trifft für die staatlichen Wirtschaftsunternehmen und für die gemischtwirtschaftlichen Gesellschaften nicht zu. Ihr Budget ist nicht Teil des staatlichen Haushaltes; hier erscheinen lediglich die konsolidierten Zahlen, also Überschüsse oder Verluste.

Das *Haushaltsjahr* (período fiscal) beginnt und endet mit dem Kalenderjahr; der Haushalt wird jedoch noch während eines weiteren Jahres durchgeführt. Diese Zwei-Jahresperiode wird „ejercicio fiscal" oder „vigencia fiscal" genannt.

*Ein Unterschied* zwischen einem *ordentlichen und einem außerordentlichen Haushalt*, von denen der eine mit Steuern, der andere mit Krediten gespeist wird, wird *nicht* gemacht. Der Begriff der Einkünfte („ingresos") umfaßt vielmehr Krediteinnahmen ebenso wie Steuern, wenn die Kreditdauer länger als ein Jahr ist. Dabei wird übrigens auch kein Unterschied zwischen inländischen („crédito interno") und ausländischen („crédito externo") Anleihen gemacht. Dies mag vom rein buchhalterischen Gesichtspunkt aus richtig sein, führt aber angesichts der Wichtigkeit des Haushaltsausgleichs zu unerwünschten Folgen. Eine solche Ausgleichsvorschrift findet sich sogar in der kolumbianischen Verfassung.

Das ganze System arbeitet auf der Einnahmen- wie der Ausgabenseite *nicht mit tatsächlichen Geldbewegungen*. Stattdessen gilt die Regel, daß das Einkommen der Zentralregierung „must be accounted for on the basis of its recogni-

---

[85] Zu Beginn der sechziger Jahre unternahm Kolumbien einen Versuch mit dem Programmbudget (Ministerio de Hacienda 1963 ist die wichtigste Beschreibung hierzu). Das Experiment mißlang, wie nicht anders zu erwarten. Eine Diskussion der internationalen Resultate mit dem Programmbudget findet sich in Wildavsky 1974: Kap. 6.

tion, reconocimiento, that is, the act of settling, liquidar, or determining, determinar, the amount of income to be paid".[86]

Entsprechend gilt, Ausgaben „are computed and accounted for when drawings, giros, . . . are made, not at the time of actual payments".[87]

Die Buchführung des Staates ist eines der energisch verteidigten Vorrechte der Contraloría General de la República.[88]

### c) Budgetmäßige und tatsächliche Geldbewegungen

Es dürfte nicht überraschen, daß das kolumbianische Budgetsystem, das mit „reconocimientos" und „giros" arbeitet, sich bis zu einem gewissen Grade von einem Haushalt auf der Basis tatsächlicher finanzieller Transfers *unterscheidet*. Es gibt offensichtlich zwei Hauptgründe hierfür:

— Die Zeitverzögerung zwischen reconocimiento und giro und der wirklichen Zahlung an und durch den Staat. Wenn diese Verzögerung über den ejercicio fiscal hinausreicht, wird die Zahlung nicht mehr als Bewegung zu Gunsten oder zu Lasten des fraglichen Haushaltes verbucht.

— Normalerweise gibt es einen mehr oder weniger großen Unterschied zwischen der schuldigen und der tatsächlich bezahlten Summe. Dieses Phänomen existiert selbstverständlich auch in Ländern, die mit einem Kassenbudget arbeiten; hier kann jedoch die Größe des Defizits geschätzt und bei der Haushaltsaufstellung berücksichtigt werden.

Überraschen muß jedoch die Größe des Unterschiedes eines Budgets, das auf juristischer und das auf Kassenbasis durchgeführt wird. Zur Illustration einige Zahlen (in Milliarden Pesos):

Wir beobachten also Jahr um Jahr *ausgeprägte Unterschiede* zwischen den juristisch dem Staat zustehenden Einnahmen (reconocimientos) und den budgetierten Einnahmen (Spalte (4)), den tatsächlichen Einnahmen und den juristisch zustehenden Einnahmen (reconocimientos, Spalte (5)) und schließlich den tatsächlichen Einkommen nach dem Kassenprinzip und Budgetschätzungen nach juristischen Prinzipien (Spalte (6)). Normalerweise liegen die tatsächlichen ordentlichen Einnahmen wesentlich unter den Haushaltsziffern und unter

---

[86] Porras 1971: 44.

[87] Porras 1971: 46.

[88] 1972 und 1973 versuchte der Generaldirektor für den Haushalt, unterstützt von seinem Finanzminister Rodrigo Llorente Martínez, vergeblich, diese Kompetenz für seine Direktion zu erhalten. Die Contraloría schlug zurück und führte ein Urteil des Consejo de Estado herbei, das ihren Standpunkt stützte. Die entsprechenden Artikel des Decreto-Ley 294 wurden für unanwendbar erklärt, z.B. Art. 151. Rechtsvertreter der Contraloría war übrigens der spätere Finanzminister Alfonso Palacio Rudas.

## C. Der Haushaltszyklus

| Jahr | Haushalt der laufenden Einnahmen (1) | „Reconocimientos" der laufenden Einnahmen (2) | Tatsächliche laufende Einnahmen (3) | „Reconocimientos" als Prozentsatz des Haushalts (2) : (1) (4) | Tatsächliches Einkommen als Prozentsatz der „Reconocimientos" (3) : (2) (5) | Tatsächliches Einkommen als Prozentsatz des Haushalts (3) : (1) (6) |
|---|---|---|---|---|---|---|
| 1966 | 6,068 | 6,546 | 6,027 | 107,9 | 92,1 | 99,3 |
| 1968 | 8,184 | 8,858 | 8,195 | 108,2 | 92,5 | 100,1 |
| 1970 | 12,614 | 13,155 | 11,950 | 104,3 | 90,8 | 94,7 |
| 1971 | 15,588 | 16,617 | 14,416 | 106,6 | 86,8 | 92,5 |
| 1972 | 17,832 | 17,703 | 16,085 | 99,3 | 90,9 | 90,2 |
| 1973 | 22,740 | 23,948 | 20,361 | 105,3 | 85,0 | 89,5 |
| 1974 | 25,119 | 32,615 | 26,247 | 129,8 | 80,5 | 104,5 |
| 1975 | 42,686 | 42,630 | 40,835 | 99,9 | 95,8 | 95,7 |

Quelle: für 1966–1974: Finanzas Públicas 1975b:41. Prozentsätze: eigene Berechnung (Quelle fehlerhaft); für 1975: Spalten (1) und (2), Informe Financiero 1975:96f.; Spalte (3): Schätzung des Departamento Nacional de Planeación, abgedruckt in: Para cerrar la brecha 1975:181.

den reconocimientos. Dies erscheint um so bemerkenswerter, wenn man bedenkt, daß die „Haushalts"-Zahlen das ursprüngliche Budget ebenso umfassen wie alle Veränderungen während der Haushaltsdurchführung, so daß normalerweise der Schätzfehler klein sein sollte.

Den komplizierten Definitionen des kolumbianischen Budgetrechtes entsprechen eine Anzahl von *Überschuß- und Defizitbegriffen*, die von den verschiedenen Behörden verwendet werden, die das Budget vorbereiten und durchführen:

— Die Contraloría General de la República veröffentlicht Statistiken über die Haushaltsführung unter Verwendung des Konzeptes des *Haushaltsüberschusses oder -defizites („superávit" oder „déficit presupuestal")*. Definition: Vergleich von Einnahmen (einschließlich der Krediteinnahmen) und der Ausgaben[89] auf der Basis von „reconocimientos".[90]

Wie leicht zu sehen ist, erweist sich dieser Begriff des Budgetüberschusses oder -defizites vom Standpunkt des Wirtschaftswissenschaftlers und des Haushaltspolitikers als besonders inhaltsleer. Auf beiden Seiten werden juristische Begriffe miteinander verglichen, gleichgültig, welches die tatsächlichen Geldbewegungen sein mögen.

Diese Definition läßt jedoch einen Überschuß als wahrscheinlicher erscheinen als sein Gegenteil. Einmal umfassen die Einnahmenziffern, wie gezeigt, auch das Aufkommen von Krediten. Was wirtschaftlich gesehen eine Größe ist, die ein Defizit abdeckt, wird so als Einnahme verbucht. Durch eine höhere Anleihe kann die Regierung dann leicht einen „Überschuß" ausweisen, welcher ökonomisch nichts anderes darstellt, als ein mehr oder weniger großes Defizit. So entsprach ein Haushaltsüberschuß 1965 von 19 Mio. Pesos (nach kolumbianischer Definition) einem Defizit von 695, Mio., ein solches von 661 Mio. für das Jahr 1967 einem Defizit von 180 Mio. und der Überschuß von 1,469 Mrd. des Jahres 1969 stellt in Wirklichkeit ein Defizit von nicht weniger als 2,475 Mrd. dar[91]!

Zweitens stellt das tatsächliche Einkommen immer nur einen Bruchteil der reconocimientos dar[92]; demgegenüber erscheint es vernünftig, eine Zahlungs-

---

[89] Unter Einschluß der sogenannten „reservas".
[90] Ein Beispiel: Informe Financiero 1975: 3; s. auch Porras 1971: 57 f.; Finanzas Públicas 1976: 62. Rechtsvorschrift: Art. 118 Decreto-Ley 294/1973.
[91] Porras 1971: 66. Selbst ein Defizit, das unter Ausschluß von Anleihen berechnet wird, stellt nicht auf tatsächliche Kassenbewegungen ab, sondern gründet sich auf „reconocimientos" auf beiden Seiten der Bilanz. – Die gleiche Schlußfolgerung in Lewis 1972: 87: Wendet man die Kriterien des Internationalen Währungsfonds an, dann verwandelt sich der „fiskalische Überschuß" Kolumbiens der Jahre 1968 bis 1972 in ein beträchtliches Defizit! (s. dazu den folgenden Text.)
[92] S. Spalte 5.

verpflichtung des Fiskus als eine nicht zu vermeidende Ausgabe anzusehen, auch wenn sie mit großer Verzögerung vorgenommen werden mag. Mit anderen Worten bedeutet ein ausgeglichener Haushalt oder ein nicht zu großer Überschuß nach kolumbianischer Rechnung normalerweise ein reales Defizit.

— Der Haushaltsüberschuß oder das Haushaltsdefizit (superávit oder déficit presupuestal) ist das wichtigste Einzelelement des *„fiskalischen" Überschusses oder Defizits (superávit oder déficit fiscal)* am Ende eines jeden Rechnungsjahres.[93] Auch dieses wird von der Contraloría General berechnet und wird definiert als fiskalische Lage des Vorjahres plus Budgetdurchführung des zu Ende gehenden Jahres plus „günstige" minus „ungünstige" Faktoren am 31. Dezember sowie zurückgestellten Verpflichtungen und Ansprüchen.[94]

Wegen der Einbeziehung des fiktiven „Haushaltsüberschusses" oder „-defizits" ist der Schluß unvermeidlich, daß auch der fiskalische Überschuß die wahre finanzielle Situation in einem bestimmten Augenblick nicht widerspiegelt. Schlimmer noch, „a fiscal surplus that is the end result of computing financial operations such as loans, cancellation of reserves, balances in cash or in the banks, balances of advances given by the treasury to the paymasters, balances of special accounts and so forth cannot be real fiscal surplus. Even assuming the existence of a real surplus it is a financial item not to be considered a component of the budget of income and receipts"[95]. Einmal mehr ist also darauf zu verweisen, daß die Berechnung und Publikation der „situatión fiscal" nicht nur die wirkliche finanzielle Situation des Staates nicht widerspiegelt, sondern sie sogar systematisch vernebelt. — Die Berechnung des fiskalischen Überschusses oder Defizites verringert normalerweise den Haushaltsüberschuß nach der kolumbianischen Definition oder verwandelt ihn sogar in ein Defizit.

— Eine dritte Berechnung, die ein verläßliches Bild der öffentlichen Aktiva und Passiva geben soll, wird nicht von der vom Kongreß abhängigen Contraloría General vorgenommen, sondern von dem Schatzamt, einer der Generaldirektionen des Finanzministeriums. Dieser Wert wird *„superávit"* oder *„déficit de tesoreria"* oder *„caja"* genannt und stellt kurzfristige Verbindlichkeiten den im Augenblick verfügbaren Fonds gegenüber. Dieses Konzept umfaßt offensichtlich nicht fiktive Aktiva wie den Überschuß des Budgets oder den fiskalischen Überschuß, beschreibt aber lediglich die Liquiditätssituation des Staates in einem gegebenen Augenblick. Dies ist für eine ordentliche Finanzverwaltung lebenswichtig. Demgegenüber erscheint es jedoch nicht möglich, diese Berechnung als Indiz für den Gesamtzustand der öffentlichen Finanzen zu verwenden.

---

[93] Finanzas Públicas 1976: 62.
[94] Informe Financiero 1975: 7; Porras 1971: 58.
[95] Porras 1971: 67.

- Die wirklichen Kassenbewegungen stellen offensichtlich eine Vorbedingung für eine geordnete Finanzverwaltung dar. Diese werden daher auf der Einnahmen- wie auf der Ausgabenseite von verschiedenen Behörden zusammengestellt:
  - Das Finanzministerium, Generaldirektion für Steuern, errechnet das *Steueraufkommen*. Diese Statistik ist notorisch inexakt: Die Steuererhebung wird dezentral vorgenommen. Das bedeutet einerseits die Existenz von Finanzämtern, die der Generaldirektion unterstehen und über das ganze Land verteilt sind. Zum anderen werden einige Steuern, z.B. die Import- und Exportzölle, zusätzlich von anderen Behörden (in diesem Falle der Zollverwaltung) erhoben. Die interne Kommunikation des Ministeriums ist jedoch mit Mängeln behaftet.

  Die von der Zentralbank publizierten *Statistiken*[96] enthalten folglich eine Schätzung dieses Irrtums (genannt „otras variaciones"), die sehr groß ist.[97]
  - Das Schatzamt (Tesorería General de la República) berechnet seine eigene *Serie tatsächlicher Zahlungen*.[98] Auch diese finden sich in den von der Zentralbank publizierten Statistiken.
  - Die Contraloría führt für den internen Gebrauch ein Konto (Nr. 511) unter der Bezeichnung „*ingresos estimados*" zur Vorausschätzung der wirklichen Einnahmen des nächsten Monats.

### d) Diskussion der technischen und politischen Aspekte des „Reconocimiento"-Systems

Ein ideales Budgetsystem muß einer Anzahl *technischer Kriterien* genügen. Es muß zunächst in jedem Augenblick ein klares Bild der wirklichen finanziellen Situation des Staates geben und eine Gegenüberstellung von Aktiva und Passiva erlauben, um den Einfluß der Budgetpolitik auf die Wirtschaft kalkulieren zu können. Ein weiteres wichtiges Kriterium wäre die Bedingung, in jedem Augenblick über die Verfügbarkeit von Fonds für unmittelbar bevorstehende Ausgaben zu informieren.

Das kolumbianische Budgetsystem erfüllt *keine* dieser Bedingungen. Da der juristische Akt des „reconocimiento" oder „giro" als Einnahme oder als Ausgabe betrachtet wird, wird die wirkliche *Situation der öffentlichen Finanzen systematisch verschleiert*. Um das fast dauernde Defizit des kolumbianischen Haushaltes in realen Werten zu berechnen, muß man Spezialist sein und mit einer

---

[96] In der Revista del Banco de la República.
[97] Um ein Beispiel zu geben: Im dritten Trimester 1976 nicht weniger als 2,570 Milliarden Pesos (Revista del Banco de la República, Januar 1977: 121).
[98] Interviewmaterial.

Anzahl von Daten rechnen, welche das Finanzministerium keineswegs immer bekanntzugeben willens ist.[99] Endlose Diskussionen um die Existenz oder mindestens um die Größe eines Haushaltsdefizites in „realen" Werten entstehen folgerichtig in der Öffentlichkeit. Ein Beispiel stellt der Zusammenstoß zwischen Finanzminister Rodrigo Botero und dem Kongreß Ende 1974 dar, der sich eben um diese Frage entwickelte.[100] Selbst ein Experte wie Alfonso Palacio Rudas, Senator, Ex-Contralor General und letzter Finanzminister der López-Präsidentschaft, muß langatmig die scheinbar einfache Frage der Existenz eines Budget-Defizits diskutieren.[101]

Es erscheint zweitens als sehr schwierig, ein verläßliches Bild der Kassensituation zu erhalten. Zusätzliche Ausgaben über das ursprüngliche Budget hinaus dürfen nach einer Vorschrift des Haushaltsrechtes nur vorgenommen werden, wenn der Contralor die freie Verfügbarkeitkeit von Mitteln bestätigt („certificado de disponibilidad"). Hierbei arbeitet die Contraloría indessen mit dem Konzept des „reconocimiento". Wegen der fiktiven Natur der entsprechenden Überschußziffern ist über die Existenz verfügbarer Fonds damit nichts ausgesagt. Das „superávit de caja" wird andererseits durch kurzfristige Fluktuationen des Kassenbestandes beeinflußt und bietet daher ebenfalls keinen verläßlichen Anhaltspunkt.

Es kann daher nicht überraschen, daß die Mehrheit der Wirtschafts- und Finanzbeobachter das kolumbianische Budgetsystem als unseriös und als die

---

[99] Einer dieser Spezialisten ist Jorge Ospina, Mitarbeiter der Fundación para la Educación Superior y el Desarrollo (Fedesarrollo), Verfasser regelmäßiger Artikel über den Haushalt in der Zeitschrift dieses Instituts, Coyuntura Económica. S. z.B. Finanzas Públicas 1974, 1975 a und b, 1976 und 1977 (die Artikel tragen keinen Verfassernamen, stammen aber von ihm). Ein Beispiel für die mangelnde Bereitschaft, neueste Zahlen zur kolumbianischen Haushaltssituation freizugeben: Ein früherer Finanzminister, Mitglied der Redaktion einer wichtigen Zeitschrift, versuchte 1977 vergeblich, die neuesten Zahlen über das Steueraufkommen zu erhalten. Der Finanzminister wie der Direktor für den Haushalt weigerten sich schlicht, die entsprechenden Informationen zu liefern (Interviewmaterial).

[100] Dies wurde in der Presse des Landes ausführlich berichtet; das Problem lag darin begründet, daß die Contraloría Überschußzahlen mitteilte, während Botero auf der Existenz eines Defizits bestand. Hierbei handelte es sich selbstverständlich nicht um eine akademische Diskussion; sie ist auf dem Hintergrund des wirtschaftlichen Notstandes zu sehen, den die Regierung ausrufen mußte, um ihr Steuerreformprogramm verwirklichen zu können.

[101] Vgl. seine regelmäßige Kolumne „La Columna del Cofrade" in der liberalen Zeitung „El Espectador" (die Kolumnen für die Jahre 1966-1970 sind in Buchform veröffentlicht worden, Palacio Rudas 1971). – Ein Beispiel einer langatmigen Diskussion um die Existenz eines Haushaltsdefizites (El Espectador, 27. Februar 1977): „Warum habe ich meine *Meinung* hinsichtlich der Haushaltsdurchführung für 1976 geändert? Stellt der Überschuß dieses Jahres nicht ebenfalls eine Zauberei dar? Ich *glaube* nicht" usw. (Hervorhebungen durch den Verfasser).

Inflation begünstigend angreift. Wilfried Lewis etwa empfiehlt die Übernahme des Kassenbudgets zur Ergänzung der gegenwärtigen Übung.[102] Jaime S. Porras schließt sich dieser Meinung an.[103] Auch kolumbianische Autoren argumentieren in der gleichen Richtung, z.B. der frühere Finanzminister Alfonso Patiño Rosselli.[104]

— Auch wenn das *Kassenbudget* dem juristischen Budgetsystem technisch nicht überlegen wäre, gäbe es im kolumbianischen Fall einen *besonderen Grund zu seiner Einführung.* Für die Mehrheit der Bevölkerung und sogar für Beamte, die mit ihm umgehen müssen, erscheint das gegenwärtige System derart kompliziert, daß sie es weder verstehen noch in befriedigender Weise mit ihm arbeiten können. So brauchte ein neu ernannter Finanzminister, ein hervorragender Wirtschaftswissenschaftler, ein privates Briefing durch einen früheren Präsidenten des Rechnungshofes, um die Grundprinzipien des Systems zu verstehen[105]; da das gegenwärtige System, das schließlich von der kolumbianischen Verwaltung benutzt werden muß, zu dauernden Mißverständnissen[106] und Schwierigkeiten führt, würde es besser aufgegeben.

Auch die Regierung hat Schwierigkeiten, sich einen verläßlichen Überblick über die Haushaltsdurchführung zu verschaffen. Entscheidungen über *öffentliche Ausgaben werden daher auf der Grundlage ungenauer Information gefällt.* Das muß notwendig die Stellung des „Wachhundes" über das Budget, des Generaldirektors für den Haushalt und des Finanzministers, verglichen mit einer Situation verläßlicher und allgemein bekannter Information, schwächen.

— Die Empfehlung eines derart drastischen Wandels des Budgetsystems, das seit annähernd 50 Jahren in Kraft ist[107], widerspräche jedoch dem kolumbiani-

---

[102] Lewis 1972. Der Verfasser ist Chief Economist der privaten National Planning Association, Washington.

[103] Porras 1971 und Interviewmaterial. Der Verfasser, Ekuadorianer, ist Mitarbeiter des International Monetary Funds in Washington.

[104] Patiño Rosselli 1971: 24 f. S. auch Wolff 1978 a.

[105] Interviewmaterial.

[106] Die erwähnte Diskussion zwischen Botero und der Cámara bildet ein gutes Beispiel: Die Abgeordneten nahmen den Begriff „Budget-" und „fiskalischer Überschuß" wörtlich, während Botero auf seinen Kassenzahlen bestand! – Ein anderes Beispiel: Leopoldo Lascarro, einer der besten Experten in Haushaltsangelegenheiten, verwechselte einmal den Überschuß der laufenden Rechnung, der lediglich ordentliche Einnahmen und Ausgaben umfaßt, mit der Bilanz des Schatzamtes, bei der die laufende Rechnung natürlich nur einen Faktor darstellt (Palacio Rudas 1965: 47).

[107] 1923 besuchte eine nordamerikanische Experten-Mission unter Leitung des Universitätsprofessors Edwin Kemmerer aus Princeton auf Einladung der kolumbianischen Regierung das Land (Ministerio de Hacienda 1963: 45; Porras 1971: 43; Interviewmaterial). Sie empfahl das (rein) juristische Budgetsystem. Es kam zu einem Chaos: Die Haushaltsrechnungen für die Budgetjahre 1923-1930 wurden nicht aufgestellt. Eine

schen Legalismus und mißachtete wichtige Aufgaben der gegenwärtigen Regelungen für das politische System.

— Kolumbien ist oft als ein „*Land der Gesetze*" (un país de leyes) bezeichnet worden. Kolumbianische Verwaltung und Politik müssen auf dem Hintergrund der spanischen Tradition gesehen werden, die Kolonien aus der Ferne durch die kastilische Krone, in der Praxis also den „Consejo de Indias" in Sevilla zu verwalten (dies gilt natürlich auch für die übrigen ehemaligen spanischen Kolonien des Kontinentes). Es entwickelte sich eine langsame Entfremdung und ein Mißtrauen der in Amerika geborenen Spanier (Kreolen) gegenüber den Institutionen der „Halbinsel". Der administrative Mechanismus der spanischen Zentralinstanzen bestand in der dauernden und überaus detaillierten Regulierung des politischen, kirchlichen, verwaltungsmäßigen und wirtschaftlichen Lebens. Die Verteidigung der Kreolen ist glücklich in dem klassischen Diktum des „obedezco, pero no cumplo" zusammengefaßt worden. Dieser grundlegende Gegensatz ist bis zu einem gewissen Grade von der kolumbianischen Bürokratie und ihrer Klientele geerbt worden: Das politische System versucht, mit mehr oder weniger Erfolg, viele Aspekte des Lebens detailliert zu regeln. Es „löst" Probleme durch die Vorschrift einer Lösung in einer Rechtsquelle. Dieser *klassische Legalismus* macht Kolumbien in der Tat zu einem „Land der Gesetze": Die juristische Tradition mißt ihre Regelungen nicht an der Wirklichkeit und fragt nicht nach der Verwirklichung. Hier paßt sich die Idee des „reconocimiento" nahtlos ein: Der Rechtsakt ist das eigentlich Wichtige. Es ist kein Raum für den Gedanken, daß die Wirklichkeit (die tatsächliche Zahlung) hiervon wesentlich abweichen könnte. (Eben dies ist aber die stets gegenwärtige Wirklichkeit des Landes!) In diesem Sinne bedeutete die Einführung eines Kassenbudgets einen erheblichen Bruch mit der kolumbianischen Tradition.[108]

---

zweite Mission des gleichen Experten empfahl daher 1931 einen Wechsel, der durch Gesetz 64/1931 übernommen wurde. – Das Konzept eines zweifachen Budgets für ordentliche und Investitionsausgaben wurde schließlich 1944 aufgegeben.

[108] Zur Illustration des kolumbianischen Legalismus diene die folgende Anekdote: 1944 hatte sich Präsident López Pumarejo mit einem Aufstand der Militärs in der südkolumbianischen Stadt Pasto zu befassen. Seine persönliche Anwesenheit sollte die Leidenschaften abkühlen. Der rebellische Oberst jedoch nahm den Präsidenten gefangen und zwang ihn zur Abdankung. Ein derartiger Rechtsakt hätte auf Steuerpapier („papel sellado") vollzogen werden müssen. Aus irgendeinem Grunde war dieses in Pasto in den entscheidenden Stunden nicht aufzutreiben – und da die Meuterer López nicht ermorden wollten, konnte der Präsident sicher in die Hauptstadt zurückkehren! Auch wenn diese dem Verfasser von einem bekannten kolumbianischen Verfassungsrechtler erzählte Anekdote historisch nicht zutreffen sollte (die Gefangennahme des Präsidenten ist allerdings sicher), wäre sie dennoch sehr gut erfunden und äußerst charakteristisch für die juristische Kultur des Landes! – Zum Pasto-Coup s. F. Leal Buitrago, Política e Intervención Militar en Colombia, in: Rodrigo Parra Sandoval, Hrsg., Dependencia Externa y Desarrollo Político en Colombia, Bogotá 1970, S. 173-177.

– Das technisch so unzureichende kolumbianische Budgetsystem erfüllt wichtige *politische Funktionen:*

– Die Definitionen des Haushalts- und des fiskalischen Überschusses oder Defizits sind so gehalten, daß ein Überschuß auch dann ausgewiesen wird, wenn eine tragfähigere Begriffsbestimmung ein Defizit nachwiese. Die Regierung nutzt diese Tatsache für *propagandistische Zwecke* aus; sie weist eine seriöse Haushaltspolitik nach. Ein Beispiel stellt die regelmäßige Information über die Haushaltsdurchführung in den Zeitungen dar[109]; ein anderes der jährliche Bericht der Contraloría General an den Kongreß über die Haushaltsdurchführung, der sich nur bei Verwendung zusätzlicher Informationen als nützlich erweist.

– Die üblichen Überschußzahlen dienen darüber hinaus als wertvolle *Hilfe bei internationalen Kreditverhandlungen.* Einer der hierbei meist diskutierten Punkte ist normalerweise die Wirtschaftspolitik der Regierung, die als wichtigen Teil die Haushaltspolitik umfaßt.

– Das gegenwärige Budgetsystem erlaubt es der Regierung, *notwendige* oder von ihr als notwendig erachtete *Ausgaben mit fiktiven Aktiva zu finanzieren*, ökonomisch gesehen also durch Defizite.[110] Dies erlaubt der Regierung praktisch eine Umgehung der Vorschriften des Gesetzes, die Ausgaben ohne entsprechende Deckung verbieten. Ökonomisch mag dies als wenig seriös erscheinen. Die Regierung behält aber eine gewisse Flexibilität bei der Nutzung wirtschaftlicher Güter und Dienste im Austausch für die politische Unterstützung, die sie dringend benötigt.[111]

## 2. Erarbeitung und Annahme des Haushalts

Die ersten Aktivitäten zur *Vorbereitung des Haushaltsentwurfes* beginnen im September des zweiten, der Haushaltsdurchführung voraufgehenden Jahres[112] (z.B. im September 1976 für das Haushaltsjahr 1978). Die hierfür zuständige Verwaltungsbehörde ist die Unterdirektion für Budgetprogrammierung des Finanzministeriums. Diese erfüllt die folgenden wichtigen Aufgaben[113]:

---

[109] Zahlreiche Beispiele können aufgezählt werden. S. z.B. El Tiempo vom 13. und 31. Dezember 1976 sowie vom 4. Januar, 17. Februar, 24. Dezember 1977 und vom 3. Januar 1978.

[110] Hierzu existiert eine ganze Anzahl von Möglichkeiten. Pagarés de emergencia, pagarés semestrales, bonos de desarrollo económico sind einige Wertpapiere, die der Staat oder die Zentralbank ausgeben kann; die verspätete Bezahlung von Vertragspartnern des Staates, die diese zu Verschuldung bei Geschäftsbanken zwingt, ist ein anderes Beispiel. Details können aus Raumgründen nicht gebracht werden.

[111] s. hierzu Ilchman / Uphoff 1971.

[112] Interviewmaterial. Rechtliche Details in Pacheco Quintero 1976.

[113] Interviewmaterial. Rechtliche Regelungen in Decreto-Ley 294/1973.

## C. Der Haushaltszyklus 251

In Zusammenarbeit[114] mit dem Nationalen Planungsamt und der Generaldirektion für öffentliche Anleihen[115] des Finanzministeriums schätzt sie die Einnahmen im fraglichen Jahr.[116] Dies ist wesentlich schwieriger, als es auf den ersten Blick erscheint. Im Widerspruch zu den Vorschriften[117] ist die Abschlußrechnung für das Vorjahr normalerweise noch nicht von der Contraloría veröffentlicht worden.[118] Das bedeutet, daß die mit der Schätzung befaßten Beamten praktisch die Einnahmen für nicht weniger als vier einander folgende Jahre schätzen müssen: Das der Schätzung voraufgehende Jahr, das Jahr, in dem die Schätzung vorgenommen wird, das nächste Jahr, dessen Haushalt in dieser Zeit vom Kongreß beraten wird und schließlich das Jahr, für das das Budget vorbereitet wird. Es kann daher nicht überraschen, daß die Schätzungen mit einer breiten Fehlermarge behaftet sind, die zu ständigen Korrekturen führt.

Die für die Schätzung verwendeten Methoden sind nach Aussagen der Interviewpartner einfach: Direkte Extrapolationen, einfache Regressionen mit makro-ökonomischen Variablen usw. Mehrstufige und komplizierte Regressionen haben nicht die erwarteten Ergebnisse erbracht.

Die Voraussschätzungen des *Steuer*einkommens unterliegen einer bemerkenswerten Einschränkung, die andererseits jedoch wieder durch eine Generalklausel entwertet wird: Das Aufkommen jeder Einzelsteuer darf nur um 10% nach oben und 30% nach unten gegenüber dem Aufkommen des voraufgehenden Haushalts geschätzt werden. Diese Vorschrift setzt offensichtlich eine Welt mit einer kleinen oder gar nicht vorhandenen Inflation voraus. Sie erscheint angesichts einer Inflation von 26% 1976 und 30% 1977 und einer Elastizität des Steuersystems, bezogen auf das Bruttoinlandsprodukt, von nahe eins[119] als wertlos; ihr ursprüngliches Ziel war es natürlich, eine zu hohe und unrealistische Schätzung zur Erreichung eines auf dem Papier stehenden Haushaltsausgleiches zu vermeiden. Was die Inflation angeht, lebt jedoch Kolumbien praktisch stets unter den „excepcionales circunstancias de caracter general", die das Gesetz voraussetzt, um die erwähnte Vorschrift zu mißachten.[120] Es kann daher nicht

---

[114] Im Gesetz ist von „Anhörung" (oído oder oyendo) die Rede. In der Praxis mag dies auf enge Zusammenarbeit hinauslaufen (Interviewmaterial).

[115] Dirección General del Crédito Público.

[116] Art. 28 Decreto-Ley 294/1973.

[117] Art. 27 des gleichen Decreto-Ley.

[118] Nach dem erwähnten Artikel ist die Contraloría verpflichtet, eine vorläufige Abschlußrechnung vor dem 2. März und die endgültige vor dem 16. Mai vorzulegen. Der Bericht für 1975 (Informe Financiero 1975) wurde jedoch dem Repräsentantenhaus erst am 15. September 1976 übersandt – und dies war nach Mitteilung von Interviewpartnern in der Generaldirektion für den Haushalt ein Rekord an Schnelligkeit.

[119] Etwas kleiner als eins vor der Steuerreform von 1974 (IBRD/IDA 1975: 1-5 f.). Die Reform vergrößerte die Elastizität, doch wurde sie durch die ihr folgende langsame Erosion wieder verringert. S. Kapitel IV, C.

[120] Art. 29 Decreto-Ley 294/1973.

überraschen, daß sich die Vorausschätzungen des Steueraufkommens in der Praxis von denjenigen des Vorjahres um −40 bis +30% unterscheiden.[121] Die erwähnten Vorschriften stellen einen von vielen Versuchen dar, technische „Normalität" zu postulieren, die ihrerseits von politischer und wirtschaftlicher Normalität abhängt, in der Praxis aber nicht gegeben ist. Solche Klauseln können daher nicht beachtet werden.

Der nächste Schritt bei der Erarbeitung des Haushaltsentwurfes besteht in einer *vorläufigen Prognose der laufenden Ausgaben der verschiedenen Ministerien, Departamientos Administrativos und öffentlichen Einrichtungen* (establecimientos públicos).[122] Hierzu wartet die Unterdirektion die Mittelanforderungen der verschiedenen Behörden nicht ab[123], sondern handelt auf eigene Initiative. Die Erfahrung hat nämlich gezeigt, daß die im Haushaltsgesetz vorgesehenen Fristen zu kurz sind: Der letzte Tag für die Vorlage von Mittelanforderungen ist der 10. Mai, doch hat der Präsident den fertigen Haushaltsentwurf bereits am 10. Juli im Kongreß einzubringen. Offensichtlich reicht die Zwischenzeit für eine gründliche Diskussion der zahlreichen Ausgabentitel nicht aus. Dies ist um so mehr der Fall, als das Nationale Planungsamt in der kurzen Zeit zwischen dem 20. und dem 30. Mai seine Auffassung zu den vorgeschlagenen Investitionsprojekten in den Entscheidungsprozeß einzubringen hat.

Die Inflation bringt schwierige Schätzprobleme mit sich. Die Projektionen müssen zwei Extreme vermeiden: Folgt die Generaldirektion auf der einen Seite den amtlichen Zielen zur Verringerung der Inflation, kann ihre Arbeit nutzlos werden, da diese Ziele selten erreicht werden.[124] Eine Schätzung auf der Grundlage realistischerer Annahmen über die Inflation mag auf der anderen Seite politisch unangebracht erscheinen: Sie enthüllte den Mangel an Vertrauen der Regierung in die Erreichung ihrer eigenen Ziele, vermehrte die Militanz der Gewerkschaften im öffentlichen Bereich und erhöhte damit die Inflation noch mehr. — Angesichts dieser Zwickmühle haben die Beamten der Unterdirektion für die Haushaltsvorbereitung in den letzten Jahren für einen Mittelkurs optiert.

---

[121] Nach den Schätzungen für 1978, Stand November 1976; internes Arbeitspapier der Dirección General del Presupuesto.

[122] Interviewmaterial. Die Definition „laufende" und „Investitionsausgaben" ist jedoch gelegentlich willkürlich: Die CATs werden als Investitionen angesehen, obwohl sie funktional nichts anderes als eine Steuerverminderung darstellen; das gleiche gilt für den „situado fiscal", die Transferzahlungen an subnationale Verwaltungseinheiten, die dort für verschiedene, auch konsumptive Zwecke verwendet werden (Interviewmaterial).

[123] Dies wäre das im Gesetz vorgesehene Verfahren; s. Art. 31 Decreto-Ley 294/1973 in Verbindung mit Art. 1 Buchstabe a der Verordnung 648/1973.

[124] So kündigte Abdón Espinosa Valderrama, der Nachfolger Rodrigo Boteros als Finanzminister, Anfang 1977 eine Inflation von weniger als 20% an. Sie erreichte jedoch 30% und zwischenzeitlich, beim Vergleich eines Monats mit dem entsprechenden Vorjahresmonat, mehr als 40% (Mitte 1977).

## C. Der Haushaltszyklus

Den nächsten Schritt stellt die Berechnung der Differenz zwischen den geschätzten Einnahmen und den geschätzten laufenden Ausgaben dar, einer Differenz, die als die für Investitionen verfügbare Summe angesehen wird. Dieses Vorgehen erscheint als bemerkenswert: Investitionen, ein Schlüsselinstrument für die Wirtschaftsentwicklung des Landes, werden als Residuum berechnet, sind damit weniger politischer Orientierung und politischen Forderungen als finanziellen Operationen technischer Art unterworfen. Allerdings muß hinzugefügt werden, daß immer dann, wenn die verfügbare Investitionssumme als wesentlich zu klein erscheint, der Versuch einer Erhöhung des Krediteinkommens unternommen worden ist.[125]

Schließlich werden die so berechneten Investitionsmittel dem Nationalen *Planungsamt zur Erarbeitung des Investitionsbudgets* mitgeteilt.[126]

Nach dem Gesetz ist diese oberste Autorität zur Entscheidung über Größe und Art der öffentlichen Investitionen.[127] Dies stellt allerdings eine Rechtsvorschrift dar, deren Beachtung eine empirische Frage ist.

Die Organisation des Wirtschafts- und Sozialrates, CONPES, und des Nationalen Planungsamtes sowie die Abgrenzung ihrer Aufgaben sind in Kürze folgende (Details in Anhang III): CONPES ist das oberste politische Entscheidungsorgan auf den Gebieten der Wirtschaftspolitik und -planung, das DNP ist sein Sekretariat. Sein Direktor ist Mitglied des CONPES und verfügt über Sitz und Stimme. Auf diese Weise dient der Rat als Bindeglied zwischen den politischen Planungsoptionen und den im Planungsamt verkörperten technischen Kriterien.[128] Folgerichtig hat der CONPES die „Grundlagen"[129] der Entwicklungs- und Investitionsprogramme zu erarbeiten, während dem Planungsamt die Ausarbeitung von Details der Investitionen und die Verteilung der Investitionsmittel auf die verschiedenen Ministerien zukommt.[130] Das schließt allerdings das Recht der verschiedenen Behörden nicht aus, ihrerseits gegenüber

---

[125] Interviewmaterial.

[126] Interviewmaterial. S. auch Art. 34 Decreto-Ley 294/1973.

[127] Allerdings sind die Ministerien ganz allgemein für die Formulierung des Investitionsbudgets ihres Bereiches zuständig; s. Art. 3 Verordnung 1050/1968.

[128] Details über dieses Problem – technische und politische Schwierigkeiten der Planung und ihre Widerspiegelung in der Organisation der Planungsbehörden – finden sich in Wolff 1977 a. – Die Gegenüberstellung „technischer" und „politischer" Kriterien, wie sie im Text vorgenommen wird, ist sicherlich ungenau: Der vorgeblich rein fachlichen Rationalität liegen als politisch zu bezeichnende Urteile zugrunde. (S. auch Rivera-Ortiz 1976: Kapitel 11, S. 611-690.) Aber die Unterscheidung technischer und politischer Überlegungen hat die Organisation der kolumbianischen Planungsmaschinerie bestimmt.

[129] „los bases", Art. 26 Decreto-Ley 294/1973.

[130] Art. 28 Parágrafo Decreto-Ley 294/1973.

dem Planungsamt initiativ zu werden.[131] — Ein gewisser Widerspruch kann beobachtet werden: Einerseits[132] hat das Planungsamt den entscheidenden Einfluß auf die Investitionen des Staates; andererseits ist die Generaldirektion für den Haushalt auch für das Investitionsbudget zuständig.[133] Sofern es sich nicht wirklich um einen Widerspruch handelt, der von der Redaktionskommission des Haushaltsrechtes übersehen wurde[134], könnte gemeint sein, daß das Planungsamt wirtschaftliche und finanzielle Studien der vorgesehenen Investitionen vorzunehmen hat, während das Finanzministerium die Aufgabe der Zusammenstellung der für das Investitionsbudget gebilligten Projekte wahrzunehmen hätte. In der Praxis erscheint die Trennung jedoch als strikt: Laufende Ausgaben werden im Finanzministerium geprüft und zusammengestellt, Investitionsausgaben im Planungsamt.

Wie sein Gegenstück im Finanzministerium wartet das DNP Anforderungen von Mitteln für Investitionen nicht ab, sondern beginnt seine Arbeit mit einer vorläufigen Aufteilung der verfügbaren Summe auf die verschiedenen Ministerien.[135]

Die Vorbereitung des Haushaltsentwurfes unterliegt *strikten Fristen*, um eine Verabschiedung in einem Augenblick zu vermeiden, in welchem das Haushaltsjahr längst begonnen hat (eine bedauernswerte Praxis in einer Reihe von Industrieländern, z.B. der Bundesrepublik). So hat das Planungsamt den Entwurf des Investitionsbudgets zum 30. Mai vorzulegen[136], nachdem es seinerseits die notwendigen Daten spätestens bis zum 20. Mai erhalten hat.

Der Haushaltsentwurf wird schließlich vom *Präsidenten des Landes* unter Beratung durch den Finanzminister, den Direktor des Nationalen Planungsamtes und den Generaldirektor für den Haushalt gebilligt.[137] Die letzte Entscheidung kommt also bezeichnenderweise dem Präsidenten, nicht etwa der Regierung zu. Auffallenderweise hat der Präsident seine Zustimmung ebenfalls bis spätestens zum 30. Mai zu erteilen.[138] Minister und Direktoren der departamentos administrativos können gegen zu geringe Mittelzuweisungen formel-

---

[131] Art. 31 Decreto-Ley 294/1973. In einem späteren Abschnitt ist auf die wirklichen Vorgänge einzugehen.
[132] Art. 28 Decreto-Ley 294/1973; Art. 34 Parágrafo 2 der gleichen Verordnung.
[133] Art. 43 Decreto-Ley 294/1973.
[134] Ihre Mitglieder sind aufgezählt in Dirección General del Presupuesto 1976: 101-103.
[135] Ein Beispiel ist DNP 1975 c.
[136] Art. 34 Parágrafo 2 Decreto-Ley 294/1973.
[137] Art. 35 Decreto-Ley 294/1973.
[138] Buchstabe c Art. 1 Verordnung 648/1973.

## C. Der Haushaltszyklus

len Einspruch bis zum 9. Juni erheben, der Präsident hat ihn bis zum 14. Juni zu bescheiden.[139]

Der Haushaltsentwurf muß dem *Kongreß* bei der Eröffnung der Session im Juli vorgelegt werden.[140] Diesmal erfolgt dieser Schritt durch die Regierung.

Erfüllt sie diese Pflicht nicht, dann wird das Budget des Vorjahres mit einigen kleineren Veränderungen automatisch wiederholt.[141] Eine derartige Vorschrift ist natürlich rein hypothetisch. In einem modernen Staat, insbesondere in einem solchen mit einer Inflation von 30%, ist eine Wiederholung eines früheren Budgets unmöglich.

Für die *Verabschiedung des Haushaltsgesetzes im Parlament* gelten die folgenden Regeln:

Wie beschrieben, ist die Gesetzgebung gegenüber der Praxis in anderen Ländern stark vereinfacht.[142] Dies gilt noch stärker für das Haushaltsgesetz: Einmal hat der Kongreß nicht das Recht der Initiative in Haushaltsangelegenheiten[143], was ihn in jedem Falle dazu zwingt, den von der Regierung vorgelegten Entwurf zu diskutieren. Zweitens beraten die Budgetausschüsse beider Häuser gemeinsam und stimmen auch gemeinsam ab, als wären sie ein einziger Ausschuß.[144] Diese Abstimmung muß bis zum 30. September für das zentrale Budget[145] und bis zum 19. Oktober für das Budget der establecimientos públicos erfolgt sein.[146] Drittens sind Änderungen des Haushaltsentwurfes *nach* den Ausschußberatungen nicht mehr zulässig; die beiden Kammern können also nur den Entwurf als Ganzes annehmen oder ablehnen. Für die Schlußabstimmung gilt der 20. November als Schlußtermin[147] – bleibt der Kongreß bis zu diesem Tag untätig, dann gilt der Regierungsentwurf ohne weiteres als angenommen.[148] Dies stellt einen weiteren Damm gegen die Verschleppung einer Entscheidung dar, die für eine ordentliche Verwaltung zentral wichtig ist.

---

[139] Art. 36 Decreto-Ley 294/1973 in Verbindung mit Art. 1 Buchstabe d Verordnung 648/1973.

[140] Art. 208 der Verfassung; Art. 45 Decreto-Ley 294/1973.

[141] Art. 209 der Verfassung; Art. 66 Decreto-Ley 294/1973. Auch der Erlaß der Verordnung, welche die Wiederholung des Haushaltes anordnet, unterliegt genauen Daten (30. November; Art. 67 idem).

[142] Gemäß Ziff. 2 und 3 des Artikels 81 der Verfassung.

[143] Art. 79 Parágrafo 2 der Verfassung. Eine wichtige Ausnahme wird unten beschrieben.

[144] Art. 54 Decreto-Ley 294/1973.

[145] Art. 54 Parágrafo 2 Decreto-Ley 294/1973.

[146] Art. 3 Verordnung 648/1973.

[147] Art. 57 Decreto-Ley 294/1973.

[148] Art. 209 der Verfassung; Art. 57 Decreto-Ley 294/1973.

Die Trennung der öffentlichen Gewalten, eines der Grundprinzipien des kolumbianischen Verfassungsrechtes, findet ihren Ausdruck in der folgenden Vorschrift: Die Regierung muß ohne Veränderungen die von den Haushaltsausschüssen zusammengestellten allgemeinen Ausgaben für den Kongreß in ihren Haushaltsentwurf aufnehmen.[149] Allerdings kann sie während der ersten Lesung des Entwurfs im Ausschuß hiergegen Einwände machen. Die Entscheidung kommt jedoch dem vereinigten Haushaltsausschuß zu.[150] Hier wird ein wichtiger Grund für das Interesse des Parlamentes an einer Entscheidung über den Haushalt deutlich: Entwirft der Haushaltsausschuß nicht das Budget des Parlamentes selbst, dann kann es auch nicht in den Haushaltsentwurf der Regierung aufgenommen werden.

Auch die oben angeführte Möglichkeit, Zustimmung des Hauses nach Ablauf der Frist zu fingieren, ließe den Kongreß ohne Mittel für seinen eigenen Apparat. Möglicherweise könnte ein juristischer Ausweg zur Vermeidung einer derartigen untragbaren Situation gefunden werden — aber das Budget des Parlamentes könnte in keinem Falle höher als das des Vorjahres sein. In einem Land mit einer Inflation von 20–30% pro Jahr bedeutete dies einen erheblichen Rückgang der Personal-[151], der Repräsentations- und der Reisekosten in realen Werten.

Trotz dieser „Guillotine" wird der Schlußtermin für die Abstimmung über den Haushaltsentwurf nicht immer eingehalten. So wurde im Jahre 1974 das Budget für 1975 erst am 10. Dezember gebilligt, was übrigens folgenlos blieb: „Wo kein Kläger, da kein Richter." Im Gegensatz zum üblichen Brauch griff niemand die Rechtmäßigkeit des Haushaltsgesetzes an. 1976 wurde der Schlußtermin eingehalten; allerdings fand die Abstimmung wenige Stunden vor seinem Verstreichen statt. Die Einhaltung der Termine wird übrigens durch die Presse und das politisch interessierte Publikum aufmerksam verfolgt.

Nach der Zustimmung beider Häuser des Kongresses zum Haushaltsentwurf wird das Gesetz vom Präsidenten unterzeichnet, vom Finanzminister gegengezeichnet und im „Diario Oficial" veröffentlicht. Zur Durchführung durch die Verwaltung ist jedoch ein weiterer Schritt erforderlich: Der Präsident muß mit Gegenzeichnung des Finanzministers bis 10. Dezember das sog. „Decreto de Liquidación" erlassen[152], ein Dekret, das mit dem Haushaltsgesetz identisch ist, dem nur die Unterschriften des Präsidenten und der Generalsekretäre der bei-

---

[149] Art. 208 der Verfassung; Art. 55 Decreto-ley 294/1973.
[150] Art. 55 der gleichen Verordnung.
[151] Die sogenannten „corbatas" (Krawatten) des Kongresses.
[152] Kapitel XI Decreto-Ley 294/1973.

C. Der Haushaltszyklus                                                257

den Häuser des Kongresses fehlen und dem wenige sich auf das Haushaltsgesetz selbst beziehende Bemerkungen vorangestellt sind.[153]

### 3. Die Haushaltsdurchführung

Die Verordnung des Präsidenten, welche das Haushaltsgesetz in eine Verwaltungsanweisung transformiert, bedeutet nicht, wie man annehmen könnte, die allgemeine Erlaubnis für die verschiedenen mittelverbrauchenden Behörden, auf die Haushaltstitel entsprechend ihren technischen und wirtschaftlichen Notwendigkeiten zurückzugreifen. Es existieren im Gegenteil zahlreiche Vorschriften und Verfahren zur Sicherung einer parallelen Bewegung von Einnahmen und Ausgaben. Auch sollen zu hohe Ausgaben in den ersten Monaten eines Jahres mit dem Ziel verhindert werden, Liquiditätsengpässe in den Folgemonaten zu vermeiden. Ein solches Vorgehen könnte von einzelnen Behörden dazu genutzt werden, spätere Nachtragsbewilligungen zu erzwingen.[154] Zwei *Hauptgruppen der Mittelzuweisung und Kontrolle* können unterschieden werden: die sog. „acuerdos de obligaciones de gastos" und die „acuerdos de ordenación de gastos".[155]

Die erste Gruppe bezieht sich auf Verpflichtungen zu Zahlungen, die ein Ministerium oder Establecimiento Público eingeht. Die wichtigsten hiervon sind Verträge zur Erstellung öffentlicher Bauten, die aus dem Investitionsbudget finanziert werden. Ursprünglich bezogen sich die „ordenaciones de gastos" lediglich auf diesen Ausgabentyp[156], doch machte der Präsident später von einer Generalklausel[157] Gebrauch und dehnte die „acuerdos de obligaciones" auch auf die laufenden Ausgaben aus[158], wenn diese zu Zahlungen zu einem späteren Zeitpunkt führen. „Obligación" und „ordenación" unterscheiden sich also nur noch durch zwei Merkmale: „Obligación" bedeutet eine Kontrolle der Zahlungsverpflichtungen, während die „ordenación" die tatsächlichen Zahlungen in einem gegebenen Augenblick überwacht. Zum anderen bezieht sich die Kontrolle der Zahlungsverpflichtungen auf eine Periode von vier Monaten[159], die

---

[153] S. Ley del Presupuesto 1977 Sector Central, S. VII-XVIII auf der einen Seite, XIX-XL auf der anderen. – Viele Einzelheiten sind übergangen worden. Sonderregeln werden etwa angewendet, wenn nur Teile des Haushaltsentwurfes von der Regierung vorgelegt oder vom Kongreß diskutiert worden sind.
[154] Hauptquellen sind Kapitel IX-XI Decreto-Ley 294/1973.
[155] Art. 76 Absatz 1 Decreto-Ley 294/1973 in Verbindung mit Verordnung 1770/1975.
[156] Art. 76 Absatz 1 Decreto-Ley 294/1973.
[157] Art. 76 Absatz 2 Decreto-Ley 294/1973.
[158] Durch Art. 1 Verordnung 1770/1975.
[159] Art. 3 Verordnung 1770/1975; Interviewmaterial.

17 Wolff

„ordenación" nur auf einen Einzelmonat.[160] Gemeinsam ist beiden Systemen, daß sie auf Vorschlag des Generaldirektors für den Haushalt und des Finanzministers vom Ministerrat beschlossen werden.[161] Sie stellen rechtlich die Erlaubnis für die Ministerien und dezentralisierten Einheiten dar, Zahlungen zu Lasten der ihnen zustehenden Haushaltstitel vorzunehmen[162] bzw. entsprechende Verpflichtungen einzugehen.

Wiederum ist auf genaue Fristen zu verweisen, die eine solide Ausgabenpolitik garantieren und Faits accomplis vermeiden sollen, die die Generaldirektion im Finanzministerium nicht beeinflussen kann: Die „acuerdos de obligaciones" müssen beim Finanzministerium zehn Tage (für die erste Periode des Budgetjahres) bzw. fünfzehn Tage vor Beginn der Periode, auf die sie sich beziehen, beantragt werden[163]; solche Schlußdaten bestehen allerdings nicht für die Entscheidungen des Ministerrates. Die „acuerdos de ordenación" sind monatlich vom Kabinett zu entscheiden[164], wobei das Initiativrecht wiederum dem Finanzminister und dem Generaldirektor für den Haushalt zukommt. Er hat allerdings nach Möglichkeit Anforderungen der Ministerien zu beachten.[165] Sondervorschriften[166] sollen sicherstellen, daß die Ausgaben dem Haushaltsgesetz entsprechen, daß ihre Deckung klar bleibt (Steuer- oder Kapitaleinkommen), daß die Ausgaben gleichmäßig über das Jahr verteilt werden, daß die Ausgaben dann verringert werden, wenn das Steueraufkommen nicht den Erwartungen entspricht, usw. — Bei den Entscheidungen des Ministerrates finden sich Finanzminister und Contraloría in einer rechtlich starken Stellung.

Es muß jedoch eingeschränkt werden, daß bis jetzt das System der acuerdos de obligación de gastos nicht sonderlich wirksam geworden ist.[167] Eine wirkliche Kontrolle existiert also nur für tatsächliche Zahlungen, weniger für Verpflichtungen zu späterer Zahlung. Das bedeutet, daß auf das Finanzministerium ein Druck ausgeübt werden kann, Mittel für die Bezahlung von Schulden freizugeben, deren Eingehen vom Finanzministerium nicht beeinflußt werden konn-

---

[160] Art. 81 Decreto-Ley 294/1973; Art. 10 Verordnung 1770/1975.
[161] Art. 98 Buchstabe e Decreto-Ley 294/1973; Art. 2 und 10 Verordnung 1770/1975.
[162] Beispiele für die Acuerdos de ordenación de gastos sind Dirección General del Presupuesto: Acuerdo 1976 a und b. Diese machen übrigens deutlich, daß die Gesamtzahl niemals 100% der Bewilligungen erreicht. – Eine gute Tabelle über die Durchführung des Budgets für 1975 findet sich in Vasquez / Palomeque 1976: 42 ff.
[163] D.h. also am 20. Dezember, 15. April und 15. August eines jeden Jahres; Art. 78 Buchstabe a Decreto-Ley 294/1973 und Art. 6 Buchstabe c Verordnung 1770/1975.
[164] Art. 81 Absatz 2 Decreto-Ley 294/1973; Art. 10 Verordnung 1770/1975.
[165] Art. 81 Absatz 2 Buchstabe a Decreto-Ley 294/1973.
[166] Art. 81-90 Decreto-Ley 294/1973.
[167] Interviewmaterial. – Dies trifft vor allem für die dezentralisierten Einheiten zu, z.B. den Fondo Vial Nacional im Jahr 1977.

te. Andererseits werden Zahlungen nicht oder mit großer Verspätung ausgeführt.[168]

Hierfür gibt es einen einfachen Grund: Den Ministerien wird eine auf Vorausschau und Planung beruhende Initiative abverlangt, die sich auf ihre Aktivitäten in mehr als vier Monaten bezieht. Kann eine solche Anstrengung nicht von einer übergeordneten Stelle erzwungen werden, dann wird sie nur unternommen, wenn sie Vorteile für die entsprechende Behörde mit sich bringt, wenn z.B. die ihr zur Verfügung stehende Summe davon beeinflußt wird. Dient das ganze System lediglich der Aufteilung einer festen Summe auf die verschiedenen Monate des Jahres (eine Aufteilung, die noch durch andere Mittel gesichert ist), ist eine solche Mühe nicht zu erwarten. Dies ist genau die Situation in Kolumbien.

Technisch gesehen, arbeitet das System der ordenación de gastos befriedigend.[169] Jeden Monat stellt die Unterdirektion für Haushaltsdurchführung die Mittelanforderungen zusammen, die dann routinemäßig vom Ministerrat beschlossen werden, wenn es auch gelegentlich zu kleineren Veränderungen kommt. Dennoch unterscheiden sich Jahr um Jahr das durchgeführte und das geplante Budget erheblich — doch sind die Gründe hierfür nicht technischer Art, sondern liegen im „permanenten Budgetieren", das im nächsten Abschnitt zu beschreiben ist.

*Zahlungen* werden normalerweise von der Dirección General de la Tesorería (dem Schatzamt) auf Anforderung des Ministers oder Direktors der dezentralisierten Einheit vorgenommen, welche dieses Recht auf eine Anzahl ausdrücklich genannter Amtsträger delegieren können.[170] Etwa die Hälfte der Zahlungen geht direkt an den Letztempfänger, die andere Hälfte an die sog. „pagadores" der verschiedenen Ministerien, welche ihrerseits die letzte Zahlung vornehmen dürfen.[171] Die Anforderungen zur Ausführung einer Zahlung werden auch durch die Mitglieder der Contraloría überprüft, die „auditores" oder „auditores generales" heißen und die ständig in den ihrer Aufsicht unterliegenden Behörden arbeiten („control previo").[172]

Trotz der Kontrollsysteme des Finanzministeriums kommt es nicht selten vor, daß eine notwendige Zahlung aus Mangel an Mitteln nicht ausgeführt wer-

---

[168] Interviewmaterial.
[169] Interviewmaterial.
[170] Art. 157 Decreto-Ley 294/1973.
[171] Interviewmaterial. Es gibt eine unglaubliche Menge verschiedener Formulare und Papiere, die ausgefüllt, kontrolliert, gegen-kontrolliert, gegen-gegen-kontrolliert werden müssen, die die Unterschrift von Dutzenden von Beamten tragen müssen, bis endlich eine Zahlung ausgeführt wird. Details, die hier nicht weiter interessieren dürften, finden sich in Fernandez / Sandoval 1976.
[172] Details im Abschnitt 5.

den kann.[173] Dies erklärt sich durch die Tatsache, daß die „ordenaciones de gastos" vom Ministerrat auf der Grundlage des beschriebenen „reconocimiento"-Systems beschlossen werden. Es wird also Ausgaben zugestimmt, die mit Geldern zu bestreiten sind, die dem Staat rechtlich zustehen, nicht mit solchen, die tatsächlich eingegangen sind. So kommt es zu großen Defiziten, etwa im Jahre 1975. Die Politik des erwähnten Generaldirektors, Antonio Barrera C., auf die tatsächlichen Kassenbewegungen abzustellen, hat diese Situation im Jahre 1976 drastisch geändert.[174] Wegen der persönlichen Natur einer derartigen Entscheidung[175] kann jedoch eine Fortsetzung dieses Vorgehens in späteren Jahren nicht vorausgesetzt werden.

Reichen die vorhandenen Mittel zur Ausführung aller Zahlungen nicht aus, folgt das *Schatzamt klaren Prioritäten*: Gehälter und Sozialversicherungsbeiträge werden zuerst gezahlt, dann wird die Staatsschuld bedient und letztlich Gelder für Investitionen ausgegeben.[176] Erscheint eine Zahlung rechtlich zweifelhaft, dann kann das Schatzamt ihre Ausführung nur verzögern, aber nicht verweigern.

#### 4. Veränderungen des Haushaltes während der Vollzugsphase

Die vorsichtige Schätzung der Einnahmen, die hohe Inflationsrate, die Erhöhung der Einkommen im öffentlichen Bereich und die Steuerreform des Jahres 1974 stellen einige der wichtigsten Ursachen für die hohe Zahl von Veränderungen des Haushaltes während seiner Durchführung in den letzten Jahren dar. Es konnte sogar beobachtet werden, daß das ursprünglich beschlossene und durchgeführte Budget nur wenig Ähnlichkeit miteinander hatten. Änderungen des Haushaltes in der Durchführungsphase sind so häufig, daß es eine ganze Serie von Vorschriften zur Regelung dieses Falles gibt.

Zu nennen ist zunächst die *Möglichkeit von Verschiebungen* innerhalb des gebilligten Haushaltes: Innerhalb ein und desselben Ministeriums oder Departamento Administrativo kann die Regierung einen Haushaltstitel ganz oder teilweise zur Bedienung eines anderen verschieben. Bedingungen sind nur, daß der Contralor General die Verfügbarkeit des betreffenden Fonds bescheinigt und daß der Transfer nicht zur Eröffnung neuer Ausgabentitel vorgenommen wird,

---

[173] Interviewmaterial.
[174] Interviewmaterial.
[175] Barrera trat 1977 zurück.
[176] Dies war mindestens die Politik der „Tesorera" (Leiterin des Schatzamtes), Nohra de Junguito, seit 1976. Offensichtlich folgt diese Prioritätenliste jedoch politischen Notwendigkeiten, welche von den Finanzbehörden nicht einfach verändert werden können.

also nur zu gering angesetzte Titel aufstockt.[177] Im Falle von Investitionsausgaben muß das DNP gehört werden, jedoch ist seine Zustimmung nicht notwendig.

Sollte der Kongreß Session haben, dann muß das Repräsentantenhaus zusätzlich zustimmen; dies gilt auch für die übrigen noch zu beschreibenden Veränderungen des Haushaltsgesetzes.[178] Da auch eine rein formale Zustimmung des Parlamentes etwas schwieriger ist als eine Veränderung rein durch die Exekutive, zieht die Verwaltung derartige Verschiebungen während der Parlamentsferien vor.[179]

Das Verfahren zur *Einrichtung neuer Ausgabentitel*[180] oder zur Streichung alter[181] ist komplizierter:

Der Minister oder Leiter der entsprechenden Behörde muß die zusätzliche Ausgabe beim Generaldirektor für den Haushalt beantragen, nachdem er bei Investitionsausgaben die Ansicht des Planungsamtes eingeholt hat.[182] Der Finanzminister informiert den Präsidenten, der entscheiden muß, ob nach Meinung der Regierung eine unabweisliche Notwendigkeit für die zusätzliche Ausgabe besteht.[183] Dies stellt nämlich die Voraussetzung für Ausgaben dar, die höher als die im Haushaltsgesetz vorgesehenen sind.[184] Der Contralor hat die Verfügbarkeit von Mitteln zu bestätigen.[185] Ist der Kongreß zu Sessionen vereinigt, dann werden Anforderung und entsprechende Bescheinigungen dem Repräsentantenhaus übersandt, welches wie über ein normales Gesetz entscheidet.[186] In jedem Falle sind die Beratungen völlig formaler Natur, wie sich aus den „Anales del Congreso" ergibt: Das Parlament stimmt den Veränderungen praktisch immer zu, wenn die erwähnten Bescheinigungen vorgelegt werden — und gelegentlich auch ohne Erfüllung dieser Bedingung. Ist das Parlament in Ferien, dann wird seine Zustimmung durch die des Consejo de Estado ersetzt. Der Minister kann seine Ausgabe dann vornehmen. Allerdings wird der permanenten Haushaltskommission ein Einspruchsrecht zugestanden; äußert sich der Ausschuß nicht innerhalb von 10 Tagen (dies ist praktisch immer der Fall), wird seine Zustimmung fingiert. Damit wird die verfassungsmäßige Vorschrift

---

[177] Art. 113 Decreto-ley 294/1973.
[178] Art. 115 Decreto-Ley 294/1973.
[179] Interviewmaterial.
[180] Genannt „créditos adicionales".
[181] Die sogenannten „contracréditos".
[182] Art. 106 Decreto-Ley 294/1973.
[183] Art. 106 Parágrafo Decreto-Ley 294/1973.
[184] Art. 212 Absatz 1 der Verfassung. D.h. praktisch, daß das Budgetrecht den Präsidenten des Landes mit der Regierung gleichsetzt.
[185] Art. 108 Decreto-Ley 294/1973.
[186] Art. 110 Decreto-Ley 294/1973.

beachtet[187], daß der Kongreß zusätzlichen Ausgaben auch dann zuzustimmen hat, wenn er nicht zu Sitzungen zusammengetreten ist.

Die *dritte Möglichkeit* der Veränderung des Budgets während seiner Durchführung war traditionellerweise in *Generalklauseln des Haushaltsgesetzes* enthalten. Diese Vorschriften waren zweifellos verfassungswidrig; sie liefen mehr oder weniger auf das uneingeschränkte Recht der Regierung hinaus, das Haushaltsgesetz nach ihrem Gutdünken zu ändern. Im Budgetgesetz 1975 findet sich z.B. der folgende Abschnitt: „Nach dem 1. Januar 1975 ist die Regierung zu folgenden Maßnahmen durch Verordnung berechtigt:

1. neue Einkommensarten (einschl. Krediten) in den Haushalt aufzunehmen und die entsprechenden Ausgabentitel einzurichten;
2. die Schätzungen der Einnahmen aus Steuern, Krediten und anderen Quellen zu berichtigen und die Ausgaben entsprechend zu vermehren oder zu vermindern;
3. neue Ausgabentitel einzurichten und Verschiebungen zwischen den laufenden und den Investitionsausgaben vorzunehmen, wenn diese für das Aufrechterhalten einer geordneten Verwaltung, die Verwirklichung des Investitionsprogrammes und die Erfüllung vertraglicher Verpflichtungen gegenüber internationalen Kreditorganisationen notwendig sind."[188]

Nach 1977 wurde diese Praxis, die der Regierung Willkür in Budgetangelegenheiten erlaubte, aufgegeben − freilich ist noch nicht abzusehen, ob diese neue Politik Erfolg haben wird.[189]

Wie beschrieben, können Zahlungen zu Gunsten oder zu Lasten eines Haushaltes noch ein weiteres Jahr lang empfangen oder ausgeführt werden. Für diesen Fall gibt es Sonderregeln. Sie bezwecken, Mittelabflüsse zu verhindern, die nicht auf eine Verpflichtung im Haushaltsjahr selbst zurückgehen[190], und die Verfügbarkeit der entsprechenden Gelder sicherzustellen.[191] Vertragliche Verpflichtungen zu Zahlungen werden merkwürdigerweise „Reserven" (reservas) genannt und als Sonderkonten geführt.

Die Contraloría General hat dem Repräsentantenhaus die *Haushaltsrechnung* vorzulegen; das Parlament ist berechtigt, sie zu überprüfen.[192] Dies war traditio-

---

[187] Art. 212 Absatz 3.

[188] Art. 42 Ley del Presupuesto 1975, identisch mit Art. 52 Decreto de Liquidación del Presupuesto. − Eine entsprechende Vorschrift findet sich in früheren Haushalten, z.B. Art. 56 im Budget für 1970.

[189] Eine eindrucksvolle Liste der Veränderungen des Budgets ist Indice 1975.

[190] Kapitel X Abschnitt d Decreto-Ley 294/1973.

[191] Art. 122 Decreto-Ley 294/1973.

[192] Art. 102 Ziff. 3 der Verfassung.

nellerweise eine Aufgabe der ständigen Budgetkommission[193], jedoch hat das Gesetz zur Reform der Contraloría[194] einen eigenen permanenten Ausschuß hierfür gegründet. Dieser ist jedoch niemals zusammengetreten.[195] Der einfache Grund hierfür liegt darin, daß Rechnungsprüfung eine technische Aufgabe ist, die ein politisches Gremium wie den Kongreß nicht interessieren kann. Für diesen Fall ist bereits im Gesetz ein Ausweg vorgesehen: Äußert sich der Ausschuß nicht innerhalb von 18 Monaten nach der Vorlage der Haushaltsrechnung, dann gilt diese als gebilligt.[196] Eine Mißbilligung der Haushaltsführung durch die Regierung ist im Gesetz nicht vorgesehen, doch erscheint diese Lücke nicht gravierend, da der Kongreß normalerweise überhaupt nicht tätig wird.

### 5. Rechnungskontrolle:, Normen und Verwaltungsverfahren

*a) Organisationen, die der Kontrolle des Rechnungshofes unterliegen*

Hierbei handelt es sich erstens um die im zentralen Haushalt und in demjenigen der establecimientos públicos genannten Behörden und Einrichtungen; diese sind ohne Einschränkung der Aufsicht durch die Contraloría unterworfen.[197] Industrielle und Handelsfirmen des Staates sind weniger gründlich zu überprüfen[198]; dies soll ihnen eine freiere Geschäftspolitik erlauben. Das Prinzip ist zweifellos richtig, doch verbleibt immer noch genügend bürokratische Hemmung. Drittens besteht der Staat auf einer Rechnungsprüfung durch die Contraloría im Fall der gemischtwirtschaftlichen Unternehmen (Empresas de Economía Mixta), wenn der öffentliche Kapitalanteil höher als 50% ist. Die übrigen Unternehmen werden durch private Rechnungsprüfer kontrolliert, die von der Eignerversammlung gewählt werden. Diese ist jedoch an eine vom Contralor General übermittelte Liste mit mehreren zur Auswahl stehenden Namen gebunden.

---

[193] So noch in Art. 132 Decreto-Ley 294/1973.

[194] Art. 50-56 Gesetz 20/1975.

[195] Laut El Tiempo vom 17.2.1979 wurde er am Vortage durch den Obersten Gerichtshof für verfassungswidrig erklärt.

[196] Art. 55 Gesetz 20/1975. Das alte Gesetz (Art. 134 Decreto-Ley 294/1973) sprach noch von einer Ein-Jahres-Periode. Bezeichnend für den Gesetzgebungsstil in Kolumbien ist es, daß die älteren Vorschriften durch das neue Gesetz nicht expressis verbis aufgehoben worden sind.

[197] Es gibt einige kleinere Ausnahmen: Organisationen auf der Ebene des Departamento, die Gelder aus dem zentralen Budget erhalten, können durch den Rechnungshof des Departamento überprüft werden (s. z.B. El Tiempo vom 20. August 1977).

[198] Control posterior, s. den folgenden Text.

## b) Kontrollverfahren

Die Kontrollverfahren gehen letztlich auf die Kemmerer-Mission des Jahres 1923 zurück.[199] Sie weichen erheblich von den in Industrieländern üblichen Verfahren ab, stehen aber in Lateinamerika nicht vereinzelt (vergleichbar sind etwa die Verfahren in Costa Rica, Kuba, El Salvador, der Dominikanischen Republik und Uruguay): Einmal wird die Rechnungskontrolle nicht selektiv vorgenommen. Das grundlegende Prinzip ist es vielmehr, daß *jede* Bewegung öffentlicher Gelder der Aufsicht der Contraloría unterliegt. Zweitens findet die Kontrolle nicht nur einmal, sondern zweimal statt. Der Gedanke hierbei ist offensichtlich, daß die Mitarbeiter der Contraloría sich gegenseitig überwachen sollen. Schließlich wird die Überprüfung der physischen Existenz von Fonds, Werten, Gütern usw. als eigener Kontrolltyp betrachtet.

Wir können also unterscheiden[200]:

— Der „Control Previo" (die vorhergehende Kontrolle[201]) überprüft ex ante die geplante Operation hinsichtlich Übereinstimmung mit den Rechtsvorschriften, insbesondere mit dem Haushaltsgesetz und dessen Durchführungsvorschriften. Grundsätzlich ist ein positiver Ausgang dieser Prüfung die Voraussetzung für eine Zahlung.

— „Control Perceptivo" heißt die Überwachung und der Vergleich der Existenz von Fonds und Gütern mit den entsprechenden Büchern.

— Der „Control Posterior" stellt die Kehrseite des control previo dar, achtet also *nach* einer Zahlung auf deren Rechtmäßigkeit. Hierbei handelt es sich um Rechnungskontrolle in der in Industrieländern üblichen Definition.

Die Contraloría befaßt sich übrigens nicht nur mit der Ausgabenseite des Haushalts. Da die Einnahmen des Staates dezentral erhoben werden, erscheint auch eine Überwachung der verschiedenen hiermit betrauten Behörden wichtig.

---

[199] Gesetz 42/1923.

[200] Art. 2-4 Verordnung 925/1976. – Das von der Contraloría aufzudeckende Delikt heißt technisch „peculado" (s. Rodríguez R. 1966).

[201] Dieser Ausdruck stellt u.E. eine contradictio in adiecto dar: Ein noch nicht durchgeführter Verwaltungsakt kann nicht kontrolliert werden! S. auch die Diskussion der Effizienz der Rechnungskontrolle in Teil E dieses Kapitels. – Über Einzelheiten des control previo und seine Einführung auf Empfehlung der Kemmerer-Mission s. Mendoza Pantoja 1975.

C. Der Haushaltszyklus 265

## 6. Besonderheiten des Haushaltsrechtes

*a) Uneinheitlichkeit des Haushaltes*

Der kolumbianische Haushalt zeigt eine weitreichende Uneinheitlichkeit. Ein allumfassendes Budget auf zentraler Ebene (genannt Presupuesto General[202]) existiert nur der juristischen Theorie nach. In der verwaltungsmäßigen und politischen Wirklichkeit zerfällt der Haushalt vielmehr in denjenigen der zentralen Ministerien und Departamentos Administrativos und in denjenigen der Establecimientos Públicos. Beide werden in verschiedenen Bänden publiziert. Beide unterliegen ähnlichen, aber nicht identischen Regeln.[203] Um nur ein Beispiel zu bringen: Es ist der Fall vorgesehen, daß wegen der Verzögerung bei seiner Verabschiedung eines der beiden Budgets wiederholt werden muß[204], aber nicht das andere.

Die *Zersplitterung* reicht jedoch weiter. Das Nationale Budget (Presupuesto Nacional) teilt sich in vier Einzelbudgets[205], nämlich das Steuerbudget (presupuesto de rentas), das Budget der öffentlichen Anleihen (presupuesto de los recursos de capital), das Ausgabenbudget (presupuesto de gastos oder ley de apropriaciones) und schließlich die allgemeinen Durchführungsvorschriften (disposiciones generales). Das Ausgabenbudget teilt sich weiter unter in das Budget der laufenden Ausgaben (presupuesto de gastos de funcionamiento) und das Budget der Investitionsausgaben (presupuesto de gastos de inversión), die wiederum verschiedenen Regeln entsprechend der unterschiedlichen Art dieser Ausgaben unterliegen.

Die Uneinheitlichkeit des Haushaltes ist nicht nur eine analytische, also nicht nur eine Trennung der staatlichen Einnahmen und Ausgaben nach bestimmten Kriterien. Vielmehr werden die verschiedenen Teile des theoretisch allumfassenden Haushaltes von einer großen Zahl verschiedener Verwaltungseinheiten erarbeitet und durchgeführt. Die verschiedenen Kriterien und Interessen, die bestimmten Haushaltstiteln zugrundeliegen, verkörpern sich in mehr oder weniger mächtigen Behörden: Finanzministerium, Nationales Planungsamt, Ministerien und Vielzahl der dezentralisierten Einheiten.

Diese verfügen über *eigene Einnahmen*, die nicht den zentralen staatlichen Konten zufließen. Dies steht im Gegensatz zur juristischen Theorie, welche die-

---

[202] Art. 2 Decreto-Ley 294/1973.
[203] Art. 18 Decreto-Ley 294/1973. Der einführende Artikel des Kapitels VI („Der Haushalt der Establecimientos Públicos") legt fest, daß grundsätzlich nur die in diesem Kapitel enthaltenen Vorschriften auf die Establecimientos Anwendung finden.
[204] Art. 63 Buchstabe e Decreto-Ley 294/1973.
[205] Art. 3 Decreto-Ley 294/1973.

se Einrichtungen als Teile der Verwaltung ansieht.[206] Ist letzteres richtig, dann widerspricht die Existenz getrennter Fonds dem grundlegenden Budgetprinzip der Einheit des Haushaltes. Verschiedene Vorschriften sind dazu bestimmt, die Kontrolle der Zentrale über descentralizados in Haushaltsangelegenheiten zu stärken. Die Zahl der Bediensteten darf etwa nur mit ausdrücklicher Zustimmung des Finanzministeriums erhöht werden.[207] Ausdrücklich wird die Selbstverständlichkeit wiederholt, daß die im Haushaltsgesetz festgelegten Ausgaben verbindliche Obergrenzen, insbesondere für Gehälter, Reiseausgaben und Public Relations darstellen und daß zusätzliche Ausgaben eine zivilrechtliche Haftung des Beamten herbeiführen, der sie vorgenommen hat.[208] Veränderungen der Zahl des Personals und ihrer hierarchischen Einstufung dürfen nur mit Zustimmung der Regierung (nicht des entsprechenden Ministers) vorgenommen werden.[209]

### b) Möglichkeiten der Änderung des Haushaltsgesetzes

Die Haushaltsordnung[210] und die Haushaltsgesetze bis 1976 zeigten eine Anzahl von Möglichkeiten der Veränderung der Einnahmen und Ausgaben während der Haushaltsdurchführung. Einige Tatsachen erscheinen besonders bemerkenswert: Das Budget, das schließlich ein vom Kongreß verabschiedetes Gesetz ist, bleibt während der ersten Hälfte seiner Durchführung (den Parlamentsferien) praktisch der freien Entscheidung der Exekutive überlassen. Die Garantien gegen ein Fait accompli der Exekutive oder besser ihrer vielen verschiedenen Behörden, die wir beschrieben haben, sind ungenügend. Sicherlich kann man argumentieren, dies sei teilweise eine notwendige Folge des Systems der Parlamentssessionen und der Notwendigkeit, während der Parlamentsferien verwaltungsmäßige und politische Beweglichkeit zu bewahren. Es mag auch sein, daß die fehlende Redundanz die von der Exekutive begehrte Flexibilität notwendig macht: Unvorhergesehene Ausgaben müssen durch Einsparungen an anderer Stelle finanziert werden; es kann nicht auf Reserven zurückgegriffen werden, die von Anfang an im Haushaltsgesetz vorgesehen sind.

Generalklauseln, die bis zum Jahre 1976 in den Haushaltsgesetzen üblich waren und der Regierung praktisch jede Entscheidung in Finanzangelegenheiten überließen, sind letzten Endes eine Abschaffung des Gesetzescharakters des Haushaltes für die Leiter der Exekutive. Sie stellten eine *freiwillige Abdankung*

---

[206] Diese Vorschrift findet sich nicht nur in Organisationserlassen, sondern auch im Haushaltsrecht selbst, z.B. in Art. 7 Decreto-Ley 294/1973.
[207] Art. 1-3 Decreto-Ley 294/1973.
[208] Art. 52 Decreto-Ley 294/1973.
[209] Art. 154 Parágrafo Decreto-ley 294/1973.
[210] Das oft erwähnte Decreto-Ley 294/1973.

*des Parlamentes* auf einem seiner klassischen und wichtigen Arbeitsgebiete dar. Die Tatsache, daß ein Gesetz feierlich verabschiedet wird, das festlegt, daß sein Hauptadressat es nicht zu beachten braucht, kann kaum anders interpretiert werden. Die sog. ,,Bedingung", daß Veränderungen nur durch die Notwendigkeit einer ordentlichen Verwaltung oder eines ordnungsgemäßen Fortschrittes der öffentlichen Investitionen begründet werden können, ist lediglich eine salvatorische Klausel ohne praktischen Wert. Aus diesem und anderen Gründen kann es nicht verwundern, daß das vom Kongreß verabschiedete Budget und das wirklich durchgeführte sich voneinander stark unterscheiden.

Die während der Phase der Haushaltsaufstellung starke juristische Position des *Planungsamtes* ist während der Durchführung des Haushaltes wesentlich schwächer. Wenn die Behörden einen Wechsel ihrer Prioritäten beabsichtigen oder ihre Pläne an wechselnde Umstände oder Durchführungsprobleme anpassen wollen, muß das Planungsamt lediglich ,,gehört" werden. Dies bedeutet natürlich eine Einladung an die Behörden, ihren eigenen Interessen zu folgen, die mit den übergeordneten Gesichtspunkten, die das Planungsamt vertritt, häufig nicht übereinstimmen. Mindestens stimmen sie oft nicht mit den von den Planern als übergeordnet angesehenen Kriterien überein, hiermit verhalte es sich wie auch immer.

Dieses Problem ist in der Planungstheorie und in der Planungswirklichkeit seit langem bekannt[211]: Die Ansprüche der Planung und folglich des Planungsamtes und der hier arbeitenden Beamten zielen auf das Zentrum der Aktivitäten vieler starker Ministerien und Behörden, die sich gegen eine solche ,,Einmischung in die eigenen Angelegenheiten" wenden. Die Planung und ihre Möglichkeiten hängen folglich von interorganisatorischen Beziehungen ab, die letztlich Machtfragen und damit eminent politisch sind.

Schließlich seien die *Möglichkeiten der Abweichung* vom Haushaltsgesetz erwähnt, über welche die Regierung durch die Nutzung des Instrumentes des *Belagerungszustandes* verfügt.

Wie in der summarischen Beschreibung des politischen Systems dargelegt[212], kann der Präsident nach Artikel 121 der Verfassung die öffentliche Ordnung für gestört erklären und den Belagerungszustand (estado de sitio) für das Territorium des Gesamtstaates oder für Teile desselben ausrufen. Diese Regeln zielten ursprünglich auf eine Stärkung der Exekutive bei einem äußeren Krieg oder einem innerstaatlichen Aufstand ab, den die Regierung mit normalen Polizeimitteln nicht beherrschen kann. Die politische Entwicklung der letzten 20 Jahre hat jedoch aus dem Belagerungszustand den ,,Normalfall" gemacht, bedenkt man nur die Zeit, in der er in Kraft war. Die kolumbianischen Präsi-

---

[211] Details in Wolff 1977 a; s. auch Kapitel III.
[212] Kapitel II.

denten haben es zunehmend bequem gefunden, mit den erweiterten Rechten zu regieren, die ihnen der Belagerungszustand an die Hand gibt. Die Häufigkeit der Ausrufung des Belagerungszustandes hat jedoch eine den ursprünglichen Absichten zuwiderlaufende Wirkung gehabt: Der Abschreckungseffekt (z.B. der Anwendung des Kriegsrechtes auf Fälle der Störung der öffentlichen Sicherheit) hat sich rasch vermindert. Dies geschah etwa in der zweiten Hälfte der Präsidentschaft von López, als sich die öffentliche Sicherheit trotz des Belagerungszustandes rapide verminderte. Eine weitere Auswirkung, die uns zur Haushaltspolitik zurückbringt, war die dauernde Bemühung der Exekutive zur Ausweitung ihrer gesetzgeberischen Aufgaben durch den Erlaß von mehr und mehr Verordnungen zur Regelung stets neuer Gebiete, ohne daß das Parlament eingeschaltet gewesen wäre.[213] Diese Tendenz berührte auch die Durchführung des Haushaltes, wo die Regierung im Verlaufe der Durchführung Prioritäten setzte, die von den ursprünglichen Schwerpunkten des Gesetzes abwichen. Dies bezog sich insbesondere auf die staatlichen Investitionen.

Wie erinnerlich, gibt es jedoch ein Korrektiv zu dieser Entwicklung, das so lange wirksam ist, als es nicht zu einem offenen Staatsstreich kommt: Die von der Regierung während des Belagerungszustandes verkündeten Verordnungen müssen automatisch dem Obersten Gerichtshof zugeleitet werden, der sich dann zu ihrer Verfassungsmäßigkeit äußert.[214] Nach vielen Jahren einer permissiven Politik (insbesondere in dem Jahrzehnt 1950–1960) scheint es jetzt, daß der Oberste Gerichtshof das Gesetz viel restriktiver auslegt. Anfang 1977 erklärte er drei Verordnungen der Regierung für verfassungswidrig, die Ausgaben verminderten („contra-créditos")[215] und so den Schwerpunkt staatlicher Ausgaben auf andere Projekte verschoben. Das Regierungsargument, diese Politik könne die Rückkehr zur verfassungsmäßigen Normalität beschleunigen helfen, wurde zurückgewiesen.

### c) Bedeutungslosigkeit der „Regierung" als Organ

Der Haushaltsentwurf wird nicht von der Regierung verabschiedet und dann dem Kongreß vorgelegt, wie es insofern logisch wäre, als die einzelnen die Regierung bildenden Organisationen die Empfänger der Haushaltsmittel und für ihren Gebrauch verantwortlich sind. Der Präsident hat vielmehr die letzte Verantwortlichkeit für die Erarbeitung des Haushaltsentwurfes. Die Minister kön-

---

[213] Nach Art. 121 Absatz 2 und Absatz 3 der Verfassung kann die Regierung Verordnungen zur Bekämpfung der Störung der öffentlichen Ordnung, die zur Ausrufung des Belagerungszustandes geführt haben, erlassen. Sie kann jedoch keine Gesetze aufheben, sondern nur ihre Anwendung zeitweise unterbrechen.
[214] Art. 121 Parágrafo der Verfassung.
[215] El Tiempo vom 5. Februar 1977.

nen seinen Entscheidungen nur innerhalb sehr kurzer Fristen widersprechen. Das Verfassungsrecht kennt (wie in den USA) den Begriff der „Regierung" als Körperschaft und Verfassungsorgan praktisch nicht.[216] Dem Grundgesetz nach regiert vielmehr der Präsident mit Gegenzeichnung des für einen bestimmten Bereich zuständigen Ministers.[217] Eine charakteristische Ausnahme bildet die Erhöhung der Ausgaben in der Durchführungsphase des Haushalts[218]: Hier sehen wir uns plötzlich dem Begriff eines Ministerrates (Consejo de Ministros) gegenüber, der im übrigen Verfassungsrecht unbekannt ist. Die Absicht ist offensichtlich, eine Art kollektiver Verantwortlichkeit für die Vermehrung der Ausgaben und für die damit verfolgten Ziele zu begründen. Diese Arabeske ändert jedoch grundsätzlich die Position des Finanzministers und des Präsidenten in Budget-Angelegenheiten nicht.

*d) Große Zahl von Vorschriften zur Erzwingung haushaltsmäßiger Stabilität*

Das Haushaltsrecht wird durch verzweifelte Versuche zur Aufrechterhaltung der Prinzipien finanzieller Seriosität und Stabilität gekennzeichnet. Oft durchlöchern jedoch Ausnahmen oder Generalklauseln die strikten Grundsätze und passen sie an die Wirklichkeit mit ihren technischen und politischen Problemen an. Einige Beispiele für dieses Phänomen sind die folgenden:

Viele Vorschriften des Haushaltsrechtes legen den Grundsatz des *Ausgleichs von Einnahmen und Ausgaben* fest, wiederholen ihn, schärfen ihn erneut ein. Diese Norm findet sich zunächst in der Verfassung.[219] Sie wird in der Haushaltsordnung im Kapitel über allgemeine Prinzipien wiederholt.[220] Regierung und Kongreß wird vorgeschrieben, den Haushaltsausgleich durch neue Ausgaben nicht zu gefährden.[221] Es wird festgelegt[222], daß zusätzliche Ausgaben während der Haushaltsdurchführung nur erlaubt sind, wenn der Contralor die Existenz freier Ausgabentitel bescheinigt. Selbst wenn er dies tut, sind die zusätzlichen Ausgabentitel von einer Information über die Herkunft der Mittel

---

[216] Diese Aussage folgt dem Register der Verfassungsausgabe von López Villa 1971. Das Stichwort „gobierno" (Regierung) im Register bezieht sich nur auf Art. 57 (Zusammensetzung der Regierung) und 141 (Staatsrat als Beratungsorgan der Regierung). Die Geschäftsordnung der Regierung entspricht übrigens deren verfassungsrechtlicher Fast-Nicht-Existenz (Reglamento del Consejo de Ministros 1976). Hiernach nimmt die Regierung von internationalen Verträgen Kenntnis, bei denen dies vorgeschrieben ist; zweitens dient sie dem Präsidenten als Beratungsorgan!
[217] Art. 57 Absatz 2 der Verfassung.
[218] Art. 212 Absatz 2 der Verfassung.
[219] Art. 211 Absatz 2.
[220] Art. 4 Decreto-Ley 294/1973.
[221] Art. 64 Decreto-Ley 294/1973.
[222] Art. 101 der gleichen Verordnung.

zu begleiten.[223] Unerwartete zusätzliche Einnahmen dürfen für zusätzliche Ausgaben nicht vor dem Monat Mai verwendet werden und später im Jahr nur zu 80%. Dabei ist die erste Priorität der Ausgleich früherer Defizite.[224] Neue Ausgaben dürfen nur insoweit vorgenommen werden[225], als neues Einkommen bestimmt wird[226], „um das Gleichgewicht zu bewahren". Einnahmen dürfen — so der nächste Artikel — keiner öffentlich-rechtlichen Körperschaft überwiesen werden, wenn die sich hieraus ergebende Verminderung der Einnahmen nicht durch andere Einnahmen gedeckt wird.

Zusammenfassend: Es wimmelt von Wiederholungen und Variationen des grundlegenden Haushaltsprinzips des Ausgleiches von Einnahmen und Ausgaben! Plötzlich entdeckt man jedoch eine Generalklausel, die diese Regeln in der Praxis weitgehend unanwendbar macht: Während des Belagerungszustandes oder während des Zustandes des wirtschaftlichen Notstandes sind neue Ausgaben, die das Haushaltsgleichgewicht zerstören, nach den üblichen Regeln erlaubt oder „in der Weise, wie sie der Präsident der Republik und der Ministerrat festlegen".[227] Da der Belagerungszustand der „normale" Zustand ist, kann jede Ausgabe finanziert werden, auch wenn damit ein Defizit entsteht. Das gleiche gilt übrigens auch im Falle von die Nation als ganzes berührenden Katastrophen[228] (calamidades públicas).

Eine zweite Gruppe von Vorschriften zur Erzwingung finanzieller Stabilität ist das System der Kontrolle von Zahlungen und von Zahlungsverpflichtungen während der Haushaltsdurchführung. Laufende Ausgaben dürfen charakteristischerweise nur jeweils zu einem Zwölften im Monat vorgenommen werden.[229] Auch hier jedoch eine salvatorische Klausel: Sollten mehr Bedienstete als etatisiert angestellt worden sein und sollte deswegen eine Ergänzung des Haushalts in Vorbereitung sein, dann darf ein höherer Betrag ausgegeben werden. Den Haushalt als Gesetz ernst zu nehmen, liefe auf die umgekehrte Reihenfolge hinaus: zuerst die Zahl der Stellen in der im Gesetz vorgesehenen Weise zu erhöhen, dann das neue Personal anzustellen und die zu seiner Bezahlung notwendigen Fonds bereitzuhalten.

— Gegensätzliche Tendenzen finden sich auch in den Vorschriften über *unvorhergesehene Ausgaben:* Einerseits dürfen hierfür nur 2 ‰ der laufenden Aus-

---

[223] Art. 102 idem.

[224] Art. 103 idem.

[225] So Art. 152 idem.

[226] „Establecido" – dieser Ausdruck ist zweideutig: Er kann einerseits eine neue Vorschrift meinen, die zu vermehrten Einnahmen führt, auf der anderen Seite einfach die Registrierung oder Definition einer solchen.

[227] Art. 104 Decreto-Ley 294/1973; wörtlich: „... o en la forma que el Presidente de la República y el Consejo de Minístros lo decidan."

[228] Art. 105 idem.

[229] Art. 81 Absatz 2 Ziff. 1 Decreto-Ley 294/1973.

gaben etatisiert werden[230], was bei 20—30% Inflation und den Schwierigkeiten einer genauen Projektion von Einnahmen und Ausgaben unzureichend erscheint. Diese Norm zeigt jedoch die Tendenz, globale Bewilligungen zu vermeiden[231] und eine enge Bindung aller Ausgaben an das Haushaltsgesetz zu garantieren. Andererseits gibt es zahlreiche Möglichkeiten, ein einmal beschlossenes Budget nachträglich zu verändern. Es kann selbstverständlich argumentiert werden, daß sich die eine Regel an Durchführungsbehörden richtet, die andere an Politiker an der Spitze von Ministerien und Establecimientos Públicos. Es ist jedoch fraglich, ob dieser Unterschied irgendeine praktische Bedeutung hat; Haushaltsveränderungen dürften überwiegend von der Bürokratie initiiert werden!

— Eine große Zahl von *Fristen* für die verschiedenen Schritte des Budgetzyklus soll Langsamkeit und Trägheit der politischen und verwaltungsmäßigen Maschinerie bekämpfen. Auf der anderen Seite rechnet jedoch bereits das Haushaltsrecht mit der Möglichkeit, daß diese ausführlichen Vorschriften nicht beachtet werden. Dieser Fall wird dann auch von Sonderregeln abgedeckt. Hiernach ist es z.B. unmöglich, daß das Haushaltsjahr ohne ein beschlossenes Budget beginnt; damit wird eine etwa in den letzten Jahren in der Bundesrepublik eingerissene Praxis verhindert.

— Zur Verhinderung durch das Gesetz nicht gedeckter Handlungen im Haushaltsbereich gibt es die typische Vorschrift[232], daß *vertragliche Verpflichtungen* der staatlichen und parastaatlichen Unternehmen, die über die Bewilligungen des Kongresses hinausgehen, zivilrechtlich nicht die Firmen, sondern die *verantwortlichen Beamten verpflichten*. Diese werden darüber hinaus persönlich für mögliche Schäden bei den Unternehmen haftbar gemacht. Obwohl die Vorschrift kaum anwendbar erscheint, wird bestimmt, daß *alle* Verträge, insbesondere alle Materialbestellungen der Ministerien, Departamentos Administrativos und Fonds der Streitkräfte und der Polizei zu ihrer Wirksamkeit die Billigung der Generaldirektion für den Haushalt und gegebenenfalls der Generaldirektion für öffentliche Anleihen benötigen.[233] Offensichtlich wird diese Vorschrift kaum beachtet, denn eine Verordnung zweieinhalb Jahre später wiederholt, daß Verbindlichkeiten von Ministerien, Departamentos Administrativos und dezentralisierten Organisationen ohne Beachtung der „acuerdos de obligaciones de gastos" nichtig sind.[234]

---

[230] Art. 32 Ziff. 5 Decreto-Ley 294/1973.
[231] Dies wird übrigens ausdrücklich im Gesetz bestimmt; Art. 32 Ziff. 4 idem.
[232] Art. 92 Decreto-Ley 294/1973.
[233] Art. 158 Decreto-Ley 294/1973.
[234] Art. 4 Verordnung 1770/1975.

### e) Normen zur Stärkung der Stellung des Finanzministeriums

Eine Anzahl von Vorschriften zielt auf die Stärkung der Stellung des Finanzministeriums und insbesondere der Generaldirektion für den Haushalt im Verhältnis zu den Ministerien und den übrigen mittelverbrauchenden Behörden. Einige Beispiele:

Werden die Mittelanforderungen nicht innerhalb der gesetzlichen Fristen oder in der vom Finanzministerium verlangten Form vorgelegt, ist die Direktion für den Haushalt berechtigt, die Mittelzuweisung für das laufende Jahr vollkommen zu stoppen.[235] Mindestens mag sie dem entsprechenden Minister oder Leiter des Departamento Administrativo „Beobachtungen" zur Kenntnis bringen.[236] Die Bewilligungen für das nächste Budgetjahr können einseitig durch den Präsidenten oder den Finanzminister festgesetzt werden, nachdem er den Generaldirektor für den Haushalt angehört hat.[237] Die verwaltungsmäßige Kontrolle der Haushaltsdurchführung bezieht sich auch auf die Kredite, welche die dezentralisierten Einheiten erhalten haben.[238] Der Generaldirektor für das Budget ist mit den notwendigen Mitteln zur Erfüllung seiner wichtigen Aufgaben auszustatten – eine Selbstverständlichkeit, die dennoch expressis verbis zur Verpflichtung der Regierung erklärt wird.[239] Wird der Haushaltsentwurf im Kongreß beraten, dann dürfen neue Gesetze, die erhöhte Ausgaben mit sich bringen, im Entwurf nur dann berücksichtigt werden, wenn der Finanzminister seine Zustimmung gegeben hat.[240] Mit anderen Worten: mißbilligt der Finanzminister neue Ausgaben, die sich als Folge eines Gesetzes notwendig ergeben, dann muß dessen Anwendung für mehr als ein Jahr verzögert werden (bis zum übernächsten Haushaltsjahr). Mittelanforderungen und Bitten um Veränderungen des laufenden Budgets dürfen nur über den Finanzminister an den Kongreß gerichtet werden; der Finanzminister ist also die Verbindungsstelle zwischen Parlament und Regierung in finanziellen Angelegenheiten. Eine wichtige Vorschrift bedeutet das Recht des Generaldirektors für das Budget, über alle finanziellen und Haushaltsangelegenheiten vollständig unterrichtet zu werden.

### f) Mißtrauen gegenüber dem Kongreß

Das Haushaltsrecht geht von einer beträchtlichen finanziellen Verantwortungslosigkeit des Kongresses aus. Daher findet sich eine hohe Zahl von Vorkehrungen gegen deren Auswirkung. Diese schlechte Meinung ist sicherlich

---

[235] Art. 37 Decreto-Ley 94/1973.
[236] Art. 38 idem.
[237] Art. 39 idem.
[238] Art. 129 idem.
[239] Art. 147 idem.
[240] Art. 65 idem.

## C. Der Haushaltszyklus

weitgehend gerechtfertigt. Hieraus jedoch zu schließen, daß Regierung und mittelausgebende Behörden als Wächter des heiligen Grals der Stabilität betrachtet werden können, wäre Wunschdenken.[241]

Einige Hinweise, um den Versuch der Bindung des Parlamentes an die Kontrolle der Exekutive in Haushaltsangelegenheiten zu illustrieren:

— Die *Projektion der Einnahmen* für die nächste Budgetperiode wird als *Aufgabe der Exekutive* angesehen, welche der Kongreß nicht verändern darf. Dies kann durch einige Formulierungen der Verfassung gezeigt werden. So wird festgesetzt, daß die Regierung dem Parlament „den Steuerhaushalt" vorlegt, hingegen „den *Entwurf* des Ausgabenhaushalts".[242] Der Kongreß darf lediglich die Schätzung der Steuer- und der übrigen Einnahmen und des Kassenüberschusses mit schriftlicher Einwilligung des zuständigen Ministers erhöhen[243] — also, bei der gegenwärtigen Zusammensetzung der Regierung, des Finanzministers. Sicherlich gibt es gute Gründe, die technisch schwierige Aufgabe der Vorausschätzung des Steueraufkommens in den Händen der Experten der Finanzverwaltung zu belassen. Aber für diese Vorschrift ist ein anderer Grund maßgeblich: Es wird angenommen, daß der Kongreß ein vorrangiges Interesse an höheren Ausgaben habe. Die Verfassungsvorschrift, den Haushaltsausgleich nicht zu gefährden, kann daher das Parlament zu dem scheinbar leichten Ausweg verführen, höhere Ausgaben mit einer höheren Schätzung des Steuereinkommens zu „finanzieren". Um dieses unseriöse Vorgehen unmöglich zu machen, ist die erwähnte Vorschrift erlassen worden.

— Um eine Überwachung des Kongresses während der Haushaltsberatungen zu sichern, ist die *Teilnahme des Generaldirektors* für den *Haushalt an den gemeinsamen Beratungen der beiden Haushaltsausschüsse* gesetzlich festgelegt.[244] Diese Vorschrift spricht von Hilfe und der Vorlage von Daten und Informationen durch den Direktor und ist insofern höflich formuliert. Daß es sich nur um einen Ausdruck der Höflichkeit handelt, wird dann durch die Bemerkung erhellt, die Anwesenheit des erwähnten Beamten diene dem „coordinar los labores de la Administración y de la Rama Legislativa sobre la

---

[241] Es gibt jedoch eine wichtige entgegengerichtete Kraft: das Interesse des Präsidenten die Inflation zu bekämpfen (wir haben den Punkt beschrieben). Die Inflation auf einem von der Bevölkerung tolerierten Niveau zu halten, wird mehr und mehr ein wichtiges Kriterium für den Erfolg der Amtsführung eines Präsidenten.

[242] Art. 78 Absatz 1 der Verfassung; Hervorhebung von mir.

[243] Art. 60 Decreto-Ley 294/1973 und Art. 210 der Verfassung. Die (unrealistische) Vorschrift, der Ertrag einer einzelnen Steuer dürfe in den Schätzungen nur um + 10 bis −30 % von dem Ertrag des Vorjahres abweichen (Art. 60 und 29 Decreto-Ley 294/1973), gilt auch für den Kongreß.

[244] Art. 59 Decreto-Ley 294/1973.

materia"[245] Das bedeutet mit anderen Worten, daß der Kongreß in Finanzangelegenheiten durch das Finanzministerium kontrolliert werden soll.

— Beide *Plena des Kongresses haben keine rechtliche Möglichkeit, den Haushaltsentwurf* nach der ersten Lesung in dem gemeinsamen Haushaltsausschuß *zu verändern.*[246] Das vollendet das beschriebene Bild: Alle Veränderungen des Haushaltsentwurfs der Regierung müssen in den Ausschüssen beraten werden; hier ist jedoch das Finanzministerium ex officio vertreten und hat damit die Möglichkeit des Einspruchs gegen Veränderungen, wenn ihm dies notwendig erscheint.

— Allgemein sind die *Möglichkeiten des Kongresses zur Veränderung des Haushaltsentwurfs der Regierung sehr gering.* Zur Einkommensseite wurde einiges gesagt; einige Worte über die Ausgabenseite sollen hinzugefügt werden:

Das grundlegende Prinzip legt fest, daß der Kongreß zur Verminderung der von der Regierung vorgeschlagenen Ausgaben berechtigt ist. Einige wichtige Ausgaben sind jedoch hiervon ausgenommen: solche zur Bedienung der Staatsschuld, Investitionen, die den Entwicklungsplänen oder Programmen folgen, vertragliche Verpflichtungen des Staates und alle für die „ordentliche und vollständige Arbeit der Verwaltung" notwendigen Ausgaben dürfen nicht vermindert werden.

Eine weitere Ausdehnung der Autonomie der Regierung folgt aus den Regeln über langfristige Verträge[247]: Die Regierung darf langfristige Verträge mit privaten Firmen abschließen, die den Staat für mehr als ein Haushaltsjahr verpflichten; dies dient insbesondere der Erstellung größerer öffentlicher Investitionen.[248] Da die hieraus folgenden Verpflichtungen aus Verträgen folgen, hat das Parlament keine rechtliche Möglichkeit, die Ausgaben zu verringern.[249] Die Regierung ist auf diese Weise in der Lage, das Budget noch stärker zu bestimmen — und dies in einem Bereich (öffentliche Investitionen), wo politische Gestaltung noch möglich ist.

Auf der anderen Seite sind neue Ausgaben, die das Parlament bewilligen möchte, nur insoweit erlaubt, als andere Ausgaben in gleicher Höhe gestrichen werden[250] (man erinnere sich daran, daß die Obergrenze der Ausgaben von der Regierung festgelegt wird). Selbst hierzu benötigt der Kongreß die schriftliche Zustimmung des von der Maßnahme betroffenen Ministers.[251]

---

[245] Idem.
[246] Art. 61 idem.
[247] Palacios Mejía 1973: XXVIII f.
[248] Dies wird u.a. in Art. 78 Buchstabe d Decreto-Ley 294/1973 vorausgesetzt.
[249] Art. 211 der Verfassung.
[250] Art. 63 Decreto-Ley 294/1973.
[251] Art. 211 Absatz 1 der Verfassung.

Diese Genehmigung wird jedoch nicht leicht erteilt, da sie eine Veränderung des Budgetteils bedeutet, den der Minister bereits einige Zeit vorher mit dem Planungsamt, dem Finanzministerium und den dezentralisierten Organisationen unter seiner Aufsicht diskutiert hat.

— Schließlich sei an die große Zahl von *Fristen und Vermutungen* erinnert, die die Verfahrensregeln des Kongresses beeinflussen und politische Initiativen berühren können. Ist das Budget bis zum 20. November nicht verabschiedet worden, dann ist der Regierungsentwurf automatisch in Kraft. Hat das Parlament sich 18 Monate nach der Vorlage der endgültigen Haushaltsrechnung nicht geäußert, dann gelten die Bilanzen als akzeptiert. Wird der Haushaltsausschuß des Repräsentantenhauses während der Parlamentsferien nicht innerhalb von 10 Tagen tätig, dann gilt die erbetene Veränderung des laufenden Haushalts als gebilligt usw. Schließt der Kongreß als Organ Verträge ab oder stellt er Personal ein, dann ist er an die Vorschriften der Verwaltung auf diesen Gebieten gebunden.[252] Wird die Haushaltsdurchführung durch unter den Schätzungen liegenden Steuereingänge bedroht, dann darf die Regierung den Ausgabenhaushalt durch einfache Verordnung verringern; sie „kann" („podrá") den Kongreß um eine entsprechende Gesetzesänderung ersuchen, wenn dieser gerade Session hat.[253]

Es kann zusammenfassend festgestellt werden: Die rechtlichen Möglichkeiten des Kongresses bei der Verabschiedung des Haushaltes — eines klassischen Rechtes europäischer Parlamente — sind äußerst schwach, umgekehrt ist die Stellung der Exekutive äußerst mächtig. Souverän ist das Parlament nur im Hinblick auf seinen eigenen Apparat.[254] Selbst hier ist es den mehr oder weniger durchschlagenden Gegenargumenten der Regierung ausgesetzt.[255]

## D. Praktische Haushaltspolitik[256]

Dieses Kapitel soll nach einer Diskussion so vieler Rechtsvorschriften — freilich wurden auch hierbei Streiflichter auf die wirklichen Prozesse geworfen — kolumbianische Haushaltspolitik in der Praxis beschreiben. Diese Prozesse weichen von dem planmäßigen Vorgehen der Lehr- und Gesetzesbücher sehr ab.

---

[252] Art. 146 Decreto-Ley 294/1973. Hierbei handelt es sich um eine der vielen Vorschriften, die oft nicht beachtet werden: Ein Beweis hierfür war 1977 und 1978 der Skandal um Alberto Santofimio Botero, den Präsidenten des Repräsentantenhauses und Parlamentsmitglied für den turbayistischen Flügel der Liberalen.

[253] Art. 91 idem.

[254] Art. 208 Parágrafo der Verfassung; Art. 55 Decreto-Ley 294/1973.

[255] Idem.

[256] Die Informationen stammen im ganzen Abschnitt aus Interviews; aus Raumgründen wird dies nicht dauernd wiederholt.

Wir beginnen mit einer Vorstellung der verschiedenen von den Akteuren verwendeten Manöver und der Gegenstrategien ihrer Opponenten. Dabei unterscheiden wir „Budgetieren von unten" und „Budgetieren von oben", um die verschiedenen „Spiele" und ihre Spieler ordnen zu können.[257]

## 1. Budgetieren von unten:
### Die Ministerien und dezentralisierten Einheiten

*a) Nichtbeachtung von Spätfolgen*

In der überwiegenden Mehrzahl der Fälle werden die Stellen der Leiter der dezentralisierten Behörden als politische Posten angesehen; ihre Inhaber wechseln daher nach wenigen Jahren, gelegentlich sogar nur Monaten. Finanzielle und unternehmerische Probleme, die sie schaffen oder zulassen, sind daher in der Regel nicht von ihnen selbst zu verantworten, sondern fallen ihren Nachfolgern zur Last. Die Verantwortlichkeit ist daher sehr oft unklar: Der beklagenswerte Zustand der staatlichen Eisenbahnen, mehr als alles andere das Resultat einer Vernachlässigung über viele Jahre hinweg, wurde etwa im Jahre 1977 vom neuen Direktor seinem Vorgänger in die Schuhe geschoben – der seinerseits antwortete, daß er ihn von seinem Vorgänger geerbt habe, usw.[258] Diese Situation erweist sich als ideal für aktive Persönlichkeiten, die ihre Amtszeit als eine Periode großer Erfolge herausheben wollen.[259] Um ihre großen Vorhaben zu finanzieren, nehmen sie oft bei nationalen oder internationalen Geschäftsbanken Kredite zu ungünstigen Bedingungen auf, vergleicht man diese mit den Bedingungen auf dem normalen Kreditmarkt. Der Staat hat in letzter Instanz die Schuld zu konsolidieren oder die Anleihen in andere mit besseren Bedingungen umzuwandeln. Ein wichtiges Beispiel dieses Vorgehens stellte 1976 das Departamento Administrativo de Aeronáutica Civil (das zivile Luftfahrtamt) unter seinem Direktor Jorge Barco dar. Die Behörde nahm internationale Kredite auf, ohne die Vorschriften über solche Vorhaben zu beachten und ohne den Schuldendienst im Haushalt zu berücksichtigen (dies war zumindest bei einigen Verträgen der Fall). Das verwaltungsmäßige Durcheinander war derart, daß es nicht einmal eine ordentliche Buchführung gab. Der Staat mußte schließlich eingreifen und das Defizit decken, da die Kreditwürdigkeit

---

[257] Nicht in jedem Falle werden Rechtsvorschriften und Wirklichkeit einander gegenübergestellt; in vielen Fällen wird der Unterschied zwischen beiden dem Leser des vorangegangenen Teiles deutlich werden. Rechtsvorschriften werden in Kolumbien oft nicht befolgt. Sie erfüllen vielfältige Funktionen, und nur eine von diesen stimmt mit der manifesten, der Regelung eines bestimmten Sachbereiches, überein.

[258] El Tiempo, 5. Januar 1975; El Tiempo, 12. März 1977.

[259] Diese Situation ist vergleichbar derjenigen deutscher Bürgermeister!

der Nation bei diesem wie bei allen internationalen Verträgen über Kredite auf dem Spiel stand. In diesem besonderen Falle führte allerdings die Angelegenheit zu einem Strafverfahren gegen Jorge Barco.

Als Gegenstrategie hat die Generaldirektion für öffentliche Anleihen eine Verschärfung ihrer Kontrolle über die Kreditpolitik der establecimientos públicos versucht.[260]

### b) Herstellung eines Fait accompli

Hierbei handelt es sich um eine der einfachsten Methoden, die eine mittelverbrauchende Behörde anwenden kann; allerdings ist sie nicht ohne Gefahren: Werden die Überwachungsbehörden auf diese Taktik aufmerksam, dann werden sie normalerweise ihre Kontrolle verschärfen und der Behörde gegenüber mißtrauisch werden. Wenn nicht gerade eine völlige Unordnung in der Finanzverwaltung besteht, kann eine mittelverbrauchende Stelle durch diese Taktik langfristig nicht viel gewinnen. Diese Methode ist darüber hinaus nicht ohne persönliche Gefahren für die beteiligten Beamten: Sie können unter Umständen zivil- und strafrechtlich haftbar gemacht werden, was zu einem schnellen Ende ihrer Karriere im öffentlichen Dienst führen kann.

Diese Überlegungen dürften erklären, warum vollendete Tatsachen, welche die Kontrollorgane des Finanzministeriums überraschen, nicht so häufig sind, wie man erwarten könnte. Indessen gibt es Beispiele hierfür. Eines betraf die Geschäftspolitik des Instituto de Mercadeo Agropecuario (IDEMA), der Marktordnungsstelle für das Angebot an Grundnahrungsmitteln und für ihren Import. Es braucht einen weiten Entscheidungsbereich in seiner Geschäftspolitik, da sich die Preise auf dem internationalen Markt täglich verändern. Dies erlaubte die Aufnahme von Krediten bei Geschäftsbanken zu derart unvorteilhaften Bedingungen, daß die Regierung in den letzten Jahren zweimal zur Refinanzierung der Behörde gezwungen war. Hinzu kommt allerdings ein allgemeines schlechtes Management des Instituto: Die Zahl seiner Direktoren war in den letzten Jahren besonders hoch; sie waren unfähig (vielleicht nicht willens), energisch einen verbreiteten Betrug zu bekämpfen: Die Behörde kaufte Weizen zu höheren Preisen als sie ihn verkaufte. Um diese Subvention zu erhalten, gab es eine Reihe von Leuten, die gleichzeitig an IDEMA Weizen verkauften und

---

[260] Generaldirektor war in den ersten Jahren der Präsidentschaft von López Rudolf Hommes, Sohn eines deutschen Einwanderers. Ein Beispiel für seine strengere Kontrolle bildet die Einführung eines Modell-Vertragsformulares für alle Kredite, die von irgendeiner öffentlichen Stelle aufgenommen werden. Ein anderes Beispiel bildet sein Bestehen auf günstigeren Bedingungen für einen von der Ölgesellschafat Ecopetrol aufgenommenen Kredit von 100 Millionen Dollar.

von ihm Weizen kauften, und damit zur Erhöhung des „normalen" Defizits der Einheit beitrugen.[261]

Ein anderes Beispiel in den letzten Jahren war gelegentlich die Bestellung von Lieferungen durch das Verteidigungsministerium ohne haushaltsmäßige Deckung. Diese Praxis scheint aber nicht allzu lange angedauert zu haben.

Das wichtigste Beispiel der Politik der vollendeten Tatsachen stellten die staatlichen Unversitäten dar, insbesondere die größte von ihnen, die Universidad Nacional.[262] Im Widerspruch zum Haushaltsrecht bezahlte sie ihren Angestellten höhere Gehälter und geriet daher in beträchtliche Defizite. Diese mußten selbstverständlich im nachhinein vom Staat aus dem zentralen Haushalt ausgeglichen werden. Schließlich untersagte eine besondere Verordnung vom 28. Februar 1977 diese Praxis. Es sollte jedoch überraschen, wenn dies große Wirkung zeigen sollte, da die frühere Praxis der Universität ebenfalls einer Anzahl von Vorschriften zuwiderlief. – Ein anderes Beispiel vollendeter Tatsachen war der Fonds zum Bau von Straßen (Fondo Vial Nacional), der 1976/77 Straßenbauarbeiten in Auftrag gab, von denen er etwa 700 Mio. Pesos nicht bezahlen konnte. Diese Summe (etwa 20 Mio. US-Dollar) ist für kolumbianische Verhältnisse äußerst hoch. In diesem besonderen Falle fehlte es an einer genauen Kontrolle der Haushaltsdurchführung. Das Finanzministerium ernannte nach diesem Vorfall einen ständigen Delegierten (delegado del presupuesto) zur Überwachung des Fonds.

### c) Ausübung von Druck

Auf den ersten Blick mag es erstaunen, daß „Budgetieren von unten" Druck als Mittel zur Verfügung hat. Dies geschieht jedoch in Kolumbien recht häufig.

Insbesondere zwei Formen der Druckausübung werden verwendet: Streiks und „paros cívicos" („bürgerliche Streiks").

*Streiks* werden von den öffentlichen Bediensteten nicht selten angewendet. Es sei daran erinnert, daß die öffentlichen Bediensteten grob in zwei Gruppen eingeteilt werden können: Die „trabajadores oficiales" (öffentlichen Arbeiter) und die „empleados públicos" (öffentlichen Angestellten). Der Hauptunterschied ist, daß die erste Gruppe privatrechtlichem Arbeitsrecht unterliegt, wel-

---

[261] Dieses Defizit ist ein chronisches Problem. Im 2. Halbjahr 1977 wird hiervon erneut berichtet (El Tiempo, 9. März 1978). Eine gründliche Studie ist DNP 1975 d.

[262] Die staatlichen Universitäten gelten als establecimientos públicos. Insgesamt stehen sie beträchtlich weiter links als die privaten Universitäten, unter denen die Universidad Javeriana (katholisch), die Universidad de los Andes und Nuestra Señora del Rosario oder, kurz, Universidad del Rosario, hervorragen. – Die erwähnte Praxis wurde im August 1978 in Bezug auf Lehrer öffentlich vom Präsidenten kritisiert (El Tiempo, 20. August 1978).

ches es ihnen erlaubt, Gewerkschaften zu bilden, zu streiken usw., während die zweite Gruppe dem öffentlichen Recht unterliegt und daher nicht streiken darf. Wenn die „empleados" eine Erhöhung ihrer Gehälter erreichen wollen — bei der ständigen Inflation und den niedrigen Einkommen ein dauerndes Problem —, dürfen sie lediglich „ihren Vorgesetzten eine respektvolle Bitte vortragen"; die Vorgesetzten können dieser folgen oder nicht. Die politische Realität ist von diesem idyllischen Bild sehr verschieden: Die empleados haben ebenfalls mächtige Gewerkschaften gegründet und sie streiken häufig, wenn auch illegal. Während der Amtsperiode des Präsidenten López Michelsen war der Staat nicht stark genug, um ein solches Verhalten zu unterdrücken. Zwei wichtige Beispiele aus den letzten Jahren können beschrieben werden:

Das erste betrifft die Bediensteten des Finanzministeriums. Während mehrerer Wochen zu Beginn des Jahres 1976 und einmal mehr im Herbst 1977 wurden das Ministerium und seine einzelnen Abteilungen, insbesondere die Steuerverwaltung, durch einen Streik mit breiter Beteiligung insbesondere der mittleren Beamten lahmgelegt. Die Auswirkung des Stillstandes dieses Herzens der Staatsverwaltung zu beschreiben, erübrigt sich. Finanzminister Rodrigo Botero und der Präsident mußten schließlich nachgeben und die Mehrzahl der Forderungen des Personals bewilligen.

In diesem Falle litt die Organisation, die von den Gewerkschaften angegriffen wurde, am meisten. Unser zweites Beispiel betrifft die andere Alternative, nämlich eine gewisse Übereinstimmung der Interessen der Bediensteten und des Ministeriums, dem sie angehören.

Wie in anderen Ländern stellen auch in Kolumbien die Lehrer die wichtigste Gruppe öffentlicher Bediensteter dar. Sie haben einige der mächtigsten Gewerkschaften gegründet, und sie streiken oft, um eine bessere Bezahlung zu erzwingen.[263] Bei der hohen Aufmerksamkeit, welche die kolumbianische Bevölkerung Fragen der Schulerziehung widmet, stammt der wirkliche Druck von den Eltern, die ihre Kinder davor bewahren wollen, ein ganzes Schuljahr zu verlieren (das Bestehen von Prüfungen am Ende eines Schuljahres ist die Bedingung für ein Aufrücken in die nächste Klasse).

Der „paro cívico" unterscheidet sich in einer Reihe von Gesichtspunkten vom ordentlichen Streik: Zunächst hat er nichts mit Bediensteten des Staates oder eines Unternehmens zu tun; in der Mehrzahl der Fälle ist er vielmehr auf ein nicht zu wichtiges municipio konzentriert. Der schlechte Zustand der öffentlichen Dienstleistungen ist normalerweise der die Explosion auslösende Faktor. Zweitens wird nicht nur die Arbeit in einer bestimmten Gemeinde oder

---

[263] Nicht selten streiken die Lehrer nicht um Lohnerhöhungen, sondern dafür, ihre Gehälter überhaupt ausgezahlt zu bekommen. Die Verwaltung der Schulausgaben ist dezentralisiert, wobei die sogenannten Fondos Educativos Regionales, FER, ausführende Behörden sind. Oft vergehen mehrere Monate bis zu einer Zahlung.

Provinz eingestellt. Zusätzlich werden die Läden geschlossen, es kommt zu einem Stillstand des öffentlichen Lebens, und die öffentliche Ordnung wird in mehr oder weniger gravierender Weise gestört. Dies reicht von der Blockade von Straßen bis zu offenen Zusammenstößen mit der Polizei oder dem Militär. Gelegentlich gibt es auch die Drohung, sich bei den nächsten Wahlen der Stimme zu enthalten. Drittens ist der paro cívico als eine Art mehr oder weniger gewaltsamer Generalstreik normalerweise nur von kurzer Dauer.[264] Eine solche Störung der öffentlichen Ordnung stellt für die Behörden eine untragbare Situation dar. Normalerweise setzen sich daher die Streikenden durch.

Die Drohung mit einem paro cívico wird gelegentlich bewußt von Zweigen der öffentlichen Verwaltung verwendet, um den Finanzminister zur Bewilligung höherer Mittel zu zwingen. Eine technische Behörde oder ein Gouverneur, der eine Investition zur Verbesserung der öffentlichen Dienste vornehmen möchte, verwendet häufig das Argument, für die öffentliche Ordnung ohne die in Rede stehende Geldsumme nicht garantieren zu können. Da Kolumbien ein armes Land ist und der Zustand der öffentlichen Versorgungsleistungen objektiv schlecht ist, kann dieses Argument sehr häufig verwendet werden. Gouverneure appellieren übrigens oft direkt an den Präsidenten, den sie vertreten, und der Präsident interveniert dann beim Finanzminister.

### d) Unabhängigkeit vom Zentralbudget

Zwei verschiedene taktische Ansätze können unter dieser Überschrift beschrieben werden: Erstens, soviel eigene Einnahmen zu erhalten als möglich; zweitens, die eigene Haushaltsaufstellung und Durchführung von zentraler Überwachung unabhängig zu machen.

Zum ersten Punkt kann festgestellt werden, *daß die dezentralisierten Einheiten über ein konsolidiertes Budget der gleichen Größenordnung verfügen wie der ,,sector central".*[265] Berücksichtigt man, daß das Zentralbudget erhebliche Summen einfacher Transfers an die establecimientos públicos enthält, dann ist es also zur Konsolidierung des umfassenden Gesamtbudgets zu verringern. Diese Berechnung zeigt, daß die dezentralen Organisationen etwa 60% aller Aus-

---

[264] Zahlreiche Beispiele dieser Streiks finden sich in der Presse. Beispiele: 16. Februar 1976 in Yopal (El Tiempo); am gleichen Tage in Tunaco (El Espectador); 29. Februar in Urumito (Guajíra; El Espectador); 3. März in Galapa (El Tiempo); 12. März im Departamento Nariño (El Tiempo); 22. März in Barranquilla (El Tiempo); 29. März erneut in Yopal (El Tiempo); 22. Mai in Codazzi (El Tiempo), mehrere Tage andauernd; 1. Juni Villanueva (El Espectador); 2. Juni in El Rodadero (El Espectador), ebenfalls für mehrere Tage; 8. Juni in San Andrés (El Espectador). – Der neue Präsident Turbay sah sich dem gleichen Phänomen gegenüber, etwa in Viterbo bei Pereira (El Tiempo, 22. Oktober 1978).

[265] Z.B. 1975 36 Milliarden Pesos gegenüber 35 für den zentralen Sektor.

## D. Praktische Haushaltspolitik

gaben des Zentralstaates vornehmen.[266] Wird das Budget des Zentralstaates im engeren Sinne um den sog. „situado fiscal" vermindert, d.h. die gesetzlich festgelegten Transferzahlungen an die Territorialverwaltung, ist der Anteil der descentralizados an den Ausgaben noch höher. Dieses Phänomen ist besonders deshalb wichtig, weil die establecimientos den überwiegenden Teil der öffentlichen Investitionen vornehmen.

Das sog. Budget der „establecimientos públicos nacionales" stellt nichts anderes dar als die einfache Addition der großen Zahl der Einzelbudgets. Diese setzen sich aus Transfers aus dem zentralen Haushalt und aus eigenen Einnahmen der einzelnen Behörden zusammen, die nicht auf die zentralen Konten des Staates überwiesen werden.[267]

Das eigene Einkommen der descentralizados setzt sich aus Steuern mit besonderer Zweckbestimmung, Gebühren und Kapitaleinkommen zusammen. Durchschnittlich werden ungefähr 70% der Ausgaben durch eigene Einnahmen abgedeckt. Im Haushaltsjahr 1977[268] beliefen sich die eigenen Einnahmen ohne Kapitaleinkünfte auf 50,1% aller Einnahmen; bezieht man die Kapitaleinnahmen (von Zinsen bis zu internationalen Anleihen) ein, dann müssen weitere 18,4% addiert werden. Nur 31,5% der Einnahmen der descentralizados stellten daher Überweisungen aus dem zentralen Haushalt dar. Dies führt zu einer starken Stellung bei Verhandlungen: Die Überweisung oder Verweigerung von Fonds bildet keine starke Waffe des Finanzministeriums und des Planungsamtes.

Auf der anderen Seite muß betont werden, daß der Durchschnitt die Tatsache verdeckt, daß die einzelnen dezentralisierten Körperschaften zu ganz unterschiedlichen Teilen von Haushaltsüberweisungen abhängen. Es gibt wichtige Unternehmen (z.B. die Fernmeldeverwaltung Telecom[269]), die keinerlei Gelder aus dem Staatshaushalt erhalten. Sie finanzieren sich ganz aus eigenem und Kapitaleinkommen. Andere (z.B. die zivile Verteidigung) hängen zu 100 Prozent

---

[266] 1975 36.737.346.403 Pesos bei einem konsolidierten Gesamtbetrag von 61.542.268.425, mithin 59,1 %!

[267] Das Prinzip der Einnahmen-Universalität – alle öffentlichen Einnahmen fließen in eine Kasse, alle Ausgaben werden aus dieser bestritten – findet sich auch im kolumbianischen Recht, s. z.B. Art. 7 und 14 Decreto-Ley 294/1973. Art. 6 Parágrafo bietet jedoch die rechtliche Möglichkeit, die diesem Prinzip zuwiderlaufende gegenwärtige Praxis nicht zu ändern. – Eine andere, wenn auch heute theoretische Vorschrift bildet Art. 208 Parágrafo der Verfassung, der bestimmten Teilen der öffentlichen Einnahmen eine bestimmte Verwendung vorschreibt: Mindestens 10% aller Ausgaben sind für das Erziehungssystem vorzusehen. Diese Vorschrift ist insofern theoretisch, als die Ausgaben für das Erziehungswesen insgesamt, wie in der Mehrzahl der Staaten, wesentlich höher sind.

[268] Ley de Presupuesto 1977 Establecimientos: XI.

[269] Ley de Presupuesto 1977 Establecimientos: 85.

vom zentralen Haushalt ab.[270] Diese Unterschiede wirken sich auf den Grad der Autonomie einer Körperschaft oder Behörde aus.

Zweitens muß darauf hingewiesen werden, daß das sog. Haushaltsgesetz der establecimientos públicos in der Praxis *nicht* als Gesetz im technischen Sinne angesehen wird, was den von uns beschriebenen detaillierten Vorschriften widerspricht.

Hierzu verschiedene Beobachtungen: Der Haushalt der descentralizadas nach dem vom Kongreß verabschiedeten Haushaltsgesetz und das *„ursprüngliche*[271] *Budget"* nach der Haushaltsrechnung der Contraloría unterscheiden sich mehr oder weniger.[272]

Eine zweite Beobachtung: Das Budget der einzelnen dezentralisierten Einrichtungen, wie es vom Kongreß verabschiedet wurde, wird als solches nicht durchgeführt. Vielmehr muß der Aufsichtsrat (junta administrativa), der für die Festlegung der Politik der Einrichtung zuständig ist, das Budget verabschieden, um es damit für den Direktor unverbindlich zu machen. Dieses Dokument folgt nur teilweise dem vom Kongreß verabschiedeten Gesetz.[273]

Drittens: Die Direktoren oder Leiter der dezentralisierten Einrichtung wissen gelegentlich nicht einmal, daß das vom Kongreß verabschiedete Haushaltsgesetz der establecimientos públicos der juristischen Theorie nach das Gesamtbudget der establecimientos umfaßt und als Gesetz Vorrang vor den Entscheidungen des Verwaltungsrates genießt.[274] Als verbindlich wird lediglich die Hö-

---

[270] Idem: 111.

[271] Es handelt sich also nicht um eine Folge von Veränderungen des Budgets während seiner Durchführung.

[272] Beispiele für das Budget 1975, die das Haushaltsgesetz (Gesetz 10 vom 10. Dezember 1974) und den Informe Financiero 1975 einander gegenüberstellen: Instituto Nacional de Fomento Municipal 576,853 Mio. Pesos gegenüber 781,616 Mio.; Instituto Colombiano de Energía Eléctrica 1.679,98 Millionen gegenüber 1.939,23 Millionen. In diesem zweiten Falle stimmen nicht einmal die Beträge der Transferzahlungen aus dem zentralen Budget überein!

[273] Ein (extremes) Beispiel bildet das Instituto Colombiano de Energía Eléctrica: Nach dem Haushaltsgesetz für 1977 1,2 Milliarden Pesos; nach dem von der junta administrativa beschlossenen Budget 3,3 Milliarden Pesos!

[274] So mindestens die klare Aussage einer der wichtigsten Direktoren, der bald nach dem Interview stellvertretender Minister wurde. – Ein anderer Gesprächspartner sprach offen von den Veränderungen des vom Kongreß verabschiedeten Budgets durch den Verwaltungsrat der Gesellschaft! – Selbst hohe Beamte im Finanzministerium geben implizit zu, daß das Haushaltsgesetz für die establecimientos im technischen Sinne kein Gesetz ist: Zur Erklärung des Unterschiedes zwischen dem vom Kongreß verabschiedeten Haushalt und den von den Verwaltungsräten beschlossenen Einzelhaushalten betonen sie den Wechsel der Bedingungen in den Monaten der Diskussion des Budgets. Abgesehen davon, daß dies rein zeitlich nicht zutrifft (der Kongreß verabschiedet den Haushalt im Dezember, die Verwaltungsräte Anfang Januar), dürfte eine derartige Tatsache bestenfalls zu einer Veränderung des Gesetzes in den vorgesehenen Formen führen.

he und Verwendung der Zuschüsse aus dem Haushalt angesehen; dies dient der Vermeidung des Deliktes des „peculado de destinación"[275], das mit Gefängnis bedroht ist.

Viertens: Die Kontrolle des Finanzministeriums über die Verwendung öffentlicher Gelder beschränkt sich in der Praxis auf die im zentralen Haushalt enthaltenen Summen; im Falle der establecimientos also auf die Überweisungen aus diesem. Das gleiche gilt für die Überwachung durch das Planungsamt.

Dieser Abschnitt kann folgendermaßen zusammengefaßt werden: Eines der wirksamsten Manöver in der Haushaltspolitik besteht darin, die eigene Behörde vom Haushalt weitgehend unabhängig zu machen. Dies erlaubt es, das eigene Budget zu kontrollieren, d.h. es entsprechend den eigenen mehr oder weniger gerechtfertigten Interessen zu verändern. Die kolumbianischen establecimientos sind mit dieser Politik erfolgreich gewesen.

*e) Vernachlässigung notwendiger Ausgaben*

Auch dies ist einer der gängigsten Tricks einer mittelverbrauchenden Stelle. Bei der Vorlage der Anforderungen für den kommenden Haushalt werden alle Positionen aufgeführt, deren Finanzierung begehrt wird, insbesondere wenn damit zusätzliches Prestige verbunden ist. Um nicht eine zu hohe Summe zu beantragen, die notwendig gekürzt wird, werden wichtige Ausgaben einfach „vergessen". Damit ergibt sich die Möglichkeit, daß die Behörde nach Verabschiedung des Haushaltsgesetzes über Ausgabentitel für alle Projekte verfügt, die sie gerne durchführen möchte und die sie dann auch in Angriff nehmen darf. Die „vergessenen" Ausgaben sind häufig jedoch durch Gesetz oder Vertrag festgelegt. Die Finanzbehörden sind daher nachträglich gezwungen, die zu ihrer Deckung notwendigen Gelder zu bewilligen. Ein Beispiel stellen die Gehälter der Bediensteten oder ihre Sozialversicherungsbeiträge dar. Einmal mehr bilden die Universitäten ein gutes Beispiel für diese Praxis: Von Zeit zu Zeit sind die Zeitungen voll von der erstaunlichen Nachricht, daß die Professoren ihre Gehälter seit Monaten, manchmal bis zu einem halben Jahr nicht erhalten haben. Der beschriebene Trick erklärt teilweise die Gründe hierfür: Die Finanzverwaltung der Universitäten kann Gehälter oder Teile von ihnen nicht zahlen, da sie nicht über einen gebilligten Haushaltstitel verfügt. Die notwendigen Verhandlungen und die rechtlichen und Verwaltungsschritte zur Ergänzung des Budgets benötigen natürlich viel Zeit. In diesem Fall ist der Staat praktisch gezwungen, den fehlenden Betrag zur Verfügung zu stellen: Der politisch aktive Teil der Studentenschaft und teilweise auch der Professoren ist mehrheitlich gegen das bestehende politische System eingenommen. Die öffentliche Ord-

---

[275] Verwendung öffentlicher Gelder für andere Zwecke als im Haushaltsgesetz vorgesehen.

nung wird häufig von ihnen gestört.[276] Die Regierung López konnte es nicht wagen, durch die Nichtzahlung von Gehältern einen zusätzlichen Grund für Unruhe zu geben.

*f) Bescheidene Anfangsausgaben für bedeutende Investitionen*

Der Beginn einer Investition mit einem kleinen Betrag in einem Haushaltsjahr zur Erzwingung der Fortsetzung im Folgejahr, um die bereits investierte Summe nicht verloren sein zu lassen, ist entgegen den Vermutungen kein allzu häufig angewendetes Mittel, wenn es auch gelegentlich vorkommt. Meist nimmt dieses Manöver nicht die Form an, die Investition selbst zu beginnen, sondern Feasibility-Studien in Auftrag zu geben, die teuer sein können und damit eine Vorentscheidung für die Verwirklichung einer bestimmten Investition darstellen.[277]

Daß die Taktik des „Fußes in der Tür" selten ist, hängt sicherlich mit der hohen und wachsenden Qualifikation der oft jungen „técnicos" im Planungsamt und im Finanzministerium zusammen. Es bedeutete in der Tat ein grobes Versehen, nicht nach den Gesamtkosten einer Investition zu fragen, wenn ein erster Betrag hierfür in den Haushalt eingestellt werden soll.[278]

*g) Ausländische Finanzierung*

Um dieses Vorgehen der mittelverbrauchenden Behörden zu verstehen, erscheinen einige Worte der Erklärung über das internationale Netz von Banken und Hilfsorganisationen in Kolumbien angezeigt.

Traditionell ist stets ein Teil der kolumbianischen Investitionen von ausländischen oder internationalen Behörden finanziert worden.[279] Dieser Anteil

---

[276] So wurde die Universidad Nacional 1976 und 1977 geschlossen, da die Unruhe den Behörden aus der Hand geglitten war. Das bedeutete, daß viele Studenten ein ganzes Studienjahr verloren.

[277] Das Nationale Planungsamt verfügt über eine dezentralisierte Behörde namens Fondo Nacional de Proyectos de Desarrollo (Staatlicher Fonds für Entwicklungsprojekte, FONADE) zur Finanzierung solcher Feasibility-Studien.

[278] Die ursprünglichen Kostenschätzungen vieler Entwicklungsprojekte erweisen sich in Kolumbien wie in anderen Ländern häufig als unzureichend. Dies stellt jedoch kein Argument gegen unsere Behauptung dar, daß die beschriebene Taktik selten ist. Wir betonen lediglich, daß eine *bewußt* zu geringe Schätzung oder gar das bewußte Unterlassen einer solchen nicht allzu häufig vorkommt.

[279] Zu Entscheidungen im Bereich der öffentlichen Investitionen unter besonderer Berücksichtigung örtlicher Infrastrukturarbeiten und zu den Einflüssen, die von dem internationalen Finanzierungssystem ausgehen, s. Reveiz et alii 1977: Teil I. Reveiz geht vor allem auf den Informationsaspekt ein.

kann für 1977 nach dem Haushaltsgesetz auf etwa 8,9% geschätzt werden.[280] Für die Investitionen im engeren Sinne (unterschieden etwa von Ausgaben für Sozialzentren, Krankenhäuser usw.) erweisen sich ausländische Geldgeber sogar als noch wichtiger; allerdings könnte nur eine ausführliche Spezialuntersuchung die genaue Zahl ermitteln.[281] – Die wichtigsten Kreditinstitutionen waren die Weltbank, Washington, die Interamerikanische Entwicklungsbank, ebenfalls Washington, und die United States Agency for International Development (AID) mit Hauptsitz in der gleichen Stadt.[282]

Ein Grundprinzip der großen internationalen Banken legt fest, daß nur ein Teil der vorgesehenen Investitionen von ihnen finanziert wird und daß die Regierung des Empfängerlandes nicht nur den Schuldendienst garantieren, sondern auch einen Teil der Projektkosten übernehmen muß. Die Größe dieser inländischen Finanzierung wechselt von einem Vertrag zum nächsten. Als Faustregel kann jedoch gelten, daß die internationale Bank die Hälfte der Kosten übernimmt und die andere Hälfte aus einheimischen Quellen aufgebracht werden muß.

Mit einiger Vorsicht kann daher geschlossen werden, daß etwa ein Fünftel des Investitionshaushaltes durch Kreditverträge mit internationalen Einrichtungen festgelegt wird. Zusätzliche Ausgaben liegen als Ergebnis früherer Anleihen für deren Schuldendienst fest. Es gibt verschiedene *Gründe* für die Leiter

---

[280] Bei den merkwürdigen Definitionen des kolumbianischen Haushaltsrechtes stellt diese Zahl lediglich eine erste Annäherung dar, die einen Begriff von der Größenordnung vermitteln kann:
Ausländische Anleihen als Prozentsatz von:
Gesamtinvestitionen des zentralen Haushaltes (u. Transfers für diese)
+ Investitionen der „establecimientos" (ohne „Sozialinvestitionen")
– Transfers an die „Establecimientos" für Investitionen.
In Millionen Pesos: 2.388,779: (19.836.572 + 20.032.432 – 12.997.44) x 100 = 8,88%.
(Quellen: Ley de Presupuesto 1977 Sector Central: IX, XVI, 911 und Ley de Presupuesto 1977 Establecimientos: 402).
Der angegebene Prozentsatz umfaßt also Überweisungen für Investitionen an öffentliche Unternehmen, an Verwaltungen von Departamentos und Municípios, an Unternehmen der Municípios und sogar an private Firmen, deren Haushalt im Haushaltsgesetz selbstverständlich nicht eingeschlossen ist. Viele von ihnen waren jedoch Empfänger ausländischer Anleihen (etwa die Stadt Bogotá, die Genossenschaftsbewegung), so daß es nicht möglich ist, sie bei den vorangegangenen Berechnungen einfach nicht zu berücksichtigen.
[281] Eine andere Einschränkungen muß gemacht werden: Ausländische Anleihen und tatsächliche Ausgabe des Geldes fallen nicht notwendig in das gleiche Budgetjahr, so daß die Betrachtung eines einzelnen Jahres das Bild notwendig verzerrt.
[282] Die Rivalität der drei Einrichtungen ist interessant und verdiente eine gesonderte Untersuchung. Interessant auch die von ihnen angewendete Taktik. Vor allem die AID scheint in der Mitte der siebziger Jahre viel Druck angewendet zu haben, um Kolumbien zur Annahme von Krediten zu bringen.

von mittelverbrauchenden Stellen, *ihre Investitionen mit Hilfe ausländischer Kredite zu finanzieren:*

Zuerst ist die Tatsache zu nennen, daß das Land durch Vertrag zu einer Leistung verpflichtet ist, deren Nichterfüllung sein Prestige verminderte.[283] Bei Vorbereitung und Durchführung des Haushaltes genießen daher die nationalen „Gegenfonds" (contrapartidas, counterpart funds) der internationalen Kredite eine hohe *Priorität.* Selbst bei Krisenlagen, die der Staat durch Verringerung vorgesehener Ausgaben bewältigen muß, sind diese Investitionen gegen Einschränkungen weitgehend abgeschirmt. So verbinden sich die Sicherheit der Zahlung aus dem Staatshaushalt mit der Sicherheit, nach Erfüllung der formalen Bedingungen den Kredit auch wirklich zu erhalten.

— Ein weiterer Grund für die Beliebtheit internationaler Finanzierung bei den Leitern der mittelverbrauchenden Behörden ist die Tatsache, daß die *Projekte* auch nach ihrem Rücktritt *weitergeführt werden* und damit ein bleibendes Monument ihrer Tätigkeit errichtet wird. Der Stellenwechsel hoher und mittlerer Beamter zwischen verschiedenen Teilen der Verwaltung im weitesten Sinne und zwischen dieser und der Privatindustrie und den freien Berufen ist einer der bemerkenswertesten Züge des politischen Systems. Eine solche Rotation kann während der Amtszeit eines Präsidenten beobachtet werden; sie verstärkt sich noch bei einem Präsidentenwechsel, also alle vier Jahre. Zweifellos ist diese Tatsache eines der größten Probleme für eine kontinuierliche Politik der verschiedenen Behörden. Selbst in Fällen, in denen technische Überlegungen eine Fortführung der Investitionen zu erzwingen scheinen, ist diese nicht immer gesichert.[284] Es kann daher nicht überraschen, daß aktive und fachlich orientierte

---

[283] Obwohl dies von Zeit zu Zeit vorgekommen ist. Es sei an das Beispiel der Stadtrandstraße im Osten von Bogotá erinnert (Reveiz et alii 1977: Teil III), die nacheinander Avenida de los Cerros und Paseo Bolívar genannt wurde, jedoch in den Wirbel kolumbianischer Parteipolitik hineingezogen wurde, was die Regierung schließlich dazu zwang, über eine neue Verwendung der Anleihe der Inter-Amerikanischen Entwicklungsbank zu verhandeln. Die Straße wurde schließlich nicht gebaut; das verfügbare Geld wurde dazu benutzt, einen Teil des Entwicklungsprogrammes für Ost-Bogotá zu finanzieren (PIDUZOB). Hier s. auch, mit etwas abweichenden Ergebnissen Cardona / Fox et al. 1976. – Vorschriften über „counterpart"-Fonds in Jimenez / López 1974: 415 ff.

[284] Ein häufiges Phänomen, das selbst einem oberflächlichen Beobachter oder Zeitungsleser auffällt, stellen die sogenannten „obras inconclusas" dar, öffentliche Investitionen, die häufig mit viel Propagandalärm begonnen, nach einiger Zeit aber eingestellt wurden, was zum Verlust der investierten Gelder führt. – Von Zeit zu Zeit wird ein Versuch gemacht, die Situation zu verbessern. In der ersten Hälfte des Jahres 1977 begann der Investitionsausschuß des Senates eine besondere Untersuchung über „obras inconclusas" – nicht sonderlich erfolgreich, wie zu erwarten war. S. hierzu Wolff 1977b: 38. Allein im Bereich des Gesundheitswesens wurden Anfang 1979 175 nicht fertiggestellte Investitionen gezählt (El Tiempo, 6. Januar 1979).

Manager darauf aus sind, wichtige Vorhaben gegen die Gefahr des Abbruchs nach ihrem Rücktritt zu immunisieren.[285]

Bei den von internationalen Organisationen mitfinanzierten Arbeiten steht die Kreditwürdigkeit des Landes auf dem Spiel, wenn es zu Problemen bei der Finanzierung und Durchführung kommt. Daher unternehmen die *zentralen Überwachungseinrichtungen* besondere Anstrengungen zur *Verstärkung ihrer Kontrolle*. Insbesondere das Nationale Planungsamt ist hier zu erwähnen: Bei Investitionen, die teilweise durch internationale Mittel finanziert werden, gibt es eine wesentlich engere Überwachung, insbesondere dann, wenn sie einen Teil des Entwicklungsplanes bilden. In diesem Falle entsendet das DNP sogar Inspekteure zu den Baustellen, ein Vorgehen, das es im Falle von Investitionen niemals wagen könnte, die ganz von den durchführenden Stellen finanziert werden. — Selbstverständlich erhöht die Überwachung durch fachlich kompetentes Personal des DNP die Wahrscheinlichkeit der Vollendung eines Projektes im Sinne des Managers, der es begonnen hat und der möglicherweise längst zurückgetreten ist.

Internationale Finanzierungen von öffentlichen Investitionen oder Programmen sind bis hierher unter dem Titel „Budgetieren von unten" begriffen worden. Zweifellos könnte man sie aber auch als „Budgetieren von oben" und „Budgetieren von außen" begreifen.

Um diesen zweiten Punkt zuerst aufzugreifen, so kann darauf verwiesen werden, daß die *ausländischen und internationalen Organisationen große Bürokratien mit beträchtlicher Macht* und ausgeprägten Interessen darstellen, auch wenn sie beanspruchen, daß diese mit den Interessen der Hilfe empfangenden Länder zusammenfallen.[286] Diese Interessen können folgendermaßen beschrieben werden: a) die einzelstaatlichen Entscheidungen entsprechend der gerade prominenten Entwicklungstheorie zu beeinflussen; b) hohe Kredite zu geben, um eine prominente Stellung unter den Hilfsorganisationen zu erringen; und c) den ausländischen nationalen Einfluß zu sichern, der hinter der Organisation oder hinter Experten und Vertretern im Hilfe empfangenden Land steht.[287] Zweifellos gibt es in Banken wie der Interamerikanischen Entwicklungsbank einen wichtigen Einfluß der USA, welche den größten Anteil des Grundkapitals

---

[285] Gelegentlich erscheint dieses Streben nach öffentlicher Anerkennung leicht komisch: Während der Beendigung des Planes PIDUZOB beanspruchte der frühere Bürgermeister von Bogotá, Fernandez de Soto, den Ruhm, das wichtige Programm begonnen zu haben. Dies wurde ihm von der Stadtverwaltung (Bürgermeister Gaitán Mahecha) zugestanden. S. El Tiempo vom 7. und 8. Juli 1977.

[286] Eine neuere Publikation hierzu ist Wiegand 1978.

[287] Selbstverständlich müssen die großen Projekte der Kapitalhilfe und der technischen Zusammenarbeit unterschieden werden. Bei letzteren sind ausländische Experten vorhanden; damit ist der ausländische Einfluß normalerweise höher als bei den Kapitalhilfe-Projekten.

gezeichnet haben. — Die von den internationalen Banken verwendeten Mittel sind vielfältig. Sie reichen von der Ausnutzung des Netzes „transnationaler Eliten"[288], zu denen etwa ein Teil der jungen kolumbianischen técnicos zu rechnen ist, über direkte Gespräche und die offizielle Erklärung einer bestimmten Anleihepolitik bis zur Erarbeitung und Verkündung der entsprechenden technischen Dokumente (ein Beispiel für die offizielle Erklärung einer Entwicklungspolitik stellt die Rede des Weltbankpräsidenten McNamara in Nairobi dar, in der er Priorität für die Landwirtschaft forderte, oder neuerdings die Betonung des Ansatzes der „basic-needs"). Die einzelstaatlichen Regierungen verstehen selbstverständlich genau, daß Kreditanträge, die sich dieser offiziellen Politik einfügen, eine größere Chance der Bewilligung haben als andere.

Eine Einschränkung erscheint jedoch notwendig: Der internationale *Einfluß wird nicht unmittelbar ausgeübt*, um den kolumbianischen Budgetprozeß zu beeinflussen. Technisch verbleibt die Erarbeitung des Haushaltsentwurfes und seine Durchführung in der Hand von Kolumbianern und nicht von Ausländern. Die ausländischen Organisationen wirken vielmehr auf die verschiedenen Haushaltstitel auf der Einnahmenseite (Teile eines Kredites als Einnahmen in einem gegebenen Haushaltsjahr) und auf der Ausgabenseite (Schuldendienst) ein.[289]

„Eine internationale Finanzierung zu erstreben" wird auch als Strategie des *Präsidenten* verwendet und kann daher als Maßnahme des „Budgetierens von oben" bezeichnet werden. Jeder neu gewählte Präsident — es sei daran erinnert, daß er nicht ein genaues Parteiprogramm vertritt — muß seine eigenen politischen Leitlinien verkünden. Seine Originalität muß er u.a. durch Abheben vom Programm des Vorgängers erweisen.

Diese Situation führt hinsichtlich Planung und Programmierung zu der folgenden Abfolge, die seit mindestens Mitte der sechziger Jahre typisch ist: Der neue Präsident setzt im besten Falle auch im Planungsbereich neue politische Prioritäten. Die técnicos des Nationalen Planungsamtes beginnen dann, diese in einen Entwicklungsplan zu übersetzen, eine Prozedur, die beträchtliche Zeit dauert. Die politische Diskussion und Verkündung des Planes ist noch zeitaufwendiger. Schließlich folgen endlose Verhandlungen mit den durchführenden Behörden und dem Finanzministerium. In einigen Fällen muß sogar eine besondere Verwaltungsstruktur geschaffen werden. Wenn die Verwirklichung des Planes ernsthaft beginnen kann, ist etwa die Hälfte der Amtszeit des Präsidenten

---

[288] Reveiz et alii 1977: 26.

[289] Das weite Gebiet des Einflusses der internationalen Behörden kann hier nicht detailliert behandelt werden. Zum kolumbianischen Fall s. Galli 1975, die sich auf die frühen siebziger Jahre bezieht, Reveiz et alii 1977 und Cardona / Fox et alii 1976. Galli ist besonders kritisch und betont die Mängel insbesondere des UNDP und ihren negativen Einfluß auf kolumbianische Planungsentscheidungen.

## D. Praktische Haushaltspolitik

abgelaufen. Und da die politische Stärke kolumbianischer Präsidenten nach ihrer Amtsübernahme abzunehmen pflegt, ist das letzte Jahr der ungeeigneteste Zeitpunkt, ein neues Programm zu beginnen. Nach der nächsten Wahl beginnt der Zyklus erneut: Die erste Tat eines neuen Präsidenten besteht in der Aufgabe der Programme seiner Vorgänger — oft bleiben jedoch erratische verwaltungsmäßige und gelegentlich wörtliche Ruinen der alten Pläne übrig. Das *Fehlen einer Ideologie*, das durch eine Verstärkung des pragmatischen Elements in der Politik dem Lande zum Vorteil gereicht, erweist sich als ein *schweres Hemmnis für eine langfristig angelegte Planung und Programmierung*. Wie der Manager einer Gesellschaft sucht der Präsident nach einem Mechanismus zur Sicherung der Fortführung begonnener Projekte. Internationale Kredite passen sich diesem Interesse ideal an. Ein Beispiel stellen zwei der Hauptprogramme der Amtszeit von López Michelsen dar, das integrierte ländliche Entwicklungsprogramm (Desarrollo Rural Integrado, DRI) und der Ernährungsplan (Plan de Alimentación y Nutrición, PAN)[290], die großenteils mit ausländischen Fonds finanziert werden. Im Jahre 1977[291] hatte ihre Verwirklichung kaum ernsthaft begonnen, was unsere Behauptung stützt, daß die Erarbeitung und die Verwirklichung eines solchen Programmes viel Zeit benötigt. (DRI wie PAN waren Pläne des Präsidenten seit Beginn seiner Amtszeit.[292])

Zum Abschluß sei vermerkt, daß nicht einmal eine internationale Finanzierung eine völlige Garantie gegen zeitweilige oder endgültige Mißerfolge bestimmter Programme darstellt. Der neu formulierte Plan PIDUZOB etwa erlitt 1975/76 einen auf Verwaltungsmängel zurückgehenden schweren Rückschlag, der die Interamerikanische Entwicklungsbank zur vorübergehenden Einstellung ihrer Zahlungen veranlaßte.[293] Gewandelte politische Orientierungen, Mängel der Verwaltung oder das Fehlen ausreichender eigener Mittel haben auch bei internationaler Finanzierung ihren Einfluß. Ihre Vorteile können indessen erklären, warum das Land auch in der Zeit der „bonanza cafetera" mit ihrem nie dagewesenen Zustrom von Devisen die Aufnahme von ausländischen Anleihen fortsetzte.

---

[290] S. DNP 1975 b, 1976 b und c, auch für Einzelheiten des Haushaltes.

[291] Am Ende dieses Jahres war DRI lediglich zu etwa 15 % verwirklicht.

[292] DRI stellt ein gemeinsames Programm vieler Behörden und Einrichtungen dar. Es erwies sich als äußerst schwierig, ein Ministerium oder eine dezentralisierte Einheit zu finden, der die Gesamtverantwortung für das Programm anvertraut werden konnte. Schließlich schuf das DNP selbst eine verwaltungsmäßige Infrastruktur, was einen anderen Schritt in die Richtung der Entwicklung des DNP zu einer durchführenden Behörde darstellt, wie sie bereits bei der Überwachung der regionalen Entwicklungsgesellschaften beobachtet werden konnte. Da der Direktor des DRI, der dem DNP angehört, keine Anordnungsbefugnis über die durchführenden Behörden hat, die er koordinieren und zu gemeinsamer Aktion veranlassen muß, sind die Verwaltungsprobleme, denen sich das Programm gegenübersteht, nur zu verstehen.

[293] El Tiempo, 19., 20. und 23. Juli 1976.

## h) Benutzung regionaler Elemente

Der Hinweis auf die extremen geographischen Verschiedenheiten innerhalb Kolumbiens mag als Selbstverständlichkeit erscheinen. Diesen Unterschieden entsprechen rassische und charakterliche Unterschiede der Bewohner. Auffallend ist insbesondere der Gegensatz zwischen den Bewohnern der zentralen kolumbianischen Hochgebirge (besonders den Bogotanern), den Bewohnern des Departamento Antioquia, den Bewohnern der Küste (costeños) und den wenigen Einwohnern der großen Ebenen im Osten (Llanos Orientales). Derartige Unterschiede bildeten einen Hauptgrund für den bitteren Kampf der Anhänger eines zentralen Staates und derjenigen eines Bundesstaates im 19. Jahrhundert. Die geographischen Unterschiede erklären teilweise (als Überreaktion) die extreme Verwaltungszentralisierung. Diese juristische Zentralisierung darf jedoch nicht über den tatsächlichen *Regionalismus von Bevölkerung, Wirtschaft, Verwaltung und auch Politik* hinwegtäuschen. Es ist interessant, wie häufig in Gesprächen mit kolumbianischen Beamten oder einfachen Bürgern das Verhalten einer Person mit ihrer regionalen Herkunft erklärt wird. Zweifellos sind die Mehrzahl dieser Aussagen lediglich Stereotype ohne empirische Basis.[294] Wichtig ist jedoch die unbezweifelbare Tatsache, daß Beamte und Bevölkerung insgesamt sich der regionalen Unterschiede ihres Landes bewußt sind und daß der Regionalismus auch in der Budgetpolitik eine wichtige Rolle spielt.[295]

„Die regionale Karte auszuspielen" nimmt verschiedene Formen an:

— Die Bevölkerung und mit ihr die lokalen und regionalen Beamten üben *Druck auf die Zentralregierung und ihre Behörden* aus, in der eigenen Region mehr zu investieren. Dazu wird das häufig zutreffende Argument von der Vernachlässigung der peripheren Regionen während vieler Jahre gebraucht.[296] Dies

---

[294] Es scheint jedoch eine wichtige Ausnahme zu geben: Die Bewohner des Departamento Antioquia (die Antioqueños) werden von Payne (1968: Kapitel 5) als der „abweichende Fall" („deviant case") betrachtet. Er sieht den Hauptunterschied in ihrem geringeren Statusbewußtsein. Hieraus folgen Besonderheiten wie eine geringere Verachtung für körperliche Arbeit, stärkere Neigung zur Industrie usw. Diese Argumentation ist jedoch aus einer Reihe von Gründen kritisiert worden.

[295] Man könnte so weit gehen, Kolumbien als einen als zentralen Einheitsstaat verkleideten Bundesstaat zu betrachten. – Auf jeden Fall sollten die Beobachtungen im Text als eine Warnung gegen die rein legalistische Interpretation der kolumbianischen Staatsorganisation dienen; der Text der Verfassung ist keine Beschreibung der Wirklichkeit!

[296] Zahlen zur regionalen Verteilung der Pro-Kopf-Einkommen in Gómez Cano 1972: 67. – Zur Erhellung der Unterschiede, die sich übrigens 1960-1975 verschärft haben: Bogotá hatte 1975 ein Pro-Kopf-Einkommen von 9.245 Pesos; das Departamento Chocó (das ärmste) nur von 1.414 Pesos, also 15,3% des Wertes von Bogotá. Durchschnitt für ganz Kolumbien war 6.207 Pesos. – Der Staat versucht, die armen Regionen stärker mit öffentlichen Investitionen zu bedenken; s. Blanco C. 1976; García Merlano 1976; Linn 1978: 41.

D. Praktische Haushaltspolitik 291

ist stets, für sich genommen, ein gutes Argument; es ist um so wirksamer, wenn politischer Druck die Regierung in eine kritische Situation zu manövrieren vermag. Die paros cívicos, die genauer beschrieben worden sind, können als regionaler oder lokaler Protest gegen die Vernachlässigung durch die Regierung begriffen werden.

Die Anforderungen nach erhöhten Budgetmitteln prägen sich in verschiedener Weise aus: Zum einen werden nationale Organisationen, die das Gesamtterritorium abdecken, darum ersucht, eine bestimmte Region besonders zu bedenken. Zweitens wird Druck ausgeübt, damit die regionalen Entwicklungsgesellschaften[297] höhere Zuweisungen aus dem Haushalt erhalten. Drittens geht es um die Überweisungen an die Territorialverwaltung (den situado fiscal), die ebenfalls erhöht und durch Sonderüberweisungen ergänzt werden sollen. — Von den *Parlamentariern* wird eine besondere Aufmerksamkeit für die Interessen ihrer Region im Gebiet öffentlicher Dienste und Investitionen erwartet. Die Abgeordneten werden ausschließlich nach dem Verhältniswahlrecht auf der Basis von Departamentallisten bestimmt; sie sind insofern sehr sensitiv für die lokalen Bedürfnisse, da deren Erfüllung zu ihrer Wiederwahl beitragen kann. (Übrigens gibt es in dieser Hinsicht keinen Unterschied zwischen Senatoren und Mitgliedern des Repräsentantenhauses.[298]) Der Einfluß der Parlamentarier prägt sich in zwei Formen aus: Sie betreiben *Lobbyismus* in den zentralen Ministerien und den wichtigen dezentralisierten Behörden — aber dieser erscheint weniger wichtig. Zweitens werden örtliche Bedürfnisse in die kurz erwähnten *„auxilios regionales"* übersetzt, die eine detailliertere Betrachtung verdienen.

Die Regionalbeihilfen betrugen 1977 genau 1 Mrd. Pesos[299], d.h. 1,6% aller vorgesehenen Ausgaben.[300] Dieser ziemlich kleine Anteil täuscht über die Bedeutung dieser Ausgaben für die einzelnen Abgeordneten, für den Kongreß und folglich für das politische System insgesamt hinweg. Die Mehrzahl fällt in den Geschäftsbereich des Innenministeriums und des Erziehungsministeriums. Die Einzelbeträge sind in der Regel sehr klein[301]; sie beginnen bei etwa 10.000 Pe-

---

[297] S. Kapitel III.

[298] Die Verfassungsvorschrift (Art. 105), daß die Parlamentarier die gesamte Nation vertreten und nicht nur eine Region, weicht erheblich von ihrer eigenen Auffassung ab. „Die Senatoren und Mitglieder des Repräsentantenhauses sind die Sprecher der Regionen und daher ihre legitimen Vertreter vor den Zentralgewalten..." (Brief des Contralor General Escallón Ordóñez an El Tiempo vom 15. Januar 1975).

[299] Ley de Presupuesto 1977 Sector Central: Berechnung nach den in Teil 3 enthaltenen Daten.

[300] Ibidem.

[301] Um die erwähnte 1 Milliarde Pesos aufzuzählen, sind nicht weniger als 457 Seiten notwendig, die Hälfte des gesamten Haushalts von 916 Seiten. Diese umfassen auch noch den decreto de liquidación und verschiedene Zusammenfassungen (Ley de Presupuesto 1977 Sector Central).

sos, d.h. etwa 300 US-Dollar. Um einen Eindruck von diesen Ausgabentiteln zu geben, sei die folgende Tabelle abgedruckt:

### Auxilios Regionales 1977, Departamento Atlántico

| Stadt | Empfänger | Verwendungszweck | Initiator (Abgeordneter) | Summe in kolumbian. Pesos |
|---|---|---|---|---|
| Barranquilla | Junta de Integración y Desarrollo de la Comunidad del Barrio San Luis | Bau eines Gesundheitszentrums | Hernan Berdugo Berdugo | 100.000 |
| Barranquilla | Junta Acción Comunal, Barrio Evaristo Sourdis | Reparatur von Straßen | Alfredo Mercado O'Brian | 50.000 |
| Repelón | Junta Acción Comunal del Corregimiento de Villa Rosa | Asphaltierung des Hauptplatzes | Alfredo Mercado O'Brian | 100.000 |
| Luruacu | Junta Acción Comunal, Corregimiento Almar de Candelabrias | Verschiedene, kleinere Arbeiten | Antonio Abello Roca | 35.000 |
| Barranquilla | Ministerio de Justicia | Spende an ein Gefängnis | Antonio José Vagas Peña | 150.000 |
| Barranquilla | Hospital Infantíl San Francisco de Padua | Unterhalt des Kinderkrankenhauses | José Nanne Teran u. Julio Borelly Mier | 150.000 |
| Barranquilla | Orfanato de Santa Bernardita | Unterhalt des Waisenhauses | Antonio José Vagas Peña | 50.000 |
| Candelaria | ein kleines Krankenhaus | Erweiterung u. Ausrüstung für die Entbindungsklinik | Carlos Martin Leyes | 50.000 |

| | | | | |
|---|---|---|---|---|
| Barranquilla | Asociación Colombiana Popular de Industriales ACOPI | Kauf von Land für einen Industriepark für Klein- u. Mittelindustrie | Eduardo Crissén | 1,5 Mio. |
| Soledad | Comunidad de Hijas de Nuestra Señora de la Misericordia | Ausrüstung u. laufende Kosten für eine Schule | Roberto Gerlein E. | 20.000 |
| Barranquilla | Colegio de la Costa | Spende an Schule | Carlos Martin Leyes u. Antonio Abello Roca | 150.000 |

Quelle: Anales del Congreso 39/1977. Die Tabelle beginnt mit dem ersten Ausgabentitel und führt dann jeden zehnten Titel bis zum Ende der zweiten Seite auf. 15 Seiten in dieser Ausgabe sind nur für die Departamentos Atlántico, Chocó und Magdalena erforderlich!

Die folgenden Überlegungen drängen sich auf:

Einmal werden die *Regionalbeihilfen* für Dinge verwendet, die normalerweise *staatliche Aufgaben* darstellen, sei es den Bau eines Gesundheitszentrums oder die Reparatur einer lokalen Straße. Zweitens, ein erheblicher Teil der *Zahlungsempfänger sind Nachbarschaftskomitees* im weitesten Sinne des Wortes. Ihnen fehlt üblicherweise eine Rechtspersönlichkeit, und sie weisen auch eine unklar abgegrenzte und wechselnde Mitgliederschaft auf. Dies bedeutet natürlich ideale Bedingungen für die Verwendung der Gelder für andere Zwecke als die im Haushaltsgesetz festgelegten.

Wie die übrigen Teile des Haushaltes werden die auxilios von den verschiedenen Ministerien und vom Finanzminister verwaltet, wobei die gleichen Regeln und Vorschriften zur Anwendung kommen.

Die auxilios regionales sind oft *zwischen Regierung und Kongreß streitig*. Diese Ausgaben widersprechen zweifellos einer Anzahl international akzeptierter Budgetprinzipien: Sie haben keine Verbindung zu anderen Ausgaben auf ihrem Gebiet, gehorchen örtlichen Einflüssen und Pressionen, nicht einem rationalen Programmieren und werden in mechanischer Weise auf die verschiedenen Gegenden des Landes aufgeteilt. (Der Haushaltsausschuß führt Verhandlungen mit der Regierung über die Gesamthöhe der Regionalbeihilfen; dann dividiert er den Betrag durch die Zahl der departamentos, was einen Vorteil für die weniger dicht besiedelten Gegenden des Landes bedeutet.) Ein kleiner, aber nicht unwichtiger Teil möglicher Ausgaben wird technischen Kriterien von vornherein entzogen.

Es kann daher nicht verwundern, daß die Regierung und insbesondere der Finanzminister diese Ausgaben als fachlich nicht gerechtfertigt ansieht und es zu *Friktionen mit den Abgeordneten* über ihre Höhe und ihren Verwendungszweck kommt. Ein solcher Konflikt entstand etwa während der Amtszeit des Präsidenten Lleras Restrepo (1966–1970)[302]; der Präsident brauchte jedoch die Zustimmung des Kongresses für die Verfassungsreform des Jahres 1968 und mußte daher nachgeben. Ein neuer Konflikt kann aus der Zeit des Präsidenten López berichtet werden: Sein hochqualifizierter Finanzminister Rodrigo Botero versuchte in Zusammenarbeit mit seinem Budgetdirektor Barrera, im Jahre 1976 die auxilios zurückzudrängen, indem er sie einfach nicht ausführte (Budgetjahre 1975 und 1976). Der Kongreß verweigerte daraufhin die Genehmigung für zusätzliche Ausgaben in Höhe von 3 Mrd. Pesos, die die Regierung beantragt hatte.[303] Das offizielle Argument war, daß der Staatsrat nach Artikel 19 der Haushaltsordnung[304] seine Zustimmung hätte geben müssen, aber darum nicht nachgesucht worden war. Der Kongreß blieb einige Wochen später bei seiner Haltung.[305] Der nächste Schritt des Haushaltskomitees war es dann, den Staatsrat um ein Gutachten zur Rechtmäßigkeit der beantragten Budgetveränderungen zu ersuchen.[306] Nach diesem Schlag wurde der Minister vor den Ausschuß geladen und mit einer Reihe von direkten Fragen konfrontiert[307], die alle um die Furcht der Abgeordneten kreisten, „ihre" Regionalbeihilfen nicht zu erhalten.[308] Eine Art Trotzreaktion führte dazu, daß der neue Haushalt für das Jahr 1977 mit einer noch niemals dagewesenen Höhe von Regionalbeihilfen verabschiedet wurde (der erwähnten Summe von 1 Mrd. Pesos). Botero überlebte diese Diskussionen politisch nicht lange; er trat im Dezember des gleichen Jahres zurück.

---

[302] Einer der prominenten Juristen des Landes, Jaime Vidal Perdomo, hat hierzu ein Gutachten ausgearbeitet.

[303] El Tiempo, 30. Juli 1976.

[304] Decreto-Ley 294/1973.

[305] El Tiempo, 12. August 1976.

[306] El Tiempo, 19. August 1976.

[307] Unter anderem: Wie war die Entwicklung der Ausgaben für die Regionalbeihilfen 1977? Welche Zahlungen aus Regionalbeihilfen sind von den Ministern und den Leitern der departamentos administrativos angefordert worden? Welche Auszahlungsprogramme der Regionalbeihilfen hat die Generaldirektion für das Budget vorgelegt? Wurden im Vorjahr bewußt Verpflichtungen zu Zahlungen aus Regionalbeihilfen nicht eingegangen, um die Bildung von „reservas" und damit Mittelabflüsse im laufenden Jahr zu vermeiden? – La República, 7. September 1976.

[308] Die Bedeutung der regionalen Verteilung der öffentlichen Investitionen in der Perzeption der Politiker des Kongresses kann auch durch das folgende Ereignis illustriert werden: 1975 plante der Haushaltsausschuß, die Diskussion des Haushaltsentwurfs für 1976 zu verweigern, da eine Tabelle zur Regionalverteilung der Investitionen vermißt wurde (El Tiempo, 10. September 1975).

## D. Praktische Haushaltspolitik

Das offizielle Argument zugunsten der Regionalbeihilfen, das von Politikern verwendet wird, behauptet, daß die Parlamentarier den engsten Kontakt mit der Bevölkerung hätten und daß diese Beihilfen lokalen Nöten entsprächen, welche die Verwaltung nicht erfahre. Die ganz unübliche Aktivität und die Bitterkeit der Mitglieder des Haushaltsausschusses zeigt jedoch, daß die *wirklichen Funktionen* der auxilios im *politischen Bereich* zu suchen sind.

Wir können ganz grob offene und verdeckte (heimliche) Funktionen der auxilios regionales unterscheiden:

1974 endete die Nationale Front hinsichtlich der alternativen Besetzung des Präsidentenamtes durch Mitglieder der beiden großen politischen Lager und hinsichtlich der paritätischen Besetzung des Kongresses. Seither haben sich der Wahlkampf und der Wettbewerb bei der Rekrutierung der Parlamentarier verschärft. Dieser Wettbewerb findet zunächst zwischen den beiden sog. Parteien statt; die Zahl „liberaler" und „konservativer" Stimmen und Sitze im Kongreß erweist sich mindestens als psychologisch wichtig für die beiden Seiten und die Bevölkerung. Innerhalb jeder Partei gibt es zweitens mehrere Listen. Während des Wahlkampfes 1978 etwa teilten sich die Liberalen in vier, später in drei, Gruppen auf, die sich um die „Vor-Kandidaten" zur Präsidentschaft Carlos Lleras Restrepo, Julio César Turbay Ayala, Hernando Agudelo Villa und Carlos Holmes Trujillo scharten. Die Konservativen legten zwei Listen vor, die Ospino-Pastranistas, geführt vom früheren Präsidenten Misael Pastrana Borrero und der Witwe des Ex-Präsidenten Ospina Perez, und die Alvaristas, die nach ihrem Leiter Alvaro Gómez Hurtado genannt wurden. Hinzu kommt eine große Zahl „unabhängiger" Liberaler und Konservativer. Das einfache Verhältniswahlrecht auf der Basis von Departamento-Listen macht so die örtliche Popularität der Kandidaten äußerst wichtig. Für *Parlamentarier, die wiedergewählt zu werden wünschen, stellt die strategische Verteilung der parlamentarischen Beihilfen ein Hauptmittel dar* (der Ausdruck „parlamentarische Beihilfen" erscheint besser als „Regionalhilfen"). Da die politische Funktion der auxilios wichtiger ist als die technische, scheint eine schlechte Verwaltung dieser Mittel nicht selten zu sein: „Obras inconclusas" werden als häufig bezeichnet.[309]

Die verdeckte Verwendung der auxilios dient der *illegalen Finanzierung von Wahlkämpfen*. Ein häufiger Weg hierzu besteht in der Gründung einer Bürgervereinigung mit einem offiziellen Ziel, das nach altem Brauch eine parlamentarische Unterstützung verdient. In Wirklichkeit dient die Vereinigung lediglich als Kanal zur Weiterleitung des Geldes zur Finanzierung des Wahlkampfes des Parlamentariers oder des Parteiflügels.

---

[309] Ein Beispiel wird in El Tiempo vom 5. November 1978 berichtet.

Ein direkter Weg zum gleichen Ziel, der Stimmenkauf im plattesten Sinn — die Abgabe der Stimme für einen Patron oder „Gamonal" gegen eine Geldprämie — kommt auch heute noch vor.[310]

Es ist naturgemäß schwierig, den Anteil der auxilios zu schätzen, der für solche Zwecke verwendet wird. Der ANAPO wurde die Verwendung der auxilios für den Wahlkampf nachgesagt. Heute erscheint es jedoch unmöglich, ein Urteil über die Richtigkeit dieser Behauptung abzugeben. Es erscheint hingegen sicher, daß ein nicht zu kleiner Prozentsatz der auxilios nicht für den im Haushaltsgesetz ausgewiesenen Zweck ausgegeben wird. —

Die offene und die heimliche Verwendung der auxilios haben die *gleichen politischen Effekte*, wie deutlich geworden sein dürfte.

Zum Abschluß sei eine jüngere Entwicklung nachgetragen: Mitte 1978 erklärte der Oberste Gerichtshof die Einrichtung der parlamentarischen Beihilfen für illegal, dies aus rein formaljuristischen Gründen.[311] Es kam zu einem Sturm des Unwillens, und es erscheint völlig sicher, daß eine rechtlich unangreifbare Möglichkeit gefunden wird, die eine Fortführung der „auxilios parlamentarios" genannten Ausgaben erlaubt.

Die regionale Karte wird auch von den kolumbianischen *Ministern* ausgespielt.

Wenn die kolumbianischen Abgeordneten als Sprecher ihrer Herkunftsregion angesehen werden, finden sich die Minister häufig unter dem gleichen Erwartungsdruck. Die Mehrzahl der Minister sind aktive Politiker[312] und oft, wenn auch nicht notwendig, Kongreßabgeordnete. Als solche verfügen sie normalerweise über eine territoriale Basis, üblicherweise ihren Wahlkreis. Findet sich ein normaler Parlamentarier praktisch verpflichtet, für die Ansiedlung wichtiger staatlicher Investitionsprojekte in seiner Gegend zu sorgen, dann stimmt dies um so mehr für Minister, die über Entscheidungsgewalt verfügen.

Ein bekanntes Beispiel aus jüngerer Zeit stellt die Universität der östlichen Ebenen (Universidad de los Llanos) dar, die unter dem Erziehungsminister

---

[310] Gelegentlich wird die Veruntreuung oder vom Gesetz nicht gedeckte Ausgabe von Haushaltsmitteln verfolgt. Ein Beispiel in der jüngsten Zeit stellt der Prozeß gegen die Abgeordnete Gabriela Zuleta Alvarez dar, die zu 26 Monaten Gefängnis verurteilt wurde (El Tiempo, 7. Juni 1978).

[311] Nach dem Haushaltsrecht stellt das Budget nichts anderes dar als eine Zusammenstellung von Einnahmen und Ausgaben aufgrund früherer Gesetze. Dies trifft für die auxilios nicht zu (El Tiempo vom 4. Juli 1978).

[312] Die wenigen Erfahrungen mit stärker fachlich ausgerichteten Kandidaten haben sich als wenig erfolgreich erwiesen. Diese Minister hatten oft Probleme, mit den Politikern im Kabinett oder im Kongreß gute Arbeitsbeziehungen herzustellen. Obwohl ihre Arbeit rein fachlich derjenigen der Politiker überlegen gewesen sein mag, war sie weit weniger wirksam.

Durán Dussán 1977 eröffnet wurde. Durán Dussán war „zufällig" selbst ein Llanero!

*i) Täuschung der Überwachungsbehörden*

Die Einfachheit der Übertragung eines Ausgabentitels zur Finanzierung eines anderen, die beschrieben wurde, ermöglicht das folgende Manöver: Beantrage Ausgaben, die vermutlich von der Generaldirektion für den Haushalt und dem Planungsamt begrüßt und daher bewilligt werden. Übertrage die entsprechenden Ausgabentitel dann auf Verwendungszwecke, die von Anfang an bevorzugt wurden, aber eine geringere Chance in Verhandlungen mit den Haushaltsbehörden gehabt hätten. — Das Hauptinteresse des Finanzministeriums besteht im Ausgleich von Einnahmen und Ausgaben. Daher wendet es sich selten gegen einen einfachen Übertrag von Ausgabentiteln, der das Gesamtvolumen der Ausgaben unberührt läßt. Dem Planungsamt fehlt es an politischer Bedeutung, um sich einem solchen Transfer mit Aussicht auf Erfolg widersetzen zu können.

Es muß hinzugefügt werden, daß ein solcher Grund für Verschiebungen des Ausgabenhaushaltes zwar häufig ist, daß aber in der Mehrzahl der Fälle Verschiebungen auf unzureichende Planung der Ausgaben[313] und auf unerwartete Entwicklungen zurückgehen. Das Fehlen seriöser Ausgabenplanung und die Einfachheit von Verschiebungen innerhalb des Haushaltes ein und desselben Ministeriums verstärken sich wechselseitig. Es wird interessant sein zu beobachten, ob die Anstrengung der Generaldirektion für den Haushalt zur Erschwerung der Transfers erfolgreich sein werden. Bei den echter Planung zuwiderlaufenden Mechanismen der Entscheidungsfindung in Kolumbien sind die Aussichten hierfür nicht sonderlich gut.

*j) Bildung von Koalitionen*

Die Verbindung der eigenen politischen und verwaltungsmäßigen Stärke mit derjenigen einer anderen Organisation gegen den Widerstand des Finanzministeriums oder des Planungsamtes kann die Erfolgschancen sehr erhöhen. Eine Voraussetzung ist notwendigerweise die mindestens zeitweilige Übereinstimmung der Organisationsinteressen.

Beispiele aus Kolumbien in den letzten Jahren sind die Allianzen zwischen Behörden, die Investitionsprogramme verwirklichen wollten, und öffentlichen oder privaten Finanzinstitutionen, die an einer Ausleihe ihres Geldes interessiert waren. Wie beschrieben, hat dies gelegentlich zu Verträgen geführt, die für den Fiskus ungünstig waren.

---

[313] Einige Informationen über Projektstudien und Entscheidungen enthält Barrera 1975.

### k) Einsatz von Plänen

Obwohl kolumbianische Pläne und Investitionsprogramme selten vollständig verwirklicht werden, bedeutet ihre Aufstellung (und, noch mehr, ihr Gebrauch für politische Propaganda) ein zusätzliches Argument zur Fortführung einer Finanzierung, die durch Mittelknappheit bedroht ist. Sicherlich stellt diese Überlegung einen der Gründe dafür dar, daß es von Programmen nur so wimmelt.

### l) Intervention beim Präsidenten

Schließlich ist als letzte Taktik das Anrufen des Präsidenten zu erwähnen, wenn ein Minister mit dem Finanzminister nicht zu einer Übereinstimmung gelangen kann oder wenn es einen Zusammenstoß zwischen dem Direktor einer mächtigen dezentralisierten Einheit und dem überwachenden Minister gibt. Diese Taktik stellt ein Beispiel für die Behauptung von Downs dar: „Unrestrained conflict shifts power upwards."[314]

Der *Erfolg* dieses Vorgehens hängt von einer *Anzahl von Faktoren* ab: zuerst der Strategie des Präsidenten bei der Behandlung von Haushaltsangelegenheiten; zweitens der relativen politischen Stärke der betroffenen Persönlichkeiten; drittens der in Rede stehenden Ausgabe (genauer des Einflusses eines bestimmten Projektes auf die politische Unterstützung der Regierung); und viertens dem persönlichen Verhältnis der beteiligten Personen zum Präsidenten. Während der Präsidentschaft von López Michelsen war diese Taktik ziemlich selten; der Präsident war nicht willens, sich um technische Einzelheiten zu kümmern, und er unterstützte normalerweise den Finanzminister. Frühere Präsidenten nahmen eine ganz andere Haltung ein: Präsident Lleras Restrepo interessierte sich wesentlich stärker für Einzelheiten von Investitionsprojekten; er neigte auch stärker dazu, selbst eine Entscheidung zu treffen. Ein Beispiel bildet die Feier der Unabhängigkeit von Boyacá: Der Minister für wirtschaftliche Entwicklung, Hernando Gómez Otálora, war Vorsitzender eines Ausschusses zur Vorbereitung der patriotischen Feiern. Der Ausschuß plante den Bau eines teuren Denkmals am Ort der letzten und entscheidenden Schlacht gegen die Spanier (die sog. Puente de Boyacá). Finanzminister Abdón Espinosa Valderrama[315], politisch eine wichtige Persönlichkeit, verweigerte die Freigabe der notwendigen Gelder mit dem korrekten Argument, es herrsche Ebbe in der Kasse. Gómez appellierte an den Präsidenten, der aus Prestigegründen den Bau des Monumentes anordnete. Genauer: die Pläne des Präsidenten zur Verfassungs- und Verwaltungsreform brauchten allgemeine politische Unterstützung; der Appell an die patriotischen Gefühle erschien hierzu ein hervorragendes Mittel.

---

[314] Downs 1967: 262.
[315] Erneut Finanzminister im Jahre 1977.

Es sei jedoch wiederholt, daß der letzte Präsident sich weit weniger geneigt zeigte, in Auseinandersetzungen der Minister um Haushaltsmittel hineingezogen zu werden.

Nach der Beschreibung einer größeren Zahl von taktischen Manövern der mittelverbrauchenden Stellen zur Erhöhung ihrer Zuweisungen und zu ihrer von Überwachung und Kontrolle möglichst freien Verwendung soll eine *Strategie* erwähnt werden, *die von anderen Ländern berichtet wird*[316], *aber in Kolumbien selten ist:* der Erwerb von Vertrauen durch eine Behörde, das in Haushaltsverhandlungen als Aktivum eingesetzt werden kann.

Der Grund für das Fehlen dieser Strategie hängt mit dem *schnellen Personalwechsel* im öffentlichen Dienst zusammen. Die Verhandlungspartner auf beiden Seiten wechseln dauernd, damit auch das Verhältnis zwischen den einzelnen Stellen. Diese personalistische Komponente kolumbianischer bürokratischer Politik führt zu einem ständigen Wandel der Umgebung der Behörden. Sie können nicht die dauernden ,,images" und Beziehungen aufbauen, die der Erwerb von Vertrauen und des Rufs der Zuverlässigkeit voraussetzen. Selbstverständlich kann der Faktor guter persönlicher Beziehungen dann ausgenutzt werden, wenn er vorkommt. Bei der Größe der Verwaltung ist dies jedoch ein zu seltener Fall, um als geplante Taktik im Spiel der bürokratischen Haushaltspolitik eingesetzt zu werden.

## 2. Budgetieren von oben:
## Präsident, Finanzministerium und Nationales Planungsamt

### a) Bildung von Reserven

Hierbei handelt es sich um eines der ältesten Manöver, die ein Finanzministerium anwenden kann, um mit dem ewigen Problem fertig zu werden, ,,die Rechnungen bezahlen zu können" und Einnahmen und Ausgaben auszugleichen: Stelle das Budget auf der Basis einer bewußten Unterschätzung der wahrscheinlichen Einnahmen und Überschätzung der Ausgaben auf! Der Vorteil für das Finanzministerium liegt darin, Mittel verfügbar zu haben, sollten sich Investitionsprojekte oder laufende Ausgaben als teurer erweisen als geplant (als Ergebnis der Inflation oder höherer Zuwächse der Gehälter im öffentlichen Dienst).[317] Zum anderen sind Mittel verfügbar, falls eine Behörde im laufenden

---

[316] Wildavsky 1974: 74 ff., für die Vereinigten Staaten.

[317] Hier findet sich die Unterdirektion für Haushaltsprogrammierung in einem gewissen Dilemma: Eine realistische Schätzung der wahrscheinlichen Erhöhung der Gehälter der staatlichen Bediensteten brächte die Gewerkschaften dazu, diesen Betrag als Untergrenze ihrer Forderungen anzusehen. Am Ende könnte sich die ,,realistische" Schätzung als unrealistisch erweisen.

Jahr ein neues, nicht geplantes Projekt verwirklichen will. — Das beschriebene Vorgehen war in den letzten Jahren eine bewußte Politik der Unterdirektion für Haushaltsprogrammierung. Es erklärt u. a., warum das tatsächliche Einkommen des Staates durchwegs höher gewesen war als die Schätzungen im Haushaltsgesetz (andere Gründe liegen in der Steuerreform 1974 und in der hohen Inflation dieser Jahre, welche die Steuern überproportional ansteigen ließ). Eine Reserve existierte also; allerdings gab ihre Verwendung Anlaß zu einer öffentlichen Kontroverse.

### b) Festlegung von Obergrenzen

Auch dies ist eines der häufigsten Manöver eines Finanzministeriums beim Budgetieren; auch das DNP wendet diese Taktik an. Bis 1966/67 pflegten Finanzministerium und Planungsamt die Mittelanforderungen der verschiedenen Behörden abzuwarten. Das Resultat war, daß diese Anforderungen nicht rechtzeitig vorgelegt wurden und so zu hastiger Improvisation Anlaß gaben. Zusätzlich erwiesen sie sich als drei- bis viermal so hoch wie die verfügbaren Mittel. Dies führte zu Entscheidungsüberdruck (decision overload): Die Spezialisten konnten kein klares Bild vom ökonomischen und sozialen Wert der verschiedenen vorgeschlagenen Projekte gewinnen. Entscheidungen mußten daher auf der willkürlichen Basis unzureichender Information über Projekte und Prioritäten der vorschlagenden Verwaltungseinheit getroffen werden. Sie erwiesen sich daher als unbefriedigend. — Negativ war weiter, daß die Haushaltsverhandlungen auf der Basis unrealistisch hoher Anforderungen außerordentlich zeitraubend waren. Es ist offensichtlich leichter, sich auf eine Beschneidung der Anforderungen um 5% als auf eine solche um 75% zu verständigen. Die Verhandlungen waren auch persönlich unerfreulich. Kolumbianische Beamte versuchen, diesen Stil zu vermeiden, da er etablierten Normen des sozialen Verhaltens zuwiderläuft: Direkte Angriffe und persönlich verletzende Handlungsweisen sollten nach diesen Normen soweit als möglich vermieden werden; dies ist sicherlich einer der Gründe für die erstaunliche Toleranz der Öffentlichkeit gegenüber Mängeln und Korruption der Verwaltung. Daher wurde das System der Obergrenzen für Haushaltsbewilligungen eingeführt. Auch wenn diese „cifras topes" nicht immer das letzte Wort darstellen, bilden sie doch eine solide und realistische Basis für die Budgetverhandlungen. Sie zwingen gleichzeitig die mittelanfordernden Stellen, ihre Projekte nach Prioritäten zu ordnen. Der Arbeitsanfall für die Zentrale ist verringert worden; gleichzeitig haben sich die Möglichkeiten für ein fundiertes Urteil über Investitionsvorhaben stark verbessert.[318] Diese Taktik kann daher als Erfolg bezeichnet werden.

---

[318] Einen anderen Grund für die Einführung der Obergrenzen bildete die kurze Frist zwischen der Vorlage der Mittelanforderungen und der Vorlage des endgültigen Haushaltsentwurfes.

D. Praktische Haushaltspolitik

### c) Delegation von Entscheidungen

Finanzministerium wie Planungsamt verwenden diese Taktik. Der Grundgedanke besteht darin, eine Zwischenstelle zwischen den letzten Zahlungsempfänger und die für die Erarbeitung des Budgets zuständige Behörde zu schalten, welche Details diskutieren muß und den Druck zur Erhöhung der Bewilligungen abfängt.

Prototyp einer solchen Zwischenstelle sind die Ministerien, die mit den ihrer Aufsicht unterstehenden dezentralisierten Einheiten über den Haushalt verhandeln.

Wie erinnerlich, sind die Minister oder von ihnen benannte Vertreter Vorsitzende der Junta Directiva der dezentralisierten Behörden.[319] Das Ministerium dient so als erste Abstimmungsstelle zur Vorbereitung des Budgets dieser Verwaltungseinheiten.

Es muß unterschieden werden: Bezüglich der *laufenden Ausgaben* scheint die beschriebene Aufgabenverteilung nicht auf größere Probleme zu stoßen. Die von der Generaldirektion für den Haushalt festgelegten Höchstzahlen werden von den Ministerien auf die einzelnen Einheiten aufgeteilt. Sie wirken daher als Zwischenstellen im beschriebenen Sinne. Nur in außergewöhnlichen Fällen verwenden die Minister erheblichen Druck, um die Bewilligungen für eine Behörde erhöht zu bekommen. (Am Rande sei vermerkt, daß ein allgemeines Gefühl der Unzufriedenheit nicht ausreicht, um in bestimmten Fällen aktiv zu werden. So wird berichtet, daß sich zur Zeit der drastischen Verringerungen der Anforderungen — bevor die Maximalzahlen eingeführt wurden — der Finanzminister einem Sturm der Entrüstung seiner Kollegen im Kabinett gegenübersah, wenn er seine Zahlen verkündete. Jeder einzelne Minister sagte den bevorstehenden Zusammenbruch des Staates voraus, sollte *sein* Ministerium nicht entscheidend mehr Geld bekommen. Nach Stunden fruchtloser Diskussionen erbat der Präsident weitere Stellungnahmen und erklärte den Haushaltsentwurf für verabschiedet, was die Minister murrend hinnahmen.)

Bei *Investitionsausgaben* ist die Situation jedoch wesentlich komplizierter:

Theoretisch kommen dem Nationalen Planungsamt als höchster Autorität in Planungsangelegenheiten die gleichen Kompetenzen zu wie der Generaldirek-

---

[319] Eine kleine Anekdote kann deutlich machen, daß nicht einmal dieses formale Prinzip stets beachtet wird: Die Corporación Autónoma Regional del Valle del Cauca untersteht dem Nationalen Planungsamt. Dessen Direktor entsandte einen jüngeren Beamten als seinen Vertreter zu einer Sitzung des Verwaltungsrates. Dieser sah sich der Situation gegenüber, nicht am Kopfende des Tisches Platz nehmen zu können, sondern an einer der Längsseiten. Der Sessel des Vorsitzenden war durch den Gouverneur des Cauca-Departamentos besetzt, einen wichtigen Politiker, der die Sitzung mit Emphase für eröffnet erklärte. Der junge técnico sah selbstverständlich von einer Diskussion dieses Sachverhaltes ab.

tion für den Haushalt für die laufenden Ausgaben: Seine Hauptfunktion besteht in der Koordination, Integration sowie Überwachung der regionalen und sektoralen Entwicklungspläne. Diese sollen von den Planungsämtern in den Ministerien erarbeitet werden, die als Partner der durchführenden Behörden tätig werden.

In der Praxis funktioniert dieses Verfahren jedoch nicht wie in den Gesetzestexten vorgesehen. Die hochqualifizierten técnicos des DNP klagen dauernd über die geringe Ausbildung der Mitarbeiter der Planungsämter in den Ministerien, freilich mit Ausnahmen (Erziehung, Landwirtschaft, Wirtschaftsentwicklung). Sie ziehen daher eine Zusammenarbeit unmittelbar mit den Investitionen vornehmenden Stellen vor. Eine bessere Erklärung für diesen Sachverhalt dürfte es sein, daß die *Planungsämter in den Ministerien*, die rein rechtlich gesehen den fachlichen Anweisungen des Planungsamtes unterstehen, längst der *Kontrolle der Minister* unterliegen und daher als geeignete Partner für die Planer ausscheiden. Wir kommen daher zu dem Schluß, daß eine fachliche Diskussion des Wertes einer bestimmten Investition eine Aufgabe der durchführenden Stelle und des Nationalen Planungsamtes ist.

Bei der rein technischen Aufgabe der Zusammenstellung des Haushaltes ist die Situation verschieden: Die Investitionszahlen werden den Ministerien mitgeteilt, welche sie dann unterverteilen; die Minister verteidigen oft mit Verve ihre „Autonomie" gegen die „Einmischung" der Planer und beanspruchen, selbst Prioritäten zu setzen.

### d) Konfliktvermeidung

Wie für eine Privatperson gilt für eine Bürokratie die Regel, Konflikte zu vermeiden, die sie nicht mit einiger Wahrscheinlichkeit gewinnen kann.

Die relative Stärke der Kontrahenten hängt von einer Zahl politischer Ressourcen ab, von denen die wichtigsten Geld, Personal, Information, Legitimität, Zugang zum Präsidenten und andere sind.[320] Dem kolumbianischen Planungsamt fehlen diese Güter; nur Information und Zugang zum Präsidenten machen bis zu einem gewissen Grade eine Ausnahme. Die kolumbianische „politische Kultur" (wie auch immer genau zu definieren) schreibt darüber hinaus die Vermeidung heftiger Konflikte zwischen Organisationen oder zum mindesten ihre diskrete Behandlung vor, so daß eine soziale Notwendigkeit für die Planer besteht, nicht in Konflikte hineingezogen zu werden. Zu diesem Zweck sind eine Anzahl von Strategien entwickelt worden[321]:

---

[320] Cleaves 1974: Kapitel eins und neun.

[321] Downs 1967: Kapitel XX stellt fest, daß Regierungsbudgets in Analyse und Durchführung auf marginale Veränderungen gegenüber dem Vorjahr abstellen und führt das auf mangelnde Information zurück. Dies mag ein zusätzliches Argument sein, aber das Vermeiden von Konflikten (conflict management) ist im kolumbianischen Fall wichtiger.

— Zusage mindestens des Vorjahresbudgets:

Die mittelverbrauchenden Stellen erwarten Jahr um Jahr mindestens die gleichen Haushaltsmittel wie im Vorjahr. Diese „Basis" wird als eine Art wohlerworbenen Rechtes betrachtet, das mit allen Mitteln zu verteidigen ist. Zur Vermeidung von Konflikten läßt sich das Planungsamt normalerweise nicht auf eine Diskussion dieses „Rechtes" ein; normalerweise werden mindestens die früheren Beträge bewilligt.

Hierbei stellt die kolumbianische Inflation eine große Hilfe dar. Selbst wenn das Budget in realen Werten nicht zunimmt, werden die Zahlen Jahr um Jahr aufgebläht. Folglich findet das Planungsamt in der Regel kein Problem darin, die Zahlen wenigstens in nominellen Werten zu bewilligen. Auch die kolumbianischen Beamten unterliegen zu einem gewissen Grade der „Geldillusion", welche die Wirtschaftswissenschaftler der Mehrheit der Bevölkerung zuschreiben, sofern die Inflation noch nicht extrem hohe Werte erreicht hat.

— Zustimmung zu einem Zuwachs

Zur Befriedigung der „Gefräßigkeit" der durchführenden Stellen ist das Planungsamt normalerweise an einer Ausweitung der Haushaltsbewilligungen interessiert, notfalls mit Hilfe zusätzlicher Kredite. In diesem Sinne wurde der Haushalt niemals reduziert, sondern immer ausgeweitet. Um dieses Ziel zu erreichen, folgt das Planungsamt einer Trias einfacher Regeln:

— Fortsetzung des Trends

Wie eben bemerkt, ist der Haushalt des Landes Jahr um Jahr ausgeweitet worden, wenn auch nicht stets mit der gleichen Rate. Zusätzliche Mittel, die für das nächste Budgetjahr zur Verfügung stehen, können so leicht durch eine Extrapolation dieses Trends den verschiedenen mittelverbrauchenden Stellen zugeteilt werden. „Inkrementalismus" ist mit Abstand die wichtigste Bestimmungsgröße für die Bewilligung von Haushaltsmitteln.

— Finanzierung der Investitionen des Entwicklungsplanes

Im Gegensatz zu einer verbreiteten Auffassung legt der Entwicklungsplan bei weitem nicht alle Investitionen der öffentlichen Stellen oder mindestens der Behörden der Zentralregierung fest. Dies widerspricht völlig der Theorie des „comprehensive planning", welches die gesamte Wirtschafts- und Sozialentwicklung für eine gewisse Zeitperiode bestimmen möchte.[322] Dieser Planungsansatz war in Lateinamerika verbreitet und wurde durch einflußreiche Organisationen wie die Wirtschaftskommission der Vereinten Nationen für Lateinamerika (ECLA, oder spanisch CEPAL), Santiago de Chile, und die Allianz für

---

[322] Wolff 1977 a: Kapitel 2.

den Fortschritt propagiert. Selbst eine weniger ehrgeizige Definition des Planungsprozesses zielt mindestens auf die Bestimmung und Integration der staatlichen Investitionen und Aktivitäten im Bereich der Wirtschafts- und Sozialpolitik. Diese zweite Definition ist mindestens offiziell von Kolumbien übernommen worden: Die Pläne sind juristisch für den öffentlichen Sektor einschließlich der Staatsunternehmen bindend.

Dies trifft in der Praxis allerdings nicht zu. Zum ersten gibt es schlechterdings keine Stelle, die genügend stark wäre, die Verwirklichung eines Planes zu erzwingen, welcher den Staatsapparat ingesamt umfaßt, dieser Plan sei als Gesetz oder, wie bisher immer, als Verordnung des Präsidenten verkündet worden.[323] Zweitens hat beispielsweise der Plan 1975—78 nicht einmal zum Ziel gehabt, die Gesamtheit der staatlichen Investitionen festzulegen. Stattdessen nennt er Programme wie DRI und PAN, die im besten Falle nur einen ziemlich kleinen Anteil der für Investitionen zur Verfügung stehenden öffentlichen Gelder benötigten. Es kann daher nicht überraschen, daß der Anteil des Haushaltes, der für solche Programme vorgesehen war, sehr klein war: 10% des Investitionshaushaltes 1976, 15% des Haushaltes für 1977.[324] Bei derart kleinen Beträgen kann es nicht verwundern, daß das Planungsamt bei der Reservierung von Mitteln für die Projekte des Entwicklungsplanes nicht auf größere Schwierigkeiten stößt. Die Bereitstellung der entsprechenden Budgetmittel stellt jedoch nur eine von mehreren Bedingungen für die Verwirklichung eines Planes dar.

— Beachtung der politischen Grundentscheidungen

Dieses die Arbeit des DNP im Haushaltsbereich mitbestimmende Leitprinzip ist nicht einem direkten politischen Einfluß, welcher Stelle oder Persönlichkeit auch immer, gleichzusetzen. Es handelt sich vielmehr um die allgemeine Orientierung an der langfristigen Politik des Präsidenten, die den Beamten der Unidad de Inversiones Públicas auf verschiedene Weise zur Kenntnis kommt. Sie reichen von dem offiziellen Kanal der Teilnahme des Direktors des DNP an den Sitzungen des Wirtschafts- und Sozialrates (CONPES) bis zur Zeitungslektüre der Beamten. Die Zeitungen drucken (oft wörtlich) die wichtigen Reden des Präsidenten und anderer hoher Beamter ab. Proklamiert etwa der Präsident die Priorität des Erziehungssektors und des Gesundheitswesens — dies war bei

---

[323] Der Planungsausschuß des Kongresses, der durch die Verfassungsreform 1968 begründet wurde, ist niemals zusammengetreten. Der Kongreß konnte daher auch nicht in seinen Plena den Regierungsentwurf der Pläne diskutieren. (Nach einer Verfassungsreform 1979 wurde ein derartiger Ausschuß eingerichtet; die Reform allerdings 1981 für verfassungswidrig erklärt.)

[324] Die tatsächlich ausgegebenen Prozentsätze waren noch wesentlich kleiner: für DRI und PAN zusammen nur 3,1 % des Haushaltes 1976. Dies hing mit administrativen Schwierigkeiten zusammen; s. 1 g.

López Michelsen der Fall —, dann wäre es unangebracht, für diese beiden Bereiche eine restriktive Haushaltspolitik zu verfolgen, ob direkte „Anweisungen" vorliegen oder nicht.

Es muß indessen eingeschränkt werden: *Politische Optionen stellen nur einen von einer Reihe von Faktoren dar,* welche die Haushaltspolitik bestimmen. Es ist daher möglich, daß andere Einflußgrößen (z.B. die eingebaute Trägheit der Verwaltung, die sich als Inkrementalismus in die Haushaltspolitik übersetzt) ebenso wichtig oder wichtiger sind als politische Präferenzen. Diese finden daher oft keinen Ausdruck in den Budgetzahlen. Zweitens bedeutet eine Mehrausgabe, etwa für Gesundheit und Erziehung, nicht notwendig eine relative Vernachlässigung anderer öffentlicher Einrichtungen. Deren höhere Ausgaben können zurückgehen auf Steuern mit besonderer Zweckbestimmung, die mindestens kurzfristig durch politische Entscheidungen nicht beeinflußt werden können[325], auf Druck starker Behörden in den eigentlich zu vernachlässigenden Bereichen und schließlich auf verwaltungsmäßige Schwierigkeiten in den zu fördernden Bereichen. Die politische Absicht zur erheblichen, auch relativen Vermehrung der Ausgaben für bestimmte Zwecke kann dann einfach nicht verwirklicht werden.

Dies wird um so mehr der Fall sein, wenn die politischen Orientierungen sich als schwach erweisen und wenn der hinter ihnen stehende Wille zu ihrer Verwirklichung nicht allzu stark ist. Beides war während der Präsidentschaft von López M. der Fall.

— Vermeidung von Einmischung in den Geschäftsbereich fremder Behörden

Die folgende Annahme erscheint begründet: Jede Behörde, sei es ein Ministerium, sei es eine Durchführungsbehörde mit eigener Rechtspersönlichkeit, reagiert abwehrend gegenüber der Kontrolle durch eine andere Behörde, diese mag zur Kontrolle „berechtigt" sein oder nicht. Der Erfolg dieser tiefverwurzelten Reaktion hängt von der politischen Konstellation ab, vor allem der relativen Stärke der Kontrahenten und der von ihnen angewendeten Taktik.

Theoretisch ist das kolumbianische Planungsamt zur „Einmischung" in die gesamte Tätigkeit der öffentlichen Stellen im Investitionsbereich berechtigt bzw. verpflichtet. Das ist jedoch politisch unmöglich. Das DNP wird als typische Stabseinheit der höchsten politischen Autorität im Bereich der Wirtschafts- und Sozialpolitik angesehen, damit indirekt des Präsidenten. Ihm fehlen insofern unmittelbare exekutive Rechte, ausgenommen die kleinen Bereiche, die vermerkt worden sind. Es steht daher den durchführenden Behörden gegenüber, insbesondere den dezentralisierten establecimientos, die den größten Teil der öffentlichen Investitionen verwirklichen. *Diese* verfügen über alle

---

[325] Dies stellt einen der vielen Gründe dafür dar, warum dieses Phänomen anerkannten Haushaltsprinzipien zuwiderläuft.

Elemente einer weitreichenden Unabhängigkeit in ihrer Politik. Das DNP kann daher die Investitionen dieser Stellen nicht bestimmen.

*Das Planungsamt vermeidet* daher Aktionen, die von wichtigen Organisationen als *Einmischung* in die eigenen Angelegenheiten angesehen werden. Dies muß jedoch genauer erklärt werden:

*Einmal* überläßt das Planungsamt die globale Verteilung der verfügbaren Budgetmittel den Ministerien. Hierdurch vermeidet es einen Zusammenstoß mit wichtigen Ministern oder Direktoren dezentralisierter Organisationen, die den Stempel ihrer Persönlichkeit der Arbeit der von ihnen verwalteten Behörden aufdrücken wollen. Dies gilt vor allem für zeitliche Prioritäten, wenn auch nicht immer für die Auswahl der Projekte selbst.

*Zweitens* diskutiert das DNP in seinen regional oder sektoral ausgerichteten Abteilungen permanent den Wert bestimmter Projekte, bereitet Stellungnahmen für den CONPES vor usw. Dies tut es im allgemeinen nur im Hinblick auf solche Vorhaben, für die der Rat der Planer gesucht wird oder für die eine Anweisung des Präsidenten vorliegt.

*Drittens* versucht das Planungsamt von Zeit zu Zeit, von seinem Veto-Recht Gebrauch zu machen. Wie beschrieben, hat es das Recht, zu Verschiebungen innerhalb des Investitionshaushaltes Stellung zu nehmen. Dies ist normalerweise eine Routine-Angelegenheit (eben um Konflikte zu vermeiden). In Ausnahmefällen, etwa zehnmal pro Jahr, wagt es die Auseinandersetzung, lehnt also Verschiebungen ab. Mit einer derartigen Haltung ist es etwa in der Hälfte der Fälle erfolgreich.

*Viertens* konzentrieren sich die Versuche des Planungsamtes zur Beeinflussung der öffentlichen Investitionen praktisch ausschließlich auf das Stadium der Erarbeitung des Haushaltsentwurfes, aber nicht seiner Durchführung. Es gibt jedoch zwei Ausnahmen: Die im Entwicklungsplan enthaltenen Vorhaben werden in der Durchführungsphase genauer verfolgt (insbesondere, wenn eine internationale Finanzierung im Spiel ist). Das Planungsamt sendet „sogar" Inspektoren auf die Baustellen. Zweitens hat das DNP auf der Übermittlung standardisierter Informationen über die Projekte und ihren Fortschritt bestanden. Die entsprechenden Mitteilungen — sie zeichnen fraglos ein geschöntes Bild der Wirklichkeit — werden jedoch auf ihre Richtigkeit nicht überprüft.[326]

---

[326] Die Bedeutung der Tatsache, daß es heute zu einem standardisierten Berichtssystem für die Investitionsprojekte der vielen öffentlichen Einrichtungen gekommen ist, sollte nicht unterschätzt werden. Zu Beginn der Amtszeit des Präsidenten Lleras Restrepo (1966) gab es hier eine große Unordnung: Niemand und keine Organisation hatte einen Gesamtüberblick über das, was vor sich ging: Die erste Aufgabe bei der Erarbeitung des „Planes y Programas" genannten Planes bestand also darin, die verschiedenen Stellen zu veranlassen, über ihre geplanten oder in der Durchführungsphase befindlichen Projekte zu berichten. Viele dieser Berichte erwiesen sich als unbefrie-

D. Praktische Haushaltspolitik

Wir können zusammenfassen: Ein wichtiges Leitprinzip des Verhaltens kolumbianischer Bürokratien besteht in der *Vermeidung von Konflikten* mit Hilfe einer Anzahl mehr oder weniger subtiler Verfahren. Es führt zu mangelhafter Koordination und Überwachung der verschiedenen Teile der Verwaltung, die weitgehend ihren mehr oder weniger guten Fähigkeiten und Absichten überlassen werden.

*e) Umgehen eigener Verantwortlichkeit*

Zwei Aspekte dieser Vorschrift können unterschieden werden:

Der erste entspricht der eben angeführten Taktik: Je weniger die Entscheidungen anderer beeinflußt werden, um so weniger kann eine Behörde für Mißerfolge verantwortlich gemacht werden. Bleiben Projekte in der Verantwortlichkeit ausschließlich eines Ministeriums oder einer dezentralisierten Organisation, dann kann eine Überwachungsbehörde für ein Fiasko nicht verantwortlich gemacht werden, kann allerdings auch keinen Ruhm für einen Erfolg ernten. Wenn eine durchführende Behörde sich also gegen die Durchführung eines Programmes wehrt (was bei seiner Verwirklichung notwendig zu Nachlässigkeit führte), dann ist es besser, nicht auf dem Programm zu bestehen. Dies ist einer von vielen Gründen, warum viele in den Entwicklungsplänen enthaltene Projekte nicht durchgeführt worden sind.

Zweitens geht es darum, Projekten aus dem Weg zu gehen, deren Mißerfolg das eigene Prestige verringert. So führt das DNP normalerweise nicht selbst Programme durch. (Selbst die Projekte der regionalen Entwicklungsgesellschaften sind nicht *unmittelbare* Vorhaben des Planungsamtes.) Die erste bemerkenswerte Ausnahme stellt die Koordination für PAN und DRI dar. Ihr Mißerfolg, der Ende 1978 wahrscheinlich erschien, wird eine bittere Erfahrung für eine Planungsstabseinheit darstellen, die sich auf das Gebiet der Projektdurchführung vorgewagt hat. Man kann daher einen Umschwung der Politik des DNP voraussagen, der diese Behörde wieder zu einer reinen Stabseinheit werden läßt.

*f) Unterstützung des Finanzministers*

Hierbei handelt es sich um die erste wichtige Strategie des Präsidenten im Haushaltsbereich. Er ist an zwei Dingen interessiert, denen diese Taktik dient:

---

digend und mußten zur Überarbeitung zurückgegeben werden. Als das Material schließlich gesammelt war, machte sich der Präsident mit der Hilfe einiger técnicos aus dem Planungsamt und einiger Minister persönlich an die Kontrolle: Ausgerüstet mit einem Rotstift überprüfte er Projekt um Projekt, strich die Mehrzahl von ihnen und nahm dann die verbleibende Zahl in „Planes y Programas" auf. Im Vergleich zu dieser Situation ist das heutige Berichtswesen zweifellos ein erheblicher technischer Fortschritt.

Erstens wird seine politische Stärke und die Unterstützung durch die Öffentlichkeit sehr stark von der *Inflationsrate* bestimmt. Der Finanzminister hat aber praktisch alle *Instrumente des Staates* in seiner Hand, die das Preisniveau beeinflussen: Er ist verantwortlich für den Haushalt und seine Durchführung. Als Chef der Zollverwaltung und der verschiedenen hier tätigen Behörden kann er das Importvolumen und damit die Konkurrenz auf dem Binnenmarkt vergrößern, was tendenziell einen antiinflationären Effekt hat. Als Vorgesetzter des Leiters der Banküberwachungsbehörde (Superintendencia Bancaria) übt er einen wesentlichen Einfluß auf die Kreditpolitik der Banken und das Zinsniveau aus. Als Leiter der Junta Monetaria ist er unmittelbar für die Geldpolitik verantwortlich. Weniger wichtig erscheint demgegenüber seine Vertretung in der Junta Directiva der Notenbank, Banco de la República. Schließlich wird auch die Devisenkontrollbehörde (Superintendencia de Cambios) vom Finanzministerium überwacht. Kein Zweifel also, daß der Finanzminister für den Kampf gegen die Inflation das wichtigste Kabinettsmitglied ist.

Damit ergibt sich im Regelfalle eine Gegenüberstellung von Behörden, die mehr und mehr Haushaltsmittel beanspruchen, und des für die Geldstabilität wichtigsten Amtsinhabers. Der Präsident ist daher normalerweise geneigt, im Konfliktfalle den Finanzminister zu stützen. Dies war unter López Michelsen der Fall. Andererseits stellt diese Überlegung nur einen Faktor unter vielen dar, die die Beziehungen zwischen dem Präsidenten und seinen Ministern beeinflussen: Die Stellung eines Ministers im Kongreß oder in wichtigen Faktionen seiner Partei, die persönlichen Beziehungen zum Präsidenten und andere sind ebenfalls wichtig. Es kommt daher vor, daß die grundsätzliche Bereitschaft zur Stützung des Finanzministers durch entgegengerichtete stärkere Faktoren überlagert wird.[327]

Zweitens, wenn es bekannt wird, daß der Präsident normalerweise die Haltung des Finanzministers unterstützt, wird die *Notwendigkeit* hierzu *weniger und weniger* vorkommen. Die Minister und Leiter der dezentralisierten Organisationen werden sich ihrer geringen Erfolgschance bewußt und insistieren daher nicht, wenn der Finanzminister eine Mittelbewilligung verweigert. Der Präsident muß dann seine wertvollste Ressource, die persönliche Autorität, immer weniger zur Schlichtung von Auseinandersetzungen der Minister einsetzen. Er kann sich aus derartigen Konflikten heraushalten.

### g) Verwendung eines Puffers

Die zweite Strategie des Präsidenten, die López M. verwendet hat, um nicht in Auseinandersetzungen des Finanzministers und anderer Minister hineingezo-

---

[327] Es sei an die Krise um Rodgrigo Botero 1976 erinnert.

gen zu werden[328], bestand in seinem Versuch, einen Puffer zwischenzuschalten; eine derartige Taktik kann auch vom Finanzminister verwendet werden. Der wichtigste Puffer ist das Kabinett.

Präsident López und auch sein erster Finanzminister Botero haben bewußt die wöchentlichen Kabinettssitzungen dazu verwendet, die Minister ihre relativen Prioritäten im Lichte der stets vorhandenen Knappheit öffentlicher Mittel diskutieren zu lassen. Hierdurch erreichten sie es, persönlich vom Druck entlastet zu werden, mehr Geld auszugeben, als verfügbar war. Im Idealfalle konnte sich der Präsident auf die Bestätigung einer Übereinkunft der Minister beschränken, welche diese ohne seine persönliche Intervention erreicht hatten.

### h) Auxilios Parlamentarios als unantastbare Größe

Dieser Punkt ist bereits ausführlich behandelt worden: Das politische Interesse der Abgeordneten in Haushaltsangelegenheiten kreist um die parlamentarischen Beihilfen, nicht aber um den Haushalt als solchen. Die Regierung, die eine Obstruktion des Parlamentes in Haushaltsangelegenheiten vermeiden will, rührt daher diese Beihilfen besser nicht an, auch wenn sie etablierten Haushaltsprinzipien widersprechen.

Diese Regel wird jedoch nicht immer beachtet, wie für Finanzminister Botero und den Haushaltsdirektor Barrera gezeigt worden ist. Hierbei handelte es sich jedoch um einen Sonderfall: Die leitenden Persönlichkeiten des Finanzministeriums unter Einschluß des Finanzministers selbst gehörten zur „técnico"-Gruppe (oder waren ihr mindestens eng verbunden), welche die Steuerreform 1974 verwirklicht hatte. Sie konnten die Beziehungen zum Kongreß nicht sonderlich fruchtbar gestalten, da sie wesentlich stärker fachlich (statt politisch) orientiert waren.[329] Daraus folgt: Die Regierung hat in Haushaltsangelegenheiten immer dann den höchsten Einfluß, wenn sie eine Auseinandersetzung mit dem Kongreß um die parlamentarischen Beihilfen vermeidet.

### i) Zustimmung zu einem Kompromiß

Wenn eine mächtige Behörde oder Gewerkschaft gegen alle Argumente des Finanzministers oder sogar des Präsidenten auf höheren Bewilligungen besteht und wenn beide Politiker einen offenen Konflikt vermeiden wollen, besteht das beste Vorgehen offensichtlich darin, mindestens teilweise nachzugeben und einen Kompromiß zu schließen. Dies mag man Mangel an Prinzipientreue der

---

[328] Selbstverständlich kann die Strategie des Präsidenten, den Finanzminister zu stützen, auch unter dieser Überschrift subsumiert werden.

[329] Dies wurde übrigens durch ihre berufliche Laufbahn nach ihrem Rücktritt 1976/77 bestätigt; s. Kapitel IV A 2 a.

obersten für Geld und Haushaltsstabilität zuständigen Amtsinhaber nennen; dieser erklärt zum Teil den Inflationsdruck, der vom kolumbianischen Haushalt seit vielen Jahren ausgeht. Auf der anderen Seite kann das Ideal völliger haushaltsmäßiger Inflationsneutralität in einem Land wie Kolumbien offensichtlich nicht erreicht werden: Die Lücke zwischen Anforderungen und Ressourcen ist zu groß. Der Präsident benötigte eine weit größere politische Stärke, um allen Pressionen auf größere Ausgaben zu widerstehen. Völlige Stabilität kann wahrscheinlich nur mit drakonischen Mitteln durch ein autoritäres oder totalitäres Regime erzwungen werden, das auf die öffentliche Meinung keine Rücksicht zu nehmen braucht.

## E. Budgetieren als politischer Prozeß[330]

Der letzte Teil des Kapitels über bürokratische Politik im Haushaltsbereich sei einer zusammenfassenden politischen Diskussion gewidmet. Obwohl Budgetieren einen zentral wichtigen politischen Prozeß darstellt, kann nicht ein Gesamtbild der kolumbianischen Politik aus seiner Untersuchung abgeleitet werden. Wichtige Organisationen wie etwa die politischen Parteien haben nur einen relativ geringen Einfluß auf Aufstellung und Durchführung des Haushaltes, sind aber in anderen Politikbereichen wichtig. Es muß jedoch betont werden, a) daß die Budgetpolitik wichtige Züge des politischen Systems insgesamt deutlich machen kann; b) daß sie nahezu vollkommen die internen Beziehungen von Bürokratien und von diesen zu politischen Institutionen widerspiegelt, die allgemein „bürokratische Politik" genannt worden sind.

### 1. Die Akteure und ihre Stellung im politischen System

Beginnen wir mit dem *Kongreß*, theoretisch dem Inhaber der „power of the purse". Es ist festzuhalten:

Juristisch kommt dem Kongreß das „Recht der Verweigerung" zu: Das Parlament hat keinen gestaltenden Einfluß auf den Haushalt, den relativ kleinen Betrag der auxilios ausgenommen, aber es kann das Budget insgesamt ablehnen, wenn ein bitterer Konflikt mit dem Präsidenten und der Regierung besteht.[331] Diese Möglichkeit erscheint jedoch als etwas weit hergeholt. Sie ist denn auch

---

[330] Wenn nichts anderes vermerkt ist, gründet sich der Abschnitt hinsichtlich der Tatsachenmitteilungen auf Interviewmaterial.

[331] Einen solchen gab es unter früheren Präsidenten von Zeit zu Zeit, wie Payne 1968: 256 ff. zeigt. Unter der Präsidentschaft von López war die Situation, wie erinnerlich, sehr verschieden: Der Mehrheitsflügel der Liberalen, die Turbayistas, und die konser-

niemals eingetreten, unter anderem deshalb, weil ein solches Vorgehen auch dem Kongreß schadete.

Es wäre übertrieben zu behaupten, der *geringe Einfluß des Kongresses* in Haushaltsangelegenheiten liefe den Interessen der Abgeordneten zuwider: Der Haushaltsausschuß tritt nur selten zusammen, wie den offiziellen „Anales del Congreso" zu entnehmen ist. Seine Verhandlungen beschränken sich regelmäßig auf formale Angelegenheiten. Der Haushaltsentwurf der Regierung wird mit nur kleinen Veränderungen verabschiedet; diese Veränderungen ergeben sich meistens aus Überlegungen des regionalen Ausgleichs der Investitionen. So wurden etwa am zentralen Budget 1977 nur kleinere Veränderungen vorgenommen, z.B. am Haushalt des Agrarreform-Instituts INCORA. Das Budget der dezentralisierten Organisationen wurde um 225,2 Millionen Pesos vermehrt und um 196,7 Millionen vermindert, die lediglich 14 Organisationen betrafen. Angesichts einer Haushaltssumme von 53 Milliarden Pesos sind dies in der Tat nur Retuschen.[332] Der Haushaltsausschuß lädt nur selten Chefs wichtiger Behörden vor, um das vorgeschlagene Budget mit ihnen zu diskutieren. Hinzugefügt werden muß, daß auch der Ausschuß Nr. VIII (für die Establecimientos Públicos) nur selten Haushaltsangelegenheiten diskutiert. Es kann daher geschlossen werden, daß gegenwärtig der Kongreß an Haushaltsangelegenheiten nicht einmal in dem kleinen Bereich interessiert ist, der seiner Einflußnahme zugänglich sein könnte. Er kann mit nur geringer Übertreibung als Akklamationsmaschine gegenüber den Vorschlägen der Regierung beschrieben werden.[333] Das Desinteresse der Abgeordneten in Haushaltsangelegenheiten geht so weit, daß 1976 das Plenum durch Anzeigen in der Tagespresse zusammengerufen werden mußte, um die Frist für die Verabschiedung des Haushaltes zu wahren! (Vorher wurde mehrfach das notwendige Quorum nicht erreicht!)

---

vativen Alvaristas bildeten ein Bündnis, das normalerweise die Regierung unterstützte. Der Llerista-Flügel der Liberalen beschuldigte konsequenterweise den Präsidenten wiederholt der „parcialidad", d.h. der mangelnden Neutralität gegenüber den Parteien während der Wahlkämpfe für die Präsidentschaft und den Kongreß im Jahr 1978. Eingreifen in die Parteipolitik ist dem Präsidenten wie jedem kolumbianischen Beamten durch das Gesetz verboten.

[332] Quelle: Interviewmaterial und Vergleich der Zahlen des Haushaltsentwurfes und des Haushaltsgesetzes (Haushaltsentwurf: Proyecto de Ley de Presupuesto 1977 Establecimientos).

[333] Dieses Ergebnis widerspricht völlig demjenigen von Bailey 1974: 24. Es ist jedoch darauf hinzuweisen, daß Bailey auf der Basis von Material argumentiert, das nur bis 1971 reicht. Zweitens war das neue Haushaltsrecht (Decreto-Ley 294/1973), das die Rechte des Kongresses in Budgetangelegenheiten beschnitt, noch nicht in Kraft. Es mag sein, daß die Neigung des Kongresses zur Veränderung der Haushaltsentwürfe der Regierung (meistens eine Erhöhung der Ausgaben) zur Verabschiedung der neuen Regeln führte. Der scheinbare Widerspruch bedeutet daher einfach verschiedene Ergebnisse für verschiedene Perioden! Zur Haltung des Parlamentes in früheren Jahren vgl. die Beschreibung des Erlasses des Decreto-Ley 294/1973, infra.

Der Kongreß ist nicht nur an der Verabschiedung des Haushaltsgesetzes uninteressiert, sondern eher noch weniger an der politischen Kontrolle seiner Durchführung. Hierfür können die folgenden Gründe genannt werden:

Zum einen muß ein nur geringer Einfluß des Parlamentes bei der Gestaltung von Haushaltsangelegenheiten das Interesse des Kongresses zur „Kontrolle" der Regierung in finanziellen Angelegenheiten vermindern. Diese geringe Bedeutung ist ein Ergebnis des *Rückganges der Macht der Legislative gegenüber der Exekutive*. In jedem Falle findet eine grundlegende Debatte über die Politik der Exekutive nach der Vorlage des Haushaltsentwurfes, wie sie in Industrieländern üblich ist, in Kolumbien nicht statt.

Zweitens verfügt der *Präsident* über eine *vom Kongreß unabhängige Legitimation*. Es gibt folglich eine Vorschrift der Verfassung[334], die dem Kongreß eine positive oder negative Stellungnahme zu „amtlichen Akten" untersagt.[335] Es mag zwar unklar sein, ob die Vorlage eines Haushaltsentwurfes und die Durchführung des Haushaltes „amtliche Akte" im engen juristischen Sinne sind; jedenfalls hat der Kongreß auf Kommentare verzichtet. Dies schließt nicht aus, daß von Zeit zu Zeit interessierte Mitglieder beider Häuser einzelne Aspekte der Haushaltsdurchführung diskutieren; solche Debatten befassen sich normalerweise aber mit den Parlamentsbeihilfen.[336]

Das Fehlen eines politischen Interesses an Haushaltsangelegenheiten ist übrigens von der Parteizugehörigkeit unabhängig: Selbst die Parteiflügel, die in Opposition zur Regierung stehen, nutzen diese Waffe nicht! Der Mangel an Interesse wird gerade durch die Konzentration der Aufmerksamkeit auf die weniger als 2% der Ausgaben demonstriert, die für Parlamentsbeihilfen ausgegeben werden: Wäre der Kongreß zu einer entscheidenden Gestaltung der Staatsausgaben insgesamt in der Lage, dann wären Diskussionen mit der Exekutive über diese relativ geringen Beträge nicht nötig.

Der Kongreß war mit seiner bescheidenen Rolle in Haushaltsangelegenheiten nicht immer zufrieden. Dies kann u.a. aus der Geschichte der *Vorbereitung und Verabschiedung der Haushaltsordnung*, des Decreto-Ley 294/1973, geschlossen werden.[337]

---

[334] Art. 78 Absatz 3.

[335] „es prohibido al Congreso ... dar votos de aplauso o censura respecto a actos oficiales".

[336] Zur Haltung des Kongresses gegenüber der legal-numerischen Kontrolle s. unten, Teil E 2.

[337] Dieser Abschnitt folgt den verschiedenen Quellen in Palacios Mejía 1973; sie werden einzeln zitiert. Zur Stellungnahme des Planungsamtes Entwurf s. DNP 1972 und DNP 1973; vgl. auch SOAIP zur Haltung des Sekretariats für öffentliche Verwaltung des Präsidentenamtes.

Zu Beginn der Präsidentschaft von Misael Pastrana Borrero im Jahr 1970 war das Haushaltsrecht durch folgende Tatsachen gekennzeichnet: Die Haushaltsordnung, Verordnung 1675/1964, Vorgänger des späteren Decreto-Ley 294/1973, war noch in Kraft. Dennoch konnten einige ihrer Vorschriften nicht länger angewendet werden, da die juristische Entwicklung in der Zwischenzeit sie obsolet gemacht hatte. Hier ist insbesondere die Verfassungsreform unter Präsident Lleras 1968 zu nennen. Sie war wichtig insbesondere für die Budgetplanung, die Klassifizierung der dezentralisierten Organisationen (das Budget der Establecimientos war vorher nicht vom Kongreß verabschiedet worden), die Buchführung im Haushaltsbereich und das Recht des Kongresses, in Haushaltsangelegenheiten initiativ zu werden und im Bereich der Haushaltsordnung Gesetze zu erlassen (dieses war abgeschafft worden). Das Parlament war insofern nicht mehr zu einer Veränderung der Verordnung 1675/1964 berechtigt.[338] Die Regierung, vertreten durch Finanzminister Rodrigo Llorente Martínez (1971–1973), erbat daher vom Kongreß Vollmachten[339], eine entsprechende Verordnung zu erlassen. Im Oktober 1971 legte sie den Entwurf eines Textes mit einer Begründung vor, die die eben erwähnten Punkte aufführte. Der Gesetzentwurf, der der Regierung die erbetenen Vollmachten geben sollte, legte diese sehr genau fest. Er ging auf die Anpassung an die neuere Rechts- und Verfassungsentwicklung ein. Neu waren nur zwei Punkte: die Einführung der Kontrolle der „Establecimientos Públicos" durch den Kongreß und die Übertragung der Buchhaltung von der Contraloría auf das Finanzministerium.[340]

Ein erstes Anzeichen des zu erwartenden Widerstandes des Kongresses stellte die „Ponencia" von Luis Avelino Pérez, einem Mitglied des Haushaltsausschusses des Senates, dar. Er empfahl die Verabschiedung des Gesetzes, bestand aber auf Veränderungen, die das Recht des Kongresses, das Budget und nachträgliche Veränderungen zu verabschieden, betonten. Hierzu schlug er einen Paragraphen vor, der festlegte, daß der Präsident bei der Ausübung der Vollmachten von den Präsidenten beider Haushaltsausschüsse „beraten" werden sollte.[341] Der Ausschuß nahm diesen Zusatz an, und der Gesetzentwurf wurde im Repräsentantenhaus im November 1971 eingebracht, nachdem das Plenum des Senates ihn nach einer zweiten Ponencia des gleichen Senators[342] mit den vorgeschlagenen Veränderungen und Ergänzungen verabschiedet hatte. Das Repräsentantenhaus erwies sich jedoch als Zentrum wachsender Opposition. Diese

---

[338] Verschiedene Reformpunkte finden sich in Llorente Martínez 1971: passim; zur Verfassungsreform und ihrem Einfluß auf Haushaltsangelegenheiten s. Avelino Perez 1971 a: 113-114.
[339] Nicht „außerordentliche Vollmachten", von denen nur dann gesprochen wird, wenn der Kongreß ein ihm ursprünglich zukommendes Recht aufgibt. Dies war hier jedoch nicht der Fall.
[340] Gesetzentwurf in Palacios Mejía 1973: 108 f.
[341] Avelino Pérez 1971 a.
[342] Avelino Pérez 1971 b.

kreiste zunächst um das unbestimmte Schicksal der berühmten „auxilios parlamentarios", die sich als eine Art von ceterum censeo erwiesen. Zweitens gab es einige Bedenken gegen den Transfer der Buchführung an das Finanzministerium. Drittens konnte ein allgemeiner Widerstand dagegen beobachtet werden, der Regierung „carte blanche" zu geben: Die Abgeordneten bestanden darauf, *vor* der Erteilung der Vollmachten an den Präsidenten den Entwurf des von ihm zu erlassenden Dekretes zu studieren. Dieser dritte Punkt konnte leicht erfüllt werden. Die Regierung verfügte über einen Entwurf, der von Mitgliedern der Haushaltsverwaltung erstellt worden war. Auch zwei ausländische Experten hatten Vorschläge gemacht, die aber den endgültigen Entwurf nicht stark beeinflußten.[343] Der Verordnungsentwurf wurde nahezu ein Jahr nach dem Einbringen des Vollmachtsgesetzes dem Repräsentantenhaus vorgelegt. Er führte zu einer Verminderung der Opposition der Abgeordneten, die gefürchtet hatten, ihre Vorrechte in Haushaltsangelegenheiten würden noch stärker vermindert, als dies bereits durch die Verfassungsreform geschehen war. Der Haushaltsausschuß nahm dann einen neuen Zusatz an[344]: Der Präsident hatte hiernach nur das Recht, seine Sondervollmachten in Übereinstimmung mit der Arbeit einer Redaktions-Kommission wahrzunehmen, die aus drei hohen Beamten (dem Finanzminister, dem Haushaltsdirektor und dem Direktor des DNP) und sechs Parlamentariern aus beiden Häusern bestehen sollte.[345] Das Plenum des Repräsentantenhauses nahm den Entwurf mit der angeführten Veränderung an. Er ging dann zum Senat zurück, damit dieser seine Zustimmung zu der Veränderung des Textes geben konnte. Der Entwurf wurde schließlich am 30. Dezember 1972 Gesetz. Der Präsident erließ dann die Verordnung am letzten möglichen Tag, dem 28. Februar 1973.[346] — Zur Arbeit der Redaktions-Kommission ist folgendes zu bemerken: Die Vertreter der Exekutive kooptierten zwei zusätzliche Mitglieder, die als „suplentes" vorgesehen waren.[347] Soweit bekannt wurde, protestierten weder der Kongreß noch seine Vertreter in der Kommission gegen diese nicht unwichtige Veränderung des Zahlenverhältnisses beider Seiten.[348] Aber die Kommission arbeitete auf der Grundlage des vom Finanzminister dem Kongreß vorgelegten Entwurfs. Die zu diskutierende Angelegenheit war äußerst kompliziert. Damit war die Exekutive klar im Vorteil. Es

---

[343] Interviewmaterial.

[344] Siehe die „ponencia" von Joaquín Franco Burgos (Franco Burgos 1972).

[345] Eine äußerst merkwürdige verfassungsrechtliche Konstruktion: Der Kongreß ist nicht berechtigt, Gesetze auf einem bestimmten Sachgebiet zu erlassen. Er autorisiert den Präsidenten hierzu, bindet ihn aber an die Ergebnisse der Arbeit einer Kommission, in der die Abgeordneten die Mehrheit haben.

[346] Die Sondervollmachten wurden auf zwei Monate beschränkt.

[347] Dirección General del Presupuesto 1976: 101; Palacios Mejía 1973: 227 (Acta de la Comisión Preparatoria).

[348] Dieser Mangel an Konsequenz ist beim Kongreß häufig zu beoachten. Siehe z.B. Payne 1968: Kap. 11.

## E. Budgetieren als politischer Prozeß

kann daher nicht überraschen, daß es zu einem Konsens innerhalb der Kommission kam.[349] Sie konnte schon aus Zeitgründen den Entwurf nicht gründlich studieren.

Wir können zusammenfassen: Trotz diesmal ziemlich heftiger Opposition des Kongresses zur Aufgabe weiterer Vorrechte in Haushaltsangelegenheiten gelang es der Exekutive, die Verabschiedung der Haushaltsordnung zu bestimmen. Der entscheidende Schlag für die Zuständigkeiten und die Autorität des Kongresses in Finanzangelegenheiten des Staates war die Verfassungsreform 1968. Der 1974 gewählte Kongreß verlor dann regelrecht das Interesse an einer formellen Abstimmung über ein Haushaltsgesetz, dessen Inhalt er nicht mehr merklich beeinflussen konnte.[350]

Bei dem geringen Einfluß des Parlamentes kann es nicht überraschen, daß es *für die Beamten der verschiedenen Verwaltungszweige nicht interessant ist, Restriktionen des Finanzministeriums durch direkte Kontakte mit Abgeordneten zu unterlaufen.* Wildavsky[351] berichtet, ein solches Vorgehen sei in den Vereinigten Staaten häufig, wenn auch nicht ungefährlich für die Beamten. In Kolumbien hingegen verschwendeten die für den Haushalt einer Behörde Verantwortlichen und ihre Chefs ihre Zeit, versuchten sie ein gleiches Vorgehen.[352]

Bei dem geringen Einfluß des Kongresses in Haushaltsangelegenheiten sind die entscheidenden Einflußfaktoren in der Exekutive zu suchen.

Die Rolle des *Präsidenten* kann folgendermaßen beschrieben werden[353]:

Einmal hat er bestimmenden Einfluß auf folgende Ausgaben:
- Kauf von Waffen („Investitionen") für die Streitkräfte;
- Zahl und Entlohnung der Beamten in der Zentralverwaltung (sie erfordern den Großteil der laufenden Ausgaben);
- gelegentlich ein Investitionsobjekt, an dem er besonders interessiert ist, sei

---

[349] Nur Luis Avelino Pérez gab als Kommissionsmitglied eine abweichende Stellungnahme zu drei weniger wichtigen Punkten ab.

[350] Kürzlich gab es Anstrengungen einiger Parlamentarier, die wenigen dem Kongreß verbliebenen Rechte besser zu nutzen: Auf eine ponencia des konservativen Abgeordneten Palacios Mejía hin verweigerte das Repräsentantenhaus eine Erweiterung des Haushaltes um 3 Milliarden Pesos: Die übliche Begründung der Regierung im Umfang einer Seite wurde als ungenügend angesehen (El Tiempo, 17. August 1978; die Weigerung stammte also von dem im Jahre 1978 gewählten Kongreß). – Siehe auch das Interview des Abgeordneten in El Tiempo vom 2. September 1978, wo er seine Haltung auf theoretische Überlegungen stützt und verteidigt.

[351] 1974: 98 ff.

[352] Eine ähnliche Beobachtung wurde von Rivera-Ortiz 1976: 530 ff. für das Verhältnis von Planern und Kongreß z.Z. des Präsidenten Pastrana gemacht.

[353] Tatsacheninformationen nach Interviewmaterial.

es, weil es seinem politischen Programm entspricht, sei es, weil er damit regionalen politischen Problemen begegnen möchte.[354]

Zweitens wirkt der Präsident von Zeit zu Zeit als Schlichter bei Konflikten von Ministern oder wichtigen Persönlichkeiten, die im Wettbewerb um Haushaltsmittel stehen. Da er hierdurch seine politische Autorität verschleißt, ist er nicht geneigt, eine solche Rolle oft zu übernehmen.

Drittens kann der Präsident von Zeit zu Zeit ein bestimmtes Projekt untersagen. Da kolumbianische Präsidenten normalerweise ziemlich unpräzise Programme haben oder mindestens Programme, die nur einen Teil der verfügbaren Ressourcen benötigen[355], ist auch dieser Fall selten. Dies trifft umso mehr zu, wenn ein solches Veto den Wünschen von Persönlichkeiten, Organisationen oder Regionen zuwiderliefe, die dem Präsidenten nach einer solchen Entscheidung politische Schwierigkeiten machen können.

Viertens ist zu folgern, daß der Präsident, auch wenn er der Kontrolle des Kongresses in Haushaltsangelegenheiten nicht unterliegt, in haushaltspolitischen Angelegenheiten nur ein Spieler unter anderen ist. Sein Einfluß hängt von der aktuellen politischen Lage, personalistischen Faktoren und von seinen Präferenzen ab. Er wird nicht in systematischer Weise durch einen Verwaltungsapparat wie das nordamerikanische Office of Management and Budget unterstützt, das zur Gewährleistung der Umsetzung der Politik des Präsidenten in Haushaltszahlen gedacht ist. Der kolumbianische Präsident hat also nur einen partiellen und erratischen Einfluß, der mit dem Licht eines Leuchtturms verglichen werden kann: Ist der Präsident für den Augenblick an einem bestimmten Gebiet interessiert, dann kann dies zu wichtigen Resultaten führen. Die Mehrzahl der staatlichen Aktivitäten bleibt aber stets in der Dunkelheit und daher anderen Einflußfaktoren überlassen.

Der *Wirtschafts- und Sozialrat* (CONPES) hat unter López Michelsen einen großen Teil seiner Bedeutung verloren.[356] Einmal sind seine Sitzungen selten. Das Kabinett trifft sich, mit Ausnahme der „puentes"[357], einmal pro Woche;

---

[354] Auf einem bestimmten Projekt zu bestehen, kann zu einer politischen Krise führen, deren Kosten zu hoch sein mögen. Ein Beispiel war das Projekt El Salitre; siehe Kap. III E. „Bestimmender Einfluß" sollte nicht mit „ausschließlichem Einfluß" gleichgesetzt werden.

[355] Es war der Fall für Präsident López Michelsen.

[356] Dies bestätigt auch Rivera-Ortiz 1976: 431 f. bereits für die Zeit Pastranas. – Information über die Aktivitäten des Conpes unter Präsident Lleras Restrepo in DNP 1970.

[357] Wörtlich „Brücken": die Tatsache, daß ein Feiertag in der ersten oder zweiten Hälfte einer Woche dazu führt, den verbleibenden Arbeitstag zu „überbrücken" und so 4 oder 5 Tage Ferien zu machen. Das politische, administrative, wirtschaftliche und, soweit es die großen Städte betrifft, auch soziale Leben kommt zu einem Stillstand. Dies trifft umso mehr für die wichtigen Feste des Jahres zu. Zwischen Mitte Dezember und

dem Conpes fehlt ein derart regelmäßiger Zeitplan. Zweitens haben wichtige Minister, u.a. die Finanzminister Botero und Espinosa, also Schlüsselfiguren für die Investitionsplanung, nicht regelmäßig an den Sitzungen teilgenommen.[358] Sie zogen Verhandlungen im Kabinett vor. Drittens wäre der Conpes im besten Falle lediglich eine oberste Abstimmungs- und Überwachungsstelle, die auf Initiativen der Verwaltung (und gelegentlich des Präsidenten oder einzelner Minister) reagiert.

Der Einfluß des Conpes auf große Investitionsprojekte, die indirekt den Haushalt festlegen, ist nicht allzu bedeutend.

Das *Kabinett* erweist sich auf der anderen Seite als wesentlich gewichtiger. Verschiedene Aspekte müssen jedoch unterschieden werden:

Bei der Zusammenstellung des Haushaltsentwurfes ist die Rolle des Kabinetts gering. Der Finanzminister bringt den fertigen Entwurf in die Verhandlungen der Ministerrunde ein. Schon aus Zeitgründen hat sie keine Möglichkeit, ihn wesentlich zu beeinflussen. Im Gegensatz dazu werden zweitens wichtige neue Projekte, die den Haushalt für eine Reihe von Jahren praktisch vorherbestimmen, häufig im Kabinett beraten. Das Interesse eines Ministers oder Leiters einer dezentralisierten Organisation erweist sich jedoch als wichtiger für die Entscheidung als die Billigung des Kabinetts, die oft einen rein formalen Charakter trägt. Drittens wird der Ministerrat als Abstimmungsstelle für bedeutende Mehrausgaben in der Durchführungsphase tätig, wenn zwischen dem Fachminister und dem Finanzminister kein Einvernehmen erzielt werden kann und wenn der Präsident es ablehnt, in die Angelegenheit hineingezogen zu werden. Dies war unter López häufig, wie wir gesehen haben.

Der Vollständigkeit halber sei schließlich erwähnt, daß auch die *Junta Monetaria* als eine Art Abstimmungsstelle zur Vorentscheidung von Budgetangelegenheiten genutzt wird[359]: Wenn der Industrie eine höhere Kreditlinie eingeräumt werden soll, mag ein Minister, der Mitglied der Junta ist und dieser Entscheidung zustimmen muß, mehr Geld für seinen Fachbereich verlangen.

*Der Finanzminister*, der den Entwurf des Haushalts der laufenden Ausgaben vorzubereiten hat und den Gesamthaushalt durchführen muß, ist in Haushaltsangelegenheiten verständlicherweise äußerst einflußreich. Dies ist jedoch einzuschränken.

Bei der Vorbereitung des Haushaltsentwurfes erweist sich die Rolle der *Generaldirektion für den Haushalt* als technisch, aber nicht politisch. Die *laufen-*

---

Mitte Januar ist es z.B. schwierig, irgendein wichtiges Interview zu führen. Dies stellt eine der Schwierigkeiten für jede Untersuchung mit einem beschränkten Zeitbudget dar.

[358] Diese Tatsache verminderte stark die Bedeutung des Einflusses des Direktors des Planungsamtes Urrutia.

[359] Nach Interviewmaterial.

*den Ausgaben* sind durch eine Reihe von Faktoren vorherbestimmt: Zahl der Beamten, ihre Gehälter, deren erwartete Erhöhung, die insbesondere von der Inflationsrate abhängt, Schuldendienst, der von früheren Kreditaufnahmen bestimmt wird, Subventionen für den öffentlichen Transport und die Erhaltung niedriger Treibstoffpreise.[360] usw. Der „situado fiscal" für Erziehungs- und Gesundheitsdienste ist durch Gesetz vorgeschrieben. Auf der anderen Seite kann fast das gleiche für das Investitionsbudget gesagt werden. Die Unterdirektion für die Haushaltsvorbereitung kann nicht viel mehr tun, als in Zusammenarbeit mit dem Planungsamt den für Investitionen zur Verfügung stehenden Betrag zu berechnen und die mitgeteilten Einzelheiten der Investitionen in den Haushaltsentwurf einzuarbeiten.

In diesem Sinne kann die Arbeit des Finanzministeriums bei der Vorbereitung des Budgets zusammengefaßt werden als Schätzung (von Einnahmen, Kosten, Inflationsrate ...) und Registrierung (früherer Entscheidungen und ihres Einflusses auf Einnahmen und Ausgaben).

Während der Phase der *Haushaltsdurchführung* ist jedoch die Rolle des Finanzministeriums wesentlich größer. Die Einhaltung der zahlreichen Regeln zur Gewährleistung finanzieller Stabilität wird üblicherweise vom Finanzministerium überwacht. Es ist verantwortlich für die Erarbeitung der „acuerdos de obligaciones de gastos". (Wie erwähnt, wurde dieses neue Verfahren vor wenigen Jahren eingeführt[361] und erbringt nicht die erwarteten Resultate.) Die *„Überwachung" des Finanzministeriums reduziert sich häufig auf eine Machtfrage.* Ein Beispiel stellen die schweren Differenzen zwischen dem Ministerium für öffentliche Arbeiten bzw. seinem Chef, Humberto Salcedo Collante, und dem Leiter der Abteilung für Haushaltsverwaltung, Carlos José Ayalde Lucio, in den Jahren 1976 und 1977 dar. Salcedo weigerte sich einfach, die gesetzlichen Vorschriften über die „obligación de gastos" zu befolgen, übrigens auch über eine Anzahl anderer Bereiche wie das öffentliche Ausschreibungswesen, die Verwendung öffentlicher Gelder usw. Nach Ayaldes Rücktritt (Juli 1977) führte dies zu einem offenen Konflikt im Frühjahr 1978. Der kolumbianische Star-Reporter Daniel Samper Pizano veröffentlichte in El Tiempo eine Reihe von Artikeln über die Unregelmäßigkeiten; dabei stützte er sich, wie bekannt wurde, auf Material, das ihm Ayalde zugespielt hatte. Die Procuraduría eröffnete ein Untersuchungsverfahren. Der Minister wurde von allen Seiten angegriffen und verteidigte sich im Fernsehen durch einen Gegenangriff auf Ayalde. Dieser

---

[360] Die Kraftstoffpreise zählen wahrscheinlich zu den niedrigsten in der Welt. Trotz eines nahezu vierfachen Anstieges der Preise kostete die Gallone Normalbenzin 1977 nur 10 kolumbianische Pesos, etwa 0,32 US-Dollar! Der frühere Finanzminister Botero behauptete, daß Ecopetrol, die staatliche Ölgesellschaft, trotz hoher Subventionen durch den Staat mit dem Treibstoffgeschäft keine Verluste machte! (El Tiempo vom 29. November 1978).

[361] Palacios Mejía 1973: XXVII.

E. Budgetieren als politischer Prozeß    319

ehemalige Beamte nahm das gleiche Recht in Anspruch und verklagte obendrein den Minister wegen Beleidigung. Im Frühjahr 1979 mußte Salcedo vor dem Anklageausschuß des Kongresses erscheinen; das Ende der Affäre war bei der Niederschrift noch offen.

Zur Charakterisierung der Personen und der politischen Lage: Salcedo war Mitglied der Konservativen Partei und ein alter politischer Routinier, der ein öffentliches Amt als Mittel zur Bereicherung seiner Freunde ansah. Ayalde war ein hochqualifizierter Ingenieur, der mit der Botero-Barrera-Gruppe in das Finanzministerium gekommen war. Er verließ das Ministerium nach dem Rücktritt der starken Persönlichkeit Barreras. Da er der Prototyp eines jungen idealistischen „técnico" war, erwies sich der Zusammenstoß bei den Unregelmäßigkeiten im Ministerium für öffentliche Arbeiten als praktisch unvermeidlich.

Der Fall wurde einigermaßen breit geschildert, da man mit Sicherheit annehmen kann, daß nur die Spitze eines Eisberges sichtbar geworden ist. Ein junger Beamter, der an die Anwendung juristischer Texte gegen mächtige Interessen glaubt, ist nicht allzu häufig; viele ähnliche Unregelmäßigkeiten bleiben daher unentdeckt.

Kehren wir zur *Diskussion des Einflusses des Finanzministeriums* bei der Haushaltsdurchführung zurück: Die hohe Zahl von Verschiebungen von Titeln und von zusätzlichen Ausgabentiteln bedarf seiner Zustimmung.

Hier kommt die allgemeine Philosophie eines Finanzministeriums ins Spiel: Es verweigert praktisch niemals eine Operation, die die Gesamtkosten nicht erhöht, achtet aber genau auf zusätzliche Ausgaben, wie sie in Kolumbien so häufig sind. Es kommt dann zu Verhandlungen. Der Generaldirektor für den Haushalt ist hier in einer äußerst mächtigen Position, wenn er den Rückhalt des Finanzministers genießt. Dies ist der Normalfall für einen Beamten, dessen Posten auch in Ländern mit einem Berufsbeamtentum als politisch angesehen wird.[362] Es sei jedoch eingeschränkt: Das Interesse und die Überwachung des Finanzministeriums werden in der Praxis durch die Tatsache erheblich vermindert, daß sie sich nur auf das zentrale Budget beziehen, d.h. grob gesprochen, nur auf 20% aller Ausgaben aller öffentlichen Hände jeder Verwaltungsebene. Das Ministerium ist in einer schwachen Position, wenn zusätzliche Ausgaben mit zusätzlichen eigenen Einnahmen der entsprechenden Behörde finanziert werden sollen.

---

[362] Unterschiede der politischen Ausrichtung (oder persönliche Probleme) führen natürlich normalerweise zum Rücktritt eines von ihnen. Das hierarchische Verhältnis der beiden Positionen sollte übrigens nicht darüber hinwegtäuschen, daß der Direktor für den Haushalt mächtiger sein kann als der Minister. Ein Beispiel stellt der Inhaber dieser Position von 1964-1974, Rafael Arango Toro, dar (später Syndikus der National-Universität). Eine zehnjährige Amtszeit ist in Kolumbien eine ganz seltene Ausnahme. Arango war tatsächlich politisch so stark, daß die meisten Minister sich scheuten, in engeren oder gar feindlichen Kontakt mit ihm zu kommen! Ohne Nennung des Namens wird er auch von Rivera-Ortiz 1976 im gleichen Sinne angeführt.

Drittens ist das Finanzministerium äußerst wichtig für Mehreinnahmen, die der Staat über Kredite in Anspruch nimmt.[363] Gerade hier ist die Unabhängigkeit der Exekutive vom Kongreß besonders groß. Seit einer Reihe von Jahren darf es diese Kredite im In- und Ausland bis zu einer von Zeit zu Zeit erhöhten Obergrenze aufnehmen.[364] Dezentralisierte Organisationen, die sich verschulden wollen, müssen zuerst mit der *Generaldirektion für öffentliche Anleihen* verhandeln. Das Interesse der Manager, wichtige Investitionsprojekte zu beginnen, ist beschrieben worden. Das Interesse des Finanzministeriums ist dem entgegengerichtet: Eine Verschuldung soll nur so weit gestattet werden, als der Schuldendienst – u.U. mit einem geringen Beitrag des Zentralhaushaltes – gesichert erscheint. Zusätzlich sollen die Kredite so günstig sein wie möglich. Das Ergebnis dieses Kampfes entgegengerichteter Interessen hängt von vielen Faktoren ab: Wichtigkeit des Projektes und der Behörde, politische Stärke des Direktors und des zuständigen Ministers, Zugang zum Präsidenten, Entschlossenheit des Direktors für öffentliche Anleihen, die eigenen Vorschriften durchzusetzen usw.

Die Generaldirektion für öffentliche Anleihen stellt jedoch nicht die einzige mit der Kreditpolitik befaßte Behörde dar. Die Abteilung für ausländische Finanzierung, die zur Abteilung für öffentliche Investitionen des DNP gehört, ist ebenfalls an wichtigen ausländischen Krediten interessiert. Ihr liegt vor allem an einer Analyse der Kosten und Erträge. Idealerweise gibt es also ein *Dreiecks-Verhältnis* zwischen einer Behörde, die einen Kredit begehrt und eine Genehmigung durch den Finanzminister erbittet, einer Generaldirektion, die die Vorschriften des Vertragsentwurfes prüft und gegebenenfalls für den Staat zu verbessern sucht, und einer Abteilung des DNP, welche die möglichen Erträge des vorgeschlagenen Projektes studiert. Die Investition wird nur dann vorgenommen, wenn alle drei Stellen übereinstimmen.

Einmal mehr kommen jedoch die *verschiedenen Organisationsinteressen* ins Spiel und stören das in den Rechtstexten festgelegte ideale Bild. Das DNP ist vor allem an den wichtigen Projekten interessiert, selbst wenn sie nicht zu idealen Bedingungen finanziert werden können. Das Finanzministerium wird opponieren, wenn ideale Kreditkonditionen nicht zu erhalten sind. Oder, umgekehrt, wird es bei deren Vorliegen zustimmen, auch wenn die Verwendung des Kredites nicht im Sinne des Planungsamtes sein sollte. Frustrationen können entstehen und entstehen tatsächlich. Normalerweise ist das DNP der schwächere Teil. Zusätzlich sollte nicht vergessen werden, daß die Abgrenzung der Auf-

---

[363] Interviewmaterial.

[364] Dies ist notwendig, da nach Art. 11 Decreto-Ley 294/1973 nur der Ertrag bereits abgeschlossener Kreditverträge als Haushaltseinkommen verbucht werden darf. In früheren Jahren hatte der Kongreß ein „Gesetz" für jede einzelne Anleihe zu verabschieden!

gaben zwischen beiden Behörden nicht immer sehr klar ist und dadurch der Antagonismus verschärft wird.

Diese „normale" (oder übliche) Konstellation, die in der kolumbianischen bürokratischen Politik viele Jahre lang beobachtet werden konnte, mag jedoch von stärkeren abweichenden Faktoren überlagert werden. Einer von ihnen ist personalistisch: Der Antagonismus zwischen DNP und Finanzministerium, der am Beispiel öffentlicher Anleihen beschrieben wurde, kann durch gute persönliche Beziehungen zwischen dem Finanzminister und dem Leiter des Planungsamtes aufgehoben werden. Dies war der Fall während der ersten zwei Jahre der Amtszeit des Präsidenten López: Rodrigo Botero Montoya und Miguel Urrutia Holguin hatten ein ausgezeichnetes persönliches Verhältnis. Viele sahen sie sogar als Freunde an. Spannungen zwischen den von ihnen geleiteten Behörden wurden in dieser Zeit vermindert. Dies kann allerdings nicht über die Tatsache hinwegtäuschen, daß es selbst in dieser Zeit nicht zu einer wirksamen Koordination beider Behörden kam.

Das *Departamento Nacional de Planeación*, die höchste Planungsbehörde, soll als nächste Stelle untersucht werden. Sein Einfluß kann an einer Reihe von Indikatoren abgelesen werden: Erstens, bis zu welchem Grade beeinflußt es Größe und Zusammensetzung der staatlichen Investitionen? Zweitens, kann es Initiativen zu Investitionen, die von anderen Stellen vorgeschlagen werden, ablehnen? Drittens, in welchem Ausmaß werden fachliche Planungsüberlegungen in den Budgetzyklus eingebracht?

Zuerst ist festzustellen, daß das DNP *keinen entscheidenden Einfluß auf die großen Investitionsprojekte* ausübt. Diese gehen nur selten auf Überlegungen der técnicos im Planungsamt zurück. Selbst wenn dies der Fall ist (Beispiele sind das El Salitre-Projekt oder der Impuls für die Bauindustrie durch die Einführung der UPACs), hängt die Verwirklichung von Projekten oder Maßnahmen von einem solchen Knäuel politischer und bürokratischer Einflüsse, technischer Probleme, antagonistischer Wirtschaftsinteressen usw. ab, daß das Endergebnis in jedem Einzelfalle völlig offen ist. Das DNP ist in jedem Falle nur eine Organisation unter vielen, die derartige Entscheidungen beeinflußt.

Das gleiche gilt für unser zweites Kriterium: Schon in der aus Interviews deutlich gewordenen Selbsteinschätzung der Planer wird die Verteilung der Investitionsgelder als Vorrecht des für den Sektor zuständigen Ministers angesehen. Wenn die Planer sich auf das Studium von Details einlassen, tun sie dies nur unter dem Druck der strikten Termine und der langsamen Arbeit der Haushaltsbüros der Ministerien. Wichtige Investitions-Initiativen der dezentralisierten Organisationen und der Ministerien werden normalerweise vom DNP nicht abgelehnt; noch seltener geschieht dies mit Erfolg. Im Augenblick sind die Planer bereits damit zufrieden, standardisierte Informationen über vorgeschlagene oder durchgeführte Projekte zu erhalten.[365] Die verschiedenen technischen Abteilungen des DNP werden über die Vorhaben der verschiedenen Behörden informiert, und sie sind berechtigt, hierzu Stellung zu nehmen. Entscheidender ist jedoch die Frage der Verwirklichung eines vorgeschlagenen Projektes; hierauf hat das Planungsamt nur einen begrenzten Einfluß.

Wie gezeigt wurde, liegen die Kriterien Entwicklungsplan, historischer Trend, politische Optionen der Erarbeitung des Investitionsbudgets zugrunde, unterscheiden sich also nicht sehr von denen eines beliebigen Haushaltsbüros, das nicht Anspruch auf die Rationalität der Planer erhebt.

Modelle der Wirtschaftspolitik, die das Sozialprodukt oder den Ertrag einer geplanten Investition maximieren wollen, betonen die Notwendigkeit des Ausgleichs der Grenzerträge jeder einzelnen Investition (diese können im Idealfalle in kleine Beträge zerlegt werden, um die Größe und damit die Grenzerträge variieren zu können). Obwohl dieses oft kritisierte Modell sicherlich nicht vollständig verwirklicht werden kann, müßten rationale Investitionsentscheidungen mindestens einige der wichtigen Charakteristika berücksichtigen. Wie wir gesehen haben, ist dies nicht der Fall: Die wichtigen politischen Entscheidungen rechnen, auch soweit sie Investitionen beeinflussen, mit anderen Überlegungen. Die Fortsetzung des historischen Trends, der wichtigste einzelne Einflußfaktor für das Budget, hat eine Anzahl von Vorteilen, aber sicherlich nicht denjenigen einer besonderen *wirtschaftlichen*[366] Rationalität. Einzig der „Entwicklungsplan" kann als Planungsvariable im strikten Sinne betrachtet werden.[367] Sein Einfluß ist jedoch gering.

Wir können also zusammenfassen: *Das DNP ist nicht die umfassende und rein rationale Stelle, die die öffentliche Investitionspolitik und das Investitionsbudget bestimmt.* Sein Einfluß ist gering. Registrierung statt Entscheidung; Reaktion statt Initiative; Durchwursteln statt Rationalität sind einige der wichtigsten Faktoren, die den Einfluß des DNP auf das Investitionsbudget kennzeichnen.

Zur Vervollständigung des Bildes soll darauf hingewiesen werden, daß das Planungsamt einen direkteren Weg zur Beeinflussung öffentlicher Investitionen hat: Wie gezeigt wurde, unterliegen die regionalen Entwicklungsgesellschaften

---

[365] Einige der wichtigen Werke hierzu sind DNP/DG Presupuesto 1976; DNP Unidad 1977; DNP, Formulario „Presupuesto"... 1978. Diese Veröffentlichungen und Formulare beschreiben nur den Prozeß der Zusammenstellung der Daten für die Vorbereitung des Haushaltsentwurfes, nicht jedoch die tatsächlichen Entscheidungsprozesse.

[366] Auf die *politischen* Vorteile ist jedoch noch einzugehen.

[367] Auch der Entwicklungsplan wird selbstverständlich von politischen Überlegungen beeinflußt. Das ist völlig normal, widerspricht aber dem in Kolumbien offiziell übernommenen Planungsmodell.

wie CAR, CVC und andere der Überwachung des DNP. Der Grad der Abhängigkeit dieser Stellen vom DNP wechselt schon aus geographischen Gründen. Er ist im Falle der CAR am größten. Der Punkt sollte jedoch nicht überbetont werden. Das Verhältnis zwischen den Behörden kann nicht einfach als eines von Befehl und Gehorsam verstanden werden. In diesem besonderen Falle spielen vielmehr die technischen Argumente beider Seiten für Entscheidungen eine wichtige Rolle. Die Diskussionen führen normalerweise zur Übereinstimmung der Ansichten.[368]

Die *Ministerien* befinden sich in Haushaltsangelegenheiten häufig in einer Zwischenstellung. Auf der einen Seite müssen sie sich mit einem ziemlich mächtigen Finanzministerium auseinandersetzen sowie mit einem Planungsamt, dessen Zustimmung sie mindestens auf dem Papier für ihre Pläne und Projekte benötigen. Das gilt vor allem für die von ihnen selbst vorgenommenen direkten Investitionen.[369] Auf der anderen Seite stehen sie der gelegentlich hohen Zahl *dezentralisierter Organisationen* gegenüber, die sie dem Gesetz nach anzuleiten und zu kontrollieren haben. Auf diese Organisationen ist jetzt etwas genauer einzugehen:

Die descentralizadas finden bei kolumbianischen wissenschaftlichen Autoren ein beträchtliches Interesse. Die weit überwiegende Mehrzahl der Veröffentlichungen ist jedoch rein juristischer Art.[370] Das gleiche gilt für Dissertationen zum Thema.[371] Die Publikationen beschreiben also nicht die Wirklichkeit, sondern die Rechtsvorschriften, die sich von jener erheblich unterscheiden.[372] Es gibt nur wenig Untersuchungen über die wirkliche Bedeutung solcher Ausdrücke wie „Kontrolle" der dezentralisierten Organisationen, ihre Effizienz usw., und viele der Ergebnisse stammen von ausländischen Experten, die in Projekten der technischen Zusammenarbeit tätig sind.[373] Kolumbianische Ausnahmen von der Regel sind einige Untersuchungen der Höheren Schule für öffentliche Ver-

---

[368] Interviewmaterial.

[369] Es muß betont werden, daß die Drohung mit dem Rücktritt üblicherweise für Minister keine Waffe darstellt, die ein Entwicklungsprojekt erzwingen wollen: Der Präsident kann dies mit Ruhe hinnehmen. Die Tradition eines häufigen Wechsels der Amtsinhaber auf allen Ebenen des politischen und administrativen Apparates gibt ihm sogar die Möglichkeit, eine derartige Drohung als Instrument zur Stärkung seiner eigenen Position zu nutzen.

[370] Z.B. Tafur Galvis 1974 und 1977; zur Rechnungskontrolle der descentralizadas siehe Tafur Galvis 1975.

[371] Z.B. Pinilla / Pinilla 1969; Cañon Salinas 1965.

[372] Das ist auch den Autoren bekannt, wie aus mehreren Interviews hervorgeht. Dennoch bringen diese Erkenntnisse kolumbianische Juristen nicht dazu, sie niederzuschreiben und auf eine ausführliche Darlegung auch des unwichtigsten Paragraphen zu verzichten: Formalismus im Sinne von Riggs 1964!

[373] Dies ist für Maraviglia 1974 und Fisher 1974 (beide UN-Experten) der Fall.

waltung[374], des Sekretariats für öffentliche Verwaltung des Präsidialamtes[375] und schließlich der privaten Stiftung Fedesarrollo.[376] Bemerkenswert schließlich ein drei Tage dauerndes Seminar des Ausschusses Nr. VIII des Senates[377], das sich im Jahr 1974 ausdrücklich mit dem Budget der dezentralisierten Organisationen befaßte.

Die Ergebnisse dieser Studien decken sich völlig mit denjenigen des Verfassers aus den Jahren 1976 und 1977.

Probleme der dezentralisierten Organisationen, die staatlichen Wirtschaftsunternehmen eingeschlossen, finden sich in zwei wichtigen Gebieten:

Erstens der *wirtschaftlichen Effizienz der Unternehmen:* Sind die Organisationsziele überhaupt und mit den geringstmöglichen Kosten erreicht worden?

Die verschiedenen Studien kommen zu einer pessimistischen Schlußfolgerung: Die öffentlichen Unternehmen können im großen und ganzen nicht als effiziente Einheiten angesehen werden[378] — wenn es auch große Unterschiede von einer Firma zur nächsten gibt. Dieser Mangel an Effizienz entspricht derjenigen der Verwaltung insgesamt. Unter den Gründen ist das Fehlen einer Kontrolle der Qualität des Managements zu erwähnen. Die Contraloría hat lediglich die formale Richtigkeit der Ausgaben zu überprüfen, kann also darüber hinaus nicht tätig werden. Den Beamten in den Verwaltungs- oder Aufsichtsräten fehlt oft die Fähigkeit und auch das Interesse für diese Aufgabe.

Zweitens, *bis zu welchem Grade wird die ,,Geschäftspolitik" von Vorgesetzten kontrolliert*, letztlich also vom Präsidenten des Landes?

Wie beschrieben, werden die Aufsichtsräte, die obersten Leitungs- und Kontrollgremien der verschiedenen Organisationen, ex officio von dem Minister geleitet, zu dessen Geschäftsbereich die Organisation gehört. Darüber hinaus werden mehrere Mitglieder direkt vom Präsidenten ernannt und gelten als seine Vertreter. Theoretisch ist damit eine enge Überwachung der Organisation gegeben.

Zweifellos ist dies jedoch *nicht* der Fall[379]: Das Riesennetz der dezentralisierten Organisationen (selbst wenn man sich auf diejenigen des Zentralstaates beschränkt) wird *nicht in irgendeiner kohärenten Weise koordiniert*. Selbst Ein-

---

[374] Ibarra 1974.
[375] SOAIP 1972.
[376] Losada Lora 1973 a.
[377] Congreso 1974. Obgleich als „erstes" Seminar bezeichnet, fand bis 1978 kein zweites statt.
[378] Ibarra 1974: 3-7; Congreso 1974: passim; Fisher 1974: 46 ff.
[379] Interviewmaterial; im gleichen Sinne Cañon Salinas 1965: 107; Escuela Superior 1973: 81-83; Ibarra 1974: 3 ff.; Congreso 1974: 13 ff.

richtungen, die im gleichen Wirtschaftssektor tätig sind und der Aufsicht des gleichen Ministeriums unterstehen, arbeiten nur in Ausnahmefällen zusammen.[380] Diese Tatsache erklärt sich aus dem Verhältnis des Verwaltungsrates zum Minister und dem Präsidenten auf der einen Seite, zu den Direktoren der Organisationen auf der anderen.

Das Präsidentenamt stellt im Vergleich zu mehreren Ministerien und vor allem zu den großen dezentralisierten Organisationen (viele von ihnen sind größer als das zuständige Ministerium) eine nur kleine Behörde dar.

Es verfügt nur über kleine Beratungs-Abteilungen (Stabs-Abteilungen), die zur täglichen Routine-Überwachung der Bürokratie und ihrer Politik nicht berechtigt sind.[381] Diese Überwachung müßte sich daher in der Person des Präsidenten selbst konzentrieren.[382] Dieser steht Hunderten von Organisationen gegenüber, von denen jede ihre eigenen Organisationsziele verfolgt. Sie in einer kohärenten Weise zu „koordinieren" oder „leiten", bedeutete eine unmögliche Aufgabe für eine einzelne Persönlichkeit, die schließlich eine große Zahl anderer Aufgaben neben der Kontrolle der Verwaltung wahrzunehmen hat.

Dem Präsidenten ist diese Tatsache bewußt. In einer berühmten Rede in Medellín im Jahre 1975[383] griff Präsident López den „Krieg" der Bürokratie gegen die Pläne des Präsidenten an. Diese Deutung stellt ein Mißverständnis dessen dar, was sich abspielt: „Die" Verwaltung gibt es nicht. Das Problem liegt

---

[380] Das kann nicht von vornherein ohne weitere Analyse als negativ angesehen werden. „Koordination" und „Kooperation" sind für Fachleute und Berater im Bereich der öffentlichen Verwaltung eine Art von Fetisch geworden. Aber ein Netz von Organisationen des Umfanges der kolumbianischen Verwaltung (mit etwa 600.000 Beamten bei einer Gesamtbevölkerung des Landes von 25 Mio., 1977) kann nicht einfach von einem Zentrum her „koordiniert" werden: Koordinieren bedeutet in vielen Fällen, daß eine Verwaltungseinheit eine andere zu einer Handlung oder Unterlassung veranlaßt. Daß dies auf Seiten der koordinierenden Behörde oder Person Macht voraussetzt, ist offensichtlich. Hierin liegt vermutlich die Erklärung für das häufige Fehlschlagen der Myriaden von „juntas de coordinación", „juntas de política..." in der kolumbianischen Verwaltung. Sicherlich ist diese Überlegung auch einer der Gründe dafür, daß Zentralplanung in praktisch allen Ländern der Dritten Welt mißlungen ist. Die politischen Führer sollten vielmehr den Wettbewerb und die Eifersucht der einzelnen Behörden zur Förderung ihrer eigenen Zwecke einsetzen. Details in Wolff 1977 a: 139 ff., 174 ff.

[381] Eine kleinere Ausnahme bildet das Sekretariat für öffentliche Verwaltung, das in der Praxis wenig Einfluß hat.

[382] Verschiedene Gesprächspartner, die eine intime Kenntnis des Funktionierens des Apparates hatten, sprachen die Meinung aus, daß der Präsident über die Vorgänge in der Verwaltung wenig informiert ist. Da dies eine völlig unkontrollierbare Behauptung ist, lassen wir sie hier beiseite. Es gibt allerdings eine Überlegung, die in die gleiche Richtung zielt. Die Information, die der Präsident erhält (selbst wenn sie vollständig sein sollte, was unbewiesen ist), müßte durch eine Person oder ein Büro seines Vertrauens gefiltert werden. Hierzu gibt es jedoch keinen eigenen Apparat.

[383] López Michelsen 1975 b.

vielmehr in der Größe des Apparates, der Zahl einzelner Organisationen, den verschiedenen im Sinne des Organisationsziels von ihnen verfolgten Interessen. In der Mehrzahl der Fälle ist nicht an einen vorsätzlichen „Krieg" zu denken.

Das *Fehlen effektiver Kontrolle oder Koordination darf nicht mit Mangel an Einfluß gleichgesetzt werden.* Wenn der Präsident an dem Arbeitsergebnis einer Organisation ein besonderes Interesse nimmt, mag er die entscheidende Einflußgröße für deren Politik darstellen. Ein Beispiel stellt das Instituto de Crédito Territorial unter López dar[384]; dem Bau billiger Wohnungen kommt eine erstrangige politische Bedeutung zu.

Das *Hauptinstrument*, das dem Präsidenten zur Sicherung seines Einflusses zur Verfügung steht, ist die *Personalpolitik:* Er ernennt eigene Vertreter als Mitglieder des Verwaltungsrates; hierbei greift er häufig nicht auf Beamte, sondern auf Mitglieder der freien Berufe zurück. Noch wichtiger in diesem Zusammenhang erscheint die Tatsache, daß er die Direktoren der Organisationen ernennt und entläßt und auf diese Weise einen indirekten, aber dennoch wichtigen Einfluß auf deren Politik ausüben kann.

Die Beispiele einer wirksamen Überwachung einer durchführenden Behörde kann jedoch die Tatsache nicht verdecken, daß es sich hier nicht um den Normalfall handelt.

*Kontrolle* könnte jedoch auch *durch den zuständigen Minister oder Leiter des Departamento Administrativo* wahrgenommen werden. Diese handeln ex officio als Leiter des Aufsichtsrates. Es ist jedoch festzuhalten, daß diese Aufgabe normalerweise delegiert wird. Das Interesse (und die Zeit), die den dezentralisierten Einrichtungen gewidmet wird, wechselt im Einzelfalle sehr stark. Es hängt u.a. von Persönlichkeitsfaktoren ab (Stärke der Persönlichkeit des Ministers und seines Vertreters auf der einen, des Direktors der Einrichtung auf der anderen Seite). Zum zweiten ist die Macht vieler Organisationen derart, daß der Minister ihre Politik auch dann nur mit Schwierigkeiten beeinflussen könnte, wenn er dies bewußt anstrebt. Im Gegenteil: Die Summe der von den dezentralisierten Einrichtungen eines Wirtschaftssektors verfolgten Einzelmaßnahmen legt die Politik des verantwortlichen Ministeriums fest.[385]

Drittens sind die Möglichkeiten des Verwaltungs- (oder Aufsichts-) Rates nicht allzu bedeutend.

Wir beobachten hier das alte Problem der Wirksamkeit eines Überwachungs- und Kontrollgremiums, das selten zusammentritt, juristisch jedoch einer etablierten Verwaltung übergeordnet ist, die von einem hauptberuflichen Manager geleitet wird. Der kolumbianische Fall zeigt das zu erwartende Ergebnis[386]: Der

---

[384] Siehe Kapitel III.
[385] Ibarra 1974: 3 ff.
[386] Escuela Superior 1973: 81-83; Interviewmaterial.

Leiter der Bürokratie ist die bestinformierte Person. Die Mitglieder des Verwaltungsrates „entscheiden" auf der Basis der von ihm übermittelten Daten über die allgemeine Politik oder eine spezielle Angelegenheit. Verständlicherweise nutzen die Manager die von ihnen übermittelte Information, um die Entscheidungen des Verwaltungsrates vorherzubestimmen; dies geschieht gelegentlich auch dadurch, daß Kenntnisse vorenthalten werden. Als Folge ergibt sich, daß die Verwaltungsräte, deren Mitglieder gelegentlich von der Ausbildung her ihrer Aufgabe nicht gewachsen sind[387], die Tätigkeiten des Managers im Normalfalle billigen.

Es kann zusammengefaßt werden: *Die Direktoren der dezentralisierten Organisationen bestimmen im Normalfall ihre Politik.*

Die Anwendung dieser Erkenntnis auf die Budgetpolitik ergibt:

Im *Innenverhältnis bestimmt die Verwaltung des establecimiento den Haushaltsentwurf.* Wie bei jedem Unternehmen gibt es verschiedene Einflußfaktoren: Wandel des Marktes, Zunahme der Nachfrage nach Dienstleistungen, Verfügbarkeit von Kredit, mehr oder weniger genaue Investitionsplanung usw. Die Juntas Directivas verabschieden daraufhin auf der Basis der vom Manager mitgeteilten Informationen die großen Ausgabenblöcke, ohne in ein Studium der Details einzutreten. Die Ministerien sind im Normalfalle hierbei nicht sehr einflußreich; doch kommt es zu Diskussionen mit dem Finanzministerium und dem Planungsamt, wenn die Obergrenzen für die Ausgaben überschritten werden. Der Einfluß dieser beiden Behörden beschränkt sich jedoch meistens auf die Zuwendungen aus dem Zentralhaushalt und auf Investitionen, die mit internationalen Krediten finanziert werden. Selbst in diesem zweiten Falle wird die Mehrzahl der Initiativen akzeptiert, insbesondere, wenn bereits eine informelle Absprache des Kreditnehmers mit internationalen Banken besteht, die bekanntlich eine genaue Kreditwürdigkeitsprüfung vornehmen. Kommt es zu Kürzungen des beantragten Budgets, dann werden diese in summarischer Weise vorgenommen[388], was nicht selten zu einem Chaos bei der Durchführung von Projekten führt. In jedem Falle ist der Einfluß der Zentralbehörden beschränkt: Er ist weit größer bei den Globalzahlen als bei der Gestaltung der Ausgabentitel im einzelnen. Wie zu erwarten, hängt er von dem Anteil der Selbstfinanzierung der Organisation ab. Das gesetzlich bestimmte Element der verwaltungsmäßigen Autonomie wird hierdurch erheblich verstärkt. Die Bürokratie der einzelnen Einrichtungen stellt den entscheidenden Faktor zur Bestimmung ihrer Aktivitäten dar.

Die weitreichende finanzielle Unabhängigkeit der dezentralisierten Organisationen und ihre unabhängige Politik, die häufig zu Refinanzierungen aus dem

---

[387] Idem.
[388] Congreso 1974: 14.

zentralen Staatshaushalt Anlaß gibt, bedeutet auf der anderen Seite, daß *der Spitze der Exekutive ein wesentliches Kontrollinstrument fehlt*. Die dezentralisierten Einrichtungen entziehen sich zu einem erheblichen Grade zentraler Führung und Überwachung; es erscheint als außerordentlich schwierig oder gar unmöglich, dem ausgedehnten Apparat der vielen einzelnen Bürokratien, die die kolumbianische Staatsverwaltung ausmachen, einen einheitlichen politischen Willen aufzuzwingen.

## 2. Die Aufgabe der Rechnungskontrolle

Kolumbien kennt eine stets wachsende, scheinbar endlose Zahl von *Skandalen* um die Haushaltsdurchführung. Sie betreffen insbesondere die Veruntreuung von Geldern und ihre Verwendung für Zwecke, die im Haushaltsgesetz nicht vorgesehen sind. Die letzten wichtigen Beispiele berührten den früheren Präsidenten des Rechnungshofes, Escallon Ordoñez[389], den Minister für öffentliche Arbeiten, Salcedo Collante[390], den Präsidenten des Repräsentantenhauses, Santofimio Botero, und den Senat, insbesondere seinen Präsidenten López Gómez.[391] Diese allgemeine Korruption erstreckte sich bis in untere bürokratische Ränge; die in der Öffentlichkeit bekannt gewordenen Skandale stellen lediglich die Spitze eines Eisberges dar. Es kann mit Sicherheit angenommen werden[392], daß der riesige Kontrollapparat der Contraloría und der viel kleinere des Finanzministeriums ihren Aufgaben nicht gewachsen sind. Hierbei handelt es sich jedoch nur teilweise um ein technisches Phänomen.

Offensichtlich existiert eine große *Unausgewogenheit der drei Haushaltskontrolltypen*. Die grundlegendste von ihnen, Aufgabe von Buchführungsspezialisten, also die numerisch-legale Kontrolle, die von der Contraloría wahrzunehmen ist, erhält den größeren Teil der finanziellen und personellen Mittel sowie der öffentlichen Aufmerksamkeit. Der Apparat zur Überprüfung der Effizienz und der Angemessenheit der Ausgaben ist unvergleichlich viel kleiner und weniger mächtig. Aber erst die Sicherstellung der Übereinstimmung der Verwen-

---

[389] Nach Verhaftung, Flucht in das Ausland und Rückkehr schließlich vom Obersten Gerichtshof freigesprochen, El Tiempo, 1.4.1980.

[390] Dies berührte auch den Contralor Martínez Zuleta: Gegen ihn wurde ein Ermittlungsverfahren wegen des Verdachts auf „encubrimiento" eröffnet. Der Vorwurf bedeutet, daß er die Unregelmäßigkeiten im Ministerium für öffentliche Arbeiten gekannt haben mußte, aber nicht tätig wurde. Das Ergebnis war im Augenblick der Niederschrift noch nicht bekannt.

[391] Fast unglaublich, aber dennoch zutreffend: Nach der Erläuterung der Untersuchung brach ein Feuer in den Archiven des Senats aus und vernichtete für den Fall wichtige Dokumente!

[392] Dies entspricht der Meinung *aller* hierzu befragten Interviewpartner.

dung öffentlicher Gelder mit den Beschlüssen des Parlamentes ermöglichte es dem Kongreß, auf politische Orientierungen zu achten.

Der Versuch zur Überwachung der Effizienz und Effektivität der öffentlichen Ausgaben (also die administrative Haushaltskontrolle) durch Unterdirektionen des Finanzministeriums begegnet in der Praxis zahlreichen Problemen, die letztlich von der hierarchischen Organisation der Verwaltung herrühren. Wie andere Länder hat Kolumbien in seinen Ministerien eine Anzahl oberster Verwaltungsbehörden, die einen gleichen Rang einnehmen und von Ministern gleicher hierarchischer Einstufung geleitet werden. Der juristischen Theorie nach sind sie alle gleich und einzig dem Präsidenten des Landes unterstellt. Sicherlich kommen dem Finanzminister die von uns beschriebenen Vorrechte gegenüber seinen Kollegen zu. Aber das ändert nicht das Grundprinzip der Gleichrangigkeit der dreizehn Minister.

Auf der anderen Seite sei daran erinnert, daß sogar das grundlegende Prinzip der Einheitlichkeit des Haushaltes in wesentlichen Punkten verletzt wird. Damit wird dann das Dilemma der Unterdirektion für administrative Haushaltskontrolle und für Haushaltsdurchführung verständlich: Sie sind damit betraut, Behörden und Einrichtungen zu überwachen und zu kontrollieren, die ihnen nicht unterstehen. In der täglichen Routinearbeit wird dieses Problem noch dadurch verschärft, daß die Subdirektoren diese Aufgabe notwendig an Untergebene geringeren Ranges delegieren müssen. Sie müssen daher vor einer praktischen Kontrolle um Genehmigung bitten, und dies begegnet größten Problemen, besonders in den Fällen, in denen eine Kontrolle Unregelmäßigkeiten aufzudecken droht.[393] Offensichtlich widerspricht diese Tatsache dem Sinn der Kontrolle selbst. Das Dilemma könnte wahrscheinlich nur durch eine Verbindung numerischer und administrativer Kontrolle in ein und derselben Behörde gelöst werden.[394] Eine solche Reform könnte auch die gegenwärtige Benachteiligung der beiden Unterdirektionen des Finanzministeriums überwinden, die für eine wirksame Kontrolle hunderter öffentlicher Organisationen einfach zu klein sind.

Der *Contralor General de la República*, Präsident des Obersten Rechnungshofes, wird, wie erinnerlich, vom *Repräsentantenhaus* für eine Dauer von vier Jahren gewählt. Dieses Verfahren führt zu einer Anzahl von *fachlich negativen Auswirkungen:*

---

[393] Ein Beispiel bildet die Weigerung des Ministers für öffentliche Arbeiten, einer Kommission des Finanzministeriums eine Untersuchung im Straßenbaufonds (Fondo Vial Nacional) und im Fonds für staatliche Bauten (Fondo de Inmuebles Nacionales) im Frühjahr 1977 zu gestatten, nachdem dem Finanzministerium schwere Unregelmäßigkeiten angezeigt worden waren. Diese Vorwürfe erwiesen sich übrigens später (im Jahre 1978) als gerechtfertigt.
[394] Wolff 1977 b: 48.

Einmal wird der Contralor im Normalfalle ein *aktiver Politiker* sein. Von dem politischen Gremium Kongreß ist die Wahl eines unbekannten Spezialisten, der sich nur für die fachliche Arbeit interessiert, schlechterdings nicht zu erwarten. Es ist jedoch zu bezweifeln, daß die rein fachbestimmte Arbeit der numerisch-legalen Kontrolle durch die Eigenschaften eines aktiven Politikers verbessert wird: Dieser wird im Normalfalle versucht sein, mehr oder weniger offen am politischen Prozeß teilzunehmen. Er bleibt in engem Kontakt mit politischen Kollegen. Er hat von Politikern geleitete Behörden zu kontrollieren — und das Verhältnis Politiker zu Politiker ist von demjenigen eines Politikers zu einem unabhängigen Spezialisten verschieden, der sich nur für fachliche Kriterien interessiert und seine Arbeit gegen andere Einflüsse abschirmt.

Zweitens entspricht die Tatsache, daß die Contraloría Hilfsorgan des Kongresses ist, dem Beispiel anderer Länder mit ganz *verschiedener historischer Tradition* und mit verschiedenen Machtverhältnissen in Haushaltsangelegenheiten, z.B. Großbritannien.

Die Organisation des Rechnungshofes als Hilfsorgan des Parlamentes stammt aus der Tradition der Gegenüberstellung von Monarch und Parlament, das langsam das Recht der Entscheidung über staatliche Finanzangelegenheiten erwarb, die Exekutive zur Besteuerung bevollmächtigte und ihr gestattete, den Steuerertrag für bestimmte Aufgaben zu verwenden. Es erscheint dann nur logisch, daß das Parlament einen Apparat zur Verfügung hat, um die Einhaltung seiner Bewilligungen zu überwachen und gegebenenfalls politische und strafrechtliche Konsequenzen zu ziehen.

Die kolumbianische Situation unterscheidet sich radikal von diesem selbstverständlich etwas idealisierten Bild. Der Kongreß entscheidet über öffentliche Ausgaben nur in ganz formaler Hinsicht. Er interessiert sich nicht für technische Einzelheiten des Budgets. Er wäre nicht einmal in der Lage, die geplanten Ausgaben zu studieren, wenn er dies wollte. Er betrachtet sich nicht als Wächter des Geldes des gebeutelten Steuerzahlers, wie dies so eindrucksvoll durch Wildavsky[395] für das Appropriations Committee und seine verschiedenen Unterausschüsse im nordamerikanischen Kongreß beschrieben worden ist. Mit einem Wort, *eine Organisation, die in Ländern mit einem Parlament, das entscheidenden oder wichtigen Einfluß auf Budgetangelegenheiten hat, sinnvoll erscheint, hat bei der Machtlosigkeit des kolumbianischen Kongresses in Haushaltsangelegenheiten keinen Platz.*

Führt man diese Überlegungen fort, dann ergibt sich, daß die Probleme der Haushaltskontrolle in Kolumbien weniger aus der Gegenüberstellung von Regierung und Parlament folgen als aus der Unfähigkeit der Regierung, die riesige Bürokratie wirkungsvoll zu kontrollieren und hierzu auch die Haushaltsmittel einzusetzen.

---

[395] Wildavsky 1974.

## E. Budgetieren als politischer Prozeß

Wie gezeigt wurde, verfügt das Präsidentenamt nicht über ein zentrales Budgetbüro wie der Präsident der Vereinigten Staaten. Die Vorbereitung des Budgets ist in der Verwaltung auf viele verschiedene Entscheidungszentren aufgesplittert. Die Sicherung der formalen Übereinstimmung der Ausgaben mit dem Haushaltsgesetz und die Überwachung ihrer Effizienz und Effektivität stellte daher einen wichtigen ersten Schritt dar, die Verwaltung insgesamt wieder stärker zu überwachen[396], und hierzu erweist sich die Wahl des Contralors durch den Kongreß als dysfunktional.

Viertens hat die Abhängigkeit des Contralors vom Parlament seine Behörde zum *Prototyp einer „bürokratischen Beute"* („botín burocrático") gemacht.

Noch heute wird ein erheblicher Prozentsatz der Positionen in der Verwaltung nach dem alten „spoils"-System besetzt: Praktisch jeder Bewerber um ein öffentliches Amt hat seine Parteizugehörigkeit offenzulegen, wenn auch gelegentlich nur in einem formalen Sinne, damit die Verfassungsvorschrift einer adäquaten Vertretung der traditionellen Parteien im öffentlichen Dienst eingehalten werden kann. Dieses System widerspricht zwar Prinzipien moderner Personalführung, erfüllt aber noch heute die Aufgabe, den klassischen Parteien Anhänger zuzuführen und sie damit funktionsfähig zu erhalten. Es ist für die Erhaltung des politischen Systems ebenso wichtig wie in den Vereinigten Staaten im 19. Jahrhundert.

Überraschend erscheint allenfalls der *Grad*, bis zu dem politische Empfehlungen die Ernennungen bestimmen. Solche gehen übrigens weit über die Benennung von eigenen Parteianhängern hinaus. Mindestens bis 1975 wurden enge Verwandte von Kongreßabgeordneten ernannt.[397] Die neuere Gesetzgebung[398] untersagt diese Praxis[399], löst damit aber das Problem der bürokratischen Beute als solches nicht.

Die *Contraloría ist diesen Schwierigkeiten besonders unterworfen*, stärker als andere Behörden.[400] Der Grund liegt offensichtlich in der Wahl des Contralors durch das Repräsentantenhaus. Um die notwendigen Stimmen zu erhalten, hat der Kandidat eine Art Wahlkapitulation einzugehen, insbesondere den Ab-

---

[396] Auf der anderen Seite erscheint es nicht angebracht, die Contraloría dem Präsidentenamt zu unterstellen, da sich ihre Prüfungen auf Verwaltungsstellen im umfassendsten Sinne beziehen.

[397] Ohne Dementi in der Öffentlichkeit wurde 1975 behauptet, daß 65 % der Rechnungsprüfer Verwandte von Mitgliedern des Parlamentes oder des Präsidenten des Rechnungshofes selbst seien.

[398] Art. 49 Gesetz 20/1975.

[399] Es konnte nicht überprüft werden, ob diese Vorschrift tatsächlich angewendet wird. Es wäre nicht die einzige wichtige Klausel, die nicht beachtet wird.

[400] Selbstverständlich gibt es Ausnahmen. Eine der am stärksten fachlich bestimmten und am wenigsten politisierten Verwaltungseinheiten ist das Nationale Planungsamt.

geordneten eine bestimmte Zahl von Posten zur Benennung von Kandidaten zur Verfügung zu stellen.[401] Da vier Jahre eine nur kurze Amtszeit darstellen, kann ein Contralor, der die Wiederwahl anstrebt, die Nichterfüllung seiner Versprechen nicht wagen, selbst wenn er das nachträglich vorhätte. Im Gegenteil: Eine solche Vorgehensweise begünstigte seine möglichen Konkurrenten!

Es muß allerdings hinzugefügt werden, daß die neue Gesetzgebung[402] einen professionalisierten Karrieredienst in der Contraloría eingerichtet hat. Es erscheint jedoch als unwahrscheinlich, daß die entsprechenden Vorschriften verwirklicht werden. Hierfür sind zwei Gründe maßgeblich:

Einmal gibt es bereits seit den dreißiger Jahren lange und schmerzliche Versuche zur *Einführung eines Berufsbeamtentums* in der Verwaltung insgesamt. Diese Versuche waren bestenfalls nur teilweise erfolgreich. Einen Erfolg in dieser Angelegenheit ausgerechnet in einer Behörde zu erwarten, die stärker politisiert ist als der Rest des Staatsapparates, ist mehr als optimistisch. Zusätzlich sind sogar gegenwärtig die Vorschriften über das Berufsbeamtentum insgesamt suspendiert worden; der Präsident nutzte seine Vollmachten nach der Verkündung des Belagerungszustandes im Oktober 1976.

Ein zweiter Grund, der Optimismus nicht zuläßt, liegt in den *weichen Formulierungen* bereits der Verordnung, die jede Abweichung von einer strikten Anwendung decken. Einerseits werden sämtliche wichtigen Stellen mit Bediensteten besetzt, die jederzeit entlassen werden können; der Ausdruck „politische Posten" wird in einem sehr weiten Sinne verwendet. Auf der anderen Seite darf der Contralor General den Charakter jeder Stelle (politischer Posten oder Posten für einen Karriere-Beamten) jederzeit nach seinen Wünschen verändern.[403] Ein Kommentar dürfte sich erübrigen!

Die Rechnungskontrolle durch die Contraloría muß als fachlich bestimmte Aufgabe verstanden werden, die politischen Einflüssen nicht zugänglich ist (control numérico-legal). Das Repräsentantenhaus stellt demgegenüber den Prototyp eines politischen Gremiums dar, das keinerlei Verwaltungsaufgaben mit Ausnahme seiner eigenen Verwaltung hat.[404] Es war daher keine gute Idee, den Kongreß zur „Prüfung der Konten" (examinar las cuentas) aufzufordern, also der Haushaltsrechnung, welche die Contraloría dem neu errichteten, aber

---

[401] Interviewmaterial.
[402] Verordnung 937/1976.
[403] Art. 6 Verordnung 937/1976.
[404] Eine Aufgabe, die weder effizient noch ohne Unregelmäßigkeiten erfüllt wird. Daniel Samper Pizano, der kolumbianische Starjournalist, publizierte 1977 und 1978 eine Serie von Artikeln in El Tiempo, die einen verbreiteten Mißbrauch öffentlicher Gelder in beiden Häusern des Parlamentes enthüllte. Die Verteidigung des Kongresses war derart, daß die Öffentlichkeit begriff, daß die Anschuldigungen zutrafen; es sei auch an den Skandal um Santofimio Botero erinnert, der den gleichen Eindruck bestätigte.

niemals zusammengetretenen Ausschuß für die Rechnungskontrolle vorlegt. Diese Auffassung wird durch die Entwicklung seit der Verkündung des neuen Organisationsgesetzes der Contraloría[405] bestärkt. Eine solche Prüfung wäre im besten Falle eine Aufgabe für Buchprüfer, aber niemals für Persönlichkeiten, die an den politischen Aspekten der Budgetdurchführung interessiert sind.

Am Rande sei vermerkt, daß die jährlich dem Kongreß von der Contraloría vorgelegten „*Informes Financieros*" höchst komplizierte und trockene Dokumente darstellen. Sie enthalten Tausende von Zahlen über die Haushaltsdurchführung, historische Serien über die Entwicklung der Staatsschuld und der Haushalte, eine kurze Beschreibung der finanziellen Situation der establecimientos públicos, aber keinerlei Hinweise auf *politische* Aspekte der Haushaltsdurchführung durch die verschiedenen Behörden. Gerade ein Abgeordneter als Politiker wäre aber an Informationen über die wichtigsten Unregelmäßigkeiten während des Haushaltsjahres, Veruntreuung von Geldern usw. interessiert, die dann als Grundlage für eine Kritik der Regierung innerhalb der von der Verfassung gezogenen Grenzen[406] und als Kriterium bei der Diskussion des nächsten Haushaltsentwurfes dienen könnten.

Eine Einrichtung, die bis zu einem gewissen Grade, wenn auch notwendig mit großen Lücken, die Aufgabe der politischen und administrativen Kontrolle der Haushaltsdurchführung wahrnimmt, stellt die *Presse* dar.

Kolumbien ist eines der wenigen Länder in Lateinamerika und der Welt, wo die Freiheit der Presse als nahezu absolut angesehen werden kann. Selbst die radikalsten Publikationen der verschiedenen untereinander bitterlich verfeindeten linken Parteien, die das bestehende Regime und seine Politik auf allen Gebieten radikal in Frage stellen, begegnen nicht den geringsten Problemen bei der Arbeit der Redaktion. Auch die liberale Presse, deren Grundlinie die Politik der liberalen Präsidenten unterstützt, veröffentlicht nicht selten Artikel freier Mitarbeiter, die die Regierung und ihre Politik scharf angreifen. Allerdings gibt es wichtige Aspekte der nationalen Politik, wo die beste geschriebene Information lediglich in Veröffentlichungen der radikalen Linken oder gelegentich des ospino-pastranistischen Flügels der Konservativen zu finden ist, der in bitterer Opposition zu Präsident López stand. In diesem Sinne bringt die kolumbianische Presse von Zeit zu Zeit bedenkliche Aspekte des Haushaltsgebarens der Regierung an das Licht der Öffentlichkeit.

---

[405] Gesetz 20/1975.

[406] Diese erscheinen als eng und nicht völlig logisch: Wenn der Kongreß als Herr über die Staatsausgaben die Exekutive bevollmächtigt, das Geld des Steuerzahlers für bestimmte Zwecke auszugeben, sollte ihm auch das politische Recht zukommen, die tatsächlichen Zahlungen auf Übereinstimmung mit seinen Beschlüssen zu überprüfen. Diese Kontrolle hätte nur dann einen Wert, wenn ein Mißbrauch von Geldern zu politischen Konsequenzen führte.

Die *Zahl der der Contraloria unterliegenden Behörden ist zu groß*, bedenkt man die komplizierten und zeitraubenden Verfahren.

Wie erinnerlich, ist das Kriterium für die Auswahl der der Kontrolle des Rechnungshofs unterstehenden Stellen ein juristisches: Zugehörigkeit zur öffentlichen Verwaltung oder Mehrheitsbesitz des Staates an einem Unternehmen.

Ein Unternehmen lebt in einer Umwelt wirtschaftlicher Märkte, die sich von der Umwelt einer Verwaltung im engeren Sinne unterscheidet. Es muß Kredite aufnehmen und die entsprechenden Sicherheiten stellen; es muß mit anderen Firmen auf den Märkten für Güter und Dienstleistungen, die es anbietet, konkurrieren. Mit einem Wort, ein Unternehmen muß rasch handeln, reagieren und sich elastisch an wechselnde Umstände anpassen, anders als Verwaltungseinheiten.

Die *langsame und schwerfällige Kontrolle* des Rechnungshofes widerspricht diesen Überlegungen. Jede Zahlung wird überprüft, auch wenn dies im Falle der establecimientos nur ex post geschieht. Es ergibt sich daher, daß die Organisation der Wirtschaftsunternehmen des Staates nach dem Privatrecht in einem Widerspruch zur Haushaltskontrolle des Rechnungshofes steht, die für die Verwaltung im engeren Sinne entwickelt wurde.

Ein *zu ausgedehnter Kontrollbereich* ist auch in dem mindestens doppelten Konzept des control previo und des control posterior festzustellen. *Wenn eine von beiden so wirksam ist, wie dies angestrebt wird, dann erweist sich die andere als überflüssig.* Oder umgekehrt, wenn eine der beiden Kontrollen ihre Funktion nicht erfüllt, gibt es keinerlei Garantie dafür, daß die andere die Lücke füllt. Abgesehen von dieser Überlegung bringt die doppelte Kontrolle andere Pobleme mit sich:

— Die große Zahl von Verwaltungsschritten bis zu einer Auszahlung wird noch vermehrt. Dies braucht Zeit, und die Empfänger müssen noch länger auf ihr Geld warten.[407]

— Noch wichtiger: Der control previo ist nutzlos in dem Sinne, daß gegenwärtig illegale Operationen mit öffentlichen Geldern *niemals* hierdurch entdeckt werden.[408] Illegale Operationen werden entweder durch Anzeigen von Privaten, durch den control posterior oder gar nicht aufgedeckt. Wenn man auf der anderen Seite weiß, daß die Mehrzahl der Beamten der Contraloría mit Aufgaben des control previo beschäftigt ist, kann man das Ausmaß überflüssiger Arbeit und der entsprechenden Kosten abschätzen.

---

[407] Z.B. gibt es dauernd Klagen der Bauindustrie als Vertragspartner des Staates. Das gleiche gilt für die Gehaltszahlungen für die staatlichen Bediensteten, die oft um Monate verzögert werden, was zu Streiks führt.

[408] Interviewmaterial. – Übrigens gilt für die Rechnungskontrolle der Stadt Bogotá das umgekehrte.

— Der control previo kann unserer Auffassung nach überhaupt nicht „Kontrolle" genannt werden, sondern bildet einen Teil der Verwaltung öffentlicher Gelder im engeren Sinne. Ein positiver Ausgang der Prüfung stellt ja eine Vorbedingung für eine Zahlung dar.

In diesem Sinne ist die *Contraloría an den Verwaltungsschritten beteiligt*, die sie kontrollieren soll, nämlich der Verwendung öffentlicher Gelder. Diese Verwobenheit in die Verwaltung der Gelder selbst vermindert notwendig die Unabhängigkeit der mit dem control posterior betrauten Beamten: Entdecken sie eine Unregelmäßigkeit, dann ist der Kollege, der den control previo vorzunehmen hatte, betroffen, sei es aus Nachlässigkeit, sei es aus Unehrlichkeit.

Die psychologische Unabhängigkeit, diesmal insbesondere der Beamten, die mit dem control previo befaßt sind, wird noch durch eine andere Eigentümlichkeit des Verwaltungsaufbaues bedroht[409]: Bei der Größe des Landes und der Verästelung der Verwaltung kann eine hundertprozentige Kontrolle der Bewegung öffentlicher Fonds nicht zentral, also etwa in Bogotá, vorgenommen werden. Es ist daher notwendig, *permanente Delegierte* des Rechnungshofes in die überwachten Verwaltungseinheiten zu entsenden, das beschriebene System der auditores. Diese haben also ein Büro in der gleichen Verwaltungseinheit, die sie zu kontrollieren haben. Damit sehen sie sich dauernd dem Druck zur Herstellung und Aufrechterhaltung freundlicher Beziehungen zu den Kontrollierten ausgesetzt. Entsprechend den sozialen Normen in Kolumbien sind gute persönliche Beziehungen unvermeidlich. Dies führt jedoch zu einer Verringerung der inneren Unabhängigkeit, die ein auditor notwendig hat, will er seine Aufgabe effizient wahrnehmen.[410]

Eine mindestens zweimalige vollständige Kontrolle macht diese notwendig *oberflächlich*, bedenkt man die Größe des Budgets und des Netzes einzelner Behörden. Es wäre sicherlich effizienter, die Kontrolle in Übereinstimmung mit modernen Theorien der Qualitätskontrolle auf selektiver Basis vorzunehmen, dann aber mehr ins Detail zu gehen.

---

[409] Unzählige Fälle der Veruntreuung von Geldern beweisen zur Genüge, daß dies keine abstrakte Folgerung ist, sondern täglich vorkommende Wirklichkeit.

[410] Kürzlich hat die Contraloría versucht, einen Mechanismus der Rotation der auditores einzuführen, der das Problem der Fraternisierung von Kontrolleuren und Kontrollierten verringert, wenn auch nicht löst (Interviewmaterial). – Es ist geplant, den control posterior, der noch immer dezentral vorgenommen wird, in Bogotá zu konzentrieren. Dies stellt einen Schritt in die richtige Richtung dar.

## 3. Budgetieren, Verwaltung und Politik

### a) Haushaltspolitik als intrabürokratischer Prozeß

Eines der überraschenden Ergebnisse der Untersuchung der Haushaltspolitik in Kolumbien stellt die Tatsache dar, daß sie sich zu einem erheblichen Teil innerhalb des bürokratischen Apparates abspielt. Input-Variablen aus der Gesellschaft allgemein haben nur selten eine direkte Auswirkung; Beispiele sind regionale Pressionen oder solche der Gewerkschaften der Staatsbediensteten. Typischerweise sind jedoch die mehr oder weniger diffusen Interessen in Organisationsziele von Teilen der Bürokratie transformiert worden. Auf diesem indirekten Wege üben sie einen Einfluß aus.

Der Grund für diese bemerkenswerte Tatsache liegt darin, daß Wirtschaftsinteressen ihr Tätigkeitsgebiet mehr im Steuerbereich finden. Offene Subventionen sind weniger wichtig als unsystematische Ausnahmen in der Steuergesetzgebung.[411]

Budgetieren als politischer Prozeß innerhalb der Bürokratie liefert ein zusätzliches Argument gegen die Trennung eines entscheidenden „politischen" und eines durchführenden „bürokratischen" Systems. Beide sind miteinander verwoben; dies erweist sich als besonders wichtig in Ländern wie Kolumbien, wo eine wichtige politische Institution, das Parlament, an dem untersuchten politischen Prozeß nicht aktiv beteiligt ist.

### b) Unsicherheit als Schlüsselvariable für Verwaltungseinheiten

Wichtige Züge des Budgetprozesses erklären sich durch die unstabile und unsichere Umgebung der Verwaltungsstellen. Wenige Dinge sind sicher: Es fehlt an Informationen, die politischen Konstellationen verändern sich von einem Tag zum nächsten, Reserven materieller Güter sind knapp, das Netzwerk der Beziehungen zwischen Personen und Gruppen ist keineswegs stabil. Daher erscheint es schwierig, für eine längere Zeit typische Konstellationen zu beschreiben.[412]

Sicherlich sind einige Züge relativ konstant: Der Präsident verfügt nicht über einen Apparat zur Kontrolle des großen Netzes staatlicher Behörden; Minister können nur mit Schwierigkeiten, wenn überhaupt, die ihnen unterstellten Organisationen kontrollieren; das Planungsamt erscheint als schwach. Auf der ande-

---

[411] Siehe Kap. IV.

[412] Ein Gesprächspartner ging so weit, eine Untersuchung über kolumbianische Haushaltspolitik für unmöglich zu erklären, da die Konstellationen sich dauernd änderten und zu wenige Konstanten beschrieben werden könnten. Selbst wenn das zutreffen sollte, wäre es für sich genommen eine interessante Aussage.

ren Seite gilt: Was gestern zutraf, braucht nicht unbedingt morgen so zu sein: Die Quelle für die Stärke eines Ministeriums mag in hervorragenden persönlichen Beziehungen wichtiger Beamter zum Präsidenten liegen. Treten sie zurück, dann findet die Behörde insgesamt sich in einer viel schwächeren Position. Personalismus ist äußerst wichtig; findet ein ständiger Wechsel der Amtsinhaber statt, wandelt sich damit die Umgebung der Verwaltungsstellen.

Es kann nicht überraschen, daß die Behörden ein großes Interesse daran haben, sich gegen die beschriebene *Instabilität abzuschirmen*. Ein Hauptinstrument hierbei liegt in der Sicherstellung eigener Einnahmen. Fügt man die Schwäche des Kontroll- und Leitungsapparates hinzu, dann wird der Erfolg dieser Anstrengungen verständlich.

Unsicherheit bezieht sich auch auf den Einfluß der (grob gesprochen) zwei Gruppen öffentlicher Bediensteter, der „técnicos" und der „políticos".[413] Ein Präsident muß rasch nach seiner Wahl Pläne und erste Erfolge vorweisen können; dies stellt daher den Augenblick des höchsten Einflusses der técnicos auch in Haushaltsangelegenheiten dar.[414] Mit dem Näherrücken der Wahlen steht das Interesse an möglichst vielen Wählerstimmen für die eigene Partei im Vordergrund, was die Stellung der „políticos" stärken muß, die als Spezialisten hierfür gelten. Daraus folgt Frustration der técnicos bei ihrer täglichen Arbeit.

### c) Die Fragmentierung der öffentlichen Gewalt

Der Budgetprozeß zeigt eine weitreichende Fragmentierung der öffentlichen Macht in Kolumbien. Verschiedene Aspekte können unterschieden werden:

— Die *Entscheidungszentren* über die Ausgaben sind *zahlreich:* Präsident, Ministerien, departamentos administrativos, Finanzministerium, Planungsamt, dezentralisierte Organisationen, Kongreß, einzelne Abgeordnete, nationale und internationale Banken und Kreditinstitutionen, das Konsortium der Weltbank (das sog. Pariser Komitee), das über Kredite entscheidet, einzelne Persönlichkeiten usw. Es trifft nicht nur zu, daß alle diese Institutionen und Personen die Entscheidungen anderer *beeinflussen* (z.B. diejenigen eines zentralen Budgetbüros), die auf Pressionen reagieren. Vielmehr *entscheiden*

---

[413] Dies stellt selbstverständlich eine starke Vereinfachung dar, da die „técnicos", trotz ihrer politischen Neutralität notwendig politische Interessen fördern, auch wenn sie sich dieser Tatsache nicht bewußt sind (symptomatisch die Worte eines Gesprächspartners im Planungsamt: Obgleich u.a. der Ausbildung nach Politikwissenschaftlerin, berücksichtigte sie politische Überlegungen bei der Erarbeitung fachlicher Vorschläge nicht. Sie handelte also gegen Ergebnisse von Benveniste 1972). Die Unterscheidung wird jedoch in der kolumbianischen Diskussion akzeptiert und, da jedermann entweder técnico oder político ist, stellt sie eine Realität dar (sie wird auch von Rivera-Ortiz 1976 verwendet).

[414] Siehe Kap. IV.

diese verschiedenen Zentren in der Praxis über die Ausgaben, mag auch diese Entscheidung einer formalen Billigung durch eine andere Organisation oder Person unterworfen sein.

Anders ausgedrückt, kann gesagt werden, daß es *kein Zentrum eines starken politischen Willens in der Budgetpolitik* gibt. Der ursprüngliche Grundgedanke der Verfassung, es bestehe eine einheitliche und im Präsidenten verkörperte Exekutive, die bei aller Zusammenarbeit strikt von der Legislative getrennt sein sollte, ist auch in Haushaltsangelegenheiten durch die faktische und teilweise juristische Entwicklung überholt worden. Der Ausweitung des Staatsapparates und der Zunahme der Bediensteten entsprach nicht eine entsprechende Verstärkung der Kontroll- und Koordinationsorgane. Das Präsidialamt blieb klein. Das Planungsamt, das zu koordinieren hat und darüber hinaus einen Teil der fachlichen Arbeit selbst ausführen und entscheiden möchte, verfügt nicht über genügend Macht und Unterstützung durch den Präsidenten.[415] Der Finanzminister ist nur für einen begrenzten Anteil der öffentlichen Ausgaben verantwortlich.

Zweitens verfügen selbst die Territorialverwaltungen des Staates im engeren Sinne, die departamentos und municipios, über eigene Budgets, die durch eigene Einnahmen und Überweisungen aus dem Staatshaushalt gespeist werden, hingegen von ihrer „asamblea departamental" oder dem Stadtrat beschlossen und damit von den Zentralgewalten nur wenig beeinflußt werden. Diese Konstellation sollte von den Budgets etwa der deutschen Gemeinden unterschieden werden: Hier drückt sich deren Selbstverwaltung u.a. im Recht der Stadträte aus, über das eigene Budget zu entscheiden. In Kolumbien ist die Situation verschieden: Die hierarchisch organisierte und zentralisierte Verwaltung (nicht Selbstverwaltung!) arbeitet mit einem von ihr selbst nicht festgelegten Budget.

Drittens ist die Verwaltung seit dem Ende des Zweiten Weltkrieges durch die *Gründung einer großen Zahl dezentralisierter Organisationen* aufgesplittert worden, die alle über administrative Autonomie sowie eigenes Vermögen und Budget verfügen.[416] Notwendig besteht immer eine Spannung zwischen den beiden Prinzipien der Unabhängigkeit (wie es an der eigenen Rechtspersönlichkeit deutlich wird) und der zentralen Festlegung der Politik oder gar deren zentraler Durchführung. Die Schwäche der Überwachungsgremien hat zu der gegenwärtigen Vermehrung der Zahl entscheidender Institutionen innerhalb der Exekutive geführt.

---

[415] Dies ist völlig verständlich: Kein politischer Führer kann ausschließlich fachlichen und vorgeblich rein rationalen Kriterien einer Planungsbehörde folgen. Damit beginge er politischen Selbstmord, da er die Möglichkeit einer positiven Gratifikation und teilweise einer negativen Sanktion aus der Hand gäbe. Details in Wolff 1978 b.

[416] Ausländische Einflüsse waren für diese Entwicklung wichtig; zu nennen ist insbesondere die Interamerikanische Entwicklungsbank.

- Die Fragmentierung politischer Macht drückt sich auch in der Tatsache aus, daß *zentrale Organe als solche selten politische Ziele festlegen*, und wenn dies doch geschieht, in widersprüchlicher, unzusammmenhängender und rasch wechselnder Weise.

Beginnen wir erneut mit dem *Präsidenten:* Sein eigenes Programm ist gleichzeitig zu bescheiden und zu anspruchsvoll. Wie gezeigt, nehmen die konkreten Vorhaben etwa des Präsidenten López nur einen kleinen Anteil der Ausgaben aus dem Zentralhaushalt in Anspruch; dieser Anteil sinkt bei der Durchführung noch weiter ab. Sein deklariertes Gesamtziel, „die Lücke zu schließen", bedeutete andererseits eine weitreichende Veränderung der Gesellschaft insgesamt: Eine Angleichung der extremen Unterschiede von Einkommen und Vermögen einer kleinen wirtschaftlichen Elite und der Bevölkerungsmassen der wichtigen urbanen Ballungsräume wie Bogotá, Cali und Medellín mit ihrem relativen Wohlstand und der armseligen Lebensbedingungen auf dem Lande, wo noch heute die Mehrheit der Bevölkerung zu finden ist. Selbst wenn ein solcher Wandel politisch möglich wäre, verhinderte die kurze Amtszeit eines Präsidenten merkliche Fortschritte bis zur Übernahme des Amtes durch einen Nachfolger, der andere und möglicherweise entgegengesetzte Impulse gibt. Was für den Präsidenten gilt, trifft noch mehr für Minister und Leiter der departamentos administrativos zu, die in der Regel eine noch kürzere Amtszeit aufweisen.

Was die Bestimmung politischer Ziele und Programme durch den *Kongreß* angeht, ist zu beobachten: Die wichtigen legislativen Impulse in den letzten Jahren kamen im Regelfall von der Exekutive. Mitglieder des Parlamentes können komplizierte Angelegenheiten kaum gründlich beraten, geschweige denn in Gesetzesform einbringen.[417] Zweitens haben zwar wirtschaftliche und Schichtinteressen einen Einfluß auf die Gesetzgebung[418], aber die Entscheidungsfindung folgt nicht ideologischen Orientierungen. Anregungen der Mitglieder des Kongresses sind widersprüchlich, konfus und unklar.

Trotz einer langen Tradition des Staatsinterventionismus innerhalb der Wirtschaft *erweist der Staat sich als schwach.*[419] Das asiatische Syndrom des „soft State", wie es Gunnar Myrdal beschrieben hat, ist sicherlich nicht auf diesen Kontinent beschränkt.

---

[417] Es sei an die Steuerreform 1974 und Decreto-Ley 294/1973 erinnert. Diese beiden Fälle bilden keine Ausnahmen: Zur Regelung schwieriger Materien bittet der Präsident um Sonder- oder außerordentliche Vollmachten zum Erlaß von Verordnungen. Diesem Antrag wird üblicherweise stattgegeben.

[418] Ein Beispiel stellen die erfolglosen Versuche zu einer „Stadtreform" während der Nationalen Front dar.

[419] Dies entspricht auch der Folgerung des Kapitels IV.

— Diese *Zielanomie* stellt einen der Gründe dar, warum die kolumbianische Verwaltung von einem Zentrum her so wenig kontrolliert wird. Unter einer solchen Kontrolle ist mehr zu verstehen als eine Überwachung der Befolgung formaler Regeln durch die verschiedenen Zweige der Verwaltung. Es handelt sich vielmehr um das Problem, der Bürokratie einen starken politischen Willen aufzuzwingen und zu gewährleisten, daß sie in der Richtung handelt, die der oberste Chef der Exekutive wünscht. Existiert jedoch ein ausgefeiltes Programm nicht, dann müssen die Anstrengungen zur Überwachung der Verwaltung entsprechend schwach ausfallen. Die verschiedenen Verwaltungszweige werden dann ihren eigenen Antrieb entwickeln (dies ist der kolumbianische Fall), der es äußerst schwierig macht, das Rad zurückzudrehen, sollte eine starke Führungspersönlichkeit ein weitreichendes politisches Programm verwirklichen wollen.

*d) Planung, Haushaltspolitik und die Entlastung von ideologischen Grundsatzdebatten*

Im Gegensatz zu den Hoffnungen einiger Politiker, insbesondere des früheren Präsidenten Carlos Lleras Restrepo, der den Anstoß zur Konkretisierung der Verfassungsvorschrift der „Planung" der Investitionen des Staates gab, folgt die kolumbianische Budgetpolitik im allgemeinen nicht den rationalen und langfristigen Überlegungen, welche die Planungstheorie vorschreibt. Der Einfluß des Regionalismus ist einigermaßen ausführlich behandelt worden. Sicherlich stellen Überlegungen zur räumlichen Verteilung eine der Hauptvariablen der Investitionsplanung dar. Dies ist jedoch von der teilweise verdeckten, in jedem Falle unkoordinierten und arationalen Weise zu unterscheiden, in der dieses Kriterium sich in Kolumbien auswirkt. Inkrementalismus hat unleugbare Vorteile, stellt aber das Gegenteil jener rationalen Budgetmethoden dar, wie sie etwa „zero-base budgeting" zu erreichen sucht.[420] Das Durchwursteln vieler Staatsbehörden, die eindrucksvolle Programme entwickeln und dann propagandistisch einsetzen, um das Prestige der Verwaltungseinheit zu erhöhen, ohne daß die Finanzierung gesichert wäre, läuft rationalem Budgetieren zuwider. Das gleiche gilt für die ständigen Veränderungen des Haushaltsgesetzes und den auch nach dessen Verabschiedung nicht aufhörenden Wettbewerb um zusätzliche Fonds.

---

[420] „Zero-base budgeting" ist die neueste nordamerikanische Mode in der Budgetpolitik nach dem völligen Fehlschlag von PPBS (Planning, Programming, Budgeting System). Der Grundgedanke besteht darin, Größe und Methode jedes öffentlichen Programmes Jahr um Jahr neu zu diskutieren. Eine Beschreibung ist Phyrr 1977 (der Verfasser hat die Methode entwickelt); eine Kritik in meiner kurzen Notiz in der Public Administration Review, Bd. 38/1978: 397.

Mit einem Wort: *Die Logik des kolumbianischen Budgetprozesses ist nicht die Logik des técnico oder irgendeines Planungs- oder ökonomischen Maximierungs- oder Optimierungsmodells, sondern diejenige des politischen Prozesses des Landes.*

Der so verbreitete *Inkrementalismus* hat — in Kolumbien wie in anderen Ländern — einen äußerst wichtigen politischen Vorteil[421]: Er entlastet das politische System von dauernden Grundsatzdebatten über den relativen Wert von Ausgaben für die verschiedenen miteinander konkurrierenden Zwecke. Es ist nicht notwendig, Jahr um Jahr den Vorteil der Ausgaben für Erziehung im Verhältnis zum Gesundheitswesen, Straßenbau im Verhältnis zur inneren Sicherheit, Sozialausgaben im Verhältnis zu öffentlichen Investitionen usw. zu diskutieren. Stattdessen muß lediglich der Wert eines bestimmten Projektes in dem Augenblick geprüft werden, in dem seine Finanzierung durch öffentliche Fonds beantragt wird. Jahr um Jahr wird quasi-automatisch das Budget um einen gewissen Prozentsatz erhöht und Grundsatzdiskussionen sind unnötig. Damit wird eine politische Auseinandersetzung vermieden, die eine derart wenig uniforme Gesellschaft wie die kolumbianische nicht aushalten könnte. Ein zusätzlicher Vorteil liegt in der *Vermeidung eines Entscheidungsüberdruckes (decision overload)* für den politisch-administrativen Apparat. Man denke nur an die Riesenmenge von Daten, die Diskussionen jener Größenordnung Jahr um Jahr benötigten. Der Entscheidungsüberdruck führte notwendig zu willkürlichen Ergebnissen, die der Logik des gegenwärtigen politischen Systems nicht entsprächen. Dieses erweist sich, mindestens teilweise als sensitiv gegenüber den offen erklärten Ansprüchen der Bevölkerung. (Diese werden sicherlich weder vollständig vertreten noch beachtet, ein altes Problem repräsentativer Systeme, die von Interessengruppen beeinflußt werden.)

Die gleiche Folgerung ergibt sich aus der Fragmentierung der Macht im Budgetprozeß. Die Tatsache, daß viele Entscheidungszentren Einfluß auf Teile des Budgets ausüben, bedeutet eine enorme *Entlastung für das politische System.* Wie für das Prinzip des disjointed incrementalism[422], das in Kolumbien so häufig ist, gezeigt wurde, gibt es keine zentrale Bestimmung des Budgets nach klaren Richtlinien. Grundsatzdiskussionen sind für keinen Teil der Gesellschaft oder der Wirtschaft notwendig, um wenigstens einen Teil seiner Forderungen durchzusetzen. Eine Diskussion letzter ideologischer Ziele und der Mittel zu ihrer Erreichung hätte in einer Gesellschaft mit den Gegensätzen der kolumbianischen eine solche Sprengkraft, daß das System selbst bedroht würde. Der Verzicht auf solche Diskussionen und die Hinnahme des entsprechenden Verlustes an technischer (jedoch keineswegs politischer) Rationalität ist daher ein äußerst weises Verhalten der politischen Elite.

---

[421] Wildavsky 1974: 216 ff. Dieser Vorteil wird von Methoden wie PPBS oder zerobase budgeting völlig beiseite gelassen.

[422] S. Braybrooke / Lindblom 1967: Kap. 5.

Der Verzicht auf ideologische Debatten und die Hinnahme des Budgetierens als Resultat eines Wettbewerbsprozesses führt zweifellos zu einer gewissen *Immobilität oder Status quo-Orientierung der Staatsmaschinerie.* Trotz dieser konservativen Orientierung existieren äußerst starke mobilisierende Faktoren, die der Gesellschaft ihre Impulse mitteilen. Zwei Beispiele stellen das weitverbreitete Schulsystem und der Bevölkerungsdruck in Verbindung mit der Wanderung zu den großen Ballungszentren dar.

Der Budgetprozeß erweist sich so als Ausdruck eines politischen Systems mit — allerdings nicht grenzenlosem — Wettbewerb, selbst wenn dieser sich zu einem guten Teil innerhalb der politischen Elite abspielt. Er ist Ausdruck eines Systems, das jeder stromlinienförmigen technischen Rationalisierung und Planung, die politischen Überlegungen widerspricht, äußerst ablehnend gegenübersteht. Es bleibt zu hoffen, daß genügend technische Kriterien übrig bleiben, die dem Land erlauben, seine gegenwärtige Modernitätskrise zu lösen.

*Sechstes Kapitel:*
# Zusammenfassung:
## Bürokratische Politik in Kolumbien – nebst einigen Überlegungen zu Verwaltungsreform und Verwaltungshilfe

Dieses letzte Kapitel sei zunächst einer zusammenfassenden Diskussion unserer Fallstudien im Lichte der im Eingangskapitel genannten möglichen Funktionen der Verwaltung für das politische System gewidmet (A). Überlegungen zum politischen System insgesamt schließen sich an (B). Einigen Ausführungen zu den Möglichkeiten von Verwaltungsreform in und Verwaltungshilfe für Kolumbien (C) folgen Vorschläge zu einer Konzeption der deutschen Verwaltungshilfe (D); diese heben zwar nicht unmittelbar auf den kolumbianischen Fall ab, berücksichtigen ihn aber (neben anderen Untersuchungen) implizit.

## A. Die Verwaltung im politischen System Kolumbiens

### 1. Technische Leistungsfähigkeit

Die erste – und am leichtesten zu ermittelnde – Funktion der Verwaltung stellt die der technischen Leistungsfähigkeit zur Erreichung von Zielen für das politische System dar. Wir haben die Aspekte der Definition bzw. Übernahme von Staatszielen durch übergreifende Staatsstellen, ihre Umsetzung in Aktionspläne für die Bürokratie, deren Kontrolle und die Durchsetzungsfähigkeit des politischen Systems im gesellschaftlichen Ganzen unterschieden.

Unsere grundlegende Folgerung aus dem ausführlich vorgestellten Material ist, daß wir die *Planungs- und Durchsetzungsfähigkeit des kolumbianischen politischen Systems für ziemlich bescheiden ansehen*. Wir messen sie dabei an ihrem selbst proklamierten Anspruch, wie er in den diskutierten Verfassungsvorschriften und in ungezählten Erklärungen zum Ausdruck kommt.[1] Kolumbien ist ein Land, dessen Verwaltungswirklichkeit meilenweit von dem „Armeebild" der Planung entfernt ist: der Feldherr = Präsident legt die strategischen Ziele fest, der Generalstab = das Planungsamt arbeitet den Feldzug = Plan theoretisch aus, die vom Feldherrn kommandierte Hierarchie = öffentliche Ver-

---

[1] Wie weit diese als handlungsleitende Willenserklärungen gedacht sind, soll hier offen bleiben; s. dazu die Abschnitte 2. und 3.

waltung führt ihn durch.² Nichts entspricht der Realität weniger: der Präsident legt normalerweise keine umfassenden strategischen Ziele fest; er beschränkt sich meist auf taktische Unterziele, die oft genug des logischen Zusammenhangs und der Einordnung in eine übergeordnete Konzeption entbehren.³ Die Planungsämter, auf sich selbst gestellt, erreichen bestenfalls die formale Übernahme selbst formulierter Ziele, aber keinen entscheidenden politischen Willen zu ihrer Durchsetzung. Diese stießen sich in jedem Falle an den oft beklagten Verwaltungsmängeln, fehlender Kontrolle und der mangelnden Stärke des „soft-State" gegenüber der gesellschaftlichen Umwelt. Selbst da, wo die Stabsstellen die Legitimität auf ihrer Seite haben (Aufstellung und Kontrolle des Investitionshaushaltes), fehlen ihnen jene Ressourcen, die die mächtigen durchführenden Behörden (insbesondere die „descentralizadas") veranlassen könnten, ihren Wünschen zu folgen. Entwicklungsleistungen des kolumbianischen Staatsapparates resultieren weniger aus zentraler Planung und Steuerung als aus dezentralisierten Bemühungen der vielen Behörden beim Versuch, ihre Organisationsziele zu erreichen. Zum Beleg dieser Schlußfolgerung dürfte es genügen, an unsere Ergebnisse im Kapitel über die Stadtplanung von Bogotá⁴, die Haushaltspolitik⁵ sowie, für den Durchsetzungsaspekt, die Steuerreform von 1974⁶ zu erinnern. Fragen wir nach den Gründen, so sind diese wesentlich in Kollisionen mit den unter 2 und 3 näher zu beschreibenden Funktionen zu suchen. Hier ist zunächst auf einen Aspekt zu verweisen, der aus der *Umwelt* stammt, eines der von uns ausgiebig herangezogenen Analyseinstrumente.

Die grundlegende Beobachtung ist diejenige einer *höchst unstabilen Umwelt der Verwaltungseinheiten und einer unsicheren Position des einzelnen Beamten*. Diese hängt eng mit ungenügender Information zusammen. Die hieraus folgenden Züge der Verwaltung werden von Experten in der Regel mit abwertenden Begriffen beschrieben.

Die *Instabilität im Amt*, der dauernde, mehr oder weniger freiwillige Wechsel von Beamten zwischen Stellen im öffentlichen Bereich und zwischen dem öffentlichen und privaten Sektor⁷ führt zu Zügen, die für Verwaltungen von

---

² Dieser treffende Vergleich (eine Karikatur der den Entwicklungsländern von Industrieländern und internationalen Organisationen empfohlenen Planungsmethode) bei Leys 1972: 63 f.

³ Entsprechendes gilt für den Bürgermeister, Stadtrat, das Planungsamt usw.

⁴ III/E/2 und III/F.

⁵ insbes. V/E/3.

⁶ insbes. IV/C/4.

⁷ Zur Veranschaulichung dieses Punktes die folgende Information: Aus der alphabetischen Liste der Interviewpartner in Kolumbien wurden die ersten 20 Namen von öffentlichen Bediensteten herausgezogen. Die folgende Übersicht enthält die Position der Person im Augenblick des Interviews und ihre Stellung Ende 1978, soweit sie dem Verfasser durch persönliche Kontakte und die Lektüre der Zeitung El Tiempo bekannt

geworden sind. Da diese letzte Information notwendig unvollständig ist, liegt die Zahl der Interviewpartner, die ihre Position gewechselt haben, noch höher:

| Stellung im Augenblick des Interviews | Stellung Ende 1978 |
|---|---|
| Leiter einer Abteilung (división) in der Bankenaufsichtsbehörde | dieselbe |
| Syndikus der National-Universität (früherer Generaldirektor für den Haushalt) | dieselbe |
| Leiter einer división im Stadtentwicklungs-Institut (IDU) | unbekannt (zurückgetreten) |
| Beamter in der Land-Kredit-Bank | dieselbe |
| Leiter einer división im Nationalen Planungsamt | dieselbe |
| Leiter einer división im Finanzministerium | Mitarbeiter eines privaten Forschungsinstitutes |
| Generaldirektor im Finanzministerium | 1977 zurückgetreten, dann Mitarbeiter eines privaten Forschungsinstituts, starb Ende 1977 |
| Architekt in der El Salitre-Gesellschaft | dieselbe |
| Assistant Professor, Staatliche Verwaltungsschule | Direktor, Staatliche Verwaltungsschule |
| Stellvertretender Minister der Finanzen | unbekannt (zurückgetreten) |
| Architekt, Stadtplanungsamt | dieselbe |
| Direktor des Instituts für erneuerbare Naturschätze | unbekannt (zurückgetreten) |
| Botschafter in Rom | Senator |
| Architekt in der Zentralen Hypotheken-Bank | dieselbe |
| Leiter einer Unidad im Nationalen Planungsamt | Generaldirektor im Finanzministerium; gegenwärtige Position unbekannt (zurückgetreten) |
| Berater des Nationalen Planungsamtes | dieselbe |
| Leiter einer división im Finanzministerium | Mitglied eines privaten Forschungsinstitutes |
| Leiter einer división in der Beneficencia de Cundinamarca | dieselbe |
| Unterdirektor im Stadtplanungsamt | Berater des Bürgermeisters; später Verwaltungsdirektor des IDU; gegenwärtige Position unbekannt |
| Planungschef in der Fernmelde-Gesellschaft | dieselbe |

Es ergibt sich, daß von den 20 Beamten mindestens 10 ihre Position innerhalb von einem oder maximal zwei Jahren nach dem Interview gewechselt hatten (davon ist

Ländern der Dritten Welt oft beschrieben worden sind. U.a. können angeführt werden[8]: Selbst Routineentscheidungen werden von unteren Beamten nicht gefällt, denen sie bei fachlicher Betrachtungsweise zukämen (es sei an die Erteilung von Baugenehmigungen durch die Stadt Bogotá erinnert oder an die Tatsache, daß Schecks für Zahlungen aus den öffentlichen Konten von den höchsten Beamten zu unterschreiben sind). Die persönliche Unsicherheit der Bediensteten führt sie zu einer Haltung der Risikovermeidung; alles, was sie persönlich bedrohen könnte, wird nach oben weitergereicht.[9] Das führt zu den zu erwartenden Konsequenzen für die Arbeitsweise der Behörden.

Typisch auch der Glaube an *Kontrollen, Gegenkontrollen und dritte oder weitere Kontrollen* (ein bezeichnendes Beispiel stellen die Verfahren des Rechnungshofes dar). Anordnungen und Normen sollen durch formale Kontrollnetze durchgesetzt werden. Dies gelingt zwar nicht, hat aber die ungünstigsten Auswirkungen für die technische Effizienz der Bürokratie.[10]

Der oft erwähnte *Legalismus*, ein lateinisches Erbe, stellt ein drittes Charakteristikum dar. Die Umgebung der Behörde und des Individuums verändert sich dauernd, und der Beamte hält Ausschau nach einer bleibenden Meßgröße. Die unbewegten Paragraphen auf feinem weißem Papier liefern die bei der dauernden Unsicherheit notwendige Stütze. Diese Erklärung mag kühn erscheinen, ist jedoch für den Beobachter der kolumbianischen Szene offensichtlich.

Die persönliche Unsicherheit hat für Reformmaßnahmen eine wichtige Auswirkung: „Guaranteed tenure of office is more conducive to reform than insecurity, and long tenure more so than short tenure. Politicized administrations are more resistant to reform than depoliticized administrations."[11] Drei negati-

---

höchstens ein Fall eine normale Beförderung). Eine entsprechende Liste könnte auch umgekehrt aufgestellt werden: Interviewpartner in der Privatwirtschaft oder in den freien Berufen unter Angabe einer früheren Position im öffentlichen Dienst.
Es sei daran erinnert, daß die Stellung der Interviewpartner nicht notwendig so wichtig war, daß ein Wechsel im Amt öffentlich vermerkt und dem Verfasser bekannt wurde. Wahrscheinlich haben also noch mehr Amtsträger einen Wechsel innerhalb des öffentlichen Dienstes oder zur Privatwirtschaft vorgenommen.

[8] Eine alternative Argumentation führte einige dieser Züge auf die spanische Kolonialtradition zurück, die durch die Übernahme französischer Verwaltungsmuster verstärkt wurde. Dies mag stimmen, erklärt aber das lange Fortleben nicht. Offensichtlich gibt es einen Faktor, der hierfür verantwortlich ist; dies ist die Instabilität der Umgebung des einzelnen Beamten und der Organisation.

[9] In asiatischen und afrikanischen Ländern ist beobachtet worden, daß die Untergebenen ungern Entscheidungen treffen, weil sie fürchten, damit die Sozialnorm des Respektes vor dem Vorgesetzten zu verletzen. Dessen Autorität, so wird befürchtet, wird durch eigene Entscheidungen vermindert. Es fehlt uns das Material, diese Überlegungen auf Kolumbien zu übertragen.

[10] Wegen ihrer Wichtigkeit sollen Kontrollfragen gleich genauer behandelt werden.

ve Faktoren verbinden sich also, um die kolumbianische Bürokratie als einen Block erscheinen zu lassen, der durch oberflächliche Versuche einer Rationalisierung und einer stärker fachlichen Ausrichtung nicht bewegt werden kann.

Im folgenden sei das Verhalten der bürokratischen Organisationen selbst unter dem Einfluß der Unsicherheit ihrer Umgebung diskutiert.

Einmal streben Bürokratien danach, die *politische Unsicherheit zur Förderung ihrer eigenen Ziele einzusetzen*. Ein Beispiel bedeutet die bewußte zeitliche Abstimmung wichtiger Projekte auf die Wahlperiode von Präsident und Kongreß. Die übliche „politische Konjunktur" gibt dem neugewählten Präsidenten im Verhältnis zum Kongreß und zu politischen Konkurrenten ein großes Übergewicht: Der neue Staatschef wird von der Wählerschaft mit viel Vertrauen empfangen, seine demokratische Legitimation (die Wahl) liegt erst kurze Zeit zurück, und er ist noch imstande, insbesondere sein Recht zur Ernennung von Bediensteten auszuüben. Es sei daran erinnert, daß seine Befugnisse in dieser Hinsicht bedeutend sind. Politiker und Fachleute können daher in diesem Augenblick noch manches vom Präsidenten erwarten. Vor allem bei einer „großen Koalition" ist daher die Opposition schwach: es ist die Stunde der Exekutive.

Im ersten Jahr der Amtszeit eines Präsidenten werden daher wichtige Projekte bürokratischer Organisationen häufig zumindest geplant (ein zusätzliches Argument für ihre spätere Verwirklichung), gelegentlich auch begonnen. Sobald der Präsident einen Teil seiner politischen Ressourcen verbraucht hat (Autorität oder die Ernennung von öffentlichen Bediensteten), nimmt die Opposition zu, und die Verwaltungseinheiten werden auf Schwierigkeiten bei der Verwirklichung ihrer Pläne stoßen, falls diese eine Zustimmung des Parlamentes voraussetzen. – Die zeitliche Abstimmung mit den Wahlperioden bietet der Exekutive einen weiteren Vorteil: Öffentliche Investitionen nähern sich häufig in der zweiten Hälfte der Amtszeit des Präsidenten ihrer Vollendung. Ihre Eröffnung wird häufig ein Mittel der politischen Propaganda, um damit die politischen Ressourcen zu erhöhen oder mindestens den Autoritätsverfall aufzuhalten oder zu verlangsamen.[12]

Zweitens stellt *Überraschung* einen wichtigen Faktor zur Überwindung von Opposition dar. Ein Beispiel ist die Geschichte der Steuerreform, ein anderes bildet die Verkündung der Flächennutzung für Bogotá als Dekret (1974), wodurch lange und möglicherweise fruchtlose Debatten im Stadtrat umgangen wurden. Beide Fälle verdeutlichen jedoch auch die Schwierigkeiten des Verfahrens: Die Opposition gegen die Steuerreform sammelte sich und ging zu dem

---

[11] Caiden 1969: 182.

[12] Insbesondere Präsident Pastrana ging 1974 so vor. Es sei jedoch daran erinnert, daß die Vorbereitung und Durchführung völlig neuer Programme zuviel Zeit in Anspruch nehmen, um hierfür eingesetzt werden zu können.

recht erfolgreichen Gegenangriff über; die Flächennutzung wurde vom Verwaltungsgerichtshof für Cundinamarca für illegal erklärt.

Drittens wird Unsicherheit, die aus ungenügender Information stammt, teilweise auf die *Klientelgruppen der Bürokratie projiziert.* Das Fehlen einer angemessenen Dokumentation und gut geführter Akten bringt die Bürokratie dazu, ihren Klienten immer neue Bescheinigungen abzuverlangen, obwohl sie selbst darüber verfügen könnte. Ein guter Teil des nahezu unglaublichen kolumbianischen „papeleo" dürfte hierdurch erklärt werden.

Kontakte auf dem Korrespondenzwege oder gar über das Telefon werden vermieden: Der Bürger muß sich persönlich, auch für Routineangelegenheiten, etwa die Vorlage der Steuererklärung, einfinden. Indirekte Möglichkeiten der Bezahlung von Steuern (etwa über das Bankensystem) werden vernachlässigt: Der Bürger hat selbst seinen Scheck beim Finanzamt abzuliefern und er murrt zwar, steht aber im übrigen geduldig stundenlang zu diesem Zwecke an.

Eine große Zahl gleicher Beispiele könnte hinzugefügt werden.[13]

Die Versuche zur Verminderung der Unsicherheit erklären sich durch das *Streben zu rationalem Verhalten.*[14] Wirklich rationales Vorgehen ist nur auf der Grundlage definierter Situationen und ausreichender Kenntnis von ihnen möglich. Mindestens gilt, daß, je besser die Information, desto rationaler die Aktion sein kann. Dieser Wunsch hat seinen klassischen Ausdruck in verschiedenen Techniken gefunden, die entwickelt worden sind, um Haushaltsprobleme zu lösen.

Einmal wird die Unsicherheit in der Umgebung einer Behörde in ihren Auswirkungen dann radikal vermindert, wenn sie über eigenes Einkommen verfügt, das nicht in das zentrale Staatsbudget eingeht, wenn sie mindestens von Gesetzes wegen Anspruch auf bestimmte Teile der Staatseinnahmen hat. Ausführlich wurden etwa die weitgehend erfolgreichen Versuche vor allem der parastaatlichen Organisationen diskutiert, sich von den Zuwendungen aus dem zentralen Staatshaushalt weitgehend unabhängig zu machen.

Die diversen Manöver der Verwaltungsstellen, mit der Unsicherheit der Umgebung fertig zu werden, reduzieren häufig ihre technische Leistungsfähigkeit. Wie schon das Beispiel des eigenen Haushaltes lehrt, vermindert sie zugleich die Abhängigkeit von der politischen Führung und deren *Kontrolle.* Diesem Aspekt wenden wir uns jetzt zu.

---

[13] Es wird nicht behauptet, daß die Projektion der Unsicherheit aus Mangel an Information der einzige Grund für die schlechte Behandlung der Bürger durch die kolumbianische Verwaltung ist. Ein anderer Grund liegt sicherlich in der hohen Zahl der Beamten und der entsprechenden Notwendigkeit, Beschäftigung für sie alle zu finden. Informationsmangel ist jedoch ein wichtiger Punkt. – Zu Verwaltungsmängeln s. insbes. III/F/2.

[14] Thompson 1967: 13.

Erhebliche Anstrengungen sind unternommen worden, um das Maß der Kontrolle über die verschiedenen Behörden und die einzelnen Beamten zu vergrößern. Erinnert sei an die Haushaltskontrollsysteme und die Versuche der Verwaltungsreform des Jahres 1968, die dezentralisierten Einrichtungen der Überwachung der Ministerien zu unterstellen. Irrtümlich wurde angenommen, drei parallele Haushaltskontrollsysteme erhöhten die Wirksamkeit gegenüber einem einfachen System; das Resultat war eine Vermehrung der Trägheit der Bürokratie ohne Verbesserung der Kontrolle. Downs' Bemerkung hat sich bestätigt, der Versuch einer verschärften Kontrolle führe zu neuen Organisationen. Zu nennen ist der Rechnungshof und die Procuraduría sowie die Vorschläge zu einem „ombudsman" schwedischen Musters[15] oder zur Einführung einer „Veeduría" zur Überwachung der Moral der öffentlichen Bediensteten. Dieser wurde erfolglos von Abgeordneten im Jahre 1978 gemacht. „Unrestrained conflict shifts power upwards": Beispiele wurden für die Budgetpolitik gegeben, wo mangelnde Übereinstimmung von Beamten zu Auseinandersetzungen ihrer Minister führen kann, die schließlich das Kabinett und den Präsidenten selbst anrufen. Das auffallendste Ergebnis ist jedoch der Mangel einer wirklichen Kontrolle der Bürokratie, der letztlich auf einen Mangel an Kontrollmitteln zurückgeht: Ökonomische Werte, etwa Budgetmittel, sind weit zerstreut. Die Ernennung von öffentlichen Bediensteten wird durch die verschiedenen politischen Gruppen stark beeinflußt, da in der Praxis die Große Koalition fortbesteht.[16] Disziplinarmaßnahmen gegen Beamte werden durch Langsamkeit der Verfahren und die Tatsache beeinträchtigt, daß der ständige Personalwechsel sie oft wirkungslos macht. Darüber hinaus stellen Disziplinarverfahren nur ein letztes Mittel bei offener Verletzung von Gesetzen durch einzelne Beamte dar, können aber kaum als Kontrollinstrument gegenüber einer Organisation eingesetzt werden. Internalisierte Werte als Kontrollmittel erweisen sich in einer politischen Kultur als schwach, in der ein apolitischer Dienst am Staat niemals als Leitprinzip für das Verhalten der großen Massen der öffentlichen Bedienste-

---

[15] Castro Castro 1976 b.

[16] Andauernd kommt es auf allen Ebenen der Verwaltung zu „politischen Krisen", die meist auf die Auffassung einer Gruppe zurückgehen, daß die „milimetría" zu ihren Ungunsten verletzt wurde! Ein nahezu klassisches Beispiel, das auch für die politisch reduzierten Möglichkeiten des Präsidenten bei der Beamtenernennung typisch ist, ereignete sich im Frühjahr 1977: Eine hohe Beamtin des Finanzministeriums wurde zum Leiter der Banküberwachungsbehörde ernannt (Superintendente Bancario). In einem Zeitungsinterview machte sie den Fehler, sich als Liberale auszuweisen. Da der Superintendente traditionellerweise ein Konservativer war, bestanden diese auf der Ernennung eines Konservativen. Dies geschah tatsächlich – und die offizielle Erklärung war, daß die Beamtin die neue Stelle nur „ad interim" innegehabt habe (Interviewmaterial und Presseberichte). Davon konnte natürlich keine Rede sein.

ten akzeptiert wurde.[17] Die Autorität des Präsidenten reicht selbst in den ersten Monaten seiner Amtszeit nicht aus, um eine wirkliche Kontrolle zu erreichen.[18]

Downs' allgemeiner Satz kann daher auch für Kolumbien bestätigt werden: Das Verhalten großer und komplexer Organisationen, wie sie die öffentliche Verwaltung ausmachen, ist von einer einzelnen Zentralmacht her nicht zu kontrollieren; die Kontrolle ist zersplittert.

Gelingt es nicht, die öffentliche Verwaltung Kolumbiens auf kohärente Aktionen im Sinne politischer Direktiven zu verpflichten, so erweist sich das politische System insgesamt mittel- bis langfristig gesellschaftlichen Kräften gegenüber als unterlegen. Dies hängt unter anderem mit der *diffusen Gemengelage von Verwaltung und Politik* zusammen.

Physische und, wie hinzugefügt werden kann, Wirtschaftsplanung, die Erarbeitung, Durchführung und Kontrolle des öffentlichen Haushaltes, die weitreichende Steuerreform weisen alle eine komplizierte und manchmal unklare Mischung von Politik und Verwaltung auf.

Öffentliche Bürokratien greifen in das politische Feld über, um ihre Ziele zu erreichen. Einige Behörden (etwa die Contraloría) sind eindeutig mehr politische als Verwaltungseinrichtungen. Eine politische „Entscheidung" bedeutet nicht den Schlußpunkt von Diskussion, Lobbyismus usw. Die Politik setzt sich vielmehr fort in den Bereich, der nach technischen Vorschriften funktional lediglich Durchführung darstellt. Damit wird die Orientierung der vorgeblich durchführenden Behörden durch politische Vorgesetzte entscheidend geschwächt. Das wirkliche Ergebnis hängt so ab von „Entscheidungen" des politischen Systems, der technischen Effizienz der Behörde, ihren politischen Manövern gegenüber politischen Entscheidungsträgern, ihrer Umgebung allgemein (aus der heraus weitere politische Einflüsse ausstrahlen) und den verfügbaren Ressourcen (u.a. persönliche Beziehungen), dem Gegendruck sozialer Kräfte, die mit den verschiedensten Manövern (die vor allem im Steuerreformkapitel ausführlich geschildert wurden) Interessenstandpunkte zur Geltung zu verhelfen verstehen.

Wir können *zusammenfassen:* Zahlreiche Gründe (Instabilität, Unsicherheit, mangelnde Information, Gegendruck von Interessengruppen, mangelnde Kontrollinstrumente und andere) tragen dazu bei, die technische Leistungsfähigkeit der kolumbianischen Verwaltung und ihre Durchsetzungsfähigkeit im sozialen

---

[17] In Romanform ist dies lebendig beschrieben worden von Alvaro Salom Becerra, Un tal Bernabé Bernal, Bogotá, 10. Auflage 1977. Akademischer Hochmut wäre fehl am Platze: Dieser Roman lehrt mehr über die kolumbianische politische und administrative Kultur als eine Anzahl wissenschaftlicher Werke zusammengenommen!

[18] S. López' Klage hierüber in einer Rede in Medellín, López 1975 b.

Rahmen zu vermindern. Indessen nehmen wir nicht an, daß solche Faktoren, die zum mindesten teilweise manipulierbar wären, die zentralen Ursachen der Verwaltungsmisere ausmachen. Entscheidend ist vielmehr, daß sie die Kehrseite von Aufgaben der Verwaltung innerhalb des politischen Systems darstellen, die von den Entscheidungsträgern bewußt oder implizit für höherrangig angesehen werden. Diesen wenden wir uns jetzt zu.

## 2. Leistungen der Verwaltung zur Stabilisierung des politischen Systems

Die Einleitung hatte drei Aspekte hervorgehoben, die Gewährleistung eines ausreichenden Niveaus von Zustimmung zum politischen System bzw. zu dem jeweiligen Präsidenten, die Frage nach der Nutzung der Verwaltung als Rekrutierungskanal sowie endlich als Gratifikationsinstrument.

a) Eine Methode zur Erreichung des ersten Zieles besteht offenbar in der Erbringung dessen, was als *„öffentliche Dienstleistungen"* bezeichnet werden kann. Die kolumbianische Verwaltung hat in der Tat ein akzeptables Minimum von öffentlichen Dienstleistungen zu erbringen. Dieses Minimum kann nicht abstrakt definiert werden. Es ist bestimmt als das unterste Qualitätsniveau, das die Öffentlichkeit allgemein und die Bewohner bestimmter Gegenden (für lokale Dienste) bereit sind, zu akzeptieren.

Wie beschrieben wurde, gibt es verschiedene Kanäle unterschiedlicher Wichtigkeit zur Übermittlung der Unzufriedenheit mit diesen Diensten; damit ist zugleich gesagt, daß diese wichtige Funktion nicht immer erfüllt wird: Die Zeitungen sind im redaktionellen Teil wie in den Leserbriefspalten voller Klagen über die schlechte Qualität der öffentlichen Versorgungsleistungen. Kongreßabgeordnete und Stadträte dienen als Kommunikationskanal zwischen der Öffentlichkeit und den verschiedenen Behörden (dies gilt etwa für die „barrios" von Bogotá[19]) oder sie nutzen die berühmten Parlamentsbeihilfen unmittelbar dazu, eine untragbare Situation zu verbessern. Der „paro civico", ein Phänomen an der Grenze offener Gewalt oder offenen Aufruhres, ist vielleicht der charakteristischste Ausdruck von Unzufriedenheit. Er zwingt im Normalfalle die zentrale Staatsverwaltung zum unmittelbaren Eingreifen, wozu üblicherweise militärische und Polizeirepression mit Verbesserungen im technischen Bereich verbunden werden.

Die Verbindung unzureichender ökonomischer Mittel eines Entwicklungslandes im Frühstadium der Industrialisierung, das entsprechend geringe Niveau der Lebenshaltung der Bevölkerung und andere Faktoren führen zu der unleugbar geringen Qualität der öffentlichen Dienstleistungen. Auf der anderen Seite

---

[19] Manchmal werden sie nach Wahlen „legalisiert", zum Dank für Wahlstimmen.

ist die Beobachtung interessant, daß technische und wirtschaftliche Leistungen von einer Behörde zur anderen äußerst unterschiedlich sind.[20] Die Gründe hierfür könnten nur durch eine Spezialstudie ermittelt werden.

Eine allgemeine Ursache scheint in dem verschiedenen Grad der Politisierung einer Behörde zu liegen. Je größer der direkte politische Einfluß etwa auf die Personalpolitik, umso niedriger die technische und wirtschaftliche Effizienz. Zwei Extreme (mindestens bis 1978) bilden der Zentrale Rechnungshof auf der einen Seite, die Fernmelde-Gesellschaft Telecom auf der anderen. Wir können daher auf ein umgekehrtes Verhältnis zwischen direktem politischen Einfluß auf eine Behörde und ihrer Leistungsfähigkeit schließen.[21]

Um öffentliche Dienstleistungen, unter anderem auch Infrastrukturarbeiten, erbringen, insbesondere um ihre Finanzierung sicherstellen zu können, sind charakteristische Verfahren entwickelt worden. Die weitgehend ritualisierte Planung dient unter anderem dem Zweck, ausländische und internationale Kredite zu erhalten, mögen auch die Anforderungen der entsprechenden Institute an die Präzison der entsprechenden Programme und deren Überwachung in den letzten Jahren stark gewachsen sein. Das „Reconocimiento"-System des Haushaltes erlaubt die Bezahlung für wichtig erachteter Maßnahmen mit fiktiven Aktiva.

b) Zur Nutzung der Verwaltung als *Rekrutierungskanal für politisches Führungspersonal* hat unser Material nur wenig Informationen geliefert. Eine Durchsicht der verstreuten Bemerkungen dazu in der Literatur hat nun ergeben, daß dies nicht zufällig ist: Politisches Führungspersonal wird überwiegend durch eine Parteikarriere gewonnen; dabei gibt es selbstverständlich „Quereinstiege"

---

[20] Nach der Auffassung eines Interviewpartners (des Leiters des Sekretariats für öffentliche Verwaltung des Präsidentenamtes) sind die Ministerien für öffentliche Arbeiten, Wirtschaftsentwicklung, Bergbau und Energie und Gesundheit fachbestimmt, bildet das Ministerium für Erziehung einen dazwischenliegenden und das Verteidigungsministerium einen Sonderfall. Diese Liste scheint hinsichtlich der Feststellung fachbestimmter Arbeit viel zu optimistisch. Im Augenblick des Interviews stellte das Ministerium für öffentliche Arbeiten zweifellos eine korrupte Verwaltungseinheit dar.

[21] Eine Illustration des politischen Einflusses auf eine scheinbar rein technische Arbeit stellt das Statistische Amt dar: Das DANE wurde zur Zeit des Präsidenten Pastrana von dem späteren (1977) Stadtrat von Bogotá, Ernesto Rojas Morales, geleitet. Das Amt veröffentlichte eine Serie äußerst interessanter Wahlstudien (wie DANE 1970, 1972 und Losada / Williams 1970), stieß aber mit dem Präsidenten zusammen, der diese Aufgabe als Kompetenzüberschreitung des Departamento ansah. Rojas trat selbstverständlich zurück (Schmidt 1974 a: 442 f.). Eine ähnliche Krise gab es im Nationalen Planungsamt. – Ein anderes Beispiel stellt die Neufestsetzung des Preisindex im Jahre 1978 dar: Es wurde behauptet, daß diese letztlich auf eine Studie des Verbandes der Finanzinstitutionen ANIF zurückgehe, die bewies, daß der Mindestlohn nicht einmal für den Erwerb der allerwichtigsten Güter für die Durchschnittsfamilie ausreichte!

insbesondere aus den freien Berufen. Die Mobilisierung von Wählerstimmen[22], nicht die Beherrschung administrativer Fertigkeiten, ist die Fähigkeit, die ein kolumbianischer Nachwuchspolitiker nachzuweisen hat; bei dem kompetitiven politischen System des Landes ist das natürlich auch nicht verwunderlich. Auch die „técnicos", die hohe politische Ämter bis zu dem des Ministers erringen konnten[23], kamen in der Regel nicht aus Positionen in der öffentlichen Verwaltung.

c) Die Nutzung der Verwaltung als *Gratifikationsinstrument* konnte dagegen in vielfältiger Weise beobachtet werden; sie ist für das politische System lebenswichtig. Verschiedene Aspekte sind zu unterscheiden:

— Die kolumbianische Verwaltung wird bewußt eingesetzt, um der Privatwirtschaft lukrative Geschäfte zu ermöglichen. Legale und illegale Möglichkeiten hierzu können unterschieden werden; funktional laufen sie jedoch auf das gleiche hinaus.

Trotz des reduzierten Haushaltes stellt der Staat einen der wichtigen Investoren des Landes dar.[24] Schon damit ergeben sich Möglichkeiten für gute Geschäfte. Dies stimmt umso mehr, da der Staat nicht selten überhöhte Preise zahlt.[25] Indirekte Möglichkeiten liegen in der Erstellung einer Infrastruktur auf Kosten des Steuerzahlers[26], den Subventionen für Energiepreise und dem Schutz der inländischen Wirtschaft, auch wenn sie in ausländischem Besitz ist.[27] Dieser Zollschutz ist in einigen Fällen sicherlich notwendig, erlaubt aber häufig oligopolistische oder sogar monopolistische Gewinne, die den Verbraucherinteressen zuwiderlaufen. Weiter ist auf die gelegentlich anzutreffende Privatisierung der Gewinne und Sozialisierung der Verluste hinzu-

---

[22] s. dazu Wolff, Sind Kolumbiens Parteien „Parteien"? in „Jahrbuch für Geschichte von Wirtschaft, Gesellschaft und Politik Lateinamerikas", 1984; dort auch genaue Belege.

[23] erinnert sei an ihre Bevorzugung durch Lleras Restrepo.

[24] Bereits die Berichte, die wissenschaftlich die Steuerreform 1974 vorbereiteten (z.B. Musgrave / Gillis 1971 und Bird 1970), zeigen, daß der Staat ein höherer „Grenzsparer" ist als der private Sektor.

[25] Erinnert sei an die Vorwürfe gegen das Ministerium für öffentliche Arbeiten während der Präsidentschaft von López und an den Ankauf von Material durch den Kongreß.

[26] Dies grenzt gelegentlich an offene Korruption: Einer der wichtigsten politischen Skandale des Jahres 1977 betraf ein großes Straßenbauprojekt östlich der Cordillera, die Carretera Marginal de la Selva, die Brasilien mit Venezuela verbinden soll. nach den Anschuldigungen der parlamentarischen Opposition gegen Präsident López machte diese wichtige Verkehrsader einen Bogen, um in die Nähe einer der Farmen eines Präsidentensohnes zu kommen, was den Wert des Landes natürlich beträchtlich steigerte.

[27] Einige kolumbianische Fabriken, die zu international bekannten Gesellschaften gehören, produzieren mit reduziertem Qualitätsstandard und bieten daher Produkte an, die im Mutterland des Konzerns nicht wettbewerbsfähig wären.

weisen.[28] Ein Sonderfall der Förderung privater Wirtschaftsinteressen durch die Bürokratie wird durch das Eindringen von Vertretern der Interessengruppen in die Verwaltung erreicht, wie es besonders für den Agrarbereich gilt.

Einen traurigen Punkt stellt die *Korruption* im öffentlichen Bereich dar. Im kolumbianischen Falle wird hierdurch sicherlich die Entwicklung nicht gefördert[29], wenn auch eine kurzfristige Stabilisierung erreicht werden mag. Korruption nimmt verschiedene Formen an: Wahlspenden privater Firmen, die in der Erwartung von Gegenleistungen nach den Wahlen gegeben werden; persönliche Bereicherung einzelner Beamter durch Zahlungen von Privaten, die damit Vorteile am Rande oder unter Verletzung des Gesetzes erreichen wollen; Existenz von zwei Serien von Preisen für Lieferungen an den Staat, je nachdem, ob der auftraggebende Beamte ein Handgeld erwartet oder nicht; Nutzung öffentlicher Fonds für Ziele, die nicht im Haushaltsgesetz enthalten sind; Verletzung des Statuts für öffentliche Ausschreibungen. Die kolumbianische Staatsverwaltung kann zu Recht eine der korruptesten auf dem lateinamerikanischen Kontinent genannt werden.[30]

— Wie jede Bürokratie in der Welt dient auch die kolumbianische Verwaltung als *Brennpunkt von Interessen für ihre Mitglieder:* Beamten wird der notwendige Lebensunterhalt zur Verfügung gestellt, die Arbeit bildet eine Quelle von Befriedigung oder Frustration usw.

Hier erscheint ein Hinweis auf die Gewerkschaften des öffentlichen Dienstes angezeigt: Sie stellen im Geflecht der zahlreichen konkurrierenden Interessengruppen trotz der allgemein gegebenen Einflußlosigkeit der Gewerkschaften einen mächtigen Verband dar. Es sei an die verschiedenen Streiks im Finanzministerium und im Schulsystem erinnert[31]; auch ein Streik der ange-

---

[28] Zwei Beispiele sollen angeführt werden: Die Konzession zum Abbau von Salz wurde einer privaten Firma erteilt, die ihr Rohprodukt der Staatsfirma Alcalis de Colombia zur Reinigung verkauft. Obwohl Alcalis über einen Apparat zum Verkauf des Salzes verfügt, wird diese Aufgabe von privaten Verkäufern wahrgenommen, die enorme Gewinne machen. Alcalis, auf der anderen Seite, hätte ökonomischen Erfolg äußerst nötig. – Die großen Unternehmen der Textilindustrie erhielten 1974 einen hohen Kredit durch eine Staatsbank, „um die Lager zu finanzieren". In Wirklichkeit ging es um Exportförderung. Stattdessen kam es zu einem dumping auf dem Inlandsmarkt mit der Folge, daß viele kleine Unternehmen bankrott machten (Interviewmaterial).

[29] Wirtschaftsförderung *durch* Korruption wird als Möglichkeit u.a. durch die folgenden Autoren erwähnt: Leff 1964, Scott 1972: 90, Bayley 1966, Nye 1967. Ein Reader, der die wichtigsten Veröffentlichungen bis 1970 zusammenfaßt, ist Heidenheimer 1970.

[30] Zur Verdunkelung von Unregelmäßigkeiten kommt es zu weiteren Merkwürdigkeiten: Im September 1976 brach im Kapitol, dem Sitz des Kongresses, ein Feuer aus und vernichtete in den Archiven des Senats Dokumente, die einer Untersuchung der Contraloría einige Tage später zugrunde gelegt werden sollten.

[31] Diese waren illegal. Wegen der Macht der Gewerkschaften wurden jedoch keine Sanktionen verhängt.

stellten Ärzte des staatlichen Gesundheitswesens im Jahre 1976 kann erwähnt werden, der Monate dauerte. Wichtig hierbei erscheint die Tatsache, daß die laufenden Ausgaben im Verhältnis zu Investitionsausgaben erhöht werden. Damit wird die Wirtschaftsentwicklung des Landes berührt. Die der politischen Führung zur freien Verfügung bleibenden ökonomischen Ressourcen, die zur Erhaltung oder Vergrößerung der politischen Unterstützung der Regierung eingesetzt werden könnten, werden also vermindert.

— Ein Sonderfall dieses Aspektes der Nutzung der Verwaltung zur persönlichen Satisfaktion der Mitglieder stellt ihre Verwendung als *Kanal vertikaler Mobilität* für die aufsteigenden Mittelschichten dar, insbesondere für die „técnicos" kolumbianischer Definition.[32] Das typische Ablaufmuster sieht folgendermaßen aus: Universitätsabsolventen, häufig mit Nachexamens-Studium (postgraduate studies) an wichtigen ausländischen Universitäten, insbesondere in den USA, werden öffentliche Bedienstete. Sie sind also noch ziemlich jung. Rasch, gelegentlich bereits bei ihrem Eintritt in die Verwaltung, erhalten sie wichtige Positionen, die in einem industrialisierten Land viele Jahre Erfahrung voraussetzen.[33] Diese hohen Posten geben ihnen eine erstklassige Möglichkeit, in Kreisen der Wirtschaft, des Finanzwesens und der freien Berufe bekannt zu werden. Sie können die in der personalisierten kolumbianische Kultur wichtigen persönlichen Kontakte knüpfen und ihre berufliche Arbeit erlaubt es ihnen, die zusätzlich zu ihrer ausgezeichneten Ausbildung notwendige Erfahrung zu erwerben. Nach einer Reihe von Jahren in der öffentlichen Verwaltung — vielleicht nach einer Beförderung — verlassen sie den öffentlichen Dienst, um wichtige Posten in der Privatindustrie zu übernehmen oder um ein Büro als Freiberufler zu gründen oder in ein solches einzutreten. Die Posten in der freien Wirtschaft hätten sie niemals erreichen können, wären sie gleich nach ihrem Universitätsstudium in ein Privatunternehmen eingetreten. Das Interesse, den öffentlichen Dienst nach einigen Jahren zu verlassen, erklärt sich durch die wesentlich höheren Gehälter in der Privatwirtschaft.[34] Ein gleiches gilt für Freiberufler, die die persönlichen Kontakte, die sie während ihrer Amtszeit im öffentlichen Bereich geknüpft haben, erfolgreich einsetzen können. — In diesem Sinne erklärt sich die relativ hohe Zahl qualifizierter junger Akademiker im öffentlichen Bereich nicht notwendig durch eine besondere Hingabe an das Ideal

---

[32] Ein Interviewpartner, mit dem dieser Gedanke diskutiert wurde, bemerkte, daß das Argument zur Zeit der Nationalen Front noch richtiger war als heute, da damals politische Mobilitätskanäle weitgehend blockiert waren. Dies klingt zwar plausibel, doch können wir aus Materialmangel diese Behauptung nicht bestätigen.

[33] Einige der wichtigsten Akteure der Steuerreform waren etwa dreißig Jahre alt, um nur ein Beispiel zu geben.

[34] Kolumbien hat sich für eine aufgeblähte Bürokratie mit ziemlich niedrigen Gehältern entschieden.

eines Dienstes am Staat. Auf der anderen Seite ist darauf hinzuweisen, daß auch ein Verwaltungsfachmann das Phänomen nicht notwendig negativ zu sehen braucht. Selbstverständlich hängen die Chancen eines Überwechselns auf gutbezahlte Stellen in der Privatindustrie von den im Staatsdienst bewiesenen Fähigkeiten ab.[35] Als dysfunktional für eine effiziente Verwaltung erweist sich allerdings die kurze Amtsdauer: Nach Erwerb der erwünschten Erfahrung verlassen die jungen Fachleute den öffentlichen Dienst.[36] Wichtige Reformprojekte scheitern an der Tatsache, daß der ursprüngliche Anstoß nicht mit gleichem Nachdruck von der gleichen Person oder Personengruppe weiterverfolgt wird.

— Der wichtigste Aspekt im Zusammenhang der Nutzung der Verwaltung als Gratifikationsinstrument zur Aufrechterhaltung des politischen Systems findet sich in der wissenschaftlichen Literatur über Kolumbien seit einer Reihe von Jahren[37]; er wurde auch durch die vorliegende Untersuchung bestätigt: Die Staatsverwaltung dient als *erstklassige Patronage-Institution*. Diese Funktion ist für die Aufrechterhaltung des gegenwärtigen politischen Systems lebenswichtig.

Die Grundfrage besteht in der Motivation für politische Aktivitäten der mittleren Kader politischer Parteien[38], also der Parteianhänger, die hohe politische Ämter nicht anstreben oder nicht zu erreichen hoffen können, die aber andererseits ehrgeiziger sind als einfache Wähler. Die Motivation für politische Aktivität kann als Kontinuum zwischen materieller Gratifikation im plattesten Sinne auf der einen und ideologischer Orientierung auf der anderen Seite angesehen werden; in diesem letzteren Falle läge der Wunsch vor, die politische Wirklichkeit nach einer vorgefaßten Konzeption zu gestalten. Kolumbianische Parteien wie auch, abgeschwächt, ihre verschiedenen Flügel, können nicht als ideologisch bestimmt betrachtet werden.[39] Die Mo-

---

[35] Unglücklicherweise gibt es Fälle, wo ein direkter Widerspruch zwischen beiden Interessen besteht. So wurde dem Verfasser während eines Interviews erzählt, daß ein hoher Beamter, der einen wichtigen Wirtschaftszweig zu überwachen hatte, über einen Freund aufgefordert wurde, seine strenge, jedoch absolut legale Kontrolle zu mildern. Im anderen Falle werde dafür gesorgt, daß ihm niemals ein angemessener Posten in der Privatindustrie angeboten werde! Hier werden die möglichen Gefahren der permanenten „révolution des cadres" deutlich.

[36] Der relativ schnelle Wechsel der Bediensteten, auch in mittleren und unteren Rängen, ist einer der Hauptgründe dafür, warum berufsbegleitende Ausbildungsmaßnahmen in Kolumbien keinen großen Erfolg haben können; Wolff 1978 c: 316 f.

[37] Z.B. Payne 1968: Kapitel 9. Vgl. auch, mit etwas anderem Blickwinkel (Beamte bauen selbst ein Klientennetz auf), Schmidt 1974 a: insbesondere 426. Der Punkt ist im Hinblick auf die Contraloría bereits diskutiert worden (Kapitel V E 2); er ist jedoch nicht auf diese Behörde beschränkt.

[38] Zu Parteien während der Nationalen Front s. Zelinsky 1978 a.

[39] Obgleich ideologische Orientierungen in der Vergangenheit einige Auswirkungen hatten.

tivation für politische Aktivität verschiebt sich daher in Richtung auf materielle Vorteile. Die traditionellen Parteien mit ihrer losen und instabilen Organisation[40] leiden unter ständigem Geldmangel, so daß sie selbst derartige Vorteile nicht bieten können. Sie sind daher auf die Besetzung von Stellen in der öffentlichen Verwaltung verwiesen.

Wie im zweiten Kapitel beschrieben, hat die Nationale Front ein einfaches „winner takes all"-System unmöglich gemacht. Die Paritätsregel war vielmehr gültig, wenn sie auch nicht lupenrein angewendet wurde. Ihr Ziel war die politische Neutralisierung der Verwaltung, doch bietet sie keine klare Vorschrift über die Verteilung der öffentlichen Stellen auf die verschiedenen Flügel der Parteien. Der Wettbewerb setzte sich also fort (die berühmte „milimetría"), dieses Mal zwischen den Flügeln der Parteien, von denen jede theoretisch die Hälfte aller Positionen besetzen durfte. Diese Situation ist auch heute gegeben. Allerdings ist es schwierig, die künftige Entwicklung nach dem Auslaufen der strengen Paritätsregel zu prognostizieren.

Es kann *zusammengefaßt* werden, daß die Patronage im öffentlichen Bereich lebenswichtig für eine Mobilisierung der Anhänger der traditionellen Parteien ist. Da diese ein wichtiges Element des gegenwärtigen politischen Systems darstellen, ergibt sich, daß Patronage eine Voraussetzung für dessen Aufrechterhaltung ist. Die Empfehlung einer Abschaffung der Patronage liefe also auf die Empfehlung einer Veränderung des politischen Systems in einem wesentlichen Punkt hinaus.

Das Gegenstück des Patronage-Systems stellt die *Schwäche des Berufsbeamtentums* dar. Bereits vor dem Zweiten Weltkrieg und seither mehrmals sind Versuche zu seiner Einführung unternommen worden[41], zuletzt anläßlich der Verwaltungs- und Verfassungsreform 1968. Außer einer klareren Einteilung der öffentlichen Bediensteten und einigen Auswahlwettbewerben für Kandidaten ist kein dauernder Erfolg erzielt worden: Das Grundproblem eines auf Patronage aufgebauten politischen Systems war nicht gelöst worden, und die politische Führung konnte daher auf ein Vorrecht nicht verzichten, das für ihr eigenes politisches Überleben wichtig war.[42] So hob Prä-

---

[40] In diesem Zusammenhang erscheint es interessant, die Zusammensetzung des Parteitages der Liberalen im Frühjahr 1979 zu beschreiben (El Tiempo, 23. Januar 1979): Alle liberalen Abgeordneten und Ex-Präsidenten der Republik; 100 Vertreter der Mitglieder der Asambleas, der Departamentos und der Stadträte; 40 Delegierte für Freiberufler, Arbeiter, Bauern, wirtschaftliche Interessengruppen; schließlich die Reporter (Details sind weggelassen worden). Der Parteitag bedeutete also eine Repräsentation politischer und wirtschaftlicher Amtsträger, nicht jedoch der Parteimitglieder, wie es in einer Mitglieder-Partei mit etablierter Bürokratie das übliche wäre!

[41] S. oben, Kapitel II.

[42] Andere Opponenten könnten hinzugefügt werden: Die älteren Bediensteten, die mit besser ausgebildeten Neulingen hätten in Wettbewerb treten müssen, und Akademiker, die nach ihren Wünschen dem öffentlichen Dienst beitreten und aus diesem

sident López auf der Basis der Vollmachten unter dem fast dauernden Ausnahmezustand zweimal die Anwendung der Regeln über das Berufsbeamtentum selbst für die weniger als 5% der öffentlichen Bediensteten auf, die ihnen unterlagen.

Die Patronage-Funktion der öffentlichen Verwaltung stellt einen Hauptgrund für ihre Aufblähung bei niedrigen Gehältern dar. Wie gezeigt wurde, liegen die Gehälter im öffentlichen Bereich weit unter denjenigen in der Privatwirtschaft, insbesondere für höher qualifizierte Beamte.[43] Je mehr Posten existieren, umso mehr Patronage-Möglichkeiten gibt es; je mehr Posten es gibt, umso leichter ist die „milimetría"; je mehr Posten existieren, umso niedriger sind die Gehälter; je niedriger die Gehälter, umso höher ist der Personalwechsel; je höher der Personalwechsel, umso häufiger kann ein neuer Anwärter auf der Basis politischer „Empfehlungen" ernannt werden. Damit schließt sich der Kreis.

### 3. Verwaltung und innenpolitischer Friede

Die Einleitung hatte den Aspekt der Vermeidung sozialer Unrast und denjenigen der Verhinderung des Wiederauflebens der Violencia unterschieden. Während diese Trennung analytisch leicht möglich ist[44], dienen die im folgenden wiederaufzugreifenden Phänomene dem Kampf gegen beide Erscheinungen, ohne daß im Einzelfalle eine konkrete Scheidung denkbar wäre.

Grundprinzip ist: *Verzicht auf Grundsatzdebatten, hartes Durchsetzen von Beschlüssen, klare Entscheidungen, Optimierung von Verfahren, strikte Befehlsstränge,* statt dessen ist kolumbianische Politik wesentlich die Kunst des

---

wieder ausscheiden wollten. Die „carrera administrativa" entwickelte sich daher zu einem Vorteil für die unteren Beamten, für die bereits der Eintritt in den öffentlichen Dienst einen sozialen Aufstieg bedeutete und die daher den Schutz im Amt suchten, den ihnen die Regeln über den civil service boten (Interviewmaterial).

[43] Hierzu eine interessante Beobachtung: Eine Anzahl von äußerst wichtigen, fachlich bestimmten Posten ist von dieser schlechten Bezahlung ausgenommen. Die entsprechenden Beamten werden von der Notenbank bezahlt und dann offiziell in die verschiedenen Behören delegiert. Dies stimmt sicher für einige Beamte im Finanzministerium; es wurde auch für das Nationale Planungsamt berichtet (Interviewmaterial). Der interessante Punkt ist hierbei, daß die politische Führerschaft in einigen Fällen gezwungen war, gleich hohe Gehälter wie im Privatsektor zu zahlen. In den Fällen, in denen sich eine hervorragende fachliche Leistung und ein längeres Verbleiben im Amt als wesentlich erwiesen, wurde eine Lösung gefunden!

[44] Es sei daran erinnert, daß die Violencia – mit kleineren regionalen Ausnahmen – *kein* Sozial- bzw. Klassenphänomen gewesen ist. Die Violencia wird mehr gefürchtet als soziale Unrast; dafür spricht, daß soziales Aufbegehren nur mühsam unter Kontrolle gehalten wird und gelegentlich zum Ausbruch kommt (Generalstreik von 1977!), während „violencia"-Phänomene bedeutungslos sind.

## A. Die Verwaltung im politischen System Kolumbiens

„Durchwurstelns" (muddling through). Folgende Phänomene können wir zur Stützung dieser These anführen:

— *Haushaltsinkrementalismus:*

„The basic technique of both preparing and evaluating government budgets consists of making marginal adjustments in the budget for the previous period, rather than starting ‚from the ground up.'"[45]

Wie ausführlich diskutiert, wird diese grundlegende Methode auch in Kolumbien angewendet, und auch in diesem Lande geht sie auf Unsicherheit zurück und auf die Tatsache, daß die politischen Kosten einer vollständigen Neuverhandlung des gesamten Haushaltes in jedem Jahr zu hoch sind.[46]

— Die *personelle Paritätsregel* (während der Frente Nacional) bzw. die Vorschrift der angemessenen Vertretung der beiden großen Parteien im öffentlichen Dienst hat neben der diskutierten Versorgungsfunktion für die Parteigefolgschaft den offensichtlichen Sinn, allen politischen Richtungen einen Platz an der Futterkrippe zu sichern. Die Frustration durch den systematischen Ausschluß (wie es die Konservativen mit den Liberalen in den Jahren vor dem Militärputsch 1953 versuchten) soll so vermieden werden — und mit ihr die Entladung von Spannungen in offener Gewalt.

— Das *Fehlen bedeutsamer* und ideologisch unterscheidbarer *Parteiprogramme* ist als nächster Punkt zu nennen. Bleiben die politischen Orientierungen vage, ist ihre Interpretation nach Tageserfordernissen offen. Ein Eingehen auf gesellschaftlichen Druck, bevor dieser übermächtig wird, umgekehrt aber auch eine Betonung fachlich profilierter Maßnahmen, die mächtige Interessen verletzen (Steuerreform), sind so je nach der politischen Situation möglich. Das Schlagwort von der Ent-Ideologisierung von Parteien hat in Kolumbien seine volle Berechtigung.

— In gleicher Weise wirkt sich die Vorschrift der *Nicht-Wiederwahl des Präsidenten* aus.[47] Neue politische Präferenzen, ein Abbruch ungeliebter Vorhaben des scheidenden Amtsinhabers, die Erarbeitung neuer „Pläne" sind so

---

[45] Downs 1967: 279. S. auch Kapitel XX (247-252).

[46] Downs 1967: 250 f. — Dies ist vor allem zutreffend in einem Land mit hohen sozialen Spannungen und dem Fehlen einer Übereinstimmung über die zu verfolgende Entwicklungspolitik und die Rolle der verschiedenen Gruppen in diesem Prozeß. — Wildavsky 1975: Kap. 7 führt charakteristische Phänomene des Budgetierens in Entwicklungsländern auf die Variablen „Armut" und „Unsicherheit" zurück. Diese mögen ihre Rolle spielen, stehen aber in Kolumbien den politischen Funktionen hintan. Dies wird u.a. durch das Finanzgebaren dezentralisierter Firmen bewiesen, die wohlhabend sind und mit sicheren Einnahmen rechnen können.

[47] Der historische Ursprung — in Kolumbien nicht anders als in anderen lateinamerikanischen Staaten — ist die Furcht vor diktatorischen und monarchischen Tendenzen bei einem Staatschef, der zu lange im Amt bliebe. Genese und derzeitige Auswirkung sind aber zwei verschiedene Dinge.

in schöner Regelmäßigkeit alle vier Jahre möglich. Daß hierdurch u.U. beträchtliches Kapital vergeudet wird, ist die auf der Hand liegende Folge. Kolumbianische Politik pendelt, mittelfristig gesehen, um eine Art stabilisierte Mitte, gleichgültig, wie weit sich im Einzelfalle konkrete Maßnahmen von dieser entfernen mögen. Programme und Ideen haben so „Konjunkturen" — wie gezeigt wurde, sogar innerhalb der Amtszeit eines Präsidenten.

— Der *Verzicht auf umfassende Pläne* ist als nächstes zu nennen. Selbst wissenschaftlich gut durchdachte Vorhaben (etwa Pastranas „Cuatro Estrategias") haben nichts mit einem Gesamtprogramm für den öffentlichen Bereich (oder gar für die Gesamtwirtschaft) zu tun, wie es noch die „Allianz für den Fortschritt" vorschrieb. Der größte Teil staatlicher Aktivitäten, auch der wirtschaftlich relevanten, und sogar der öffentlichen Investitionen im engeren Sinne wird gerade *nicht* in zentralen Plandokumenten festgelegt[48], sondern folgt dezentralen und je nach Situation wechselnden Initiativen.[49]

— Damit steht der *Verzicht* auf den Versuch im Einklang, *die Planungsämter* verschiedener Ebenen zu übermächtigen Steuerungs*instanzen* auszubauen. Die Probleme des Stadtplanungsamtes von Bogotá, auch nur Flächennutzungs- und Straßenausbaupläne durch den Stadtrat sanktioniert zu bekommen, und die Schwäche des Nationalen Planungsamtes gegenüber den Investitionen vornehmenden dezentralisierten Einheiten sind ausführlich geschildert worden. Die Politik weigert sich — mit guten Gründen —, sich der Logik politikfremder, fachbestimmter Experten in Planungsgremien zu unterwerfen; sie besteht auf ihrer eigenen Logik, die von dieser sehr verschieden ist. Stromlinienförmige Planung und Entscheidung sind mit ihr unvereinbar.

— Die *Schwäche zentraler Kontrollinstanzen* ist ausführlich gewürdigt worden; sie ist hier nochmals zu erwähnen, da sie ebenfalls zum Bild eines politischen Systems paßt, das darauf verzichtet, Beschlüsse und zentrale Direktiven mit harter Hand durchzusetzen. Dem entspricht die Fragmentierung politischer Macht, die gleich noch ausführlicher zu diskutieren sein wird. Umgekehrt läßt sich argumentieren, daß die technische Ineffizienz großer Teile der kolumbianischen Bürokratie und die oft berichteten Defekte[50], die auch einem oberflächlichen Beobachter ins Auge springen, das Gegenstück politischer Funktionen der Verwaltung darstellen; zumindest widersprechen sie keinem wichtigen Ziel, mindestens so lange nicht, als das erwähnte Minimalniveau öffentlicher Dienstleistungen gewährleistet ist.

---

[48] Erinnert sei z.B. an die geringen Anteile des staatlichen Investitionsbudgets, die durch López' mindestens propagandistisch hervorgehobene Programme DRI und PAN in Anspruch genommen worden waren!

[49] Damit wird keineswegs behauptet, das Resultat müsse schlechter sein als bei zentraler Leitung, Planung und Kontrolle. An dieser Stelle interessiert nur der Verzicht hierauf.

[50] So z.B. Studien wie Fisher 1974, Maraviglia 1974 oder Kalnins 1974.

Ein schneller Wechsel des Personals mittlerer und oberer Ränge, die aufgeblähte Zahl von Beamten, komplizierte Verwaltungsverfahren, die Bedeutungslosigkeit des Karrieredienstes, Legalismus und Korruption erleichtern die Nutzung der Verwaltung als Mobilitätskanal oder ihren Einsatz zur politischen Patronage. Langsamkeit, schlechte Behandlung des Publikums, Ineffizienz, Unfreundlichkeit der Beamten widersprechen keinem wichtigen politischen Ziel, werden also hingenommen. Auf der anderen Seite kann argumentiert werden, daß wirkliche Planung, rationale Budgetpolitik, die Einführung eines auf Leistung beruhenden Personalsystems, technische Rationalisierung usw. politische Funktionen der Bürokratie bedrohen. Entschiedene Maßnahmen zu ihrer Herstellung sind daher trotz aller Lippenbekenntnisse durch kolumbianische Politiker und Verwaltungsfachleute nicht zu erwarten. Der Antagonismus technischer Effizienz und politischer Funktionalität führte dazu, daß die Operation, die den Patienten heilen sollte, ihn vermutlich tötete.

*Zusammenfassend* läßt sich feststellen, daß technische Ineffizienz ein wichtiges Werkzeug politischer Effizienz darstellt. Wildavsky hat das „Durchwursteln" in der Haushaltspolitik gepriesen; ehrgeizige Gesamtplanungsmodelle sind gescheitert. Seither ist der hohe Wert des altmodischen Inkrementalismus und des Durchwurstelns als Reaktion auf politische Probleme statt ihrer Antizipation deutlich geworden: Nichtübereinstimmung in zentral wichtigen politischen Fragen existiert stets in einem Land mit raschem wirtschaftlichem und sozialem Wandel; in Kolumbien jedoch ist sie besonders bedrohlich. Sie wird daran gehindert, so virulent zu werden, daß sie in offene Gewalt mündet. Die kolumbianische Tradition der Violencia führte schließlich zu panischer Angst vor ihrem Wiederaufflackern bei der politischen Führerschaft. Diese stellt wahrscheinlich die beste Garantie gegen ihr Wiederaufleben dar.[51] Die Scheu vor klaren Entscheidungen, Grundsatzdiskussionen und dergleichen erfüllen so die äußerst wichtige Aufgabe der Wahrung des politischen Friedens. Eine gewisse Dosis Unregierbarkeit ist allerdings die notwendige Begleiterscheinung in Kolumbien wie in anderen kompetitiven politischen Systemen.[52]

### 4. Rangfolge

Damit ergibt sich zugleich eine wichtige Folgerung für die Rangfolge der verschiedenen Aufgaben, die wir in den Abschnitten 1. bis 3. diskutiert haben:

---

[51] Die Fortführung wichtiger Elemente der Frente Nacional nach 1974 und 1978 ist auch in diesem Lichte zu sehen.

[52] Daß Kolumbien ein solches darstellt, ist eines der wesentlichen Ergebnisse unserer Studie. Ist dieses akzeptiert, erscheint natürlich die Übereinstimmung mit ähnlichen politischen Systemen nicht mehr als Überraschung.

Innenpolitischer Friede und Aufrechterhaltung des politischen Systems werden in der Regel Leistungen technischer Art der Verwaltung vorgezogen; im (nicht seltenen) Konfliktfalle wird technische Effizienz politischer Rationalität geopfert.[53]

## B. Folgerungen für das politische System Kolumbiens

Das Fehlen zentraler Leitung und Kontrolle bedeutet das Fehlen zentraler politischer Macht. Die Folgerung lautet also, daß eine weitreichende Fragmentierung politischer Macht in Kolumbien besteht.[54]

Nicht eine unserer Fallstudien erlaubt die simplistische Annahme eines einzigen Entscheidungszentrums oder auch nur eines überragend starken Zentrums unter anderen. Selbst die Steuerreform des Jahres 1974, die auf den ersten Blick die politische Stärke eines neugewählten und entschlossenen Präsidenten zu beweisen scheint, zeigt den kurzfristigen Charakter solcher Anstrengungen und ihre Verwundbarkeit durch die langsame Erosion durch die anderen Machtzentren, in diesem Falle besonders der organisierten Interessengruppen. „Entscheidungen" und politische Aktionen (oder Nicht-Aktionen, wie im Fall El Salitre) erwachsen so aus dem Zusammenspiel einer großen Zahl von Akteuren. Für den Beobachter der politischen Szene in einer industrialisierten westlichen Nation mag diese Beobachtung nicht allzu erstaunlich erscheinen. Sie ist jedoch vor dem Hintergrund von Nationen in Lateinamerika zu sehen, wo autoritäre und korporatistische Regime historisch gesehen vorherrschen.

---

[53] Es sei an den Gedanken erinnert, daß diese statische oder kurzfristige Betrachtung des erwähnten Antagonismus unter langfristigen Überlegungen kaum aufrechtzuerhalten ist: Um zu überleben, muß das System Elemente größerer technischer Rationalität in sich aufnehmen. Damit wird es selbst aber verändert; die Werte, deren Erhaltung gerade beabsichtigt ist, werden damit bedroht. – Peeler 1976: passim, insbesondere 222 zeigt, daß bis heute eine konservative Strategie zur Bewahrung der politischen Ordnung erfolgreich gewesen ist. Dies geht auf die unübliche Stabilität des Parteiensystems zurück, die, wie hinzugefügt werden kann, einmal mehr durch die Wahlen 1978 und 1982 bewiesen wurde. Zelinsky 1978 b argumentiert, daß in der ersten Hälfte der siebziger Jahre eine ausgeprägte Repression durch den Staat nötig war, um dieses Ziel zu erreichen.

[54] „Fragmentierung" politischer Macht wird hier in Übereinstimmung mit Wildavsky 1974: 98 gebraucht. Wildavsky bezieht sich auf die Vereinigten Staaten.

## B. Folgerungen für das politische System Kolumbiens

Die Fragmentierung der Macht und ihre Zersplitterung bedeuten keineswegs eine mehr oder weniger gleiche Stärke der verschiedenen Machtzentren. Der Kongreß erweist sich als schwach gegenüber vielen Organisationen der Exekutive, wenn nicht besondere Umstände vorliegen und wenn sich die Abgeordneten nicht im Einzelfalle zu entschlossenen Aktionen aufraffen.[55] Das Nationale Planungsamt ist schwach im Vergleich zum Instituto de Crédito Territorial usw. Die Situationen, die von verschiedenen politischen Ressourcen abhängen, wandeln sich u.a. wegen des schnellen Personalwechsels rasch.

Die Fragmentierung der Macht, Dissens[56] und eine vergleichsweise offene Rekrutierung für politische Ämter verbieten die simplistische Annahme der Existenz eines politischen Systems, das durch eine enge, einheitliche und geschlossene Elite regiert wird. Zumindest besteht ein hoher Grad von Wettbewerb innerhalb der Elite auf allen Gebieten des wirtschaftlichen, politischen und sozialen Lebens. Klientelistische Elemente finden sich jedoch häufig, vor allem im Parteiensystem, und die Unterschichten nehmen durch ihre möglichen Repräsentanten als solche auch an wichtigen Entscheidungen nicht teil, die sie betreffen. Das Vorherrschen pluralistischer Elemente, das unseren Fallstudien am besten entspricht, schließt daher „oligarchische" Elemente nicht aus.

In jedem Falle hat das kolumbianische politische System in den letzten Jahren einen bemerkenswerten Grad an Elastizität bewiesen. Bis jetzt hat das Land erfolgreich einen Mittelweg beschritten: Vermieden wurden einerseits die Scylla des Immobilismus, der zu immer größeren Spannungen und schließlich zur Revolution führen müßte, andererseits die Charybdis eines überschnellen Wandels, der den Untergang eben jener Werte bedeutete, welche die politische Führerschaft verteidigen möchte.

---

[55] Seidman 1970: 272 beobachtet eine übergroße Abhängigkeit der Exekutivbehörden der USA vom Kongreß. Dies führe zu Vermehrung und Fragmentierung von Programmen, verstärkter Abgrenzung der Behörden untereinander, Schwächung der „general purpose"-Behörden, Diffusion der Autorität, verminderter Flexibilität und Diskretion sowie zur Überzentralisierung der Entscheidungen in der Hauptstadt. Viele dieser Züge finden sich jedoch auch in Kolumbien, obwohl hier der Kongreß schwach ist.

[56] Dent 1974 hat in einer community power-Studie diesen Punkt für die Stadt Cali nachgewiesen.

## C. Zu den Möglichkeiten politisch-administrativer Reformen und technischer Zusammenarbeit im Verwaltungsbereich

### 1. Prinzipien

Beginnen wir mit grundsätzlichen Feststellungen und Prinzipien politisch-administrativer Reformen in Kolumbien.

Prinzipiell sind *weitreichende Reformen schwierig*. Die Größe der Verwaltung des Landes, ihre Zersplitterung auf viele autonome, wenig kontrollierte Teilbereiche, die damit einhergehenden Status- und Positionsinteressen, die Politisierung des öffentlichen Dienstes, die Unsicherheit der persönlichen Stellung der Beamten, deren rasche Rotation innerhalb verschiedener Positionen im Verwaltungsbereich sowie zwischen diesem und dem Privatsektor, die kurze Amtsdauer selbst des Präsidenten[57] stellen gewichtige Hindernisse einer jeden Reform dar. Die ausführlich diskutierten Funktionen der Verwaltung für das politische System kommen hinzu; wenn es richtig ist, daß solche latenten Funktionen existieren und in vielen Fällen an Bedeutung die manifesten übertreffen, ist technische Optimierung als Reformziel kaum zu erreichen.

Es ergibt sich, daß alle Vorschläge sich davor hüten müssen, die vom Standpunkt des Organisationsfachmannes aus so unbefriedigende Realität mit einem *Lehrbuchideal* zu vergleichen und dessen Übernahme zu empfehlen; freilich ist ein derartiges Vorgehen international gang und gäbe. Wird etwa „Mangel an Koordination" festgestellt (wie meistens), hält man sich nicht damit auf, die Gründe zu untersuchen oder etwa zu überlegen, daß „Koordination" auf eine Probe der Macht von formell übergeordneten Amtsinhabern und Behörden hinausläuft; die schlichte Empfehlung lautet, Koordinationsgremien und -verfahren einzuführen.[58] Fehlen den Kommunen des Landes finanzielle Mittel zur Erfüllung ihrer Aufgaben, dann wird angeregt, die Steuern und Abgaben oder den Haushaltsausgleich zu erhöhen – ohne daß auf die Durchführbarkeit geachtet würde. Die interessante Frage, die in der Regel nicht beantwortet wird, richtet sich jedoch auf den Realismus solcher Vorschläge: Wie können die (in sich so erstrebenswerten) Reformziele unter Berücksichtigung der Widerständlichkeiten verwirklicht werden?

Zu warnen ist zweitens vor Pseudoreformen, die sich (nur) im juristischen Bereich und damit weitgehend auf dem Papier abspielen. In einem Land der formalistisch-legalistischen Kultur Kolumbiens werden Reformen (bzw. Veränderungen ganz allgemein) zunächst als Novellierungen von Rechtstexten

---

[57] Kurz insbesondere wegen des Prinzips der Nicht-Wiederwahl für die anschließende Amtsperiode.

[58] Deren Unwirksamkeit etwa im Bereich der Stadtplanung wurde diskutiert.

## C. Zu den Möglichkeiten politisch-administrativer Reformen

angesehen. Bei der verbreiteten Neigung, diese mit der Realität zu verwechseln, hat es häufig damit sein Bewenden: Während energische Maßnahmen zur Umsetzung der Normen in die praktische Wirklichkeit der nächste Schritt zu sein hätten, unterbleibt dieser allzu häufig[59] — mit dem Ergebnis von Reformruinen, deren Fortschritt gegenüber dem alten Zustand bestenfalls zweifelhaft bleibt.

So können wir an Grundprinzipien für politische und administrative Reformen festhalten:

a) *Die internen Machtverhältnisse und Statusinteressen* der von einer Reform betroffenen Verwaltungsteile müssen bei den Empfehlungen berücksichtigt werden. Solange die Reformer nicht mehr Macht mobilisieren können als ein widerstrebendes Objekt der Reform oder solange sie vorgeschlagene Nachteile für dieses nicht durch mindestens gleich wertvolle Gegenleistungen kompensieren können, *müssen* die Reformvorschläge scheitern. Frontale Angriffe gegen vitale Interessen sind daher zum mindesten so lange zu vermeiden, als nicht eine äquivalente Gegenmacht aufgebaut werden kann.

b) Alle Reformvorschläge haben die *latenten politischen Funktionen* der Bürokratie *zu berücksichtigen*. Werden diese bedroht, muß die Reform scheitern, mag sie technisch-theoretisch noch so wohl begründet sein. Bedeuten also die entsprechenden Vorschläge, daß die Erfüllung latenter Funktionen erschwert oder unmöglich gemacht wird[60], ist ein Ausgleich vorzuschlagen.

c) Reformvorschläge haben zu berücksichtigen, daß die *verschiedenen Aufgaben der Bürokratie miteinander kollidieren können*, daß aber eine meist eindeutig bestimmbare Hierarchie unter ihnen besteht. (Das wurde oben bereits ausgeführt.) Ein Konflikt verschiedener Ziele, der aus einem Reformvorschlag folgt, wird also durch Nichtbeachtung des minderrangigen Zieles gelöst.

Unglücklicherweise zielen Reformen in der Regel auf die Verbesserung der technischen Leistungsfähigkeit der Bürokratie ab. Dies ist aber, wie ausführlich geschildert, ein relativ niederrangiges Ziel — wenigstens so lange, als nicht ein massiver Druck von Problemen und Aspirationen ausgeht, der dann seinerseits höherrangige Ziele bedroht. Damit ist ein weiterer Grund für unseren Pessimismus hinsichtlich der Möglichkeit politisch-administrativer Reformen in Kolumbien genannt.

d) Reformvorschläge kommen nicht ohne ein *detailliertes Studium* von Strukturen, Verfahren, Machtverhältnissen usw. der zu reformierenden Einheiten aus. Das ist im vorliegenden Buch notwendigerweise nur für Ausschnitte aus der kolumbianischen Bürokratie geleistet worden; die Bescheidenheit (und Vorsicht) gebietet es daher, sich auf diese zu beschränken.

[59] Vergleiche die Steuerreform und die wenig energischen Schritte zu ihrer Umsetzung in die administrative Wirklichkeit.
[60] Beispiel: Einführung eines meritokratischen öffentlichen Dienstes in Kolumbien.

## 2. Überlegungen zu konkreten Vorschlägen

In der Reihenfolge der drei Fallstudien (Stadtplanung von Bogotá, Steuerreform und -verwaltung, Haushaltspolitik) sollen einige Überlegungen zu möglichen Reformen vorgetragen werden. Dabei gehen wir von einer Art ceterisparibus-Klausel in dem Sinne aus, daß nicht ein plötzliches Anwachsen des Problemdrucks die Lernfähigkeit des politischen Systems und die Reformbereitschaft der maßgebenden Akteure drastisch erhöht.

### a) Zur Stadtplanung von Bogotá:

Die *Investitionen* im Stadtbereich werden wesentlich von den dezentralisierten Unternehmen des Distriktes vorgenommen[61], ohne daß zentrale Stellen wie das Stadtplanungsamt oder auch das ebenfalls beteiligte Nationale Planungsamt oder das Finanzministerium einen bedeutsamen koordinierenden oder überwachenden Einfluß ausüben könnten. An dieser Situation ist ohne Aufgabe der rechtlichen Selbständigkeit der „descentralizadas" kaum etwas zu ändern. Daß diese erreichbar wäre, ist auch bei massivster Kraftanstrengung der höchsten politischen Führung fraglich (zumal eine derartige Veränderung aus systematischen Gründen nicht auf Bogotá beschränkt sein könnte). Darüber hinaus erscheint es fraglich, ob eine wesentliche Verbesserung der Investitionspraxis durch ihre Zentralisierung erreicht werden wird bzw. das Ergebnis den enormen Aufwand rechtfertigt. Dagegen erscheint es möglich, die dezentrale Investitionsplanung durch Beratung, Fortbildung, gründlicheres Studium von Kreditanträgen an nationale und internationale Banken zu verbessern und so in der Vergangenheit gelegentlich aufgetretene Pannen zu vermeiden.[62]

Solange der Stadtrat *Flächennutzungspläne* zu verabschieden hat, diese aber von einer Stadtverwaltung erarbeitet werden, die häufig mit dem Stadtparlament über Kreuz liegt, sind die beschriebenen jahrelangen Verzögerungen und Verwässerungen aller Art kaum abzustellen. Die Folgen sind bedenklicher als eine verfehlte Investition, vollzieht sich doch die Entwicklung einer riesigen Stadt nach Kriterien, die sozialen und übergeordneten ökonomischen Gesetzen Hohn sprechen.

Nimmt man dem Stadtrat das Recht zur Verabschiedung der Pläne (oder gibt man dem Bürgermeister ein Recht zur Ersatz-Verabschiedung, wenn der Stadtrat nicht in angemessener Zeit tätig wird), dann trägt dies zur weiteren

---

[61] Hierzu Wolff, „Budgeting and Investment Planning in Bogotá, Colombia"; Gutachten für die Weltbank, Washington 1979.

[62] Das Chingaza-Projekt der Wasserwerke z.B. war nach Auffassung von Weltbank-Experten überproportioniert; hätte man die dem Kreditantrag zugrundeliegenden Daten gründlicher geprüft, dann wäre diese Erkenntnis *vor* der Geldausgabe gewonnen worden.

## C. Zu den Möglichkeiten politisch-administrativer Reformen 367

Erosion der Bedeutung der legislativen Körperschaften auf allen Ebenen bei — sicherlich nicht erstrebenswert. Eine direkte Unterstellung des Planungsamtes unter die Autorität des Stadtrates hätte notwendig jene Folgen, die bei der Beschreibung des (staatlichen) Rechnungshofes erörtert worden sind, die aber auch bei der entsprechenden städtischen Behörde beobachtet werden können[63]: die Umwandlung des Amtes in eine Patronageinstitution, was nicht einmal (im Gegenzug) die Arbeitseffektivität verbesserte.

Als dritte logische Möglichkeit ergibt sich schließlich die *Wahl des Bürgermeisters durch den Stadtrat* statt seiner Ernennung durch den Präsidenten. Der Zwang zur Bildung einer parlamentarischen Mehrheit und die Möglichkeit für den Bürgermeister, sein politisches Schicksal mit Vorlagen an den Stadtrat zu verbinden und so praktisch die Vertrauensfrage zu stellen, erhöhen zweifellos die Chancen für die Verabschiedung von Stadtentwicklungsplänen.

Die schwerwiegenden *Einwände* gegen einen derartigen Umbau der politischen Institutionen liegen auf der Hand: die Einführung der Wahl des Chefs der Exekutive durch die Legislative läuft dem präsidentiellen System der kolumbianischen Verfassung zuwider. Die Einführung in der Hauptstadt, aber auch in den Departamentos und sonstigen Kommunen ließe fremde Elemente in ein Verfassungssystem eindringen, dem bei allen Schwächen logische Geschlossenheit nicht abzusprechen ist. Zudem würde die Macht des Präsidenten erheblich vermindert; sie gründet sich wesentlich auf seine weitreichenden Ernennungskompetenzen auch im Bereich der Territorialverwaltung. Daß hierbei der Position des Bürgermeisters von Bogotá ein herausgehobener Rang zukommt, wurde beschrieben. Selbst wenn die verfassungssystematischen Einwände außer acht gelassen werden könnten, dürfte es nicht möglich sein, den zu erwartenden Widerstand des Präsidenten zu überwinden.

Unsere Erörterungen der Möglichkeiten einer entscheidenden Verbesserung der Flächennutzungsplanung von Bogotá scheinen somit in eine *Aporie* zu münden — wenigstens solange es nicht zu einem (derzeit nicht absehbaren) weitreichenden Verfassungsumbau kommt. In der Tat scheinen uns — auch nach Berücksichtigung der Erfahrungen anderer Länder mit diesem Problembereich — die Hoffnungen gering, in Bogotá eine wirklich funktionierende Flächennutzungsplanung einführen zu können, noch weniger eine umfassende Planung, die auch die öffentlichen Investitionen in ein Gesamtkonzept intregriete.

So bleibt nur die Hoffnung, daß von einem Druck verschärfter Probleme ein Zwang zum Handeln ausgeht. Entscheidend wird sein, daß politisch geschickte Bürgermeister, denen ein fruchtbares Verhältnis zum Stadtrat am Herzen liegt,

---

[63] Wolff, „Budgeting and Investment Planning ..."

Planungskriterien mehr als bisher zur Grundlage ihrer Bemühungen machen werden. Die Aussichten hierfür sind unglücklicherweise nicht sehr groß.[64]

### b) Zu Steuerreform und Steuerverwaltung

Unsere Beschreibung hat wohl deutlich gemacht, daß die eingeführten Veränderungen des materiellen Steuerrechtes international akzeptierten Standards entsprochen haben, unglücklicherweise aber nicht durch eine Erhöhung der Effektivität der Verwaltung (u.a. der Steuerverwaltung) flankiert worden waren. Das unvermeidliche Resultat bestand in einer wenig konsequenten Durchführung, die wiederum die Erosion der Reform begünstigte.

Eine Linderung der Situation kann nicht einfach in einer organisatorisch-technischen Verbesserung der Steuerverwaltung (etwa der besseren Ausnutzung der installierten Datenverarbeitungskapazität, der beschleunigten Aufarbeitung von Rückständen usw.) gesucht werden; der hohe Steuerwiderstand wird sonst die Verwaltung immer wieder vor kaum lösbare Probleme stellen. Dessen Abbau dürfte daher das Herzstück einer jeden Reform darstellen.

Das *empfohlene Konzept* ist einfach. Bei Aufrechterhaltung der Struktur des Steuersystems (bzw. ihrer Wiederherstellung, soweit bereits durch politischen Widerstand erodiert) und der leitenden Prinzipien der Steuerreform von 1974 eine Senkung der (nominalen) Steuersätze, dabei parallel eine administrative Verbesserung der Steuerverwaltung[65], so daß die dann geringeren Steuerbeträge zuverlässig beigetrieben würden. Die staatlichen Einnahmen dürften bei einem solchen Vorgehen nicht sinken, sondern eher steigen, die Steuergerechtigkeit aber wesentlich verbessert werden. In jedem Falle wird isoliertem Vorgehen auf der Seite des materiellen Steuerrechtes oder des entsprechenden Verwaltungsverfahrens widerraten.

Die Erfolgsaussichten eines solchen Vorgehens erscheinen nicht schlecht; die Verringerung der Steuersätze verminderte den Anreiz zur Steuerhinterziehung und den politischen Widerstand gegen die bestehenden Steuergesetze; das dürfte der Verwaltung so weit Luft verschaffen, daß sie ihrer eigenen Reform mehr Aufmerksamkeit zuwenden kann.

---

[64] Das Interesse von Vollblutpolitikern an Denkmälern ihrer Amtszeit ist unglücklicherweise zur Zeit noch wesentlich größer als an undramatischer, aber wichtigerer Planungsarbeit. So machte sich einer der Nachfolger Gaitán Mahechas, Hernando Durán Dussán (in diesem Buch als Erziehungsminister erwähnt), ausgerechnet für jenes Massentransportsystem „Untergrundbahn" stark, an dessen Finanzierung wesentlich reichere Länder gescheitert sind! Dabei wäre mit einer Rationalisierung der Buslinien zu einem Bruchteil des Preises ein wesentlich größerer Effekt zu erzielen.

[65] Wie diese auszusehen hätte, wäre durch eine genauere Untersuchung festzustellen.

## c) Zur Haushaltspolitik

Wenn es richtig ist, daß die Angst vor einem Wiederaufflackern der Violencia, die Armut des Landes (im Vergleich zu Industrieländern) und die damit zusammenhängende mangelnde Berechenbarkeit (insecurity) staatlicher Einnahmen und Ausgaben die Hauptgründe für den zersplittert-inkrementalistischen Charakter der kolumbianischen Budgetpolitik sind, wäre die Empfehlung radikaler Reformen zum gegenwärtigen Zeitpunkt zweifellos ein unrealistisches Unterfangen. Mit diesen wären derart weitreichende politische Folgerungen verbunden, daß die Erfolgschancen gleich Null wären.

Das schließt indes *Verbesserungen im Einzelfalle,* die weitreichende Wirkungen entfalten können, nicht aus. Z.B. wäre eine Vereinfachung des Überwachungsverfahrens bei Kreditaufnahmen im Ausland denkbar, wo die gegenwärtig zwei Genehmigungen des Finanzministers durch eine einzige ersetzt werden könnte; es wäre denkbar, die Zusammenfassung der zahlreichen Veränderungen des Haushaltes während der Durchführungsphase in einem einzigen Ergänzungshaushalt vorzuschreiben, um so allmählich eine Gewöhnung an seriösere Haushaltsplanung zu erzielen. Die Aufhebung der Zersplitterung der Haushalte erscheint zum gegenwärtigen Zeitpunkt hingegen kein realistisches Ziel; es wäre bereits viel gewonnen, wenn sich künftige Zuwächse überproportional auf den zentralen Haushalt konzentrieren ließen, um dessen Bedeutung gegenüber den dezentralisierten Haushalten allmählich zu steigern.

Welch weitreichende Folgerungen für das politische System mit administrativen Veränderungen verbunden sein können, sei am Beispiel eines *Reformvorschlages für den zentralen Rechnungshof* illustriert.[66]

Wenn die Abhängigkeit seines Präsidenten vom Kongreß die beschriebenen negativen Folgen hat, muß der Hauptvorschlag auf die Lösung dieser Abhängigkeit zielen; das Amt des Präsidenten wäre als langdauernder Höhepunkt einer Karriere zu definieren, nicht als Durchgangsstation der Laufbahn eines ehrgeizigen Politikers. Da dies eine Reduktion der Zugriffsmöglichkeiten der Kongreßabgeordneten auf die Stellen der Contraloría bedeutete, müßte dem Parlament — sollte es für einen solchen, übrigens verfassungsändernden, Vorschlag gewonnen werden — ein Ausgleich zugestanden werden. Dieser könnte in einer Parteienfinanzierung aus der Staatskasse liegen, so zahlreiche Mißbräuche ein solches Vorgehen im kolumbianischen Rahmen (und nicht nur dort!) nach sich ziehen könnte.

Ist jene Loslösung vom Zugriff des Kongresses einmal erreicht, wäre auch die Einführung eines meritokratischen Dienstes der Contraloría denkbar. Ein notwendiges Pendant wäre es dann, den Kontrolleuren jene (z.Zt. nicht existie-

---

[66] Unter Rückgriff auf Wolff 1977 b: 16 ff.

rende) Unabhängigkeit gegenüber ihren Vorgesetzten zu geben, die eine Vertuschung von Unregelmäßigkeiten auf deren Anordnung hin ausschlösse.

Andere Vorschläge, weitreichend, wie sie für sich genommen erscheinen mögen, erscheinen diesem zentralen Angelpunkt der skizzierten Reform gegenüber leicht durchführbar. So wäre daran zu denken, die administrative Haushaltskontrolle vom Finanzministerium auf den Rechnungshof zu übertragen; könnte dem Parlament ein kritischer Bericht über die Budgetdurchführung statt eines trockenen Zahlenwerkes vorgelegt werden, das Politiker nicht interessiert; sollte die Prüfung der staatlichen Wirtschaftsunternehmen privaten Wirtschaftsprüfern überlassen werden; wäre die gegenwärtige doppelte bzw. dreifache vollständige Kontrolle durch eine einfache Überprüfung auf der Basis von Zufallsstichproben zu ersetzen; sollten die Kontrolleure ebenfalls nach Zufallsgesichtspunkten zu ihren Aufgaben delegiert, nicht aber langfristig bestimmten Behörden zugewiesen werden. Schließlich wäre an eine Lockerung jenes Verfassungsverbotes an den Kongreß zu denken, „dar votos de censura o aplauso respecto a actos oficiales"; dies ermöglichte eine substantielle Diskussion des modifizierten Rechnungshofberichtes durch das Parlament und eine Entlastung der Regierung für die Haushaltsdurchführung, die mehr wäre als eine Formalität oder eine juristische Fiktion nach Ablauf der entsprechenden Fristen.

Mit diesen nur skizzierten Überlegungen zu Reformen in den von uns untersuchten Verwaltungsbereichen bzw. Verwaltungsprozessen mag es hier sein Bewenden haben. Unsere Forschung galt zunächst dem Verstehen, nicht dem Verändern; sie ist ohne praktische Absicht unternommen worden. Wenn diese kurzen Anmerkungen bei Kolumbianern oder Mitarbeitern von Hilfsorganisationen Anstöße für Überlegungen zu Reformmaßnahmen oder Projekte technischer Zusammenarbeit initiieren vermögen, wäre ihr Ziel erreicht.

## D. Zu einer Konzeption der deutschen Verwaltungshilfe

Das Buch soll mit einigen Überlegungen zu einer möglichen Konzeption der deutschen Verwaltungshilfe abgeschlossen werden.[67]

### 1. Zielvorstellungen

Beginnen wir mit Zielvorstellungen für die deutsche Verwaltungshilfe. Es kann uns selbstverständlich nicht darum gehen, im engeren Sinne parteipolitische Zielsetzungen vorzutragen; vielmehr sind Überlegungen über das mit den deutschen Maßnahmen zu erstrebende Endziel anzustellen. Logischerweise ist es nicht möglich, Maßnahmen durchzuführen, die nicht mindestens implizit

---

[67] Wie im Vorwort vermerkt, greifen wir auf Wolff 1979 zurück.

bestimmten Zielvorstellungen dienen. Der folgende Abschnitt soll tentativ einige Grundsätze vortragen, über die wohl bei allen an der deutschen Verwaltungshilfe Beteiligten Einigkeit zu erzielen sein dürfte.

a) Ziel deutscher Entwicklungshilfepolitik, also auch deutscher Verwaltungshilfe, muß sein Entwicklung in und zur Freiheit — Freiheit des Individuums einerseits, Freiheit von Völkern und Nationen andererseits. Ohne an dieser Stelle das Abenteuer einer exakten Definition des Freiheitsbegriffes unternehmen zu wollen, ergeben sich in dem uns interessierenden Sachzusammenhang bestimmte Konsequenzen:

— Deutsche Verwaltungshilfe darf nicht darauf gerichtet sein oder mit ihren Maßnahmen dazu führen, lähmenden Bürokratismus zu etablieren oder zu verfestigen. Die Beschränkung der Emanzipation des einzelnen Bürgers durch einen immer weiter um sich greifenden Etatismus ist durch deutsche Maßnahmen nicht zu fördern. Die freiheitliche Selbstbestimmung hat zur Voraussetzung, daß der Staat nur da (und unter geringstmöglichen Eingriffen) tätig wird, wo die Aktionen einzelner oder gesellschaftlicher Gruppen versagen, mit sozial untragbaren Konsequenzen verbunden sind und wo staatliche Handlungen hinsichtlich Effizienz und Effektivität den privaten mindestens gleichrangig sind.

— Die Sicherung der Menschen- und Freiheitsrechte verbietet es, mit deutschen Maßnahmen autoritäre, faschistoide oder gar offen faschistische Regime zu unterstützen. Bekanntlich nutzen nicht wenige dieser Regime die Verwaltung als ein Hauptinstrument der Herrschaftssicherung und -zementierung. Eine Verbesserung der Funktionsfähigkeit der Verwaltung hätte in diesem Falle eine dem Grundinteresse deutscher Entwicklungshilfe zuwiderlaufende Funktion.[68]

b) Entwicklungspolitik ist Teil der Außenbeziehungen der Bundesrepublik und sollte deshalb auch als Teil der Außenpolitik verstanden werden.[69]

Das heißt nicht, daß alle mehr oder weniger kurzfristigen und meist nicht tiefreichenden außenpolitischen Schwankungen von der Entwicklungspolitik und damit auch von der Verwaltungshilfepolitik mitgemacht werden sollten (dies ist schon wegen der relativen Langfristigkeit der hier anzusetzenden Maßnahmen nicht möglich). Indessen ist zu fordern, daß die grundsätzlichen außenpolitischen Ziele der Bundesrepublik auch mit Hilfe des Instrumentariums der Verwaltungshilfe gefördert werden, daß also etwa Staaten, die fortdauernd und nachhaltig deutsche Interessen verletzten, nicht in den Genuß deutscher technischer Zusammenarbeit gelangen.

---

[68] Das soll nicht bedeuten, daß nicht in Einzelfällen in derartigen Regimen ein deutsches Engagement auf dem Verwaltungssektor zu rechtfertigen wäre. Es ist dann jedoch einem Begründungszwang auszusetzen und hat darzulegen, daß die Zementierung autoritärer Regime durch die deutschen Maßnahmen nicht verstärkt, sondern tendenziell abgeschwächt wird.

[69] So auch die zit. Entwicklungspolitische Konzeption, Ziffer 10.

Indessen ist zu betonen, daß Verwaltungshilfepolitik nicht auf Dauer einem anderen Teilbereich deutscher Politik untergeordnet werden darf. Zum Beispiel ist es weder der Sache dienlich noch sonderlich erfolgversprechend, die westdeutsche Berlin-Politik ausgerechnet mit Hilfe der Verwaltungshilfe-Politik zu fördern.

c) Verwaltungshilfepolitik lebt hiernach im Spannungsfeld von Interessen der Empfängerländer (die in der Regel Vorrang haben sollten) und deutscher außenpolitischer Ziele. Dagegen erscheint es wenig zweckmäßig, die Beziehungen der Bundesrepublik zu Drittländern durch Verwaltungshilfe beeinflussen zu wollen. Konkret heißt das, daß Verwaltungshilfe nicht als Werkzeug der Konkurrenz zu anderen Entwicklungshilfe gewährenden Ländern eingesetzt werden darf. Die ehemaligen Kolonialmächte, insbesondere Frankreich, haben im allgemeinen auch und gerade auf dem Verwaltungsbereich einen wesentlich größeren Einfluß als „junge" Geberländer wie die Bundesrepublik, lebt doch ein erheblicher Teil ihrer eigenen Verwaltungstraditionen in den Verwaltungen der neuen Staaten weiter. Hier in Konkurrenz eintreten zu wollen, erschiene als wenig sinnvoll und obendrein als nicht erfolgversprechend. Im Zweifelsfalle erwiesen sich die deutschen Hilfsmaßnahmen als politisch wesentlich schwächer; oder aber: im Falle einer völligen Adaptation an die einmal gegebenen Verwaltungstraditionen dieser Länder besorgte die deutsche Entwicklungshilfe eine Verstärkung des Einflusses der ehemaligen Kolonialmacht.

d) Die Achtung vor der Selbstbestimmung der Partner und die Respektierung ihrer eigenen Traditionen oder zumindest jener Traditionen, die sich durch Berührung mit westlichen Vorbildern entwickelt haben, verbietet es, diesen Ländern deutsche Modelle aufzudrängen. Diese Forderung ist selbstverständlich keineswegs neu — sie wird hier nochmals wiederholt, weil ein erheblicher Teil der deutschen Verwaltungshilfe immer noch eben diesen Versuch macht: Deutsche Verfahrensweisen als Modelle für die Länder der Dritten Welt zu empfehlen. Ein solcher Versuch ist selbstverständlich nicht nur unzulässig, sondern auch zum Scheitern verurteilt.

Alle Verwaltungsprinzipien sind vor einem langen historischen Hintergrund zu sehen; fehlt dieser, dann kann die Übertragung erratisch in der Verwaltungslandschaft stehender Teile fremder Verwaltungen nicht gelingen.

## 2. Leitende Prinzipien

Der folgende Abschnitt soll sich mit einigen Vorschlägen befassen, die als leitende Prinzipien der deutschen Verwaltungshilfe zugrundegelegt werden sollten. Unvermeidlich wird dabei gelegentlich auch von praktischen Konsequenzen die Rede sein; diesen sei indes vor allem der folgende Abschnitt gewidmet:

a) Verwaltungshilfe wirkt auf ein erstrangiges Instrument der Herrschaftssicherung, -stabilisierung und -perpetuierung ein. Sie rührt damit an politische Nervenzentren eines jeden Landes. Deutsche Verwaltungshilfe muß daher politische Gegebenheiten im Auge behalten. — Dieser grundlegende Satz differenziert sich in verschiedene Teilbereiche aus:

— Vor der Einleitung von Verwaltungshilfe-Maßnahmen — gleich welcher Art — muß Klarheit über die politischen Funktionen der Verwaltung im Empfängerland bestehen. Es dürfte deutlich geworden sein, daß nur ein Teil — und möglicherweise nur ein kleiner Teil — der Aktivitäten der Bürokratie der Durchführung politischer Beschlüsse gewidmet ist. Eine Klarstellung dieser Aktivitäten ist jedoch deshalb nötig, um abschätzen zu können, ob deutsche Hilfsmaßnahmen eben dieser nichtverwaltenden Funktionen der Bürokratie wegen überhaupt einen Sinn haben und bis zu welchem Grade sie erfolgreich sein können. Steht etwa bei einem öffentlichen Dienst die Patronage- und Versorgungsfunktion im Vordergrund, dann dürfte ein deutsches Projekt zur Einführung eines professionalisierten Beamtenwesens ohne grundlegende politische Veränderungen von vornherein vergeblich sein.

— Im Anschluß an das bereits Gesagte soll der Grundsatz gelten, daß an Länder, die systematisch Bürger- und Menschenrechte verletzen oder auch nur in permanenter Weise Mitwirkungsrechte den Bürgern vorenthalten, deutsche Verwaltungshilfe nicht zu vergeben ist. Auch die Verfestigung einer Verwaltung, welche hauptsächlich auf die Bewahrung von Recht und Ordnung statt auf geordneten und geplanten Wandel aus ist, sollte vermieden werden. Daher sind — das wurde bereits vom wissenschaftlichen Beirat der ZÖV vorgetragen — etwa Polizeiprojekte mit großer Zurückhaltung zu betrachten.

— Auch gesellschaftliche Kräfteverhältnisse, welche deutschen Stellen nach irgendwie zustandegekommenen Wertungen nicht zufriedenstellend erscheinen, können durch deutsche Verwaltungshilfe nicht unmittelbar in Frage gestellt werden.

Es besteht offensichtlich ein Unterschied zwischen der Verweigerung der Zusammenarbeit mit Ländern oder mit Verwaltungszweigen, deren politische Verhältnisse oder deren politische Aktivitäten von deutschen Stellen nicht gebilligt werden können, und dem Bemühen, nach der grundsätzlichen Entscheidung für Verwaltungshilfe in einem bestimmten Land hier ausgerechnet mit Verwaltungsprojekten Wandel der Machtverhältnisse induzieren oder fördern zu wollen. Ein solches Vorhaben dürfte im Normalfalle zum Scheitern verurteilt sein. Werden etwa guatemaltekische Großagrarier in auffälliger Weise bereits im Einkommensteuergesetz und noch stärker bei der Erhebung der Steuer geschont, dann wäre ein deutsches Steuerprojekt, das die Kapazitäten des Staates zur kompromißlosen Beitreibung der Steuer erhöhen soll, von vornherein zum Scheitern verurteilt.[70] Es gilt also, politisch weniger sensitive Gebiete zu finden, welche langfristig zur Auflockerung der bestehenden Machtstrukturen beitragen können, aber kurzfristig nicht als so sensitiv perzipiert werden, daß sie massiven Widerstand wecken.

— In Ländern mit einem regelmäßigen Präsidentenwechsel — allzu viele zählen ja leider nicht zu dieser Gruppe — ist auf eine Synchronisierung deutscher Hilfsmaßnahmen mit der Amtszeit des Präsidenten zu achten. Gerade die Fallstudie Kolumbien hat gezeigt, wie sehr Vorhaben eines Präsidenten unter seinem Nachfolger von Abbruch bedroht sind. Unter einem solchen Rückgang der Aufmerksamkeit von höchster Stelle müßten selbstverständlich auch deutsche Verwaltungsprojekte leiden. Daher ist auf einen Abschluß von Projekten mit der nächsten Präsidentenwahl zu achten — es sei denn, besondere Umstände (zu denen die eingebaute Trägheit der Verwaltung indes nicht gehören sollte) legten eine Projektverlängerung nahe.

b) Die Rolle der Sozialwissenschaften in diesem Zusammenhang ist im folgenden genauer zu bestimmen:

— Die Tatsache der politischen Sensitivität von Verwaltungshilfe und die Notwendigkeit, über die nichtadministrativen Funktionen der Bürokratie in einem vorgesehenen Zielland genauere Informationen zu erhalten, weisen der Wissenschaft hier ein fruchtbares und wichtiges Gebiet zu. Es ist zu fordern, daß geplante Verwaltungshilfemaßnahmen auf einer mit wissenschaftlichen Methoden gewonnenen Kenntnis der Verwaltung des Ziellandes aufbauen. (Das muß nicht in jedem Falle ein eigenes Projekt bedeuten, aber mindestens die systematische Auswertung bereits bestehender empirischer Untersuchungen.) Die Durchführungsphase wichtiger Projekte kann von wissenschaftlichen Untersuchungen begleitet sein, und schließlich sollte nach ihrem Abschluß eine gründliche Evaluierung des Erfolges durch unabhängige wissenschaftliche Gutachter erfolgen mit dem Ziel, Lehren für die Zukunft zu gewinnen.

— Generalisierungen über die Rolle der Verwaltung sind schwierig. Selbst nahe benachbarte Staaten weisen in dieser Hinsicht oft große Verschiedenheiten auf. Bei wissenschaftlichen Untersuchungen kommt es in diesem Sinne also nicht auf Globaltheorien an, die zu den in der Praxis so geschätzten Faustregeln führen. Vielmehr obliegt es dem Wissenschaftler, den Einzelfall gründlich zu studieren und konkrete Projektvorschläge zu entwickeln.

---

[70] So, anhand einer praktischen Projektfindungsmission, Avenarius / Fanger / Oberndörfer / Wolff 1973, Bd. 3: 27 f. — Neuerdings ist eine spanische Zusammenfassung publiziert (El sistema tributario y la administración financiera de Costa Rica y Guatemala. Resumenes y conclusiones de un estudio realizado en 1973, in: Ciencias Sociales [Guatemala], Bd. 1 [No. 2], Juli – Dezember 1977, S. 211-235).

— Es erscheint notwendig, *organisatorisch* eine klare Trennung der Konzeptionsvorgabe und Entwicklung der Projekte und ihrer Durchführung vorzusehen. Entsprechend der Logik des Verwaltungsaufbaus in der Bundesrepublik wäre das Bundesministerium für wirtschaftliche Zusammenarbeit, notfalls in Abstimmung mit wissenschaftlichen Beiräten oder ad hoc gewonnenen Gutachtern, dazu berufen, konzeptionelle Vorgaben zu liefern.

c) Der folgende Abschnitt soll den Problemen der Kooperation deutscher und dieser mit internationalen und ausländischen Stellen gewidmet sein.

— Alle Maßnahmen inländischer Projektträger im Bereich der Verwaltungshilfe und nach Möglichkeit auch darüber hinaus haben sich in einen Gesamtzusammenhang einzuordnen. Es erscheint etwa überaus sinnvoll, bei Projekten der technischen oder finanziellen Zusammenarbeit den Ausbildungsbedarf auch im staatlichen Bereich mit zu bedenken und parallel oder sogar dem Projekt vorausgehend entsprechende Ausbildungsmaßnahmen vorzusehen.[71]

— Im internationalen Bereich ist zu fordern:

Eine Konkurrenz deutscher Verwaltungshilfemaßnahmen zu Aktivitäten internationaler Organisationen ist zu vermeiden. Die mit einer Konkurrenz einhergehenden Spannungen erzeugen Frustrationen bei den Beteiligten und gefährden das Projektziel. Das heißt indessen *nicht*, daß langatmige und schwierige Koordinationsbemühungen zu unternehmen sind. Vielmehr hat die deutsche Hilfe mit den bestehenden und den für die nähere Zukunft geplanten Aktivitäten internationaler Geber zu rechnen und sie in die Projektkonzipierung einzubeziehen.

Die weitreichende Zusammenarbeit mit und planerische Abhängigkeit von internationalen Organisationen, die hervorstechendes Merkmal insbesondere der deutschen ausbildenden Verwaltungshilfe sind, sollten schrittweise auf ein wesentlich geringeres Maß abgebaut werden. Ein wichtiger Grund für diesen Vorschlag — zahlreiche andere ließen sich anführen — liegt in den überaus hohen Verwaltungskosten dieser Organisationen.[72] Dieses Argument ist besonders dann beachtlich, wenn deutsche Stellen internationale Organisationen bei Aktivitäten einschalten, die sie selbst durchführen könnten, im Grunde also nur die Zahl der administrativen Schritte um einen weiteren vermehren.

Die häufige Bevorzugung internationaler zwischenstaatlicher Einrichtungen[73]

---

[71] Diese Forderung wurde etwa erhoben in der „Gemeinsame(n) Erklärung des Bundesministers für Wirtschaftliche Zusammenarbeit, der Carl-Duisberg-Gesellschaft e.V. und der Deutschen Stiftung für Internationale Entwicklung im Anschluß an eine Tagung am 2. und 3. Dezember 1976 in Bonn über die Fortbildung von Fach- und Führungskräften aus Entwicklungsländern", abgedruckt in Kosow 1978: 68-70; S. 69.

[72] Kirchhof / Popp 1973: passim, insbes. 168-170.

[73] Etwa regionaler Verwaltungsausbildungseinrichtungen.

rechtfertigt sich nur in besonderen Fällen. Die Erfahrung lehrt, daß solche Einrichtungen häufig über kurz oder lang auf den Egoismus der Mitgliedsstaaten stoßen. Die Empfängerstaaten deutscher Verwaltungshilfe ziehen nicht selten nationale Programme den internationalen vor; mindestens müssen handfeste Beweise des Gegenteils vorliegen, bevor jene zwischenstaatlichen Einrichtungen so gefördert werden, wie das in der Vergangenheit der Fall gewesen ist.

— Hinsichtlich des Empfängerlandes wäre zu fordern:

Verwaltungshilfemaßnahmen werden nur aufgrund einer klaren Regierungsvereinbarung durchgeführt. Diese Forderung ist weitgehend erfüllt.

„Vorschläge aus den Regionen" sind lediglich *ein* Element der Projektentscheidung; ein willenloses Eingehen auf solche Anforderungen verbietet sich von selbst. Daß ein Bedarf angemeldet wird, garantiert noch nicht die Qualität eines Projektes. Dazu müßten vielmehr andere Faktoren berücksichtigt werden, von denen einige hier aufgezählt worden sind. — Auf der anderen Seite ist es selbstverständlich, daß Projekten im Verwaltungshilfebereich eine Anforderung der Regierung des Empfängerlandes zugrundeliegen sollte.

Aktivitäten deutscher Stellen sind in den Gesamtzusammenhang der Hilfsmaßnahmen aller Geberländer und internationaler Organisationen einzuordnen. Wiederum wird empfohlen, nicht langatmige und mit großen Kosten verbundene Koordinierungsbemühungen vorzunehmen, vielmehr die gegebene Situation bei der Projektkonzipierung zu berücksichtigen. Eine gleiche Forderung gilt für die Koordinierung auch mit den Aktivitäten einheimischer Stellen, etwa nationaler Verwaltungsschulen[74].

Die Anforderungen an die Konzeption und die Leistungsfähigkeit der Verwaltung des Empfängerlandes sind so niedrig wie möglich zu halten. Es hat keinen Sinn, Projekte auf Voraussetzungen aufzubauen (etwa genauer Termineinhaltung der Verwaltungen des Empfängerlandes), die in der Realität häufig nicht gegeben sind. Auch großartige Entwicklungs- oder Verwaltungsreformpläne als Voraussetzung deutscher Hilfsmaßnahmen zu verstehen, verkennt die Realitäten eines Entwicklungslandes, die gewiß durch deutsche kurzfristige Forderungen nicht verändert werden können.

### 3. Konkrete Vorschläge

Aus dem bisher Gesagten lassen sich *konkrete Vorschläge zur deutschen Verwaltungshilfe* ableiten.

---

[74] Avenarius / Fanger / Oberndörfer / Wolff 1973; Bd. 3: 27 f.

a) Ziel der deutschen Verwaltungshilfe muß es sein, die Problemlösungskapazität der Empfängerverwaltungen zu stärken. Diesem Ziel dient es nicht, starre fertige Verfahren und Organisationsstrukturen zu empfehlen; diesem Ziel dient auch die zur Zeit verbreitete Übung nicht, Angehörige der Entwicklungsländerverwaltungen mit deutschen Organisations- und Ablaufregeln bekannt zu machen, ihnen indessen die Anpassung an die eigenen Verwaltungstraditionen und Normen selbst zu überlassen. Vielmehr wären mit ihnen gemeinsam adäquate Lösungsmöglichkeiten zu erarbeiten. Diesem Ziel dient es auch nicht, Mehr-Länder-Ausbildungsprojekte anzusetzen: Die je verschiedenen Bedingungen in den einzelnen Ländern lassen jeweils einen guten Teil der Ausbildungsbemühungen ins Leere gehen. Die Erhöhung der Problemlösungskapazität ist besonders dann zu erwarten, wenn es gelingt, strategisch wichtige Bereiche herauszufinden[75], wenn sie genügend frei von politischen Problemen sind, um ein deutsches Engagement zu rechtfertigen. *Welche* Bereiche das im einzelnen sind, kann durchaus nicht a priori festgelegt werden; es ist dies vielmehr eine der Aufgaben der wissenschaftlichen Vorbereitung von Projekten. Hier wird also einer Schwerpunktbildung das Wort geredet (dazu siehe gleich).

Erhöhung der Problemlösungskapazität heißt aber auch, daß deutsche Aktivitäten insbesondere im Bereich der nichtausbildenden Verwaltungshilfe nicht subsidär für die Arbeit der Beamten des Empfängerlandes einspringen sollen. Anzustreben ist vielmehr eine deutsche Hilfe bei bestehenden oder geplanten Aktivitäten und eine Beratung hierbei, nicht hingegen die direkte Durchführung der Arbeit der Beamten in Entwicklungsländern durch Deutsche (entsprechend den Forderungen in anderen Entwicklungshilfebereichen). Würde diese Regel mißachtet, dann mißlänge auch ein solches Projekt im Sinne der „Hilfe zur Selbsthilfe", wie so viele Projekte nach dem Ende eines ausländischen Engagements von den nationalen Stellen nicht fortgeführt werden. Diese Regel bedeutet auch, daß deutsche Hilfe nicht rein komplementär eingesetzt werden sollte.

b) Für fortbildende Verwaltungshilfemaßnahmen werden die folgenden Regeln vorgeschlagen:

— Fortbildungskurse werden nur dann veranstaltet, wenn tatsächlich im Einzelfalle nachweisbar ist, daß die Leistungsfähigkeit der Verwaltung durch eine zu geringe Ausbildung der Verwaltungsbeamten beeinträchtigt wird. In vielen Fällen ist eine mangelhafte Ausbildung zwar zu belegen, aber nicht als Hauptgrund für die Mängel der Verwaltung.

---

[75] Das bedeutet also insbes., daß keine Bereiche zu fördern sind, die nach ihrem Anspruch nach neueren wissenschaftlichen Erkenntnissen mit einiger Notwendigkeit scheitern müssen. Ein klassisches Beispiel dafür dürften die ehrgeizigen Versuche zu einer Totalplanung der wirtschaftlichen und gesellschaftlichen Entwicklung darstellen (s. dazu Wolff 1977 a).

— Ausbildungskurse werden ausschließlich in der Verwaltungssprache des Empfängerlandes durchgeführt. Die Dozenten sind nach dem Kriterium einer genauen Kenntnis der Verwaltung des Empfängerlandes (und, damit meist korreliert, der Sprache) auszuwählen. Mit anderen Worten: Eine Ausbildung auf Deutsch unterbleibt.

— Ausbildungskurse finden, von ganz wenigen, besonders zu begründenden, Ausnahmen abgesehen, ausschließlich im Empfängerland statt[76]. Diese Ausbildungsmaßnahmen sind wesentlich preiswerter als in Deutschland abgehaltene Kurse: sie haben darüber hinaus den großen Vorteil der unmittelbaren Verbindung mit der täglichen Arbeit des Beamten.

— Ausbildungsaktivitäten deutscher Stellen dürfen indes keinen Ausgleich für fehlende Grundausbildung bereits ernannter Beamter darstellen, sondern lediglich ihrer Höherqualifikation dienen. Fehlt die notwendige Grundausbildung im allgemeinbildenden Schulwesen, dann ist es klüger, dieses mit dem Instrumentarium der Bildungshilfe zu fördern.

— Die Auswahl der von deutschen Maßnahmen erfaßten Beamten ist neu zu überdenken. Patentrezepte sind hier sicherlich noch schwieriger als bei allen anderen Maßnahmen, die wir vorschlagen. Die Beamten sollten hoch genug plaziert sein, um als Multiplikatoren zu wirken, indes noch genügend mit praktischer Arbeit befaßt sein, um von konkreten Kursen Gewinn davontragen zu können. Ihre Vorbildung sollte gut genug sein, um Anregungen, auch solche, die nicht völlig den eigenen Verwaltungstraditionen entsprechen, fruchtbar verarbeiten zu können. Besonders wichtig erscheint die Forderung, daß eine ziemlich hohe Stabilität in ihren Ämtern gegeben sein sollte — sonst fallen natürlich alle Ausbildungsmaßnahmen ins Leere, wenn sie anderes bezwecken als ganz allgemeine und an jeder beliebigen Stelle zu verwendende Techniken. (Deren Übertragung dürfte aber nicht Aufgabe der deutschen Verwaltungshilfe sein.)

c) Weitere praktische Vorschläge zur deutschen Verwaltungshilfe sind die folgenden:

— Es wird vorgeschlagen, mit der häufig erhobenen und fast schon als ein Lippenbekenntnis anzusehenden Forderung der regionalen Konzentration der deutschen Mittel Ernst zu machen.

Verwaltungshilfe nimmt bis heute in der deutschen Entwicklungshilfe und auch der deutschen Entwicklungshilfediskussion nur einen untergeordneten

---

[76] „Il est inutile d'expédier des boursiers et stagiaires dans un pays dont ils ne conaissent pas la langue ou dont les conceptions administratives ne concordent pas avec celles de leur pays d'origines". So als Ergebnis einer ausgedehnten Befragungsaktion des Brüsseler Internationalen Verwaltungswissenschaftlichen Instituts, Vrancken 1963: 149.

Stellenwert ein. Die hochgradige politische Sensibilisierung der Empfängerländer, die jede Verminderung der Hilfe auf dem Gebiet der technischen Zusammenarbeit oder gar der Kapitalhilfe mit größter Abneigung ansähen, ist infolgedessen auf dem Gebiet der Verwaltungshilfe noch nicht gegeben. Es wird daher vorgeschlagen, die zur Verfügung stehenden Summen auf ganz wenige ausgewählte Länder (evtl. drei bis fünf) zu konzentrieren und hier dann nicht nur ein isoliertes Projekt durchzuführen, sondern in verschiedenen Verwaltungszweigen jeweils mehrere Projekte zu verwirklichen. Dies setzt selbstverständlich eine sorgfältige politische und wissenschaftliche Vorabklärung voraus. Eine solche Konzentration hätte den Vorteil, einmal einen vergleichsweise massiven Einsatz von Mitteln auf einem zentral wichtigen Teilbereich (öffentliche Verwaltung) in seinen Konsequenzen zu testen. Wir sind darüber hinaus der Auffassung, daß eine nachhaltige Wirkung auf eine Verbesserung von Verwaltungssystemen erst von einem gewissen Schwellenwert an erreicht wird. Dieser Schwellenwert ist bei zerstreuten Einzelprojekten[77] oder bei Viel-Länderkursen in der Regel nicht gegeben. Es wird empfohlen, bei der Auswahl der wenigen Länder nicht gerade die allergrößten und -wichtigsten zu berücksichtigen, deren Verwaltung eine Größe und Unbeweglichkeit besitzen dürfte, die durch nichts zu erschüttern ist. Auf der anderen Seite sind natürlich ausgesprochene Kleinstaaten ebenfalls nicht günstig, da hier das Gewicht der deutschen Maßnahmen zu bedeutend wäre und Widerstände wecken müßte.

— Es wird weiter vorgeschlagen, ein ausgedehntes Evaluierungsprojekt der bisherigen deutschen Verwaltungshilfe und ihren Wirkungen zu widmen. Diese sind selbstverständlich nur durch gründliche Follow-up-Studien „vor Ort" zu ermitteln und müssen notwendig eine größere Zahl von Empfängerländern einbeziehen.

— Entsprechend der zentral wichtigen Bedeutung von Verwaltungen in Entwicklungsländern sollten die für die entsprechende technische Zusammenarbeit zur Verfügung stehenden finanziellen Mittel drastisch erhöht werden. Im Verhältnis zum Gesamtumfang der deutschen technischen Zusammenarbeit oder gar der deutschen Kapitalhilfe sind die bisher aufgewendeten Beträge nur als äußerst bescheiden zu bezeichnen. Dies entspricht in keiner Weise der Bedeutung des Gegenstandsbereiches und sollte deshalb geändert werden.

---

[77] Eine Liste der Mitte 1977 laufenden Projekte der technischen Zusammenarbeit im Verwaltungsbereich, soweit sie von der Gesellschaft für Technische Zusammenarbeit betreut wurden, findet sich in Kosow 1978: 71. Hier zeigt sich klar, daß eine Konzentration von Projekten auf einzelne Länder – mit Ausnahme von sehr disparaten Projekten in Brasilien und Haiti – nicht existiert.

## 6. Kap.: Zusammenfassung

— Es sollten erneut Überlegungen darüber angestellt werden, wie es in größerem Umfange als bisher möglich wäre, deutsche Beamte für einige Zeit in Entwicklungsländer zu detachieren. Eine solche Diskussion ist schon auf zahlreichen Treffen von Fachleuten geführt worden.[78] Offensichtlich bestehen trotzdem weiterhin erhebliche Probleme der Karriere von Beamten, die sich nach Übersee abordnen lassen. Hier sollte geprüft werden, ob nicht eine Erleichterung der Abordnung und eine Vereinfachung der Reintegration möglich wäre. — Hier tauchen in jedem Falle schwierige Probleme auf, die hier nur angedeutet werden können.

---

[78] Ein Beispiel dafür ist die „Deutsche Tagung ‚Verwaltungshilfe' der DSE in Zusammenarbeit mit der Deutschen Sektion des Internationalen Instituts für Verwaltungswissenschaften vom 29.-31. Januar 1970 in Berlin" (abgedruckt in Kosow 1978: 79-81; 80).

*Anhang I:*
# Die Planungsstrukturen in Stadt und Raum Bogotá

## A. Die zentralstaatliche Ebene

Eine erste Beobachtung ist, daß die Regierung *kein Ministerium für Städte- und Wohnungsbau* umfaßt, bei der überaus großen Bedeutung des Sachbereiches sicherlich eine problematische Tatsache. Wohnungsbau fällt vielmehr in die Zuständigkeit des Ministeriums für Wirtschaftsentwicklung, einer der großen Einheiten der Staatsverwaltung. Allgemein wird diesem Ministerium ein geringes Interesse an Stadtplanungsfragen nachgesagt; es konzentriert sich auf Wirtschafts- und Transportpolitik. Während des Feldaufenthaltes in Bogotá gab es Hoffnungen zur Einrichtung eines eigenen Ministeriums nach den Präsidentschaftswahlen 1978, welche den neuen Präsidenten von den Beschränkungen des Regierungsaufbaues der Nationalen Front befreiten. Da Präsident Turbay jedoch politisch praktisch zu einer Fortsetzung der liberal-konservativen Koalition gezwungen war, änderte er die Zuständigkeitsbereiche der verschiedenen Ministerien und ihre Zahl trotz gelegentlicher Andeutungen derartiger Pläne nicht. Das feine Ausbalancieren der verschiedenen politischen Kräfte wäre durch eine solche Verwaltungsveränderung noch schwieriger geworden.

Das *Nationale Planungsamt* verfügt über eine „Einheit"[1] für Regional- und Stadtplanung[2], die sechs Abteilungen (divisiones) für verschiedene Aspekte regionaler und lokaler Studien einschließlich Tourismus und Entwicklung der Grenzregionen umfaßt. Zusätzlich gibt es zur Beratung von Gemeindeverwaltungen eine „fliegende Kommission" (comisión volante), die ad hoc zur Lösung bestimmter lokaler Planungs- und Entwicklungsprobleme eingesetzt wird.

Es muß festgehalten werden, daß sich die Einheit für Regionalplanung auf technische Studien über regionale Entwicklungsprobleme, die räumliche Verteilung von Investitionen usw. konzentriert. Es handelt sich mit anderen Worten nicht um eine unmittelbar mit regionaler Entwicklungspolitik befaßte durchführende Stelle.

Auf der Ebene der Zentralregierung gibt es drittens eine Reihe regionaler Entwicklungsgesellschaften.[3] Sie sind als dezentralisierte Einheiten organisiert,

---

[1] „Unidad", die Verwaltungsebene unterhalb des Departamento Administrativo selbst.
[2] Rivera-Ortiz 1976: 112 ff.
[3] Eine ältere Beschreibung ist Pätz 1970. Im Jahre 1977 existierten die folgenden Entwicklungsgesellschaften: Corporación Nacional para el desarrollo del Chocó; Corpo-

verfügen also über eigene Rechtspersönlichkeit, eigenes Vermögen, eigenen Haushalt und unabhängige Verwaltung unter der Aufsicht einer Behörde der Zentralregierung im engeren Sinne. Das Hochland oder Becken von Bogotá ist der der Corporación Autónoma Regional de la Sabana de Bogotá y de los Valles de Ubaté y Chiquinquirá (CAR) zugeordnete Raum[4]; sie wurde 1961 gegründet.[5] In den letzten Jahren sind alle Entwicklungsgesellschaften der Aufsicht des Nationalen Planungsamtes[6] unterstellt worden, ohne daß sie damit ihre verwaltungsmäßige Unabhängigkeit verloren hätten.

Diese Überwachung wird in der Weise vorgenommen, daß der Leiter des Nationalen Planungsamtes ex officio den Aufsichtsräten (consejo directivo) der Entwicklungsgesellschaften vorsteht. Normalerweise delegiert er diese Funktion auf Dauer an den Leiter der Einheit für Regionalplanung.[7] Die CAR wird durch einen gesetzlich festgelegten Teil der Grundsteuer[8], die in ihrem Raum erhoben wird, finanziert (kleinere Beträge kommen durch Gebühren für Dienstleistungen zusammen). Die CAR lebt mithin wesentlich von dem Grundsteueraufkommen der Stadt Bogotá, da der Landwert in diesem Zentrum naturgemäß wesentlich größer ist als in den kleinen Gemeinden der Nachbarschaft oder gar auf dem flachen Lande. Die Grundsteuer wird durch die Verwaltung der Stadt erhoben und der entsprechende Anteil an die CAR überwiesen.

Das Gesetz, das die Gesellschaft begründet hat, hat ihr das Recht zur Bestimmung der Flächennutzung für verschiedene Zwecke wie Stadtentwicklung, Landwirtschaft und Wiederaufforstung zugesprochen.[9] Zu diesem Zweck ist sie berechtigt, die verschiedenen Stadtentwicklungspläne zu koordinieren und einen Gesamtplan für ihren regionalen Bereich, die Stadt Bogotá also eingeschlossen, zu erarbeiten. Diese möglicherweise verfassungswidrige Kompetenz steht in Widerspruch zum gleichen Recht des Stadtrates von Bogotá für das

---

ración Autónoma para la defensa de las ciudades de Manizales, Salamina y Aranzazu; Corporación Autónoma Regional del Valle del Cauca (CVC; s. Posada / Posada 1966); Corporación Autónoma Regional del Quindío; Corporación Regional de Desarrollo de Urabá; Corporación Autónoma Regional de los Valles del Sinú y San Jorge (Ley de Presupuesto 1977 Establecimientos: V). Im Verhältnis zu den beiden Gesellschaften, die Pätz neben der Entwicklungsgesellschaft für das Hochland von Bogotá nennt, ist also ein starker Anstieg der Zahl solcher Körperschaften zu verzeichnen.

[4] Hauptrechtsquellen zu Organisation und Tätigkeit der CAR in CAR Normas.

[5] Pätz 1970: 68.

[6] Ursprünglich arbeitete die CAR unter der Aufsicht des Landwirtschaftsministeriums, was bereits eine Aussage über das Verständnis ihrer Arbeit erlaubt. Sie wurde später dem Geschäftsbereich des Ministeriums für wirtschaftliche Entwicklung und schließlich des Nationalen Planungsamtes zugeordnet.

[7] Interviewmaterial.

[8] $2\,^0/_{00}$ des Grundstückswertes auf dem Lande, $4\,^0/_{00}$ in den Städten. Dies entspricht etwa einem Viertel der Grundsteuer. Diese wird ihrerseits nach einer Bemessungsgrundlage berechnet, die weit unter dem Handelswert der Grundstücke liegt: Eine Erhöhung der steuerlichen Grundstückswerte träfe auf heftige Widerstände.

[9] Buchstabe g) Artikel 3 Gesetz 4/1961.

Stadtgebiet. Tatsächlich hat sich jedoch die CAR in den ersten Jahren ihrer Tätigkeit auf wasserwirtschaftliche Vorhaben und den Bau von Lokalstraßen konzentriert.[10] Später wurden auch Investitionen im Bereich der ländlichen Elektrifizierung, der Erosionskontrolle und des Fernmeldewesens vorgenommen[11]; gleichzeitig beriet sie die kleinen Gemeinden des Hochlandes bei Entwicklungsproblemen. Auch an dem Entwicklungsplan für Ost-Bogotá war sie beteiligt.[12]

Zusammenfassend kann festgehalten werden[13], daß die CAR ebenso wie die anderen regionalen Entwicklungsgesellschaften anfangs *nicht* im Bereich der Regionalplanung aktiv war. Trotz ihrer Zuständigkeit auch für das Gebiet des Sonderdistriktes hätte ein solcher Versuch für diesen Raum scheitern müssen, da der Stadtrat von Bogotá politisch wesentlich mächtiger ist als die Gesellschaft; er hätte sein Recht zur Verabschiedung von Flächennutzungsplänen heftig verteidigt. Stattdessen war und ist die CAR hauptsächlich an öffentlichen Investitionen interessiert, die nach ihrer Fertigstellung mit viel Publicity eingeweiht werden können und damit potentiell die politische Unterstützung für die Regierung vermehren.

Seit dem Jahre 1976 ist jedoch ein *gewisser Ansatz zu einer echten Regionalplanung* zu verzeichnen. Im Anschluß an die Publikation einer Studie des Nationalen Planungsamtes[14], die schwere Besorgnis über die schnelle Bebauung des Hochlandes von Bogotá und die entsprechende Verminderung einer der fruchtbarsten landwirtschaftlichen Flächen des Landes ausdrückte, wurde ein Regionalrat für Planung gegründet (er wird gleich zu diskutieren sein). Ende Oktober 1976 verfügte ein Dekret des Präsidenten[15] und ein interner „acuerdo" der CAR[16] die Erarbeitung eines regionalen Entwicklungsplanes (plan maestro) innerhalb von sieben Monaten. Er sollte verschiedene Ebenen von der gesamten Region bis zu den Gemeinden und zu Sonderzonen umfassen[17] und so zugleich die Entwicklungsplanungen der verschiedenen Gemeinden integrieren. Gleichzeitig wurde jede weitere Bebauung außerhalb der bereits urbanisierten Flächen bis zum Abschluß der Planungsarbeiten untersagt.[18] Außerdem wurde eine eigene Regionalplanung (Oficina de Planeación Regional) innerhalb der CAR gegründet.[19]

---

[10] Pätz 1970: 78 f.
[11] CAR 1972: I ff.; 33 ff.
[12] CAR 1971: 44 f. – Zusätzlich wurden einige technische Studien zur Vorbereitung dieses Planes von der CAR finanziert.
[13] Übereinstimmend mit Interviewmaterial; s. auch DNP 1976 e: passim.
[14] DNP 1976 e: 1-9.
[15] Dekret 2190/1976 vom 18. Oktober.
[16] CAR, Acuerdo 16/1976 vom 19. Oktober.
[17] Artikel 2 Dekret 2190/1976.
[18] Artikel 4 des Acuerdo 16/1976 der CAR.

Es bedarf keiner ausführlichen Begründung, daß ein Zeitraum von nur sechs Monaten für die Erarbeitung eines fundierten Regionalentwicklungsplanes allzu kurz ist. In diesem Falle trifft das um so mehr zu, als eine Reorganisation der Planungsabteilung der technischen Arbeit parallel gehen sollte. Auch ist auf die Tatsache zu verweisen, daß nach den ursprünglichen Absichten eine enge Zusammenarbeit einer großen Zahl von Organisationen vorgesehen war. Jede Gemeinde, Bogotá eingeschlossen, hätte nämlich ihren eigenen Entwicklungsplan zunächst erarbeiten und dann nach den übergeordneten Kriterien des Gesamtentwicklungsplanes verändern müssen. Bogotá nahm (aus im Haupttext dargelegten Gründen) nicht einmal die Flächennutzungspläne an, was die erste Voraussetzung für ihre Einbeziehung in einen umfassenden Regionalentwicklungsplan gewesen wäre. Die Mehrzahl der ziemlich kleinen Gemeinden des Hochlandes verfügte nicht über eine administrative Infrastruktur und über technisches Wissen, um eine ernst zu nehmende Entwicklungsplanung in Angriff nehmen zu können. In der Praxis bedeutete das, daß sie auf die technische Beratung durch die CAR angewiesen waren. Es ist daher nicht verwunderlich, daß der ursprüngliche Zeitplan nicht eingehalten werden konnte. Im Oktober 1977, also ein Jahr nach dem Erlaß der entsprechenden Verordnungen, war der Entwicklungsplan noch nicht fertiggestellt – und diese Fertigstellung wäre nichts anderes als ein erster Schritt zu einer wirklichen Regionalplanung gewesen. Der Verabschiedung des Plandokumentes hätten notwendigerweise konfliktreiche Anstrengungen zu seiner Verwirklichung folgen müssen; insbesondere die Stadt Bogotá wäre nur schwer dazu zu bringen gewesen, die Grundlinien eines Planes anzuerkennen.[20]

Wie kurz erwähnt, wurde im Jahre 1976[21] der *Rat für Regionalplanung (Consejo Regional de Planeación)* gegründet, der sich im Gegensatz zu sei-

---

[19] Die frühere „División de Planeamiento" war ein Planungsbüro, das wirtschaftliche und technische Studien zur Vorbereitung von Einzelprojekten durchführte. S. CAR 1971: 44 f. und CAR 1972: 36 ff. – Der erste Leiter der neuen Planungsabteilung kam durch einen Unfall im August 1977 ums Leben; diese Tatsache trug zu der zu beschreibenden Verzögerung der ersten planerischen Arbeiten bei. Er wurde zeitweilig durch einen ausländischen Experten ersetzt, der das Land nach einigen Monaten verließ.

[20] Hans Rother, Bogotá, informiert in einem Brief an den Verfasser vom 28. Januar 1979, daß erste Grundlinien des Planes durch einen der Berater der CAR in einem Vortrag vor dem kolumbianischen Architekten-Verband vorgetragen wurden (August 1978). Die Grundgedanken waren ein Einfrieren der Entwicklung der Stadt in westlicher Richtung und der Bau neuer und die Ausweitung bestehender Satelliten-Städte. Dieses Programm entspricht mehr oder weniger der ersten in der Phase II-Studie diskutierten und abgelehnten Alternative. Die gegenwärtige Stadtentwicklung läuft dieser Idee zuwider (Funza und andere Gemeinden im Westen werden ohne Genehmigung ausgebaut); es gibt keine Behörde, die den Westtrend der Stadt stoppen könnte. – Die Ansprache bestätigt übrigens unseren Schluß bezüglich der „Planungsphilosophie" der CAR; vgl. das Ende des Kapitels III.

[21] Durch Dekret des Präsidenten Nr. 2258/1976 (22. Oktober).

nem Namen auf das zentrale Hochland beschränken sollte. Er ist ein Beratungsorgan für die Junta Directiva der Corporación Autónoma. Er wird ex officio vom Chef der Einheit für Regional- und Stadtentwicklung des Nationalen Planungsamtes (UDRU) geleitet und vereinigt Vertreter einer großen Zahl öffentlicher und halböffentlicher Körperschaften verschiedener Verwaltungsebenen, die einen Einfluß auf die Entwicklung des Raumes Bogotá ausüben können.[22]

Im Gegensatz zu seinem Namen beschränkt sich das Gremium nicht auf Beratung des Aufsichtsrates der CAR. Wie bereits in dem Gründungsdekret bestimmt ist[23], hat der Rat als Koordinationsstelle für die Aktivitäten der großen Zahl in ihm vertretener Institutionen zu dienen, soweit von solchen Tätigkeiten ein Einfluß auf die Regionalentwicklung ausgehen kann. Dieses Ziel ist mindestens bis 1976 nicht erreicht worden: Der Rat kann nicht verbindlich für die Mitgliedsorganisationen entscheiden. Zur Durchführung seiner Beschlüsse steht kein eigener Apparat zur Verfügung[24], was im Falle eines Zielkonfliktes den Vorrang der organisatorischen Interessen der Mitgliedsinstitutionen bedeutet. Andererseits ist es bereits ein unleugbarer Fortschritt, daß die Vertreter der verschiedenen Organisationen an einem Tisch Probleme der Regionalentwicklung diskutieren.

Eine andere staatliche Behörde, die die Regionalentwicklung beeinflußt, stellt das *Institut für erneuerbare Naturschätze* (Instituto Nacional de Desarrollo de los Recursos Naturales Renovables, *INDERENA*) dar.

INDERENA wurde im Jahre 1968[25] gegründet und stellt eine zentralstaatliche dezentralisierte Einrichtung unter der Aufsicht des Landwirtschafts-

---

[22] Diese sind (Artikel 2 des erwähnten Dekrets): der Leiter von UDRU als Vorsitzender; der Leiter des landwirtschaftlichen Planungsamtes (OPSA – Oficina de Planeamiento del Sector agropecuario), einer Stabseinheit des Landwirtschaftsministeriums (Presidencia 1970 a: 97 f.); der Direktor (gerente) des Instituts für erneuerbare Naturschätze (Instituto de Desarrollo de los Recursos Naturales Renovables, INDERENA; es wird später zu beschreiben sein); der Direktor des nationalen Geographischen Instituts (Instituto Geográfico Agustín Codazzi); der Sekretär für Landwirtschaft des Departamento Cundinamarca, der bei Verhinderung durch seinen Kollegen des Departamento Boyacá vertreten wird. (Boyacá ist das im Norden an Cundinamarca angrenzende Departamento. Der Bezirk der CAR erstreckt sich über die nördliche Bergkette hinaus, welche das Becken des Bogotá-Flusses begrenzt, bis in die Täler von Ubaté und Chiquinquirá im Süden des Departamento Boyacá.); der Planungschef des Departamento Cundinamarca und derjenige der Stadt Bogotá; der Direktor der Wasserwerke der Stadt und schließlich der Direktor der Elektrizitätsgesellschaft von Bogotá. In allen Fällen wird ein „suplente" (Vertreter) ex officio benannt; die Mitglieder des Rates können also einen Vertreter für die einzelnen Sitzungen nicht frei bestimmen. – Der Leiter des Amtes für Regionalplanung der CAR ist Sekretär des Rates; er hat Sitz, aber keine Stimme bei seinen Verhandlungen.
[23] Buchstabe b Artikel 11 Dekret 2258/1976.
[24] Interviewmaterial.
[25] Durch Dekret 2420/1968. Es wurde später durch Gesetz 133/1976 ersetzt.

ministeriums dar. Ihre Aufgabe[26] besteht im Schutz der Natur und in der Entwicklung der Naturschätze im gesamten Staatsgebiet.[27] Offensichtlich besteht eine Überschneidung mit den Aufgaben der CAR in ihrem Territorium, da auch diese zur Vornahme von Maßnahmen im Bereich des Wasserbaues, der Wiederaufforstung usw. berechtigt ist. Um diese Konsequenz zu vermeiden, hat INDERENA von ihrem Recht[28] Gebrauch gemacht, einige seiner Funktionen an andere öffentliche Stellen zu delegieren: Die CAR wurde von INDERENA bevollmächtigt[29], auf ihrem Territorium die Aufgaben der INDERENA im Bereich des Gewässerschutzes wahrzunehmen. Bei anderen Schutzmaßnahmen, wie der Überwachung von Steinbrüchen, Wiederaufforstungsprogrammen[30] usw. besteht die Konkurrenz beider Organisationen

---

[26] Festgelegt in Artikel 23 Dekret 2420/1968 und Artikel 37 Gesetz 133/1976.

[27] Auch ein flüchtiger Beobachter Kolumbiens kann die Bedeutung dieser Aufgabe nicht übersehen. Hinsichtlich der Mentalität seiner Einwohner und der industriellen Produktionstechniken befindet sich das Land im Stadium früher Industrialisierung: Naturschätze werden als freies Gut zum Gebrauch, Verbrauch, zur Zerstörung und Beschädigung angesehen. Ein Beispiel stellt das rasche Verschwinden der Wälder dar: Wenn das gegenwärtige Tempo der Abholzung fortschreitet, wird Kolumbien – das einen Anteil am Amazonas-Becken hat! – bis zum Ende des Jahrhunderts waldlos sein! (1960 hatte Kolumbien 640.000 qkm Wälder, 1978 war diese Fläche bereits auf 364.206 qkm zurückgegangen; El Tiempo vom 12. November 1978). Ein anderes Beispiel stellt die rasche Erosion fruchtbarer Böden dar: Jährlich verliert das Land etwa 300.000 ha landwirtschaftliche Fläche! Der Bogotá-Fluß, Hauptentwässerung des zentralen Hochlandes, wird rücksichtslos für Bewässerung und Energiegewinnung ausgebeutet; darüber hinaus werden die Abwässer der 5 Millionen-Stadt Bogotá ungeklärt in diesen Fluß geleitet, der als Trinkwasserquelle für flußabwärts gelegene Gemeinden dienen muß! (Einer der Hauptgründe für das Fehlen eines Klärwerkes ist das Fehlen finanzieller Mittel: Man schätzt die Kosten auf etwa 10 % des gesamten Trink- und Abwassernetzes, das durch jahrzehntelange Investitionen geschaffen worden ist!) Der in der Mythologie der indianischen Bewohner des Hochlandes bei der Ankunft der Spanier wichtige und noch bis in unser Jahrhundert berühmte Wasserfall von Tequendama hat sich in ein dünnes Rinnsal verwandelt, das gelegentlich ganz versiegt! Ein anderes Beispiel der Zerstörung der Natur stellt die Tatsache dar, daß viele Arten der Tierwelt von Ausrottung bedroht sind; schließlich noch eine persönliche Beobachtung, die den Independencia-Park in Bogotá betrifft: Nach einem sonnenreichen Wochenende hatten vier bis fünf Arbeiter mehr als einen halben Tag damit zu tun, den kleinen Park von Abfällen zu reinigen.
Ein erster Schritt, der mindestens die rechtlichen Instrumente zur Verbesserung dieser beklagenswerten Situation schafft, ist der Erlaß des Código de Recursos Naturales Renovables y del Ambiente, Dekret Nr. 2811/1974. Unglücklicherweise entspricht diesem schönen Gesetzeswerk kein entschiedener politischer Wille zu seiner Durchsetzung.

[28] Parágrafo des Artikels 23 Dekret 2420/1968 und Artikel 77 Gesetz 133/1976.

[29] Acuerdo Nr. 30/1970 und Nr. 40/1977.

[30] Nach Interviewmaterial ist eines der großen Probleme für INDERENA die allmähliche Abholzung und Erosion der Berghänge, die Bogotá im Osten begrenzen. Sie sind zusätzlich von unerlaubter Bebauung jeder Art (von Hütten bis zu modernen vielstöckigen Gebäuden) bedroht. Die Erosion führt gelegentlich zu Erdrutschen, welche Leben und Eigentum der Einwohner am Bergfuß bedrohen.

jedoch fort. Dies hat noch nicht zu größeren Problemen geführt, da beide Behörden nur über ziemlich beschränkte Mittel verfügen, die eine direkte Konkurrenz im Einzelfalle ausschließen. Trotz der unklaren rechtlichen Situation verstehen es die beiden Organisationen, sich nicht ins Gehege zu kommen.[31]

Die *Landkreditbank* (Instituto de Crédito Territorial)[32] stellt zwar keine Planungsinstitution in dem Sinne dar, daß sie regionale Entwicklungspläne entwickelte und verwirklichte. Dennoch handelt es sich um eine Behörde, die beträchtlichen Einfluß auf die Entwicklung der Stadt Bogotá und anderer Städte ausübt. Sie muß daher hier angeführt werden.

ICT (so die übliche Abkürzung) stellt die wichtigste Regierungseinrichtung zur Beschaffung von billigem und mittelteurem Wohnraum dar.[33] Es ist eine dezentrale Einrichtung der zentralen staatlichen Verwaltungsebene und wird vom Ministerium für Wirtschaftsentwicklung beaufsichtigt.[34] Es sei daran erinnert, daß dieses Ministerium neben vielen anderen Aufgaben auch für die Wohnungsbaupolitik zuständig ist. Im Gegensatz zu seinem Namen ist das ICT nicht nur eine Krediteinrichtung.[35] Die Bank ist mehr und mehr unmittelbar mit dem Bau billiger Wohnungen selbst befaßt; darüber hinaus liefert sie Pläne und Baumaterial für die Eigenentwicklung durch Siedler und berät sie dabei.

Einer der gegen das ICT vorgetragenen Kritikpunkte ist, daß die Bank keine Wohnungen für die allerärmsten Bevölkerungsschichten bereitstelle. Auch wenn dieser Vorwurf richtig ist (Details können hier nicht dargelegt werden), bleibt doch zu fragen, wie eine Einrichtung, die gesunden Geschäftsprinzipien zu folgen hat, Familien mit ganz geringem und unregelmäßigem Geldeinkommen mit Wohnungen versorgen kann. Eine Reihe von Berechnungen hat darüber hinaus gezeigt, daß eine Lösung des Wohnungsproblems die witschaftlichen Möglichkeiten Kolumbiens überstiege. In diesem Sinne kann

---

[31] Interviewmaterial.

[32] Informationen über finanzielle Probleme der Stadtentwicklung finden sich in Desarrollo Urbano 1976 und in Financiamiento 1974. Interessant bezüglich der Einstellungen der Beamten in ICT und CVP (s. unten) ist Pollock 1973, der einerseits ihre privilegierte Stellung aufzeigt, andererseits ihren Willen zur Verbesserung der Wohnungssituation für die ärmsten Bevölkerungsschichten. Rothenburg 1973 diskutiert die Zentralisierung des ICT und der BCH (s. unten) und ihre Bedeutung für die Politik dieser Körperschaften. – 1977 wurde das ICT von einem persönlichen Freund des Präsidenten, Pedro Javier Soto, geleitet. Er wurde für die Zeit der letzten Monate der Präsidentschaft von López zum Botschafter bei der UNESCO ernannt.

[33] Zur Abschätzung der Bedeutung des öffentlichen Sektors in diesem Bereich: Man schätzt, daß weniger als 10 % aller Gebäude in Bogotá durch öffentliche oder halböffentliche Organisationen errichtet werden. Auf nationaler Ebene dürfte der Prozentsatz wegen der starken Konzentration der privaten Bauindustrie auf Bogotá allerdings höher liegen.

[34] ICT 1976: passim; Interviewmaterial.

[35] ICT 1976: Begleitbrief zum Jahresbericht 1976 an den Minister für wirtschaftliche Entwicklung (eine Paginierung fehlt).

jede Leitlinie der staatlichen Wohnungsbaupolitik als in gewissem Sinne willkürlich angesehen werden.

Was die Geschäftspolitik des ICT angeht, existiert eine Absprache mit der zentralen Hypothekenbank (Banco Central Hipotecario)[36]: Die letztere soll sich auf die Finanzierung von mittlerem und gehobenem Wohnraum und auf Kredite an das ICT zur Finanzierung von im Marktsinne billigen Wohnungen konzentrieren.[37]

Nach der Finanzplanung des ICT für das Jahr 1977[38] sollten 37,2 % der Mittel des ICT in den drei größten Städten des Landes, Bogotá, Medellín und Cali, konzentriert werden. Im Jahre 1974 betrug dieser Prozentsatz noch 46,3 %; man kann daraus eine zunehmende Bevorzugung der kleinen und mittleren Städte ableiten.[39] Für Bogotá stellt das ICT den wichtigsten „Urbanisierer" dar, der ganze Stadtviertel aufführt. Das größte Programm, eines der größten in Lateinamerika, stellt Ciudad Kennedy dar, das bereits soziologisch untersucht worden ist.[40]

Neben der Zentrale in Bogotá verfügt das Instituto über 26 Regionalagenturen im ganzen Land. Bogotá und das Departamento um die Stadt bilden die Seccional Cundinamarca.

Für 1978 plante das ICT den Bau von 60.000 Wohnungen.[41] Seine Aktivität ist für die Mobilisierung von politischer Unterstützung der Regierung ungeheuer wichtig.

Die *Zentrale Hypothekenbank* (BCH) war bis 1974 privat organisiert[42] und gilt jetzt als staatliches Wirtschaftsunternehmen. Dementsprechend ist der Staat der größte Anteilseigner. Sie unterliegt der Aufsicht des Finanzministers,

---

[36] Zur wechselseitigen Abgrenzung der Aufgaben s. auch den Entwicklungsplan „Para cerrar": 103 ff.

[37] Ende 1978 und Anfang 1979 fand sich das ICT in wirtschaftlichen Schwierigkeiten und suchte um Refinanzierung aus dem zentralen Staatshaushalt nach. Letzten Endes gingen sie auf die Notwendigkeit zurück, für die billigen Wohnungen billige Finanzierung zu beschaffen, wobei es aber keine klare Regierungslinie in diesem Sinne gab (Mitteilung von Hans Rother, Bogotá).

[38] ICT 1976.

[39] Ein genauer Vergleich der beiden Prozentsätze mit dem Anteil der Bevölkerung, der in den drei Städten lebt, erweist sich als schwierig. Dabei wäre nämlich zusätzlich zu berücksichtigen, daß einmal in diesen großen Städten ein überproportionaler Anteil an Einkommen und Vermögen konzentriert ist. Zum anderen sind die Bodenpreise in den Zentren weit höher als in kleinen Städten oder auf dem Lande. Ein bestimmter Anteil finanzieller Mittel kann also einem gleichen Anteil von Wohnungen nicht ohne weiteres gleichgesetzt werden. – In einigen Fällen konnten Wohnungen in kleinen Städten aus Mangel an kaufkräftiger Nachfrage nicht verkauft werden!

[40] Solaún / Vélez 1976.

[41] El Tiempo, 15. Oktober 1977.

[42] Der Text folgt Interviewmaterial.

was bedeutet, daß diese ex officio Leiter der Junta Directiva ist.[43] Die Bank finanziert Häuser und Wohnungen für Bezieher mittlerer und höherer Einkommen.[44] Wie bereits vermerkt, vergibt sie auch Kredite an das ICT; diese sind jedoch, da die BCH nach bankmäßigen Gesichtspunkten geführt wird, für die billigen Wohnungen des ICT zu teuer. Die Bank hat in Bogotá eine Reihe von eigenen Bauprogrammen verwirklicht (Niza, Cordoba, Residencias El Parque), die mindestens teilweise architektonisch bemerkenswert sind.[45] Einen zweiten Grund der sublimen Rivalität zwischen beiden Institutionen stellt ihre organisatorische Dynamik dar; diese ist bis zu einem gewissen Grade natürlich.

Schließlich sei eine letzte[46] Organisation der zentralen Verwaltung erwähnt, die *Bankenüberwachungsbehörde* (Superintendencia Bancaria).

Die Superintendencia ist eine dem Finanzministerium zugeordnete („adscrito") Behörde. Wie ihr Name verrät, liegt ihre Hauptaufgabe in der Kontrolle und Überwachung der Notenbank (Banco de la República), der Geschäftsbanken, Versicherungsunternehmen, Sparkassen usw.[47] Zusätzlich hat sie Urbanisierungs- und Baupläne zu kontrollieren sowie die Kreditpolitik im Immobilienbereich zu überwachen.[48] Hierzu verfügt sie über eine eigene Abteilung, genannt *División de Vivienda*.

Diese Abteilung hat nach dem sie gründenden Dekret[49] die Aufgabe der Durchführung des Gesetzes 66/1968 und, zu diesem Zweck, der Koordinierung ihrer Arbeit mit den übrigen öffentlichen Einrichtungen, insbesondere mit dem Instituto de Crédito Territorial. Die Bau- und Urbanisierungsunternehmen unterliegen einer ziemlich strengen Kontrolle, wobei sich die Superintendencia naturgemäß besonders für ihre Finanz- und Geschäftspolitik interessiert. In diesem Sinne stellt die Überwachung eine Verteidigung der Interessen des mehr oder weniger kleinen Sparers dar.[50]

Die División de Vivienda verfügt in der Zentrale in Bogotá über Abteilungen („secciones") für Schreibarbeiten, Recht, Technik, Buchführung und Inspektion. Daneben gibt es sechs regionale „seccionales", was aber nicht darüber

---

[43] Der Minister für wirtschaftliche Entwicklung ist jedoch auch in diesem Gremium vertreten.

[44] Eine neue Aktivität der jüngsten Zeit ist die Gründung eines Garantiefonds für Eigenentwicklungen (El Tiempo vom 18. Juli 1978). Die neue Kreditpolitik der Bank wird dargelegt in Banco Central 1977.

[45] Der Architekt der Residencias El Parque neben der Stierkampf-Arena von Santamaria, Rogelio Salmona, wurde mit einem wichtigen kolumbianischen Architekturpreis ausgezeichnet.

[46] Die Liste ist nicht vollständig. Hinzugefügt werden könnten noch Einrichtungen wie das Landreform-Institut INCORA, das einmal Land im Umkreis von Bogotá enteignen wollte, oder das Industrieentwicklungs-Institut IFI, neben anderen.

[47] Artikel 1 Decreto-Ley 125/1976.

[48] Gesetz 66/1968.

[49] Artikel 73 Decreto-Ley 125/1976.

[50] Interviewmaterial.

hinwegtäuschen kann, daß der Schwerpunkt der Tätigkeit der Abteilung eindeutig in Bogotá liegt. Dies hängt u.a. damit zusammen, daß von insgesamt 4.500 registrierten Bau- und Urbanisierungsfirmen zwischen 2.000 und 2.500 ihren Sitz in der Hauptstadt haben.[51]

Neben der Routineüberwachung kann die Superintendencia weitreichende Maßnahmen zur Erreichung ihres Hauptzieles vornehmen. Am wichtigsten dürfte die sog. *Intervention* eines Unternehmens sein, die im folgenden zu beschreiben ist.

In der Praxis sind Hauptgründe für die Intervention weniger ökonomische Probleme der Bauunternehmen, sondern zwei Arten von Verstößen: Zum einen kommt das Unternehmen seiner Pflicht zum Bau oder zur Fertigstellung der für die Urbanisierung notwendigen Infrastruktur nicht nach. Hier muß eingeschaltet werden, daß die privaten Unternehmen im Gegensatz zur üblichen Politik in der Mehrzahl der Industrieländer nicht nur die Häuser selbst errichten müssen. Vielmehr sind sie auch zuständig für den Bau der notwendigen Infrastruktur wie Nachbarschaftsstraßen, Parks, Wasser-, Abwasser- und Elektrizitätsleitungen (innerhalb der neugebauten Viertel). Selbst ein unbebautes Grundstück zur Errichtung von Kirchen muß der Stadt kostenlos übereignet werden. Bogotá (und ebenso die anderen Gemeinden) „übernimmt" dann offiziell das Stadtviertel (oft unter Erlaß eines besonderen Dekrets mit den unveränderlichen städtebaulichen Normen), was von diesem Zeitpunkt an eine Unterhaltspflicht der Stadt für die Infrastruktur bedeutet.

Da die Stadt juristisch nicht zum kostenlosen Bau der erwähnten Infrastruktur verpflichtet ist und die Erwerber der Wohnungen diese ohne Anschluß an das öffentliche Versorgungsnetz nicht benutzen können, wird die Bedeutung einer engen Überwachung und der Möglichkeit der Intervention einer Baufirma deutlich, welche ihre entsprechenden Verpflichtungen verletzt. – Der andere Hauptgrund für eine Intervention ist die Verletzung der vertraglichen Verpflichtung eines Bauunternehmens, dem Käufer das Eigentum an der Wohnung zu verschaffen. Die División verfügt über 25-30 Mitarbeiter zur unangemeldeten Inspektion der Unternehmen, angesichts der Tatsache, daß eine solche eine Woche dauert, keine ausreichende Zahl. Man kann leicht berechnen, daß ein Unternehmen nur etwa einmal in drei Jahren inspiziert wird. Ein zusätzliches Problem stellt die geringe Zahl von Anzeigen von Betroffenen dar. Die Inspektoren sind folglich häufig nicht sonderlich genau über kritische Punkt der Geschäftspolitik eines Unternehmens im Bilde.

Die Intervention bedeutet, daß das Unternehmen kommissarisch von einem Staatsvertreter geleitet wird. Dieser sorgt bei mangelnder Infrastruktur für deren Erstellung durch das ICT gegen Bezahlung aus den Mitteln der sequestrierten Firma. Häufig werden die Anschlüsse an das öffentliche Versorgungsnetz auch von den entsprechenden Unternehmen des Distriktes hergestellt, was dann eine öffentlich-rechtliche Zahlungsverpflichtung der verantwort-

---

[51] Diese und die folgende Beschreibung folgt Interviewmaterial.

lichen Baufirma auslöst. Da das ICT nach der Meinung der Mitarbeiter der Superintendencia eine sehr unbewegliche Geschäftspolitik verfolgt, wird diese zweite Möglichkeit vorgezogen.

Die einzelnen Verwaltungsschritte, die schließlich in eine Intervention münden, sind zahlreich und kompliziert, teilweise wegen der eingebauten Trägheit der kolumbianischen Verwaltung, die vor der Distriktverwaltung nicht halt der kolumbianischen Verwaltung.[52] Die geringe Zahl von 58 Interventionen in den beiden Jahren 1975 und 1976[53] kann daher nicht verwundern.

Theoretisch kann eine Intervention nach Klärung der technisch-wirtschaftlichen Situation zur Rückgabe des Unternehmens an seinen Eigentümer führen. Dieser Fall ist jedoch selten: häufig bleibt nach Bezahlung der Schulden kein Kapital mehr übrig, und das Unternehmen wird aufgelöst.

Die Zusammenarbeit mit dem Stadtplanungsamt ist Aufgabe eines 1974 gegründeten *„Ausschusses für die Zusammenarbeit und Koordinierung der Verwaltung des Distriktes, der Superintendencia Bancaria und des ICT"* (Comité de colaboración y coordinación de la administración del Distrito, de la Superintendencia Bancaria y del ICT).[54] Er wird vom Chef des Stadtplanungsamtes geleitet. Zusätzlich zu den in seinem Titel genannten Organisationen neh-

---

[52] Das Verfahren kann in Kürze folgendermaßen beschrieben werden (Interviewmaterial): Der erste Schritt besteht in der Ermittlung eines verantwortlichen Unternehmens und eines zuständigen Leiters dieser Firma, der dann zu einem ausführlichen Gespräch vorgeladen wird. Bei dieser Gelegenheit wird von ihm verlangt, die verletzten Normen zu beachten, also etwa das Stadtplanungsamt um Baugenehmigung zu bitten, den Bau von Infrastruktureinrichtungen zu bezahlen usw. Hierfür wird ihm eine Frist von 20-30 Tagen eingeräumt; diese ist in der Regel jedoch nicht ausreichend, wenn eine zweite Behörde in das Verfahren eingeschaltet ist. Das Stadtplanungsamt etwa braucht sehr viel mehr Zeit als einen Monat, um Baupläne zu prüfen und zu genehmigen (der Punkt wird noch ausführlich dargestellt werden). Dem verantwortlichen Geschäftsführer wird in diesem Falle eine zweite Frist gleicher Länge eingeräumt, sofern er die ihm möglichen Schritte unternommen hat. Ist dies jedoch nicht der Fall, dann hat er eine Geldbuße zu zahlen. Angesichts der in absoluten Größen festgelegten Summen und der kolumbianischen Inflation sind die Summen heute lächerlich gering (2-50.000 Pesos, etwa 54,- bis 1.351,- US-Dollar). Ein Teil dieser Geldstrafen (einige von ihnen erscheinen den Baufirmen unvermeidlich) wird bereits in die Kalkulation der Firmen hineingenommen, so daß letztlich die Käufer von Wohnungen dafür aufkommen müssen. Von der Möglichkeit, die Geldstrafe im Falle ihrer Nichtzahlung in Gefängnis umzuwandeln (ein Tag Gefängnis entspricht 100 Pesos), wird nur sehr selten Gebrauch gemacht. So saßen im Jahre 1977 nur zwei „urbanizadores piratas", die privaten Landaufteiler also eingeschlossen, im Gefängnis. - Hat die Geldbuße nicht den gewünschten Erfolg, dann kann die Superintendencia offiziell den Beschluß zur Intervention fassen. Dagegen kann die betroffene Unternehmung Einspruch einlegen („recurso de reposición"), was darauf hinausläuft, daß das gesamte Verfahren bis zu fünf Monaten dauern kann. Das hat gelegentlich die Folge, daß in der Zwischenzeit die Wohnungen verkauft worden sind und der Verkäufer mit dem Geld das Weite gesucht hat.

[53] Interviewmaterial.

[54] Rechtsquelle: Dekret 1539/1974 des Sonderdistriktes.

men Vertreter der öffentlichen Unternehmen der Stadt Bogotá, das IDU eingeschlossen, mit Sitz, aber ohne Stimme, an den Verhandlungen teil.

## B. Die regionale Ebene

Zuerst ist an die Tatsache zu erinnern, daß die nach der Verfassung gegebene Möglichkeit der Bildung von Ballungsräumen (areas metropolitanas) aus verschiedenen Gemeinden in keinem einzigen Fall wahrgenommen worden ist. Auch in Bogotá fallen Planungs- und Verwaltungsregion zusammen. Die Distriktsverwaltung steht also der Verwaltung des Departamento Cundinamarca auf der regionalen Ebene und den Nachbargemeinden auf der lokalen Ebene gegenüber.[55]

Der folgende Abschnitt ist einer Beschreibung des *Planungsamtes des Departamento Cundinamarca* gewidmet, welches die einzige Planungsbehörde der Regionalebene darstellt.[56] Nach einer Verwaltungsreform des Jahres 1973[57] bildet das Planungsamt einen Teil des Büros des Gouverneurs.[58] Dies entspricht der üblichen Organisation von Planungsämtern in Kolumbien: Wie erinnerlich, stellt das Nationale Planungsamt zwar keinen Teil des Präsidialamtes dar, ist aber als Departamento Administrativo mit direktem Bezug zum Präsidenten definiert. Diese Anordnung wiederholt sich auf der Regionalverwaltungsebene sowie auf derjenigen der Stadt Bogotá.

Entsprechend der engen Verbindung zum Gouverneur hat das Amt die folgenden Aufgaben: es dient als technisches Beratungsorgan für den Gouverneur auf dem Gebiet der Leitung, Koordination und Kontrolle der Gesamtentwicklung (desarrollo integral) des Departamento. Dazu hat es in Zusammenarbeit mit den verschiedenen Einheiten der Verwaltung des Departamento (den secretarías, den zentralisierten Einheiten und „den" anderen öffentlichen Behörden) Entwicklungspläne und Programme zu erarbeiten.[59] Zur Leitung der Arbeit des

---

[55] Aus geographischen Gründen (östliche Andenkette) sind die südlichen und östlichen Nachbargemeinden für die Stadtplanung von Bogotá nicht interessant. Eine gewisse Ausnahme stellen die Talsperren zur Gewinnung elektrischer Energie und von Trinkwasser dar, die mehr und mehr im Nordosten der Stadt in den Bergen angelegt werden.

[56] Selbstverständlich könnte die Regionalentwicklungsgesellschaft CAR auch hier angeführt werden, da sie auf den Raum Bogotá konzentriert ist. Sie hängt jedoch von einer nationalen Behörde, dem nationalen Planungsamt, ab und wurde daher bei der zentralen Verwaltungsebene des Staates behandelt.

[57] Beschrieben in Cundinamarca 1973: Band I: passim. Rechtsquelle ist Dekret 0268/1973 des Gouverneurs von Cundinamarca.

[58] Cundinamarca 1973: Band I: XXXII, XLIII.

[59] Cundinamarca 1973: Band I: XXXIII, XLIII ff. Der folgende Text nach Interviewmaterial. – Vor der Verwaltungsreform war das Planungsamt des Departamento ein Teil des Sekretariats für Landwirtschaft und ländliche Entwicklung, ein guter Hinweis auf den verfolgten Planungsansatz.

Planungsamtes gibt es auf dem Papier einen Rat für Planung (Consejo Departamental de Planeación) mit Vertretern einer großen Zahl von Organisationen. Dieser Planungsrat ist jedoch niemals zusammengetreten.

Wie zu erwarten, wechselt die Bedeutung des Planungsamtes als eines Beratungsorganes mit dem Interesse der verschiedenen Gouverneure an seiner Arbeit (es sei erinnert, daß das Planungsamt keine juristische Person ist und weder über verwaltungsmäßige Autonomie noch über unabhängige finanzielle Mittel verfügt). In der Praxis nimmt das Amt die folgenden Aufgaben wahr:

Erstens sind eine Reihe von Entwicklungsplänen für das Departamento erarbeitet worden: 1975 ein Dreijahresplan, 1977 ein Fünfjahresplan. Zweitens nimmt es an der Vorbereitung des Haushaltes des Departamento teil: Es beteiligt sich an der Schätzung der Einnahmen auf der einen Seite und berät hinsichtlich der Verteilung der Investitionsausgaben auf der anderen Seite, dies insbesondere im Falle von Behörden, die nicht über eine Planungsabteilung und auch nicht über genügend Mittel zur Programmierung ihrer Aktivitäten verfügen.[60] Drittens berät das Amt bei Vorhaben der Verwaltungsreform auf der Ebene des Departamento und derjenigen verschiedener Gemeinden. Was diese betrifft, muß es seine Zustimmung zu Kreditanträgen bei den nationalen Entwicklungsplänen geben und es wird auch bei der Bearbeitung von Entwicklungsplänen eingeschaltet, insbesondere von denjenigen, die Flächennutzungsordnungen enthalten.[61] Viertens ist das Planungsamt in vielen Räten, Ausschüssen und Kommissionen vertreten: Einerseits nimmt es an der Arbeit der vielen Sonderkommissionen zur Leitung der Arbeit des integrierten ländlichen Entwicklungsplanes (Plan de Desarrollo Rural Integrado, DRI) teil, einem der wichtigsten Teile des Entwicklungsplanes „para cenar" des Präsidenten López.[62] Auf der anderen Seite hat es Sitz und Stimme in den Aufsichtsräten zahlreicher dezentralisierter Einheiten und Wirtschaftsunternehmen des Zentralstaates wie der Caja Agraria, INDERENA, Instituto Colombiano Agropecuario (ICA). Wie bereits oben vermerkt, gehört es auch dem Consejo Regional de Planeación an.

Das Departamento Cundinamarca ist berechtigt, die Bodennutzung in seinem Gebiet zu bestimmen; ausgenommen ist nur der Bereich der CAR, obgleich die CAR selbst von ihrem entsprechenden Recht bis heute keinen Gebrauch gemacht hat. 1974 hat ein Dekret[63] hierzu allgemeine technische und verwaltungsmäßige Normen bestimmt (eine detaillierte Einteilung der verschie-

---

[60] Die dezentralisierten Einrichtungen der Ebene des Departamentos und die Sekretariate. Ausnahmsweise nimmt das Planungsamt auch an der Erarbeitung des laufenden Budgets teil, z.B. für das Instituto Tecnológico de Cundinamarca und das landwirtschaftssekretariat.

[61] Bis heute haben unglücklicherweise nur fünf bis sechs Gemeinden irgendeine Tätigkeit im Planungsbereich entfaltet.

[62] Zusätzliche Information hierzu findet sich in Kapitel V.

[63] Dekret 2568/1974 des Departamento Cundinamarca (Handbuch über Bodennutzung, Manual sobre uso del suelo).

denen Klassen von Böden, Straßen und Wasserläufen, usw.; verschiedene Verwaltungsverfahren, usw.). Dieses Gesetzeswerk ist auf dem Papier derartig perfekt, daß es in der Praxis sicherlich nicht angewendet werden kann. Diese Einschätzung hat sich zum mindesten bis zum Jahre 1977 als richtig erwiesen.[64]

Das Planungsamt ist nach funktionalen Kriterien in drei sog. Einheiten (unidades) eingeteilt.[65] Entsprechend der Logik des Verwaltungsaufbaues fehlen ihm direkte exekutive Aufgaben.[66]

Schließlich sei noch hinzugefügt, daß die „Asamblea", also das Regionalparlament, über eine eigene Planungskommission verfügt.

## C. Die lokale Ebene

Zuerst sollen die *Planungsbehörden* auf der Ebene der *Zentralverwaltung* des Sonderdistriktes *Bogotá* besprochen werden.

Die wichtigste Planungseinheit ist hier das *Departamento Administrativo de Planeación Distrital* (das Stadtplanungsamt), das als Stabsstelle dem Oberbürgermeister zugeordnet ist. Im Gegensatz zu dieser ursprünglichen Idee ist der Leiter nicht ein Karrierebeamter; er hängt vielmehr vom politischen Vertrauen des Bürgermeisters ab.

Die Organisation ist zuletzt durch Acuerdo Nr. 1/1975 festgelegt worden. Hiernach sind *Hauptaufgaben und Organisationsstruktur* die folgenden:

Erstens gilt das Planungsamt als Beratungsorgan des Bürgermeisters auf der einen Seite, des Stadtrates auf der anderen; es ist insbesondere mit technischen Studien wie der Erarbeitung von Plänen, Programmen und der Abschätzung von alternativen Möglichkeiten der Entwicklung befaßt. Zweitens soll es Überwachungsorgan für die Entwicklung des Distriktes im physischen,

---

[64] Das gesamte Gesetzeswerk atmet übrigens den Geist des romanischen Legalismus, der angesichts der überwältigenden Kraft der Wanderung vom Land in die Stadt als unrealistisch angesehen werden muß.

[65] Es handelt sich um:
1. Die Einheit für Methoden und Systeme (Unidad de Métodos y Sistemas), die mit Vorschlägen zur Verwaltungsreform betraut ist. Sie hat im Bereich der Erziehungs-und Gesundheitsverwaltung gearbeitet.
2. Die Einheit für technische Zusammenarbeit (Unidad de Asistencia Técnica) ist das Herz der Abteilung. Sie ist mit der Mehrzahl der im Haupttext erwähnten praktischen Aufgaben betraut, z.B. Empfehlungen im Bereich der Infrastruktur, der Erhebung der Industriebetriebe und der Beratung der Gemeinden. Auch die Erziehungsstatistik des Jahres 1975 kann hier erwähnt werden.
3. Schließlich gibt es die Einheit für Programmierung und Verwaltungsstatistik (Unidad de Programación y Estadística Administrativa), welche Entwicklungspläne zu erarbeiten und die Statistik des Departamento Cundinamarca zu führen hat.

[66] Zum Planungsansatz des Departamento siehe Teil F.

C. Die lokale Ebene 395

wirtschaftlichen und sozialen Bereich sein. Drittens hat das Planungsamt die Investitionspläne aller öffentlichen und halböffentlichen Stellen des Distriktes zu koordinieren. Viertens soll es alle Planungsanstrengungen aller öffentlichen und halböffentlichen Stellen aller Verwaltungsebenen bis hinauf zur nationalen koordinieren, wenn diese den Raum Bogotá beeinflussen.[67]

Das Planungsamt hat im einzelnen die folgenden Aufgaben:

— Erarbeitung und Durchführungskontrolle allgemeiner und sektoraler Entwicklungspläne und Teilnahme an der Erarbeitung von Plänen und Programmen der verschiedenen öffentlichen Einrichtungen;

— Vorbereitung des Investitionsbudgets des Distriktes[68];

— Einteilung oder Verweigerung von Baugenehmigungen, die vorangehende Grundstücksaufteilung eingeschlossen.[69]

Die Organisation des Planungsamtes und die Aufgaben der einzelnen Abteilungen können in groben Zügen folgendermaßen beschrieben werden:

I. Büro des Direktors und des Subdirektors (betraut mit der inneren Leitung und Koordination des Amtes und mit seiner Vertretung nach außen);

II. Technische Einheiten („unidades")

1. Unidad Administrativa (Innenverwaltung des Amtes);

2. Unidad de Análisis Financiero y Presupuestal (Haushaltsanalyse und -planung)

3. Unidad de Estudios e Investigaciones (betraut mit der Vorbereitung von Entwicklungsplänen und mit den zugehörigen technischen Studien und Untersuchungen);

4. Unidad de Desarrollo Urbanístico (Erlaß von Baugenehmigungen für Einzelvorhaben und für ganze Urbanisierungen; Studium der Pläne für ein „upgrading" der barrios im Rahmen einer Politik verringerter städtebaulicher Normen; Festlegung detaillierter urbanistischer Normen — „demarcaciones" — für private Stadtviertelentwicklungen);

---

[67] Diese Aufgabe überlappt sich offenbar mit solchen des Nationalen Planungsamtes, der CAR, des Departamento Cundinamarca, INDERENA und anderer. Es ist daher nicht verwunderlich, daß diese Vorschrift ein toter Buchstabe geblieben ist! – Die Zuständigkeiten finden sich in Artikel 1 Acuerdo 1/1975.

[68] Dies entspricht dem Verfahren auf der Ebene der Zentralverwaltung. S. Kapitel V C.

[69] Diese Aufgabe war in früheren Jahren dem Sekretariat für öffentliche Arbeiten anvertraut. Eine Anzahl von Gründen, u.a. eine weit verbreitete Vorstellung von Korruption in dieser Verwaltungseinheit, führte zu einer Reform im Jahre 1974. Die alte „Sección de Liquidación de Licencias" wurde dem Planungsamt zugeschlagen und mit der Einheit für Stadtentwicklung verschmolzen (Interviewmaterial, vgl. auch Nr. 27 Artikel 3 Acuerdo 1/1975). Die neue Organisation war jedoch ebenfalls unbefriedigend, und Ende 1977 gab es Pläne, den Erlaß von Baugenehmigungen wieder an das Sekretariat für öffentliche Arbeiten zu übertragen.

5. Unidad de Mejoramiento y Coordinación de Barrios (Erarbeitung und Durchführungskontrolle von Plänen für die subnormalen Wohnviertel);

III. Beratungs- und Konsultationsorgane:

1. Junta de Zonificación (Rat für Flächennutzung, weiter unten zu diskutieren);
2. Comité Técnico Coordinador de Servicios Públicos (Technisches Koordinationskomitee für öffentliche Versorgungsdienste);
3. Comisión de Mejoramiento Urbano (zum „upgrading" der barrios, wobei die Unidad de Mejoramiento y Coordinación de Barrios als technisches Sekretariat tätig ist);
4. Junta de Protección del Patrimonio Histórico y Cultural de Bogotá, DE. (Schutz historischer und kultureller Denkmäler).

Diese ausführliche interne Verteilung der Aufgaben und die komplizierte Organisation entsprechen den gegenwärtigen personellen Möglichkeiten des Planungsamtes nicht: 1977 verfügte es nur über 260 Bedienstete, das Schreibpersonal eingeschlossen. Ein anderes Beispiel für die beschränkten Möglichkeiten: Die Einheit für Studien und Forschungen, die theoretisch die Gesamtentwicklungspläne einer möglicherweise fünf Millionen Einwohner zählenden Stadt zu erarbeiten hätte (die entsprechenden technischen, topographischen, soziologischen, wirtschaftlichen und anderen Studien eingeschlossen) verfügt nur über 22 akademische Mitarbeiter. Es kann daher nicht verwundern, daß in den letzten Jahren die wichtigen Impulse zu einer geordneten Stadtentwicklung nicht vom Stadtplanungsamt ausgingen, sondern von ausländischen und teilweise auch von inländischen Beratern kamen.

Zweitens der *Distriktsplanungsrat (Junta de Planeación Distrital):*

Der Distriktsplanungsrat kann als gemischte Kommission aus Vertretern der Exekutive und der Legislative (Stadtrat) betrachtet werden. Er besteht[70] aus dem Bürgermeister, dem personero, den Sekretären für Finanzen und öffentliche Arbeiten, dem Direktor des Instituto de Desarrollo Urbano (IDU), vier Stadträten mit ihren „suplentes"[71] und dem Direktor des Stadtplanungsamtes mit Sitz, aber ohne Stimme. Dieser ist jedoch der Sekretär des Rates. Es besteht also eine klare Mehrheit der Mitglieder des Stadtrates, dies um so mehr, als der personero von diesem gewählt wird.

---

[70] Nach Artikel 1 Acuerdo 2/1975. Bis 1975 war auch die Bauindustrie vertreten (Interviewmaterial).

[71] Diese Vorschrift ist juristisch gesehen ziemlich zweifelhaft: Der „Suplente Personal" ist nichts anderes als ein im Falle der ständigen Verhinderung des Stadtrates nachrückender Ersatzmann. Keinesfalls handelt es sich um einen zweiten Stadtrat, der die Zahl der Abgeordneten in jenen beratenden oder entscheidenden Gremien verdoppeln könnte, in denen Stadträte vertreten sind!

## C. Die lokale Ebene

Nach den gesetzlichen Vorschriften[72] hat die Junta de Planeación Distrital die folgenden Aufgaben: Erarbeitung und Empfehlung der Grundlinien der Entwicklungspläne und -programme, Studium der fertiggestellten Pläne, Emfehlungen zu ihrer Durchführung, Vorschläge zur Integration der Pläne staatlicher Behörden mit denjenigen des Distriktes, Studium des Haushaltsentwurfes, Überwachung des Fortschrittes der Durchführung von Plänen und Programmen und Aktivitäten zur Sicherung dieser Durchführung, sollten sich diese als notwendig erweisen.

Die Junta de Planeación Distrital darf nicht mit der Comisión del Plan des Stadtrates verwechselt werden; diese hat die üblichen Rechte eines Ausschusses, also das Studium von Entwürfen zu acuerdos vor der Abstimmung im Plenum.

Drittens die *Junta de Zonificación (Rat für Flächennutzung)*[73]

Die 1963[74] gegründete Junta setzt sich folgendermaßen zusammen:

— Ein Mitglied jeder der drei Berufsverbände, die sich mit Planungsfragen befassen, nämlich der Sociedad Colombiana de Arquitectos, Sociedad Colombiana de Ingenieros und der Sociedad Colombiana de Planeación[75]; diese Vertreter werden vom Bürgermeister und vom Chef des Planungsamtes aus einer von den Verbänden übermittelten Liste ausgewählt;
— der Leiter der Kontrollabteilung des Sekretariats für öffentliche Arbeiten;
— ein Vertreter der Personería;
— vier Mitgliedern des Stadtrates, davon zwei Stadträte, zwei „suplentes";
— ein „ponente" zur technischen Vorbereitung der Beschlüsse und zur Erarbeitung einer Empfehlung über Annahme oder Ablehnung von Vorlagen; dieses Mitglied kommt aus dem Stadtplanungsamt;
— ein Sekretär und
— der Direktor des Planungsamtes (der diese Funktion delegieren kann) als Vorsitzender.

Die ursprüngliche Aufgabe der Junta[76] besteht einmal in dem Erlaß vorläufiger Baugenehmigungen, zum anderen in der Umwidmung der Boden-

---

[72] Artikel 32 Dekret 3133/1968; Interviewmaterial.

[73] Der folgende Text nach Interviewmaterial. – Die Junta wurde im Jahre 1978 durch einen sogenannten „mico" aufgelöst: Es handelt sich um einen Paragraphen in einem Acuerdo des Stadtrates, der eine völlig andere Materie behandelt (Mitteilung von Hans Rother, Bogotá). Die Abschaffung der Junta war bereits im plan de zonificación enthalten; sie fand jedoch den Widerstand der Planungsgesellschaften (unpublizierter Brief der Gesellschaften an den Distrikt).

[74] Durch Acuerdo 51/1963 des Sonderdistriktes.

[75] Die Verbände der Architekten, Ingenieure und Planer.

[76] Besonders wichtig ist Buchstabe c Artikel 5 Acuerdo 51/1963.

nutzung in speziellen Fällen in Übereinstimmung mit der Nutzung angrenzender Flächen.[77] Drittens kann die Junta bei besonderer Härte, insbesondere besonderer wirtschaftlicher Verluste durch eine Beschränkung der Gebäudegröße und der Nutzungsart für den Eigentümer eines Grundstücks Ausnahmen bewilligen.

Im Gegensatz zu diesem ursprünglichen Programm ist es der Junta de Zonificación gelungen, das entscheidende[78] Organ für schlechterdings jede Ausnahme von den Bau- und Flächennutzungsnormen zu werden, also nicht nur in den Fällen, die eine besondere wirtschaftliche Härte bedeuten.[79] Dies stellt ein wichtiges Recht für die Junta und für ihre Mitglieder dar. Diese sind Versuchungen ihrer persönlichen Integrität ausgesetzt, bedenkt man die Bedeutung der auf dem Spiele stehenden wirtschaftlichen Interessen. Selbst Mitglieder der Junta sprechen offen von der Korruption einiger ihrer Kollegen; es wird auch behauptet, daß ziemlich häufig Bürger für den Stadtrat kandidieren, um anschließend der Junta beizutreten und diese Situation wirtschaftlich „auszubeuten".[80]

Wie bereits für andere Teile der Distriktsverwaltung beobachtet, gehen auch hier politische und verwaltungsmäßige Funktionen ineinander über. Die Junta de Zonificación ist vom Stadtplanungsamt unabhängig, diesem aber andererseits nicht wie die Junta de Planeación übergeordnet.

Viertens die *Kontrollabteilung (División de Control)*[81]

Als Teil des Sekretariats für öffentliche Arbeiten hat die Kontrollabteilung nach dem Verlust des Rechtes auf Erteilung von Baugenehmigungen noch die Aufgabe der Überwachung der Steinbrüche und der riesigen Anzeigetafeln im gesamten Stadtgebiet, die nicht gerade zu seiner Verschönerung beitragen.[82] Die Abteilung ist weiter mit der Überwachung von Bauten bezüglich Existenz und Beachtung von Baugenehmigungen betraut. Das bedeutet, daß die Genehmigung und die entsprechende Kontrolle zwei verschiedenen administrativen Einheiten anvertraut sind. Diese Einheiten haben keine hierarchische Beziehung zueinander und unterhalten, gelinde gesagt, nicht die besten Beziehungen.[83]

---

[77] Wird ein Geschäftsviertel durch zwei Wohnviertel eingeschlossen, an deren eines ein weiteres Geschäftsviertel anschließt, dann kann in dieser zweiten Wohnzone kommerzielle Nutzung gestattet werden.

[78] Gegen ihre Entscheidungen kann Einspruch eingelegt werden; auch ist der Weg zu den Verwaltungsgerichten gegeben.

[79] Zur Rechtfertigung dieser Ausweitung der Aufgaben wird Artikel 3 Dekret 1119/1968 angeführt.

[80] Interviewmaterial.

[81] Der Text folgt Interviewmaterial.

[82] 1977 wurde eine „Studienkommission" zur Beschränkung der Zahl dieser Anzeigentafeln gegründet – was in Kolumbien wie in anderen Ländern bedeutet, daß eine kurz- oder sogar mittelfristige Lösung nicht angestrebt wird!

## C. Die lokale Ebene

Kontrolle und Überwachung ist Aufgabe von 15 Zoneninspektoren (Inspectores de Zona), die 12 Zonenarchitekten (Arquitectos de Zona) unterstehen. Diese sind auffallenderweise nicht der Kontrollabteilung, sondern den Polizeiinspektionen (Inspecciones de Policía)[84] zugeordnet. Die Inspektoren sollen den Architekten täglich Bericht erstatten, die ihrerseits diese Berichte an die Sección de Policía, einen Teil der Innenverwaltung (Secretaría de Gobierno) weiterleiten. Ein Durchschlag des Berichtes geht an die Kontrollabteilung, die dann tätig werden kann. In früheren Jahren gab es bei den Polizeiinspektionen eigene Abteilungen zur Überwachung der Bautätigkeit in ihrem Gebiet. Von diesen besteht heute nur noch eine einzige zur Kontrolle der bedeutendsten Bauten im gesamten Stadtgebiet. Die alten „Inspecciones de Obras y Ornatos" (Inspektionen für Bauwerke und das ästhetische Aussehen der Stadt) kümmern sich heute nicht mehr um die Bauüberwachung.[85] 1977 wurde daher die Einrichtung dreier spezieller regionaler Kontrollämter zur Überwachung der Bautätigkeit im gesamten Stadtgebiet erwogen.

Die Ausrüstung der Kontrollabteilung und ihrer Mitarbeiter mit sächlichen Verwaltungsmitteln kann nur als unzureichend bezeichnet werden. Die Inspektoren verfügen nicht über Fahrzeuge, obwohl sie von einer Baustelle zur nächsten fahren müssen. Die Bezahlung für die Benutzung öffentlicher Transportmittel ist so kompliziert und langsam[86], daß die Inspektoren normalerweise nicht mit Bussen oder Taxis fahren, sondern sich auf die Bereitstellung von Fahrzeugen durch die Baufirmen selbst verlassen. Die Architekten verfügen nur über vier Wagen. Die Gehälter dieser Beamten sind nur ein Bruchteil dessen, was sie in der privaten Wirtschaft verdienen könnten; sie sind auch in absoluten Größen bescheiden. – Einmal mehr wird die Ehrenhaftigkeit der Kontrollbeamten auf die Probe gestellt: Vergleicht man den wirtschaftlichen Wert nur eines einzigen zusätzlichen, in der Baugenehmigung nicht bewilligten Stockwerkes mit den mageren Gehältern der Beamten, dann kann die verbreitete Korruption nicht verwundern.

Die Strafen für die Nichtbeachtung der Bauauflagen sind zu gering; sie werden nicht einmal energisch verhängt. Der Zwangsabriß eines Gebäudes als schlimmste Sanktion ist mit einem solchen administrativen Aufwand verbun-

---

[83] Interviewmaterial. Diese Tatsache wird hier erwähnt, weil ihr ein systematischer Charakter innewohnt, der über ein rein persönliches Problem hinausgeht: Das Planungsamt war ursprünglich als reine Stabseinheit gedacht. Später wurden ihm exekutive Aufgaben übertragen, die vorher zum Geschäftsbereich einer Linieneinheit gehörten. Spannungen zwischen beiden Behörden waren daher unvermeidlich. Zusätzliche Probleme ergeben sich durch die Verbindung von Beratungs- und Durchführungsaufgaben innerhalb des Planungsamtes.

[84] Diese sind nicht mit der bewaffneten und uniformierten Polizei zu verwechseln. Polizeiangelegenheiten sind, mit der unwichtigen Ausnahme der städtischen Verkehrspolizei, eine Zuständigkeit der Regierung.

[85] Trotz ihres Namens sind sie im Bereich der Verwaltung der Strafjustiz tätig.

[86] Dies unterscheidet sich nicht von der Lage bei der staatlichen Zentralverwaltung; s. Kapitel V.

den (insbesondere, wenn ein mit allen Wassern gewaschener Anwalt des Hauseigentümers alle rechtlichen Möglichkeiten ausschöpft), daß er praktisch nicht vorkommt.

Am Rande sei die merkwürdige Tatsache verzeichnet, daß Bauten des Entwicklungsprogrammes für Ost-Bogotá, die vom Instituto de Desarrollo Urbano errichtet wurden, der Aufsicht durch die Kontrollabteilung nicht unterlagen.

Fünftens die *Caja de Vivienda Popular* (Bank für Finanzierung preiswerten Wohnraums)[87], C.V.P.

Wie der Staat mit der Banco Central Hipotecario und dem Instituto de Crédito Territorial verfügt auch Bogotá trotz seiner beschränkten wirtschaftlichen Möglichkeiten über eine dezentralisierte Einheit im Wohnungsbaubereich, die C.V.P. Ihre Geschäftspolitik folgt allgemein der Politik des Staates und des Distriktes im Wohnungsbaubereich, wie sie in Plänen, Verordnungen und acuerdos festgelegt ist. Interessant ist u.a. die Anwendung erleichterter Baubestimmungen, der sog. „normas mínimas": Die hohen Baustandards[88], die in einer Reihe von Rechtsquellen festgelegt worden sind, führten zu Baukosten, die durch die Masse der Bevölkerung nicht bezahlt werden können. Daher ist inzwischen die Möglichkeit entwickelt worden, Stadtviertel mit reduzierten, aber noch akzeptablen und überwachten Baunormen zu errichten, wobei besonderer Wert auf Eigenhilfe der Eigentümer gelegt wird. Die C.V.P. ist eine der Behörden, die von dieser Möglichkeit bei mehreren Projekten Gebrauch macht.[89]

Trotz ihrer sozialen Verpflichtung baut die C.V.P. keineswegs nur subventionierte Wohnungen. Sie baut vielmehr Wohnungen mit Gewinn und subventioniert damit andere. Sie erstrebt damit insgesamt Kostendeckung. Das wurde im Jahre 1976 erreicht; die Caja erzielte sogar einen kleinen Gewinn.[90]

---

[87] Der Text folgt Interviewmaterial und dem Geschäftsbericht 1976 der Bank (Caja 1976). – Neue Pläne der Caja finden sich in El Tiempo vom 4. Juli 1978.

[88] Die technischen Baunormen folgen dem Vorbild der Industriestaaten, wie es bei dem hohen professionellen Stand der kolumbianischen Architekten nicht verwundern kann. Der sogenannte „Código de Estructuras" folgt insbesondere den amerikanischen Normen (ACI), also einem Vorbild, das in einem armen Entwicklungsland schwierig anzuwenden ist. Die europäische Erfahrung mit Fertighäusern, die für Kolumbien aus Kostengründen interessant sein könnte, wird hingegen nicht rezipiert.

[89] Ein Beispiel ist das Stadtviertel Guacamayas, wo 2.728 Wohnungen von je 18 qm gebaut wurden, von denen die Mehrzahl bereits 8 Monate später auf 30 qm erweitert worden waren! Die reduzierten Baunormen werden teilweise auch vom ICT angewendet, treffen aber auf Widerstände bei den Versorgungsbetrieben.

[90] Eine Musterfinanzierung durch die CVP sieht folgendermaßen aus: 55 % des Kapitals wird durch einen Kredit des ICT aufgebracht, 30 % durch einen solchen der Caja selbst und 15 % ist Eigenkapital. Kredite der BCH sind für die billigen Wohnungen der Caja zu teuer.

C. Die lokale Ebene 401

Einige der von der Caja finanzierten Wohnviertel sind hauptsächlich für Angestellte des Sonderdistriktes und seiner dezentralisierten Einheiten reserviert.

Die C.V.P. war eines der durchführenden Unternehmen des Entwicklungsplanes für Ost-Bogotá (PIDUZOB), wie übrigens auch das IDU. Auch öffentliche Gebäude wie Schulen und Gesundheitszentren wurden mindestens bis 1970 errichtet. Die Bedeutung der Aktivitäten kann an der Zahl der Wohnungen abgelesen werden: Zwischen 1971 und 1974, also in vier Jahren, wurden 2.496 Wohnungen gebaut.[91]

Zum Abschluß sei vermerkt, daß die C.V.P. einer der Gesellschafter der Empresa del Desarrollo Urbano El Salitre ist.[92]

Sechstens das *Institut für Stadtentwicklung* (Instituto de Desarrollo Urbano, IDU):

Beim Instituto de Desarrollo Urbano handelt es sich um eine der vielen dezentralisierten Einheiten des Sonderdistriktes Bogotá; dennoch besteht eine enge Bindung zum Bürgermeister. Es wurde 1972 gegründet[93] und übernahm das frühere Departamento de Valorización, eine Verwaltungseinheit, die öffentliche Arbeiten mit Hilfe von Anliegerbeiträgen finanzierte (dieses Konzept wird übrigens heute noch vom IDU für einige seiner Projekte angewendet). Hauptursache für die Gründung einer Institution, die mit dem Sekretariat für öffentliche Arbeiten und dem Planungsamt konkurrierte, war die heftige politische und technische Debatte um das Projekt einer Schnellstraße in Ost-Bogotá in den frühen siebziger Jahren; das Projekt wurde allgemein Avenida de los Cerros („Bergstraße") genannt. Nachdem dieses Projekt durch einen neuen Bürgermeister (Palacio Rudas, später letzter Finanzminister des Präsidenten López) aufgegeben worden war, konnte der Kredit der Inter-Amerikanischen Entwicklungsbank zur Finanzierung eines neuen Programms, des integrierten Entwicklungsprogrammes für Ost-Bogotá, PIDUZOB, verwendet werden.[94] Allgemein wurde angenommen, daß die Bank auf der Gründung einer einzigen Einheit zur Verwaltung ihres Kredites (44 Mio. US-Dollar) und der inländischen Counterpart-Fonds (44,13 Mio. US-Dollar)[95] bestanden hatte; auch

---

[91] Angesichts der kolumbianischen Inflation sind Geldzahlen nicht genügend aussagekräftig. – Zahlen entnommen: Caja 1976: Anexo 7.

[92] S. Teil E, Kapitel III.

[93] Durch Dekret 255/1972 und Acuerdo 19/1972. Einzelheiten zur Geschichte des IDU in Reveiz et alii 1977: 261 ff. Wenn nichts anderes vermerkt ist, folgt der Text Interviewmaterial. – Informationen über das IDU finden sich auch in Ruiz 1974. – IDU wird „Instituto" statt „Empresa" deshalb genannt, weil es sich nicht notwendig durch Gebühren finanzieren muß (Interviewmaterial). – Über das Konzept der Finanzierung durch Gebühren vgl. Doebele / Grimes 1977.

[94] Reveiz et alii 1977: 260 ff.

[95] Nach dem ersten Finanzplan von PIDUZOB, abgedruckt z.B. in Reveiz et alii 1977: 317 f.

sollten die verschiedenen Bauvorhaben dieses multifunktionalen Programms[96] von einer einzigen Stelle überwacht und gesteuert werden. Eine solche Annahme stimmt mit einer gängigen Politik der internationalen Organisationen im allgemeinen und der Interamerikanischen Entwicklungsbank im besonderen überein[97]; in diesem speziellen Falle ist sie jedoch zu bezweifeln. Offensichtlich hat eine Gruppe kolumbianischer „técnicos" den Organisationsplan, der später vom Bürgermeister übernommen wurde, zusammen mit Experten der Bank entwickelt. Da diese „técnicos" später in das IDU eintraten, ist ihr Interesse an organisatorischer Unabhängigkeit nur zu verstehen. Ein zweiter Grund für die Gründung des IDU lag in der Stellung der Zentralverwaltung des Distriktes gegenüber den dezentralisierten Einheiten: Sie hatte an politischer und administrativer Bedeutung verloren, da die dezentralisierten Einheiten über den größeren Teil des Budgets verfügten und die Mehrzahl der für eine Stadtverwaltung typischen Dienstleistungen erbrachten. Die Zentralverwaltung erstrebte folglich eine Aufwertung durch die Gründung des IDU, welches entscheidend wichtige Entwicklungsaufgaben wahrnahm und über ein für kolumbianische Verhältnisse riesiges Budget verfügte (nahezu 1 Mrd. Pesos).

Die gegenwärtigen Hauptaufgaben des IDU sind die folgenden: Es verwirklicht Infrastruktur-Projekte in der Stadt, z.B. das Asphaltieren kleinerer Strassen, den Bau der wichtigeren „avenidas", von Parks und von Plätzen. Noch 1977 ist es mit der Koordinierung von nicht weniger als 14 verschiedenen Verwaltungseinheiten[98] betraut, die bei der Durchführung des Entwicklungsprogramms für Ost-Bogotá[99] zusammenarbeiteten. (Das Programm sollte 1978 auslaufen.) Drittens ist das IDU mit einer Reihe systematisch unverbundener kleinerer Aufgaben betraut, wie z.B. der Verwaltung des Teatro Bogotá bis 1978. Ein viertes Tätigkeitsgebiet, das in unserem Zusammenhang am wichtigsten ist, stellt die Aktivität im Bereich Stadtplanung und zugehöriger Forschung dar. Hierauf ist genauer einzugehen.

---

[96] Es umfaßte Bau und Asphaltierung von Straßen, ein durch die CVP durchgeführtes Wohnungsbauprogramm, den Bau von Schulen und Sozialzentren, das Verlegen von Abwasser- und Elektrizitätsleitungen und sogar eine Verwaltungsreform („mejoramiento institucional"); Reveiz et alii 1977: 318.

[97] Die Einrichtung des IDU als Vorbedingung für den Kredit wurde von mehreren Interviewten behauptet, darunter auch von derzeitigen Mitarbeitern des IDU. Eine solche Nachricht war auch in der Presse zu finden (El Tiempo vom 19. Juli 1976).

[98] Eine Beschreibung der verschiedenen Unterprogramme und der durchführenden Behörden findet sich in Bogotá, Alcaldía Mayor 1973: Kapitel 5, S. 229 ff.

[99] Gegen Ende der Präsidentschaft von López Michelsen und mit ihr selbstverständlich der Verwaltung des Bürgermeisters Gaitán Mahecha begann eine öffentliche Debatte über die Fortexistenz von IDU, dies angesichts der Tatsache, daß die Vorhaben des Programmes PIDUZOB langsam ihrem Ende entgegengingen. Ohne Prophet zu sein, kann man die Weiterexistenz des wichtigen bürokratischen Apparates IDU voraussagen.

## C. Die lokale Ebene

Der Direktor des IDU zur Zeit des Bürgermeisters Palacio Rudas, Guillermo Mojica Duarte[99a], gründete im Jahre 1974 eine Unterdirektion für Programmierung (Subdirección de Programación). Er begründete das damit, daß eine Organisation mit einem Budget von etwa 1 Mrd. Pesos pro Jahr ohne eine Stelle zur Planung ihrer Aktivitäten und ihres Budgets nicht auskommen kann. Auch wenn dieses Argument nicht falsch sein mag, so entstanden doch sofort scharfe Spannungen mit dem Stadtplanungsamt, die 1977 noch andauerten und vermutlich auch nach dem Ende der Feldforschungsphase für dieses Buch nicht beigelegt werden konnten. Die frühere Aufgabenverteilung war ziemlich klar: Das Planungsamt als Stabseinheit mit enger Verbindung zum Bürgermeister sollte sich auf Forschung, Programmierung und Planung konzentrieren (es sei daran erinnert, daß es erst Ende 1974 für den Erlaß von Baugenehmigungen zuständig wurde); das IDU (und selbstverständlich auch Organisationen wie das Sekretariat für öffentliche Arbeiten) sollte einzig öffentliche Bauten errichten. Zweifellos war das IDU nach Größe des Personals und des Budgets eine wichtigere Verwaltungseinheit als das Planungsamt, dessen Tätigkeit wenig praktische Auswirkung auf die Entwicklung der Stadt hatte. Die Planer verstanden daher die Gründung der Unterdirektion für Planung innerhalb des IDU als direkten und gefährlichen Übergriff auf ihr eigenes Tätigkeitsgebiet. Dies war um so zutreffender, als es rasch deutlich wurde, daß die Planungsabteilung des IDU sich eben nicht nur auf die eigene Geschäftspolitik beschränkte: 1975/76 erarbeitete sie vielmehr eine umfassende Studie über das geplante Projekt El Salitre; zu nennen sind weiter Forschungen über Stadtsanierung im Gebiet Los Mártires und eine Untersuchung über Autowerkstätten in Bogotá, beides eindeutig Eingriffe in den Tätigkeitsbereich des Stadtplanungsamtes. Weitere kleinere Beispiele könnten angeführt werden. Die innerorganisatorischen Spannungen kamen daher verständlicherweise nicht zu einem Ende. Die Situation wurde für das DAPD sogar noch gefährlicher, da diese Behörde durch die Übernahme exekutiver Funktionen bei ihren eigentlichen planerischen Aufgaben behindert wurde.[100]

Schließlich ist die *Stadtentwicklungsgesellschaft El Salitre* (Empresa de Desarrollo Urbano) zu nennen, die Stadtentwicklung und -planung potentiell beeinflußt und in einer Fallstudie des Haupttextes genauer untersucht wird.[101] Es versteht sich von selbst, daß die großen Baufirmen und die Millionen Bewohner

---

[99a] Die Verbindung der beiden blieb übrigens eng: Palacio ernannte Mojica im Oktober 1977 zum stellvertretenden Finanzminister, als er selbst das Amt des Ministers bekleidete.

[100] Ende 1978 und Anfang 1979 kam es innerhalb der Distriktsverwaltung zu einer Krise, da der Sekretär für öffentliche Arbeiten auf eine Auflösung des IDU drängte. Der neue Bürgermeister (Durán Dússan) neigte offensichtlich auf die Seite der „öffentlichen Arbeiten"; er kritisierte nämlich IDU in einer Fernseh-Nachrichtensendung („contaminación con los viejos habitos"). Dies führte prompt zum Rücktritt der höchsten Beamten des IDU.

[101] S. Teil E des Kapitels III.

der barrios die Entwicklung der Stadt Bogotá positiv wie negativ beeinflussen.[102]

---

[102] Um das Bild nicht noch verwirrender zu machen, sind eine Reihe von kleinen öffentlichen Gesellschaften nicht erwähnt worden, wie etwa der Fondo Financiero Urbano (städtischer Finanzierungsfonds) oder die Garantiegesellschaft zur Verbesserung der subnormalen Viertel (Corporación de garantías para mejoramiento de tugurios).

*Anhang II:*
## Aufbau und Funktionen des Finanzministeriums im Haushaltsbereich

Wie andere Ministerien wird das Finanzministerium vom Minister, stellvertretendem Minister und Generalsekretär geleitet, die über eine Anzahl von Stabseinheiten verfügen.[1] Solche sind eine juristische Abteilung, ein Büro für internationale Wirtschaftspolitik, ein solches für Planung, Wirtschafts- und Finanzanalyse[2] und ein Zentrum für Information und Datenverarbeitung. Die technische Arbeit ist den sechs Generaldirektoren für Steuern; Zölle; öffentliche Anleihen; den Haushalt; des Schatzamtes; und der Innenverwaltung anvertraut.[3] Eine Anzahl von dezentralisierten Einheiten wird vom Ministerium überwacht, in der Mehrzahl Banken, aber auch das geographische Institut „Agustín Codazzi" — einer der überraschenden Züge der kolumbianischen Verwaltung. Mehrere Einrichtungen arbeiten eng mit dem Ministerium zusammen und werden häufig vom Minister selbst geleitet. Die wichtigsten davon sind die Junta Monetaria (zuständig für Währungsfragen)[4] und zwei Körperschaften (Consejo Nacional de Política Aduanera und Junta General de Aduanas), die sich mit der Zollpolitik befassen und die Zollvorschriften letztverbindlich auszulegen haben.

Die fünf nicht mit der Innenverwaltung des Ministeriums befaßten Generaldirektionen sind alle mit Fragen befaßt, die entweder die Einkommens- oder die Ausgabenseite des Budgets betreffen: So ist die Generaldirektion für Steuern die zentrale Organisation zur Beitreibung dieser wichtigsten Einnahmequelle.[5] Die Generaldirektion für Zölle hat diese zu erheben.[6] Sie stellen eine weitere wichtige Einnahmequelle dar, insbesondere durch die hohen Abgaben beim Export von kolumbianischen Kaffee. (Die „bonanza cafetera", die wegen Frostschäden in Brasilien überaus hohen Kaffeepreise auf dem Weltmarkt, fiel mit der Amtszeit des Präsidenten López zusammen.) Die Generaldirektion für öffentliche Anleihen hat für die staatlichen Kredite zu sorgen und die Kredite der verschiedenen Behörden auf zentraler, dezentraler und regionaler Ebene zu

---

[1] Interviewmaterial. Rechtstext ist Verordnung 080/1976.

[2] Der Leiter dieser Abteilung war 1976 und 77 interessanterweise eine junge, in den USA ausgebildete Mathematikerin und Wirtschaftlerin, ein Beispiel für den langsamen Fortschritt der Frauen im sozio-ökonomischen Feld. Unter Turbay wurde sie sogar zum Generaldirektor für öffentliche Anleihen ernannt.

[3] Art. 3 Verordnung 080/1976.

[4] Banco de la República 1976.

[5] Art. 1 Verordnung 074/1976.

[6] Art. 1 Verordnung 075/1970.

überwachen.[7] Das Schatzamt (tesorería), in den zwanziger Jahren ein unabhängiges Ministerium, ist heute eine Generaldirektion des Finanzministeriums und stellt die zentrale Kasse des Staates dar.[8] Zahlungen für den Staat entgegenzunehmen und auszuführen, ist allerdings eine mechanische Arbeit, die nur wenig eigenen Entscheidungsspielraum erlaubt.[9]

Budgetpolitik im engeren Sinne des Ausgleichs von Einnahmen und Ausgaben, der Aufstellung und Durchführung des Budgets, der Verhandlungen mit den verschiedenen Behörden ist Angelegenheit der *Dirección General del Presupuesto*. Ihre Organisation soll daher genauer beschrieben werden.[10]

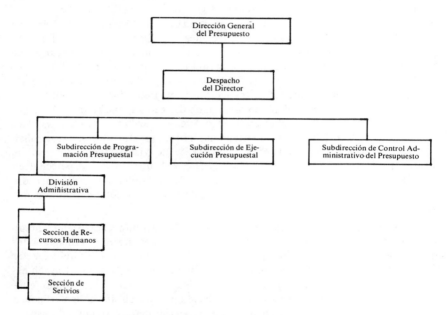

Organisation der Generaldirektion für den Haushalt

---

[7] Art. 1 Verordnung 076/1976. Interessanterweise existierte vorher ein regelrechtes Chaos bei den Anleihen, die verständlicherweise letzten Endes vom Staat garantiert werden mußten. Boteros Generaldirektor für öffentliche Anleihen, Rudolf Hommes, versuchte eine Wende durch Betonung seiner Kontrollrechte (Interviewmaterial). – Die Exekutive wurde vom Kongreß bevollmächtigt, ausländische Anleihen bis zu einem von Zeit zu Zeit angehobenen Plafond aufzunehmen. Im Augenblick der Niederschrift beträgt die Obergrenze 1,6 Milliarden US-Dollar (El Tiempo, 8. Dezember 1978). Für inländische Anleihen existiert eine entsprechende Vorschrift (Proyecto de Ley 1976).

[8] Art. 1 Verordnung 078/1976.

[9] Interviewmaterial.

Die *Hauptaufgaben* der drei Unterdirektionen sind die folgenden:

1. Die *Unterdirektion für Haushaltsprogrammierung* hat den jährlichen Haushaltsentwurf vorzubereiten, Anweisungen bezüglich der Mittelanforderungen an die verschiedenen Einheiten der Verwaltung zu geben und diese hierbei zu beraten; entsprechende Handbücher zu erarbeiten und das Aufkommen der verschiedenen Einnahmearten zu schätzen.[11]

Die Unterdirektion verfügt über zwei Einheiten, die „divisiones" genannt werden:

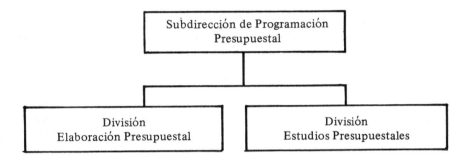

Organisation der Unterdirektion für Haushaltsprogrammierung

Wie ihr Name vermuten läßt, hat die División de Elaboración Presupuestal den Haushalt vorzubereiten und hierzu Kontakte mit der übrigen Verwaltung auf zentralem, regionalem und lokalem Niveau sowie auf zentraler und dezentraler Ebene zu halten.[12]

Die División de Estudios Presupuestales hat das Aufkommen der Steuern und Anleihen als Grundlage für die Vorbereitung des Haushaltes zu schätzen und darüber Buch zu führen, um eine Basis für die Haushaltsdurchführung zu erhalten.[13] Sie hat weiter die „gastos efectivos"[14] (die *tatsächlichen* Ausgaben) zu untersuchen.

---

[10] Grundnorm ist Verordnung 077/1976. Die Quellen umfassen darüber hinaus das unpublizierte Organigramm der Direktion und Interviewmaterial.

[11] Art. 7 Verordnung 077/1976.

[12] Art. 8 Verordnung 077/1976.

[13] Art. 9 Verordnung 077/1976.

[14] Teil C des Kapitels V.

2. Die *Subdirección de Ejecución Presupuestal*[15] ist für die verschiedenen Kontrollsysteme zuständig, die einen annähernd parallelen Mittelzu- und -abfluß während des Haushaltsjahres garantieren sollen.[16] Auch hat sie Veränderungen des Haushaltes während seiner Durchführung vorzubereiten.[17] Der Aufbau der Unterdirektion ist der folgende:

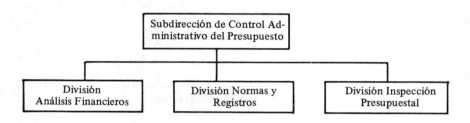

Organisation der Unterdirektion für Haushaltsdurchführung

Die Divisiones und Secciones Delegados del Presupuesto stellen das ständige dezentralisierte Überwachungsnetz des Finanzministeriums in den übrigen Teilen der Zentralverwaltung dar.[18] Zu Beginn des Jahres 1977 gab es solche Delegierte im Kongreß (unglücklicherweise von diesem selbst ernannt), bei der Polizei, in allen departamentos administrativos, in der Procuraduria (Ministerio Público), in allen Ministerien, bei der Verwaltung der Gerichtshöfe, der Universidad Nacional[19], dem Fondo Rotatorio de Aduanas, dem Fondo Vial Nacional, dem Fondo de Inmuebles Nacionales, dem Instituto Colombiano para el Fomento de la Educación Superior (ICFES) und bei Coldeportes. Der damalige Generaldirektor plante die Entsendung weiterer Beauftragter in das Landreform-Institut (INCORA), zu TELECOM, zur Postverwaltung und zum Fernsehen (INRAVISION).[20]

Dieses Netzwerk von Vertretern des Generaldirektors für den Haushalt ist bereits bei der Erarbeitung des Haushaltsentwurfes mit wichtigen Aufgaben betraut[21], auch wenn diese beratender, nicht überwachender Art sind. Dies ändert sich jedoch während der Durchführung des Haushaltes. In dieser Zeit

---

[15] Ein primäres Interesse dieser wie auch der Unterdirektion für Haushaltskontrolle liegt in der Kontrolle der Ausgaben.

[16] Acuerdos de ordenación de gastos und acuerdos de obligaciones, s. Teil C, Kap. V.

[17] Art. 10 Verordnung 077/1976.

[18] Art. 11-17 Verordnung 077/1976; Interviewmaterial.

[19] Die wichtigste mehrerer staatlicher Universitäten.

[20] Der Generaldirektor Antonio Barrera Carrasquilla und der Unter-Direktor für Haushaltsdurchführung, Hugo Diaz B., traten in der ersten Hälfte des Jahres 1977 zurück. Die Verwirklichung dieser Pläne erscheint daher ungewiß.

[21] S. Art. 13 Nr. 1 Verordnung 077/1976.

sind die Beamten an den Zahlungen[22] aus dem Haushalt beteiligt und stellen daher ein Element der Haushaltsüberwachung dar.

Die División Administración Presupuestal hat auf zentraler Ebene ähnliche Aufgaben der Kontrolle der Haushaltsdurchführung. Sie ist verantwortlich für die acuerdos de gastos und acuerdos de obligaciones, hat den Mittelabfluß zu überwachen, haushaltswirksame Verträge der Verwaltung zu registrieren und allgemein alle Einzelheiten, welche die Ausgabenseite des Haushalts betreffen, zu beobachten und zu kontrollieren.[23]

3. Die *Unterdirektion für verwaltungsmäßige Haushaltskontrolle:*

Diese Unterdirektion wurde durch den Generaldirektor Antonio Barrera im Frühjahr 1976 gegründet.[24] Die damalige verwaltungspolitische Lage, die zu dieser Neuerung führte, war durch den Skandal um den Präsidenten des Rechnungshofes Escallón Ordoñez geprägt, der im Dezember 1974 begonnen hatte und die Verwaltung bis Oktober 1975 berührte[25]. Er legte die Ineffizienz des Rechnungshofes (Contraloria General de la República) offen und gab Anstoß zu einer Verstärkung der verwaltungsmäßigen Kontrolle der Haushaltsdurchführung durch die Generaldirektion für den Haushalt.

Diese schnelle Reaktion zur Ausfüllung eines Vakuums dürfte die unklare Abgrenzung der Aufgaben der neuen Unterdirektion gegenüber denjenigen der Subdirección de Ejecución Presupuestal erklären. Diese Aufgaben bestehen in der Kontrolle der Haushaltsdurchführung[26] (die Vorbereitung der entsprechenden Handbücher eingeschlossen) und der ex-post-Kontrolle derjenigen Behörden, in denen die Subdirección de Ejecución Presupuestal nicht über „delegados" verfügt[27].

Die Organisation sieht folgendermaßen aus:

---

[22] S. Nr. 8 und 15 des gleichen Artikels.

[23] Art. 18 Verordnung 077/1976. Eine zusammenfassende Beschreibung der Haushaltskontrolle findet sich in Teil E, Kapitel V.

[24] Interviewmaterial.

[25] Julio Escallón Ordoñez war seit vier Jahren Contralor General de la República. Er war von Präsident Pastrana ernannt worden, da sich der Kongreß als unfähig erwiesen hatte, einen Kandidaten mit der in der Verfassung vorgesehenen absoluten Mehrheit zu wählen (Art. 59 in Verbindung mit Art. 83). Im Dezember 1974 begann der Reporter Germán Castro Caycedo die Publikation einer Reihe von Artikeln in El Tiempo, die sich mit den Aktivitäten des Rechnungshofes im allgemeinen und mit der Person von Escallón im besonderen befaßte. Sie deckte Ineffizienz und Korruption auf, die selbst in dem Lande mit der vielleicht korruptesten Verwaltung des Kontinents bemerkenswert waren. Gegen Escallón wurde ein Strafverfahren eröffnet, dem er sich allerdings durch Flucht in das Ausland entzog. Der Kongreß wählte zum ersten Mal in den letzten Jahrzehnten einen Nachfolger, Aníbal Martínez Zuleta. – Die dem Skandal zugrunde liegenden politischen, strukturellen und verfahrensmäßigen Ursachen wurden jedoch weder diskutiert noch abgestellt. Escallón wurde schließlich freigesprochen.

[26] „Control del manejo presupuestal", Ziff. 1 Art. 19 Verordnung 077/1976.

[27] Ziff. 4 des erwähnten Artikels.

# Anhang II

Organisation der Unterdirektion für verwaltungsmäßige Haushaltskontrolle

— Die Abteilung für Haushaltsinspektion hat Beamte zur Kontrolle der Haushaltsdurchführung zu entsenden und dem Unterdirektor nach der Aufdeckung von Unregelmäßigkeiten korrigierende und eventuell strafrechtliche Maßnahmen vorzuschlagen.[28]

— Die Abteilung für Finanzanalysen ist mit der Überprüfung des finanziellen Status der verschiedenen Teile der Zentralverwaltung und des Fortschrittes der öffentlichen Investitionen beauftragt.[29]

— Die Abteilung für haushaltsrechtliche Vorschriften und Register hat Anweisungen und Handbücher über verwaltungsmäßige Haushaltskontrolle vorzubereiten, ihre Anwendung durchzusetzen und den „Registro de compromisos" zu führen, d.h. eine Liste staatlicher Verpflichtungen, die das Budget berühren.[30]

Zusammenfassend ist festzustellen: Hinsichtlich seiner Verwaltungsstruktur und der zur Verfügung stehenden Instrumente scheint das Finanzministerium

---

[28] Art. 20 Verordnung 077/1976. Zu Problemen dieses Programms s. Teil E, Kapitel V.

[29] Art. 21 Verordnung 077/1976. Diese letzte Aufgabe konkurriert mit solchen des Nationalen Planungsamtes. Man mag auch eine Vermischung mit der „politischen" Kontrolle des Haushaltes im weitesten Sinne sehen.

[30] Art. 22 Verordnung 077/1976.

für seine Aufgaben im Bereich der Haushaltspolitik wohlgerüstet zu sein. Dies erlaubt selbstverständlich noch keinerlei Schlußfolgerungen über die Wirksamkeit dieser Instrumente, die in einer bestimmten politischen Situation und in Zusammenarbeit mit einer großen Zahl von Behörden genutzt werden müssen, von Behörden, die Interessen verfolgen, die mit denen des Finanzministeriums zusammenstoßen können.

*Anhang III:*

## Zu Aufbau und Funktionen der Planungsbürokratie Kolumbiens

Oberste Planungsbehörde ist das *Departamento Nacional de Planeación* (DNP), ein Departamento Administrativo. Diese Organisation setzt voraus, daß Planung eine technische, mithin unpolitische Aufgabe ist.[1] Der staatliche Haushalt ist eines der Hauptinstrumente zur Verwirklichung von „Plänen"; das hervorragende Interesse des Planungsamtes, dessen Größe und Zusammensetzung zu beeinflussen, wird damit verständlich. Das Planungsamt stellt rechtlich das technische Sekretariat des Consejo Nacional de Política Económica y Social (CONPES) dar, eines Kabinettsausschusses; er besteht aus dem Präsidenten den Ministern für Finanzen, Wirtschaftsentwicklung, Landwirtschaft, öffentliche Arbeiten, dem Leiter des DNP, dem Direktor der Notenbank (Banco de la República) und dem Präsidenten von Fedecafé.[2] Seit der letzten wichtigen Reform im Jahre 1968 sind auch die Junta Monetaria, die Junta de Comercio Exterior und der Consejo Nacional de Politica Aduanera in diesem Wirtschafts- und Sozialrat vertreten; andere öffentliche Organisationen können zur Entsendung von Vertretern aufgefordert werden.[3]

Das Nationale Planungsamt ist in *acht technische „unidades"* eingeteilt.[4] Charakteristisch erscheint das Nebeneinanderbestehen von technischen Einheiten, die für Forschung und Planung in einem Sektor zuständig sind (z.B. human resources, Industrie, Landwirtschaft), und von solchen, die Querschnittsbereiche zu bearbeiten haben (z.B. die Einheit für öffentliche Investitionen[5]). Dies bringt charakteristische Probleme bei der Arbeit mit sich.

Die unidad, die sich mit Haushaltsfragen zu befassen hat, heißt „Unidad de inversiones públicas"; dieser Name betont ihre Verantwortlichkeit für das Investitionsbudget. Sie kennt drei „divisiones" genannte Abteilungen, nämlich

---

[1] Dies ist natürlich völlig unrichtig; s. Wolff 1977 a: Kapitel 6.

[2] Diese Tatsache unterstreicht einmal mehr die hervorragende Bedeutung dieser Körperschaft. – Aus guter Quelle verlautet, der Gerente von Fedecafé öffne bei Sitzungen des CONPES niemals den Mund: er spricht nur mit dem Präsidenten persönlich!

[3] Rivera-Ortiz 1976: 67, 71.

[4] Nach Rivera-Ortiz 1976: 112 ff.

[5] Seit Rivera-Ortiz 1976 ist es zu einer wesentlichen Organisationsreform des Planungsamtes gekommen. Der erwähnte Autor unterschied noch eine „Einheit für Haushaltskoordination" und eine „Einheit für Sonderprojekte und ausländische Anleihen". Die Beschreibung des Textes folgt neuerem Interviewmaterial.

1. die „División de financiamiento externo";
2. die „División de programación y control del presupuesto";
3. die „División de análisis financiero".[6]

Die Aufgaben dieser drei Abteilungen sind die folgenden[7]:

Die Abteilung für ausländische Finanzierung hat alle Vorhaben zur Aufnahme von Krediten im Ausland und die ökonomische Rentabilität der mit ihnen zu finanzierenden Projekte zu prüfen. Ein derartiges Programm erklärt sich durch die Tatsache, daß Kredite im Ausland letzten Endes die Zentralregierung verpflichten. Zusätzlich beeinflussen sie die Devisensituation des Landes, da sie üblicherweise in amerikanischen Dollars zurückgezahlt werden müssen.

Die Abteilung für Finanzanalysen ist mit Untersuchungen über finanzielle Aspekte öffentlicher Investitionsprojekte betraut. Darüber hinaus wirkt sie bei der Aufstellung des Haushaltsentwurfes an der Schätzung des künftigen Steuerertrages mit.

Die Abteilung für Haushaltsprogrammierung und -kontrolle ist die zentrale Einheit des Planungsamtes, die mit Haushaltsfragen befaßt ist. Sie hat den öffentlichen Investitionshaushalt (presupuesto de inversiones) aufzustellen und zu kontrollieren.

*CONPES* ist das höchste Entscheidungsorgan für Fragen der wirtschaftlichen Entwicklungspolitik. Auf dem Papier hat der Kongreß über die kolumbianischen Entwicklungspläne zu entscheiden, die als Gesetze verabschiedet werden sollen. Da sich jedoch die entsprechenden Parlamentsausschüsse (die Ausschüsse für Planung in beiden Häusern) niemals konstituiert haben (hierfür sind eine Reihe von politischen Gründen ursächlich[8]), werden die Pläne als Verordnungen des Präsidenten verkündet. Die Bedeutung des Kongresses wird durch ein solches Vorgehen noch stärker verringert, und potentiell nimmt der CONPES an Wichtigkeit zu.

---

[6] Zu Deutsch: die Abteilung für ausländische Finanzierung; die Abteilung für Haushaltsprogrammierung und -kontrolle; die Abteilung für Finanzanalyse.

[7] Interviewmaterial.

[8] Nach Abschluß der Feldforschung kam es 1979 zu einer Verfassungsänderung, die die Konstituierung der Plan-Ausschüsse ermöglichte. Doch wurde diese im Spätjahr 1981 für verfassungswidrig erklärt (Mitteilung von Hans Rother, Bogotá).

*Anhang IV:*
## Zum Aufbau des Zentralen Rechnungshofes

Neben einer Reihe von Stabseinheiten (Planung, interne Kontrolle, eine Ausbildungsschule) verfügt die Contraloría über *sieben Generaldirektionen*[1]:
1. Generaldirektion für Personalfragen (Administración de Personal);
2. Direktion für Finanzen und Verwaltung;
3. Generaldirektion für Rechnungskontrolle des Bereichs Wirtschafts- und Sozialförderung (de Auditoría Fiscal del Sector Fomento Económico y Social);
4. Generaldirektion für Rechnungskontrolle des Bereichs Regierungsdienste und Finanzen (de Auditoría Fiscal del Sector de Servicios Gubernamentales y Hacienda);
5. Direktion für die Überprüfung von Rechnungen, juristischen Urteilen sowie für volkswirtschaftliche Gesamtrechnung und Forschung (de Examen de Cuentas, Juicios, Investigaciones y Contabilidad Nacional);
6. Direktion für Finanzielle und Operative Rechnungskontrolle (de Auditoría Financiera y Operativa) und schließlich
7. Direktion für Finanzanalyse und Statistik (de Análisis Financiera y Estadística).

Die Aufgaben der verschiedenen Einheiten entsprechen mehr oder weniger ihren Bezeichnungen. Nr. 6 verdient eine Erklärung: Diese Direktion hat auf der einen Seite internationale Entwicklungsprojekte rechnungsmäßig zu überprüfen, auf der anderen Seite den staatlichen Banken- und Versicherungsbereich.

Bis Ende 1977 war Kolumbien eines von drei Ländern, die die Rechnungskontrolle im Bereich der Vereinten Nationen in New York vorzunehmen hatten. Die entsprechenden Stellen unterstehen unmittelbar dem Büro des Contralors.

Das *Kernstück* der technischen Arbeit ist offensichtlich den *Direktionen 3 und 4* anvertraut. Sie verfügen über ein ausgedehntes Netz permanenter Vertreter in den verschiedenen Ministerien und dezentralisierten Einheiten, die „auditores"[2] genannt werden. Anfang 1977 gab es solche in allen Ministerien, Departamentos Administrativos, bei der Justiz (rama jurisdiccional), bei der Staats-

---

[1] Rechtsquelle ist Verordnung 924/1976. Ein Organisationsplan findet sich in dem jährlichen „Informe Financiero", auch in Contraloría 1976: 233-234.

[2] Während die nichtpermanenten Inspektoren, die ad hoc zu einer Behörde entsandt werden, „visitadores" genannt werden. Es gibt noch einige zusätzliche Modifizierungen, wie Auditores Generales, Auditores Especiales usw. Auf diese Details soll hier nicht eingegangen werden.

anwaltschaft (Ministerio Público), im Kongreß (hier wurde der auditor allerdings vom Kongreß selbst gewählt), im Präsidentenamt und jeweils in den den genannten Behörden unterstehenden dezentralisierten Einrichtungen. Eine ausgeprägte Tendenz zur Ausweitung der Kontrolltätigkeit im Bereich der Wirtschaftsunternehmen des Staates und der gemischtwirtschaftlichen Unternehmen kann in den letzten Jahren beobachtet werden. Hiervon ist besonders der parastaatliche Sektor der Banken und Versicherungen betroffen.

Auf dem Papier existiert innerhalb der Contraloría ein professionalisierter Karrieredienst.[3]

---

[3] Verordnung 937/1976 in Verbindung mit Verordnungen 926/1976; 927/1976; 928/1976 und 929/1976.

# Bibliographie

Um dem Leser eine schnelle Identifizierung der in abgekürzter Form im Text zitierten Werke zu ermöglichen, wurde die Bibliographie nicht nach Quellen und Darstellungen oder nach Sachgebieten unterteilt. Der an einer nahezu vollständigen Bibliographie über kolumbianische Politik und Gesellschaft interessierte Leser sei auf Bagley (im Druck) verwiesen. Andere Bibliographien umfassen Caldas 1974, Instituto Ser de Investigaciones 1975, Ziervogel 1969 und Ramsey 1973.

Die alphabetische Anordnung folgt der abgekürzten Zitierweise; mehrere Werke eines gleichen Verfassers sind in chronologischer Reihenfolge aufgeführt; im gleichen Jahr veröffentlichte Werke sind durch den Zusatz kleiner Buchstaben unterschieden. Zitierte Rechtsquellen werden getrennt nach dem Jahr ihrer Verkündung genannt.

# Literaturverzeichnis

*Adlerstein* (1975): Wolfgang Adlerstein, Zur Konzeption deutscher Verwaltungshilfe, in: Entwicklung und Zusammenarbeit, H. 9, S. 25-26.

*Agudelo Villa* (1977): Hernando Agudelo Villa, El Liberalismo frente a la bonanza cafetera, hekt., Bogotá.

AID (1974): Agency for International Development, AID Mission Task Force on the Quality of Public Sector Management, The quality of public sector management in Colombia, Maschinenschrift, Bogotá.

Alcaldía Mayor de Bogotá (1972): Alcaldía Mayor de Bogotá, Departamento Administrativo de Planeación Distrital, Desconcentración administrativa: Alcaldías Menores, Bogotá.

*Amato* (1968): Peter Walter Amato, An analysis of changing patterns of elite residential areas in Bogotá, Colombia, phil. Diss., Cornell University.

– (1969 a): Peter Walter Amato, Population densities, land values, and socio-economic class in Bogotá, Colombia, in: Land Economics, Bd. XLV, Nr. 1, S. 66-73.

– (1969 b): Peter Walter Amato, Residential amenities and neighbourhood quality – An analysis of the changing patterns of elite residential areas in a Latin American city, in: Ekistics, Bd. 28, Nr. 166, S. 180-184.

– (1969 c): Peter Walter Amato, Environmental quality and locational behavior in a Latin American city, in: Urban Affairs Quarterly, Bd. V, Nr. 1, S. 83-101.

*Andersen* (1965): Arthur Andersen and Company, Tax and trade guide: Colombia, Chicago.

*Anderson / v. d. Mehden / Young* (1967): Ch. W. Anderson, F. v. d. Mehden, C. Young, Issues of political development, Englewood Cliffs, N. J.

ANIF (1974): Asociación Nacional de Instituciones Financieras (ANIF), Financiamento del desarrollo urbano, Bogotá.

ANIF (1975): Asociación Nacional de Instituciones Financieras (ANIF), Legislación cafetera, preparado por el departamento político de la ANIF, Bogotá.

*Araoz* (1970): Santiago Araoz, La abstención electoral y la participación política en Colombia, in: CID (Universidad Nacional), Bogotá, Documentos de Trabajao, Nr. 1, S. 411-483.

– (1974): Santiago Araoz, La administración pública y el contexto del Frente Nacional, Secretaría de Organización e Inspección de la Administración Pública (SOIAP), Presidencia de la República, hekt.

*Ardila Duarte* (1975): Benjamin Ardila Duarte, Formación histórica de la administración pública en Colombia, in: Sociedad Colombiana 1975, S. 13-57.

*Arenas Bonilla* (1977): Roberto Arenas Bonilla, El desarrollo económico y la política urbana: La experiencia colombiana, in: Revista Interamericana de Planificación, Bd. 11 (1977), Nr. 41, S. 102-129.

Asociacion Bancaria de Colombia (1974): La reforma tributaria y el sistema bancario, in: Asociación Bancaria de Colombia, Información Financiera (Bogotá), Nr. 139, S. 28-30.

*Avelino Perez* (1971 a): Ponencia del Honorable Senador Luis Avelino Pérez para primer debate en el Senado de la República al proyecto de ley „por el cual se conceden facultades al gobierno para actualizar y reformar las normas orgánicas del presupuesto", 18 noviembre de 1971, neu gedruckt in: Palacios Mejía 1973, S. 113-115.

– (1971 b): Ponencia del Honorable Senador Luis Avelino Pérez para segundo debate en el Senado de la República al proyecto de ley Nr. 100 de 1971 „per el cual se conceden facultades al gobierno para actualizar y reformar las normas orgánicas del presupuesto", neu gedruckt in: Palacios Mejía 1973, S. 116-118.

*Avenarius* (1980): Hermann Avenarius, Öffentliche Verwaltung und Fortbildung in Kenia, Bonn.

*Avenarius / Fanger / Oberndörfer / Wolff* (1973): Hermann Avenarius, Ulrich Fanger, Dieter Oberndörfer, Jürgen H. Wolff, Steuersystem und Finanzverwaltung in Costa Rica und Guatemala, Freiburg, 3 Bde., hekt.

*Avila Bernal* (1972): Alvaro Avila Bernal, El drama de la vivienda en Colombia, in: Flash (Bogotá), Bd. IX, Nr. 77, S. 29-38.

– (1973): Alvaro Avila Bernal, La población y el problema de la vivienda en Colombia, in: Revista de la Cámara de Comercio de Bogotá, Bd. 3, Nr. 12, S. 9-59.

– (1975): Alvaro Avila Bernal, El desarrollo urbano y el problema del transporte masivo en Bogotá, Papier für die Konferenz „Modelos y Estrategias del Desarrollo Urbano en Colombia", Villa de Leiva (August), hekt.

*Baaklini* (1973): Abdo Baaklini, Comparative public administration: The persistence of an ideology (Review Essay), in: Journal of Comparative Administration, Bd. 5, S. 109-133.

*Bachrach / Baratz* (1963): Peter O. Bachrach und Morton S. Baratz, Decisions and nondecisions: An analytical framework, in: American Political Science Review, Bd. 57, S. 632-642.

*Bagley* (1974): Bruce Michael Bagley, Power, politics and decision-making in Colombia. A study of urban reform during the Frente Nacional, 1958-74, Universidad de los Andes, Departamento de Ciencia Política, hekt.

– (im Druck): Bruce Michael Bagley, Bibliografía selecta sobre poder político, clases sociales y políticas públicas en Colombia, Departamento de Ciencia Política, Universidad de los Andes, Bogotá (eingesehen wurde der hektographierte Entwurf).

*Bagley / Lann / Kramer* (1975): Bruce Michael Bagley, John L. Lann, Howard Robert Kramer, Policy making in Colombia. Some observations on power and influence during the Frente Nacional, Bogotá, Universidad de los Andes, Departapartamento de Ciencia Política, hekt.

*Bailey* (1974): John L. Bailey, Public budgeting in Colombia: Disjoined incrementalism in a dependent polity, LADAC Occasional Paper, Series 2, Nr. 10, Austin, hekt.

Banco Central (1977): Banco Central Hipotecario, Manual de nuevas políticas de crédito tradicional, Bogotá.

Banco de la República (1976): Banco de la República, Departamento de Investigaciones Económicas, División Jurídica, Compilación de disposiciones orgánicas de las instituciones financieras, Bd. II: Junta Monetaria, Bogotá.

*Barrera* (1975): Antonio Barrera Carrasquilla (Universidad de los Andes, Centro de Estudios sobre Desarrollo Económico), Evaluación de proyectos y decisiones en el Sector Público. El marco institucional colombiano, Bogotá.

*Bayley* (1966): David H. Bayley, The effects of corruption in a developing nation, in: Western Political Quarterly, Bd. 19, S. 719-732.

*Bender* (1975): Stephen O. Bender, Low income housing development in Bogotá, Rice University Houston, Program of Development Studies, Papier Nr. 46, hekt.

*Benveniste* (1970): Guy Benveniste, Bureaucracy and national planning: A sociological case study in Mexico, New York.

– (1972): Guy Benveniste, The politics of expertise, Berkeley und London.

*Berry* (1972): Albert Berry, Algunas consideraciones sobre el 'certificado de abono tributario' CAT, in: Revista del Banco de la República, Nr. 531, S. 16-21.

– (1977): Albert Berry, Disguised unemployment and the participation rate in urban Colombia, in: Journal of Economic Studies (Glasgow), Bd. 4, Nr. 2, S. 137-160.

– (1978): Albert Berry, A positive interpretation of the expansion of urban services in Latin America with some Colombian evidence, in: Journal of Development Studies, Bd. 14, Nr. 2, S. 210-231.

*Berry / Urrutia* (1970): Albert Berry und Miguel Urrutia M., Salarios reales en la indústria manufacturera y en el sector gobierno, 1915-1963, in: Miguel Urrutia M. und Mario Arrubla, Hrsg., Compendio de estadísticas históricas de Colombia, Bogotá, S. 72-82.

*Berry / Urrutia* (1976): Albert Berry und Miguel Urrutia, Income distribution in Colombia, New Haven und London.

*Betancur* (1974): Belisario Betancur, Perspectivas y prospectivas de la administración pública en Colombia, in: Economía Colombiana, Nr. 107/108, S. 46-58.

– (1975): Belisario Betancur, Administración: Rumbo y características, in: Sociedad Colombiana 1975, S. 95-116.

*Betancur Cuartas* (1976): Jaime Betancur Cuartas, Estatuto contractual para la administración pública nacional. Legislación complementaria, jurisprudencia, Bogotá.

*Bird* (1970): Richard M. Bird, Taxation and development. Lessons from Colombian experience, Cambridge, Mass.

*Blanco C.* (1976): Ernesto Blanco C., La asignación regional del presupuesto de inversiones, Konferenzpapier: Seminario sobre modelos y políticas de desarrollo regional en Colombia. Quirima, Antióquia (August), hekt.

*Böckenförde* (1974): Ernst W. Böckenförde, Die Organisationsgewalt im Bereich der Regierung. Eine Untersuchung zum Staatsrecht der Bundesrepublik Deutschland, Berlin.

Bogotá (1964): Bogotá, D. E., Departamento Administrativo de Planeación Distrital, La planificación de Bogotá, Bogotá.

Bogotá (1970): Distrito Especial de Bogotá, Nuevas normas de urbanismo para Bogotá, D. E., Bogotá.

- (1972): Distrito Especial de Bogotá, Departamento Administrativo de Planeación Distrital, Políticas de desarrollo urbano, Bogotá.
Bogotá Alcaldía (1973): Distrito Especial de Bogotá, Alcaldía Mayor de Bogotá, Departamento Administrativo de Planeación Distrital, Programa integrado de desarrollo urbano de la zona oriental de Bogotá, D. E., Bogotá.
Bogotá Evaluación (1975): Bogotá, Distrito Especial, Evaluación del cumplimiento de las normas en Bogotá, Bogotá.
Bogotá Proyecto plan vial (1977): Alcaldía Mayor de Bogotá, Departamento Administrativo de Planeación Distrital, Proyecto de acuerdo „Por medio del cual se adopta el plan vial y la jerarquización de vias para el Distrito Especial de Bogotá", Bogotá, hekt.
Bogotá Proyecto zonificación (1977): Alcaldía Mayor de Bogotá, Departamento Administrativo de Planeación Distrital, Proyecto de acuerdo „Por medio del cual se adopta la zonificación para el Distrito Especial de Bogotá", Bogotá, hekt.
*Bonilla Sandoval* (1975): Ramiro Bonilla Sandoval, La política urbana en Colombia – El caso de Bogotá, in: Administración y Desarrollo, Nr. 15, S. 103-127.
*Botero* (1975): Rodrigo Botero Montoya, La política económica colombiana. Discurso pronunciado por el Ministro de Hacienda y Crédito Público, Rodrigo Botero Montoya, con motivo de la reunión del grupo de consulta sobre Colombia, celebrada en Paris, el 23 de junio de 1975, in: Revista del Banco de la République, Bd. 48, Nr. 472, S. 664-666.
*Braibanti* (1966): Ralph Braibanti, Introduction, in: idem, Hrsg., Asian bureaucratic systems emergent from the British imperial tradition, Durham, S. 1-22.
- (1969): Ralph Braibanti, Hrsg., Political and administrative development, Durham.
- (1971): Ralph Braibanti, Administrative reform in the context of political growth, in: Riggs 1971, S. 227-246.
*Braybrooke / Lindblom* (1967): David Braybrooke and Charles E. Lindblom, A Strategy of decision. Policy evaluation as a social process, New York.
*Brücher* (1975): Wolfgang Brücher, Probleme der Industrialisierung in Kolumbien unter besonderer Berücksichtigung von Bogotá und Medellín, Tübingen (Tübinger Geographische Studien, Bd. 61, Sonderband Nr. 10).
*Brücher / Mertins* (1978): Wolfgang Brücher und Günter Mertins, Intraurbane Mobilität unterer sozialer Schichten, randstädtische Elendsviertel und sozialer Wohnungsbau in Bogotá/Kolumbien, in: G. Mertins, Hrsg., Zum Verstädterungsprozeß im nördlichen Südamerika, Marburg. (Marburger Geographische Schriften, Bd. 77), S. 1-130.
*Bushnell* (1971): David Bushnell, Voter participation in the Colombian election of 1856, in: The Hispanic American Historical Review (Durham, N. C.), Bd. 51, Nr. 2, S. 237-249.

*Caiden* (1969): Gerald Caiden, Administrative reform, Chicago.
- (1971): Gerald Caiden, The dynamics of public administration: Guidelines to current transformation in theory and practice, New York.

*Caiden / Wildavsky* (1974): Naomi Caiden und Aaron Wildavsky, Planning and budgeting in poor countries, New York u.a.

Caja (1976): Caja de Vivienda Popular, Informe al Honorable Concejo Distrital sobre las actividades de la C.V.P., Bogotá, D. E., hekt.

*Caldas* (1974): Angela Hernandez de Caldas, Socio-economic information in Colombia: a) where it is generated, b) where it is stored, c) how it is diffused. Bogotá: Centro de Información Económica, Cámara de Comercio 1974, hekt.

*Camacho* (1970): Nora de Camacho, Obreros, marginados y participación electoral, in: Rodrigo Parra Sandoval, Hrsg., Dependencia externa y desarrollo político en Colombia, Bogotá, S. 209-222.

*Camacho Rueda* (1965): Aurelio Camacho Rueda, Hacienda Pública, Bogotá (letzte, dritte Auflage stammt aus dem Jahre 1977).

*Camacol* (1976): Cámara Colombiana de la Construcción, Asamblea Nacional de Camacol. Manizales, Octubre 21, 22, 23 de 1976, Ponencia: Desarrollo urbano „Ciudades dentro de la ciudad", presentada por Camacol Cundinamarca, hekt.

Cámara (1969): República de Colombia, Cámara de Representantes – Secretaría General, Reglamento General de la Cámara de Representantes y Constitución Política de Colombia, Edición de 1969, Bogotá.

*Camargo* (1969): Pedro Pablo Camargo, El control fiscal en los Estados Americanos y Mexico, Mexico.

*Camargo Lozano* (1968): Daniel Camargo Lozano, El servicio civil y la postulación de funcionarios, Bogotá, Diss., Universidad Javeriana.

*Campos Rivera* (1975): Domingo Campos Rivera, Régimen legal de los empleados oficiales en Colombia, Bogotá.

*Cañon Salinas* (1965): Bernardino Cañon Salinas, Ubicación y estructura de los institutos descentralizados en el sector público de la economía colombiana, Bogotá, Diss., Universidad Nacional, Bogotá.

Car Normas: Corporación Autónoma Regional de la Sabana de Bogotá y de los Valles de Ubate y Chiquinquirá, Principales normas legales vigentes, Ley 3a de 1961 ...; Decreto No. 933 de 1971 ... Acuerdo No. 30 del Inderena, o.O., o.J.

Car 1971: s. Car 1972

Car (1972): Ministerio de Agricultura, Corporación Autónoma Regional de la Sabana de Bogotá y de los Valles de Ubaté y Chiquinquirá: Informe de Labores, jährlich.

*Cardenas García* (1958/9): Jorge Cardenas García, El Frente Nacional y los partidos políticos (Análisis e interpretación de una política), Bogotá 1958 (außen Titel mit Datum 1959).

*Cardona Gutierrez:* Ramiro Cardona Gutierrez, Hrsg., Las migraciones internas, Asociación Colombiana de Facultades de Medicina, o.O. (Bogotá?), o.J.

– (1969): Ramiro Cardona Gutierrez, Las invasiones de terrenos urbanos. Elementos para un diagnóstico, Bogotá.

– (1970): Ramiro Cardona Gutierrez, Hrsg., Migración y desarrollo urbano en Colombia, Bogotá: Asociación Colombiana de Facultades de Medicina.

– (1972): Ramiro Cardona Gutierrez, Mejoramiento de tugurios y asentamientos no

controlados. Los aspectos sociales, in: Revista de Planeación y Desarrollo, Bd. 4, Nr. 1, S. 3-21.
- (1976 a): Ramiro Cardona Gutierrez, La lucha per un techo, Drehbuch eines Films, in: Escala 83, Bogotá.
- (1976 b): Ramiro Cardona Gutierrez, Hrsg., Colombia. Distribución espacial de la población, Bogotá.

*Cardona / Fox* et alii (1976): Ramiro Cardona Gutierrez, Elizabeth Fox de Cardona, Alberto Fulleda, Laureano Ladrón de Guevara, Investigación científica y coyuntura política. Su papel en la planificación para la urbanización en Colombia, o.O. (Bogotá), o.J. (1976 oder 1977).

*Cardona / Simmons* (1976): Ramiro Cardona und R. Simmons, Apuntes sobre la concentración de la población y la llamada crisis en las grandes ciudades, in: Cardona 1976 b, S. 203-230.

*Cardona / Simmons / Rodriguez:* Ramiro Cardona, Alan B. Simmons, Ethel Rodriguez Espada, Migración a Bogotá, in: Cardona Gutierrez, S. 119-161.

*Carroll* (1979): Alan Carroll, The supply of residential land by pirate subdividers in Bogotá, Washington (The World Bank), hekt.

*Carreño Varelo* (1975): Bernardo Carreño Varelo, A un año de la emergencia económica, in: Revista del Instituto Colombiano de Derecho Tributario, S. 11-12.

*Carstensen* (1973): Detlef Carstensen, Die sozio-ökonomischen Auswirkungen der Urbanisierung in Entwicklungsländern dargestellt am Beispiel Kolumbiens, Diss., Universität Göttingen.

*Casas Galvis* (1968): José Vicente Casas Galvis, La Contraloría en Colombia, Bogotá, Diss., Universidad Javeriana.

*Castillo Cardona* (1970): Carlos Castillo Cardona, Elite y desarrollo en Colombia, in: Rodrigo Parra Sandoval, Hrsg., Dependencia externa y desarrollo político en Colombia, Bogotá, S. 129-153.

*Castro Castro* (1974): Jaime Castro Castro, Cartilla del concejal, Bogotá.
- (1976 a): Jaime Castro Castro, Orden público económico, 2. Bde., Bogotá.
- (1976 b): Jaime Castro Castro, Control sobre la moralidad y eficiencia administrativas. Aproximación al „ombudsman", Bogotá.
- (1976 c): Jaime Castro Castro, La reforma administrativa, in: Revista Cámara de Comercio de Bogotá, Bd. 6, Nr. 22, S. IX-XXXX.

*Castro* (1971): José Felix Castro, Hrsg., La reforma administrativa de 1968. Decretos básicos, Bogotá, 2. Aufl.

*Catanese* (1973 a): Anthony James Catanese, Planning in a state of siege: The Colombian experience, in: Land economics, Bd. XLIX, Nr. 1, S. 35-43.
- (1973 b): Anthony James Catanese, Frustrations of national planning: Reality and theory in Colombia, in: Journal of the American Institute of Planners, Bd. 39, Nr. 2, S. 93-105.

*Cepeda / Gonzalez de Lecaros* (1976): Fernando Cepeda Ulloa und Claudia Gonzalez de Lecaros, Comportamiento del voto urbano en Colombia: una aproximación, Bogotá.

*Child* (1974): Jorge Child, López y el pensamiento liberal: Introducción a la conciencia nacional, Bogotá.

CIAS (1968): Centro de Investigación y Acción Social, Impuestos y desarrollo económico de Colombia, Bogotá.

CIAS (1969): Centro de Investigación e Acción Social, Estructuras políticas de Colombia, Bogotá.

CID (1969): Universidad Nacional de Colombia, Centro de Investigaciones para el Desarrollo, Alternativas para el desarrollo urbano de Bogotá, Bogotá.

*Cifuentes* (1978): Jorge Ignacio Cifuentes, Urban transportation in Bogotá, Washington (The World Bank), hekt.

*Cleaves* (1974): Peter S. Cleaves, Bureaucratic politics and administration in Chile, Berkeley. Rezension von Ch. T. Goodsell, in: Administrative Science Quarterly, Bd. 20 (1975), S. 651-652.

Congreso (1974): Colombia, Congreso, Cámara de Representantes, Comisión VIII, Primer seminario de evaluación de los presupuestos de entidades descentralizadas, Bogotá.

Contraloría (1976): Contraloría General de la República, Reforma López Michelsen / Martínez Zuleta, Bogotá.

Contrato (1928): Contrato celebrado entre el gobierno nacional y la Federación Nacional de Cafeteros en desarrollo de la ley 76 de 1927, Text in: ANIF 1975, S. 7-10.

*Corr* (1972): Edwin Corr, The political process in Colombia, Denver, Col. (University of Denver, The Social Science Foundation and Graduate School of International Studies, Monograph Series in World Affairs, Bd. 9, Monograph Nr. 1-2, 1971-72).

*Correa Restrepo* (1974): Hernan Correra Restrepo, La administración de personal en el sector público, Bogotá.

*Costa Pinto*(1971 a): Luis A. Costa Pinto, Clase, partido y poder: El caso colombiano, in: Aportes,Nr. 22, S. 96-122.

– (1971 b): Luis A. Costa Pinto, Voto y cambio social. El caso colombiano en el contexto latinoamericano, Bogotá.

*Crozier* (1964): Michel Crozier, The bureaucratic phenomenon, Chicago.

*Cruz Santos* (1963): Abel Cruz Santos, El presupuesto colombiano, 4. Aufl., Bogotá.

– (1968): Abel Cruz Santos, Finanzas públicas, Bogotá.

Cundinamarca (1973), Bd. I: Departamento de Cundinamarca, Reforma administrativa y el plan de desarrollo regional de Cundinamarca, Bd. I: La reforma administrativa de 1973, o.O. (Bogotá).

*Currie* (1950): Lauchlin Currie, The bases of a development program for Colombia. Report of a mission for the International Bank for Reconstruction and Development, Baltimore.

– (1961): Lauchlin Currie (Sociedad Colombiana de Economistas): Operación Colombia. Un programa nacional de desarrollo económico y social, Bogotá.

– (1965 a): Lauchlin Currie, Ensayos sobre planeación. Introducción a una teoría de desarrollo conocida como Operación Colombia, Bogotá.

– (1965 b): Lauchlin Currie, Una política urbana para los países en desarrollo. Un estudio de la Fundación para el Progreso de Colombia, Bogotá.

- (1966): Lauchlin Currie, Algunas barricadas en la via del desarrollo, Bogotá.
- (1967): Lauchlin Currie, Obstacles to development, East Lansing.
- (1974 a): Lauchlin Currie, Ahorro, corrección monetaria y construcción. Ensayos sobre interrelaciones en Colombia, Bogotá.
- (1974 b): Lauchlin Currie, El plan en marcha, in: idem, Hrsg., El plan de desarrollo colombiano en marcha, Beiträge zum Seminario de la Sociedad Colombiana de Economistas, September-Oktober 1973, Bogotá, S. 253-271.
- (1975): Lauchlin Currie, Leading sector strategy as a complement to government fiscal, monetary and exchange policies. Conference paper, Conference on planning and short term macro-economic policy in Latin America, jointly sponsored by the Latin American Institute for Economic and Social Planning, Ministerio de Planificación y Política Económica de Panamá and the National Bureau of Economic Research, Isla Contadora, Panamá, 31. Oktober-2. November 1975, hekt.
- (1976): Lauchlin Currie, Comment on „The leading sector development strategy: A re-interpretation", in: The Journal of Economic Studies, Bd. 3, Nr. 3, S. 164-169.

*Daland* (1967): R. T. Daland, Brazilian planning. Development, politics, and administration, Chapel Hill.

Dane (1970): Departamento Administrativo Nacional de Estadística, Estadísticas electorales, in: Boletín mensual de Estadística, Nr. 229, S. 129-192.

Dane (1972): Departamento Administrativo Nacional de Estadística, División de Estudios Sociales, Comportamiento electoral durante el Frente Nacional, 1958-1972: Asambleas Departamentales, in: Boletín Mensual de Estadística, Nr. 250-251, S. 29-72.

Dane (1975): Departamento Administrativo Nacional de Estadística, División de Estudios Económicos, Sección de Coyuntura Económica, Desajustes y emergencia económica. Aspectos de la economía colombiana en 1974, in: Boletín Mensual de Estadística, Nr. 282, S. 7-48.

Dane (1976 a): Departamento Administrativo Nacional de Estadística, División de Censos y Proyectos Específicos, Población y fuerza de trabajo en Bogotá (Encuesta nacional de hogares, etapa 8 especial, Marzo de 1975), in: Boletín Mensual de Estadística, Nr. 299, S. 7-45.

Dane (1976 b): Departamento Administrativo Nacional de Estadística, División de Estudios Sociales, Resultados electorales 1974. Votación para Senado, Cámara de Representantes y asambleas departamentales, por departamento, partidas y listas, in: Boletín Mensual de Estadística, Nr. 295, S. 52-81.

Dane (1976 c): Departamento Administrativo Nacional de Estadística, División de Censos y Proyectos Específicos, La vivienda en Colombia 1973. Hogares, tenencia e industria familiar. Muestra de avance (XIV Censo nacional de población y III de vivienda), Resumen nacional, in: Boletín Mensual de Estadística, Nr. 302, S. 7-26.

Dane (1977): Departamento Administrativo Nacional de Estadística, División de Demografía, La migración interna y el proceso de concentración de la población de los departamentos, in: Boletín Mensual de Estadística, Nr. 314, S. 9-48.

*Davila Ladrón de Guevara* (1976): Carlos Davila Ladrón de Guevara, Dominant classes and elites in economic development: A comparative study of eight urban centers in Colombia, phil. Diss., Northwestern University, Evanston, Ill.

*Davila / Ogliastri* (1974): Carlos Davila L. und Enrique Ogliastri U., Elite y desarrollo regional: Un estudio en Pereira, Colombia. Reporte de investigación a Colciencias, hekt. Dokument D11-010-74 der Universidad de los Andes, Bogotá.

*Dent* (1974): D. Dent, Oligarchy and power structure in urban Colombia: The case of Cali, in: Journal of Latin American Studies, Bd. 6, Nr. 1, S. 113-133.

– (1976): David W. Dent, Styles of development in urban Colombia: a „crucial case" analysis of two cities, in: Comparative Political Studies, Bd. 9 (1976), Nr. 1, S. 43-68.

Departamento Adminstrativo del Servicio Civil (1975): Colombia, Departamento Administrativo del Servicio Civil, Administración del personal. Compilación de normas 1968-1975, Bogotá.

Derecho Financiero (1975): Derecho Financiero, Año 1, April 1975, Nr. 0 (Sondernummer über die Emergencia Económica).

Desarrollo Urbano (1976): El desarrollo urbano y su financiamiento, in: Carta Financiera, Bd. 3, Nr. 6, S. 3-19.

*Dias* (1971): Patrick V. Dias, Der Begriff „politische Kultur" in der Politikwissenschaft, in: Dieter Oberndörfer, Hrsg., Systemtheorie, Systemanalyse und Entwicklungsländerforschung. Einführung und Kritik, Berlin 1971, S. 109-148.

Dirección General del Presupuesto (1976): República de Colombia, Ministerio de Hacienda y Crédito Público, Dirección General del Presupuesto, Normas orgánicas del presupuesto general de la Nación, Bogotá.

Dirección General del Presupuesto Acuerdo (1976 a): Ministerio de Hacienda y Crédito Público, Dirección General del Presupuesto, Acuerdo de ordenación de gastos, Noviembre 1976, hekt.

Dirección General del Presupuesto Acuerdo (1976 b): Ministerio de Hacienda y Crédito Público, Dirección General del Presupuesto, Acuerdo de ordenación de gastos, Diciembre 1976, hekt.

*Dix* (1967): Robert Dix, Colombia: The political dimensions of change, New Haven und London.

– (1975): Robert H. Dix, The development significance of the rise of populism in Colombia, Houston, Tex. (Diskussionspaper Nr. 59, Program of Development Studies of the William Marsh Rice Univ.)

– (1978): Robert H. Dix, The varieties of populism: The case of Colombia, in: The Western Political Quarterly, Bd. XXX, S. 334-351.

DNP (1970): Departamento Nacional de Planeación, Actividades del Consejo Nacional de Política Económica y Social durante la administración de Carlos Lleras Restrepo, Bogotá.

DNP (1971): Departamento Nacional de Planeación, La administración pública en Colombia: Principios básicos constitucionales y legales, Bogotá.

DNP (1972): Departamento Nacional de Planeación, Unidad de Coordinación Presupuestal, Comentario al Proyecto del Estatuto Normativo Orgánico del Presupuesto General de la Nación, Maschinenschrift, 3. Oktober.

DNP (1973): Departamento Nacional de Planeación, Unidad de Coordinación Presupuestal, Discusión de proyecto de decreto-ley sobre Estatuto Normativo del Presupuesto Nacional, preparado par la Comisión Redactora, Bogotá.

DNP (1974): Departamento Nacional de Planeación, Colombia, Ciudades dentro de la ciudad. La política urbana y el Plan de Desarrollo en Colombia, Bogotá.

DNP (1975 a): Departamento Nacional de Planeación, Política de desarrollo urbano, Bogotá.

DNP (1975 b): Departamento Nacional de Planeación, Programa de desarrollo rural integrado. Esquema preliminar, Bogotá.

DNP (1975 c): Departamento Nacional de Planeación, Cuotas de inversión para 1977 y proyección de ingresos y gastos del Gobierno Nacional, Bogotá.

DNP (1975 d): Departamento Nacional de Planeación, Situación del IDEMA, Bogotá.

DNP (1976 a): Departamento Nacional de Planeación, Migración a Bogotá, 1922-1972 (Titel auf Deckblatt: „Inmigración a Bogotá ...").

DNP (1976 b): Departamento Nacional de Planeación, Programa de desarrollo rural integrado. Modificaciones a la Ley de Presupuesto para 1976, Bogotá.

DNP (1976 c): Departamento Nacional de Planeación, Programa de desarrollo rural integrado. Proyecto de organización operativa, Bogotá.

DNP (1976 d): Departamento Nacional de Planeación, Anteproyecto de presupuesto de inversión 1977 y su regionalización, Bogotá.

DNP (1976 e): Departamento Nacional de Planeación, La CAR y la planificación regional de la Sabana de Bogotá, Bogotá.

DNP (1977): Departamento Nacional de Planeación, Unidad de Inversiones Públicas, División de Programación y Control Presupuestal, El Plan de Inversiones Públicas 1978. Programación y preparación, Bogotá.

DNP Formulario (1978): Departamento Nacional de Planeación, Formular „Presupuesto Nacional de Inversión, Programación Detallada del Proyecto", für 1978.

DNP/American City Corporation (1974): Departamento Nacional de Planeación, El Salitre. Una ciudad dentro de la ciudad. La política urbana y el plan de desarrollo en Colombia, prepared by the American City Corporation, Subsidiary of the Rough Company, Columbia, Md.

DNP/DG Presupuesto (1976): Departamento Nacional de Planeación/Dirección General de Presupuesto, Unidad de Inversiones Públicas, Instrucciones para la revisión del Plan de Inversiones Públicas 1976-1979 y la preparación de los anteproyectos de ley de presupuesto para 1977, Bogotá.

*Doebele*: William A. Doebele, The private market and low income urbanization: The „pirate" subdivisions of Bogota, in: American Journal of Comparative Law, Bd. 25, Nr. 3, S. 531-564.

*Doebele / Grimes* (1977): William A. Doebele und Orville F. Grimes, Valorization charges as a method for financing urban public works: The example of Bogotá, Colombia, Washington (World Bank Staff Working Paper, Nr. 254).

*Downs* (1967): Anthony Downs, Inside Bureaucracy, Boston.

*Dresang* (1973): Dennis L. Dresang, Entrepreneurialism and development administration, in: Administrative Science Quarterly, Bd. 18, S. 76-85.

*Edelman* (1967): Murray Edelman, The symbolic uses of politics, Urbana (1. Aufl. 1964).

*Eder / Chommie* (1964): George Jackson Eder und John C. Chommie mit Hector und Julio Becerra, Taxation in Colombia, Chicago.

*Egner* (1967): Erich Egner, Política regional y desarrollo económico, Bilbao.

*Escallon Ordoñez* (1973): Julio Enrique Escallon Ordoñez, Contralor General, Contraloría General de la República, Oficina de Planeamiento, Manual de contabilidad nacional, Bogotá.

*Escobar Sierra* (1973): Hugo Escobar Sierra, La paridad administrativa, Bogotá.

*Escobar Zapata* (1968): Stella Escobar Zapata, El proceso de reforma administrativa en Colombia, in: Comisión Económica para América Latina, Aspectos administrativos de la planificación, Documentos de un seminario, New York, S. 256-293.

Escuela Superior (1973): Escuela Superior de Administración Pública, La toma de decisiones en la administración pública colombiana. Aspectos de las relaciones entre los gerentes, directores o presidentes de los organismos públicos descentralizados nacionales y las respectivas juntas o concejos directivos, hekt.

*Esman* (1972): Milton J. Esman, Administration and development in Malaysia. Institution building and reform in a plural society, Ithaca und London.

*Etzioni* (1961): Amitai Etzioni, Hrsg., Complex organizations. A sociological reader, New York.

– (1975): Amitai Etzioni, A comparative analysis of complex organizations, New York, 2. Aufl.

Evaluación (1970): Evaluación del informe „Hacia el pleno Empleo" y recomendaciones de la Comisión, in: Revista del Banco de la República, Nr. 516, S. 1461-67.

*Fals Borda* (1967): Orlando Fals Borda, Subversión y cambio social en Colombia, Bogotá.

Federación de Cafeteros (1975): Federación Nacional de Cafeteros de Colombia, Informe de labores de los comités departamentales de cafeteros, Bogotá.

Fedesarrollo (1976): Fundación para la Educación Superior y el Desarrollo, Análisis de algunos aspectos del plan de desarrollo „Para cerrar la Brecha", Bogotá.

*Fernandez Botero* (1964): Eduardo Fernandez Botero, Las constituciones colombianas comparadas, 2 Bde., Medellín.

*Fernandez / Sandoval* (1976): David Fernandez Saldaña con la colaboración de Miguel Sandoval Zabaleta (Ministerio de Hacienda y Crédito Público, Dirección General del Presupuesto, Jefatura Divisiones Delegadas de Presupuesto), Guía para Delegados de Presupuesto, Bogotá.

*Fierro* (1973): Marco Fierro, Algunos problemas relacionados con la migración en Colombia, Bogotá: Centro de Estudios sobre el Desarrollo, Universidad de los Andes.

Financiamiento (1974): Financiamiento del desarrollo urbano, Bogotá.

Finanzas Públicas (1974): Finanzas Públicas – Gobierno Nacional, in: Coyuntura Económica, Bd. 4, Nr. 3, S. 75-96.

Finanzas Públicas (1975 a): Finanzas Públicas – Gobierno Nacional, in: Coyuntura Económica, Bd. 5, Nr. 1, S. 59-76.

Finanzas Públicas (1975 b): Finanzas Públicas – Gobierno Nacional, in: Coyuntura Económica, Bd. 5, Nr. 4, S. 40-54.

Finanzas Públicas (1976): Finanzas Públicas – Gobierno Nacional, in: Coyuntura Económica, Bd. 6, Nr. 1, S. 59-76.

Finanzas Públicas (1977): Finanzas Públicas, in: Coyuntura Económica, Bd. 7, Nr. 1, S. 65-73.

*Finck* (1976): Horst Finck, Kolumbien: Gewerkschaften, Bonn.

– (1981): Horst Finck, Entwicklungsplanung in Kolumbien, dargestellt am Beispiel des Agrarsektors, Frankfurt.

*Fisher* (1974): Thomas W. Fisher, La situación gerencial y organizacional en Colombia, Sector público, Maschinenschrift.

*Flinn* (1968): William L. Flinn, The Process of migration to a shanty-town in Bogotá, in: Interamerican Economic Affairs, Bd. 22, Nr. 2, S. 77-88.

*Flinn / Camacho* (1969): William L. Flinn und Alvaro Camacho, The correlates of voter participation in a town barrio in Bogotá, Colombia, in: Interamerican Economic Affairs, Bd. 22, Nr. 4, S. 47-58.

*Fluharty* (1957): Vernon Lee Fluharty, Dance of the millions. Military rule and the social revolution in Colombia, 1930-1956, Pittsburgh.

*Franco Burgos* (1972): Ponencia del Honorable Representante Joaquín Franco Burgos para primer debate en la Cámara de Representantes al proyecto de ley no. 172/40/100 „por la cual se conceden facultades al gobierno para actualizar y reformar las normas orgánicas de presupuesto", Text in Palacios Mejía 1973, S. 138-140.

*Franco Holguin* (1975): Jorge Franco Holguin, Origen y funciones de la Contraloría General de la República, in: Revista Cámara de Comercio de Bogotá, Bd. 6, Nr. 21, S. 15-18.

*Gable / Springer* (1976): R. W. Gable und J. Fred Springer, Administering agricultural development in Asia: A comparative analysis of four national programs, Boulder, Col.

*Galán O.* (1973): Maria Cristina Galán O., Incidencia del impuesto a las ventas en Colombia, Bogotá, Diss., Universidad de los Andes.

*Galbraith* (1966): W. O. Galbraith, Colombia – A general study, 2. Aufl., London/New York/Toronto.

*Galeano* (1971): Alberto Galeano, El proceso político colombiano. „Democracia" vs. populismo, Bogotá, Series Populibro, Nr. 43.

*Galli* (1975): Rosemary Galli, The United Nations Development System and Colombia, in: Latin American Perspectives, Bd. 2, Nr. 3, S. 36-52.

*Garcés* (1970): Joan E. Garcés, La continuidad del sistema a través del cambio: El sistema bipartidista de Colombia, in: Revista Latinoamericana de Sociología, Bd. 6, Nr. 1, S. 7-58.

– (1972): Joan E. Garcés, Desarrollo político y desarrollo económico: Los casos de Chile y Colombia, Madrid.

*García* (1974): Antonio García, Gaitán y el problema de la revolución colombiana, Bogotá, 2. Aufl. (1. Aufl. 1961).

*García* (1973): Bernardo García, Anticurrie: Crítica a las teorías de desarrollo capitalista en Colombia, Bogotá.

*García* (1970): Carlos García N., Características de los inmigrantes en sinco ciudades colombianas, Bogotá, Bucamaranga, Manizales, Medellín y Popayán. Bogotá: Centro de Estudios sobre el Desarrollo, Universidad de los Andes.

*García Merlano* (1976): Reinaldo García Merlano, Estructura regional de los ingresos presupuestales y de la inversión pública nacionales, in: Revista de Planeación y Desarrollo, Bd. 8, Nr. 2, S. 57-70.

*Gauhan* (1975): Timothy O. Gauhan, Some economic and political characteristics of the low income housing market in Bogotá, Colombia, and their implications for public policy alternatives, Houston, Tex.

- (1977): Timothy O. Gauhan, Housing and the urban poor. The case of Bogotá, Colombia, in: Journal of Interamerican Studies and World Affairs, Bd. 19, Nr. 1, S. 99-124.

*Gilbert* (1975): Alan Gilbert, Urban and regional development programs in Colombia since 1951, in: Latin American Urban Research, Bd. 5, Beverly Hills/Cal. und London. (Urbanization and Inequality. The political economy of urban and rural development in Latin America, hrsg. von Wayne A. Cornelius und Felicity M. Trueblood), S. 241-275.

- (1976): Alan Gilbert, La concentración industrial y su impacto en el crecimiento de las ciudades colombianas, in: Cardona Gutierrez 1976 b, S. 109-138.

- (1978): Alan Gilbert, Bogotá: Politics, planning, and the crisis of lost opportunities, in: Latin American Urban Research, Bd. 6, Beverly Hills und London (Metropolitan Latin America: The challenge and the response, hrsg. von Wayne A. Cornelius und Robert V. Kemper), S. 87-126.

*Gómez Cano* (1972): Juan Guillermo Gómez Cano, El plan de desarrollo y la política urbana y regional, in: Revista Javeriana, Bd. 78, Nr. 387, S. 165-173.

Gómez Téllez (1975): Asamblea General de Afiliados, Fenalco Cundinamarca, Informe rendido per el director, Guillermo Gómez Téllez, Bogotá.

- (1976): Fenalco Cundinamarca, Asamblea General de Afiliados, Informe del presidente de la Junta Directiva y del director, Alvaro Barrera C. y Guillermo Gómez T., Bogotá.

*Gonzalez G.* (1974): Fernan E. Gonzalez G., Colombia en Agosto-Septiembre y Octubre 1974, in: Anali-Cias, Bd. 3, Nr. 30, S. 46-77.

- (1975): Fernan E. Gonzalez G., Colombia 1974. I. La Política. Bogotá: Centro de Investigación y Acción Social (Series Controversia, Nr. 33).

*Gonzalez Gonzalez* (1972): Humberto Gonzalez Gonzalez, Genesis del triangulo urbano en Colombia, in: Revista Javeriana, Bd. 78, Nr. 387, S. 157-164.

*Gonzalez / Florez* (1976): César A. Gonzalez und Luis Bernardo Florez E., Industria y desarrollo urbano en Colombia, in: Revista de Planeación y Desarrollo, Bd. 8, Nr. 2, S. 151-189.

*Groves* (1974): Roderick T. Groves, The Colombian National Front and administrative reform, in: Administration and Society, Bd. 6, Nr. 3, S. 316-336.

Grupo de Investigación (1976): Grupo de Investigación Urbana – Cinep (Coordinadores: Jorge Enrique Vargas G. y Luis Ignacio Aguilar Z.), Planeación urbana y luche de clases. Los „circuitos viales", Bogotá.

*Guillén Martínez* (1973): Fernando Guillén Martínez, El poder. Los modelos estructurales del poder político en Colombia, Bogotá (Universidad Nacional de Colombia, Centro de Investigaciones para el Desarrollo).

*Gutierrez Muñoz* (1974): Henry Gutierrez Muñoz, Una política económica para el retroceso, in: Revista Javeriana, Bd. 82, Nr. 410, S. 412-419.

*Guzman Campos* (1962): German Guzman Campos, La violencia en Colombia (Parte descriptiva) Bogotá.

*Hanf / Weiland* (1978): Theodor Hanf und Heribert Weiland, Konkordanzdemokratie für Südafrika? Zur Bedeutung der neueren verfassungspolitischen Debatte, in: Europa-Archiv, Folge 23, S. 755-770.

*Hanson* (1976): James A. Hanson, The leading sector development strategy and the importance of institutional reform: A re-interpretation, in: Journal of Economic Studies, Bd. 3, Nr. 1, S. 1-12.

*Healey* (1976): Patsy Healy, Planning and Change. An evaluation of some attempts at introducing urban planning into Latin America, and a discussion of the relevance and potential of planning in situations experiencing structural change, Oxford u.a.

*Heaphey* (1971): James J. Heaphey, Hrsg., Spatial dimensions of public administration, Durham.

*Heidenheimer* (1970): A. J. Heidenheimer, Hrsg., Political corruption, New York.

*Heimer* (1971): Franz-Wilhelm Heimer, Begriffe und Theorien der „politischen Entwicklung": Bilanz einer Diskussion und Versuch einer Ortsbestimmung G. A. Almonds, in: Dieter Oberndörfer, Hrsg., Systemanalyse und Entwicklungsländerforschung, Berlin S. 449-515.

*Hernandez Mora* (1957): Alberto Hernandez Mora, El plebiscito – una solución nacional, Bogotá.

*Hernández Vasquez* (1975): Jairo R. Hernández Vasquez, Estado de emergencia y control constitucional, in: Universitas, Bogotá, Nr. 45, S. 175-218.

*Hoetjes* (1978): B. J. S. Hoetjes, Het openbaar bestuur in ontwikkelingslanden-problemen van bestuur en bestuurwetenschap, in: Acta politica, Bd. 13, S. 48-80.

*Holt* (1964): Pat M. Holt, Colombia today – and tomorrow, London.

*Hoskin / Leal / Kline / Rothlisberger / Borrero* (1975): Gary Hoskin, Francisco Leal, Harvey Kline, Dora Rothlisberger, Armando Borrero, Estudio del comportamiento legislativo en Colombia, Bogotá, Bd. 2 (Bd. 1 ist Leal Buitrago 1973).

*Hoskin / Swanson* (1973): Gary Hoskin und Gerald Swanson, Interparty competition in Colombia: A return to La violencia?, in: American Journal of Political Science, Bd. 17, Nr. 2, S. 316-350.

– (1974): Gary Hoskin und Gerald Swanson, Political party leadership in Colombia. A spatial analysis, in: Comparative Politics, Bd. 6, Nr. 3, S. 395-423.

*Ibarra* (1974): Pedro Felipe Ibarra, con el auspicio de la ESAP, Colciencias y SOAIP, Sistema de control administrativo centralizado de gestión de los organismos descentralizados del nivel nacional, Bogotá, Maschinenschrift.

IBRD/IDA (1975): International Bank for Reconstruction and Development / International Development Association, Economic position and prospects of Colombia (3 Bde.), Bd. III: Colombian tax reform of 1974.

ICT (1975): Instituto de Crédito Territorial (ICT), Inventario de zonas subnormales de vivienda y proyectos de desarrollo progresivo, Bogotá.

ICT (1976): Instituto de Crédito Territorial, Informe de actividades 1976, Bogotá, hekt.

IDU (1976): Bogotá, Alcaldía Mayor, Instituto de Desarrollo Urbano, El Salitre. Plan de integración urbana, Bogotá.

*Ilchman / Uphoff* (1971): Warren F. Ilchman und Norman Thomas Uphoff, The political economy of change, Berkeley.

*Illy* (1976): Hans-Ferdinand Illy, Sankt Bürokratius in der Dritten Welt. Aufstieg und Versagen der administrativen Bourgeoisie, in: Gerd-Klaus Kaltenbrunner, Der Apparatschik. Die Inflation der Bürokratie in West und Ost, Freiburg, S. 99-110.

– (1977): Hans-Ferdinand Illy, Social control instead of social change: Administration of land reform in the Dominican Republic, paper presented to the „Workshop on Public Administration in the Third World" at the Joint Sessions of Workshops of the European Consortium for Political Research, Berlin, March 27 to April 2, 1977.

ILPES (1976): Instituto Latinoamericano de Planificación Económica y Social / División de Desarrollo Social de las Naciones Unidas, Ensayos sobre planificación regional del desarrollo, Mexico.

INDICE (1975): Indice de disposiciones legales que afectan presupuesto, in: Gasto Público (Dezember), S. 58-95.

Informe Financiero (1975): Anibal Martinez Zuleta (Contralor General), Informe Financiero de 1975, Contraloría General de la República, Dirección de Analisis Financiero y Estadística, Bogotá 1976.

Instituto Ser de Investigaciones (1975): Catálogo de tesis doctorales de los Estados Unidos y Canadá sobre temas colombianos, 1925-74, Bogotá (Colciencia).

*Isaza / Ortega* (1969): Rafael Isaza B. und Francisco J. Ortega, Encuestas urbanas de empleo y desempleo. Análisis y resultados, Bogotá: Centro de Estudios sobre Desarrollo, Universidad de los Andes.

*Jimenez / López* (1974): Gabriel Jimenez Salgado und Benjamin López Ramírez, Contratos de la administración pública. Compilación y notas, Bogotá.

*Junguito Bonnet* (1971): Roberto Junguito Bonnet, Estudio del impuesto de renta presuntiva al sector agropecuario, Bogotá.

*Kaiser* (1977): Eugen Kaiser, Zur Entwicklung der öffentlichen Verwaltung in Kolumbien, M. A. Arb., Freiburg.

*Kalnins* (1974): Arvids Kalnins, Entidades descentralizadas territoriales de Colombia. Diagnóstico, areas críticas y reformas sugeridas, Bogotá, hekt.

*Kenworthy* (1970): Eldon Kenworthy, Coalitions in the political development of Latin America, in: Sven Groennings, E. W. Kelly, Michael Leiserson, The study of coalition behavior: Theoretical perspectives and cases from four continents, New York.

*Kirchhof / Popp* (1973): Karl Kirchhof und Ulrich Popp, Der administrative Aufwand der Entwicklungshilfe, Berlin 1973.

*Kline* (1970): Harvey Kline, The cohesion of political parties in the Colombian Congress: A case study of the 1968 session, Diss., University of Texas, Austin.

– (1974): Harvey S. Kline, Interest groups in the Colombian Congress, Bogotá: Department of Political Science, Universidad de los Andes, hekt.

– (1975): Harvey S. Kline, Selección de candidatos, in: Hoskin / Leal / Kline / Rothlisberger / Borrero 1975, S. 169-206.

*König / Bolay* (1980): Klaus König und Friedrich Bolay, Zur Evaluation eines Verwaltungshilfeprojektes im Nordjemen, in: Verwaltungsarchiv 1980, S. 265-279.

*König / Schleicher / Bolay* (1981): Klaus König, Walter Schleicher, Friedrich Bolay, Zur entwicklungspolitischen Zusammenarbeit mit der lateinamerikanischen Steuerverwaltung, in: Verwaltungsarchiv, 1981, S. 316-332.

*Koffman* (1969): Bennet Eugene Koffman, The National Federation of Coffegrowers of Colombia, phil. Diss., University of Virginia.

*Kosow* (1978): Heiko-Michael Kosow, Verwaltungshilfe-Bestandsaufnahme, Speyer/ Bochum, hekt.

*Krumwiede* (1974): Heinrich-W. Krumwiede, Katholische Kirche und politische Entwicklung in Kolumbien, Diss., Universität Mannheim.

*Kurze* (1977): Herbert Kurze, Grundlinien eines rationalen Steuersystems in teilindustrialisierten Entwicklungsländern, Meisenheim 1977.


*Landaburu / Perdomo* (1974): Maite Fadul de Landaburu und Carlos Perdomo Hernandez, Algunas contribuciones al estudio sobre el poder de los sindicados, Bogotá: Centro de Estudio sobre Desarrollo, Universidad de los Andes.

*Landau* (1969): Martin Landau, Redundancy, rationality, and the problems of duplication and overlap, in: Public Administration Review, Bd. 29, S. 346-358.

*LaPalombara* (1971): Joseph LaPalombara, Alternative strategies for developing administrative capabilities in emerging nations, in: Riggs 1971, S. 171-226.

*Larrainzar Yoldi* (1970): Ricardo Larrainzar Yoldi, La administración municipal en Colombia, Medellín.

*Lascarro* (1965): Leopoldo Lascarro, Administración fiscal, presupuesto, descentralización, Bogotá.

*Lasswell / Kaplan* (1950): H. D. Lasswell und A. Kaplan, Power and society, New Haven.

*Latorre* (1974): Mario Latorre Rueda, Elecciones y partidos políticos en Colombia, Bogotá: Departamento de Ciencia Política, Universidad de los Andes.

*Leal Buitrago* (1970): Francisco Leal Buitrago, Política e intervención militar en Colombia, in: Rodrigo Parra Sandoval, Hrsg., Dependencia externa y desarrollo político en Colombia, Bogotá, S. 155-207.

– (1973): Francisco Leal Buitrago, Análisis histórico del desarrollo político nacional, 1930-1970, Bogotá (ist Bd. 1 von Hoskin / Leal / Kline / Rothlisberger / Borrero 1975).

*Leff* (1964): Nathaniel Leff, Economic development through bureaucratic corruption, in: The American Behavioral Scientist, Bd. 8, Nr. 3, S. 8-14.

*Lehmbruch* (1968): Gerhard Lehmbruch, Konkordanzdemokratie im politischen System der Schweiz, in: Politische Vierteljahresschrift, Bd. 9, S. 443-459.

*Lerche* (1974): Dietrich Lerche, Studien zur Lage der Aus- und Fortbildung indonesischer Finanzbeamter und des möglichen Einsatzes bzw. der Erweiterung deutscher technischer (Verwaltungs-)Hilfe, Jakarta.

*Levy* (1968): Marion J. Levy Jr., Structural-functional Analysis, in: David L. Sills, Hrsg., International Encyclopedia of the Social Sciences, o.O. (New York und London), Bd. 6, S. 21-28.

*Lewis* (1972): Wilfred Lewis, Jr., Some views and comments on the national budgeting system in Colombia, April 17, 1972, Bogotá, Colombia. Papier verfaßt auf Wunsch des Departamento Nacional de Planeación, finanziert von der U.S. Agency for International Development, neugedruckt und zitiert in Palacios Mejía 1973, S. 77-96.

Ley de Presupuesto 1977 Establecimientos: República de Colombia, Ministerio de Hacienda y Crédito Público, Dirección General de Presupuesto, Ley de Presupuesto 1977. Establecimientos Públicos Nacionales.

Ley de Presupuesto 1977 Sector Central: República de Colombia, Ministerio de Hacienda y Crédito Público, Dirección General de Presupuesto, Ley de Presupuesto 1977.

*Leys* (1972): Colin Leys, A New Conception of Planning?, in: Mike Faber und Dudley Sees, The Crisis in Planning, Bd. 1, Sussex.

*Liévano* (1974): Fernando Liévano, Antropología política en una comunidad campesina. Elementos estructurales que fundamentan la acción de los grupos políticos en una comunidad campesina de la Sabana, Diss., Universidad de los Andes, Bogotá.

*Lijphart* (1969): Arend Lijphart, Consociational democracy, in: World Politics, Bd. 21, S. 207-225.

– (1977): Arend Lijphart, Democracy in plural societies. A comparative exploration, New Haven und London.

*Linn* (1976 a): Johannes F. Linn, Public transportation and housing in Bogotá: Organization, service levels, and financing, Entwurf, hekt., The World Bank, Washington.

– (1976 b): Johannes F. Linn, Public utilities in metropolitan Bogotá: Organization, service levels, and financing. The World Bank, Washington, hekt.

– (1977 a): Johannes F. Linn, Property taxation in Bogotá, Colombia: Structure, administration and growth, Entwurf, The World Bank, Washington, D.C., hekt.

– (1977 b): Johannes F. Linn, The incidence of urban property taxation in developing countries: A theoretical and empirical analysis applied to Colombia, Washington (World Bank Staff Working Paper Nr. 264), hekt.

- (1968): Johannes F. Linn, Urbanization trends, polarization reversal, and spatial policy in Colombia, Münster (Reihe: Arbeitspapier Nr. 12 des Sonderforschungsbereichs 26, Raumordnung und Raumwirtschaft, Münster).

*Llorente Martínez* (1971): Rodrigo Llorente Martínez, Exposición de motivos presentada por el Ministro de Hacienda y Crédito Público, Rodrigo Llorente Martínez, al proyecto de ley „per la cual se conceden facultades al gobierno para acutalizar y reformar las normas orgánicas del presupuesto", octubre 20 de 1971, neugedruckt in: Palacios Mejía 1973, S. 109-112.

*López Michelsen* (1974): Alfonso López Michelsen, Informe presidencial sobre el estado de emergencia económica, in: Revista del Banco de la República, Nr. 565, S. 1538-67.

- (1975 a): Alfonso López Michelsen, El presidente y la emergencia económica, in: Derecho Financiero, Bd. 1, S. 15-24.

- (1975 b): Alfonso López Michelsen, La administración sobotea al gobierno, Medellín (Rede), November 1975, Text in: Apuntes Económicos, Nr. 276, S. 23-24.

- (1976): Alfonso López Michelsen, Las obras responden por la reforma tributaria, Rede in Villavicencio, 31. Januar 1976, Text in: Administración López, Documentos-Discursos, Enero, febrero y marzo 1976, Bogotá.

*López / Gomez / Rojas / Echeverry* (1973): Alfonso López Michelsen, Alvaro Gómez Hurtado, Maria Eugenia Rojas, Hernando Echeverry Mejía, Plataformas económicas de los candidatos presidenciales, 1974-78, in: Revista de la Sociedad Colombiana de Economistas, Nr. 22 (Sonderheft).

*López Villa* (1971): Eduardo López Villa (Senado de la República), Constitución política de la República de Colombia, 2. Aufl., Bogotá.

*Lordello de Mello* (1973): Diego Lordello de Mello, Servicios públicos municipales, Bogotá (Biblioteca ESAP: Escuela Superior de Administración Pública).

*Losada Lora* (1972 a): Rodrigo Losada Lora, Incidencia de factores sociales personales en las opiniones políticas del congresista colombiano, Bogotá: Departamento de Ciencia Política, Universidad de los Andes.

- (1972 b): Rodrigo Losada Lora, Perfil socio-político típico del congresista colombiano, Bogotá.

- (1973 a): Rodrigo Losada Lora, Los institutos descentralizados de carácter financiero: Aspectos políticos del caso colombiano, Bogotá.

- (1973 b): Rodrigo Losada Lora, Propiedades y disposiciones de los congresistas y su relación con las funciones del congreso. Un modelo empírico, Bogotá.

- (1976 a): Rodrigo Losada Lora, Las elecciones de mitaca en 1976: Participación electoral y perspectiva histórica, Bogotá.

- (1976 b): Rodrigo Losada Lora, El problema de la vivienda y el plan de desarrollo, in: Fedesarrollo 1976, S. 33-45.

- (1977): Rodrigo Losada Lora, Reflexiones críticas sobre la llamada crísis de los partidos tradicionales, in: Coyuntura Económica, Bd. 7, Nr. 1, S. 174-182.

- (1978): Rodrigo Losada Lora, El significado político de las elecciones de 1978 en Colombia, in: Coyuntura Económica, Bd. 8, Nr. 2, S. 181-201.

*Losada / Gomez* (1976): Rodrigo Losada Lora und Hernando Gómez Buendia, La tierra en el mercado pirata de Bogotá, Bogotá.

*Losada / Murillo* (1973): Rodrigo Losada Lora und Gabriel Murillo in Zusammenarbei mit Dora Rothlisberger, Paul Oquist, Martin Alonso Alvarado und Israel Rivera, Análisis de las elecciones de 1972 en Bogotá, Bogotá.

*Losada / Williams* (1970): Rodrigo Losada Lora und Miles W. Williams, El voto presidencial en Bogotá. Análisis del comportamiento electoral del 19 de Abril de 1970, in: Boletín Mensual de Estadística, Nr. 229, S. XV-XLIII.

Low Murtra 1976 [Enrique]: „La reforma tributaria está llena de huecos y vacios: Low Murtra, 15 mil millones se evaporaron en burocracia", Interview mit „La República", 25.10.1976.

*Lucena Quevedo* (1977 a): Definiciones políticas, planeación integral y diseño urbano para Bogotá, Palabras del doctor Ernesto Lucena Quevedo, presidente del Honorable Concejo de Bogotá, en la instalación del período del dia 10 de Agosto de 1977, Bogotá.

– (1977 b): Ernesto Lucena Quevedo, Ponencia sobre el proyecto de acuerdo no. 38 de 1976 „Por el cual se declara el area de reserva para zonas verdes", presentado per el Honorable Concejal Joaquín Mejía Figueredo, hekt., o.O. (Bogotá), o.J. (1977).

*MacGreevey* (1976): William Paul McGreevey, Migración y políticas de crecimiento urbano en Colombia, in: Cardona Gutierrez 1976, S. 83-106.

*Maingot* (1967): Anthony P. Maingot, Colombia: Civil-military relations in a political culture of conflict, Diss., University of Florida.

*Maraviglia* (1974): Antonio Maraviglia, El sector de las entidades descentralizadas de Colombia. Diagnóstico y control de gestión, Maschinenschrift.

*March / Simon* (1967): James E. March und Herbert A. Simon, Organizations, New York/London/Sydney, 9. Aufl.

*Marini* (1971): Frank Marini, Hrsg., Toward a new public administration. The Minnowbrook perspective, New York.

*Mariño* (1973): Rafael Mariño Navas, El sistema de presupuesto, unveröffentl. Manuskript, um 1973.

*Martinez Muñoz* (1972): Enrique Martinez Muñoz, Derechos y prestaciones del empleado ofical; regimen legal y contractual. Nuevo estatuto prestacional del empleado público y del trabajador oficial nacionales. Normas para los departamentos y municipios. Legislación laboral y administrativa. Reformas, comentarios, jurispudencia, Bogotá.

*Martz* (1962): John D. Martz, Colombia. A contemporary political survey. Chapel Hill, N.C.

*Melo Guevara* (1968): Gabriel Melo Guevara, Aspectos de la reforma constitucional, in: Universitas Nr. 34, S. 74-86.

*Melo / López* (1976): Hector Melo und Ivan López Botero, El imperio clandestino del café, Bogotá.

*Mendoza Durán* (1976): Julio Mendoza Durán, Los polos de desarrollo y la planeación regional y urbana en Colombia, Konferenzpapier: Seminario sobre modelos y políticas de desarrollo regional en Colombia, Quirima, Antioquia (August), hekt.

*Mendoza Pantoja* (1975): Reinaldo Mendoza Pantoja, Vigencia del control previo estatal, in: Revista Cámara de Comercio de Bogotá, Bd. 6, Nr. 21, S. 49-48.

*Merton* (1965): Robert K. Merton, Social Theory and Social Structure, New York und London, 9. Auflage (1. Auflage 1949).

MInisterio de Hacienda (1963): Colombia, Ministerio de Hacienda y Crédito Público, Dirección General del Presupuesto, Manual de preparación del presupuesto, Bogotá, o.J. (1963).

Ministerio de Justicia (1974): República de Colombia, Ministerio de Justicia, Artículo 122 de la constitución nacional. Antecedentes de su primera aplicación, Bogotá.

*Miranda / Gonzalez* (1976): Nestor Miranda Ontaneda und Fernan E. Gonzalez, Clientelismo, „democracia" o poder popular, Bogotá.

*Mohan* (1978): Rakesh Mohan, Workers of Bogotá: Who they are, what they do, and where they live, The World Bank, Washington, hekt.

*Morcillo* (1971): Pedro Pablo Morcillo, El proceso de las reformas administrativas de Colombia, in: Revista de la Sociedad Interamericana de Planificación, Bd. 5, Nr. 18/19, S. 55-62.

*Muñoz-Serrano* (1972): Pedro Muñoz-Serrano, Kolumbien – Fünfzehn Jahre Nationale Front, Bonn-Bad Godesberg.

*Murgueitio Restrepo* (1963): Alonso Murgueitio Restrepo, La Contraloría General de la República, Diss., Universidad Javeriana, Bogotá.

*Murillo / Rivera Ortiz* (1973): Gabriel Murillo und Insrael Rivera Ortiz in Zusammenarbeit mit Patricia Pinzón, Actividades y estructura de poder en los partidos políticos colombianos, Bogotá.

*Musgrave* (1978): Richard Musgrave, Papier ohne Titel, vorgelegt zum Seminario Evaluación y Perspectivas de la Estructura Fiscal Colombiana, 12.7.1978, organisiert von der Universidad Javeriana, Bogotá, und der Harvard University, hekt.

*Musgrave / Gillis* (1971): Richard A. Musgrave und Malcolm Gillis, Fiscal Reform for Colombia, Final Report and Staff Papers of the Colombian Commission on Tax Reform, Cambridge, Mass. Das spanische Original wurde 1969 veröffentlicht: Bases para una reforma tributaria en Colombia, Bogotá.

*Nagel* (1961): Ernest Nagel, The Structure of Science. Problems in the Logic of Scientific Explanation, London.

*Nannetti* (1963): Guillermo Nannetti, La Escuela Superior de Administración Pública. Informe especial, Bogotá.

*Navas / Tovar* (1975): Alberto Navas Sierra und C. Tovar Mayra, Emergencia económica 1974. Recopilación cronológica de todas las disposiciones y fallos dictados en uso del artículo 122, Bogotá.

*Negrón* (1976): Marcos Negrón, La planificación urbana como complemento de la planificación regional, in: (Centro Latinoamericano de Administración para el Desarrollo), Administración regional en América Latina, Buenos Aires, S. 125-145.

*Nelson* (1971): Richard R. Nelson, T. Paul Schultz, Robert L. Slighton, Structural change in a developing economy. Colombia's problems and prospects, Princeton, N. J.

*Nitsch* (1968): Manfred Nitsch, Die Gewährleistung der Flexibilität der Entwicklungsplanung, Dipl.-Arbeit, München.

*Nye* (1967): J. S. Nye, Corruption and political development: A cost-benefit analysis, in: American Political Science Review, Bd. 56, S. 417-427.

*Oberndörfer* (1975): Dieter Oberndörfer, Die Rechnungshöfe Guatemalas und Costa Ricas, in: Verfassung und Recht in Übersee, Bd. 8, S. 169-182.

– (1977): Dieter Oberndörfer, Hrsg., Kommunalverwaltung in Mittelamerika. Eine Studie über die Hauptstädte Guatemalas und El Salvadors, Mainz.

*Oberndörfer / Avenarius / Lerche* (1976): Dieter Oberndörfer, Hermann Avenarius, Dietrich Lerche, Steuersystem und Steuerverwaltung in Indonesien, Stuttgart.

*Obregón / Perry* (1975): Ivan Obregón Sanin und Guillermo E. Perry Rubio, Efectos redistributivos de la reforma tributaria de 1974 en Colombia, Konferenzpapier für: Seminario sobre Distribución de Ingresos, organisiert vom Centro de Estudios para el Desarrollo, Universidad de los Andes, Bogotá, und der Weltbank, Washington (Juni 1975), hekt.

*O'Donnell* (1973): Guillermo A. O'Donnell, Modernization and bureaucratic authoritarianism, Berkeley, Cal.: Institute of International Studies, University of California.

OEA (1975): Organización de los Estados Americanos, Incidencia de un incremento en el ahorro destinado a la financiación de vivienda en Colombia, Washington, D.C.

OIT (1970): Hacia el pleno empleo. Un programa para Colombia preparado por una misión internacional organizada por la OIT, Bogotá 1970; engl. Fassung: Towards full employment. Report of a mission to Colombia (Seers Report), Genf: International Labour Office, 1970.

*Oquist* (1973): Paul Oquist, Las elecciones presidenciales 1930-1970, in: Boletín Mensual de Estadística, Nr. 268-69, S. 73-79 (ist ein eigener Teil von: Departamento de Ciencia Política, Universidad de los Andes, Comportamiento electoral del municipio colombiano, 1930-1970, ibidem, S. 61-97).

*Ortega Torres* (1976): Jorge Ortega Torres (comp.), Código de régimen político y municipal (Ley 4a de 1913 y normas legales complementarias), 5. akt. Aufl., Bogotá.

*Pacheco Quintero* (1976): Jorge Pacheco Quintero, Programación y manejo del presupuesto colombiano, o.O. (Bogotá), o.J. (1976); (Publicaciones Minhacienda).

*Pätz* (1970): Hans Jürgen Pätz, Regionale Entwicklungsgesellschaften in Kolumbien, Göttingen.

*Palacio Rudas* (1965): Alfonso Palacio Rudas, La devaluación revaluadora, o.O. (Bogotá?), o.J. (ca. 1965).

– (1971): Alfonso Palacio Rudas, Las columnas del Cofrade, 1966-1970, Ibague.

*Palacios Mejía* (1973): Hugo Palacios Mejía, Antecedentes del estatuto normativo del presupuesto general de la nación, Bogotá.

*Palacios* (1971): Marco Palacios, El populismo en Colombia, Bogotá und Medellín.

*Palencia Córdoba* (1975): Luis Hernando Palencia Córdoba, Naturaleza jurídica de la Contraloría General de la República, in: Revista Cámara de Comercio de Bogotá, Bd. 6, Nr. 21, S. 19-32.

*Para Cerrar* (1975): Para cerrar la brecha. Plan de desarrollo social, económico y regional, Bogotá (zitiert 3. Aufl. 1976).

*Parra Escobar* (1974): Ernesto Parra Escobar, La economía colombiana en emergencia, in: Anali-Cias, Nr. 30, S. 4-45.

*Parra Escobar* (1977): Armando Parra Escobar, El nuevo régimen de impuestos. Análisis y normas legales del impuesto sobre la renta y complementarios, 3. Aufl. Bogotá.

Parra-Peña (1975): Isidro Parra-Peña, Planificación, política y desarrollo en Colombia, in: Comercio exterior, Bd. 25, S. 287-297.

*Parsons* (1956): Talcott Parsons, Suggestions for a sociological approach to the theory of organizations, in: Administrative Science Quarterly, Bd. 1, S. 63-85.

*Patiño Rosselli* (1971): Alfonso Patiño Rosselli (Ministro de Hacienda y Crédito Público), Memoria de Hacienda, Bogotá.

*Payne* (1968): James L. Payne, Patterns of conflict in Colombia, New Haven.

*Pécaut* (1973): Daniel Pécaut, Política y sindicalismo en Colombia, Bogotá.

– (1974): Daniel Pécaut, Les élections générales du 21 avril 1974, in: Notes et Etudes Documentaires. Problèmes d'Amérique Latine, Nr. 4139-4141, S. 7-36.

*Peeler* (1976): John A. Peeler, Colombian parties and political development, in: Journal of Interamerican Studies, Bd. 18, Nr. 2, S. 203-224.

*Pelaez Vargas* (1976): Jorge Pelaez Vargas, Régimen tributario colombiano. Teoría práctica, Medellín.

*Pérez Escobar* (1974): Jacobo Pérez Escobar, Derecho constitucional colombiano, Bogotá.

*Pérez Upegui* (1972): Dario Pérez Upegui, Peculiaridades del fenómeno urbano en Colombia, in: Revista Javeriana, Bd. 78, Nr. 387, S. 142-149.

*Perrow* (1961): Charles Perrow, The analysis of goals in complex organizations, in: American Sociological Review, Bd. 26, S. 854-866.

– (1970): Charles Perrow, Organizational analysis: A sociological view, London.

*Perry* (1975 a): Guillermo E. Perry Rubio, La reforma tributaria de 1974, in: Revista del Banco de la República, Bd. XLVIII, Nr. 569, S. 274-279.

– (1975 b): Guillermo E. Perry Rubio (Director General de Impuestos Nacionales), Exposición en la reunión del Grupo de Consulta sobre Colombia, Paris, Junio de 1975, hekt.

Phase II Bd. I: República de Colombia, Banco Internacional de Reconstrucción y Fomento/Programa de las Naciones Unidas para el Desarrollo, El futuro de Bogotá, Llewelyn-Davies Weeks Forestier-Walker and Bor en asociación con Kates Peat Marwick and Co., Coopers and Lybrand, Consultécnicos Ltda., Departamento Administrativo de Planeación Distrital, Bogotá DE, Bogotá 1974.

Phase II Bd. II: República de Colombia, Banco Internacional de Reconstrucción y Fomento/Programa de las Naciones Unidas para el Desarrollo, Plan de Estructura para Bogotá. Informe técnico sobre el estudio de desarrollo urbano de Bogotá, Fase

2, Llewelyn Davis Weeks, Forestier-Walker and Bor en asociación con Kates Peat Marwick and Co., Coopers and Lybrand, Consultécnicos Ltda., Departamento Administrativo de Planeación Distrital, Bogotá DE, Bogotá 1974.
Phase II B: República de Colombia, International Bank for Reconstruction and Development/United Nations Development Programme, Bogotá Urban Development Study Phase II B, Llewelyn Associates in association with Jamieson Mackay and Partners, Consultécnicos Ltda., Depto. Administrativo de Planeación Distrital, Bogotá 1975 (1 Hauptbd. und 5 Bde. technische Information: Physical planning bases; Transport analysis; Financial analysis; Economic analysis and feasibility studies; Implementation methods).

*Pinilla / Pinilla* (1969): Javier und Nilson Pinilla Pinilla, Los establecimientos publicos y el servicio nacional de aprendizaje, SENA, Diss., Universidad Javeriana, Bogotá.

*Pinto* (1969 a): Rogerio Feital Pinto, Political functionality and administrative effectiveness. Three models of Latin American public administration, in: Revue Internationale des Sciences Administratives, Bd. 35, S. 329-341.

– (1969 b): Rogerio F. Pinto, The political ecology of the Brazilian National Bank for Development (BNDE), Washington.

*Pinzón* (1976): Gabino Pinzón, Las sociedades de economía mixta, in: Revista Câmara de Comercio de Bogotá, Bd. 6, Nr. 22, S. 47-54.

*Pollock* (1973): John Pollock, The political attitudes and social backgrounds of Colombia's urban housing bureaucrats, in: Latin American Urban Research, Bd. 3, Beverly Hills und London (National-local linkages: The interrelationship of urban and national polities in Latin America), hrsg. von Francine T. Rabinowitz und Felicity M. Trueblood, S. 133-152.

*Pongratz* (1977): Max-Peter Pongratz, Die öffentliche Verwaltung in Entwicklungsländern bei der Durchführung von Entwicklungsplänen – dargestellt am Beispiel Peru, Berlin.

*Porras* (1971): Jaime Porras, Some aspects of the budget system of Colombia, International Monetary Fund Paper, August 27, 1971, neugedruckt und zitiert nach Palacios Mejía 1973, S. 42-76.

*Posada / Posada* (1966): Antonio J. Posada F. und Jeanne de Posada: CVC. Un reto al subdesarrollo y al tradicionalismo, Bogotá.

*Pradilla Cobos* (1976): Emilio Pradilla Cobos, Notas acerca del „problema de la vivienda", in: Ideología y Sociedad, Nr. 16, S. 70-107.

Presidencia (1970 a): Presidencia de la República, Secretaría de Organización e Inspección de la Administración Pública, Manual de organización de la rama ejecutiva del poder público, Bogotá.

Presidencia (1970 b): Presidencia de la República, La reforma administrativa de 1968, Bogotá.

Presidencia (1978): Presidencia de la República, Secretaría de Administración Pública, Manual de organización de la rama ejecutiva del poder público, Bogotá.

Proyecto de ley (1976): Proyecto de ley de endeudamiento interno, in: Cifras Económicas (Oktober), S. 59-62.

Proyecto de ley de presupuesto (1977) Establecimientos: Ministerio de Hacienda y Crédito Público, Dirección General del Presupuesto, Proyecto de ley de presupuesto. Establecimientos públicos nacionales 1977, Bogotá.

*Puentes* (1967): Milton Puentes, Historia del Partido Liberal Colombiano, Bogotá.

Pulpo familiar en el poder (1974): in: Alternativa, Nr. 16 (September), S. 16-17.

*Pyhrr* (1977): Peter A. Pyhrr, The Zero-base approach to government budgeting, in: Public Administration Review, Bd. 37, S. 1-8.

*Radke* (1970): Detlef Radke, Die Kolumbien-Studie der ILO. Ein Beitrag zum Weltbeschäftigungsprogramm?, Berlin.

*Ramírez Cardona* (1974): Alejandro Ramírez Cardona, La reforma de la administración fiscal, in: Revista del Instituto Colombiano de Derecho Tributario, Bd. 8, Nr. 15, S. 39-45.

*Ramírez Cardona* (1967): Carlos Ramírez Cardona, Colombia (Reihe: La administración pública como instrumento del desarrollo), Washington, D.C.

*Ramsey* (1973): Russell W. Ramsey, Critical bibliography on La Violencia in Colombia, in: Latin American Research Review, Bd. 8, Nr. 1, S. 3-44.

*Restrepo Piedrahita* (1973): Carlos Restrepo Piedrahita, Las facultades extraordinarias, Bogotá.

– (1976): Carlos Restrepo Piedrahita, 25 años de evolución político-constitucional 1950-1975, Prólogo del Dr. Alfonso López Michelsen, Bogotá.

*Reveiz* et alii (1977): Edgar Reveiz, Jaime Millán, Gabriel Murillo, Charles Richter, Eilizabeth Ungar, Poder e información. El proceso decisorio en tres casos de política regional y urbana en Colombia, Bogotá.

Revista de Planeación y Desarrollo (Sonderheft): Departamento Nacional de Planeación (DNP), La política urbana y el plan de desarrollo, Revista de Planeación y Desarrollo, Bd. V, Nr. 3.

*Rezazadeh* (1970): R. Rezazadeh, Local administration in Colombia, in: Journal of Administration Overseas, Bd. 9, Nr. 2, S. 110-120.

*Riggs* (1964): Fred W. Riggs, Administration in developing countries. The theory of prismatic society, Boston.

– (1970): Fred W. Riggs, The idea of development administration, in: Edward W. Weidner, Hrsg., Development administration in Asia, Durham, N.C., S. 25-72.

– (1971): Fred W. Riggs, Frontiers of development administration, Durham.

*Riker* (1962): William H. Riker, The theory of coalitions, New Haven.

*Rivera-Ortiz* (1976): Angel Israel Rivera-Ortiz, The politics of development planning in Colombia, phil. Diss., State University of New York, Buffalo.

*Rizo Otero* (1970): Harold J. Rizo Otero, Los partidos políticos en Colombia, in: Universitas, Nr. 39, S. 56-91.

*Robin / Terzo* (1973): John P. Robin und Frederic C. Terzo, Urbanization in Colombia, New York (Reihe: Ford Foundation, International Urbanization Survey).

*Rodriguez R.* (1966): Gustavo Humberto Rodriguez R., El peculado. Legislación penal-fiscal, Tunja.

*Rodriguez* (1977): Irene Mejía de Rodriguez, Las reformas tributarias de Colombia, 1918-1974, Diss., Colegio Nuestra Señora del Rosario, Bogotá.

*Rodriguez-Espada:* Ethel Rodriguez-Espada, La incorporación de los migrantes a la estructura económica y social de la ciudad de Bogotá, in: Cardona Gutierrez, S. 179-217.

*Rojas Ruiz* (1970): Humberto Rojas Ruiz, El Frente Nacional: Solución política a un problema de desarrollo, in: Rodrigo Parra Sandoval, Hrsg., Dependencia externa y desarrollo político en Colombia, Bogotá, S. 103-128.

*Rojas / Camacho* (1973): Humberto Rojas Ruiz und Alvaro Camacho Guizado, El Frente Nacional: Ideología y realidad, Bogotá.

*Rosas Vega* (1976): Gabriel Rosas Vega, La reforma tributaria se hizo para engañar al pueblo, Interview mit „La República", 27. September.

*Rothenberg* (1973): Irene Fraser Rothenberg, Centralization patterns and policy outcomes in Colombia, phil. Diss., University of Illinois, Urbana.

*Rothlisberger / Oquist* (1973): Dora Rothlisberger und Paul Oqist, Algunos aspectos de la abstención electoral, in: Boletín Mensual de Estadística, Nr. 268-69, S. 80-97 (bildet einen eigenen Teil von: Departamento de Ciencia Política, Universidad de los Andes, Comportamiento electoral del municipio colombiano, 1930-1970, ibidem, S. 61-97).

*Rourke* (1969): Francis E. Rourke, Politics, bureaucracy and public policy, Boston.

*Ruiz* (1974): Ciro Alfonso Ruiz G., El ocaso del municipio colombiano. Ideas para su fortalecimiento, Diss., Universidad La Gran Colombia, Bogotá.

*Ruiz-Cubiles* (1974): Manuel Ruiz-Cubiles (Presidencia de la República, Secretaría de Organización e Inspección de la Administración Pública), Diagnóstico de la informatica en la administración pública de Colombia, hekt. Bogotá.

*Salazar / Mendoza* (1975): Fanny Salazar und Ericina Mendoza, Política y administración pública, in: Sociedad Colombiana 1975, S. 59-77.

*Sandoval Peralta* (1975): Diego Sandoval Peralta, El manejo electoral de la política económica durante el Frente Nacional, Bogotá.

*Santa* (1964): Eduardo Santa, Sociología política de Colombia, Bogotá.

*Santiago / García* (1975): César Santiago und Carlos García, Efectos administrativos del desarrollo regional, in: Administración y Desarrollo, Nr. 15, S. 33-47.

*Sarria / Sarria* (1974): Eustorgio Sarria und Mauricio Sarria B., Derecho administrativo, 6. Aufl., Bogotá.

*Scharpf* (1973): Fritz W. Scharpf, Verwaltungswissenschaft als Teil der Politikwissenschaft, in: id., Hrsg., Planung als politischer Prozeß. Aufsätze zur Theorie der planenden Demokratie, Frankfurt 1973, S. 9-32 (Neudruck eines Aufsatzes aus dem Jahre 1971).

*Schmidt* (1974 a): Steffen W. Schmidt, Bureaucrats as modernizing brokers? Clientelism in Colombia, in: Comparative Politics, Bd. 6, Nr. 3, S. 425-450.

– (1974 b): Steffen W. Schmidt, La Violencia revisited: The clientelist bases of political violence in Colombia, in: Journal of Latin American Studies, Bd. 6, Nr. 1, S. 97-111.

*Schnur* (1969): Roman Schnur, Deutsche Verwaltungshilfe in Entwicklungsländern, in: Die öffentliche Verwaltung, Bd. 22, S. 446-449.

*Scott* (1968): James C. Scott, Political ideology in Malaysia: Reality and the beliefs of an elite, New Haven, Conn.

– (1972): James C. Scott, Comparative political corruption, Englewood Cliffs, N.J.

*Scott / Mitchell* (1972): William G. Scott und Terence R. Mitchell, Organization theory. A structural and behavioural analysis, Homewood, Ill.

*Seidman* (1970): Harold Seidman, Politics, position and power: The dynamics of federal organization, New York.

Sepulveda Niño (1970): Saturnino Sepulveda Niño, Elites colombianos en crisis. De partidos policlasistas a partidos monoclasistas, Bogotá.

*Shere* (1960): Louis Shere, A tax program for Colombia. Pan American Union, Washington, hekt.

*Shoup* (1973): Carl S. Shoup, Three fiscal reports on Colombia: A review article, in: National Tax Journal, Bd. 26, Nr. 1, S. 59-63.

*Siffin* (1974): William J. Siffin, Two decades of public administration in developing countries: An American's view. Bloomington, Ind.

*Simmons* (1975): Alan B. Simmons, Social mobility in Bogotá, Colombia, in: International Journal of Comparative Sociology, Bd. 16, Nr. 3/4, S. 228-245.

*Simmons / Cardona:* Alan B. Simmons und Ramiro Cardona, La selectividad de la migración en una perspectiva en el tiempo. El caso de Bogotá (Colombia) 1929-1968, in: Cardona Gutierrez, S. 163-177.

*Simon* (1964): Herbert A. Simon, On the concept of organizational goal, in: Administrative Science Quarterly, Bd. 9, S. 1-22.

*Slighton* (1974): Robert L. Slighton, Desempleo urbano en Colombia. Medición, características y problemas de política, in: Hernando Gomez Otálora und Eduardo Wiesner Durán, Hrsg., Lecturas sobre desarrollo económico colombiano (en honor de Alvaro López Toro), o.O. (Bogotá), o.J. (1974), S. 101-144.

*Sloan* (1973): John W. Sloan, Colombia's new development plan: An example of post-ECLA thinking, in: Inter-American Economic Affairs, Bd. 27, S. 49-66.

*Smith* (1967): T. Lynn Smith, Colombia. Social structure and the process of development, Gainesville, Fla.

SOAIP: Presidencia de la República, Secretaría de Organización e Inspección de la Administración Pública (Pedro Pablo Morcillo), Comentarios a la versión conocida del proyecto de decreto „Por el cual se expide el estatuto normativo del presupuesto general de la nación", o.O. (Bogotá), o.J. (vor 1973).

– (1972): Secretaría de Organización e Inspección de la Administración Pública, Estudio de los mecanismos de tutela de la administración centralizada sobre la descentralizada, Informe general, Maschinenschrift.

Sociedad Colombiana (1975): Sociedad Colombiana de Planificación und Sociedad Colombiana de Ingenieros Industriales y Administrativos, Colombia: Administración Pública, Bogotá.

Sociedad Colombiana de Ingenieros (1975): Sociedad Colombiana de Ingenieros, Sociedad Colombiana de Arquitectos, Cámara Colombiana de la Construcción,

Seccional Cundinamarca, Observaciones al plan de desarrollo 1975 (proyecto de acuerdo) elaborado per el DAPD, 5. Mai (DAPD = Departamento Administrativo de Planeación Distrital, Bogotá).

*Sojo Zambrano* (1969): José Raimundo Sojo Zambrano, El informe de la Misión Musgrave o la inadaptación a la realidad colombiana. Una publicación de la Federación Nacional de Comerciantes, Bogotá, o.J. (1969).

*Solaún / Cepeda / Bagley* (1973): Mauricio Solaún, Fernando Cepeda, Bruce Bagley, Urban reform in Colombia: The impact of the „politics of games" on public policy, in: Latin American Urban Research, Bd. 3, Beverly Hills und London (National-local linkages: The interrelationship of urban and national polities in Latin America, hrsg. von Francine F. Rabinovitz und Felicity M. Trueblood), S. 97-130.

*Solaún / Vélez* (1976): Mauricio Solaún und Eduardo Vélez, On the effects of subsidized house and apartment living in Colombia, in: Journal of the American Institute of Planners, Bd. 42, Nr. 4, S. 427-437.

*Springer* (1977): Fred J. Springer, Observation and theory in development administration, in: Administration and Society, Bd. 9, Nr. 1, S. 13-44.

*Steiffert* (1972): Hans-Georg Steiffert, Verwaltung in Entwicklungsländern, M.A.-Arbeit, Freiburg.

*Stevenson* (1978): Rafael Stevenson, Housing Programs and Policies in Bogotá: A historical/descriptive analysis, The World Bank, Washington, hekt.

*Tafur Galvis* (1974): Alvaro Tafur Galvis, Las entidades descentralizadas, Bogotá, 2. Aufl. (1. Aufl. 1973).

– (1975): Alvaro Tafur Galvis, El control fiscal de las entidades descentralizadas según la ley 20 de 1975, in: Revista Cámara de Comercio de Bogotá, Bd. 6, Nr. 21, S. 43-48.

– (1977): Alvaro Tafur Galvis, Las entidades descentralizadas, Bogotá.

*Talbot / McCamant* (1972): Judith Talbot Campos und John F. McCamant, Cleavage shift in Colombia: Analysis of the 1970 elections, Beverly Hills und London.

*Tanzi* (1972): Vito Tanzi, Fiscal reform for Colombia: The report of the Musgrave Commission, in: Inter-American Economic Affairs, Bd. 26, Nr. 1, S. 71-80.

*Taylor* (1965): Milton C. Taylor, Fiscal survey of Colombia. A report prepared under the direction of the Joint Tax Program of the Organization of American States and the Inter-American Development Bank, Baltimore, Md.

– (1967): Milton C. Taylor, Tax policy goals and economic development under the Alliance for Progress, in: National Tax Journal, Bd. 20, Nr. 4, S. 412-423.

*Telecom* (1977): Ministerio de Comunicaciones, Empresa Nacional de Telecomunicaciones, Oficina de Desarrollo Organizacional, División Organización y Análisis, Organización y funcionamiento. Síntesis, Bogotá.

*Ternent* (1975): Anthony Ternent, Algunas lecciones derivadas de experiencias sobre el desarrollo regional en América Latina, in: Fundación para la Nueva Democracia/ Fundación Friedrich Naumann, Desarrollo Regional, Bogotá, S. 9-30.

*Thompson* (1967): James D. Thompson, Organizations in action: Social science bases of administrative theory, New York.

Torres (1970): Social change and rural violence in Colombia, in: I. L. Horowitz, Hrsg., Masses in Latin America, New York, S. 503-546.

*Ucrós* (1970): Jorge Ucrós, Características del sistema político colombiano en los últimos veinte años, in: Revista Mexicana de Sociología, Bd. 32, Nr. 3, S. 473-490.

*Udall* (1973): Allan D. Udall, Migration and employment in Bogotá, Colombia, phil. Diss., Yale University.

– (1976): Allan D. Udall, Tendencias históricas de la migración de los salarios y del desempleo en Bogotá, Colombia, in: Cardona Gutierrez 1976 b, S. 53-81.

*Ungar Bleier / Gómez de Martínez* (1977): Elizabeth Ungar Bleier und Angela Gómez de Martínez, Aspectos de la campaña presidencial de 1974. Estrategias y resultados, Bogotá.

*Uphoff / Ilchman* (1972): Norman T. Uphoff und Warren F. Ilchman, The political economy of development, Berkeley / Los Angeles / London.

*Uprimny* (1971): Leopoldo Uprimny, Las funciones del Congreso a la luz de la reforma constitucional de 1968, Papier mit eigener Paginierung, in: Escuela Superior de Administración Pública, Reforma constitucional y administrativa, 2 Bde., Bogotá, hekt.

*Urrutia* (1969): Miguel Urrutia, The development of the Colombian labor movement, New Haven und London.

– (1975): Miguel Urrutia Montaya, Impacto de las reformas financiera y tributaria sobre la distribución del ingreso, Papier vorgelegt der Asociación Nacional de Instituciones Financieras (ANIF), Bogotá, 13. Februar, hekt.

– (1976): Miguel Urrutia M., Income distribution in Colombia, in: International Labour Review, Bd. 113, Nr. 2, S. 205-216.

*Uthoff / Deetz* (1980): Hayo Uthoff und Werner Deetz, Hrsg., Bürokratische Politik, Stuttgart 1980.


*Valverde* (1978): Nelson A. Valverde, Bogotá city study: The available data, The World Bank, Washington, hekt.

*Vasquez / Palomeque* (1976): Luis Jaime Vasquez Caro und Gabriel Palomeque, Reforma tributaria: Brechas entre propósitos, normas y realidades, Papier für das dritte Seminar über kolumbianische Wirtschaft der Universidad Externado de Colombia und der Fundación de Investigaciones y Estudios Económico-Sociales „Fines", Bogotá, Mai, hekt.

*Velasquéz* (1974): Luis Guillermo Velásquez M., De la posdata al mandato. La política de „Ingresos, precios y salarios", Bogotá.

*Vernez* (1971): Georges Vernez, El proceso de urbanización de Colombia, in: Revista de la Sociedad Interamericana de Planificación, Bd. 5, Nr. 18/19, S. 14-34.

– (1976): Georges Vernez, Traslados residenciales de los migrantes de bajos ingresos. El caso de Bogotá, Colombia, in: Cardona Gutierrez 1976 b, S. 139-169.

*Vernez / Valenzuela* (1972): Georges Vernez und Jaime Valenzuela, La estructura del mercado de vivienda en Bogotá y la magnitud de la actividad constructora popular, in: Economía Colombiana, Tercera época, Nr. 93, S. 8-21.

*Vidal Perdomo* (1970): Jaime Vidal Perdomo, Historia de la reforma constitucional de 1968 y sus alcances jurídicos, Bogotá (Innentitel lautet: „La reforma constitucional ...").
- (1975): Jaime Vidal Perdomo, Derecho administrativo, 4. Aufl., Bogotá.

*Villegas* (1971): Luis A. Villegas, Diagnóstico de la vivienda en Colombia, in: La Nueva Economía, Bd. VI, Nr. 2, S. 87-95.

*Villegas* (1973): Jorge Villegas, Presupuestos nacionales de ingresos y gastos 1871-1970 (Seminario de Problemas Colombianos, DANE), in: Boletín Mensual de Estadística, Nr. 257-58, S. 171-194 (DANE = Departamento Administrativo Nacional de Estadística).

*Vranchen* (1963): Fernand Vranchen, L'assistance technique en matière administrative: les leçons à en tirer et les améliorations à y apporter, XIIe Congrès International des Sciences Administratives (Vienne, 16-20 juillet 1962), Brüssel.


*Waldo* (1970): Dwight Waldo, Hrsg., Temporal dimension of public administration, Durham.

*Weaver* (1970): Jerry L. Weaver, Value patterns of a Latin American bureaucracy, in: Human Relations, Bd. 23, Nr. 3, S. 225-233.

*Weidner* (1970): Edward W. Weidner, Hrsg., Development administration in Asia, Durham.

*Weinert* (1967): Richard S. Weinert, Political modernization in Colombia, phil. Diss., University of Columbia, New York.

*Wessel-Schulze* (1974): W. Wessel-Schulze, Populismus in Kolumbien: Die Alianza Nacional Popular (ANAPO), in: Verfassung und Recht in Übersee, Bd. 7, Nr. 3/4, S. 275-288.

*Wiegand* (1978): Gerd Wiegand, Organisatorische Aspekte der internationalen Verwaltung von Entwicklungshilfe. Ein Beitrag zur Organisationsanalyse internationaler Organisationen am Beispiel des UNDP und der Weltbank, Berlin.

*Wildavsky* (1974): Aaron Wildavsky, The politics of the budgetary process, 2. Aufl., Boston und Toronto (1. Aufl. 1964).

*Wilhelmy* (1952): Herbert Wilhelmy, Südamerika im Spiegel seiner Städte, Hamburg.

*Williams* (1972): Miles Wendell Williams, El Frente Nacional: Colombia's experiment in controlled democracy, phil. Diss., Vanderbilt University, Nashville, Tenn.

*Williams / Griffin* (1978): Lynden S. Williams und Ernst C. Griffin, Rural and small-town depopulation in Colombia, in: The Geographical Review, Bd. 68, Nr. 1, S. 13-30.

*Wolff* (1976): Jürgen H. Wolff, Die Konzeption der deutschen Verwaltungshilfe. Darstellung und Kritik, in: Die Verwaltung, Bd. 9, Nr. 3, S. 339-352.
- (1977 a): Jürgen H. Wolff, Planung in Entwicklungsländern. Eine Bilanz aus politik- und verwaltungswissenschaftlicher Sicht, Berlin und München.
- (1977 b): Jürgen H. Wolff, Reflexiones sobre el control fiscal en Colombia, in: Universitas (Bogotá), Nr. 53, S. 33-51.

- (1978 a): Jürgen H. Wolff, La política del proceso presupuestal en Colombia. Consideraciones preliminares, in: Universitas (Bogotá), Nr. 54, S. 19-34.
- (1978 b): Jürgen H. Wolff, Ideas sobre la planeación en Colombia, o: Sobre las frustraciones de los técnicos frente a la política, in: Universitas, Nr. 54, S. 341-353.
- (1978 c): Jürgen H. Wolff, Haushaltskontrolle in Kolumbien. Überlegungen zu Möglichkeiten und Grenzen effizienter Haushaltsführung in einem Entwicklungsland, in: Vierteljahresberichte/Probleme der Entwicklungsländer, Nr. 74, S. 303-320.
- (1978 d): Jürgen H. Wolff, Deutsche Verwaltungshilfe: Überlegungen zur Praxis, in: Die Verwaltung, Bd. 11, Nr. 3, S. 349-368.
- (1979): Jürgen H. Wolff, Entwurf einer Konzeption der deutschen Verwaltungshilfe, in: Die Verwaltung, Bd. 12, Nr. 1, S. 51-70.

*Yepes / Arias* (1976): Diego Yepes und Jairo Arias, Inmigración a Bogotá 1922-1972, in: Revista de Planeación y Desarrollo, Bd. 8, Nr. 2, S. 207-213.

*Zelinsky* (1978 a): Ulrich Zelinsky, Parteien und politische Entwicklung in Kolumbien unter der Nationalen Front, Meisenheim am Glan (Bd. 12 der Reihe „Transfines", hrsg. von Manfred Mols, Dieter Nohlen und Peter Waldmann).

- (1978 b): Ulrich Zelinsky, Strategien institutioneller Gewalt zur Herrschaftssicherung in Kolumbien, 1970-1973, in: Jahrbuch für Geschichte von Staat, Wirtschaft und Gesellschaft Lateinamerikas, Bd. 15, Köln und Wien, S. 259-293.
- (1978 c): Ulrich Zelinsky, Kontinuität und Wandel im politischen Kräftefeld Kolumbiens, in: Berichte zur Entwicklung in Spanien, Portugal und Lateinamerika, Bd. 3, Nr. 15, S. 2-13.

*Zenk* (1974 a): Günter Zenk, Immobilismus oder Fortschritt in Kolumbien? Die Wahlen vom April 1974, Bonn-Bad Godesberg.

- (1974 b): Günter Zenk, Politische und wirtschaftliche Entwicklung in Kolumbien, Bonn-Bad Godesberg.

*Ziervogel* (1969): Barbara Ziervogel, Kolumbien. Neuere Studien 1958-1969, Freiburg (Bd. 25 der Reihe Materialien des Arnold-Bergstraesser-Instituts für kulturwissenschaftliche Forschung).

*Zschock* (1977): Dieter K. Zschock, Inequality in Colombia, in: Current History, Bd. 72, Nr. 424, S. 68-72 und 86.

# Zitierte Rechtsquellen[1]

**1886** (mit vielen Änderungen)
Die politische Verfassung der Republik Kolumbien

**1913**
Ley 4: Código de régimen político y municipal. Text in: Ortega Torres 1976, S. 9-126.
Ley 97: Text in: Ortega Torres 1976, S. 129-131.

**1923**
Ley 42

**1926**
Ley 72

**1927**
Ley 76

**1938**
Ley 165: Text in: Ortega Torres 1976, S. 176-181.

**1940**
Verordnung 2078

**1954**
Decreto Legislativo 3640

**1959**
Verordnung 2733: Text in Ortega Torres 1976, S. 265-271.

**1961**
Ley 3: Text in: CAR Normas, S. 3-17.

**1963**
Rechtsquellen der Stadt Bogotá: Acuerdo 51

**1968**
1. Gesamtstaatliche Rechtsquellen, Verordnungen und „Decreto-Leys" (Verordnungen mit Gesetzeskraft):
*Gesetze:*
Ley 66

*Verordnungen und Decreto-Leys:*
Decreto-Ley 1050. Text in Betancur Cuartas 1976, S. 269-286; auch in Ortega Torres 1976, S. 301-316.
Verordnung 2400. Text in Ortega Torres 1976, S. 318-341.
Verordnung 2420

---

[1] Verordnungen sind gesamtstaatliche, wenn nicht anders vermerkt.

Verordnung 3130. Text in Betancur Cuartas 1976, S. 287-300; auch in Ortega Torres 1976, S. 350-362.

Verordnung 3133. Text in Ortega Torres 1976, S. 363-387.

2. Rechtsquellen der Stadt Bogota:
Verordnung 1119

**1970**
Inderena:
Instituto de Desarrollo de los Recursos Naturales Renovables: Acuerdo Nr. 30. Text in: CAR, S. 17-19.

**1972**
1. Gesetze:
Ley 11
2. Rechtsquellen der Stadt Bogotá:
Acuerdo 19
Acuerdo 22
Verordnung 255

**1973**
Gesamtstaatliche Rechtsquellen:
Ley 4
Dekrete:
Verordnung 294
Verordnung 648
Verordnung 1912. Text in Departamento Administrativo del Servicio Civil 1975, S. 147-172, und in Ortega Torres 1976, S. 438-465.

Verordnung 1950. Text in Ortega Torres 1976, S. 465-534.

Verordnung 2233. Text in Ortega Torres 1976, S. 534-535.

Verordnung 2554. Text in Departamento Adminstrativo del Servicio Civil 1975, S. 173-230, und in Ortega Torres 1976, S. 536-601.

Verordnung 2658. Text in Ortega Torres 1976, S. 601-606.

**1974**
1. Gesamtstaatliche Rechtsquellen:
*Dekrete:*
Verordnung 1970
Verordnung 1978
Verordnung 1979
Verordnung 1982
Verordnung 1988
Verordnung 1999
Verordnung 2053
Verordnung 2104
Verordnung 2143
Verordnung 2247
Verordnung 2272
Verordnung 2310
Verordnung 2338

Verordnung 2348
Verordnung 2364
Verordnung 2365
Verordnung 2366
Verordnung 2367
Verordnung 2368
Verordnung 2373
Verordnung 2375
Verordnung 2811: Código de recursos naturales renovables y de protección al medio ambiente.
2. Rechtsquellen der Stadt Bogotá:
*Dekrete:*
Verordnung 159
Verordnung 1539
3. Rechtsquellen des Departamento Cundinamarca:
Verordnung 2568 = Manual sobre uso del suelo.

**1975**
1. Gesamtstaatliche Rechtsquellen:
*Gesetze:*
Ley 20
Ley 49

*Dekrete:*
Verordnung 294
Verordnung 1770
Verordnung 2799
2. Rechtsquellen der Stadt Bogotá:
Acuerdo 1
Acuerdo 2
Acuerdo 14
Acuerdo 25

**1976**
Gesamtstaatliche Rechtsquellen:
*Gesetze:*
Ley 133

*Verordnungen und Decreto-Leys:*
Verordnung 074
Verordnung 075
Verordnung 076
Verordnung 077
Verordnung 080
Decreto-Ley 125
Verordnung 146
Verordnung 924
Verordnung 925
Verordnung 926
Verordnung 927

Verordnung 928
Verordnung 929
Verordnung 937
Verordnung 1770

**1976**

1. Gesamtstaatliche Rechtsquellen:
   *Dekrete:*
   Verordnung 1848
   Verordnung 2190
   Verordnung 2258

   *Andere gesamtstaatliche Rechtsquellen:*
   Colombia, Presidencia de la República, Reglamento del Consejo de Ministros.

2. Rechtsquellen der Corporación Autónoma de la Sabana de Bogotá (CAR):
   Acuerdo 16

**1977**

1. Gesamtstaatliche Rechtsquellen:
   *Gesetze:*
   Ley 19
   *Dekrete:*
   Verordnung 2227

2. Inderena:
   Instituto de Desarrollo de los Recursos Naturales Renovables: Acuerdo Nr. 40.

# Beiträge zur Politischen Wissenschaft

*Seit Herbst 1968 sind erschienen:*

5 **Von der Reichskanzlei zum Bundeskanzleramt.** Von S. Schöne. 254 S. 1968. DM 52,80

6 **Das Dollfuß-Regime in Österreich** in geistesgeschichtlicher Perspektive unter besonderer Berücksichtigung der „Schöneren Zukunft" und „Reichspost". Von H. Bußhoff. 324 S. 1968. DM 62,80

7 **Die Demokratie als Gesellschaftssystem.** Vom Sinn und Ziel der Geschichte. Soziologische Theorie der Evolution. Von K.-H. Folkers. 412 S. 1968. DM 58,80

8 **Thomas Hobbes und der Puritanismus.** Von W. Förster. 243 S. 1969. DM 58,80

9 **Die Zufälligkeit der Nationen** und die Inhaltlosigkeit der internationalen Politik. Von W. Sulzbach. 170 S. 1969. DM 35,80

10 **Phasen der Entkolonialisierung.** Von K. Binder-Krauthoff. 185 S. 1970. DM 46,80

11 **Die ontologisch-aristotelische Politikwissenschaft und der Rationalismus.** Von J. Dennert. 382 S. 1970. DM 63,60

12 **Die Integration eines Kontinents als Problem: Amerika, Europa.** Von Ch. E. Weber. 96 S. 1971. DM 19,80

13 **Der Euphemismus in der politischen Sprache.** Von E. Leinfellner. 177 S. 1971. DM 39,60

14 **Robert Michels.** Vom sozialistisch-syndikalistischen zum faschistischen Credo. Von W. Röhrich. 198 S. 1972. DM 39,—

15 **Die offiziellen Organe der ostdeutschen Landsmannschaften.** Von H.-J. Gaida. 336 S. 1973. DM 68,—

16 **Subventionen als Instrument der Lenkung und Koordinierung.** Von G. Kirchhoff. 319 S. 1973. DM 58,60

17 **Das Wahlsystem zwischen Theorie und Taktik.** Von A. Misch. 290 S. 1974. DM 68,60

18 **Recht und Macht bei Montaigne.** Von M. Kölsch. 112 S. 1974. DM 29,60

19 **Koalition und Opposition in spieltheoretischer Sicht.** Von W. Fach. 200 S. 1974. DM 68,—

20 **Der Staatsbegriff in der neueren deutschen Staatslehre und seine theoretischen Implikationen.** Von C.-E. Bärsch. 182 S. 1974. DM 49,80

21 **Rationale Sozialpolitik.** Von H.-P. Bank. 202 S. 1975. DM 49,60

22 **Politische Entscheidungslehre.** Von A. Nagel. I: Ziellehre. 974 S. mit 144 Dia Übers. 1975. DM 68,—

23 Konzepte zur Messung der Macht. Von J. Zelger. 260 S. 1975. DM 88,—

24 Die politische Wissenschaft der bürgerlichen Gesellschaft. Von L. Kramm. 149 S. 1975. DM 39,60

25 Die Öffentlichkeitsfunktion des Deutschen Bundestages. Von L. Kißler. XXIV, 661 S. 1976. DM 128,—

26 Der amerikanische Präsident im Bezugsfeld der Kongreßfraktionen. Von J. Hartmann. 317 S. 1977. DM 88,—

27 Verfassungsmischung und Verfassungsmitte. Von V. Wember. 250 S. 1977. DM 68,—

28 Völkisches Rechtsdenken. Von K. Anderbrügge. 237 S. 1978. DM 66,—

29 Politik und Religion. Von U. Uhde. 109 S. 1978. DM 48,60

30 Wissenschaft und staatliche Entscheidungsplanung. Von G. T. W. Dietzel. XXVII, 438 S. 1978. DM 118,—

31 Die Kriegsrechte in den Vereinigten Staaten. Von D. O. A. Wolf und M. A. Dauses. 142 S. 1979. DM 59,—

32 Parlamentarische Strukturen im politischen System. Von H. Widder. 475 S. 1979. DM 136,—

33 Die wechselseitige Abhängigkeit von Bund und Kommunen in der Stadtsanierungspolitik der Vereinigten Staaten von Amerika. Von H. Borghorst. 321 S. 1979. DM 88,—

34 Claude-Henri de Saint-Simon: Die Gesellschaft als Werkstatt. Von Th. Petermann. 244 S. 1979. DM 80,—

35 Repräsentation in der politischen Theorie und Staatslehre in Deutschland. Von V. Hartmann. 321 S. 1979. DM 98,—

36 Die französische Europapolitik im Spiegel der Parlamentsdebatten (1950 - 1965). Von G. Latte. 233 S. 1979. DM 78,—

37 Gewerkschaften im Parteienstaat. Von A. Pelinka. 210 S. 1980. DM 68,—

38 Dialektik und Kybernetik in der DDR. Von G. Haufe. 317 S. 1980. DM 88,—

39 Chancengleichheit, Leistungsprinzip und soziale Ungleichheit. Von K. Rothe. 391 S. 1981. DM 114,—

40 Verfassung und Konsens. Von H. Vorländer. XVI, 408 S. 1981. DM 128,—

41 Die DDR und der ‚Prager Frühling'. Von P.-C. Burens. 188 S. 1981. DM 66,—

42 Herrschaftsstruktur und Machtverteilung im politischen System der USA. Von T. Leuenberger. 224 S. 1981. DM 78,—

43 Der englische Weg zum Sozialismus. Von P. Wittig. 378 S. 1982. DM 126,—

44 Unternehmerspenden an politische Parteien. Von P. Kulitz. 196 S. 1983. DM 72,—

45 Das zentralstaatliche Planungssystem der DDR. Von R. Waterkamp. 195 S. 1983. DM 78,—

**DUNCKER & HUMBLOT / BERLIN**